Über dieses Buch: Dieses Buch wurde bei seinem Erscheinen in Frankreich und kurz darauf in der Bundesrepublik von der (Fach-)Kritik einhellig begrüßt und mit größter Aufmerksamkeit rezensiert. Der Autor behandelt vordergründig die Geruchsgeschichte der Stadt Paris, in Wirklichkeit jedoch weit mehr – die Geschichte des Geruchssinns, die Wandlungen der Geruchsvorlieben und Ekelgrenzen – kurz: die Geschichte des Geruchs und der Gerüche überhaupt.

Die Untersuchung dieses ungewöhnlichen Gegenstandes ist nach allen Regeln wissenschaftlicher Recherche zustandegekommen. Sie umfaßt den Zeitraum von der Mitte des 18. bis zum Ausgang des 19. Jahrhunderts. In diesem Zeitraum fand in Europa eine Art Geruchsrevolution statt, d. h., das Verhältnis der Menschen zu den Gerüchen wandelte sich. So versuchte man nicht mehr, die üblen Gerüche nur zu überdecken, sondern man begann, ihnen beispielsweise mit besserer Belüftung entgegenzuwirken.

Dieser Prozeß der »Desodorierung« veränderte das Zusammenleben der Menschen. Die es sich leisten konnten, rückten auseinander, zogen in größere Wohnungen, statteten diese mit modernen sanitären Einrichtungen aus. Verändert wurde dadurch aber auch das gesamte Stadtbild und das Funktionieren der Stadt. Man interessierte sich nunmehr für die Probleme der Abfallbeseitigung, baute Sickergruben und Kanalisationssysteme, wandelte die Architektur der Häuser um, etc.

Was man auch immer anstellte, am Ende dieser Revolution, die die Reinlichkeit als Ordnungsfaktor in das allgemeine gesellschaftliche Ordnungssystem integrierte, stand ein nur auf den ersten Blick überraschendes Ergebnis: Die Toleranz etwa gegenüber Tabaksqualm und Chemiegestank ist heute weitaus höher entwickelt als z. B. gegenüber Achselschweiß. Gut riecht erst dann etwas, wenn es zuvor desodoriert worden ist. Der Autor beschreibt am konkreten Beispiel den Weg der Gesellschaft in eine solchermaßen desodorierte und dennoch stinkende Welt.

Die »Frankfurter Rundschau« schrieb zum Erscheinen des Buches: »Von der kulturhistorischen Vielfalt, die... Corbin sowohl zusammengetragen als auch mit hintergründigem Humor vor dem staunenden Leser ausgebreitet hat, kann man sich erst bei der Lektüre eine annähernde Vorstellung machen. – Ein Lesevergnügen, dem wenige an die Seite zu stellen sein werden.«

Der Autor: Alain Corbin, geboren 1936 im Département l'Orne, lebt in Paris und lehrt Geschichte an der Universität von Tours.

Alain Corbin

Pesthauch
und Blütenduft

Eine Geschichte des Geruchs

Aus dem Französischen von
Grete Osterwald

Fischer Taschenbuch Verlag

Der Verlag dankt Grete Osterwald herzlich für die Auswahl der Illustrationen
und die Zusammenstellung des Literaturverzeichnisses.
Zur Vermeidung weiterer Anmerkungen wurde der Text in Zusammenarbeit
zwischen Übersetzerin und Autor geringfügig erweitert.
Das Vorwort erschien in einer für die deutsche Ausgabe veränderten Fassung.
Wir danken außerdem der Galerie Dr. Kristine Oevermann, Frankfurt am Main,
für ihre freundliche Hilfe bei der Illustrierung des Buches.

13.–15. Tausend: März 1991

Ungekürzte Ausgabe
Veröffentlicht im Fischer Taschenbuch Verlag GmbH,
Frankfurt am Main, September 1988

Die französische Originalausgabe erschien unter dem Titel
»Le Miasme et la Jonquille.
L'odorat et l'imaginaire social XVIIIe–XIXe siècles« bei den Editions Aubier Montaigne, Paris 1982
© 1982 Editions Aubier Montaigne, Paris
Lizenzausgabe mit freundlicher Genehmigung des
Verlages Klaus Wagenbach, Berlin
für die deutsche Ausgabe:
© 1984 Verlag Klaus Wagenbach, Berlin
Umschlaggestaltung: Buchholz/Hinsch/Hensinger
unter Verwendung des Kupferstiches
Der Parfumeur von Gerrit Valck
Satz: Nagel Fototype, Berlin
Druck und Bindung: Clausen & Bosse, Leck
Printed in Germany
ISBN 3-596-24402-1

Inhalt

Die Reinigung des öffentlichen Raums

Gerüche, Symbole und gesellschaftliche Vorstellungen

»Nein, es wird nicht ungestraft bleiben,
wenn einer zartfühlenden, für Sinneseindrücke empfänglichen,
durch und durch aufnahmefähigen Person jene
Mischung aus hundert verderblichen und verderbten Dingen
entgegenschlägt, die von der Straße zu ihr aufsteigt, der
Hauch unreiner Geister, das Durcheinander von
Rauchschwaden, bösen Ausdünstungen und bösen Träumen,
das über unseren finsteren Städten schwebt!«

Jules Michelet
La Femme, 1859

Vorwort

Die Desodorisierung und die Geschichte der Wahrnehmung

Die Idee, ein Buch über die Geschichte der Geruchswahrnehmung zu schreiben, kam mir bei der Lektüre der Memoiren von Jean-Noël Hallé, Mitglied der *Société Royale de Médecine* unter dem Ancien Régime und erster Inhaber des 1794 in Paris geschaffenen Lehrstuhls für öffentliche Hygiene.

Unermüdlich auf der Jagd nach übelriechenden Miasmen*, führt Hallé den Kampf der Desodorisierung. Drei Episoden aus seinem Alltag sollen uns als Einführung dienen. Beginnen wir mit dem 14. Februar 1790. Seit dem Sturm auf die Bastille sind mehr als sechs Monate vergangen; der Schrecken hat sich gelegt. Milde Temperaturen kündigen das Ende des Winters an. An diesem Tag steigt das Thermometer auf 4° Réaumur; es herrscht Südost-Wind; am Pont de la Tournelle erreicht die Seine einen Wasserstand von fünf Fuß. Frühmorgens hat Jean-Noël Hallé sich in Begleitung seines Freundes Boncerf auf den Weg gemacht, um die Gerüche an den Flußufern auszukundschaften oder, genauer gesagt, um sie mit prüfender Nase zu erriechen. Die beiden Gelehrten sind von der *Société Royale de Médecine* mit dieser Aufgabe betraut worden. Sie beginnen ihre Unternehmungen am Pont Neuf, schreiten das rechte Ufer bis La Rapée ab und überqueren den Fluß schräg gegenüber des Abwässerkanals der Salpêtrière, um am linken Ufer zu ihrem Ausgangspunkt zurückzukehren. Das gewissenhafte Protokoll über den mehr als zehn Kilometer langen Fußmarsch liefert ein genaues Bild von der Vielfalt der Gerüche. In dem ganzen Text findet sich kein einziger Hinweis auf etwas Sichtbares. Eine recht unbefriedigende Lektüre für den, der malerische Beschreibungen liebt: er wird sich weder am Geschwätz der Wäscherinnen noch am lauten Treiben der Schiffsauslader diesseits und jenseits der Seine ergötzen können. Nichts als Gerüche. Eine Wegbeschreibung mit ungewöhnlichen Unterbrechungen, die den langen

---

*Miasma: Bis zu Pasteurs Entdeckungen wurden außerhalb des Körpers gebildete Ansteckungsstoffe, insbesondere giftige Ausdünstungen des Bodens, als Miasmen bezeichnet (A. d. Ü.).

Seineufer zwischen dem Pont de la Tournelle und
La Rapée im Jahr 1780

Strecken der von Unrat bedeckten »Anschwemmungszonen« den Vorrang gegenüber allen nicht stinkenden Uferbereichen gibt, wo die Quais
oder Häuser direkt ans Wasser angrenzen.

Eine derartige Riechvermessung ist nicht ungefährlich. Man muß
sich hüten vor übertriebener Kühnheit, muß die notwendige Vorsicht bewahren. An der gefürchteten Mündung des Gobelins-Zuflusses geht der
Begleiter von Jean-Noël Hallé *gegen den Wind* am Wasser entlang und
watet durch den schwarzen Schlamm.

»Monsieur Boncerf, der sich an dieser Stelle stärker gegen den aus
Südosten kommenden Wind gewandt hatte und ans Ufer hinabgestiegen
war, wurde von einem beißenden, alkalischen, stechenden und stinkenden Geruch überwältigt, der ihm derart auf die Atemwege schlug, daß
sein Hals binnen einer halben Stunde zu schmerzen begann und seine
Zunge merklich anschwoll. Unter dem Eindruck dieser schädlichen
Ausdünstungen warnte er, ich möge sogleich zur Straße zurückkehren;
da ich oben an der östlichen Spitze des von Anschwemmungen verseuchten Uferbereichs geblieben war, der Wind aus meiner Position heraus
also von hinten kam, habe ich selbst nichts Unangenehmes verspürt.«[1]

Doch dies sind nur harmlose Scharmützel; die Tage der großen
Schlacht erweisen sich als ungleich dramatischer. Kehren wir zu einem
Ereignis zurück, das acht Jahre früher stattgefunden hat. Am 23. März
1782 versammeln sich die größten Kapazitäten der Hygiene und der
Chemie vor dem Hôtel de la Grenade in der Rue de la Parcheminerie.
Die Senkgrube des Gebäudes soll gereinigt werden. Ihre tödlichen Aus-
dünstungen sind bekannt. Überdies versichert die Hauswirtin, daß die

Medizinstudenten eimerweise Leichenreste unter den Fäkalien verborgen haben. Das Ausmaß der Gefahr ist gar nicht zu ermessen. Die *Académie Royale des Sciences* hat die Gelehrten Lavoisier, Le Roy und Fougeroux an den Ort des Geschehens entsandt, während die Chemiker Macquer und Fourcroy sowie der Herzog von La Rochefoucauld, der Abbé Tessier und Jean-Noël Hallé im Auftrag der *Société Royale de Médecine* gekommen sind. Sie alle sollen die Wirksamkeit eines neuen »antimefitischen«* Mittels testen, erfunden von Sieur Janin, der zu behaupten wagt, daß sein Essig die üblen Gerüche zerstört und die Miasmen bindet.

Es ist ein kalter Tag, nur 2° Réaumur um die Mittagszeit; der Wind kommt von Norden; im Laufe des Vormittags hat es heftig geschneit. Kurz, die meteorologischen Bedingungen erscheinen günstig. Während Janin seinen Essig versprengt, klettern Jean-Noël Hallé und der Abbé Tessier die Leitern hinauf und hinunter, um die unterschiedliche Intensität des Gestanks zu messen. Stundenlang nimmt das zwischen acht und neun Uhr morgens begonnene Experiment einen ungestörten Verlauf. Dann, gegen fünfzehn Uhr, kommt es zu einer dramatischen Wende: einer der Kloakenfeger erleidet einen Erstickungsanfall und rutscht ab. Unter größten Schwierigkeiten gelingt es, ihn aus der Grube zu bergen.

Die Augenzeugen drängen sich um den Todgeweihten. Ein junger Mann versucht, ihn durch Wiederbelebungsversuche zu retten, aber ohne Erfolg. Nun schaltet sich ein Fachmann ein, Monsieur Verville, Inspektor einer Gesellschaft, die den seit einigen Jahren bei Kloakenentleerungen verwendeten Ventilator herstellt. Doch hören wir, wie Jean-Noël Hallé das Los des unglückseligen Verville beschreibt:

»Kaum hatte er die Luft geatmet, die dem Mund des Sterbenden entströmte, schrie er ›ich bin tot!‹ und fiel ohnmächtig um (...). Ich sah, wie er unter äußersten Anstrengungen um Atem rang, wie er an den Armen gehalten wurde, während er sich brüllend aufbäumte; abwechselnd hoben und senkten sich Brust und Bauch in heftigen, krampfartigen Bewegungen. Er hatte das Bewußtsein verloren; seine Extremitäten waren kalt; der Puls wurde immer schwächer (...). Manchmal füllte sich der Mund sogar mit Schaum, die Glieder wurden steif und der Kranke schien einem wahren epileptischen Anfall ausgesetzt ...«[2]

Zum Glück kommt Monsieur Verville – der, um es noch einmal zu sagen, nur den Odem eines Sterbenden geatmet hat – wieder zu sich und kann nach Hause gehen. Doch er bleibt noch lange leidend: wie er selbst

*antimefitisch: Mittel, die den stinkenden, verpesteten Dünsten entgegenwirken (A.d.Ü.).

erklärt, zeigt sich, daß ein »übertragenes Kloakengas« noch furchtbarer in seiner Wirkung ist als der Dunst, an dem der Kloakenfeger unten in der Grube zu ersticken droht.

Verweilen wir noch einen Augenblick bei Jean-Noël Hallé, diesmal allerdings, um ihn in seine medizinische Alltagspraxis zu begleiten. Der zitierte Text mag ein wenig lang erscheinen, doch wir sollten kein Wort auslassen: es könnte sich als Schlüsselwort erweisen. Der Bericht handelt von verschiedenen krankheitserregenden Gerüchen, die sich in ihrer Lieblingshölle, dem Hospital, entfalten.

»Es gibt einen stinkenden Geruch, ähnlich dem, der von Kleidungsstücken ausgeht, und einen fauligen Geruch, der weniger hervortritt, aber durch den allgemeinen Ekel, den er auslöst, unangenehmer ist als der erste. Ein dritter, den man Verwesungsgeruch nennen kann, läßt sich als eine Mischung aus Saurem, Fadem und Stinkendem beschreiben, die eher Übelkeit erregt als daß sie die Nase beleidigt; sie geht einher mit der Zersetzung und ist der widerwärtigste unter all den Gerüchen, die im Hospital anzutreffen sind. Ein weiterer Geruch, der in Nase und Augen sticht, kommt von der Unsauberkeit; man könnte meinen, die Luft enthielte etwas Pulverförmiges, und wenn man sich auf die Suche macht, findet man gewiß feuchte, verstockte Wäsche, einen Haufen Unrat oder von gärenden Miasmen verseuchte Kleider und Betten. Die verschiedenen Ansteckungsstoffe haben je eigene Ausdünstungen: die Ärzte kennen den besonderen Geruch des Brandes, den des Krebserregers und den Pesthauch, der sich bei Knochenfraß verbreitet. Doch was die Ärzte durch Erfahrung über diesen Gegenstand lernen, kann jeder erproben, wenn er nur die unterschiedlichen Gerüche in den Krankensälen vergleicht. Bei den Kindern riecht es sauer und stinkend; bei den Frauen süß und faulig; von den Schlafsälen der Männer dagegen geht ein starker, aber nur stinkender und daher längst nicht so abstoßender Geruch aus. Obwohl mehr auf Sauberkeit geachtet wird als früher, herrscht in den Krankensälen der guten Armen von Bicêtre ein fader Geruch, durch den zarten Personen schwach ums Herze wird.«[3]

Die Äußerungen und das Verhalten von Jean-Noël Hallé sind nicht ungewöhnlich. Wie wir sehen werden, offenbart die aufmerksame Lektüre zeitgenössischer Texte eine kollektive Überempfindlichkeit gegenüber Gerüchen aller Art. Dem erhebenden Glücksgefühl, seinen Blick über die künstliche Landschaft eines Englischen Gartens oder den Entwurf einer idealen Stadt[4] gleiten zu lassen, entspricht im 18. Jahrhundert das Grauen vor der von Miasmen verpesteten Stadtluft. Doch hier lauert der Anachronismus. Seit jener Zeit, in der Jean-Noël Hallé sich ängstlich besorgt auf die Jagd nach übelriechenden Ausdünstungen machte, hat sich etwas an der Art geändert, wie Gerüche wahrgenommen und analysiert werden: eben dies ist Gegenstand des vorliegenden Buches.

Was bedeutet die Verfeinerung der Sensibilität? Wie kam es zu jener geheimnisvollen und beunruhigenden Desodorisierung, die uns unduldsam gemacht hat gegenüber allem, was die schweigende Geruchlosigkeit unserer Umgebung durchbricht? In welchen Etappen hat sich diese tiefgreifende Veränderung anthropologischer Art vollzogen? Was steht gesellschaftlich auf dem Spiel, welche Interessen verbergen sich hinter dieser Wandlung der Wertschätzungen und symbolischen Systeme?

Lucien Febvre hat das Problem schon früh erkannt: die Geschichte der Geruchswahrnehmung gehört zu den vielen Fährten, die er erschlossen hat[5]. Seither konzentriert sich die Aufmerksamkeit auf die Geschichte des Blicks und des Geschmacks[6].

Es ist Zeit, die von Kämpfen gezeichnete Geschichte der Geruchswahrnehmung aufzurollen und die Kohärenz der ihr vorausgehenden Vorstellungssysteme zu erforschen. Zugleich aber ist es notwendig, die Sozialstrukturen mit den unterschiedlichen Arten der Wahrnehmung zu konfrontieren. Gesellschaftliche Spannungen und Auseinandersetzungen erforschen zu wollen ist ein sinnloses Unterfangen, wenn man die so wesentlich an den Konflikten beteiligten unterschiedlichen Arten der Sensibilität verdrängt. Das Grauen hat seine Macht. Während der übelriechende Unrat die gesellschaftliche Ordnung bedroht, untermauert der beruhigende Sieg der Hygiene und des Wohlgeruchs ihre Stabilität.

Die ängstliche Ungewißheit im Diskurs der Gelehrten

Auf den ersten Blick besteht eine große Übereinstimmung zwischen dem Verhalten von Jean-Noël Hallé und den philosophischen Überzeugungen seiner Zeit. In der feinfühligen Aufmerksamkeit, die er den sinnlich wahrnehmbaren Phänomenen entgegenbringt, spiegelt sich der Einfluß des Sensualismus auf das wissenschaftliche Vorgehen. Die sensualistische Theorie, die – gestützt auf das Denken des englischen Philosophen John Locke[7] – in ihren Grundzügen schon 1709 von dem Franzosen Maubec[8] entworfen und zwanzig Jahre später von dem 1755 ins Französische übersetzten David Hartley[9] präzisiert wurde, konstituiert sich zum logischen System, als Condillac[10] seine beiden Hauptwerke, den *Essai sur l'origine des connaissances humaines* (1746) und den *Traité*

Liebeswerben
1731

des sensations (1754), veröffentlicht. Der Verstand, nach Lockes Vorstellungen noch ein »autonomes und mit eigener Aktivität begabtes«[11] Prinzip, ist für Condillac nur »die Summe oder Kombination der Seelenhandlungen«. Urteilen, Wollen, Lust und Begierde sind nichts als modifizierte Ausdrücke des Empfindens selbst. Zum Beweis stützt Condillac sich auf die Fiktion einer Statue, in der ein Sinn nach dem anderen erwacht und deren erste Empfindung im Geruch der Rose besteht, mit dem sie sich zunächst selbst verwechselt.

Von nun an müssen sich alle Gelehrten, alle Philosophen mit dem Sensualismus auseinandersetzen; wie groß ihr Widerstand auch sein mag, sie können sich seinem Einfluß nicht entziehen. Doch dies sind Episoden der Philosophiegeschichte im Zeitalter der Aufklärung, mit denen wir uns hier nicht näher befassen können[12]. Für uns ist nur eines wichtig: die zunehmende Wachsamkeit der Zeitgenossen. Die Sinne »werden mehr und mehr zu analytischen Werkzeugen, zu feinen Meßinstrumenten für die Grade der Annehmlichkeit oder Unannehmlichkeit der physischen Umgebung«[13]. Jean-Noël Hallé mit seiner empfindlichen Spürnase macht Jagd auf die Gefahr der bedrohlichen Krankheitskeime, während der optimistische Abbé Pluche seine Leser einlädt, das Schauspiel der Natur zu genießen[14].

Die Philosophen indes schenken dem Geruchssinn wenig Aufmerksamkeit. Diese Vernachlässigung des Riechorgans untermauert den Standpunkt von Lucien Febvre, der behauptet, daß der Geruchssinn seit Anbruch der Neuzeit im Niedergang begriffen ist[15]. Im übrigen gibt der wissenschaftliche Diskurs sich zögernd, wenn er das in Widersprüche verstrickte Thema angeht. Ein dauerndes Schwanken zwischen Aufwertung und Disqualifizierung der Geruchsphänomene bezeugt die ängstliche Ungewißheit der Gelehrten. Die verwirrende Spracharmut[16], das unbegreifliche Wesen der Gerüche und die Weigerung einiger, von der Theorie des *spiritus rector* abzulassen, tragen dazu bei, die Unschlüssigkeit des Denkens und das theoretische Hin und Her zu erklären[17].

Mit ein paar recht einfachen Stereotypen lassen sich die Paradoxe des Geruchssinns umreißen. Als Sinn der Lust, der Begierde, der Triebhaftigkeit trägt das Riechorgan den Stempel der Animalität[18]. Riechen und Schnüffeln erinnert an etwas Tierisches. Die sprachliche Unfähigkeit, Geruchsempfindungen auszudrücken, würde den Menschen, wenn dieser Sinn vorherrschte, zu einem an die Außenwelt gefesselten Wesen machen[19]. Wegen ihrer Flüchtigkeit könnte die Geruchsempfindung niemals ein dauerhafter Anreiz für das Denken sein. Die Schärfe des Geruchssinns steht im umgekehrten Verhältnis zur Entwicklung der Intelligenz.

Ganz im Gegensatz zum Gehör und dem Gesichtssinn, deren Anerkennung auf einem immer wieder bekräftigten Vorurteil Platons beruht, ist das disqualifizierte Riechorgan auch gesellschaftlich wenig nützlich. »Der Geruchssinn war weniger notwendig für ihn (den Menschen), denn er war zum aufrechten Gang bestimmt, er sollte schon aus der Ferne entdecken, was ihm als Nahrung dienen könnte; das gesellschaftliche Leben und die Sprache waren dazu da, ihn über die Eigenschaften der ihm eßbar erscheinenden Stoffe aufzuklären«, behauptet Baron Albrecht von Haller[20]. Der beste Beweis ist die Tatsache, daß die Geruchswahrnehmung beim Wilden schärfer ist als bei dem zivilisierten Menschen. In diesem Punkt stimmen Père du Tertre[21], Père Lafitau, Humboldt, Cook und die ersten Anthropologen[22] überein. Wenn auch manche Anekdoten, die in diesem Zusammenhang erzählt werden, übertrieben erscheinen, bestätigt die Beobachtung wilder Kinder doch die überlegene Riechempfindung derer, die außerhalb der Gesellschaft großgeworden sind[23].

All diese wissenschaftlichen Überzeugungen machen eine ausgeprägte Benutzung des Geruchssinns verdächtig. Das Schnüffeln und Beriechen ist ebenso verpönt wie die scharfe Geruchswahrnehmung oder eine Vorliebe für schwere tierische Riechstoffe; auch die Anerkennung der erotischen Rolle von Sexualgerüchen erregt Mißtrauen. Derartige Verhaltensweisen, die mit denen des Wilden verwandt sind, bezeugen eine Nähe zum Tier, einen Mangel an Raffinement, eine Unkenntnis der guten Sitten – kurz, sie beweisen das Scheitern jener Lernerfahrungen, die den gesellschaftlichen Stand definieren. Der Geruchssinn steht – gleich neben dem Tastsinn – ganz unten in der Hierarchie der Sinne; obendrein betreibt Kant seine ästhetische Disqualifizierung.

Das Verhalten von Jean-Noël Hallé widerspricht all diesen Behauptungen. Hier erkennen wir das erste Paradox des Geruchssinns, der als animalischer Sinn gilt, zugleich – und gerade deshalb – aber auch der Sinn der Selbsterhaltung ist. So kommt dem Riechorgan in seiner Eigenschaft als Wachposten eine neue Bedeutung zu. Die Nase, Vorhut des Geschmacks, warnt vor giftigen Substanzen[24]; aber das ist nicht mehr die Hauptsache. Wesentlich ist vielmehr, daß der Geruchssinn die in der Atmosphäre verborgenen Gefahren aufspürt. Seine Fähigkeit, die Eigenschaft der Luft zu analysieren, ist unübertroffen. Durch die Tatsache, daß dieses Fluidum in der Chemie und der mit Ansteckungstheorien befaßten Medizin eine zunehmend wichtige Rolle spielt, wird der von Lucien Febvre festgestellte Niedergang des Geruchssinns eine Zeitlang gebremst. Das Riechorgan antizipiert die Gefahr; es erkennt die schädliche Fäulnis und das Vorhandensein von Miasmen schon aus der Ferne. Es bezeugt den Widerwillen gegen alles, was vergänglich ist. Die Aufwertung der Luft sorgt für ein wachsendes Ansehen des Geruchssinns, jenes Organs, das der beunruhigten Wachsamkeit die besten Dienste erweisen kann. Und eben dieser Wachsamkeit entspringen die Richtlinien für die durch das Aufkommen der modernen Chemie notwendig gewordene Neuordnung des Raums.

Ein zweites Paar widersprüchlicher Gegebenheiten macht die Verwirrung komplett. Die Flüchtigkeit, vor allem aber die Unstetigkeit der Geruchseindrücke stören beim Erinnern und Vergleichen wahrgenommener Empfindungen. Wer versucht, den Geruchssinn zu erziehen, erlebt eine Enttäuschung. Infolgedessen findet das Riechorgan kaum Beachtung bei der Komposition des Englischen Gartens als dem privilegierten Ort der Erziehung zur sinnlichen Wahrnehmung und dem sinnlichen Glück.

Andererseits wiederholen die Ärzte seit der Antike unermüdlich, daß von allen Sinnesorganen die Nase dem Gehirn am nächsten steht, und sie daher der »Ursprung des Gefühls«[25] ist. Obendrein sind »all die feinen Fäden der Riechnerven und -platten überaus locker, von Lebensgeistern erfüllt; die anderen aber, die sich von jener Quelle entfernen, sind, dem allgemeinen Gesetz der Nerven folgend, fester und undurchlässiger«[26]. Daher die außerordentliche Zartheit der Geruchsempfindung, die – ganz im Gegensatz zu der oben erwähnten Wahrnehmungsschärfe – mit der Intelligenz des Individuums wächst. Der erlesene Duft der Blumen »scheint allein für den Menschen gemacht«[27].

Als Sinn der Affekte und ihrer Geheimnisse – Rousseau sollte vom Sinn der Vorstellungskraft und der Wollust sprechen[28] – vermag der Geruchssinn das Seelenleben tiefer zu erschüttern als das Gehör oder das Gesicht; er scheint bis an die Wurzeln des Lebens vorzudringen[29]. Das 19. Jahrhundert erhebt ihn zum privilegierten Sinn der Erziehung, zu einem Organ, das die Koexistenz des Ich und der Welt enthüllt, zum Sinn der Intimität. Der Aufstieg des Narzißmus[30] begünstigt das am stärksten diskreditierte Sinnesorgan ebenso, wie die panische Angst vor verseuchter Luft oder die Fortschritte bei der Bekämpfung von Anstekkungsgefahren es begünstigt hatten.

Wie wir sehen, besteht der theoretische Diskurs über den Geruchssinn aus einem Netz faszinierender Verbote und geheimnisvoller Reize. Die wegen der Bedrohung durch faulige Miasmen notwendige Wachsamkeit, der erlesene Genuß der Blumendüfte und das Parfüm des Narziß kompensieren die Ächtung der triebhaften animalischen Wollust. Es wäre voreilig, den Geruchssinn aus dem Feld der Wahrnehmungsgeschichte zu verbannen, die sich auf törichte Weise von dem hohen Prestige des Gesichts und des Gehörs hat einnehmen lassen.

Ich habe mir das Ziel gesetzt, Verhaltensweisen aufzuspüren, die sich an jenen ungewissen Theorien festmachen. Kommen wir daher zu der Fährte zurück, die Jean-Noël Hallé eröffnet hat.

Revolution der Wahrnehmung oder
der verdächtige Geruch

Isolierung der Feuerluft nach Scheele

Die Luft und die faulige Gefahr

Eine beängstigende Brühe

Um 1750, bevor die sogenannte pneumatische Chemie zu ihren entscheidenden Erkenntnissen gelangt, hält man die Luft noch für ein elementares Fluidum und nicht für ein Gemisch oder das Resultat einer chemischen Verbindung[1]. Seit der Veröffentlichung der Arbeiten von Hales sind die Gelehrten jedoch überzeugt, daß die Luft unmittelbar in die Textur der lebenden Organismen eindringt. Sämtliche flüssigen und festen Gemenge, aus denen der Körper besteht, lassen bei ihrer Zerlegung Luft entweichen – eine Entdeckung, die das vermutete Aktionsfeld dieser elementaren Substanz erheblich erweitert. Von nun an glaubt man, daß die Luft in vielfältiger Weise auf den lebenden Körper einwirkt: durch einfachen Kontakt mit der Haut oder der Lungenmembran, durch den Austausch der Poren, durch direkte oder indirekte Einführung, da auch die Nahrungsmittel einen Anteil Luft enthalten, der in den Speisesaft und dann ins Blut gelangen kann.

Dank ihrer physikalischen Eigenschaften, die je nach Region und Jahreszeit variieren, reguliert die Luft die Ausdehnung der Flüssigkeiten und die Spannung der Fasern. Seit ihre Schwere als wissenschaftliche Wahrheit gilt, wird allgemein anerkannt, daß sie einen Druck auf die Organismen ausübt. Dieser Druck würde das Leben unmöglich machen, gäbe es nicht ein Gleichgewicht zwischen der von außen kommenden und der im Körper enthaltenen Luft; ein heikles Gleichgewicht, das durch Rülpsen, Blähungen sowie die Mechanismen der Nahrungsaufnahme und des Einatmens laufend korrigiert und wiederhergestellt werden muß[2].

Die leicht zusammenpreßbare Luft zeigt ein deutliches Expansionsbestreben, eine Elastizität, deren Kraft der Schwerkraft entspricht. Die kleinste Luftblase gleicht die Masse der Atmosphäre aus. Diese Kraft erlaubt das Atmen, sie sorgt für dauernde Bewegung in den Gedärmen, sie gewährleistet eine Ausdehnung, wo das Gewicht des Fluidums zusammendrückt. Von selbst kann die Luft ihre Elastizität nicht verlieren; wird sie ihrer jedoch beraubt, ist sie nicht in der Lage, sich in den alten Zustand zurückzuversetzen. In diesem Fall hilft nur noch die Bewegung, nur sie ermöglicht eine Wiederherstellung der Atmosphäre und damit auch das Überleben der Organismen. Der Tod tritt ein, sobald das Fluidum nicht mehr die Kraft hat, in die Lunge einzudringen.

Lufttemperatur und Luftfeuchtigkeit üben einen mittelbaren Einfluß auf den Körper aus. Durch ein subtiles Spiel von Kontraktion und Expansion tragen sie dazu bei, das prekäre Gleichgewicht zwischen dem inneren Milieu und der Atmosphäre zu zerstören oder wiederherzustellen. Wärme bewirkt eine tendenzielle Verdünnung der Luft und führt deshalb zur Erschlaffung und Verlängerung der Fasern. Die äußeren Körperteile, insbesondere die Extremitäten, schwellen an. Der gesamte Organismus leidet unter Schwäche, wenn nicht gar unter absoluter Mattigkeit. Kalte Luft dagegen zieht die festen Körper zusammen, vermehrt die Spannung der Fasern[3] und kondensiert die Flüssigkeiten. Sie erhöht die Kraft und Aktivität des Individuums. Paradoxerweise[4] bleibt dennoch die Überzeugung bestehen, daß es die Luft ist, die das Blut reinigt und daher – wie Sanctorius im 17. Jahrhundert gezeigt hat – sowohl die spürbaren Absonderungen als auch die unmerklichen Ausdünstungen des Körpers reguliert. Frische Luft erweist sich folglich als besonders wohltuend[5]; übermäßig kalte Luft dagegen kann die Verdunstung der *excreta* hemmen und zum Skorbut führen.

Bei starker Feuchtigkeit, etwa bei Morgen- und Abendtau oder bei Dauerregen, erschlaffen die festen Körper, die Fasern dehnen sich aus; denn die Feuchtigkeit hilft dem Fluidum, in die Poren einzudringen, während sie zugleich die Elastizität der im Inneren versammelten Luft herabsetzt. Durch das Zusammenspiel schädlicher Wirkungen droht die sowohl heiße als auch feuchte Luft das zum Überleben notwendige, prekäre Gleichgewicht ernsthaft zu gefährden.

Als elementare Substanz spielt die Luft die Rolle eines trägen Beförderungsmittels[6]. Sie führt einen Haufen fremder Partikel mit sich. Die Belastung dieses heterogenen Fluidums verändert sich, genau wie seine physikalischen Eigenschaften, mit Zeit und Ort.

Der Versuch einer Bestandsaufnahme aller Aufgaben, die nach Meinung der Autoren von der Luft erfüllt werden sollen, grenzt an Wahnsinn. Die Mehrheit der Gelehrten stimmt insofern überein, als sie die Luft für den Ort der Expansion des Stahlschen Phlogistons* halten und sie schon aus diesem Grunde für lebensnotwendig erachten. Manche

---

*das Stahlsche Phlogiston: Nach der ab 1697 von G. E. Stahl entwickelten Phlogistontheorie enthalten alle brennbaren Substanzen ein stoffliches, brennbares »Prinzip«, das sogenannte Phlogiston, das bei Verbrennung an der Luft entweicht (A. d. Ü.).

sehen in ihr auch den Träger der Wärme. Nach Boissier de Sauvages sorgt die Luft ferner für die Weiterleitung des elektrischen Fluicums, das seinerseits ihre Elastizität erhält[7]. Zahlreiche Autoren schreiben der Luft die Transmission magnetischer Teilchen oder gar ungewisser Einflüsse der Sterne zu[8].

An einem allerdings zweifelt damals niemand: daß die Luft jene Substanzen aufnimmt, die sich von den Körpern lösen. Die Atmosphäre gleicht einem riesigen Behälter, der die Ausdünstungen der Erde ebenso speichert wie die pflanzlichen und tierischen Absonderungen. Die Luft ist eine bedrohliche Brühe, in der sich alles mischt: Rauch, Schwefel, wasserhaltige, flüchtige, ölige und salzige Dämpfe, die von der Erde aufsteigen, ja gegebenenfalls auch die feurigen Materien, die unser Boden ausspuckt, die aus den Sümpfen kommenden Dünste sowie winzige Insekten, deren Eier, allerhand Aufgußtierchen und, schlimmer noch, die ansteckenden Miasmen der verwesenden Körper.

Ein unergründliches Gemenge, das Boyle ohne großen Erfolg mit Hilfe summarischer analytischer Mittel zu entwirren versucht hatte[9]. Ein brodelndes Gemenge, das durch die in der Atmosphäre herrschende Turbulenz laufend verändert wird; ein Theater merkwürdiger Gärungs- und Verwandlungsprozesse unter dem Einfluß von Blitz und Donner, reingefegt von den großen Stürmen, in denen das Übermaß der schwefligen Partikel vernichtet wird. Ein mörderisches Gemenge in Zeiten absoluter Windstille, wenn die gefürchtete Stagnation eintritt und die geschützten Häfen, die tiefen Buchten in Matrosenfriedhöfe verwandelt.

Genau wie die physikalischen Eigenschaften der Luft durch ihre Summe und durch ihre Unterschiede wirken, reguliert die Zusammensetzung der von ihr beförderten Fracht die Gesundheit der Organismen. Schwefelhaltige Stoffe, giftige Ausdünstungen und übelriechende Dämpfe kompromittieren die Elastizität der Luft und drohen das Leben zu ersticken; die sauren metallischen Salze lassen das Blut in den Kapillargefäßen gerinnen; Emanationen* und Miasmen verpesten die Luft, führen zu Epidemien. In der Gesamtheit all dieser Überzeugungen wurzelt jene Wachsamkeit gegenüber der Atmosphäre, die der neohippokratischen Medizin als Grundlage dient; eine Wachsamkeit, welche die Epidemiologie des ausgehenden Ancien Régime hervorbringen und die *Société Royale de Médecine* zu dem Vorhaben einer »pneumato-pathologischen« Tabelle[10] anregen sollte. Hippokrates und seine Schüler aus der Ärzteschule von Kos[11] hatten schon im 5. und 4. Jahrhundert v. Chr. her-

*Emanation: Ausfluß, Ausdünstung (A. d. Ü.).

Boyles erste Luftpumpe
1660

vorgehoben, welch starken Einfluß Luft und Gegend auf die Entwicklung der Leibesfrucht, das Temperament, die Wollust, die Sprache und das Wesen der Völker ausüben.

»Jedes Tier ist von Natur aus zum Gebrauch der reinen, natürlichen und freien Luft bestimmt«, liest man in dem bereits 1742 ins Französische übersetzten Buch des Schotten Arbuthnot[12]. Ein junges Tier verfügt nicht über jene durch Gewohnheit erworbene Toleranz, die dem Städter erlaubt, »künstliche Luft« zu ertragen. Noch ehe Männer wie Priestley oder Lavoisier sich um die Analyse der »gemeinen Luft« bemühen, wird schon der Anspruch auf das natürliche Recht laut, eine Luft zu atmen, die nicht mit schädlichen Stoffen belastet ist. Erst später sollte in dem Begriff der Reinheit auch die Veränderlichkeit der Zusammensetzung berücksichtigt werden. Im Augenblick zählt nur das richtige Gleichgewicht zwischen »Verderbtheit« und »Läuterung«[13]. So aber kann die Forschung unmöglich zum Ziel gelangen; allenfalls zu einer Hygiene, die jedes Mißtrauens gegenüber den Wechselfällen der Natur beraubt ist, seien es überraschende Tauwetter, regnerische Wärmeeinbrüche oder heftige Regenfälle nach großer Trockenheit. Weiße, durchsichtige Haut steht symbolisch für dieses Konzept von Hygiene; die Blässe gilt als manifestes Zeichen für die schlechte Qualität des Luftaustausches, von dem das Lebewesen zehrt[14].

Auf der Basis der zeitgenössischen Vorstellungen über die Luft bilden sich sowohl die Definitionen des Gesunden und des Ungesunden als auch die Normen dessen heraus, was der Gesundheit zuträglich und was ihr unzuträglich ist. Schon jetzt zeichnet sich die Unabdingbarkeit der

Bewegung ab, schon jetzt ertönen die ersten Anklänge einer Hymne auf den Sturm.

Noch ehe Lavoisier die Atmung als Verbrennungsvorgang beschreibt, erfährt die pneumatische Chemie durch zahlreiche tastende Versuche und Entdeckungen zwischen 1760 und 1780 eine grundlegende Veränderung. Gleichzeitig, im Laufe derselben zwanzig Jahre, vollzieht sich eine für unser Thema entscheidende Entwicklung. Bis dahin hatte der Geruchssinn keine besondere Rolle bei der Erforschung der Luft gespielt; er war noch weit davon entfernt, all die mit dem Fortschritt des »Aerismus« verbundenen Ängste auf sich zu ziehen. Die Bestimmung der physikalischen Eigenschaften der Atmosphäre hing vom Tastsinn oder den wissenschaftlichen Meßgeräten ab. Der theoretische Aspekt der Diskussion über Miasmen und Ansteckungsstoffe, die Undefinierbarkeit der Ausdünstungen, das Fehlen zutreffender Analysen, auf die man sich hätte berufen können, und die Ungenauigkeit des noch kaum entwickelten Vokabulars trugen dazu bei, den Geruchssinn zu disqualifizieren. Bezeichnend in diesem Zusammenhang ist die seltene Erwähnung von Gerüchen in der damaligen Auseinandersetzung zwischen Befürwortern und Gegnern der Ansteckungstheorie[15].

Der Kampf gegen die Ungenauigkeit, die exakte Analyse der Bedrohung[16] – dies sind die Aufgaben, denen die Chemiker sich nun zuwenden. Der Weg, den sie beschreiten, ist zweigleisig: 1. um eine Bestandsaufnahme zu ermöglichen und den Gemengen einen Namen geben zu können, wollen sie versuchen, eine geruchsbezogene Sprache zu erfinden, die entsprechende Definitionen erlaubt; 2. sollen die Phasen und Rhythmen des Zerfalls festgestellt und im wesentlichen nach Gerüchen geordnet werden, da der Geruchssinn sich für die Beobachtung der Gärungs- und Faulungsprozesse als besonders geeignet erweist. Die ersten, noch stockenden Ansätze einer Eudiometrie* vermögen die Bedeutung, die der Geruchssinn für die Naturforschung gewinnt, kaum zu beeinträchtigen. Zwar ist auch die Nase ein ungenaues analytisches Instrument, aber sie ist doch unendlich viel empfindlicher als die von Volta oder dem Abbé Fontana entwickelten Apparate.

Chemiker und Ärzte machen sich daran, ein Vokabular auszufeilen, das ihnen die Möglichkeit geben soll, Geruchsbeobachtungen zu beschreiben. Die Aufmerksamkeit, die dem Riechbaren hinfort zuteil wird, schlägt sich in der wissenschaftlichen Sprache deutlich nieder und führt zu einem beeindruckenden Anstieg von Geruchserwähnungen in

*Eudiometrie: Messung des Sauerstoffgehaltes der Luft als Güteprobe (A. d. Ü.).

der Literatur, den sämtliche Spezialisten des ausgehenden 18. Jahrhunderts bestätigen. Zahlreiche Versuche werden unternommen, den Gasen und vor allem den zum Atmen untauglichen »Luftarten« auf die Spur zu kommen; man bemüht sich, die bislang nicht faßbaren Ansteckungsstoffe, Miasmen und Gifte zu unterscheiden und zu beschreiben – ein zum Scheitern verurteiltes Vorhaben, da es auf einem Irrtum beruht; eine Sisyphusarbeit, welche die Ärzte bis zum Triumph der pasteurschen Theorien in Atem hält. Nachdem es nicht gelingt, die bedrohlichen kleinen Wesen über den Geruchssinn ausfindig zu machen, bleibt noch lange Zeit die Hoffnung bestehen, auf diesem Wege wenigstens ihre Wirkungen auf lebende Körper zu ergründen. Während die noch in den Kinderschuhen steckende klinische Medizin von den im Inneren des Leichnams beobachteten krankhaften Erscheinungen und Schädigungen neue Erkenntnisse erwartet, bezieht der vorherrschende medizinische Synkretismus, gekennzeichnet durch die Verquickung von Neohippokratismus und mechanistischem Erbe, die krankhaften Gerüche auf die durch Beobachtung definierte Skala der Zerfallserscheinungen im Zuge des Fäulnisprozesses.

Zwischen 1770 und 1780 entfalten die Gelehrten größten Eifer in ihren Bemühungen, die verschiedenen »Luftarten« – auch Gase genannt – in Behälter einzufangen, sie umzufüllen, einzuschließen, aufzubewahren und die jeweiligen Wirkungen auf den tierischen Organismus zu erforschen. In wenigen Jahren bringt das unermüdliche Experimentieren – dessen Faszinationskraft sich in dem Werk von Carl Wilhelm Scheele[17] besonders gut widerspiegelt – eine Tabelle der zur Respiration tauglichen »Luftarten« und der schädlichen Dämpfe hervor: eine konfuse, verworrene Klassifikation mit einer noch flexiblen Terminologie. Einige bekannte Namen fallen auf: die fixe Luft, die schweflige Säure, die inflammable oder entzündbare Luft, das flüchtige Alkali und die Schwefelleber. Im Laufe vielfältiger Versuche lernt jeder, die Mitglieder dieser weitschweifigen Familie zu erkennen, das heißt, sie über den Geruchssinn zu bestimmen.

Während Ratten, Hunde und Kaninchen unter den Glasglocken mit dem Tode ringen und verenden, werden die mit dem Lebensmechanismus verbundenen Austausch- und Umwandlungsprozesse allmählich durchschaubarer. Der englische Prediger Priestley[18] mißt die Verderbtheit der zum Atmen benutzten »gemeinen Luft« sowie die Produktion von »phlogistisierter Luft« (Stickstoff) und »fixer Luft« (Kohlendioxid) auf Kosten der dephlogistisierten »Lebensluft« (Sauerstoff). Letztere gilt hinfort als die beste Atemluft. Doch die Treue des englischen Gelehrten zur Phlogistontheorie hindert ihn, die genaue Analyse des Fluidums bis zum Ende durchzuhalten. Priestley legt auch die Grundsteine für die Theorie des Gasaustauschs im Pflanzenreich, überläßt aber Ingenhousz das Verdienst, die Photosynthese in allen Einzelheiten zu beschreiben. Die Entdeckung, daß Pflanzen unter Lichteinwirkung in der Lage sind, die Luft mit Sauerstoff anzureichern, erzeugt bei den beiden Forschern die optimistische Vision einer selbsttätigen, schicksalhaften Regulierung, bei der die von Tieren verdorbene Luft laufend von den Pflanzen gereinigt wird[19].

All diese Entdeckungen tragen dazu bei, daß die Luft nicht mehr für ein Element oder eine chemische Verbindung gehalten, sondern als Gasgemisch erkannt wird, dessen proportionale Zusammensetzung seine jeweiligen Eigenschaften bestimmt.

Priestley hat übrigens auch gezeigt, daß es möglich ist, der »einatmungsfähigen« Anteil einer Luft zu berechnen. Gestützt auf diese Erkenntnis zieht der Abbé Fontana mit seinem Eudiometer durch ganz Europa – erwartet wie ein Heiliger. Er behauptet, die Lebenskraft der Atmosphäre verkünden zu können. Die Enttäuschung ist groß, als die Luft im Quartier des Halles ebenso unverdorben erscheint wie in den Bergen. Die Hoffnungen, die man in den Apparat gesetzt hatte, sind schnell dahin. Bleibt einzig der Geruchssinn, von dem Orakel zu erwarten sind.

Die Gerüche des Zerfalls

Das wesentliche Ziel dieser Chemie, die sich mit der Beschaffenheit der Gase beschäftigt und dabei so stark in die Beobachtung organischer Phänomene involviert ist, besteht nun darin, die Verwirrung in Hinsicht auf die verschiedenen Ausdünstungen, »die Verschwommenheit des Fauligen«[20] zu beseitigen, um endlich zum Verständnis jener Mechanismen zu gelangen, die zur Verseuchung führen. Die Erforschung der »Luftarten« läuft auf eine Erforschung der Lebensmechanismen hinaus; das ist der eigentliche Grund für die aufkommende Mode des »pneumatischen« Experiments, die sich in aufgeklärten Kreisen wie eine unkontrollierbare Leidenschaft verbreitet. Auch wenn dieser Umweg uns merkwürdig erscheint, liegt die wahre Ursache der Faszination in der Todesangst, der Furcht vor dem Zerfall des lebenden Körpers. Die Luft wird nicht mehr so sehr als Ort der Erzeugung[21] oder Entfaltung von Lebenskraft untersucht, sondern vielmehr als Laboratorium der Auflösung betrach-

Geselliges Experimentieren mit einer Luftpumpe
1769

tet. Die mit morbider Aufmerksamkeit betriebene Beobachtung des
Zersetzungsprozesses organischer Substanzen, die Absonderung des
»Zements«, der den Körper zusammenhält[22], jener »fixen Luft« also, die
mittlerweile zur Hauptfigur des Dramas aufgestiegen ist, das buchstäbliche Riechen des Zerfalls übt eine beunruhigende Faszination aus. Man
folgt den Wegen des Todes in der lebenden Materie, um herauszufinden,
auf welche Weise das geheimnisvolle Gleichgewicht des Lebens entsteht.

Der Geruchssinn spielt bei dieser Suche eine so wesentliche Rolle,
daß wir auf eine kurze Zusammenfassung der Vorgeschichte nicht verzichten sollten, vor allem was die Erforschung der Fäulnisprozesse betrifft. Bacon[23] könnte hier als Begründer einer neuen Lehre gelten.
Schon zu Anfang des 17. Jahrhunderts hatte er erklärt, daß alle Störungen in unserem Organismus mehr oder weniger zu dessen fauliger Auflösung führen, welche den Zusammenhalt der Teile gänzlich zerstört,
um eine neue Zusammensetzung zu ermöglichen. Als Beweis führt er die
Geruchsverwandlungen an; so hatte er »im Zuge der Fäulnis bereits die
häufig auftretenden Gerüche von Ambra, Moschus und Zibet beobachtet«[24].

Als der eigentliche Vater der Fäulnistheorie aber muß der Deutsche
Johann Joachim Becher angesehen werden. Seiner Ansicht nach ist die

Fäulnis eine dauernde Bewegung in den Gedärmen, die sich fortwährend im Kampf mit dem Prinzip der natürlichen, feurigen Kohäsion der Teile befindet; der balsamische[25] Geist des Blutes sorgt dafür, daß das elementare Feuer, welches hier am Werke ist, nicht erlischt. Unter mechanistischen Gesichtspunkten resultiert die beschriebene Darmbewegung aus der Mobilität der von ihren Fesseln befreiten Moleküle; daher der widerwärtige und penetrante Geruch faulender Körper. Der Geruch ist folglich nicht nur ein Anzeichen der Fäulnis, sondern integraler Bestandteil des Prozesses selbst. Gestank und Feuchtigkeit definieren den Zerfall. Die wässrigen Teile der organischen Materie verwandeln sich in Jauche und Eiter, die flüchtigen Teile entweichen in Form übelriechender Moleküle. Was bleibt, ist Erde.

Wenn der dauernde Kampf im Innern der Lebewesen zugunsten der Fäulnis verläuft, wenn der Organismus durch einen unglückseligen Zufall faulige Miasmen aufnimmt, Dünste von kranken oder in Verwesung begriffenen Körpern, die das Gleichgewicht der Kräfte in den Eingeweiden zerstören, wenn der Fluß des balsamischen Geistes, der im Blute wohnt, durch eine Zerstörung der Gefäße, eine Verdickung der Säfte oder eine Verletzung ins Stocken gerät, kann dies den Triumph des Brandes, der Blattern, des Skorbut, des Pest- oder des Faulfiebers bedeuten.

Die fäulniswidrigen Mittel, Substanzen also, die fähig sind, das Übermaß an Fäulnis einzudämmen, sind unter den flüchtigen, warmen, öligen, aromatischen Stoffen zu suchen, da selbige besonders geeignet erscheinen, der Zirkulation des lebenswichtigen balsamischen Geistes einen Weg zu bahnen. Die therapeutische Bedeutung, die das Aromat aufgrund seiner Flüchtigkeit und seiner Durchdringungskraft gewinnt, bestätigt eine alte Tradition, die schon Hippokrates veranlaßt hatte, die Pest mit Wohlgerüchen zu bekämpfen[26].

Die Physik des deutschen Gelehrten führt zu einer doppelten Bewertung der Gerüche: das Übelriechende zeigt Auflösung an, während der aromatische Duft den Weg für das Lebensprinzip öffnet. Symptome wie Heilmittel stammen aus dem Bereich des Riechbaren.

Gestützt auf die Behauptung von Robert Boyle, der zufolge jede Auflösung organischer Stoffe Luft produziert, hatte Hales sich bemüht, die entweichende Substanz zu untersuchen und zu messen. Ein Kubikzoll Schweineblut erzeugt dreiunddreißig Kubikzoll jener »Luftart«, der Black den Namen »fixe Luft« geben sollte. Damit hat die Erforschung des fauligen Zerfalls eine neue Orientierung gewonnen. Es bestätigt sich, daß Fäulnis eine Zersetzung ist, hervorgebracht durch die Bewegung in den Gedärmen. Der Skorbut etwa, der hinfort als Sinnbild krankhafter

Fäulnis erscheint, ist eine schlichte Auflösung, die im lebenden Körper beginnt. Aber das, was den Zusammenhalt gewährleistet, was nach dem Zerfall übrigbleibt, ist keine Erde, sondern Luft. Der »Zement«, das Bindemittel der Körper, ist flüchtiger Natur. Nachdem er entwichen ist, gehen die salzigen, öligen und wässrigen Erdkomponenten neue Verbindungen ein.

Im wesentlichen sind es diese Vorstellungen, die Pringle 1750 und einige Jahre später auch den Dubliner Chemiker Mac Bride zu ihren Arbeiten anregen[27]. Dem letzteren zufolge muß ein fäulniswidriges Mittel vier Funktionen erfüllen: in erster Linie muß es natürlich die Freisetzung der »fixen Luft« verhindern, die aus der Auflösung des Blutes oder einer übermäßigen Ausdehnung der Fasern resultieren könnte; ferner soll es den für jede Darmbewegung notwendigen Zustand der Flüssigkeit gewährleisten, die Ausscheidung der im Körper befindlichen Fäulnis erleichtern und gegebenenfalls die verfaulten Substanzen in ihren natürlichen Zustand zurückversetzen. Aufgrund der von Pringle und Mac Bride formulierten Ansprüche werden diejenigen Mittel für fäulniswidrig erklärt, die eine fasernzusammenziehende Wirkung haben, ferner aromatische Stoffe, Salze, Chinarinde und schließlich die Luft selbst.

Die britischen Entdeckungen finden in Frankreich rasche Verbreitung. 1763 setzt die Akademie von Dijon die Erforschung fäulniswidriger Mittel zum Wettbewerb aus. Barthélemy-Camille Boissieu[28] zeichnet sich als einer der ersten Preisträger aus. Er liefert eine glänzende Synthese, in der er sowohl den für jeden lebenden Organismus unerläßlichen inneren Faulungsprozeß hervorhebt, als auch das unsichere Gleichgewicht, das ständig überwacht werden muß. Der Autor beschreibt die Gefahren, er nennt die Prinzipien, die den Hygienikern als Leitfaden ihres Handelns dienen sollten. Mit großer Präzision definiert er die künftige Strategie. Wichtig ist vor allem, das Entweichen der »fixen Luft« zu unterbinden, da selbige, wenn ihr nichts im Wege steht, ein dauerndes Bestreben zeigt, sich zu verflüchtigen, um in den Zyklus des Gasaustausches, der Leben und Tod reguliert, zurückzukehren. Es gilt daher, ungünstige Bedingungen zu meiden, als da sind: 1. die Hitze, unter deren Einwirkung sämtliche Partikel, aus denen der Körper besteht, zur Ausdehnung oder Verdünnung neigen, und die deshalb das gesamte Abwehrsystem schwächt; 2. die Feuchtigkeit, da sie den Zusammenhalt der Teile lockert; 3. der Aufenthalt in einer Luft, deren Elastizität beeinträchtigt ist, und die sich dem Entweichen der »fixen Luft« deshalb weniger wirksam widersetzt. Vor allem aber ist es angezeigt, solche

Luft zu fliehen, die verdorben ist von fauligen Ausdünstungen, da selbige die Flüssigkeiten vermehrt zu einer »aufwallenden Darmbewegung« anregen und den Fortschritt des Faulungsprozesses beschleunigen.

Umgekehrt soll der Arzt alles begünstigen, was eine Verflüchtigung des Gases hemmt. Er muß darauf achten, daß die Flüssigkeiten in Bewegung bleiben, da nur Bewegung die Luft im fixen Zustand erhalten kann; zugleich muß er für guten Stuhlgang sorgen, damit die fauligen Säfte ausgeschieden werden; und er muß die Luftaufnahme durch die Lungen, die Poren sowie die atmenden Gefäße des Magens und der Eingeweide erleichtern und die Qualität des Gasaustausches mittels der Speisesäfte verbessern. Als therapeutisch wirksam wird eine geeignete Auswahl von Nahrungsmitteln anempfohlen, außerdem die Verwendung fäulniswidriger Balsame und die Einwirkung jener Dämpfe, die beim Erhitzen aromatischer Stoffe entstehen oder von gewissen gärenden Substanzen ausgehen. Dies sind die Grundlagen einer Hygienepolitik, die weit über den Rahmen der neohippokratischen Theorie, in den sie zu Unrecht immer wieder verwiesen wird, hinausgeht. Ihre entscheidenden Merkmale sind die Analyse der Luft, der Kampf gegen die fauligen Miasmen und die Anerkennung aromatischer Stoffe als Heilmittel.

Die Verbreitung nämlicher Theorien führt zu einem regelrechten Boom von Experimenten und Analysen, die sich mit den Gerüchen der Fäulnis beschäftigen. Es wäre zuviel des Guten, hier auch nur die Hauptwerke zu zitieren, die darüber berichten. Becher selbst hatte sich bemüht, die Gerüche in den einzelnen Stadien des Zerfalls zu beschreiben. 1760 legt Féou in Montpellier eine Doktorarbeit vor, in der er Bechers Analyse aufgreift und verfeinert. Unmittelbar nach dem Tode verströmt der Leichnam einen »süßlichen Geruch«[29], den manche für eine »Weingärung« halten. Dann entwickelt sich ein stärkerer, beißender Geruch, der »recht oft an den Gestank von überreifem Käse erinnert«; Gardane bezeichnet ihn als »säuerlich«. »Schließlich tritt der Geruch der Fäulnis auf, der zunächst nur fade und nicht scharf ist, jedoch von einer Fadheit, die Übelkeit erregt (...); unmerklich wird er penetrant, ätzend und widerwärtig. Auf den faulen Geruch folgt ein krautartiger, und schließlich einer, der nach Ambra riecht...« Der Autor schließt mit der Bemerkung: »Dies soll die Ärzte in die Lage versetzen, die bei Krankheiten entstehenden Gerüche genauer zu bestimmen.«

Die Präsidentin Thiroux d'Arconville ist ein glänzendes Beispiel für jene Gelehrten, die den fauligen Gerüchen unentwegt auf der Spur sind. Robert Mauzi[30] hebt die Bedeutung dieser leidenschaftlich für die Physik entflammten Aristokratin hervor. Vom Stigma der Pockennarben zu einem tugendhaften Lebenswandel verdammt, scheint sie in der Wissenschaft eine Kompensation gefunden zu haben. Die Präsidentin versichert, sie habe Experimente mit mehr als dreihundert Substanzen durchgeführt, um herauszufinden, wie die Fäulnis in jedem Einzelfall bekämpft werden kann. Wir verdanken ihr ein umfangreiches Werk[31] von sechshundert Seiten, die zahlreichen Tabellen nicht einmal mitgezählt. Mit größter Sorgfalt hat die junge Frau unter den verschiedensten Bedingungen experimentiert, sie hat Jahreszeit, Temperatur, Feuchtigkeitsgrad, Wind und Lage als Variablen herangezogen. Sie hat sowohl in der Stadt als auch auf dem Land gearbeitet und über all ihre wissenschaftlichen Tätigkeiten Tagebuch geführt. Madame Thiroux d'Arconville ist eine unvergleichliche Beobachterin des Riechbaren. Sie strebt danach, die Fäulnisstadien jeder einzelnen von ihr erforschten Substanz nach Gerüchen einzuteilen. Nachdem sie sich monatelang dem nicht enden wollenden Reigen verschrieben hatte, überkommt sie ein Schwindel angesichts der zahllosen Geruchsvariationen, die von unglaublichen Geheimnissen zeugen. Hier hält die Natur einen faszinierenden Diskurs, der für die Vorstellungskraft noch anregender ist als die Farbveränderung faulender Substanzen oder die pfeifenden, brodelnden Geräusche der Gärung.

Madame d'Arconville ist kein Einzelfall. Godart[32], Autor einer Abhandlung, die ebenfalls beim Wettbewerb von Dijon vorgelegt wurde, macht keinen Hehl aus der halluzinierenden Wirkung der wechselnden Gerüche, die den Fäulnisprozeß begleiten; ähnlich beeindruckt zeigt er sich von riechenden »Verpuffungen« in seinen Versuchsflaschen. Ein weiteres Beispiel ist Doktor Raymond[33], der in seinem Buch über die Elephantiasis beschreibt, wie er sich bemüht hat, den Fortgang der Fäulnis am lebenden Körper mit der Nase zu verfolgen.

Der Geruchssinn hat einzigartig von jener Bewegung profitiert, die sich unter dem Einfluß der Schüler von Locke und Condillac um eine verfeinerte Wahrnehmung der sinnlich erfaßbaren Phänomene und die Schärfung jedes einzelnen Sinnesorgans bemühte. Im Gegensatz zur herkömmlichen Meinung[34] hat das Riechen größeren Gewinn daraus gezogen als das Sehen, das Hören oder das Fühlen. Der Geruchssinn ist in der Tat weitaus direkter an der sich langsam herauskristallisierenden Definition des Gesunden und des Ungesunden beteiligt, die das Tun und Lassen der Hygieniker bis zu den pasteurschen Entdeckungen wesentlich beeinflussen sollte. Während die im Entstehen begriffene klinische Medizin dem Hören, Sehen und Fühlen größere Bedeutung beimißt, kommt dem Geruchssinn die Aufgabe zu, die unterirdische Physiologie zu enthüllen, die Veränderung der Säfte zu überwachen, die »Ordnung der Fäulnis«[35] zu begleiten.

Die Kompliziertheit des Vokabulars verrät die neuen Ansprüche. Anhand eines ganzen Systems von Geruchsstufen muß der Arzt lernen, die Vielfalt der Zeichen zu entwirren. Er muß eine regelrechte Riechlehre durchmachen, ehe er es versteht, mit den beiden wesentlichen Geruchsserien umzugehen: einer, die das Erkennen der Gase erlaubt, mit deren Hilfe man also den Gefahren der Luftverderbnis auf die Spur kommen kann; und einer anderen, die auf den Analysen des Gärungs- und Fäulnisprozesses beruht, anhand derer man Vermutungen über das Miasma anstellen und seine Wirkungen auf den Organismus erforschen kann. Nimmt es da noch Wunder, daß die medizinischen Ausführungen eines Professor Hallé überfrachtet sind mit unzähligen Hinweisen auf Gerüche, die ihn bis ins Alltagsleben hinein verfolgen?

Aber ist es legitim, den Einfluß der Ärzte und Hygieniker so hoch einzuschätzen, daß man ihnen allein die ganze Vorgeschichte dieser Revolution der Wahrnehmung zuschreiben könnte? Gewiß nicht. Obwohl sie bei der Verbreitung der neuen Theorien eine wesentliche Rolle gespielt haben, deutet alles darauf hin, daß sie im Grunde nur eine ausgeprägte Empfindlichkeit ihrer Zeitgenossen zum Ausdruck gebracht haben. Vorübergehend genießt der Geruchssinn einen spürbaren Aufschwung, weil die »neuen Ängste«[36], die bis zu Pasteurs Entdeckungen den Nährboden für die Bildung von Mythologien liefern sollten, sich an ihm besser festmachen lassen als an den übrigen Sinnen. Er offenbart die Unsicherheit des organischen Lebens, und das ist das Wichtigste. Die Aufmerksamkeit gegenüber den Gerüchen der Fäulnis gibt einen abgrundtiefen Einblick in die Psychologie der Eliten des ausgehenden Ancien Régime. Die dauernde Beobachtung der Fortschritte des Todes zu Lebzeiten, die in der sorgfältigen Analyse von Rülpsern, Blähungen, Furzen, Koliken und übelriechenden Durchfällen Gestalt annimmt, zieht neue Befürchtungen nach sich. Die Abwägung der Grade innerer Fäulnis anhand des Geruchs der Ausscheidungen führt zu jener erstaunlichen Wachsamkeit gegenüber den Exkrementen schlechthin, mit der wir uns im folgenden Abschnitt beschäftigen werden.

Auch die Beziehung des Menschen zu seiner Umgebung erlebt eine Umwälzung. Faktoren wie die Beschaffenheit des Raums, die Höhe, die Lage oder die Art der Winde sind hinfort nicht mehr so wichtig; entscheidend ist die Analyse des engen, beschränkten Umfeldes, in dem sich das Alltagsleben abspielt, der Dunstkreis, die Atmosphäre, welche den Körper umgibt. Als Gefahr gilt hinfort die »entartete«, verdorbene

Luft, die Nähe des Übelriechenden, das im Zuge der Verwesung freigesetzte faulige Molekül, das »Luftmiasma«, das seinen Halt verloren hat[37], die lebende Materie aber nur um so mehr mit Fäulnis bedroht, das Miasma, dessen zersetzende Kraft sich auf alles erstreckt, auf die Pflanzen, das Fleisch auf dem Ladentisch der Metzgerei, das Gold und Silber in den Geschirrschränken.

In der Aufmerksamkeit gegenüber den Gerüchen der Fäulnis zeigt sich die Angst des Lebewesens, das die Elemente, aus denen es besteht – Elemente, die es von früheren Wesen übernommen hat, und die eine Zusammensetzung neuer Wesen erlauben werden –, nicht *fixieren*, nicht fassen kann. *Fixieren* ist das Schlüsselwort. Die Fäulnis gleicht einem Uhrwerk, und die Forschungen, die ihr gewidmet sind, machen Geschichte. Die aufmerksame Geruchswahrnehmung hat nicht nur zum Ziel, der Gefahr, dem Infektionsrisiko auf die Spur zu kommen. Der Geruchssinn als Wachposten wäre hier ein zu enger Begriff. Nein, diese Wachsamkeit ist mehr: sie ist eine unablässige, lauernde Beobachtung des Zerfalls der Lebewesen im allgemeinen und der eigenen Person im besonderen. Für Oscar Wildes Dorian Gray ist das Anzeichen der Zerstörung – genau wie für uns – sichtbar. Für die Zeitgenossen von Professor Hallé ist es auch riechbar. Heute fällt es schwer, eine solche Haltung zu verstehen. Angesichts des panikartigen Schreckens, den das übelriechende Miasma auslöst, neigen wir zur Heiterkeit – ein Zeichen der Verständnislosigkeit.

Jacques Guillerme[38] weist darauf hin, daß die Fäulnis häufig – etwa bei Schlegel – in die Nähe des Teuflischen gerückt wird. Unterstützt wird dieser Gedanke durch die immer wieder betonte Korrelation zwischen dem Gestank und den Abgründen der Hölle; von Milton bis Cowper Powys[39] haben sämtliche Autoren, die sich in einer Beschreibung der Gehenna versucht haben, diesen Aspekt hervorgehoben. In einem beschränkteren historischen Rahmen sollten all diejenigen, die sich um ein Verständnis der Revolution bemühen, neben dem morbiden Interesse an Leichen[40] auch die Faszination der Fäulnis bedenken. Wie auch immer, uns bleibt ein historischer Tatbestand von erstrangiger Bedeutung: das Faulige sollte »einen typischen Wesenszug der Sozialität«[41] beschreiben.

Schwerpunkte der Wachsamkeit

Die Erde und die Archäologie der Miasmen

Jean Ehrard macht deutlich, wie sehr der alte Glaube an die Gefahren der Erdausdünstungen die wissenschaftliche Auseinandersetzung in der ersten Hälfte des 18. Jahrhunderts beeinflußt hat. Als bezeichnend in diesem Zusammenhang zitiert er die Vorstellungen des Abbé du Bos: »Unter der Einwirkung des zentralen Feuers ist sie (die Erde) dauernden Gärungen ausgesetzt: daher all die Ausdünstungen, deren Beschaffenheit je nach dem Untergrund variiert. Da aber nichts unbeständiger ist als ein Gärungsprozeß, ist ihre Verschiedenheit in der Zeit kaum weniger groß als im Raum«[1]. Im Jahr 1754 präzisiert Boissier de Sauvages: »Aufgrund der unterirdischen Hitze – 10° Réaumur – steigt von der gesamten Erdoberfläche ein mehr oder weniger reichlicher Dunst auf, dichter als die Luft, der sich, wenn ihm nichts im Wege steht, ausbreitet und sich am Abend niederschlägt ...«[2]. Nach Muschembroeck setzen sich auf jedem Quadratfuß Boden jährlich vier Liter und sechs Unzen dieser »Erdabsonderung«[3] ab.

Darüber hinaus gilt das Erdinnere als Laboratorium einer *physica subterranea*[4], die rätselhafte Gemische produziert und laufend versucht, die giftigen Dämpfe durch die Wohltaten balsamischer Ausdünstungen unschädlich zu machen[5]. Wie unerhört gefährlich manche Erdemanationen sein können, beweist allein die Erfahrung der Bergarbeiter[6].

Der Italiener Ramazzini[7] geißelt die üblen Folgen des charakteristischen Brunnengeruchs. Auch die Steinbrüche schwitzen entsetzliche Gefahren aus, insbesondere jenen »metallischen Dampf, so aus dem Marmor und den Steinen ausfähret und die Nasen und Gehirn handgreiflich einnimmt«[8]. Bedrohlicher noch ist der »Übelkeit auslösende Geruch« des Probiersteins. In der Nähe des Mont Zibinius konnte Ramazzini auf mehr als tausend Fuß Entfernung die stinkenden Dämpfe des Petroleums (Steinöls) erkennen, von denen die Arbeiter krank werden[9].

Derartige Beobachtungen enthüllen auch die Gefahren der Landwirtschaft. Sie liefern die Grundlage für die künftige Beschäftigung mit den ungesunden Lebensbedingungen auf dem Lande[10]. 1786 legt Chamseru der *Société Royale de Médecine* eine Abhandlung vor, in der er die Gefahren aufzeigt, die dem Bauern drohen, wenn er sich bückt und sich zu nahe über den Boden neigt, den er gerade bearbeitet[11]. Baumes fordert, man solle die Landarbeiter daran hindern, mit dem Gesicht gegen die Scholle zu schlafen[12]. Er beklagt, daß die Dörfer unentwegt den »krankmachenden Dämpfen« ausgesetzt sind, die beim Ackern und Pflügen freigesetzt werden. Die Gefahr nimmt zu, wenn ein seit jeher unbebauter Boden durch eine unangebrachte Urbarmachung bloßgelegt wird. »Wie viele Kolonien in der Neuen Welt sind nicht schon die unglücklichen Opfer schrecklicher Fieber geworden, deren einzige Ursache in den todbringenden Ausdünstungen einer unberührten, schlammigen Erde liegt?«[13]

Schlimmer noch sind die Verheerungen morastiger Dämpfe. Es gibt in der Tat äußerst gefährliche Gegenden, wo die Gärung unablässig am Werke ist. In den Maremmen bei Volterra wird der Boden permanent von dem »eruptiven Felsgestein«, den »unter-erdischen Emanationen«[14] sowie einer »öl- und pechartigen Substanz« bewegt. Aus dem salzhaltigen Untergrund steigen nicht nur Gase auf, die zum Atmen untauglich sind, sondern auch tödliche Miasmen, denen Savi ein halbes Jahrhundert später (1841) die Wechselfieber zuschreiben sollte.

Aus all diesen Überzeugungen erwächst das Schreckgespenst der Risse, der Zwischenräume, der auseinanderklaffenden Fugen. Bei jedem gefährlichen Gelände gilt es vor allem auf verdächtige Ränder zu achten, denn es sind stets die Nahtstellen, die verderbliche Dünste entweichen lassen.

Die schlimmsten Risse entstehen naturgemäß durch Erdbeben. Nach Meinung von Tourtelle sind sie allein für die Epidemien verantwortlich, die Lissabon und Messina unmittelbar nach den katastrophalen Erdstößen heimgesucht haben[15]. Die Bedrohung durch einen offenen Spalt im fauligen Schlick der Sümpfe wird zum Leitmotiv. Von dort, aus dem Untergrund der stehenden Gewässer, kommt der verderblichste Gestank. Die Furcht vor Ausdünstungen macht alles suspekt, was schlecht zusammengefügt ist: undichte Senkgruben, rissige Fußböden, Fugen im Straßenpflaster, unverschlossene Bottiche und Grabgewölbe.

Aber die Erde scheidet nicht nur aus, sie saugt sich auch voll mit den unheilvollen Dämpfen, speichert die Produkte der Gärung und der Fäulnis. Sie dient als Aufbewahrungsstätte für Jauchen aller Art, und eines Tages wird sie beschließen, selbige in Form todbringender Dämpfe wieder auszuspeien. Der vollgesogene Boden, der dank einer riesigen Ansammlung von Scheiße, dank der verfaulten Rückstände von

Aas oder Leichen und dank der zahllosen Risse bereits locker, wenn nicht sogar flüssig wirkt, ist mit Sicherheit einer der größten Alpträume dieser Zeit. Ein verpestetes, übelriechendes Stück Land ist für immer verloren. Auf ihm wird der Mensch auch in Zukunft keine Heimat finden. Die Geschichte der in die Erde eingedrungenen Exkremente lastet auf dem Schicksal mancher Orte. Rückstände und Unrat vergangener Generationen – die Grubenbaue bezeugen ihre Existenz – zeitigen einen unbestreitbaren Gestank, der die Organismen faulen läßt und das lebensnotwendige Gleichgewicht zerstört. All diese Vorstellungen lösen panische Ängste aus, die in der mehr oder weniger bewußten Aufrechterhaltung eines allgemeinen Glaubens an das Empfindungsvermögen der Erde[16] zusätzliche Nahrung finden.

An manchen Orten ist die Imprägnation extrem, der Gestank unerträglich, die Gefahr unmittelbar. Bei den Jauchegruben und Schindangern von Montfaucon muß man bereits befürchten, daß sich »unter der Erde beträchtliche Ströme bilden, stark und beständig genug, um die Brunnen der näheren Umgebung und der Vororte zu vergiften, um ganze Erdschichten oder gar die Grundmauern der Wohnhäuser zu verseuchen«; »die stinkende Materie der Abzugsrinnen«, die im Boden versikkert, droht »die Standorte« künftiger Bauwerke zu verpesten[17]. 1780 berichtet Lavoisier über die Arbeit einer Kommission der *Académie Royale des Sciences*, die den Auftrag erhalten hat, die Gefängnisse von Saint-Martin und For l'Évêque zu inspizieren. Das gesamte Terrain, das diesen Einrichtungen »als Grundlage dient«, ist »vollständig durchdrungen von stinkenden, fauligen Stoffen (...). Zwangsläufig scheidet eine solche Masse verwesender Materie Dünste aus, die eine *dauernde Luftverderbnis* zur Folge haben«[18]. Das übelriechende Gefängnis muß allein aufgrund seiner vergangenen, gesundheitsschädlichen Verschmutzung geräumt werden. Das unterirdische Verließ ist ein privilegierter Ort der Erinnerung. Die Abgeschlossenheit, die Graffitis schärfen die Aufmerksamkeit gegenüber der verfließenden Zeit, dem Kommen und Gehen der Lebewesen. Es ist nur natürlich, daß die Furcht vor der im Gedächtnis des Bodens akkumulierten Fäulnis im Kerker und im Burgverließ[19] Gestalt annimmt.

Die Schmähung der Aas- und Leichenausdünstungen, auf die wir noch zurückkommen werden, bezieht sich nicht nur auf organische Überreste, sondern auch – und zwar sehr nachhaltig – auf die verdorbenen Flüssigkeiten, die den Boden tränken[20]. Am Vorabend der Revolution scheint die gesamte Hauptstadt untergraben; Tür und Tor stehen den krankmachenden Einflüssen eines ausgehöhlten, ungewissen

Untergrundes offen. Nach Ansicht von Bruno Fortier löst diese Überzeugung um 1740 die Kette all der Befürchtungen aus, die das Handeln der Hygieniker bestimmen sollten[21]. Am Ende des Ancien Régime verstärkt sich das Phantasma. Ein dumpfer Gärungsprozeß droht die Stadt zu verschlingen. Die Häuser »stehen auf Abgründen«[22], warnt Louis-Sébastien Mercier. Die undichten Fäkaliengruben drohen das Erdreich auf unheilvollste Weise ins Rutschen zu bringen. Die Unfälle häufen sich. Schon anläßlich der großen Überschwemmung von 1740 hatte es Initiativen zu einer Analyse des Pariser Bodens gegeben[23]; später werden das gesamte Quartier Saint-Jacques und ein Teil des Faubourg Saint-Germain abgestützt[24]. Zahlreiche Privatpersonen beklagen die Existenz von Senkgruben und Kerkern. Die Zeitgenossen fühlen sich als Opfer des verhängnisvollen Unrats; der Mensch ist machtlos gegen die Fäulnis der Geschichte.

So wird verständlich, daß die Wachsamkeit gegenüber den Gerüchen auf den Schmutz der Gegenwart ausgerichtet ist. Der Schlamm, oder vielmehr die vom Schlamm aufsteigenden Dünste werden zum Gegenstand beunruhigter Forschungen. Die Vielfalt der Beschreibungen, die Genauigkeit der Analysen in diesem Bereich sind in der Tat erstaunlich; eine Fülle an Stoff, die Gaston Bachelard[25] gewiß gereizt hätte. Der Schlamm von Paris[26] ist ein komplexes Gemisch aus allerhand Sand, der sich zwischen die Pflastersteine setzt, stinkenden Abfällen, moderndem Wasser und Pferdemist; die Räder der durchfahrenden Karossen sorgen für die rechte Mischung und gute Verteilung: sie lassen den ekligen Dreck auf die Sockel der Mauern und die Passanten spritzen.

Das Interesse, das dem Schlamm entgegengebracht wird, ist nicht so bald erschöpft. Alexandre Parent-Duchâtelet stellt den Gestank des auf dem Straßenpflaster getrockneten Spülwassers auf die oberste Stufe seiner Geruchsskala. Bezeichnender noch ist die lange Archäologie der Miasmen, die Mitte des 19. Jahrhunderts von dem großen Chemiker Chevreul unternommen wird. Für ihn, den unermüdlichen Sammler und Analytiker des Pariser Schlamms, ist die Gesundheit der Städte abhängig von der vergangenen Verseuchung des Bodens; die organischen Stoffe »zeitigen früher oder später verderbliche Wirkungen unterschiedlicher Art«[27]. Chevreul versucht unter anderem, »jene schwarze, eisenhaltige Materie, die sich unter den Pflastern von Paris befindet«[28], mit seinem Geruchssinn zu erforschen. Er entnimmt zahlreiche Proben, die er in Flaschen mit eingeriebenen Glastöpseln aufbewahrt: so sammelt er den Schlamm, den er »*unter* und *zwischen* den Pflastersteinen der Rue Mouffetard, nahe des Pont aux Tripes«[29], angetroffen hat. Er läßt die

Proben lange weichen und behält sich persönlich das Recht vor, zur gegebenen Zeit daran zu riechen. Am 20. Dezember 1852 öffnet und beriecht er die Schlammgemische, die er am 20. Dezember 1846 unter Verschluß gebracht hat.

Wie ein fernes Echo auf alte Schreckensvorstellungen prangert Chevreul auch die »Kapillarität des Mörtels« an. Die Mauer, die als Scheidewand und Stütze dienen soll, leitet zugleich allerhand komplexe, aufsteigende Dämpfe weiter; genau wie der Boden speichert sie die fauligen Elemente der Vergangenheit. Im Mauerwerk verbindet sich die verderbliche Imprägnation mit der Fähigkeit, Fäulnis aus der Luft aufzusaugen. Daher die Vielfalt der Gefahren, die der Mörtel in sich birgt. Aber auch die Ausdünstungen neu erbauter Mauern – jener Geruch von Gips und Feuchtigkeit, den Piorry[30] für spezifisch hält, obwohl er an den des Schwefels erinnert – erweisen sich als unheilvoll. In Paris werden die gerade erst fertiggestellten Wohnungen eine Zeitlang den Straßenmädchen zum sogenannten »Trockenwohnen« überlassen[31]. Die aus frischen Wänden ausströmenden Gase führen zu Neuralgien oder zu heftigen Glieder- und Muskelschmerzen. Im 19. Jahrhundert sollte dieses Problem Thema einer medizinischen Auseinandersetzung werden.

Mauern bewahren die Gerüche. Im Marinehospital von Sankt-Petersburg, bemerkt Howard[32] voller Genugtuung, werden die Kranken den Sommer über in andere Zimmer verlegt, um eine Durchdringung der Wände mit Krankheitskeimen zu verhindern. Nach den Angaben von Philippe Passot[33] erkennen ehemalige Gefangene die alten Kerkergerüche wieder, die dem Schloßturm von Vincennes Jahre nachdem er aufgehört hat, als Staatsgefängnis zu dienen, immer noch anhaften. Die merkwürdige Konservierungsfähigkeit erweist sich als gefährlich: »Ein Arzt behandelte eine Person, die an einer brandigen Krankheit mit tödlichem Ausgang litt. Als er zwei Jahre später in den gleichen Raum zurückkehrte, um einen anderen Kranken zu besuchen, vernahm er den gleichen brandigen Geruch, den Geruch *sui generis.*«[34] Die Wände hatten die zersetzende Wirkung weitergegeben. Manchmal ist die Verschmutzung der Wände und Decken von erstaunlicher Intensität. Nach einer Kindbettfieberepidemie, die im Spital von Lyon achtzehn Todesopfer gefordert hatte, wurden Arbeiter beauftragt, den Todessaal zu desinfizieren; unter anderem mußten die alten Mörtelschichten abgelöst werden. »In dem Maße, in dem sie den Gips von Wänden und Dekken entfernten, verbreitete sich ein unerträglicher Gestank.« La Polinière – ein Fachmann auf diesem Gebiet – erklärt: »Die Verseuchung war so stark, daß es übler roch als in einem Sektionssaal.«[35]

Auf den Innenwänden erzeugt der Salpeter einen lockeren, fettigen, feuchten Schaum, der mit der Zeit verkrustet. Von da an, so heißt es bei Géraud, schwitzen die Wände jene Dauergerüche aus, gegen die unsere Vorfahren sich noch durch dicke Wolltapisserien zu schützen wußten, an deren Stelle heute sehr zu Unrecht einfache Papier- oder Stofftapeten verwendet werden[36]. Der Schrecken, den derartige Krusten und sogar feine Häutchen auslösen – alle Schutzschichten, unter denen die Gärstoffe gedeihen, unter denen es von Viren wimmelt –, wäre eine spezielle Untersuchung wert. In zahlreichen Schriften, die sich mit Sümpfen, Ausscheidungen oder Gebäuden befassen, scheint dieser Schrecken durch. Pouchets Entdeckung des »keimtragenden Häutchens«, eine Entdeckung von symbolischer Tragweite, spiegelt die ganze Faszination wieder.

Auch Holz ruft ähnliche Ängste hervor. Genau wie Duhamel du Monceau[37] prangert Lind[38] die verheerenden Folgen des frischen Holzgeruchs an, der auf neuerbauten Schiffen herrscht. Howard staunt über die Saugfähigkeit des Holzes. Faulige Ausdünstungen können bis ins Innere eines Eichenstammes dringen[39]. Die Holzböden im Kerker von Worcester sind »vom Atem der Gefangenen (...) verfault«[40]. Daß die Ladentische der Metzger und Fischhändler nachhaltig von den üblen Fleisch- und Fischgerüchen imprägniert bleiben, ist ein Gemeinplatz. Klagen darüber findet man in allen Beschreibungen von Verkaufshallen und Märkten[41].

Ein Sumpf aus Abwässern und Jauche

Es gibt auch weniger undefinierbare Gerüche als all diese Ausdünstungen, die zumeist auf komplexe Gärungsprozesse in der Erde zurückgehen. Es gibt Miasmen, die weniger alt sind, die sich nicht erst aufgrund eines langwierigen Einsickerns fauliger Stoffe herausbilden. Solch klare Bedrohungen, denen die Aufmerksamkeit der Hygieniker gilt, sind die Gerüche von Exkrementen, Leichen und Aas. Zunächst einmal sei auf den intensiven Gestank hingewiesen, den die Exkremente in ihrer Umgebung verbreiten; auf die entsetzliche, unermüdlich angeprangerte Verpestung des öffentlichen Raums. Als der junge Rousseau die Hauptstadt betritt, schlagen ihm die widerwärtigen Dunstschwaden des Faubourg Saint-Marcel entgegen. Im Justizpalast, im Louvre, in den Tuilerien, im Museum, ja sogar in der Oper »wird man verfolgt von den ekligen Gerüchen und Gestänkern der Bedürfnisanstalten«[42]. In den Gärten

Mistfuhre
Um 1865

des Palais-Royal »weiß man im Sommer nicht, wo man sich einsetzen soll, ohne den Geruch von abgestandenem Urin zu atmen«. Die Quais reizen den Geruchssinn bis zum Übelwerden; der Kot sammelt sich überall, in den Alleen, am Fuß der Schlagbäume, in den Droschken[43].

Die Kloakenentleerer verpesten die Straßen[44]; um sich den Weg zum Schindanger zu sparen, kippen sie die Tonnen einfach in den Rinnstein. Die zahlreichen Polizeivorschriften, die dieser Plage ein Ende setzen sollen, finden keine Beachtung[45]. Auch die Walkmühlen und Weißgerbereien tragen ihren Teil dazu bei, den Harngestank zu mehren[46]. Die Fassaden der Pariser Häuser sind vom Urin zersetzt. Es mutet apokalyptisch an, wenn Louis-Sébastien Mercier Paris als ein »Amphitheater von Latrinen« beschreibt, »die, eine über der anderen, ihren Platz gleich neben den Treppen, den Türen, den Küchen haben und allseitig den schlimmsten Gestank verbreiten«[47]. Ähnlich seine Darstellung der häufig verstopften Abflußrohre, die schließlich platzen, das Haus mit Unrat überschwemmen und die Pestilenz aus den Abtrittsbrillen steigen lassen, bei deren Anblick die Kinder mit Entsetzen glauben, den Schlund zur

Hölle entdeckt zu haben. Kurz, Paris, »Zentrum der Wissenschaften, der Künste, der Mode und des guten Geschmacks« ist unübersehbar auch das »Zentrum des Gestanks«[48].

Doch die Hauptstadt ist keine Ausnahme. Auch in Versailles befindet sich die Kloake gleich neben dem Palast. »Die schlechten Gerüche im Park, in den Gärten und sogar im Schloß selbst erregen Übelkeit. Die Zuwege, die Innenhöfe, die Nebengebäude und die Korridore sind voller Urin und Fäkalien; am Fuß des Ministerflügels schlachtet und brät ein Fleischverkäufer jeden Morgen seine Schweine; die Avenue de Saint Cloud ist bedeckt mit moderndem Schlamm und toten Katzen...«[49]; die Kühe lassen ihre Fladen in der großen Galerie; der Gestank macht auch vor der Tür des königlichen Schlafzimmers nicht halt. Am Vorabend der Revolution entwirft Arthur Young eine Geographie der städtischen Gestanksabsonderungen: die von Rouen, Bordeaux, Pamiers, vor allem aber von Clermont-Ferrand sind zum Ersticken. In der Hauptstadt der Auvergne »gibt es viele Straßen, die so schwarz, verdreckt und übelriechend sind, daß man sie nur noch mit schmalen Kanälen in einem finsteren Misthaufen vergleichen kann«[50]. Das Wesentliche in diesem Zusammenhang ist und bleibt zweifellos das Aufkommen einer neuen Sensibilität. Wir werden noch darauf zurückkommen.

Hinsichtlich der Exkremente kommen die alten Gewißheiten ins Wanken. In den wissenschaftlichen Kreisen schwindet der Glaube an ihren therapeutischen Wert. Obwohl Pringle höchstpersönlich davor warnt, den Fäkalgeruch mit der Gefahr der Fäulnis zu verwechseln[51], mehren sich die Stimmen derer, die in den Ausscheidungsdünsten eine Bedrohung sehen.

Am Vorabend der Revolution häufen sich die Versuche, jene ungenießbaren Gase zu analysieren, die von den Senkgruben aufsteigen, namentlich bei deren Entleerung. Es geht darum, die Arbeiter vor dem Ersticken zu bewahren. Tatsächlich bleiben all diese wissenschaftlichen Bemühungen in dem Glauben an die fäulniserregende Wirkung der Fäkalgerüche stecken. In ihr vermuten die Zeitgenossen die Hauptgefahr. »Der Dunst, der von den Bedürfnisanstalten ausströmt, zersetzt jede Art von Fleisch sowie dessen Säfte«, schreibt Géraud; »dieser Zerfall geschieht aufgrund der Absorption der Luft, die das Prinzip des Fleisches ist, durch die fauligen Ausdünstungen der Latrinen.«[52] Daher sind die Kloakenentleerungen auch für die Umgebung ein großes Problem: »Sie verderben die Luft, infizieren die Häuser, belästigen die Einwohner und gefährden die Kranken«[53]. Die Blumen werden welk, die jungen Mädchen verlieren ihre frische Farbe[54].

Es gibt verschiedene Stufen der Gefahr. An erster Stelle steht die Stagnation der Exkremente. Die Stauung und die damit verbundene Konzentration von Fäkalstoffen muß um jeden Preis vermieden werden. Aber gerade diese Lösung wird seit dem Edikt von Villers-Cotterêts (1539) in der Hauptstadt praktiziert. Die zahllosen zur Sauberhaltung angelegten Senkgruben rufen nun die lebhaftesten Befürchtungen hervor. Die gesellschaftlich organisierte Verstopfung droht ganz Paris in den Prozeß der fauligen Auflösung hineinzuziehen, zumal die Scheiße in der Stadt weitaus gefährlicher ist als auf dem Lande. Louis-Sébastien Mercier beneidet die Bauern, die sich ihrer Notdurft auf den Feldern entledigen, während die Städter sich leicht ein Faulfieber zuziehen können, wenn sie sich auf die unheilvollen Abtrittsbrillen setzen[55]. Thouret weist darauf hin, daß die Materien in den Sammelbecken von Montfaucon dank der ungehemmten Einwirkung von frischer Luft und Sonnenstrahlen unschädlich sind[56]. Als Beweis führt er die Geruchsveränderungen an. Wenn die Scheiße der Vergangenheit sich als höchst gefährlich erweist, so nur, weil sie »uns Menschen, unseren Nahrungsmitteln und unseren Einrichtungen«[57] durch wechselnde »Dekompositionen« und »Rekompositionen« fremd geworden ist. Sie hat den Körpergeruch verloren. Sie ist verfault. Eine Beibehaltung des derzeitigen Sammel- und Aufbewahrungssystems könnte dazu führen, daß die »künftigen Geschlechter« teuer für diese Unvorsichtigkeit bezahlen müssen[58].

Allmählich wird verständlich, daß die dauernde Beschäftigung mit Gerüchen eine Mode hervorbringen konnte, die auf den ersten Blick verwundern mag, da sie den neuen lasallschen Höflichkeitsvorschriften, die den Kindern in der Schule beigebracht werden, zuwiderläuft; man kann jedoch annehmen, daß auch die von den Kindern verlangte Zurückhaltung in Hinsicht auf besagtes Thema ein Ausdruck der beunruhigten Wachsamkeit der Erwachsenen ist. Am Hof Ludwigs XVI. werden die Exkremente zum Gesprächsthema[59]. Voltaire bemerkt, daß der Mensch nicht nach dem Bilde Gottes geschaffen wurde, da selbiger derartige Bedürfnisse nicht zu befriedigen wüßte[60].

Mercier berichtet von der neuen Gewohnheit, »auf den Grund der Abzugsgräben zu schauen«[61]. Beaumarchais' *Parades* bezeugen das Ausmaß der Faszination. Auch Nougaret und Marchand bringen den Kloakenfeger auf die Bühne[62]. Die Gelehrten stürzen sich mit zunehmendem Eifer auf die Geruchsanalysen. Sie bemühen sich, den Weg des widerwärtigen Fäkaliengeruchs nachzuzeichnen, genau wie Becher und seine Epigonen sich bemüht hatten, den Weg des abgestorbenen Fleisches zu verfolgen. Ein Beispiel mag genügen: mit größter Geduld zählt

Hallé die »Ausdünstungen und Dämpfe« auf, die von den Senkgruben aufsteigen[63], wobei er die Gase der »riechenden Ausflüsse«, die nicht von der pneumatischen Chemie erfaßt worden sind, sorgfältig zu unterscheiden versucht. Seine Riechpyramide besteht in einer stufenförmigen Anordnung von Gerüchen – dem Geruch frischer Exkremente, dem Abortgeruch, dem Geruch der Abtrittsbrillen, dem Geruch der Kloakenreinigung –, die sich am zunehmenden Alter und Zerfall der Fäkalstoffe orientiert.

Wie sich zeigt, ist das Fäkalthema reich an Implikationen. Das Phantasma eines Jauchensumpfs, die Schreckensnachrichten von den Unfällen der Kloakenreiniger oder auch den Privatpersonen, die im eigenen Dreck ertrunken sind, das grausige Abenteuer der Reisenden, die vom Wege abgekommen und in den Sickergruben von Montfaucon verschwunden sind[64] – all diese Dinge verstärken die Furcht vor dem unheilvollen Untergrund der Hauptstadt. Der Gestank und die zersetzende Wirkung der massenhaft angestauten Exkremente stellen die Existenz der ganzen Stadt in Frage. Unter einem ganz anderen Gesichtspunkt hebt Louis-Sébastien Mercier die egalitäre Botschaft der Fäkalien hervor, die sich allen Blicken unterschiedslos darbieten und deren Gestank alle Bereiche von Paris erfaßt: sie sind eine dauernde Erinnerung an die Gleichheit der Menschen im Vorgang der Darmentleerung[65].

Die Tatsache, daß die Geschichte des Todes bei den Spezialisten des 18. Jahrhunderts[66] mehr und mehr zur Obsession wird, entbindet mich von langen Ausführungen zu diesem Thema. Was das Problem des Todes selbst betrifft, so spricht es vor allem die Wachsamkeit gegenüber den riechbaren Ausdünstungen an. Seit die »fixe Luft« in den Augen der Chemiker als Bindemittel gilt, das den menschlichen Körper zusammenhält, schwebt mit dem Leichengeruch auch der Tod in der Atmosphäre. Im Inneren der Organismen wohnen die Fäulnis der Gedärme und das Lebensprinzip auf engstem Raum zusammen. Die Fäulnis sorgt für die dauernde Gegenwart des Todes, der mit den Gasen und Leichenausdünstungen in die Textur der Atmosphäre selbst eingeht. Die genealogische Verseuchung ist nicht nur unterirdisch. Gierig auf neue Verbindungen umgibt die »fixe Luft« alles Lebende; sie droht das lebenswichtige Gleichgewicht zu zerstören und läßt die traditionelle Abschottung durch das Grab lächerlich erscheinen.

Seit 1741 – dem Zeitpunkt, da Hales sich diesem Thema verschrieb – nährt der Geruch der luftförmigen Leichenüberreste die Aufmerksamkeit der Gelehrten. Im Jahr 1745 warnt Abbé Porée vor dem Gestank der Gräber in den Kirchen; er begnügt sich allerdings damit, die sensoriellen

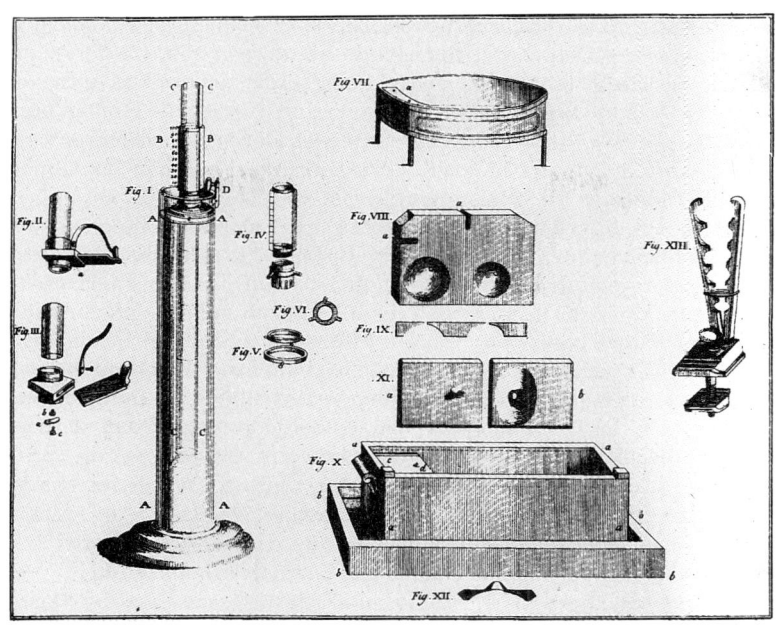

Eudiometer oder Luftmesser mit Zubehör,
nach Zeichnungen des Abbé Fontana

Unannehmlichkeiten hervorzuheben[67]. Ein Jahr zuvor hatte Haguenot die Unfälle bei der Öffnung von Grabstätten sowohl auf die mangelnde Elastizität der Luft als auch auf die Ausdünstung fauliger Miasmen zurückgeführt[68]. Gegen Ende des Jahrhunderts wendet sich Vicq d'Azyr einem Verfahren zu, das uns vertraut geworden ist; er verzichtet auf eine Untersuchung der physikalischen Eigenschaften des Fluidums und unternimmt eine chemische Analyse der Gase, die aus den Grabgewölben entweichen. Er scheidet sowohl die »phlogistisierte Luft« von Priestley als auch die »inflammable Luft« von Volta als Gefahrenursache aus; als solche kommt für ihn nur die »fixe Luft« von Black in Frage. Diesem zum Atmen untauglichen Gas schreibt er die beobachteten Erstickungsanfälle tatsächlich zu, glaubt aber weiterhin wie die Mehrheit seiner Zeitgenossen, daß die Hauptgefahr in einem »riechenden Dunst« liegt. Während die Gase »auf der Stelle töten, wirkt besagter Dunst langsamer auf das Nervensystem ein; das gleiche gilt für die Körpersäfte der Tiere, die unter seinem Einfluß sichtlich verderben«[69]. Horne geht noch weiter, indem er 1788 behauptet, die Gefahr sei um so größer, als derartige Störungen häufig in abweichender Form auftreten und es sich als schwierig erweist, ihre Ursache zu erkennen[70]. Natürliche Höhlen und unterirdische Gänge speichern die riechenden Dämpfe. So erklären sich auch die Unfälle, die sich in den Kellern der Läden am Rande des Cimetière des Innocents ereignet haben[71].

Die Gewohnheit der Ärzte, Leichen zu sezieren und mit ihnen umzugehen, schützt sie nicht vor der Angst. Ein recht krasser Beweis ist die anatomische Vorführung der Leber eines schon halbwegs verwesten Leichnams, die der Dekan der Fakultät von Paris anläßlich einer Prüfung angeordnet hatte. Der für die Vorlesung zuständige Mediziner Chambon war gezwungen, die Prüfung vorschriftsmäßig abzunehmen. Dem ersten der vier Kandidaten »schlugen die fauligen Ausdünstungen, die gleich bei der Öffnung entwichen, so heftig entgegen, daß er ohnmächtig umfiel, nach Hause gebracht werden mußte und siebzig Stunden später starb. Der zweite – der berühmte Fourcroy – wurde von einem denkbar blühenden und umfassenden Hautausschlag befallen. Die beiden anderen, Laguerenne und Dufresnoy, trugen ein langwieriges Siechtum davon, von dem der letzte sich niemals erholen sollte.

Chambon dagegen, der ganzen Empörung ausgesetzt, die der Starrsinn des Dekans ihm eingebracht hatte, blieb unerschütterlich auf seinem Platz, beendete seine Vorlesung umringt von den Mitgliedern der Prüfungskommission, die ihre Taschentücher laufend mit aromatischen Wässerchen tränkten, und muß seine Gesundheit wohl jener Überreizung des Gehirns verdanken, die ihm in der folgenden Nacht nach einigen Fieberanfällen einen reichlichen Schweißausbruch bescherte.«[72] Seit Becher sind die Ärzte überzeugt, daß jene Dünste, die gleich nach dem Tode von den Leichen ausgeschieden werden, die schädlichsten sind. Schon aus diesem Grund gilt die Nähe von Schlachtfeldern als besonders gefährlich.

Um eine systematische Feststellung der Schädlichkeitsgrade bemüht sich Fodéré etwa zwanzig Jahre später[73]. Er postuliert, daß der Aktionsradius der fauligen Miasmen mit dem der Geruchsabsonderungen übereinstimmt. Auf dieser Grundlage führt er eine Reihe von Riechexperimenten durch, die ihm eine stufenweise Anordnung der Infektionsgefahren erlauben. Es erübrigt sich wohl, besonders hervorzuheben, daß all diese wissenschaftlichen Bemühungen dazu beitragen, die rastlosen Untersuchungen des Geruchs, der von den städtischen Friedhöfen und ihren Beinhäusern ausgeht, voranzutreiben[74].

Auch das Aas nährt die Wachsamkeit. Ihm gilt die besondere Empörung der Zeitgenossen. Die städtischen Schlachthäuser versammeln die
übelsten Gerüche. In den engen Höfen der Metzger verbindet sich der
Gestank von Mist, frischem Unrat und organischen Überresten mit den
übelriechenden Gasen der Gedärme. Vor allem rinnt das Blut unter
freiem Himmel auf die Straßen hinaus, überzieht die Pflastersteine mit
einer bräunlichen Glasur, sickert in die Zwischenräume und verwest.
Ausgerechnet das Blut, das die »fixe Luft« weiterleitet und daher von
allen tierischen Überresten die am stärksten fäulniserregende Substanz
ist. Die stinkenden Dämpfe, die sich auf den Fleischbänken und Laden-
tischen ebenso festsetzen wie draußen auf der Straße, zählen zu den unheilvollsten und empörendsten überhaupt; sie »disponieren jeden Körper zur Fäulnis«[75]. Und oft gibt der erstickende Gestank von geschmol-
zenem Talg diesem Potpourri ekliger Dünste seinen letzten Beige-
schmack. Aus allen diesen Gründen wird die Ansiedlung der Schlachthäuser in den Städten von den Zeitgenossen immer wieder heftig ange-
griffen[76].

Dennoch, in Paris ist und bleibt Montfaucon das Zentrum des Gestanks. Dieser übelriechende Komplex, der die großen Sammelgruben
und die Abdeckerei umfaßt, formiert sich in der zweiten Hälfte des Jahrhunderts im Nordosten der Stadt. So konkretisiert sich eine entsetzliche
Bedrohung, die fast hundert Jahre lang auf Paris lasten sollte. Montfaucon ist das erste Glied des – zum Teil imaginären – Gürtels aus Fäulnis
und Gestank, der die Hauptstadt allmählich umschließen und ihren Ein-
wohnern jede Hoffnung auf eine Flucht zu weniger durchtränkten
Böden nehmen sollte. Die unter der Erde vermuteten Abwässerströme
und der von den Nordwinden ins Zentrum getragene Pesthauch lassen
nach und nach das Phantasma eines fauligen Sumpfs entstehen, der
beharrlich gegen die Tore der Hauptstadt schwappt. In einem geradezu
hymnisch-ekstatischen Ton beschreibt Thouret diesen Archetypus des
Gestanks: »Man muß sie gesehen haben, diese verpesteten Örtlichkeiten, um zu wissen, was es mit jenen Überresten und Produkten auf sich
hat, die man als die Exkremente einer großen Stadt bezeichnen kann;
um zu begreifen, was die ins Unermeßliche wachsende Ansammlung
von Unrat, Gestank und Verwesung als Ergebnis eines dichten Zusam-
menlebens der Menschen leibhaftig bedeutet.«[77]

Die Aas- und Fäkaliengerüche eröffnen den Zyklus von Imprägnation und Ausdünstung des Bodens, jenen Dialog zwischen Erde und
Luft, der die Geschichte der organischen Überreste in den Vordergrund
treten läßt. Das Ende könnte durchaus die Hölle sein, die Verwandlung

Gesamtkomplex des Schindangers von Montfaucon
Links die Werkstätten der Darmsaitenmacher, rechts die
Abdeckerei und Gipsöfen, hinten in der Mitte die Sammelgruben
Im Hintergrund links der Montmartre

der Stadt in einen einzigen Sumpf aus Abwässern und Jauche[78]. Dennoch, der Überblick über die damaligen Bemühungen, die Gerüche und fauligen Dämpfe des Bodens zu analysieren – ein Eifer, an dem sich die Dringlichkeit behördlicher Regelungen ablesen läßt –, darf uns nicht vergessen lassen, welch prägende Wirkungen der Schlick- und Modergestank auf das Imaginäre hat.

Wasser flößt auch unabhängig von seinem Geruch Mißtrauen ein. Es ist wichtig, diesen Punkt noch einmal hervorzuheben, um die Wege der Desodorisierung besser verstehen zu können. Die Feuchtigkeit als solche birgt allerhand Gefahren: sie läßt die Fasern erschlaffen und führt zu einer Verdünnung der Körpersäfte; damit schafft sie nach Pringles Ansicht beste Voraussetzungen für die Fäulnis[79]. Obendrein befördert Wasserdampf alle möglichen Abfallstoffe, die mit dem Nebel auf die Erde zurücksinken. Der Abendtau ist schädlich[80]. Auch bei Reinigungsarbeiten kann das reichliche Nachspülen mit Wasser gefährlich werden, namentlich auf den stets von Fäulnis bedrohten Schiffen. Die salzigen Dämpfe des Meeres erregen besonderen Argwohn.

Jedes stagnierende Wasser kündigt Verheerungen an; die Bewegung dagegen reinigt. Eine starke Strömung vertreibt und vernichtet all die organischen Überreste, die sich in den Zwischenräumen der Wasserpartikel einnisten; um dies zu beweisen, hat Hales intensiv mit den Gerüchen des Themsewassers herumexperimentiert. Wenn eine Wassertonne allzulange unter Verschluß gehalten wird, bilden sich – ebenso wie in jeder hermetisch abgedichteten Zisterne – vernichtende Giftgase, die beim Öffnen entweichen. »Ein Matrose, der beim Abtakeln der Königlichen Flüte *Le Chameau* im Hafen von Rochefort ein Faß Meerwasser öffnete, um es zu entleeren, fiel auf der Stelle tot um; sechs seiner Kameraden, die etwas weiter entfernt standen, gingen von heftigen Krämpfen geschüttelt zu Boden und verloren das Bewußtsein; und als der Bordchirurg ihnen zu Hilfe eilte, überkam ihn das gleiche Übel. Dem Toten floß das Blut aus Mund, Nase und Ohren; sein schwarzer, aufgeblähter Leichnam verweste so schnell, daß er nicht einmal geöffnet werden konnte.«[81]

Auch Süßwasser kann sich als unheilvoll erweisen. Der Gärtner des Hospitals von Bèziers starb, tödlich getroffen von dem »giftigen Gas des Wassers, das zur Bewässerung des Gartens bestimmt war«. Dieses Wasser kam aus einem Reservoir, in dem es dick, schwarz und schleimig vor sich hin gemodert hatte, »immer bedeckt von einer heterogenen, moosartigen Kruste«. Der »tödliche Dampf hatte eine so starke Wirkung, daß der unglückselige Gärtner sterben mußte, obwohl das Wasser schon seit mehr als einer halben Stunde unter freiem Himmel und einige Klafter von dem Reservoir entfernt ausgeflossen war (. . .); am nächsten Morgen hatte er immer noch genügend Kraft, eine junge Laienschwester, die sich beherzt erboten hatte, das fatale Spundloch wieder zu schließen, in Ohnmacht zu versetzen«[82]. Der Berichterstatter, Abbé Bertholon, merkt an, daß es sich hier um das schrecklichste aller Gifte handelt, das zuverlässiger wirkt als eine Kugel, schneller als ein Pfeil.

So erklärt sich auch die verbreitete Angst vor stinkenden Flüssen, deren Sinnbild die Pariser Bièvre als Sammelbecken organischer Abfälle lange sein und bleiben sollte. Die Nähe des Wassers vervielfacht das Unheil, das durch Gärung und Fäulnis droht; eine Austrocknung unter freiem Himmel dagegen mindert die Gefahren. Die Sonne erzeugt eine heilsame Aufstiegsbewegung, während die von Feuchtigkeit beschwerten Miasmen dazu verdammt sind, am Boden zu kriechen. Das Schlimmste ist also keineswegs das, was wir vor dem Hintergrund von Pasteurs Entdeckungen als Pollution[83] bezeichnen. Fourcroy und Hallé kommen in der Auffassung überein, daß Exkremente und sonstige Abfälle, die in die Seine geschüttet werden, sich daselbst auflösen und die

Sauberkeit des Flusses nicht beeinträchtigen. Die wirkliche Gefahr geht von dem faulenden Aas im seichten Uferwasser aus, von den verwesenden Substanzen an den flachen, schlammigen Böschungen, von all dem Dreck, den die Strömung bald anschwemmt und bald wieder mitreißt.

Der verrufenste Ort der Stagnation und Akkumulation ist der *palus*, der Sumpf. Ein vielsagender Begriff, den die Gelehrten seit Lancisi zu definieren versuchen. Schon die kleinste Lache ist bedrohlich; aus diesem Grund wird davor gewarnt, überflüssiges Wasser zu vergießen. Die stehenden Pfützen, die sich in den Ritzen zwischen Pflastersteinen bilden, sind lauter kleine Sümpfe. Das Unheil, das von dem modernden Wasser der städtischen Abzugsgräben und den mehr oder weniger spontan entstehenden Tümpeln auf dem Lande ausgeht, liefert Stoff für ein unerschöpfliches Klagelied. Die am übelsten riechenden Gewässer bilden den Gipfel der Gefahr; das Allerschlimmste sind jene Reservoirs, Bassins oder »Fischplätze«, in denen Hanf geröstet wird.

Der Sumpf fasziniert; er regt an zu einem kosmologischen Entwurf. Im übelriechenden Schlick vermischen sich gärende pflanzliche Überreste, verfaulte organische Abfälle und das Aas aller unreinen Wesen, das beim Zerfall der Körper übrigbleibt. Zwischen dem Untergrund, der stinkenden Masse, die ihn bedeckt, und dem Wasser vollzieht sich ein dauernder Austausch von Dämpfen. In dieser Unterwelt, im Schutz der Kruste oder der Haut, die sich über die Oberfläche des flüssigen Morastes zieht, entfalten sich heimlich die Zyklen eines höllischen Lebens. Die Analyse bringt ans Licht, was der Blick nicht einmal ahnen kann, was sich allein durch den Gestank verrät. »Als man bei einem Versuch Wasserproben aus Tümpeln oder Sümpfen auf kleiner Flamme verdunsten ließ, bildete sich ein Rückstand von allerhand Würmern, Insekten und anderem Getier, nebst einer Fülle gelblicher, erdiger Materie.« Nämliche Gewässer sind »überladen mit fremden Substanzen, mit Emanationen, Dämpfen und Ausdünstungen von Erde, Minen, Schlick, verfaulten Pflanzen, Fischen und Insekten sowie anderen Stoffen, die stets für eine mehr oder weniger starke Luftverderbnis sorgen«[84].

Die unheilvollsten Sümpfe sind solche, in denen sich Süßwasser mit Salzwasser mischt, wie etwa in den verlassenen »Gatts« an den Ufern der Charente[85]. »Sei es, weil das Meer (an diesen Stellen) eine größere Anzahl von Insekten anschwemmt und zurückläßt, die daselbst umkommen und verwesen, oder weil die Mischung aus Salz- und Süßwasser besonders geeignet ist (...), die Fäulnis der organischen Moleküle aus dem Pflanzen- und Tierreich, welche sogar im Regenwasser fast immer enthalten sind, zu beschleunigen.«[86]

Ansicht der Seine bei Notre Dame
1765

Katastrophal wird die Situation, wenn man den Schleier lüftet und
das Gewimmel, das in den wässrigen Kloaken herrscht, an die Oberfläche holt. Eine Bloßlegung des Bodens ist immer gefährlich; bei jeder
Entfernung der Vegetation werden die von den Pflanzen festgehaltenen
feuchten Dämpfe freigesetzt[87]. Die Ausschlämmung eines städtischen
Abzugsgrabens bringt, wie jede unbedachte Trockenlegung, das Risiko
einer Epidemie mit sich. Das Pflügen eines frisch entwässerten Bodens
kommt dem Selbstmord gleich. Besonderen Argwohn erregen Gebiete,
die von einer Überschwemmung heimgesucht worden sind, vor allem,
wenn sie schlammig sind und der Rückzug des Wassers im Sommer erfolgt. Dennoch – und dies ist ein schreckliches Dilemma – müssen die
Sümpfe zerstört und der Schlick an den Flußufern beseitigt werden,
sobald ihr Geruch Gefahr anzeigt.

Fast ein halbes Jahrhundert lang geben sich die Chemiker nach Her-
zenslust ihren Experimenten hin. Die sumpfigen Ufer gehören zu den
Hochburgen der Beobachtung von Gasen[88] – aber darum geht es hier
nicht. Seit Chirac, der Leibarzt Ludwigs XIV., das von den Sümpfen ausgehende Unheil mit den daselbst ausströmenden Gerüchen in Verbindung gebracht hat, werden an den Geruchssinn der Gelehrten hohe Er-
wartungen gestellt. Um so mehr, als die morastigen Ausdünstungen das

Wasser mit einem »seidigen Netz«[89] überziehen und ein unheilvolles Brodeln bewirken. Am Rand der Sümpfe ist der stinkende Ausfluß über jeden Zweifel erhaben. Auge und Ohr bestätigen, was die Nase riecht. Ein »widerwärtiger und manchmal unerträglicher Gestank zeigt an, wie giftig die Ausdünstungen sind, die in einer endlosen Abfolge ausgeschieden werden (. . .). Diejenigen, die gelernt haben, die Beschaffenheit dieses Gestanks zu beurteilen, vergleichen ihn mit dem Geruch von Rainfarn oder Kanonenpulver; manche sagen, er gleiche dem Aasgeruch«[90]. Ein Aufenthalt in Valençay gibt Fodéré Gelegenheit, »den ekligen Geruch« der Brenne nach Lust und Laune zu studieren[91].

Genau wie an den Flußufern sind die Ausdünstungen auch in den Sümpfen abends, wenn sie sich niederschlagen oder gar stagnieren, gefährlicher als am Tage, wenn die Sonne sie aufsteigen läßt; dennoch stinken sie in der Mittagshitze am unerträglichsten. Die Beobachtung der Geruchsveränderungen im Laufe des Tages veranlaßt Baumes[92], sich davor zu hüten, das Übelriechende übereilt mit dem Ungesunden gleichzusetzen. Diese Vorsicht ist aber auch bei den Absonderungen des Körpers angezeigt. Eine Wende in der bisher geübten Wachsamkeit kündigt sich an.

Die sozialen Ausdünstungen

Der Körpergeruch

Jede Tierart, jedes Individuum, versichert Withof 1756, besitzt seinen eigenen Geruch – eine Behauptung, die oft wiederholt und kommentiert werden sollte, namentlich von Théophile de Bordeu, dem großen Spezialisten der Drüsensysteme, der bekanntlich in *Der Traum d'Alemberts* von Diderot eine wichtige Rolle spielt. So findet eine aus der antiken Naturlehre überkommene Glaubensvorstellung Eingang in die gelehrte Medizin vom Ende des 18. Jahrhunderts.

Im wesentlichen sind es drei Überzeugungen, an denen sich das Denken der Vitalisten[1] in diesem Zusammenhang orientiert. Bordeu definiert sie klar und deutlich: »Jeder organische Teil des lebenden Körpers hat seine eigene Art zu sein, zu wirken, zu riechen und sich zu bewegen: jeder hat seinen Geschmack, seine Struktur, seine innere und äußere Form, seinen Geruch, sein Gewicht und seine Art zu wachsen.«[2] Außerdem – und dies ist der zweite Punkt – verbreitet jedes Organ »in seiner Umgebung, seiner *Atmosphäre*, seinem Bereich unverwechselbare Ausdünstungen, Geruchsschwaden, die seine Eigenschaften und Merkmale übernommen haben, ja die im wahrsten Sinne des Wortes Teil seiner selbst geworden sind (...). Die Leber färbt alles, was sie umgibt, mit ihrer Galle«[3]; alles Fleisch in der Nähe der Nieren verströmt einen weinartigen Geruch. Schließlich und endlich führen die Säfte, beschrieben als regelrechte Laboratorien, fortwährend einen stark riechenden »Ausscheidungsdunst«[4] mit, der die Reinigung, die laufende Instandsetzung des Organismus bezeugt. Insgesamt umfaßt dieser Reinigungsprozeß die Eliminierung sämtlicher *excreta*: faulige Ausflüsse, Produkte der Menstruation, Schweiß, Urin und Fäkalstoffe. Der Körper hat »seine stets dampfenden Ausscheidungsorgane«[5].

Mehr als ein Jahrhundert lang üben diese Überzeugungen ihren Einfluß auf die medizinische Wissenschaft aus. Nachdem Brieude, Virey und Landré-Beauvais sich ausführlich mit ihnen beschäftigt haben[6], liefern sie auch den Stoff für die Hauptwerke des goldenen Zeitalters der Osphresiologie, insbesondere den 1821 von Dr. Hippolyte Cloquet veröffentlichten *Traité des odeurs, du sens et des organes de l'olfaction*. Vierundzwanzig Jahre später bringt Falize die Theorien auf den neuesten Stand[7]; noch 1885 widmet Dr. E. Monin den Gerüchen des menschlichen Körpers ein umfangreiches, gut dokumentiertes Werk[8].

Wie sich zeigt, sind die Gerüche der Körpersäfte besonders leicht erkennbar. Barruel konnte männliches und weibliches Blut mit der Nase unterscheiden[9]. Wenn das Menstruationsblut einen spezifischen Geruch hat, der den Müttern erlaubt, die Physiologie ihrer Töchter zu kontrollieren, so hat dies, wie Bordeu behauptet, einen guten Grund: »daß nämlich etwas Verborgenes darin enthalten ist; daß mit der Monatsblutung eine große Menge unsichtbarer Dünste ausgeschieden wird«[10]. Entgegen der Ansicht der Hydrauliker kann die Menstruation keineswegs als schlichter Blutüberfluß gedeutet werden; sie trägt vielmehr zur Reinigung der Säfte bei. Diese Theorie belebt den alten Glauben an die Unreinheit des Menstruationsblutes, das Fäulnis verbreitet und die Saucen oder das Fleisch im Pökelfaß verderben läßt. Am Beispiel des Dorfes Minot hat Yvonne Verdier gezeigt, wie hartnäckig diese Glaubensvorstellung heute noch fortbesteht[11].

Aufgrund ihrer zersetzenden Tätigkeit erzeugt auch die Galle einen spezifischen Gestank. Ein gewisser Milchgeruch prägt die individuelle Atmosphäre der Frau. Nach Ansicht von Bordeu läßt eine dauernde Wechselbewegung diese Flüssigkeit nie zur Ruhe kommen. »Unsere Frauen schwitzen Milch, sie pinkeln, kauen und schnupfen Milch, ja auch beim Stuhlgang scheiden sie Milch aus.«[12] Es kommt vor, daß die Milch die Gebärmutter überschwemmt.

Das Wichtigste aber ist und bleibt die entscheidende Rolle des Spermas, jener »Grundflüssigkeit«, unter deren Einfluß sich alle anderen Säfte herausbilden.[13] Der Samen ist definitionsgemäß die Substanz des Lebens selbst. Er wirkt auf die Gesamtheit des Organismus ein; sein Geruch bezeugt die Animalität des Individuums. Withof zufolge regt der Samensaft nicht nur sämtliche Fasern an, sondern er »nährt« auch die Männlichkeitsorgane; er erzeugt jenen »strengen Geruch, der von kräftigen, gesunden Männern ausgeht«[14], und den die Eunuchen verloren haben. Beim Mann gewährleistet diese *aura seminalis*[15] den Zusammenhalt von Leib und Seele, sie ist das Bindeglied. Der »unliebliche« Geruch des stark behaarten Mannes, bedingt durch den Erguß, den Rückfluß des Samens ins Blut und in die Organe, darf nicht als abstoßend empfunden werden. Brieude hebt übrigens hervor, daß dieser Geruch sich im Gegensatz zu dem aller anderen Säfte nie verändert[16]. Die Theorie von der Imprägnierung, der Geruchsdurchdringung des Gewebes, die in der Autorität Albrecht von Hallers wesentliche Unterstützung findet[17], sollte im 19. Jahrhundert noch lange wiedergekäut werden[18]. Der Samengeruch des enthaltsamen Pfarrers oder der des ehelosen, in puncto Reinlichkeit vernachlässigten *pion*, des bei Tag und Nacht über die Schüler wachenden Studienaufsehers, wird zum Leitmotiv der Romanliteratur. Jules Vallès spielt noch 1879 darauf an.

Die Gerüche der Organe und der Säfte, die stets eine mehr oder weniger große Menge abzusondernder Stoffe mitführen, werden durch Ausscheidungsdrüsen freigesetzt[19]. Bordeu nennt in diesem Zusammenhang sieben Körperregionen, alle erkennbar an ihrem starken Geruch: »den behaarten Teil der Kopfhaut, die Achselhöhlen, die Gedärme, die Harnblase, die Samenwege, die Leisten und die Bereiche zwischen den Zehen«[20]. Intensive Ausdünstungen, Zeichen einer starken Animalisierung, bezeugen die Manneskraft des Individuums oder des Volkes[21]. Damit wird uralten therapeutischen Verfahren eine wissenschaftliche Grundlage geliefert. Der Tradition gemäß war in den mit Jungtieren bevölkerten Viehställen das Heilmittel gegen alle Übel einer unzulänglichen Animalisierung zu finden. Der alternde David hatte durch die Anwesenheit nackter junger Mädchen in seinem Bett wieder zu Kräften gefunden. Auf die gleiche Weise war Capivaccius die Heilung eines siechenden Aristokraten gelungen, und Boerhaave hatte einen dahinwelkenden deutschen Prinzen auf nämliche Art kuriert. Manche alten Schullehrer erklären sich überzeugt von der wohltätigen Wirkung der »jungen Luft der Schulknaben«[22] in den Klassenzimmern.

Solche Überzeugungen führen zu großer Zurückhaltung in Hinsicht auf die individuelle Hygiene. Ethnologen wie Historiker haben immer wieder auf die Weigerung der Bäuerinnen hingewiesen, die Dreckschicht von den Köpfen ihrer Kinder zu entfernen[23], dabei jedoch oft nicht klar erkannt, daß dieser Brauch sich auf ein uraltes medizinisches Wissen stützt, noch viel älter als die Empfehlungen der Salernischen Schule. Die Ärzte von Montpellier machen den leichtfertigen Umgang mit Wasser für mancherlei Mißstände verantwortlich. Allzu häufige Waschungen, erst recht aber Bäder schwächen die Animalisierung und damit die sexuelle Lust. Bordeu kannte kräftige, »stark riechende Individuen«, denen die Hygiene und Desodorisierung zum Verhängnis geworden war. »Ihre Haut war sauber geworden, die starken Ausdünstungen und Schweißabsonderungen hatten nachgelassen, doch alles, was das Geschlecht auszeichnet, war erloschen.«[24] Im übrigen erhält sich die *aura seminalis* und somit die Verführungskraft besser »bei den ungepflegten Individuen, die ihre Zeit und ihren Saft nicht durch übertriebene Reinlichkeit verlieren«[25]. Bordeu warnt die Städter vor »dem Luxus der Sauberkeit«, der bei Wöchnerinnen und »schwitzenden« Kranken besonders unheilvolle Folgen haben kann.

Brieude macht sich all diese Weisheiten zu eigen; so deckt er ein traditionelles Verhalten, das manche Theoretiker – auch dies muß gesagt werden – schon damals im Namen der zartfühlenden Sinne[26] oder der notwendigen Desodorisierung des öffentlichen Raums zu verändern suchen.

Alle Dünste, alle von den Ausscheidungsorganen abgesonderten Sekrete tragen zur Bildung jener individuellen Atmosphäre bei, zu deren Beschreibung die Ärzte zwei Jahrhunderte lang die aberwitzigsten Beispiele heranziehen. Die Jungvermählten, hatte schon Sokrates bemerkt, brauchen keine Parfüms, da von ihrer Person die süßesten Düfte ausgehen. Unter Berufung auf Plutarch berichtet Montaigne[27], daß Alexanders Körper nach Veilchen roch; Haller verströmte einen Moschusgeruch; Monsieur de la Peyronnie, so ist in der Enzyklopädie zu lesen, »kannte einen angesehenen Mann, von dessen linker Achselhöhle an heißen Sommertagen ein erstaunlicher Moschusgeruch ausging«[28].

Die individuelle Atmosphäre verändert sich in Funktion einer ganzen Reihe von Faktoren, hervorgegangen aus einer Anthropologie, die uns heute hinlänglich bekannt ist[29], aber deren Verwurzelung in der medizinischen Theorie ich hier hervorheben möchte. Die Geruchsveränderungen bei Lebewesen sind abhängig von der Zusammensetzung der Säfte, der Funktionstüchtigkeit der Organe und der Intensität des inneren Reinigungsprozesses. Jedes Einwirken auf eines dieser Elemente hat eine Modifikation des individuellen Geruchs zur Folge. »Das Klima, in dem er (der Mensch) lebt, die jeweiligen Jahreszeiten, die Nahrung, die er zu sich nimmt, die Leidenschaften, denen er sich hingibt, die Art der Arbeit und die Künste, die er ausübt, der Boden, den er bearbeitet, und schließlich die Luft, die er atmet, verändern die Säfte, die er assimiliert, auf ebenso unterschiedliche Weise wie diejenigen, die er ausscheidet; daraus ergeben sich zwangsläufig unterschiedliche Gerüche.«[30] So arbeitet eine Anthropologie, die keine grundlegende Minderwertigkeit bestimmter Rassen postuliert, sondern allenfalls ihre »Entartung«[31]; es würde in der Tat genügen, eine der genannten Variablen zu modifizieren, um dem Körpergeruch eine Veränderung zu ermöglichen.

Von der Kindheit bis zum Alter folgt der Mensch einem Weg sich wandelnder Gerüche, vom sauer-milchigen des Säuglings bis hin zu dem eher süßlich-sauren des Greisenalters – einem Geruch, den Haller nicht ertragen konnte[32]. Dazwischen liegt die beim jungen Mädchen besonders ausgeprägte Lieblichkeit der Jugend. Während die Pubertät den Geruch des jungen Mannes radikal verändert und ihm die *aura seminalis* des Erwachsenen verleiht, nimmt sie auf den eher beständigen Geruch der Frauen keinen so entscheidenden Einfluß. »Ihr schlaffes und wenig beanspruchtes Gewebe stößt nur das Saure aus ihrer Kindheit ab und verleiht ihrem Schweiß einen faden, süßlichen Geruch ...«[35] Dennoch, die Menstruation und vor allem der Geschlechtsverkehr bewirken, wie wir noch sehen werden, eine zeitweilige Veränderung der weiblichen Geruchsnote.

Merkwürdigerweise nimmt die medizinische Wissenschaft der damaligen Zeit kaum Notiz von den spezifischen Geruchseigenschaften, die dem Temperament oder auch der Haut- und Haarfarbe zugeschrieben werden. Gewiß, man spricht vom besonderen Geruch der leicht aufbrausenden Hitzköpfe und dem scharfen Geruch der Rothaarigen[34], aber nur nebenbei, als handele es sich um eine Selbstverständlichkeit. Da die Leidenschaften auf die Körpersäfte einwirken, beeinflussen sie auch den individuellen Geruch. Manche wirken langsam, aber in der Tiefe; sie hemmen die organischen Bewegungen, behindern die Sekretionen: so hören die Traurigen allmählich auf zu riechen. Andere setzen sich schlagartig durch, in regelrechten Schüben, und fordern heftige Geruchsabsonderungen heraus. Zorn regt die zersetzende Gallentätigkeit an und äußert sich in stark riechendem Atem. Angst und Schrecken verleihen dem Achselschweiß eine widerwärtige Nuance, Stuhl und Blähungen werden unerträglich. Die üblen Ausdünstungen des Vielfraßes und der saure Weingeruch des Säufers bestärken den traditionellen Glauben an den eigentümlichen Gestank des Sünders, der dem hl. Filippo Neri erlaubte, die zur Hölle verdammten Seelen zu erkennen. Im gleichen Zuge festigt sich die Überzeugung, daß die Heiligen einen lieblichen Duft verströmen[35].

Die *ingesta*, das heißt die Luft, die Getränke und die Nahrungsmittel, bestimmen die Beschaffenheit der *excreta* und somit den individuellen Geruch. »Der Neger und der Samojede *müssen*, genau wie der schmutzige Hottentotte, mehr oder weniger heftig stinken.«[36]. Sie repräsentieren eine rohe, stark animalisierte Welt. »In der heißen Zone hat der Schweiß der Neger immer einen so widerwärtigen Geruch, daß man es kaum einen Augenblick in ihrer Nähe aushält. Finnen und Eskimos, die unweit der Pole leben, verbreiten einen unerträglichen Gestank um sich.«[37] Das gleiche gilt für die Kosaken[38]. Virey präzisiert: »Die Neger bestimmter westafrikanischer Regionen, etwa die Jolofs, sondern im Zustand der Erregung einen penetranten Lauchgeruch ab.«[39] Wenn

Schwarze und Weiße in den Tropen gemeinsam baden gehen, sind die ersten dank des Geruchs, den sie ausströmen, eher in Gefahr, der Gefräßigkeit der Haifische zum Opfer zu fallen[40].

Wesentlich an allen derartigen Beobachtungen sind die Verweise auf das Klima[41], die Luftbeschaffenheit, den Fäulnisgrad der Nahrungsmittel – kurz, auf die Mechanismen des inneren Reinigungsprozesses. Die Samojeden stinken ebenso wie die Schwarzen; nicht etwa, weil das Klima des Landes, in dem sie leben, die Fäulnis der Körpersäfte beschleunigt, sondern weil diese Wilden mit Vorliebe faulige Nahrung essen.

Diese Art der Analyse unterscheidet sich grundsätzlich von der Sichtweise, die der Anthropologie vom Ende des 19. Jahrhunderts eigen ist. Der Beweis: unabhängig von jeder Bezugnahme auf Rassenzugehörigkeit, Elend oder hygienische Mißstände werden gleichartige Beobachtungen innerhalb der französischen Grenzen angestellt. Wenn man den Durchzug einer Kosakenhorde noch Stunden später riechen kann, so gilt das gleiche – schreibt Cloquet – auch für den Dunst, den »die Kuhhirten aus unseren Bergen hinterlassen«[42]. Die »Landbewohner« riechen anders als die Städter. Die Körpersäfte der ersten sind weniger verdorben, sie haben »mehr mit der vegetabilischen Natur gemein«[43]. Am meisten stinkt, wer vorzugsweise Fleisch ißt – und dabei dürfte es sich im Augenblick wohl um die Städter handeln.

Auch regionale Bevölkerungen zeichnen sich durch je eigene Geruchsnoten aus, wiederum ein Ergebnis der Eßgewohnheiten. »Wenn zur Erntezeit all diese Völker in unseren Kantonen zusammenströmen, kann man diejenigen, die aus dem Quercy und dem Rouergue kommen, leicht am stinkenden Knoblauch- und Zwiebelgeruch erkennen, während die Einwohner der Auvergne eher nach ranzig werdender Molke riechen.«[44] Ganz allgemein sind die Gerüche in südlichen Gegenden ausgeprägter als im Norden.

Viele individuelle Gerüche hängen mit der Berufsausübung zusammen, vermittelt insbesondere durch die Lebensweise und die Substanzen, mit denen gearbeitet wird. Man könnte unseren Bauern nach der Geruchsspur folgen, schreibt Brieude; und jederman, so behauptet er weiter, kennt den süßlichen Geruch der Nonnenzellen, Zeichen einer »schwachen oder unvollständigen Assimilation«[45]. Seine Ausführungen gipfeln in der Frage: »Wer könnte nicht allein durch den Geruchssinn einen Kloakenfeger vom Lohgerber, einen Lichtkrämer vom Metzger unterscheiden? (...) Die flüchtigen Partikel, die den Körper der Arbeiter durchdringen, werden zu einem gewissen Teil beinahe unversehrt von den Säften wieder hinausgespült, mit denen sie sich zum anderen Teil wahrscheinlich verbinden (...). Der dadurch entstehende Geruch kennzeichnet die Gesundheit dieser Arbeiter.«[46] Bei mehreren Lohgerbern konnte Brieude einzig aufgrund der Tatsache, daß sie den spezifischen Geruch ihres Berufs verloren hatten, Krankheiten voraussagen. Ein sozialer Widerwille ist bei den Gelehrten ganz offenbar nicht im Spiel. Das Ergebnis der Geruchsbeobachtung trägt schlicht und einfach zur Vervollständigung der unterschiedlichen Berufsbilder bei, um deren Beschreibung die Hygieniker sich seit Ramazzini bemühen.

Der Körpergeruch findet auch Eingang in die medizinische Semiotik. Schon Hippokrates hatte ihn als Krankheitsanzeichen klassifiziert. Der Ausbruch des Übels kann sich sowohl durch den Verlust eines gesunden als auch durch das Auftauchen eines krankhaften Geruchs bemerkbar machen. Der Weg zur Krankheit und schließlich zum Tode führt vom Säuerlichen bis zur fauligen Gärung[47]. Bordeu beklagt die »Wortarmut« als größtes Hindernis bei der Definition wahrgenommener Gerüche, stellt aber gleichzeitig fest, daß die Medizin seiner Zeit »das Wesen der Körperteile sowie ihren gesunden oder krankhaften Zustand nach dem Geruchssinn beurteilt«[48].

Wie wir sehen, begnügt der Arzt sich nicht mit Fachkenntnissen in Sachen Luftverderbnis. Für seine Besuche am Krankenbett muß er auch gelernt haben, »mit Überlegung zu riechen«[49]. Zunächst einmal stellt er ein schwieriges Geruchskalkül an, mit dem Ziel, herauszufinden, wie der Patient angesichts seines Alters, seines Geschlechts, seines Temperaments, seiner Haarfarbe, seines Berufs und – wenn möglich – seines individuellen Geruchs, der vernommen wurde, als er sich noch bei guter Gesundheit befand, eigentlich riechen *müßte*. Anschließend vergleicht er das, was er tatsächlich riecht, mit den charakteristischen Geruchsabsonderungen der einzelnen Krankheitsarten. So erlaubt ihm der Geruch des Kranken, Diagnosen und Prognosen zu erstellen. Es liegt auf der Hand, daß die »Endungen« bei der Geruchsanalyse eine herausragende Rolle spielen; das Hauptgewicht wird auf den Atem, den Stuhl und vor allem den erstaunlich aufschlußreichen Eiter gelegt. »An den Wundverbänden, ja sogar an allen oberflächlichen Hauteiterungen kann man Tag für Tag Veränderungen der eitrigen Materie beobachten, je nachdem, ob ein Kranker sich zu heftigen Gefühlsausbrüchen hat hinreißen lassen, ob er sich mit anstrengenden oder allzu langen Übungen übernommen hat, ob er einer unbekömmlichen Diät folgt, vorwiegend scharfe Getränke zu sich nimmt, von bitteren, salzigen oder geräucherten Nahrungsmitteln lebt oder eine verdorbene, wenn nicht gar morastige Luft atmet.«[50]

Schon seit geraumer Zeit ist man im Volke argwöhnisch geworden: man spürt den riechbaren Anzeichen der Krankheiten nach. Insbesondere auf dem Lande berichten Matronen wie Dienstboten dem Arzt spontan von den beobachteten Geruchsveränderungen beim Schweiß, dem Stuhl, dem Urin, dem Auswurf, den Geschwüren oder gar der Leibwäsche des Kranken.

Es wäre ermüdend, hier all die Autoren zu zitieren, die sich in Form endloser Kataloge mit der Semiotik des Geruchs befaßt haben. Der denkbar schlimmste Gestank, darin stimmen sie überein, geht vom Skorbut aus. »Die geübten Praktiker können den Geruch der komplizierten brandigen Geschwüre sehr genau erkennen; desgleichen unterscheiden sie den Eigengeruch der Schwindsucht von dem der an Ruhr erkrankten Personen, dem der bösartigen Faulfieber und jenem ›Mäusegeruch‹, der die Hospital- und Gefängnisfieber auszeichnet.«[51] Wenn der saure, milchige Geruch der Wöchnerin zu stinken beginnt, kann man ein Milchfieber voraussagen.

Eine Inhaltsanalyse, ja schon eine schlichte lexikologische Auflistung wäre gewiß nützlich, um das Feld der vergleichenden Geruchsbeobachtung besser abgrenzen und die Verbreitung des osphresiologischen Vokabulars genauer einschätzen zu können; von der Häufigkeit her scheint letztere während der Restauration ihren Höhepunkt zu erreichen.

Seit den Arbeiten von Pringle besteht ein unverkennbarer Zusammenhang zwischen dem praktischen Vorgehen vieler Ärzte, der theoretischen Erforschung des Fäulnisprozesses, dem auf die Osphresiologie bezogenen anthropologischen Ansatz sowie gewissen volkstümlichen und spontanen Heilverfahren. Gewiß, in den medizinischen Kreisen gehen die Meinungen über die bereits zur Vergangenheit zählende Humoralmedizin, die Theorie der Faulfieber, den montpellierschen Vitalismus und Bordeus Organizismus weit auseinander; aber eines ist allen gemein: die tief verwurzelte, in den unterschiedlichen theoretischen Ansätzen besonders klar zum Ausdruck gebrachte Überzeugung von der entscheidenden Bedeutung der individuellen Gerüche. Es dauert nicht lange, da beginnen auch die Chemiker, sich für dieses Thema zu interessieren; auch sie machen sich daran, die faszinierende *aura* zu analysieren.

Noch ehe Lavoisier und Seguin bei der Analyse des durch die Haut erfolgenden Gaswechsels zu überzeugenden Ergebnissen gelangen, stekken zahlreiche, oft wirre und fast immer komisch anmutende Versuche den Problembereich dieser vergessenen Seite der Wissenschaftsge-

Priestleys Laboratorium
(Ausschnitt)

schichte ab. Es gilt, vielschichtige Fragen zu beantworten: zwei Jahrhunderte vorher hatte Sanctorius durch ständige Kontrolle seines eigenen Körpergewichts die Existenz einer unmerklichen Ausdünstung nachgewiesen; ist es möglich, sich mit Hilfe von Messungen und Analysen der von der Haut ausgeschiedenen Gase Gewißheit über diese Ausdünstungen zu verschaffen? Kann man auf dem gleichen Wege einen Beweis für die Einatmung riechender Dämpfe durch die Haut erbringen? Entdeckungen dieser Art könnten, so glaubt man fälschlicherweise, Licht in die Mechanismen von Infektion und Ansteckung bringen.

Also schreiten die Chemiker zur Tat. Manche – und nicht die unbekanntesten – beschließen, sich allerhand Glasröhrchen an den Leib zu schnüren und damit ins warme Badewasser zu steigen, um so die Gase von ihren Armen, ihren Achselhöhlen oder ihren Därmen aufzufangen. Im Jahr 1777 legt Graf Milly der Berliner Akademie das Ergebnis einer Analyse der aus seiner Haut entwichenen Gase vor; seiner Ansicht nach handelt es sich um »fixe Luft«. Cruickshank und Priestley folgen seinem Beispiel, der zweite allerdings ohne großes Vertrauen in diese Art der Manipulation. 1780 fängt Ingenhousz – erst in Paris und dann in Baden – die Hautausdünstungen seiner Arme auf; er glaubt, die »phlogistisierte Luft« von Priestley wiederzuerkennen. Anschließend setzt er ein neunzehnjähriges Mädchen ins Badewasser und stellt fest, daß die von dem jugendlichen Körper ausströmende Luft nicht weniger verdorben ist als jene andere, die er in seinen eigenen Achselhöhlen gesammelt hat[52]. Der therapeutische Wert der »jungen Luft« müßte demnach ein Vorurteil sein. Jurine versucht die Analyse zu verfeinern[53]. Er macht wiederholte Versuche mit Kindern zwischen zehn und neunzehn Jahren, Männern zwischen sechsunddreißig und sechsundsechzig Jahren sowie einer Frau von vierzig Jahren. In allen Fällen fängt er ein Gas auf, das er »Luftsäure« nennt und dessen Funktion seiner Ansicht nach darin besteht, den Körper vom Phlogiston zu befreien.

Die aberwitzigsten Experimente werden unternommen, Versuche, die wissenschaftlich zwar belanglos sind, aber ein hervorragendes Zeugnis von der leidenschaftlichen Suche der Gelehrten und der Art jener Überzeugungen liefern, die es sachlich zu begründen gilt. In Italien versucht der Domherr Gattoni, ein Schüler Voltas, die durch siechende oder ungesunde Körper hervorgerufene Luftverderbnis zu messen: »Ich nahm ein paar junge Bettelknaben, und gegen einen mehr oder weniger großen Geldbetrag konnte ich sie dazu bringen, sich bis zu den Lenden in dicke Ledersäcke oder -schläuche einschließen zu lassen; am oberen Ende wurden ihnen die Säcke so eng wie möglich um den Leib geschnürt. Um jeden Luftaustausch zwischen innen und außen zu unterbinden, ließ ich ferner in Wasser getränktes Leintuch rund um die Öffnungen nähen. In dieser unbequemen Lage mußten die jungen Gefangenen ausharren so lange sie konnten. Wenn es so weit war, ließ ich sie bis zum Bauch in das warme Badewasser eines Bottichs setzen, unter einen großen Trichter, der eigens dafür vorbereitet war, die in den Säcken eingeschlossene Luft zu sammeln, so daß wir sie mit großen Glasbehältern einfangen und methodisch umfüllen konnten, um sie der Analyse mit dem Eudiometer zugänglich zu machen.«[54]

Auf ganz ähnliche Weise machen sich Jurine und Gattoni daran, die Gase ihrer eigenen Gedärme aufzufangen. Ebenso systematisch untersucht Jurine die Luft in den Eingeweiden von Leichen. Sein Ziel besteht darin, mittels derartiger Analysen die Schädlichkeit der von den Gedärmen erzeugten Luftverderbnis aufzuzeigen[55]. Gewiß, der Beweis für eine Hautatmung ist erbracht, und das kann den Glauben an eine Inhalation der Miasmen im Augenblick nur bestärken. Aber den Chemikern gelingt es nicht, die Vielfalt der individuellen Gerüche mit Hilfe des Eudiometers zu erfassen. Bordeu reibt sich die Hände[56]; er verspottet die in Mode gekommene Erforschung von Fürzen und Blähungen. Die Nase des Arztes trägt den Sieg über das Meßgerät der Gelehrten davon.

Ein Ergebnis allerdings scheint eindeutig: jeder Gestank kann vom Organismus inhaliert werden und den individuellen Geruch beeinträchtigen. In unseren Augen ein lächerliches, vielleicht sogar unschickliches Problem, das damals jedoch stark mit Gefühlen besetzt war. Sogar Bichat bezeugt es: »Ich habe beobachtet, daß meine Winde nach dem Aufenthalt im Sektionssaal häufig genau den gleichen Geruch hatten wie die verwesenden Leichen. Und da ich mich überzeugen wollte, ob die riechenden Moleküle ebenso von der Haut absorbiert werden wie von den Lungen, tat ich es wie folgt: Ich stopfte mir die Nasenlöcher zu und nahm einen recht langen Schlauch in den Mund, der durch das Fenster reichte und mir ermöglichte, frische Luft von draußen zu atmen. Und siehe da, nach einer Stunde Aufenthalt in einem kleinen Sektionssaal, neben zwei mächtig stinkenden Leichen, präsentierten meine Winde einen durchaus vergleichbaren Geruch.«[57]

Eine erstaunliche Aufmerksamkeit gegenüber den eigenen Ausdünstungen, die laufend neue Beweise für die geheimnisvolle Durchdringung des Körpers mit fauligen Substanzen liefern. Man ahnt bereits die große Furcht vor den Gerüchen des Anderen.

Maßregeln für Lust und Ekel

Der Einfluß der Körperatmosphäre auf die menschlichen Beziehungen siedelt sich auf zwei sehr unterschiedlichen Ebenen an: einerseits auf der von Sympathie oder Antipathie, andererseits auf der von Ansteckung oder Infektion. Schon 1733 führte Philippe Hecquet, Dekan der medizinischen Fakultät von Paris, die Zuckungen bei den Anhängern des Diakons Pâris an dessen Grab auf dem Friedhof Saint-Médard auf eine erotische Stimulierung zurück, ausgelöst durch zusammenprallende Korpuskeln, die von den Körpern der Befallenen ausgingen. 1744 schrieb Hartley die sexuelle Begierde Vibrationen zu, die auf die Nervenfasern einwirken. Am Vorabend der Revolution ist der Glaube an die durch den Geruch der anderen hervorgerufene Anziehung oder Abstoßung immer noch ein literarisches Thema. Der beste Beweis dürfte wohl die Theorie der »Sympathisten«[58] sein. Tiphaigne de la Roche versichert, daß »Männer und Frauen von Teilchen einer unsichtbaren Materie, genannt sympathische Materie, umgeben sind; daß diese Teilchen auf unsere Sinne einwirken, und daß selbige Einwirkung Zuneigung oder Abneigung, Sympathie oder Antipathie erzeugt. Wenn beispielsweise die sympathische Materie, die sich um eine Frau verbreitet, einen angenehmen Eindruck auf die Sinne eines Mannes macht, wird diese Frau hinfort von diesem Mann geliebt«.[59] Tiphaigne zufolge ist die »sympathische Materie« nichts anderes als der »Ausdünstungsstoff« der Ärzte[60]. So ist jedes Individuum durch zahllose Einwirkungen, die seinen Fasern »schmeicheln« oder sie »zerreißen«, mit den anderen verbunden[61].

Eine ähnliche Theorie in Form einer Fabel findet sich im ersten Kapitel von Mirabeaus *Erotika Biblion*[62]. Shakerley erzählt, daß jeder Bewohner der Ringe des Saturn eigene Ausdünstungen hat, die unmittelbar mit den »Nervenbündeln des Gefühls« zusammenhängen. Besagte Emanationen können sich mit denen eines anderen verquicken; so entsteht ein »lebendiger Zusammenhang« zweier Wesen durch unzählige ähnliche Moleküle. Im Ringsystem des Saturn werden sowohl Gefühle als auch Bekanntschaften durch die Luft vermittelt.

Die Verführungskraft des Geruchs ist ein altes Klischee, zu dem sich auch Casanova[63] bekennt. Der Geruchssinn antizipiert die Verliebtheit, er schafft jene ungewisse Begierde, die sich beim konkretisierenden Anblick als Täuschung erweisen kann; beispielhaft in diesem Zusammenhang ist das Mißgeschick des Don Juan, irregeführt durch den *odor di femmina* Doña Elviras[64]. 1802 ernennt Cabanis den Geruchssinn zum Sinn der Sympathie; gegen Ende des 19. Jahrhunderts betrachten Monin und Dr. Galopin[65] ihn immer noch als den Sinn der Verwandtschaften[66].

Wieder einmal haben die Gelehrten die Existenzberechtigung antiker Stereotypen wissenschaftlich untermauert. Die *aura seminalis* des Mannes schürt das weibliche Verlangen und unterhält den männlichen Appetit. In Goethes *Faust* sind die Damen des Hofs betört von dem »Hauch«, gemischt mit Weihrauchsdampf, der von dem jungen Paris ausgeht; »es ist des Wachstums Blüte, im Jüngling als Ambrosia bereitet und atmosphärisch ringsumher verbreitet«[67]. In Wirklichkeit aber ist der Status, der dem männlichen Begehren zugesprochen wird, weitaus komplexer. Das Modell der tierischen Brunft geht den Ärzten nicht aus dem Kopf. Sie sind und bleiben überzeugt, daß der verführerische Reiz viel mit dem Geruch der Regel zu tun hat. Wir kennen die Ambiguität der Menstruation. Die bei dieser Gelegenheit ausgeschiedenen Produkte sind Bestandteil des inneren Reinigungsprozesses und verbreiten daher Fäulnis; zugleich sind sie jedoch durchdrungen von den feinen Dämpfen der Lebensessenz[68]. Aus der Sicht der montpellierschen Vitalisten bezeugt die Frau in diesem Augenblick des Zyklus die ganze Lebenskraft der Natur. Sie scheidet stark animalisierte Produkte aus, verlockt die Männer zur Befruchtung, verströmt die Reize der Verführung. Cadet de

Vaux faßt diese Vorstellung ein paar Jahrzehnte später vortrefflich zusammen, indem er die Atmosphäre der Frau in schon überholten Begriffen schwärmerisch als »den *spiritus rector*« beschreibt, »ausgehaucht von der im Inneren geborgenen Essenz des Lebens selbst«[69]. Vor dem Hintergrund dieser Überzeugungen erklärt sich auch der Sonderstatus jener Frauen, die ihrer Geruchsbalance beraubt sind: zu ihnen zählen die stets riechenden Rothaarigen, faulig und faszinierend zugleich, als hätte ein gestörter Zyklus sie zu einer immerwährenden Menstruation verdammt; Sinnbild des umgekehrten Ungleichgewichts sind die Schwangeren, bei denen der monatliche Ausfluß eine Zeitlang entfällt[70].

Die gleiche Sichtweise finden wir noch bei Michelet, der das Erlebnis der ersten Regelblutung leidenschaftlich mit seiner jungen Gemahlin teilt. Dennoch, in der Zwischenzeit ist etwas Umwälzendes geschehen, auf das ich an dieser Stelle kurz eingehen möchte, ohne später noch darauf zurückzukommen. Die schon 1828 vermutete und 1847 von Pouchet nachgewiesene spontane Ovulation hat die große Angst vor dem Hexenweib entschärft, von dessen Menstruationsausfluß die Metalle trüb werden und das Fleisch im Pökelfaß verdirbt. Zunächst der unheilvollen Hexerei bezichtigt, wird die Frau nun als schöpferisches Wesen anerkannt. Die Monatsblutung gewinnt eine neue Bedeutung, sie schürt das männliche Begehren. Ehegatten wie Frauenärzte werden zu Geschichtsforschern eines blutigen Zyklus, eines geheimnisvollen Lebens, von dem der Mann bis dahin ausgeschlossen war, und das zu kontrollieren er sich hinfort berufen fühlt. Die Verherrlichung der Menstruation und der weiblichen Gerüche durch die Gelehrten verleiht der Frau eine neue Unschuld, beraubt sie aber im gleichen Zuge ihrer okkulten Kräfte[71].

Außerhalb der Zeiten, in denen die lebenserhaltenden Dämpfe das Menstruationsblut imprägnieren, verleihen sie den übrigen Ausscheidungsorganen einen besonderen Duft; der Strom dieser Gerüche bildet den Leitfaden der Dichter. Lange vor Baudelaire und den »Schnüfflern« der großen Kaufhäuser versetzt das duftende Haar Parny und Bernis[72] in höchstes Entzücken. Die verführerischen Reize des Achselschweißes und der von ihm getränkten Leibhemden liefert den Stoff für zahlreiche Anekdoten. Heinrich III., so erzählt man sich, blieb zeit seines Lebens heillos vernarrt in Maria von Cleve, betört vom Geruch ihrer Leibwäsche, den er in einem Umkleidegemach geatmet hatte. Bei dieser so plötzlich entflammten Liebe ersetzt die Duftbotschaft den notwendigen Überraschungseffekt des zerrissenen Vorhangs. Heinrich verfällt dem Hautgeruch wie Werther Charlottes Bild, als er sie im Türrahmen er-

LOTTE

Lotte
1773

blickt[73]. Von einem orientalischen Sultan wird berichtet, daß er seine Favoritinnen nach dem Duft ihrer schweißgetränkten Tuniken auswählte[74]. Goethe gesteht, Frau von Stein ein Mieder entwendet zu haben, um nach Lust und Laune daran riechen zu können[75]. Die Behexte von Barbey d'Aurevilly versucht ihren grausamen Abt zu verführen, indem sie ihm eines ihrer Hemden schickt. Huysmans erklärt sich fasziniert vom Duft der weiblichen Achselhöhlen[76].

Weit subtiler erscheint die erregende Verführungskraft des Blumendufts an der Brust der Geliebten, ein Lockmittel, das Rousseau[77] ebenso hervorhebt wie Parny. Und was soll man erst zu der Rolle des Atems sagen, oder gar der des Schuhgeruchs, den Restif[78] mit höchster Wollust zu atmen pflegte – und das zu einer Zeit, da der Lederfetischismus noch lange nicht erfunden war! Ein merkwürdiges Schweigen indes fällt auf, wahrscheinlich ein Tabu: bei all diesen erotischen Betrachtungen findet sich außer einigen Hinweisen auf die Menstruation keine einzige Anspielung auf den verführerischen Reiz der Vaginalgerüche[79].

Wie Yvonne Verdier zu Recht annimmt, ist die Pubertät nicht die entscheidende Etappe im Geruchsleben der Frau. Die Menstruation verstärkt die Verführungskraft des pubertierenden jungen Mädchens, sie erinnert an seine Berufung zur Fortpflanzung, verleiht ihm aber nur eine zeitweilige, unstete Geruchsnote. Erst das männliche Sperma prägt der Frau eine echte Duftmarke auf, genau wie die Weibchen zahlreicher Tierarten erst durch den vollzogenen Koitus mit einem besonderen Geruch behaftet werden[80]. Es ist der Geschlechtsverkehr, der die Weiblichkeit in jeder Hinsicht vollendet[81].

Aufschlußreich in diesem Zusammenhang sind einige immer wieder aufgefrischte Anekdoten über die außergewöhnlichen Geruchsmerkmale gewisser Individuen. Sie betreffen nicht etwa die Menstruation, sondern die sexuelle Aktivität, den Spermafluß, der die weiblichen Organe und Säfte imprägniert, im Endeffekt also die Ausdünstung von Samengerüchen. Demokrits Lachen verrät die Ausschweifungen der jungen Mädchen seiner Heimatstadt Abdera, denen er jeden Fehltritt am Geruch anmerkt. Seit das *Journal des Savants* 1684 von einem Prager Mönch berichtet hat, der Ehebrecherinnen am Geruch erkennen konnte, wird dieses Beispiel bei jeder Gelegenheit in medizinischen Werken zitiert.

Exzessiver Geschlechtsverkehr bewirkt einen regelrechten Samensturz in den Körpersäften der Frau, zersetzt die Flüssigkeiten und erzeugt einen unerträglichen Gestank. So werden die Prostituierten zu *putains*, den »Stinkenden«[82]. Schon Juvenal hatte ähnliches behauptet;

Anfang des 18. Jahrhunderts bemühte J.-B. Silva sich dann um eine wissenschaftliche Rechtfertigung dieser Überzeugung[85], die als solche bereits dazu führt, Prostituierte für gefährlich zu erachten.

Der kranke, bei lebendigem Leibe verfaulende Körper verströmt in der Tat schädliche Ausdünstungen, krankmachende Gerüche. Unter diesem Aspekt ist gegenüber Tieren höchste Vorsicht geboten. Wenn eine Viehseuche ausbricht, ist auch der Mensch in Gefahr. Weit entfernt von wohltätigen Wirkungen, gilt die Luft der Viehställe hinfort als äußerst ungesund[84]. Hier gerät die Theorie der Faulfieber in direkten Gegensatz zu den Überzeugungen der Vitalisten.

Schlimmer noch ist die unmittelbare Nähe eines kranken Menschen. Um ihn bildet sich eine »mehr oder weniger ausgedehnte« Atmosphäre, »die an seinen Kleidern, seinen Möbeln und den Wänden seines Zimmers haften bleibt; sie ist drückend, schwer, weniger beweglich oder elastisch als die gemeine Luft, und sie setzt sich für lange Zeit in den Ecken und Winkeln der Wohnungen fest«[85]. Der Gestank allein zeigt die Gefahr an. Während der Fieberepidemie, die 1799 in Nizza ausbrach und die dortigen Standquartiere der französischen Armee heimsuchte, »verströmten die unglückseligen Soldaten einen ähnlichen Geruch wie brennendes Phosphorgas, den man mit der bloßen Nase schon von ferne vernehmen konnte, und der besonders jenen Straßen oder Häusern anhing, in denen die meisten Kranken weilten«[86]. Fodéré behauptet, daß sogar Genesende die Krankheit verbreiteten, solange sie »ihre Atmosphäre nicht abgestreift hatten«.

Herausragender Träger von Miasmen und üblen Gerüchen ist der Atem[87]. Man hüte sich vor dem stinkenden Atem des »befallenen Viehs«, fordert Boissier de Sauvages. Ein Gefährte von Jean-Noël Hallé wird durch den Hauch eines todkranken Kloakenfegers zu Boden geschleudert[88]. Während der Atem einerseits als Zeichen des Lebens und seiner Reize gilt, während er die gut funktionierende Respiration bezeugt, die den Zustrom von »Lebensluft« gewährleistet, sorgt er andererseits für die Ausscheidung fauliger Substanzen, die sich in den Säften gesammelt haben, für die Absonderung der »phlogistisierten Luft«, deren schädlicher Einfluß auf die Umgebung hinreichend bekannt ist. In dieser von der Angst vor Luftverderbnis und Miasmen geplagten Zeit ist die Aufmerksamkeit gegenüber dem Anderen vornehmlich auf dessen Ausdünstungen, seinen Atem und seinen Körpergeruch gerichtet.

Der große Schwindel aber kommt erst mit dem Bewußtsein von der unerhörten Masse an Dämpfen, die sich dort zusammenbrauen, wo eine Vielzahl von Lebewesen auf engstem Raum beisammen ist. Die Wahr-

nehmung der Gefahr »sozialer Ausdünstungen«[89] führt zu einem ungekannten Mißtrauen gegenüber der nach Fäulnis stinkenden Masse, dem
Durcheinander von Volk und Vieh. Beunruhigt stellen die Gelehrten
diesbezügliche Berechnungen an, nachdem sie sich zuvor mit einer Abwägung der vom Boden aufsteigenden Dämpfe befaßt hatten. Schon
1742 versucht Arbuthnot, die menschlichen Ausdünstungen im Stadtgebiet zu messen: »Der Schweiß von weniger als dreitausend auf einem
Morgen versammelten Personen bildet binnen vierunddreißig Tagen
eine Atmosphäre von einundsiebzig Fuß Höhe. In der Dichte verhält
sich die entstandene Materie zur Luft wie achthundert zu eins. Verteilt
man die gleichen dreitausend Personen auf hundert Morgen, bleiben immer noch acht Fuß besagter Materie, die zum größten Teil nicht etwa
aufgelöst wird, sondern sich, unendlich fein wie alle stark riechenden
Ausdünstungen, weithin verbreitet und die gesamte Luft einer Stadt des-
selben Ausmaßes verseucht.«[90] Neun Jahre später kommt Boissier de
Sauvages noch einmal auf das Rechenexempel zurück. »Auf Dämpfe
reduziert«[91], bilden die Exkremente aus den fünf Pfund Nahrungsmitteln, die ein Städter täglich zu sich nimmt, eine (fünf Pfund schwere) vier
Fuß und sieben Zoll hohe Säule um seine fünfzehn Fuß Hautoberfläche.
In den Städten verdichtet sich diese Säule um das Doppelte, denn der
Raum, der jedem Einwohner zur Verfügung steht, geht nicht über die
Hälfte seiner Hautoberfläche hinaus.

Selbst bei bester körperlicher Gesundheit führt die bloße Anwesenheit der Lebewesen zu starker Luftverderbnis in Städten und Tälern.
Glücklicherweise nehmen die Winde sowie die durch fahrende Wagen
oder Herdfeuer entstehenden Luftbewegungen einen wenigstens teilweise korrigierenden Einfluß auf die Masse der Atmosphäre. Nicht so in
geschlossenen Räumen, in denen Menschenmassen zusammengepfercht sind. Auf Schiffen, in Hospitälern, Gefängnissen, Kasernen, Kirchen und Theatersälen reifen Epidemien heran, die anschließend mit
aller Gewalt über die Stadt hereinbrechen. Dieser Alptraum, die
panische Angst vor der massenhaften Ansammlung lebender Körper –
eine Angst deren theoretische Grundlage wir soeben erörtert haben – bestimmt sowohl die sozialen Vorstellungen innerhalb der Großstadt als
auch die Strategie der hygienischen Bereinigung des öffentlichen
Raums. Wenngleich im Augenblick noch keine klare Linie zu erkennen
ist, dauert es nicht mehr lange, bis die Weiterentwicklung der Chemie
durch Lavoisier eine Definition präziser Normen erlaubt.

In diesem Zusammenhang drängt sich vor allem anderen die Symbolik des modrigen untersten Schiffsraums auf, der große Alptraum aller gesellschaftlichen Vorstellungen von der Fäulnis. »Der erste Eindruck, den die auf Schiffen herrschende Luft hervorruft, wendet sich an den Geruchssinn. Der vielfältige Gestank, der einem entgegenschlägt, ergibt sich aus den Ausdünstungen des Kielraums, dem Teergeruch und dem übelriechenden Dunst, den so zahlreiche, auf engem Raum zusammengedrängte Menschen erzeugen.«[92] Das beunruhigte Augenmerk der Hygieniker gilt daher in erster Linie den Schiffen. »Die Luft (dort) ist weitaus verdorbener als in den Gefängnissen«, erklärt Hales 1744[93]. Einige Jahre später versucht der Vicomte de Morogues, die komplexe Geruchsmischung zu entwirren, die in seinen Augen eine hinreichende Erklärung für die blitzartig um sich greifende Fäulnis des Skorbut liefert.

Das Schiff ist ein »schwimmender Sumpf«[94]. Aus dem Meerwasser, das durch die Nähte der Schiffsplanken dringt, und dem Süßwasser, das nach Regenfällen oder leichtfertigen Reinigungsaktionen in großen Pfützen stagniert, die Seilrollen mit Feuchtigkeit tränkt, das Holz zersetzt und die Kanonenkugeln oder den eisernen Ballast rosten läßt, bildet sich ein todbringender schwärzlicher Schlamm. Im übrigen versammeln sich die verseuchten Flüssigkeiten, eine Synthese aus allen nur denkbaren Gestänkern, unten im sogenannten Pumpensumpf. Diese Mischung aus Süßwasser und Salzwasser, deren übler Geruch vollends unerträglich wird, wenn man die Pumpe in Gang setzt, gilt als ebenso schädlich wie der von Menschen gemiedene Schlick salzhaltiger Tümpel. Die Ausdünstungen der Pechdichtungen, die Küstennebel und unheilvolle, modrige Ankergründe tragen ebenfalls dazu bei, das Schiff mit einem Sumpf zu identifizieren.

Zugleich gilt es als eine Hochburg der Fermentation. Von Bauholz und Hanfseilen steigen, vor allem wenn sie neu sind, gefährliche Dämpfe auf. Im Lebensmittellagerraum »schlägt einem stets ein warmer, übelriechender Dunst entgegen, von dem eine zarte Person durchaus schwach werden kann«[95]. Ein bezeichnender Irrtum der Empfindung: verdorbene Luft macht einen wärmeren Eindruck. Die Stagnation verschlimmert die Infektionsgefahr. Die unteren Schiffsräume belasten das Leben an Bord mit einer dauernden Bedrohung. Eine unheimliche Faszination geht von ihnen aus. Ein spätes Bild des Schreckens vor dem Pesthauch, der aus den Tiefen des Schiffsbauches dringt, spiegelt sich in der Literatur: in der Einschiffung des Arthur Gordon Pym ebenso wie in der Überfahrt Draculas oder der fauligen Fracht in Joseph Conrads Roman *Die Schattenlinie*[96]. Auch aus der weiter oben gelegenen Proviantkammer entweichen »Dünste von riechenden oder vergorenen Flüssigkeiten und Lebensmitteln«[97].

Weitere für das Leben der Matrosen und Passagiere bedrohliche Geruchsschwaden kommen von dem Mist und den Ausdünstungen des lebenden Viehs, das bei längeren Reisen als Proviant an Bord genommen wird, dem Dreck des zahlreichen Geflügels, den Kabeljau-Vorräten, dem Aas von Ratten oder Insekten und dem ganzen Unrat, der unter die in dunklen Ecken aufgestapelten Kisten geschoben wird[98]. An heißen Sommertagen werden die Ausdünstungen der häufig zur Verrichtung der Notdurft benutzten Gallionsdecks, der Abtritte und Urinbecken schier unerträglich. Ein historisches Ereignis rundet das Bild ab: 1821 wird die gesamte Mannschaft der mit getrocknetem Fäkaldünger beladenen *Arthur* auf dem Weg nach Guadeloupe von der übelriechenden Fracht dezimiert; auf offener See vor Pointe-à-Pitre wird ein Geisterschiff gesichtet[99].

Das Gedränge menschlicher Körper und die vom Atmen verbrauchte Luft vollenden das beschriebene Potpourri. Zur Nacht versammelt sich der ganze Haufen der Matrosen auf dem Plattformdeck; sie schlafen in einer überaus stickigen Luft, ohne ihre feuchten, schweißgetränkten Kleider abzulegen[100]. Der Geruch, der aus den Luken dringt, ist so überwältigend, daß ein vorbeigehender Passagier daran ersticken könnte. Die Schiffe mit ihren ungesunden Verhältnissen stehen auf der gleichen Stufe wie all die anderen stinkenden Orte, die zur Verseuchung der Stadt beitragen. Jedes Schiff besitzt seine eigene Krankenstube, und manchmal verwandelt es sich in ein schwimmendes Hospital. Tief unten in den Kerkerräumen verschimmeln die in Ketten liegenden Matrosen. Wenn Schwarze aus Guinea die Fracht bilden, ist die Luft Hales' Beschreibungen zufolge »so verpestet, daß der Magen sich umdreht und man es nicht ertragen kann«[101].

Beunruhigt machen die Gelehrten sich daran, das geruchsgewaltige Gemisch auf den Schiffen zu messen und zu analysieren, um die Gefahren besser einschätzen zu können[102]. 1784 wird eine Kommission der *Société Royale de Médecine* beauftragt, das Problem näher zu erforschen[103]. Ihre Ergebnisse sollten dazu führen, daß die verseuchten Schiffe – obgleich noch seetüchtig – verbrannt wurden. So verschwand auch die Fregatte *Melpomène*.

Auf dem Festland gelten die Gefängnisse als der schlimmste Geruchsskandal. Ihr Gestank zeigt an, daß die Häftlinge samt und sonders bei lebendigem Leibe verfaulen. In dieser menschlichen Modergrube verbindet sich die genealogische Verseuchung mit den Faulungsprozessen der Gegenwart. Louis-Sébastien Mercier behauptet, man könne Bicêtre auf vierhundert Klafter Entfernung riechen[104]. Ein eingekerkerter Komplize des Banditen Cartouche stellt sich tot, um hinausgetragen zu werden und einen Augenblick im Freien zu atmen. Als der Graf von Struensee zur Hinrichtung aus dem Verließ geholt wird, ruft er aus: »Welch eine Wonne, frische Luft zu atmen!«[105] Bei der heftigen Auseinandersetzung, in die Casanova unter den schrecklichen Bleidächern von Venedig mit seinem Gefängniswärter gerät, geht es um die Ausleerung eines stinkenden Kübels mit Unrat[106].

Anfang des 19. Jahrhunderts sind die Gefangenen und ihr mangelnder Zugang zur frischen Luft ein zentrales Thema. Oberman vergleicht sich mit einem, »der das schmutzige Kerkerloch verläßt und nach zehn Jahren den heiteren Himmel wiedersieht«[107]. Die von Pizarro eingekerkerten Gefangenen besingen ihre Freude, Luft und Licht wiederzufinden[108]. Aus gutem Grund verweist Michelet in seinem Werk wiederholt auf die Geschichte der Kerkergerüche. »Den alten, feuchten und düsteren Klöstern, die heute fast überall Gefängniszwecken dienen, haftet – was man auch dagegen tun mag – eine unausrottbare historische Unsauberkeit an, ein undefinierbarer Geruch, der schon beim Eintreten Übelkeit erregt. Nach Aussagen der Unglücklichen, die in den Kerkern Ludwigs XIV. ausharren mußten, war die verpestete Luft dieser Stätten qualvoller als alles andere.«[109]

1784 schreibt Howard empört: »So hat man also ein Mittel gefunden, die Gefangenen auch noch um diesen natürlichen Lebenstrunk zu bringen, wie Doktor Hales es nennt«[110]. Weiter stellt er fest: »Die Gefängnisluft infiziert die Kleider der Besucher (...). Selbst der Essig, dessen man sich zum Schutz gegen solche Verseuchung bedient, nimmt bald einen unerträglichen Geruch an.« Die Aufmerksamkeit dieses größten Beobachters von Zuchthäusern und Gefängnissen ist stets auf das gerichtet, was riechbar ist.

In Wirklichkeit hat der Skandal um den Kerkergestank zu Howards Zeiten bereits eine lange Geschichte. Schon Bacon hatte die Ausdünstungen oder den »Kerkergeruch« als die gefährlichste Seuche nach der Pest bezeichnet[111]. Die lange Liste der Katastrophen liefert reichliche Beweise. An erster Stelle steht der *Schwarze Gerichtstag* von Oxford im Jahre 1577: Roland Jenkins wurde gerade wegen Aufrührerei verurteilt, als von dem Gerichtssaal ein »so bösartiger Dunst aufstieg, daß fast alle daran erstickten. Nur wenige blieben unversehrt. In Oxford starben dreihundert Personen; zweihundert weitere wurden krank und später an anderen Orten vom Tode heimgesucht«[112].

Im März 1730 geschieht in Taunton ein ähnliches Unglück: die aus dem Gefängnis von Ivelchester geholten Häftlinge verseuchen das Gericht; »der oberste Richter, der Advokat, der Sheriff und etwa hundert weitere Menschen starben an dem Pestfieber«[113].

Zu den grauenvollsten Gerichtstagen zählt auch der von Old-Bailey am 11. Mai 1750. Vor der Verhandlung waren die Gefangenen – zweihundert an der Zahl, die nacheinander vor den Richter treten sollten – ohne Vorbedacht in zwei Räumen zusammengepfercht worden, die sowohl zum Richterzimmer führten als auch zum »bail dock«, einer Art Vorzimmer, das durch eine Tür und eine Öffnung im oberen Teil der Scheidewand mit dem Gerichtssaal verbunden war. Die Räume »waren seit mehreren Jahren nicht mehr gesäubert worden. Der faulige Gestank verstärkte sich durch die stickige, warme Luft im Saal und den Schweiß einer großen Anzahl von Personen. (..) Zwei oder drei Advokaten gingen elendig daran zugrunde, ebenso einer der untergeordneten Sheriffs«[114]. Insgesamt fanden über vierzig Personen den Tod, abgesehen von denen »niederen Ranges, deren Ableben nicht bekannt wurde«[115]. Noch im Jahre 1812 ereignet sich eine ähnliche Tragödie auf dem Gerichtstag von Lons-le-Saulnier[116]. Pringle und Lind stimmen in der Auffassung überein, daß die ansteckenden Krankheiten, welche die Königliche Flotte und die Heere Seiner Majestät dezimieren, aus den Gefängnissen hervorbrechen.

Vor den Entdeckungen von Priestley wird noch kaum ein Unterschied getroffen zwischen dem entsetzlichen, aus Gestänkern erwachsenden »Gefängnisfieber« und dem einfachen Ersticken aufgrund einer übermäßigen Ansammlung von Menschen in einem geschlossenen Raum. Für die Gelehrten hat das tragische Schicksal der hundertsiebenundvierzig englischen Gefangenen, die in Bengalen in ein »schwarzes Loch« gesperrt worden und darin erstickt waren[117], den gleichen Grund wie das Übel, an dem die Opfer der verhängnisvollen Gerichtstage zugrunde gingen.

Die Kerkergerüche und das von ihnen erzeugte Fieber sind um so gefährlicher, als sie teilweise auf einer weit in die Vergangenheit zurückreichenden Verseuchung beruhen. Unter diesen Umständen gibt es keine andere Lösung, als die betroffenen Stätten zu räumen und die Mauern niederzureißen. Zur gleichen Schlußfolgerung kommt Lavoisier in dem

Bericht, den er der *Académie Royale des Sciences* nach seinem Besuch in Saint-Martin und Forl'Evêque vorlegt[118].

Ein halbes Jahrhundert später sollten die Theorien über die Fäulnis und den Gestank der Gefängniszellen als Vorbild für die Beschreibung städtischer Arbeiterunterkünfte und ungepflegter Bauernhäuser dienen. Der Kerker steht Modell für die endlosen und berechtigten Sturmläufe gegen ungesunde Wohnungen, die Ende des 18. Jahrhunderts beginnen.

Nach Angaben der Zeitgenossen zeichnet sich die Krankenhausatmosphäre durch eine besondere Vielfalt fauliger Gerüche aus[119]. Das hechelnde Atmen und die verderblichen Schweißabsonderungen der Kranken, ihr schleimiger Auswurf und die eitrigen Substanzen, die aus den Wunden fließen, der Inhalt von Kübeln und Nachtstühlen, die Arzneigerüche und die Ausdünstungen der Wundpflaster vermischen sich zu einem überwältigenden Gestank, an dessen Zusammensetzung die Ärzte das Risiko sich anbahnender Epidemien rechtzeitig zu erkennen versuchen. Geschlecht, Alter, Beruf und Temperament der Kranken beeinflussen den abscheulichen Globalgeruch, dessen Dünsten das Übel entspringt. Das Allerschlimmste ist die »Spitalfäulnis«, ein Leichengeruch, der dem Sterben vorausgeht und den baldigen Tod verkündet; er kommt von brandigen Gliedern und den schweißgetränkten Betten, die den Sterbenden vorbehalten sind[120].

Besuch und Beschreibung des Hospitals galten als eine Art Initiation für alle, die sich mit Fragen der öffentlichen Hygiene beschäftigen. Der erstickende Geruch bekommt einen Ehrenplatz in den Berichten. Unempfindlich für Geräusche und wenig besorgt um Lichtverhältnisse, vermehrt der unermüdliche Howard seine Geruchsanalysen; aufschlußreich sind seine Schilderungen von den Hospitälern in Lyon und auf Malta[121]. Madame Necker gehört zu den Unerschrockenen, die sich nicht fürchten, den Krankentrakt von Bicêtre zu besuchen; ja sie geht sogar in den berüchtigten »Saal des hl. Franziskus«, beschrieben als ein regelrechter »Jauchensumpf Pariser Machart«, dessen stinkende Luft »auch den barmherzigsten und mutigsten Besucher ohnmächtig umfallen läßt und erstickt«[122]. Es gibt kein Krankenhaus, fügt Louis-Sébastien Mercier hinzu, das nicht in vergleichbarer Weise übelriechend wäre. Eine Untersuchung, die auf Initiative von François de Neufchâteau im Jahr VII der Republik (1798) durchgeführt wurde, bestätigt dies Zeugnis.

Die präziseste aller Beschreibungen aber hat Tenon uns vom Hôtel-Dieu[123] hinterlassen. Dieses Hospital, das sich später in eine »Gesundmachmaschine«[124] verwandeln sollte, stellt sich im Augenblick noch als stinkende »Infektionsmaschine« dar. Tenon erspart seinem Leser nichts: weder das Einsickern der Exkremente in den Holzboden noch die Zersetzung der Wände durch den Auswurf der Kranken oder die von allerhand Absonderungen getränkten Strohsäcke und Federbetten der Sterbenden. Genau wie im Gefängnis verbreiten die Latrinen auch im Hospital einen stinkenden Pesthauch. Den auf drei Säle verteilten fünfhundertdreiundachtzig Kranken stehen nur fünf Abtritte zur Verfügung. Dort werden auch die Kübel entleert. »Man steigt auf die Sitze: unter einem häuft sich der Unrat, das Hinzukommende rückt bedrohlich nahe; die Scheiße breitet sich auf dem Boden aus, fließt bis zur Tür, die nur durch eine Wandbreite vom Saal der Verletzten getrennt ist.«[125]

Es herrscht ein ständiger Umlauf übelriechender, von Miasmen verpesteter Luftströme, die in den Sog der Treppen geraten, sich auf die Terrassen ergießen, wieder zurückströmen und in den Ecken der Krankensäle stagnieren. Der Gestank hat seinen Höhepunkt: die Stunde, zu der die Wundverbände ausgewechselt werden. Er hat auch seine Pole, die in ganz Europa bekannt sind: die Abteilung der Wöchnerinnen und den nach dem hl. Hieronymus benannten Operationssaal, der seinen Platz direkt über dem Leichenhaus hat und dessen »stinkenden Dämpfen«[126] ausgesetzt ist. »Auf der gleichen Seite (...) steht ein Bottich mit Schmutzwasser, von dem ein garstiger Geruch aufsteigt; daneben ergießt sich Urin, Blut und allerhand Unrat aus den Zwischengeschossen und vor allem aus dem Kreißsaal über die terrassenförmigen Gruften.«[127] Bei den Gebärenden herrscht ein drückender Gestank; wenn man ihre Betten aufschlägt, »steigen wie aus einem Abgrund warme und feuchte Dämpfe auf, die sich im Saal verbreiten und die Luft verdicken, ja sie zu einer so dichten Masse werden lassen, daß man an Wintermorgen sehen kann, wie die Schwaden sich beim Hindurchgehen zerteilen, was keineswegs ohne einen unüberwindlichen Ekel geschieht«[128].

Der Pesthauch geht von allen Orten aus, die von menschlichem Gedränge erfüllt sind: außer den Krankenhäusern und den Gerichtssälen, in denen sich der grauenvolle Gestank der Gefängniszellen fortsetzt, gehören selbstverständlich die Kasernen[129], nicht zuletzt aber auch die Theatersäle zu dieser Kategorie. Zielscheibe der Klagen sind vor allem die Logen, gegen die der Vorwurf erhoben wird, in ihnen würden Frauen mit schwachen Nerven durch die stickige Luft vergiftet[130]. Oberman empfindet heftigen Widerwillen gegen die »engen Theaterlogen, wo einem der Atem von zweitausend Menschenleibern, deren Reinlichkeit und Gesundheit nicht über alle Zweifel erhaben sind, in Schweiß versetzt«[131]. Manchmal zwingt der üble Geruch ängstliche Zuschauer, das Theater frühzeitig zu verlassen. Am 17. Juni 1789 beschwert Dr. Guillotin sich über die »drückende und verpestete« Luft in der *Salle des Menus Plaisirs*, in der die Konstituierende Versammlung zusammentritt. Die Pariser *Salle du Manège* sollte den Deputierten nicht weniger gesundheitsschädigend erscheinen: im August 1790 ergeht sich der junge Félix Faulion schon frühmorgens in der frischen Luft der Tuilerien; ohne diese Vorsichtsmaßnahme wäre es ihm unmöglich, eine Sitzung durchzuhalten[132].

Im Augenblick gibt es noch keine Trennungslinie zwischen dem Geruch des niederen Volkes und dem der Reichen. Entscheidend ist allein die Masse, nicht wie sie sich zusammensetzt. Die stinkenden Ausdünstungen der im Hospital oder im Kerker zusammengepferchten Armen droht bis zu den hochgestellten Persönlichkeiten durchzudringen; aber der Leichengestank, der aus den Gräbern der Reichen entweicht und den Gläubigen den Atem verschlägt, gilt als ebenso gefährlich. Seit Abbé Porée 1745 in seinem bereits erwähnten Buch gegen die Bestattungen in Kirchen protestiert hat, ekelt man sich vor der stinkenden Luft in den Gotteshäusern. Die Angriffe richten sich gegen undichte Gruften und feuchte, durchlässige Grabgewölbe. Voltaire empört sich ebenso über diese unzumutbaren Verhältnisse wie später Vicq d'Azyr. Auch manche Klöster sind verseucht; so etwa das von Agde[133].

Bei Graböffnungen kommt es zu ähnlich dramatischen Unfällen wie auf den Gerichtstagen. In Gruften und Kerkern reifen Epidemien heran. In seiner *Geschichte des Todes* hat Philippe Ariès eine ganze Reihe der zahlreichen Berichte über solch schreckliche Ereignisse zitiert[134].

Bleibt noch ein letzter Punkt: der Geruch in den Werkstätten, am Arbeitsplatz, auf den wir heute besonders empfindlich reagieren. Die damalige Zeit hat diesem Problem erst relativ spät Beachtung geschenkt. Im übrigen wird es bis zum zweiten französischen Kaiserreich nie mit der gleichen Heftigkeit angeprangert wie der Gestank in den Gefängnissen, den Hospitälern oder auf den Friedhöfen. Wir sollten uns daher vor jedem Anachronismus hüten. Was die Zeitgenossen terrorisiert, ist der Geruch zahlreicher, auf einem Haufen versammelter Körper, nicht der des arbeitenden Menschen. Die Werkstatt ist nur dann gefährlich, wenn sie »die Nasen beleidigt«. Hier stimmen Gestank und Schädlichkeit fast immer überein. Eine gesundheitliche Bedrohung durch die Industrie ist ohne Gestank kaum denkbar. Kritisiert wird nicht der Lärm und nur selten der Rauch – jedenfalls nicht in Frankreich; alle Vorwürfe konzentrieren sich auf die Gerüche. In Ramazzinis Buch über die Gesundheit der Handwerker und Künstler, das bekanntlich lange Zeit größte Beachtung fand, spielt der Geruchssinn eine zentrale Rolle. Der Autor trägt sich sogar mit dem Gedanken, eines Tages »eine absonderliche und vollkommene Erzählung vom Geruch«[135] zu schreiben.

Aufgrund dieser Einseitigkeit bleibt die Analyse der Berufskrankheiten sehr summarisch. Nur wenn der Arbeiter gezwungen ist, sich Gärungsprozessen, Fäulnis- oder Erdausdünstungen auszusetzen, drohen ihm ernsthafte Gefahren. Die Steinbrecher, die Bergleute und Brunnengräber sind ebenso bedroht wie jene Arbeiter, die mit Schwefel, Pech oder arsenikhaltigen Stoffen umgehen müssen. Ein Seiler kann der Fermentation des übelriechenden Hanfs zum Opfer fallen. »Beim Hecheln des fettigen Hanfs« müssen die Arbeiter die »garstigen Teilchen« gar durch den Mund einatmen[136].

Die dauernde Handhabung tierischer Fette zerstört die Gesundheit der Lichtzieher. Die vom Leder verdorbene Luft ist dem körperlichen Wohl der Schuhmacher und Gerber außerordentlich abträglich. Die Wäscherinnen leiden unter dem unheilvollen »Dampf aus der siedenden Lauge«[137], der eine Fortsetzung des Waschvorgangs verbietet. Auch die Bader sind von üblen Krankheiten bedroht. Von denen, die mit Pferdehaar arbeiten, heißt es, sie hätten einen ungesunden Beruf gewählt. Die Walker haben ständigen Umgang mit Exkrementen; »deswegen sind die bei solchem garstigen Harn- und Ölgestank in warmen Stuben lebenden Walker und Tuchmacher, so auch bisweilen halb nackend geher, fast alle *cachectici* (hinfällig)«[138]; faulige Moleküle verderben ihr Blut. Am schlimmsten betroffen aber sind – schon damals – die Lumpensammler, die mit tierischen Überresten handeln.

Die Mehrheit der Handwerker jedoch arbeitet unter gesunden Bedingungen in nicht riechenden Werkstätten, weit entfernt von Gärung und Fäulnis. Das Wesentliche in Ramazzinis Klassifikation, die von Fourcroy ergänzt und sowohl von Patissier als auch von Parent-Duchâtelet wieder aufgegriffen wurde, ist die Beschaffenheit des Arbeitsmaterials, der Grad der Luftverderbnis in der Werkstatt und die Zusammensetzung der inhalierten Dämpfe. Von diesen Faktoren hängt die Gesundheit des Arbeiters ebenso ab wie von den Nahrungsmitteln, dem Klima oder dem Temperament. Nie wird sie mit dem Grad der Verelendung, spezifischen Wohnbedingungen oder der Zugehörigkeit zu einer bestimmten sozialen Kategorie in Verbindung gebracht – und erst recht nicht mit einer biologisch prädeterminierten Rasse[139]. Die Stellung des Arbeiters impliziert keinen systematischen Gestank; der Arbeiter hüte sich, wie jeder andere auch, vor der Nähe des Übelriechenden.

In dem Roman *Gil Blas* hatte Alain René Lesage schon Anfang des Jahrhunderts die unerträgliche Luft von Madrid beklagt – gemeint war

Volksfest vor den Hallen von Paris anläßlich
der Geburt des Dauphin
1782

selbstverständlich die von Paris. Aber nirgendwo in der Literatur findet
man ein so tragisches Geruchsbild der Hauptstadt wie bei Louis-Sébastien Mercier: »Wenn man mich fragt, wie ein Mensch es hier aushält, in
diesem dreckigen Schlupfwinkel aller nur denkbaren Laster und Übel,
die sich vielschichtig übereinander häufen, inmitten einer von tausend
fauligen Dämpfen vergifteten Luft, zwischen Schlachtereien, Toten-
äckern, Hospitälern, Abzugsrinnen, Urinbächen, Kothaufen, Färbe-
reien, Lohgerbereien und Lederwerkstätten; umgeben von dem dauernden Rauch unglaublicher Holzmassen und dem Dunst der verbrannten
Kohle, von arsenik-, schwefel- und pechhaltigen Teilchen, die laufend
aus den kupfer- und metallverarbeitenden Werkstätten ausgestoßen
werden: wenn man mich fragt, wie ein Mensch in diesem Abgrund leben
kann, wo die stickige, stinkende Luft so dick ist, daß man die Atmosphäre auf mehr als drei Meilen im Umkreis spüren und riechen kann;
wo die Luft keinen Abzug hat und sich im Labyrinth der Häuser um sich
selbst dreht: wenn man mich fragt, wie ein Mensch freiwillig in diesem
Gefängnis verrotten kann, während doch jedes nach den Ansprüchen
seines Herrn zurechtgestutzte Tier, wenn er es laufen ließe, allein vom

Instinkt geleitet eiligst zu den offenen Feldern entfliehen würde, um Luft, Grün und einen freien, nach Blumen duftenden Boden zu finden – so würde ich antworten, daß die Gewohnheit uns Pariser mit den feuchten Nebelschwaden ebenso vertraut macht wie mit den schädlichen Dämpfen und dem fauligen Schlamm.«[140]

Dieser reichhaltigen Synthese ist noch einiges hinzuzufügen: die Gefängnisse, die Kirchen, die stinkenden Kloaken an den Seine-Ufern wie etwa am Quai de Gesvres und vor allem die Märkte, die ein regelrechtes Geruchsmosaik im Herzen des übelriechenden Paris bilden. Ab 1750 gilt den Hallen das besondere Interesse der neuen Wachsamkeit[141]. Den unterirdischen Verschlägen entströmt eine ganze Skala fauliger Pflanzengerüche. An der Oberfläche, im Umkreis der »Scheißpforte«, sind es die Fischausdünstungen, die dem Passanten den Atem verschlagen. Alles, was zur Auslage der Waren dient, ist derart mit üblen Gerüchen durchtränkt, daß es den phantasmatischen Wunsch nach Zerstörung unweigerlich belebt.

Die Beobachter versuchen, den bis dahin undurchdringlichen Gestank im Zentrum der Hauptstadt zu analysieren; diesem Bemühen verdanken wir all die unerwartet detaillierten Geruchsbeschreibungen, die uns ein lückenhaftes, unvollständiges, am Riechorgan ausgerichtetes Bild von der Stadt vermitteln – ein Bild, das der unwiderstehlichen, harmonischen Logik des Gesichtssinnes entbehrt[142]. Das Aufspüren der Ströme, die der Stadt ihre Gerüche aufprägen, bedeutet zugleich die Aufdeckung jenes Netzes, das die Krankheitskeime in Umlauf bringt und die Epidemie hereinbrechen läßt. Aus dieser neuen Sicht des städtischen Raums sollte – allerdings erst später – ein neues Verständnis der Gesellschaft entstehen. Im Augenblick bleibt der soziologische Entwurf noch sehr vage. Die Komplexität der Gefahren, deren Existenz an den Ausdünstungen des Bodens, des Wassers, der Exkremente, der Leichen und der unterschiedslos zusammengepferchten Körper abzulesen ist, widersetzt sich der Analyse. Bestürzt vom Geruch der Dinge und der fauligen Masse, sehen die Hygieniker zwar die Dringlichkeit ihrer Aufgabe, vermögen sie jedoch noch nicht systematisch einzuteilen. Erst das 19. Jahrhundert sollte dem neuen Verständnis eine Ordnung geben, eine Strategie entwerfen, die eine klare Trennung zwischen dem desodorisierten Bürger und dem stinkenden Volk impliziert.

Am Vorabend der Revolution indes stehen andere Pläne im Vordergrund: da jede Summierung von Miasmen die Gefahr verzehnfacht, ist es ratsam, alles zu tun, um der Vermischung verschiedener Gerüche entgegenzuwirken; die Gefahren müssen klassifiziert und geordnet werden. Zur Lösung des Problems macht der Architekt Boffrand den Vorschlag, ebensoviele Markthallen zu konstruieren, wie es Produkte gibt[145]. Die Chemiker analysieren die Luft der Orte, an denen menschliches Gedränge herrscht. Auf diese Weise hoffen sie, die Richtigkeit der von Pringle entwickelten Theorien beweisen zu können. Lange bleibt ihr Vorgehen unbeholfen und unfruchtbar. Selbst in Priestleys Händen versagt das Eudiometer. Es ist nicht in der Lage, die Luftverderbnis in den Werkstätten oder den unteren Schiffsräumen zu messen. Etwas erfolgreicher sind Volta und Gattoni, denen es anhand von Messungen der durch den Atmungsvorgang bedingten Verbrennung gelingt, die Luftgüte in Krankenzimmern zu bestimmen. Nach der gleichen Methode arbeitet Jurine; nach eifrigen Versuchen, die Luft von Schlafstellen und Betten zu analysieren, ordnet er die nach Fäulnis riechenden Orte einer Stufenleiter zu[144]. An oberster Stelle steht der Kerker, der nun auch wissenschaftlich als Ort der höchsten Gefahr gilt. Eines allerdings ist den Gelehrten mittlerweile klar geworden: daß all diese Versuche nur dazu dienen, die jeweiligen Anteile von »Lebensluft«, »inflammabler Luft« und »Luftsäure« zu bestimmen. Das Miasma ist und bleibt ungreifbar.

Wir sollten uns hüten, aus diesem kurzen, vereinfachenden Überblick, der manche Widersprüche und Probleme der damaligen Diskussion unberücksichtigt läßt, den Schluß zu ziehen, daß die zur Zeit Ludwigs XVI. wahrgenommenen Gerüche penetranter gewesen wären als in früheren Epochen. Die einzig haltbaren Folgerungen ergeben sich aus der Phänomenologie der Wahrnehmung. Etwa ab Mitte des 18. Jahrhunderts wächst die Empfindlichkeit gegenüber Gerüchen. Es sieht so aus, als wären die Toleranzschwellen mit einem Schlag gesunken – und das lange bevor es im städtischen Raum zu einer Ballung schädlicher Einflüsse kommt. Ganz offenbar hat die wissenschaftliche Theorie eine entscheidende Rolle gespielt. Wir haben sie nur deshalb aus den Augen verloren, weil unsere Geschichtsschreibung vorzugsweise solche Erkenntnisse festhält, die sich als richtig erweisen, während sie die historischen Irrtümer vernachlässigt.

Eine Ungewißheit jedoch gilt es noch auszuräumen. Alle bisherigen Betrachtungen beweisen die lebhafte Geruchswahrnehmung nur in einem bestimmten Milieu: dem Kreis der Ärzte, Chemiker und Publizisten. Diese Stichprobe ist gewiß nicht gänzlich irreführend; sie läßt vielmehr eine breiter angelegte Entwicklung vermuten. Dennoch erscheint es mir angebracht, genauer zu untersuchen, wie verbreitet die Angst und die besorgte Wachsamkeit tatsächlich sind.

Eine Neudefinition des Unerträglichen

Die Senkung der Toleranzschwellen

Ein wesentlicher Punkt, der vorab genannt werden soll und unsere Aufmerksamkeit verdient, sind die beharrlichen, lautstarken Warnungen der Spezialisten vor den Gefahren des Gestanks und der Verseuchung. Der Traum von einer reinen Luft suggeriert die Dringlichkeit des Problems, belebt das Phantasma der urbanen Erstickung. »Es muß schnellstens Abhilfe geschaffen werden«, verlangt Tournon; »die Hauptstadt ist nur noch eine riesige Kloake, die Luft ist verdorben (...) und manche Viertel sind bereits so verseucht, daß die Einwohner kaum noch atmen können.«[1]

Auch die ländlichen Gebiete haben teil an der neuen Sozialmedizin, die sich zur gleichen Zeit entwickelt, in der die Chemie ihren großen Aufschwung erlebt (1760–1769) – ein Prozeß, den Daniel Roche in allen Einzelheiten verfolgt hat. Inspiriert von einer »Mystik der Nützlichkeit«[2] – von Utilitarismus wagt man noch nicht zu sprechen –, legen die auf genaue Beobachtung bedachten Gelehrten Sammlungen und Register an. Sie schreiten zu einer endlosen Bestandsaufnahme, mit dem Ziel, die Probleme zu organisieren, sie verwaltbar zu machen – und die Verwaltung der Gesundheit setzt nach dem damaligen Verständnis ein vollständiges Repertoire der schädlichen Gerüche voraus.

Gewiß, wir sollten den Einfluß des ängstlichen Geschreis der aufgeklärten Eliten nicht überschätzen; wir müssen uns hüten, die allgemeine Ungezwungenheit im Umgang mit Gerüchen und den volkstümlichen Widerstand gegen die Desodorisierung unter den Tisch zu kehren. Mit diesem Thema werden wir uns später noch eingehender befassen. Die zunehmende Verwunderung der gelehrten Beobachter über die Geruchstoleranz der Bevölkerung – ein Phänomen, das der Gewohnheit zugeschrieben wird – zeigt deutlich genug, wie stark die Verhaltensweisen auseinanderklaffen. »Darin ist der Pariser einzig auf dieser Welt, daß er ißt, was schon beim Riechen Übelkeit erregt«[3], schreibt Louis-Sébastien Mercier, empört über die Fischmärkte der Hauptstadt. Nicht der übelste Gestank könnte der Nase des Pariser Händlers widerstreben, so

sehr ist er an den verpesteten Geruch gewöhnt, heißt es bei Chauvet[4].
Verfolgt von den massiven Leichenausdünstungen, die vom Cimetière
des Innocents hinüberwehen, setzen die jungen Mädchen plaudernd
ihren Spaziergang fort; »inmitten der stinkenden Leichengerüche, die
jede Nase beleidigen, sieht man sie Modewaren und Haarschleifen kau-
fen ...«[5] Die kleinen Mädchen der Pfarrgemeinde Saint-Eustache lauschen dem Katechismus, ohne sich vor den widerwärtigen Ausdünstungen zu ekeln[6]. Einen weiteren Beweis für die relative Unempfindlichkeit
des Volkes liefert eine Denkschrift, in der die Pfarrer von Paris gegen die
Verlegung der im Stadtgebiet begrabenen Toten protestieren[7]. Dennoch, die wesentliche Tatsache ist und bleibt, daß die Toleranz gegenüber dieser »erschreckenden Nähe«[8] von nun an den Stempel der Abson-
derlichkeit trägt.

Noch deutlicher als in den bisher zitierten Texten zeigt sich das Er-
staunen über die Geruchstoleranz der meisten Bewohner des Kontinents
in dem Bericht von Arthur Young, diesmal allerdings aus der Sicht eines
Briten. »Geht nur nach England (...), es könnte sein, daß euren Sinnen
nicht unbedingt geschmeichelt wird, aber auf jeden Fall werden sie nicht
beleidigt.«[9] In der Herberge von Pézenas, schreibt er an einer anderen
Stelle, »wurden wir von einem Weib bedient, das weder Schuhe noch
Strümpfe trug, an Häßlichkeit kaum zu überbieten war und einen Geruch verströmte, der nicht von Rosenwasser kam; dessen ungeachtet
fanden sich ein Ordensritter und zwei oder drei Händler zu vertraulichen Plaudereien mit ihr bereit.«[10] Noch merkwürdiger erscheint ihm
die Haltung der Einwohner von Clermont: »Ich beneide die Nerven dieser tapferen Leute, die, so weit ich es beurteilen kann, bei all den ekelerregenden Gerüchen, von denen die Luft erfüllt ist, wenn der Wind aus
den Bergen nicht eine frische Brise in die mit Exkrementen bedeckten
Gassen bringt, glücklich zu leben scheinen.«[11]

Die Verwunderung des zartfühlenden Reisenden darf jedoch nicht
über die ersten Anzeichen einer Senkung der Toleranzschwellen im
Volke selbst hinwegtäuschen. Zwischen dem Übelriechenden und dem
Tod wird eine direkte Verbindung hergestellt. Die schon alten Verhaltensweisen in Zeiten der Pest[12] sind ein klarer Beweis. »Die Menge stürzt
davon, um den Geruch und das Gift von Krankheit und Tod zu meiden«[13], bemerkt Menuret 1781. Von dem großen Spektrum übler Gerüche scheint der Leichengestank der erste gewesen zu sein, der den Un-
willen einer breiteren Bevölkerungsschicht erregte. Ungeachtet der von
Mercier beklagten Gleichgültigkeit steht fest, daß die Friedhofsanrainer
schon zu einem sehr frühen Zeitpunkt heftige Beschwerden verlauten

ließen. Die Tatsache, daß der Leichengeruch für die Zersetzung von Fleisch und Metallen verantwortlich gemacht wird, gibt den Befürchtungen weiteren Auftrieb, rechtfertigt den Nachdruck, mit dem das Problem hervorgehoben wird. Immer wieder wird die Forderung gestellt, den Aufenthalt der Toten von dem der Lebenden zu trennen. Diese Episode aus der Geschichte der öffentlichen Meinung ist inzwischen hinreichend belegt. Madeleine Foisil[14] beschäftigt sich mit den Klagen, die 1672 gegen die Ausdünstungen des Cimetière de la Trinité erhoben werden. Philippe Ariès, Pierre Chaunu und alle anderen Spezialisten des Todes früherer Zeiten unterstreichen die Intensität der Kampagne, mit der die Entfernung der Toten aus dem Stadtgebiet erreicht werden soll. Die Petitionen der Anrainer untermauern den Inhalt der gelehrten Denkschriften ebenso wie die Untersuchungsergebnisse der Verwaltungsbeamten. Das Volk, insbesondere aber der Kreis der Ladenbesitzer aus der Rue de la Lingerie[15], stimmt eine ganze Serie von Klageliedern an, die im Jahr 1780 endlich zur Schließung des Cimetière des Innocents führen.

Die nachlassende Geruchstoleranz ist eine historische Tatsache, die genau wahrgenommen und genau beschrieben wurde. Nicht ohne sich selbst gelegentlich zu widersprechen, liefert Louis-Sébastien Mercier eine scharfsinnige Analyse der Mechanismen, die zu dieser von den »Chymikern« ausgelösten Entwicklung geführt haben. »Vor zwanzig Jahren schluckte man das Wasser einfach herunter, ohne besonders darauf zu achten; aber seit die Familie der Gase, die Gattung der Säuren und der Salze am Horizont erschienen sind (...), zieht man allerseits gegen die mefitische Luft ins Feld. Dieses neue Wort hat sich durchgesetzt wie ein gewaltiges Sturmläuten; überall sieht man bedrohliche Gase, und die *Geruchsnerven* zeugen plötzlich von einer überraschenden Sensibilität.«[16] Spottend fährt er fort: »Die leichtfertigen Pariser werden sich bestens darüber amüsieren, wenn sie sehen, wie unsere Chymiker die Luft nach Art der Taschenspieler von einem Glas ins andere füllen und sich sodann mit ihren Riechorganen über die verpesteten Abtrittsbrillen beugen.«[17]

Zahlreiche Zeugnisse bestätigen die neue Sensibilität, namentlich in Hinsicht auf die stinkenden Ausdünstungen der Exkremente. In Paris gilt die alte Art der Kloakenentleerung, die ohne Ventilation, allein mit Hilfe undichter Kübel und Fässer ausgeführt wird, als unzumutbarer Skandal. Immer häufiger kommt es zu Streitereien zwischen Kloakenreinigern und Anwohnern[18]. Das Ausschlämmen der Senkgrube wird als »abscheuliche Marter«[19] empfunden. Wenn eine Reparatur ansteht, schreibt Géraud, »fühlen die Hausbewohner sich beunruhigt«[20], bis die Arbeiten beendet sind. Von den Passanten sind lautstarke Beschwerden zu hören. Das Problem der Kloakenentleerung ist ins Bewußtsein der öffentlichen Meinung gedrungen. Als Lavoisier, Fougeroux und Milly die neuen Verfahrensweisen im Auftrag der *Académie Royale des Sciences* überprüfen sollen, konsultieren sie das versammelte Volk und lassen sich über die beobachteten Geruchsveränderungen berichten. In zunehmendem Maße lösen auch die Sammelgruben von Montfaucon Entrüstung aus[21]. 1781 protestieren die Anwohner des Faubourg Saint-Martin und der Rue de Bondy[22].

Unrat und Schlamm beleidigen die neue Sensibilität. »Wenn man hört, wie die Klagen sich Tag für Tag mehren, möchte man meinen, die Straßen wären früher sauber und rein gewesen«, schreibt Ronesse 1782. »In Wirklichkeit aber verhält es sich so, daß man früher einfach nicht auf den Gedanken gekommen wäre, sich zu beschweren.«[23] Die neue Mode, zu Fuß zu gehen, gibt der Entrüstung weiteren Auftrieb. Tronchins[24] Rat befolgend, verzichten sogar die Damen der Aristokratie auf die Benutzung der von körperlichen Ausdünstungen verseuchten Karossen, um in vollen Zügen eine Luft zu atmen, die selbstverständlich rein sein muß.

Damours weist darauf hin, daß die Nachbarschaften der Schlachthöfe und Talgschmelzereien eine neue Unduldsamkeit an den Tag legen[25]. Das Drama der hygienischen Verhältnisse in den Hallen dringt, wie Françoise Boudon betont, erst nach 1750 ins öffentliche Bewußtsein[26]. Dies bestätigen auch die Zeugnisse von Tournon.

Das Übelriechende gibt Anlaß zur Polemik. Der Gestank der Senkgruben, der Brunnen, der vom Unrat zersetzten Wände und der Abzugsrinnen erregt den Zorn der Bevölkerung, so heißt es bei Géraud. »Seit einigen Jahren bemüht man sich stärker als früher, auf die Gefahren hinzuweisen, die uns von gewissen Dämpfen drohen (...); daraus erwachsen zahllose Streitigkeiten, Animositäten und Prozesse.«[27] Die neue Sensibilität, die sich im oberen Bereich der sozialen Pyramide herausgebildet hat, breitet sich offenbar in einer von nun an häufig zu beobachtenden Abstiegsbewegung[28] bis in die untersten Schichten hinein aus. Wie weiter oben deutlich wurde, haben die Chemiker ein System zur Definition des Gesunden und des Ungesunden vorgeschlagen, das sich im wesentlichen auf die Analysemöglichkeiten des Geruchssinns stützt[29]. In diesem Bereich »ist das, was war und was sich nicht geändert hat, plötzlich unerträglich geworden«[30]. Die zögernde, polymorphe, von ängstlichen Ungewißheiten geplagte Medizin bietet ihrerseits nur vage Erklärungen für die Ursache der Krankheiten; auf diese Weise trägt sie

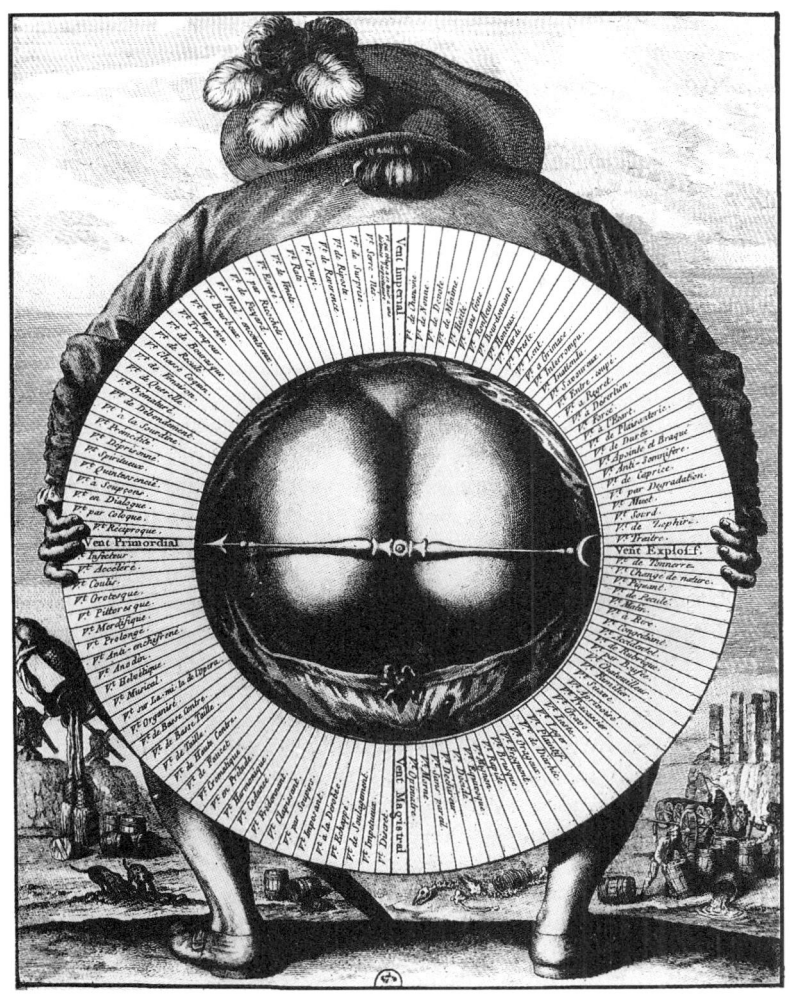

»Neuer Kompaß für sensible Nasen« in der Landschaft des
Schindangers von Montfaucon
Erfindung des legendären Bombardoni, der die Umgebung der
Sammelgruben seinen Geburtsort nennt

dazu bei, daß Gestank und Krankheitskeime, Übelriechendes und Ungesundes, Luftverderbnis und Erstickungsgefahr weiterhin verwechselt werden. Die Unschlüssigkeit der Medizin führt dazu, daß überaus starke Gefühle auf den Geruchssinn übertragen werden. Quer durch alle Schichten der Bevölkerung zehrt das Imaginäre von einem wankenden Schreckensbild, das uns eher als Phantasma denn als Ergebnis der wissenschaftlichen Theorie erscheint.

So verschärft sich jene große, im ganzen Volk verbreitete Angst vor Hospitälern und Gefängnissen, die Michel Foucault so eindrucksvoll beschrieben hat. Erschwerend kommt hinzu, daß jede Gefahr sich in den Augen des Volkes über die Sinne manifestiert[31]. In diesem Zusammenhang sei angemerkt, daß Dominique Laporte[32] einen anderen Weg zur Erklärung anbietet. Nach Ansicht dieses Autors, der sich auf die Theorien der Lacan-Schule beruft, hat der allmähliche Aufbau eines starken, zentralisierten Staates die Voraussetzungen für eine neue Erfahrung des Geruchssinns geschaffen. »Die Ausbildung des Riechorgans richtet sich (von nun an) ausschließlich gegen die Fäces«[33], schreibt Laporte. Der Geruch der Scheiße wird immer unerträglicher, während zugleich – namentlich durch die allgemeine Verbreitung von Senkgruben – eine Privatisierung des Exkrements in Gang kommt. Die Annahme, daß jeder Geruch auf den der Fäces bezogen wird, veranlaßt Laporte zu dem Schluß, das Edikt von Villers-Cotterêts, das jeden Bürger verpflichtet, seine Exkremente im eigenen Besitz zu bewahren, hätte eine tendenzielle Eliminierung des Riechens bewirkt. Hier bestärkt der Psychoanalytiker die schon alten Vermutungen von Lucien Febvre.

Die Vorgeschichte dieser Revolution der Geruchswahrnehmung, deren entscheidende Phase meiner Ansicht nach in der Mitte des 18. Jahrhunderts begann, hat sich zunächst auf die Sprache ausgewirkt. Das klassische Französisch wurde gereinigt, gesäubert von seinem anstößigen, widerwärtigen Vokabular. Auf diese Weise hoffte man es vor jeder Zersetzung zu schützen. Daher die rückläufige Entwicklung bei der Erwähnung geruchsbezogener Phänomene, und vor allem die »obszöne Verdrehung der Syntax«[34], die hinfort zu beobachten ist, wenn Beschreibungen der Exkremente unumgänglich sind.

Um das Ziel einer vollständigen Desodorisierung zu erreichen, mußten die Gerüche verfolgt, analysiert und beschrieben werden. In diesem Punkt stimme ich vorbehaltlos mit Dominique Laporte überein, obwohl zu bedauern ist, daß er sich mit einem recht flüchtigen Abriß[35] begnügt und die Chronologie rücksichtslos außer acht läßt. Er scheint es den Historikern zu überlassen, jenen logischen Prozeß mit Daten und Nachweisen zu belegen, den er auf einer abstrakten Ebene erahnt – eine Haltung, die an Leverrier erinnert, der die Existenz des noch unbekannten Planeten Neptun rechnerisch vorausgesagt hatte. Von einem bestimmten Zeitpunkt an, der meiner Ansicht nach zwischen 1760 und 1840 liegt, wird der Hygieniker als Held gefeiert, der den »hartnäckigsten Widerwärtigkeiten trotzt«[36]. Er bereitet »die große Ode auf die Reinheit«[37] vor, die im 19. Jahrhundert ertönt.

Die Revolution der Geruchswahrnehmung lief ganz unverkennbar über das Epos des Übelriechenden, das Heldengedicht der Kloake und die ganze Redeflut, die zum Zwecke der Vernichtung über den Dreck hereinbrach. Das aus der neuen Überempfindlichkeit geborene Unbehagen, mit dem wir uns in diesem Kapitel beschäftigen, konnte nur vorübergehend sein, da es die Erschaffung einer desodorisierten Umgebung – der unsrigen – notwendig zur Folge hatte. Es ist ein anregender Gedanke, die politische Geschichte, das heißt die Entstehung eines starken Staates, der eine neue Verwaltung des Exkrements organisiert, für diesen Prozeß verantwortlich zu machen; überlassen wir es den Spezialisten, die Stimmigkeit der Hypothese nachzuweisen.

Einen anderen Punkt allerdings sollten wir nicht unterschätzen: die zunehmende Bedeutung des Begriffs der Person, auf die Marcel Mauss[38] aufmerksam gemacht hat, und bei der die Privatisierung des Unrats auch eine Rolle gespielt haben könnte. Genau wie die von Bruno Fortier[39] hervorgehobene neue »Räumlichkeit des Körpers« hat die Aufwertung der Person offenbar wesentlich zur Senkung der Toleranzschwellen beigetragen. Menuret beschreibt den in Zeiten der Pest empfundenen Ekel vor »der Atmosphäre der Leute«[40] als ein traditionelles Verhalten. Die Tatsache, daß die Gerüche des Ich besser definiert und intensiver wahrgenommen wurden, konnte nur einen um so heftigeren Ekel vor den Gerüchen des Anderen zur Folge haben – vor den Leichengerüchen der in den Kirchen bestatteten und daselbst verwesenden Reichen ebenso wie vor den Gerüchen der in öffentlichen Einrichtungen auf engstem Raum zusammengepferchten, schwitzenden Menge[41].

Das alte therapeutische Alibi

In der Mitte des 18. Jahrhunderts trägt der verschwenderische Umgang mit aromatischen Stoffen noch viel zur allgemeinen Geruchsbildung bei. Die therapeutische Funktion der »Düfte« untermauert ihren ästhetischen oder zumindest hedonistischen Wert. Eine Unterscheidung zwischen Heilsamkeit und Genuß wird übrigens kaum getroffen. Ganz gleich, ob man »ein lustvolles Parfüm«[42] trägt oder duftende Pastillen in der Räucherpfanne verbrennt, das Ergebnis ist das gleiche: die Infektionsgefahr wird gebannt.

Aromata und Parfüms, aber auch manche übelriechenden Stoffe, denen ein therapeutischer Wert zugesprochen wird, nehmen einen großen Platz in den Arzneibüchern ein. Ein guter Beweis dafür ist die 1697 veröffentlichte und lange Zeit maßgebliche Pharmakopöe von Lémery[43]. Ein ganzes Jahrhundert später widmet Virey[44] der Geruchstherapie zwei lange Denkschriften, und 1785 entwirft Lorry[45] eine Klassifikation der Gerüche zu therapeutischen Zwecken. Die Wurzeln des Glaubens an die Heilkraft der Wohlgerüche reichen bis in die Antike zurück. Die Ärzte des 18. Jahrhunderts berufen sich selbstverständlich auf Hippokrates und Galen, insbesondere aber auch auf Kriton, von dessen Heilkunde Aetios behauptet, sie beruhe allein auf der Verwendung aromatischer Stoffe.

Die schnelle Wirksamkeit der durch die Nase eingeatmeten Düfte wird durch die Nähe des Gehirns erklärt. Lémery empfiehlt »Schlagbalsame« als Heilmittel, denn wie alles, »was der Nase angenehm ist und aus flüchtigen, feinen, alles durchdringenden Teilchen besteht, berühren sie nicht nur den Riechnerv, sondern verbreiten sich überall im Gehirn, wo sie den Schleim und andere dickflüssige Körpersäfte verdünnen können, indem sie die Bewegung der im Gehirn wohnenden Lebensgeister anregen«[46]. Ein Jahrhundert später behauptet Banau, es sei gefährlicher, eine verdorbene Substanz durch die Nase einzuatmen als durch den Mund. Die Nähe des Gehirns erhöht das Risiko der tödlichen Vergiftung[47]. Aber nicht nur das: sie bewirkt auch, daß der Geruch – je nach dem, ob er schädlich oder wohltuend ist – die Seele erhellen oder verdunkeln kann. Die mögliche Einflußnahme auf psychische Zustände rechtfertigt die Verwendung »medizinischer Pflanzen«, deren Aufgabe darin besteht, Störungen in der Zirkulation der Lebensgeister entgegenzuwirken[48].

Nach den mechanistischen Theorien des 17. Jahrhunderts wirken die Duftstoffe auch mechanisch auf den Organismus ein. Aromatische Duftströme, die durch die Nase inhaliert oder durch die Vagina eingeblasen werden, verstärken oder dämpfen die Vapeurs* der Gebärmutter. »Man behauptet,« schreibt Lémery, »daß Zibet, Moschus und graue Ambra,

*Vapeurs: Zum Gehirn aufsteigende Blähungen und dadurch bedingte Beschwerden oder Launen (A. d. Ü.).

wenn sie auf den Nabel oder die Gegend der Gebärmutter angewendet werden, letztere durch ihren guten Geruch nach unten ziehen und sie in ihre natürliche Lage zurückversetzen, aus der sie durch Vapeurs und Beklemmungen vertrieben worden ist; und daß dieselben Düfte, sofern sie durch die Nase eingeatmet werden, im umgekehrten Falle die Gebärmutter anregen und nach oben ziehen.«[49] Im Grunde kommentiert der Autor hier nur ein therapeutisches Verfahren der antiken Medizin.

Gegen die Gefahren von Ansteckung und Infektion sind die aromatischen Stoffe sogar doppelt wirksam: sie bekämpfen die Verderbtheit der Atmosphäre und erhöhen die Widerstandskraft des Organismus. Vor allem können die Düfte die Elastizität der Luft beleben und das Gift der Krankheit zerstören[50]. Doch die Aussagen der Medizin sind in diesem Punkt sehr ungenau: meist bleibt die alte Verwirrung zwischen einem physikalischen Luftgüteverlust und einer möglichen Schwängerung der Luft mit Krankheitskeimen bestehen.

Daß die aromatischen Stoffe der Luftverderbnis entgegenwirken, davon sind Blégny[51] und Lémery wie fast alle anderen Ärzte ihrer Zeit absolut überzeugt. »Parfüms« – hier im Sinne von Räuchermitteln – haben die Kraft, den giftigen Pesthauch, der sich vor allem in durchlässigen, schwammigen Materialien, Stoffen, Kleidern und Warenballen einnistet, zu zerstören. Dies rechtfertigt die Techniken der Desinfektion, die in den Lazaretten[52] des Mittelmeergebiets bis ins fortgeschrittene 19. Jahrhundert hinein trotz des endlosen Streits, der in diesem Zusammenhang zwischen Befürwortern und Gegnern der Ansteckungstheorie entflammt[53], gang und gäbe sind.

Auf der Suche nach keimtötenden Mitteln, mit denen die Zersetzung der Körpersäfte durch faulige Miasmen wirksam bekämpft werden kann, sehen die Ärzte sich um 1750 veranlaßt, die Heilkraft bestimmter Aromata wissenschaftlich zu rechtfertigen. Die Disqualifizierung kommt erst später, und zwar von Seiten der pneumatischen Chemie. Wie wir gesehen haben, vertritt Becher die Ansicht, daß die riechenden Substanzen die Zirkulation des im Blute wohnenden balsamischen Geistes erleichtern und daher dem Fortschritt des Fäulnisprozesses entgegenwirken. Die Entdeckung des Gasaustausches zwischen den lebenden Organismen und ihrer Umgebung führt zu dem Glauben, daß die aromatischen Stoffe dank ihrer Flüchtigkeit von Natur aus geeignet sind, die »fixe Luft« zu vertreiben.

Pringle zufolge erweisen sich Myrrhe, Kampfer, Schlangenkraut, Kamilleblüten und Chinarinde, ausnahmslos stark riechende Substanzen, als die wirksamsten Mittel zur Fäulnisbekämpfung[54]. Lind dagegen empfiehlt, mit einem Gemisch aus Essig und Kampfer oder duftenden Nadelhölzern gegen die verdorbene Luft anzugehen[55]. Die französischen Ärzte greifen die Ratschläge der britischen Gelehrten auf. »Gegen faulige Ausdünstungen ist es angezeigt, mehrmals am Tag Essig aufzukochen oder Aromata zu räuchern ...«[56], schreibt Boissieu. Gardane schließt sich seinen Empfehlungen an. Bordenave verfeinert die Analyse[57]. Er unterscheidet die Wirkungsbereiche einzelner aromatischer Stoffe. Es gibt stimulierende oder stärkende Aromata, welche die Widerstandskraft gegen die faulige Infektion erhöhen. Andere haben eine zusammenziehende Wirkung; sie tragen dazu bei, das Eindringen der Gifte in den Organismus zu verhindern. Die Balsame schließlich führen zur Verdünnung der von Fäulnis befallenen, angedickten Körpersäfte[58].

Wie komplex und angreifbar die theoretischen Grundlagen des Glaubens an die Wohltaten der Aromata auch sein mögen, er bestimmt die Verhaltensweisen. »Der aromatisierte Mensch« verbessert seine Atmosphäre durch starke Gerüche, gegebenenfalls sogar durch die schweren Ausdünstungen von Moschus, Ambra oder Zibet. Wer sich über die Maßen parfümiert, schützt nicht nur sich selbst, er reinigt auch die ihn umgebende Luft. Nimmt es da noch wunder, daß die Mode tierischer Riechstoffe mit deutlichem Fäkalgeruch sich lange Zeit durchsetzen konnte, ja daß offenbar allein die Autorität Ludwigs XIV. in der Lage war, sie zumindest in Versailles vorübergehend einzudämmen?[59]

Wenn eine Epidemie ausbricht, wappnen die Zeitgenossen sich traditionsgemäß mit aromatischen Stoffen. Im Jahr 1800 faßt Papon diese alten Sitten zusammen: »Man nehme einen in Essig getränkten Schwamm, eine mit Gewürznägeln gespickte Zitrone oder aber einen *Riechapfel* in die Hand, um den Duft von Zeit zu Zeit zu atmen. Außer Riechkapseln und Räucherpfannen empfehlen die am besten in diesen Dingen bewanderten Autoren allen mittellosen Personen, die sich derartige Ausgaben nicht leisten können, Riechkissen mit einem Gemisch aus Raute, Melisse, Majoran, Minze, Salbei, Rosmarin, Orangenblüten, Basilikum, Thymian, Quendel, Lavendel, Lorbeerblättern sowie Orangen-, Limonen- und Quittenschalen; in Pestzeiten sollte man derlei Schutz immer in der Wohnung haben.«[60]

Buchoz gibt den Rat, an roten Nelken zu riechen und seine Kleidung mit einem Pulver aus Engelwurz zu bestreuen[61]. Sich mit einem duftenden Schutz zu schmücken, einen starken Geruch am Leib zu haben und an den Parfüms seiner Wahl zu riechen, gilt lange Zeit als die beste Abwehr gegen das krankmachende Gift.

Pestarzt im 18. Jahrhundert

Es ist angebracht, stets eine »Riechkapsel« in der Tasche zu tragen, hatte schon Lémery[62] behauptet. Lind empfiehlt, sich ein Amulett aus Kampfer um den Hals zu hängen und seine Kleidung mit dem gleichen Stoff zu parfümieren[63]. Nach dem Vorbild der Ärzte, die ihn umgeben, wappnet sich sogar Guyton de Morveau mit einem Fläschchen Essig[64]. Baumes berichtet, daß viele die Gewohnheit haben, kleine Schwämme mit Kampfer zu tränken und sie »jeden Augenblick an Mund und

Nase«[65] zu führen; das gleiche Mittel empfiehlt er den Arbeitern, die mit der Trockenlegung von Sümpfen beschäftigt sind. Ramazzini fordert die Totengräber auf, »daß sie den Mund mit scharfem Essig auswaschen und einen mit Essig angefüllten Schwamm in der Tasche bei sich tragen, damit sie den Geruch und Geisterlein erfrischen können«[66]. Fourcroy gibt Instruktionen für die Steinbrecher: bevor sie mit der Arbeit beginnen, sollen sie »ein Säckchen mit zwei in etwas Kampfer zerstoßenen Knoblauchzehen um den Hals hängen. Ferner sollen sie sich das Gesicht mit kampferhaltigem Branntwein oder einem aromatischen Wein einreiben«[67]. Trotz des Aufschwungs der medizinischen Chemie bleibt die Sitte, sich mit heilsamen Riechkissen zu wappnen, bis in die Mitte des 19. Jahrhunderts hinein bestehen. Bei der Entschlämmung des unterirdischen Amelot-Kanals im Jahr 1826 weist Parent-Duchâtelet die Arbeiter an, schützende Riechsäckchen bei sich zu tragen[68].

Durch Besprengung und Beräucherung glaubt man, die Luft verbessern zu können. Das Volk vertraut vor allem auf die Wirkung von heißem Essig. Erstaunlicherweise wird der Geruch der Essigsäure mit einem balsamischen Duft gleichgesetzt[69]. Neben aromatischen Hölzern, Rosmarin und Wacholderbeeren dienen auch Schwefel, Schießpulver und Siegellack als Räuchermittel. Zum Versprengen werden Fläschchen mit Riechwassern benutzt.

Die üblichste der vielfältigen Räuchermethoden besteht darin, Essig auf eine rotglühende Schaufel zu gießen[70]. Raffinierter ist die Verwendung von Räucherkügelchen oder -plätzchen, die in heiße Asche gelegt werden. Die Benutzung von Räucherpfannen, vor allem wenn sie aus Silber sind, deutet auf die Zugehörigkeit zur gesellschaftlichen Elite hin. Die Meisterparfümeure stellen ferner die eigens zur Beräucherung bestimmten ›Bänder aus Brügge‹ her. Der höchste Luxus aber ist das Räucherkistchen, »ein kleiner Holzkasten, der oben mit einem Rost versehen ist, um das darauf zu legen, was parfümiert werden soll. Unten befindet sich eine kleine Öffnung, durch die ein Feuerbehälter mit glühenden Kohlen zum Verbrennen der Räucherkügelchen hineingeschoben wird.«[71]. Auf diese Weise werden in den Lazaretten die Sendboten des pestverseuchten Orients »parfümiert«[72].

Bis zu der Zeit, in der sich die sachkundige Beräucherung mit chemischen Produkten durchsetzt, sind die Desinfektionsmethoden dazu angetan, die Luft der Umgebung in ein Kaleidoskop künstlich erzeugter Wohlgerüche zu verwandeln. Sie verstärken die Geruchsintensität in den noch schlecht belüfteten, geschlossenen Räumen. Die Düfte von Wacholderbeeren und Rosmarin sind den Krankenzimmern vorbehalten. Zur Desinfektion ganzer Häuser reicht es aus, das Erdgeschoß zu beräuchern; die aufsteigenden Dämpfe verbreiten sich auch in den oberen Stockwerken. Damit die ersprießlichen Düfte besser eindringen können, entleert man Schubladen und Schränke, ja die Kleidungsstücke werden sogar einzeln aufgehängt[73]. Während der großen Pestepidemie, die 1720 über Marseille hereinbricht, nehmen die Desinfektionstrupps eine in drei Phasen gestaffelte Beräucherung vor »Die erste mit aromatischen Kräutern; die zweite mit Schießpulver; die dritte mit Arsenik und verschiedenen anderen Drogen, die sich seit undenklichen Zeiten in den Lazaretten bewährt haben«[74]. Die Räucher-Essenz von Père Léon und der Pest-Essig gelten damals als Wundermittel[75].

Wieder einmal dienen Schiffe und Hospitäler als Experimentierfeld. Lind der Ältere, ein Arzt aus Portsmouth, hatte als erster genaue Anweisungen für die Desinfektion jener Stätten der Fäulnis gegeben, die unter ständiger Überfüllung leiden[76]. Wie Tenon berichtet, ordnete er außer der Beräucherung sämtlicher Kleidungsstücke an, daß auf dem verseuchten Zwischendeck und in den unteren Schiffsräumen viel Schießpulver verbrannt und »ein großer Rauch« verbreitet wurde. Der Franzose Morogues greift diese für die Marine bestimmten Ratschläge auf, um sie durch weitere Vorschläge zu ergänzen: »Man könnte das Zwischendeck mit aromatischen Dämpfen beräuchern, indem man eine im Feuer erhitzte, rotglühende Kelle nach Bedarf mit Harz, Teer, Wacholderbeeren, in Essig eingeweichtem Zündpulver oder anderen wenig kostspieligen Aromata füllt und sie daselbst hin- und hertragen läßt«[77]. Uns ist bekannt, daß diese Empfehlungen tatsächlich befolgt wurden.

Die Desinfektion der Hospitäler durch aromatische Beräucherung wird von allen zeitgenössischen Beobachtern bestätigt; in späteren Berichten, die bis in die Mitte des 19. Jahrhunderts hineinreichen, beklagen die Gelehrten, daß diese Praxis immer noch geübt wird. Wie in den privaten Krankenzimmern herrscht auch im Hospital ein Geruch von Wacholderbeeren und Rosmarin[78]. Die zur Verehrung Gottes bestimmte Weihrauch- und Styraxverbrennung in den Kirchen hat die angenehme Nebenwirkung, daß sie den Leichengestank, der aus den unterirdischen Grüften eindringt, in Vergessenheit geraten läßt. Die Gelehrten halten sie für ein hervorragendes Desinfektionsmittel und einen wirksamen Schutz gegen die Fäulnis, die von der versammelten Schar der Gläubigen ausgeht.

Der aromatische Duft dringt in alle Lebensbereiche ein. Wenn ein großes Viehsterben umgeht, findet man ihn sogar in den Ställen, bemerkt Vicq d'Azyr[79], einer der Kritiker dieses Verfahrens. Unter Berufung auf Hippokrates, der große Notfeuer anzünden ließ, um die Pest in Athen zu bekämpfen, tragen sich manche Ärzte mit dem erstaunlichen Gedanken, ganze Städte mit Räucheressenzen zu parfümieren. War es nicht der Raute zu verdanken, daß 1666 ein ganzes Stadtviertel von London vor dem Schwarzen Tod verschont blieb?[80] Ein Jahrhundert später werden in den verseuchten Straßen von Bois-le-Roi auf einen Schlag hundertzwanzig Notfeuer aus Wacholderbeersträunken entzündet – und siehe da, der dicke Rauch ist stark genug, um die Epidemie zu vertreiben[81]. Abgesehen von dem Qualm verbrannter Steinkohle, der so sehr an die Unterwelt erinnert, daß die Zeitgenossen gelegentlich vor ihm zurückschrecken, wird Rauch erst später als unangenehm empfunden. Im Augenblick sind es die verabscheuungswürdigen Gerüche der Fäulnis oder Gärung, die das Empfinden verletzen. Der von Verbrennungsvorgängen herrührende Rauch ist noch keineswegs verpönt. Im Gegenteil, manche Gelehrten behaupten sogar, das Feuer der im Stadtzentrum angesiedelten Industrie könnte den fauligen Ausdünstungen der Masse, den stinkenden Dämpfen des Unrats und der genealogischen Verseuchung des Bodens entgegenwirken[82]. Der Diskurs über die ungesunden Verhältnisse in städtischen Ballungsgebieten ist alles andere als eindeutig. Der ökologische Traum nimmt erstaunliche Umwege. Hüten wir uns vor jedem Anachronismus.

Die Beräucherung mit Duftmitteln spielt auch als therapeutisches Verfahren im engeren Sinne eine Rolle. Bei genauerer Betrachtung scheint diese Mode allerdings im Abklingen begriffen, außer zur Behandlung der Hysterie. Die Flüchtigkeit der »Parfüms«, ihre Durchdringungskraft und das geheimnisvolle Zusammenspiel von Nase und Gebärmutter veranlassen die Ärzte, sich die krampflösende Wirkung der »Gerüche« mit Geschick und Taktgefühl nutzbar zu machen. Sie behaupten, so die hysterischen Anwandlungen ihrer Patientinnen lindern zu können. Der Rauch, der bei der Verbrennung von Papier, alten Pantoffeln und anderen stinkenden Substanzen entsteht, beruhigt die aufsteigenden Vapeurs und befreit von Menstruationsverhaltungen. Die Beräucherung mit Haarpuder stärkt das Gehirn. Der Dampf solcher Stoffe, denen eine zusammenziehende Wirkung zugesprochen wird, hilft gegen Erkältungen. Die Apotheker stellen besondere Riechkissen zur Aufheiterung der Melancholiker her. Die Kleidungsstücke der Hypochonder werden mit aromatischen Pudern parfümiert. Gegen die Lustseuche empfiehlt sich die Beräucherung mit Zinnober[83].

Die Mode der starken Gerüche und die Praxis der aromatischen Beräucherung sollten keineswegs ein jähes Ende finden. Die Entwicklung, die zu ihrem Verschwinden führt, verläuft nicht geradlinig; ihr Rhythmus ändert sich je nach dem Milieu. Joséphine und die »Merveilleuses« – die tonangebenden Modedamen zur Zeit des Direktoriums – lassen die Moschus-Mode wieder aufleben. Während der großen Epidemien des 19. Jahrhunderts steht auch die Verwendung balsamischer Gerüche wieder hoch im Kurs. Dennoch, seit mehr als einem Jahrhundert haben sich immer wieder Stimmen gegen die schweren Gerüche und die Desinfektion durch aromatische Stoffe erhoben – eine theoretische Disqualifizierung, mit der wir uns näher beschäftigen sollten.

Die Denunzierung des Moschusgeruchs

Nach der Theorie des deutschen Gelehrten Becher waren die Exkremente noch mit »Lebensfeuer« begabt und hatten deshalb therapeutischen Wert. So erschien es auch nicht abwegig, bei der Zubereitung aromatischer Präparate, namentlich bei der des *Eau des Mille Fleurs*, des *Tausendblümchenwassers*, unter anderem Fäkalien zu verwerden, vor allem, wenn es sich um die Scheiße gesunder, kräftiger Individuen handelte. Auf diese Weise wurden wieder einmal alte Praktiken untermauert. Doch mit der in den 50er Jahren des 18. Jahrhunderts aufkommenden Furcht vor den verheerenden Auswirkungen der Fäulnis ändert sich auch die Haltung gegenüber den Ausscheidungsprodukten und den bis dahin in der Parfümerie benutzten animalischen Substanzen im allgemeinen.

Während die Experimente von Pringle und MacBride zu einer vorübergehenden Aufwertung der Aromata führen, veranlassen sie die Ärzte zugleich, Moschus, Ambra und Zibet für fäulniserregende, äußerst keimhaltige Substanzen zu erachten. Als Beweis für die ungeheure Schädlichkeit wird ihre mit den Exkrementen verwandte Natur maßlos in den Vordergrund gestellt. Die Gelehrten geißeln die gefährlichen Ähnlichkeiten zwischen ihren schwülen, erstickenden Gerüchen und denen der Scheiße[84]. Schon Boyle[85] hatte behauptet, daß Moschus, der seinen Geruch verloren hat, »diesen wieder annimmt und in den alten Stand zurückversetzt wird, wenn man ihn einige Zeit an eine feuchte Decke, möglichst gar in die Nähe eines Abtritts hängt; darin offenbart sich die gemeinsame Natur von Moschus und Unflat«.

Die Gelehrten ergehen sich in geschraubten Reden über die Ähnlichkeiten. Bei Boyle war zu lesen, daß Vieh- und Schafställe nach Moschus riechen[86]; Virey weist darauf hin, daß die im Wasserbad gegorenen menschlichen Fäkalien einen Moschusgeruch annehmen[87]; Friedrich Hoffmann führt diesen Prozeß auf die Gallentätigkeit zurück. Die gleiche Beobachtung macht Ruelle an den Exkrementen von Ratten; er bezichtigt die Parfümeure, ihre Produkte mit Rattenkötteln zu fälschen. Hartley behauptet, auf ein paar Schritt Entfernung röche jeder Misthaufen nach Moschus. Die Zubereitung des Tausendblümchenwassers wird zur Zielscheibe der Chemiker und Hygieniker. Es geht das Gerücht, der Beutel des Moschustiers könne den unvorsichtigen Jäger, der sich die Nase nicht gründlich verstopft, auf der Stelle umbringen.

Ein weiteres Argument hatte schon Boerhaave in die Diskussion gebracht: starke Gerüche verzehren die Seelenkraft, erzeugen oder beleben die innere Unruhe, ja manchmal führen sie sogar zu vollständiger Betäubung. Die sinnliche Empfindung bereitet Lust; Schmerz dagegen tötet den Genuß, schreibt Buffon[88]. Auch im Bereich der Geruchswahrnehmung kann eine Schmerzschwelle erreicht werden, die den zarten Wohlgeruch von einem allzu kräftigen Parfüm trennt. Starke Kopfschmerzen sind nur das geringste Übel; selbst jene aromatischen Düfte, die im ersten Moment anregend und belebend wirken, können einen »Rausch« des Geruchssinns auslösen[89].

Zunächst fasziniert von den Wohltaten des »Ungarischen Wassers«, hatte Madame de Sévigné sich später gezwungen gesehen, Madame de Grignan vor dem fortgesetzten Riechen an diesem Rauschmittel zu warnen[90]. Lorry führt gegen den Moschus an, er mache die Frauen nervenkrank und schlage den Männern auf den Magen[91]. Wie Bacon und Ramazzini[92] berichtet auch Fourcroy von schrecklichen Unfällen, denen die Apotheker und ihre Gehilfen zum Opfer fallen. Die Hebammen, die sich mit »fremden und wohlriechenden Dingen« vor dem »garstigen Dunst« der Gebärenden schützen müssen, werden bezichtigt, bei ihren Patientinnen die »Mutter-Plage« zu erwecken[93]. Nicht einmal Tiere sind gegen den unheilvollen Einfluß starker Gerüche gefeit; manche Maulesel, die Safran transportieren, brechen ohnmächtig zusammen[94].

Aber es gibt Schlimmeres: zahlreiche Anekdoten zeigen auf, daß sich hinter den schweren Wohlgerüchen das gefährlichste Gift verbergen kann. Heinrich VI. geht jämmerlich zugrunde, weil er an parfümierten Handschuhen gerochen hat; das gleiche Schicksal ereilt Papst Clemens VII., der einer duftenden Fackel zu nahe gekommen ist. Eine alte Geschichte, die allerdings auch den Zeitgenossen nicht ganz glaubwürdig erscheint, wird in Erinnerung gerufen: die Königin von Indien soll Alexander ein wunderschönes junges Mädchen in die Arme geworfen haben, dessen Atem regelrecht vergiftet war von der Gewohnheit, sich an dem

Geruch schädlicher Drogen zu laben. Zahllose Berichte denunzieren die unheilvollen Wirkungen von Nieswurz, Bilsenkraut, Spanischen Fliegen, Magnolien und Manzanilla[95]. Ein halbes Jahrhundert später bedarf es der ganzen Autorität des französischen Arztes und Chemikers Orfila, um die angenommene Giftigkeit starker Gerüche wieder auf ein vernünftiges Maß zu reduzieren. Angesichts der oben beschriebenen Entwicklung nimmt es nicht mehr wunder, daß vor den Zimmern der Wöchnerinnen Wachposten aufgestellt wurden, um ungelegenen Besucherinnen, die sich mit unheilvollen Wohlgerüchen getränkt hatten, den Eintritt zu verwehren[96].

Die Fortschritte der Körperhygiene in den oberen Kreisen der Gesellschaft erhöhen das Mißtrauen gegenüber starken Gerüchen, die alles andere verdecken. Ein übermäßig duftendes Parfüm läßt auf zweifelhafte Reinlichkeit schließen. Moschusgerüche erregen Argwohn. Das gilt auch für den öffentlichen Raum und öffentliche Einrichtungen. Howard erhebt den Vorwurf, daß die aromatischen Beräucherungen nur dazu dienen, die Verkommenheit der Hospitäler zu vertuschen[97]. Mit den neuen Prinzipien der Reinlichkeit kommen zarte, subtile Gerüche in Mode. Wer sich nackt wäscht oder badet, könnte durch die Benutzung stark riechender Parfüms größten Schaden nehmen. Es ist daher wichtig, die bei der Toilette verwandten Düfte sorgfältig auszuwählen, zumal sie »durch das Porensystem sogleich aufgesogen werden und alle Lebensnerven durchdringen«[98].

Nach 1750 werden die zu Kopf steigenden Gerüche um so stärker verpönt, als die neue Mode der Natürlichkeit es für besonders anziehend erklärt, wenn der natürliche Hautgeruch, untermalt von einem Hauch lieblicher Blütendüfte, durch die luftiger werdenden Kleider dringt. Es folgt eine allgemeine Abrechnung mit dem Luxus und der Künstlichkeit[99]. Im gleichen Zuge wie das aufdringliche Parfüm werden hier auch die balsamischen Gerüche verdammt. Der gute Abbé Jacquin[100] hält nur Essig, Schwefel und Schießpulver für gesunde »Parfüms«. Er verflucht die Aromata, tadelt die Kurtisanen, die Gerüche am Leib tragen. Seine Kritik gibt sich eher moralisch als wissenschaftlich: »Die Gerüche«, so erklärt er, »haben weniger mit Sauberkeit zu tun als mit einem verderblichen Geschmack oder einem gewissen modischen Gebaren«[101]. Die Parfüms tragen zu jener Verwirrung der Sinneseindrücke bei, die nach Ansicht von Caraccioli das deutlichste Zeichen für die Verwerflichkeit der aristokratischen Vorlieben und Neigungen ist; »als müsse die Nase sich nicht mit dem Riechen, das Auge sich nicht mit dem Schauen und die Zunge sich nicht mit dem Schmecken zufriedengeben«[102]. Der Wein ist aromatisiert, der Tabak verströmt Jasmingerüche, der Zucker ist mit Ambra versetzt – man parfümiert alles, was eßbar ist. »Die derart verwirrten fünf Sinne ersetzen die Seele der Wollüstigen, und eine andere wollen sie nicht anerkennen.«[103] Die Kritik an den Gerüchen ist Teil einer umfassenden Kampagne gegen die Künstlichkeit, die Ziererei, die verweichlichende Mode – kurz, gegen alle Tendenzen, die verdächtigt werden, der »Degeneration«[104] Vorschub zu leisten.

Hier berühren wir einen wesentlichen Aspekt der Revolution der Geruchswahrnehmung, auf den wir noch zurückkommen werden: den Zusammenhang zwischen der Kritik an den Gerüchen und dem Aufstieg der bürgerlichen Mentalität. Der Etymologie zufolge löst das Parfüm sich in Rauch auf. Doch alles, was verduftet, was sich verflüchtigt, symbolisiert Verschwendung. Das Flüchtige läßt sich nicht akkumulieren. Sein Verlust ist unwiderruflich. Man kann davon träumen, Unrat zu sammeln, ihn wiederzuverwenden, die Exkremente zu einem gewinnbringenden Geschäft zu machen; die verdunsteten Wohlgerüche dagegen sind hoffnungslos verloren. Irgendwie ist es dem Bourgeois unerträglich, mitanzusehen, wie die gesammelten Produkte seiner Mühsal sich verflüchtigen. Das Parfüm – Zeichen der Weichheit, der Unordnung und der Wollust – steht in direktem Widerspruch zur Arbeit. Abgesehen von seiner möglichen therapeutischen Funktion hat es keine sekundäre Nützlichkeit, ja nicht einmal die »Maske des Nützlichen«[105] aufzuweisen. Wenn man dieses doppelt unmoralische Erzeugnis schon nicht gänzlich ausrotten kann, erscheint es zumindest wünschenswert, die tierischen Riechstoffe zu entfernen und mit dem Moschus auch das zum Verschwinden zu bringen, was den Fortpflanzungstrieb so herausfordernd anspricht.

Die Disqualifizierung aromatischer Stoffe

Kurz nachdem Ärzte und Moralisten die Gefährlichkeit animalischer Riechstoffe hervorgehoben hatten, brachten die Erfolge der pneumatischen Chemie auch die »Düfte« und »Aromata« um ihr therapeutisches Alibi.

Paradoxerweise scheint Mac Bride der erste gewesen zu sein, der ihre Heilkraft wissenschaftlich in Frage stellte. 1767 verkündet Genneté in Frankreich, daß die Parfüms kein *Phlogiston* verschaffen, sondern es im Gegenteil zerstören[106]. 1775 erklärt Vicq d'Azyr die Beräucherung mit aromatischen Stoffen für absolut unwirksam[107]. Die Duftgemische und wollüstigen Parfüms sind nicht geeignet, die Elastizität der Luft zu beleben, behauptet Abbé Jacquin[108]. Dennoch bleibt es Guyton de Morveau überlassen, diese Disqualifizierung theoretisch zu begründen. Die aromatischen Räucheressenzen sind nutzlos, weil sie keine Veränderung der Atmosphäre bewirken. Ein wirkliches Desinfektionsmittel muß gewisse bestehende Substanzen zerstören und neue, durch chemische Analyse erfaßbare Körper schaffen[109].

Die Mehrzahl der Gelehrten läßt sich binnen kürzester Zeit von diesen Erkenntnissen überzeugen[110]. »Die Parfüms müssen unverzüglich aus dem Verkehr gezogen werden«, verlangt Parmentier; und von Chaptal ist zu hören, daß die »gewohnten Weihrauchverbrennungen und andere Räuchermethoden den stinkenden Geruch nur verdecken«[111]. Die Fortschritte der medizinischen Chemie, die in der zitierten Abhandlung von Malouin besonders deutlich zutage treten, bekräftigen die therapeutische Unbrauchbarkeit der Aromata. Etwa zur gleichen Zeit erbringt Ingenhousz den Beweis, daß der pflanzliche Gaswechsel unabhängig von Wohlgeruch oder Gestank verläuft.

In diesem Punkt ist allerdings eine Nuancierung angebracht. Die Analysen von Priestley und Ingenhousz liefern keine Erklärung für den unbestreitbaren Einfluß bestimmter Pflanzendüfte – ein Problem, das ebenso ungelöst bleibt wie das der Krankheitskeime, die trotz aller Luftuntersuchungen nicht gefunden wurden. Manche Gelehrten glauben daher, daß Riechstoffe zwar nicht in der Lage sind, verdorbene Luft zu reinigen, deshalb aber noch lange nicht als vollkommen neutral betrachtet werden dürfen. Eine neue Überzeugung springt in die Lücke: der wachsende Glaube an die wohltätigen Wirkungen der von Lebenskraft strotzenden Frühlingsblumen. Ihr Duft ist das zwingende Gegenteil der fauligen oder gar fäkalischen Gerüche, vor denen man sich hüten muß. Fourcroy denunziert den Moschusgeruch, er verdammt die künstlich parfümierte Luft in den Wohnhäusern[112], aber er preist die natürliche, von Wohlgerüchen erfüllte Luft der grünenden Wiesen. Hier scheint der Einfluß Rousseaus auf der Hand zu liegen; wir sollten uns allerdings vergewissern, ob sein Bild von Julies Garten nicht nur die Richtlinien der Medizin seiner Zeit widerspiegelt.

Das 1818 von Jean-Noël Hallé herausgegebene offizielle Arzneibuch bringt den Bruch zwar zum Ausdruck, zeugt aber auch von der weiterhin bestehenden Zwiespältigkeit der Glaubensvorstellungen und Verhaltensweisen[113]. Der Skeptizismus der Gelehrten tritt in aller Deutlichkeit zutage. Die Autoren bestätigen den Vertrauensschwund hinsichtlich der Wirksamkeit aromatischer Räucheressenzen; sie leugnen den therapeutischen Wert der Gerüche und bejubeln den Sieg der chemischen Arzneimittel. Dennoch fühlen sie sich nicht stark genug, den tief verwurzelten herkömmlichen Praktiken zu widersprechen. Sie tolerieren die am lieblichsten duftenden Aromata in Form von Weingeistgebräuen, die meist unter dem Namen »Elixier« vertrieben werden; sie ermuntern zur Verwendung von Parfüms bei der Arzneimittelherstellung. Im Grunde versuchen sie, die Riechstoffe in die Rolle von Hilfsarzneien abzudrängen. Das aber hat zur Folge, daß die bestehende Verwirrung zwischen der Apothekerkunst und der Parfümerie offiziell aufrechterhalten wird.

Die kalkulierte Riechlust

Lust und Rosenwasser

Neue Vorlieben und modische Geschmacksveränderungen in den oberen Kreisen der Gesellschaft bekräftigen den Bannfluch, mit dem die Gelehrten alle schweren Gerüche belegt haben. Die Geruchsatmosphäre des privaten Bereichs verliert an Intensität und zeichnet sich durch eine Vielfalt zarter Duftnoten aus. In den Verhaltensweisen spiegelt sich die leidenschaftliche Begeisterung für den sauerstoffhaltigen Raum. Der Wohlgeruch grünender, von Frühlingsblumen duftender Wiesen hat sich des Geruchssinns bemächtigt. Den imaginären Luftschlössern Tiepolos entspricht der noch stotternde Ausdruck einer neuen Geruchssensibilität, deren Gebote unschwer zu erkennen sind. Die Senkung der Wahrnehmungsschwellen führt nicht nur zu einer bis dahin ungekannten Intoleranz gegenüber jeder Art von Ausscheidungsdünsten, sondern auch dazu, daß die soziale Funktion der Körperpflege im Rahmen der immer anspruchsvoller und präziser werdenden Höflichkeitsregeln zusehends an Bedeutung gewinnt[1]. Man muß sich hüten, andere durch aufdringliche Parfüms oder indiskrete Körpergerüche zu »inkommodieren«.

Der Leipziger Arzt Platner, auf den gegen Ende des 18. Jahrhunderts häufig Bezug genommen wird, zählt die theoretischen Gefahren der körperlichen Unreinheit auf. Dreck verstopft die Poren, behindert den Fluß der Ausscheidungssäfte, begünstigt die Gärungs- und Fäulnisprozesse; ja, schlimmer noch, er erleichtert ein »Zurückpumpen der Unreinheiten«, von denen die Haut nur so strotzt[2]. Die übelriechende Dreckkruste, die nur allzu oft für eine Schutzschicht gegen Miasmen gehalten wird, steht dem für das organische Gleichgewicht notwendigen Gaswechsel im Wege. Daher ist es wichtig, größeren Wert auf regelmäßige Waschungen zu legen. Genau wie Abbé Jacquin empfiehlt auch Platner, sich häufig das Gesicht, die Hände, die Füße, und »von Zeit zu Zeit«[3] sogar den ganzen Körper zu waschen.

So bildet sich eine noch sehr vorsichtige, fast unsichere und durch viele Hindernisse eingeschränkte Körperhygiene heraus. Vitalisten und

Anhänger der mechanistischen Theorie rufen zur Vorsicht auf. Der von Bordeu hervorgehobene Verlust an Lebenskraft ist nicht die einzige Gefahr, die das Wasser mit sich bringt. Leichtfertige Bäder lassen die Fasern erschlaffen, verweichlichen den Organismus und führen zu allgemeiner Gleichgültigkeit. Wie vor ihm Boyle und Lancisi, betont nun auch Hallé die fäulniserregende Wirkung der Seife, besonders in Zeiten der Pest[4]. Die Moralisten befürchten Selbstgefälligkeit, sinnliche Blicke und autoerotische Versuchungen. Die Badezimmer jener Zeit gewährleisten keine Intimität, keinen Schutz vor den Reizen der Verführung[5]. Nacktheit ist ein Risiko.

Wie auch immer, derartige Praktiken bleiben ohnehin auf eine kleine Elite beschränkt. Man ist des Wassers noch nicht Herr genug, um die Voraussetzungen für eine allgemeine Verbreitung der privaten Körperhygiene zu schaffen[6]. Im Augenblick steht die kollektive Wasserbenutzung auf der Tagesordnung[7]. Obgleich das Baden gegen Ende des Jahrhunderts zumindest in der Hauptstadt[8] üblicher wird, gilt es doch vor allem als therapeutisches Verfahren. Im übrigen sind Waschungen dem fleißigen Mann aus dem Volke nur nützlich, wenn er nicht arbeitet; den Rest der Zeit säubert der Schweiß seine Poren[9].

Dennoch sind die ersten Ansätze einer allgemeinen Erziehung zur privaten Hygiene bereits zu erkennen – ein Thema, auf das wir noch zurückkommen werden. In beschränkten Milieus, denen nämlich, die das stärkste Mißtrauen erregen, bilden sich entsprechende Normen heraus: die Schulen[10], vor allem aber die Gefängniszellen, Hospitäler, Kasernen und das Schiff von Kapitän Cook werden zu Laboratorien, zu Experimentierfeldern obskurer Strategien.

In den oberen Gesellschaftskreisen bringt die Verwendung von Wohlgerüchen neue Riten der Schönheitspflege hervor: das Individuum darf eine schlechte Hygiene nicht durch starke Gerüche verdecken. Im Gegenteil, es ist ratsam, die individuelle Atmosphäre durch die Kleidung dringen zu lassen, da sie die Einzigartigkeit des Ich enthüllt. Nur einige sorgfältig ausgewählte Riechstoffe aus dem Pflanzenreich fügen sich so zartfühlend in das Geruchsbild ein, daß sie die Reize der Person unterstreichen können. Mit der Einführung des *selflooking glass* entwickelt sich bei der Frau das Bedürfnis, die eigenen Duftnoten genauestens zu überprüfen und zu kontrollieren. Die psychologische und soziale Funktion der feinen Wohlgerüche rechtfertigt die neuen Moden. »Wir müssen etwas tun, um uns selbst zu gefallen«, schreibt der Parfümeur Déjean im Zusammenhang mit der Verwendung pflanzlicher Riechstoffe. »So können wir in den Versammlungen ungezwungen auftreten, und so gefallen wir auch den anderen. Genau das macht Geselligkeit und Umgang aus. Hätten wir das Unglück, uns selbst zu mißfallen, wer sollte uns dann mögen?«[11] Diese Bemerkung bestätigt eine Entwicklung von herausragender Bedeutung, die Roger Chartier an den Inhalten der damals üblichen Schulbücher nachgewiesen hat: den Übergang von Höflichkeitsvorschriften, die in erster Linie darauf ausgerichtet waren, andere nicht zu inkommodieren, zu einer Gesamtheit hygienischer Richtlinien, die der narzißtischen Befriedigung einen entscheidenden Platz einräumen[12]. Die Frau möchte, daß ihr Duft gerochen wird; auf diese Weise unterstreicht sie ihren Willen, sich auszudrücken. Durch die diskrete Untermalung körperlicher Reize, durch ihre Suche nach dem Spiegelbild schafft sie eine *aura* des Traums und des Begehrens. Allmählich zeichnet sich eine Verschiebung vom bunten Duftgemisch zur eigentümlichen Ausdrucksweise durch besondere Geruchsnoten ab.

Robert Mauzi beschreibt ein weiteres historisch wichtiges Phänomen: an der neuen Mode, die größten Wert auf Nuancierungen und Feinsinn legt, zeigt sich der Übergang vom hervorgerufenen zum empfangenen Sinneseindruck, vom Künstlichen zum Natürlichen[13]. Der vage, undefinierbare Anreiz setzt lustvolle Schwingungen in Gang. »Um die Sinnlichkeit der Riechnerven zu befriedigen«, heißt es bei Déjean, »sollte man nicht mit starken und aufdringlichen Gerüchen parfümieren, sondern mit zarten Düften, die man weder unterscheiden noch definieren kann.«[14]

Die Befolgung derartiger Prinzipien führt zur Ablehnung tierischer Riechstoffe. »Seit unsere Nerven empfindlicher geworden sind«, liest man in einem 1765 verfaßten Artikel der Enzyklopädie[15], sind Ambra, Zibet und Moschus aus der Mode gekommen. Mit Moschus parfümierte Handschuhe sind wegen ihres allzu heftigen Geruchs verpönt. Zeugnisse darüber gibt es in Hülle und Fülle. Moschus ist nicht mehr modern, erklärt Le Cat[16]. Déjean erwähnt nur nebenbei, wie eine Selbstverständlichkeit, daß dieses Parfüm in Mißkredit geraten ist[17]. Dennoch dürfen wir solche Äußerungen nicht überbewerten. Aus manchen Zeugnissen spricht eine konservative Haltung. Während die tierischen Riechstoffe im allgemeinen angeprangert werden, macht sich eine späte Vorliebe für »königliche Ambraextrakte« bemerkbar. Dieser verleugnete, aber unbestreitbar vorhandene Widerstand – der übrigens bis heute fortbesteht, da Moschus immer noch verkauft wird[18] – erklärt sich durch das heimliche Spiel von Tabu und Begehren, das zu besonderer Aufmerksamkeit reizt. Mit Recht analysiert Havelock Ellis die Diskreditierung des Moschus als ein wesentliches Ereignis der Sexualgeschichte[19]. Seiner Ansicht nach haben die Frauen dieses Parfüm bis zum Ende des 18. Jahrhunderts nicht benutzt, um ihren Geruch – wie man damals behauptet – zu verdecken, sondern im Gegenteil, um ihn hervorzuheben[20]. Moschus hatte die gleiche Funktion wie das Korsett, das die sexuelle Wirkung der Körperformen zur Geltung bringen sollte. Um ihre Weiblichkeit herauszustreichen, haben die Frauen bis dahin stets nach möglichst starken, animalischen Gerüchen gesucht, schreibt Hagen[21], der Meister der sexuellen Osphresiologie.

So gesehen wäre der Niedergang besagter Parfüms gegen Ende des 18. Jahrhunderts nur ein Zeichen für die Ächtung der »ursprünglichen Anziehungskraft« der Sexualgerüche[22]. Havelock Ellis knüpft an die besorgten Analysen von Bordeu an. Männer und Frauen des Abendlandes legen ein zunehmendes Geschick an den Tag, die neuerdings als lästig und zudringlich empfundenen Körpergerüche zu verschleiern. Auf diese Weise wird die sexuelle Rolle des Geruchssinns geleugnet oder zumindest in den Bereich der Erregung und diskreten Anspielung abgedrängt, denn von nun an bahnen sich Intimbeziehungen nicht mehr durch den kräftigen Geruch der Sekretionen an, sondern durch zarte, unmerkliche Ausdünstungen. Nie hatte sich in der Geschichte der sexuellen Anziehung eine so entscheidende Revolution ereignet. Außer, so schreibt Freud zweiundzwanzig Jahre später, als der Mensch sich von der Erde abwandte, als er sich zum aufrechten Gang entschloß und den Einfluß der Geruchsreize auf die Sexualerregung herabsetzte[23].

Man darf wohl annehmen, daß der Sensualismus seinen Teil zur Verbannung der animalischen Gerüche beigetragen hat. Der Fäkalgeruch bestimmter Ausscheidungsorgane, die sich – wie etwa der Moschusbeutel – in unmittelbarer Nähe der Genitalien befinden, könnte die auf das Geschlechtliche bezogenen Schamgefühle erklären. Hartley jedenfalls ist von diesem Gedanken überzeugt: »Die mit der Scham einhergehenden Verstimmungen des Geistes, das Gefühl der Unanständigkeit und ähnliche Empfindungen kommen zu einem beträchtlichen Teil von unangenehmen Gerüchen der Fäkalstoffe tierischer Körper.«[24] So rechtfertigt der englische Philosoph eine Idee, die den Kirchenmännern lieb ist. Seine Theorie führt implizit zur Verdammung des Gebrauchs von Moschus, Ambra und Zibet.

Der proklamierte Niedergang animalischer Parfüms, dessen theoretische Rechtfertigung wir nun kennen, und der sich als ein erstaunlich komplexes Phänomen erweist, geht einher mit einer regelrechten Flut aus Frühlingsblumen gewonnener Öle, Essenzen und Duftwässerchen. Die Neuheit liegt vor allem in der Vielfalt[25]. Am Hof Ludwigs XV.

schreibt die Etikette täglich ein anderes Parfüm vor. Der große Erfolg des Rosenwassers[26] dehnt sich aus auf Veilchen-, Thymian-, besonders aber Lavendel- und Rosmarindüfte. »Das Lavendelwasser«, schreibt Malouin, »findet viel Verwendung bei der Reinlichkeitspflege und in den Kleiderkammern. Unter allen Gerüchen zeichnet der Lavendelduft sich dadurch aus, daß er gemeinhin jedem behagt.«[27] Als offizielle Bestätigung der neuen Sensibilität kommen um 1760[28] die nach der Marschallin und der Herzogin benannten Wässerchen in Mode. Ein paar Jahre später fügen die Pflanzendüfte der Südseeinseln den zahllosen Blütenessenzen eine exotische Note hinzu[29]. Männer wie Frauen gehorchen den neuen Vorschriften; Casanova verspottet den jungen Baron Bavois, dessen Zimmer penetrant von »Pomade und Riechwässern«[30] erfüllt ist.

Die zarten Düfte finden Eingang in die Riten der Körperhygiene. Gewiß, manche Ärzte, allen voran Platner, empfehlen die Benutzung reinen Wassers und warnen vor jeder Art von Duftzusätzen[31]. Aber sie finden kaum Gehör. Dem »Engelswasser«, das im 17. Jahrhundert groß in Mode war, inzwischen jedoch – wie Déjean 1764 berichtet – aus dem Gebrauch gekommen ist, folgen Wässerchen mit Fruchtaroma, Seifen und Pasten mit Blütenparfüms sowie duftende Kugeln, mit denen man sich beim Baden die Haut einreiben kann. Die Meisterparfümeure stellen eigens für den Wohlgeruch der Hände – denen eine erstaunliche Aufmerksamkeit zuteil wird[32] – besondere Riechkapseln und Puder her. Es wird üblich, sich den Mund mit Rosenwasser auszuspülen und den Atem mit Irispaste zu parfümieren.

Die galante Literatur nimmt die Ächtung des Moschusgeruchs schnell zur Kenntnis. In der Erotik von Restif de La Bretonne spielen Hygiene und Waschungen eine wichtige Rolle. Hier hat das Rosenwasser ein erstaunliches Monopol inne; laufend erfrischt es Conquette-Ingénue die Füße, den Po und das »Mäuschen«[33]. Das Bidet hat sich zum Bundesgenossen der Lust entwickelt. Eine ähnliche Geruchsmonotonie spiegelt sich in Casanovas Lebensbericht[34]; die Beträufelung des nackten Frauenkörpers mit Rosenwasser erscheint als Ritus. Die Rolle des Parfüms beschränkt sich weitgehend auf die Inszenierung der Lust[35], es hat Abstand gewonnen vom begehrten Körper. Aus dem Raum der Sadeschen Erotik sollte es sogar ganz verschwinden.[36]

Die Beharrlichkeit, mit der die Absorptionsfähigkeit der Haut immer wieder unterstrichen wird, gibt Anlaß zu größter Behutsamkeit. Allein, die Vorsicht lohnt sich: besser als alles andere enthüllt das parfümierte Puder die Persönlichkeit dessen, der es verwendet. Es »variiert je nach dem Geschmack des Einzelnen und unterscheidet sich durch die jeweilige Komposition der Riechstoffe«, schreibt Déjean[37]. Das »Puder nach Art der Marschallin« bewahrt sein hohes Ansehen fast ein ganzes Jahrhundert lang; es handelt sich um ein kunstvolles Gemisch aus Iris, Gewürznelken, Lavendel, Rosen, Orangen und Majoran – ein Rezept der Marschallin von Aumont. Die beliebtesten Puder sind im übrigen das Irispuder, das Chyprepuder und vor allem das Nelkenpuder, das sich gegen Ende der Regierungszeit Ludwigs XV. durchsetzt[38]. Sein Erfolg symbolisiert den Triumph der Pflanzendüfte.

Diese Eingenommenheit führt logischerweise auch zu einer leidenschaftlichen Blumenliebe. Die mit der Mode gehenden Pariserinnen ziehen Goldlack und Basilikum in Töpfen[39]. Große Blumensträuße zieren die Umkleidegemächer der Damen. Die Eleganz schmückt sich mit Geißblatt und Feldblumen: Butterblumen, Hyazinthen, Jonquillen, Maiglöckchen, Winden oder Hahnenfuß. Mit Veilchen wird ein regelrechter Kult getrieben. Marie-Antoinette sollte einen ganzen Komplex von Verhaltensweisen repräsentieren und verstärken, die sich schon ausgebildet hatten, ehe sie Einfluß auf den Hof gewann[40].

Der mittlerweile als archaisch geltende aufdringliche Duft wird zum schicksalhaften Merkmal der alternden Kokotten oder Bäuerinnen. Am animalischen Geruch erkennt man das Volk. »Ein Elegant riecht nicht nach Ambra«, bemerkt Louis-Sébastien Mercier[41]. Casanova wird fast ohnmächtig von dem »unausstehlichen Moschusgestank«[42] der verwelkten nymphomanischen Herzogin von Ruffec. Er selbst benutzt Myrrhe und Räucherharz nur als notwendiges Zubehör, um die Rolle des Magiers spielen zu können. Die Ausdünstungen der reizenden Cristina stoßen ihn ab, bis er schließlich von ihr erfährt, daß sie wohlriechende Wässer für überflüssig hält und statt dessen Wachs mit Ziegenschmalz benutzt[43].

»Außer den Philosophen (...) rochen alle gut«, schreibt Alexandre Dumas 1868 über die erhabene Gesellschaft am Ende des Ancien Régime[44]. Auch Edmond de Goncourt und Huysmans sollten ihren Teil dazu beitragen, den Mythos vom duftenden 18. Jahrhundert zu festigen. Doch abgesehen von allen Übertreibungen ist, wie die Enzyklopädie bestätigt, ein Stückchen Wahrheit an diesen Behauptungen. In zunehmendem Maße werden jetzt auch die häusliche Umgebung und die darin befindlichen Objekte parfümiert – eine Art Kompensation für den Verzicht auf Moschus und Zibet. Die Parfümeure bieten Kompositionen an, »die man bei sich tragen kann«[45], Parfüms, die nur zum Genuß da sind, ohne therapeutisches Ziel. »Wenn man Wohlgerüche bei sich trägt, verschließt man sie stets in kleinen Fläschchen, aus Sorge, diejenigen, die sie nicht mögen, zu inkommodieren«[46], präzisierte Déjean. Mit Parfüms getränkte Wattebäuschchen werden in winzigen Räucherpfannen oder in die Kleidung eingenähten Kapseln am Körper aufbewahrt. Die Herren der eleganten Gesellschaft rivalisieren in der Kunst, Duftkompositionen zu analysieren. Der Besitz eines königlichen Parfüms weist die Zugehörigkeit zur Aristokratie des Raffinements aus. Casanova trägt das Fläschchen, das er aus der Umgebung Ludwig XV. bekommen hat, am Gehänge seiner Uhr[47]. Wir wissen, wie nachdrücklich der in der Bastille gefangene Sade seine Korrespondenten bittet, ihm reichhaltige Düfte zu schicken[48].

Die Mode des parfümierten Taschentuchs[49], ein kostbares Element weiblicher Strategien, bleibt auch im 19. Jahrhundert bestehen. Die Parfümeure, aber auch die Kokotten selbst stellen »Riechkissen (her), die man bei sich tragen kann«[50], gefüllt mit Veilchenpuder und einem Hauch von Moschus. Die »englischen Blütensachets« aus Seide oder Florentiner Taft – einfaches Leintuch verdirbt die Gerüche – werden in Hausarbeit hergestellt[51]. Sie enthalten einen kleinen mit Parfüm beträufelten Wattebausch oder eine Prise duftenden Puders. Man befestigt sie mit Zierbändern am Déshabillé der Damen oder legt sie in Schränke, Kommoden oder die Schublade des Nachttischchens.

Auch einzelne Elemente der Garderobe werden parfümiert. Der zart duftende »Provenzalische Handschuh« ersetzt den stark riechenden Moschushandschuh[52]. Der parfümierte Fächer verleiht den lieblichen Düften der Brust oder des Blütenbouquets eine besondere Note. Am harmonischen Zusammenspiel mit dem Parfüm des Handschuhs zeigt sich das Raffinement der Gesamtkomposition. Die in England und auch in Montpellier übliche Mode, Kleidungsstücke aus duftenden Stoffen zu schneidern, kann sich in Paris nicht durchsetzen[53]. Großen Gefallen dagegen findet die Sitte, das Déshabillé, bevor es getragen wird, in einem zart parfümierten Portefeuille aufzubewahren[54]. Diese Vorliebe bestätigt einen entscheidenden Wandel in den Bräuchen der Liebes- und Sexualwerbung.

Alles, was am Körper getragen wird – sogar Medaillen und Rosenkränze[55] –, soll den Geruchssinn laben. Da der Anstand den Männern das Rauchen in Gegenwart von Damen verbietet, benutzen sie Schnupftabak, der nach Jasmin, Tuberose oder Orangenblüte duftet[56]. Wie wir bereits gesehen haben, lassen die Köche es sich nicht nehmen, auch die Speisen zu parfümieren. Die Atmosphäre des Privatbereichs ist erfüllt von den köstlichsten Gerüchen: Parfümkästchen[57], Duftkörbe[58] und vor allem ausgeklügelte Mischungen[59], die ihre Wirkung manchmal über

Madame de Pompadour

zehn oder zwölf Jahre bewahren[60], beleben die Häuser der Reichen mit ihrem Wohlgeruch. Genau wie die Pomaden, Puder oder Duftwässerchen werden sie häufig in Heimarbeit hergestellt, in regelrechten Duftküchen, die sich der Kunst der Riechstoffkonservierung verschrieben haben und den Meisterparfümeuren Konkurrenz machen.

Die – relativ beschränkten – Fortschritte der Körperhygiene verwandeln das der Toilette vorbehaltene Gemach in einen Tempel der Verführung. Ähnlich wie in dem benachbarten Boudeoir wird die intime Atmosphäre durch zarte Düfte besiegelt, deren Wirkung sich mit der Ausstrahlung der Tapetenbehänge und Spiegel verbindet. Nach Rousseau[61] versenkt sich auch Parny[62] nostalgisch in diesen privilegierten Ort der sexuellen Erregung, symbolisch verkörpert durch die Person der Pompadour[63]. Die auf die Spitze getriebene Inszenierung der Geruchsatmosphäre durch den Herzog von Richelieu dagegen, das ausgefeilte Ventilationssystem, das in seinen Appartements für wohlgeordnete Duftzufuhr sorgt, scheint nicht Schule gemacht zu haben.

Die erste Vorschrift der sensualistischen Moral besteht in der Bereitschaft, ausgewählte Sinneseindrücke aufzunehmen, um die daraus sich ergebenden Genüsse und Gefühle richtig empfinden zu können. Rousseau sollte diese auf Auswahl und Verfügbarkeit der Objekte gegründete Kunst der sinnlichen Wahrnehmung zur ersten Technik des Glücks erklären. Die schwierige Rechnung geht allerdings nur auf, wenn eine dauernde Sorge besteht, sich vor aufdringlichen, ablenkenden oder gar ekelerregenden Empfindungen zu schützen. Die echten Freuden des Geruchssinns zu genießen, setzt also eine Flucht aus der verpesteten Umgebung voraus, fern von Schlamm und Misthaufen, fern von den fauligen Ausdünstungen lebender Körper, fern von der räumlichen Enge, die in Städten und Tälern herrscht. Sogar die ländlichen Gegenden muß man meiden[64]: mittlerweile sind auch die Dörfer zu Kloaken geworden, bestätigt Girardin[65]. Plötzlich stoße ich »auf hundert zusammengepferchte Strohhütten«, klagt Oberman; »ein häßliches Nest, wo die Gassen und Ställe und Vorgärten, die Mauern und Dielen und fauligen Dächer, und noch die Möbel und Lumpen aussehen wie aus demselben Dreck, und wo alle Weiber keifen, alle Kinder plärren und die Männer sich alle abschinden.«[66]

So äußert sich ein noch unbestimmter, aber intensiv empfundener Ekel vor den sozialen Ausdünstungen[67]. Nach Ansicht von Ramond de Carbonnières, der viel zur Verbreitung der in Mode kommenden Flucht in die Berge beitragen sollte, findet das ganze »Ausdünstungsgeschäft«[68] nur auf einer horizontalen Ebene statt. Es definiert die volkstümliche Sozialität von Tälern und Ebenen. Um ihr zu entrinnen, muß die Elite sich den Höhen zuwenden. Die vertikale Flucht erscheint als das beste Mittel, das in seiner Bewegungsfreiheit eingeschränkte Volk mit den Dünsten und Gestänkern allein zu lassen.

Der reiche Mann muß reine Luft genießen können. Die weitläufigen Grünanlagen um sein Haus und die großen Fenster reichen dazu bei weitem nicht aus. Tronchin warnt vor der Stagnation der Ruhe und empfiehlt häufige Spaziergänge, die auf bekömmliche Weise für einen Luftaustausch sorgen. Jeden Sommer verlassen Diderot und Sophie Volland Paris, um in höhergelegenen, ländlichen Gefilden Erholung zu suchen[69]. Saint-Preux wundert sich, daß man die an Vapeurs Leidenden nicht in die Berge schickt. 1778 versucht Thouvenel, der noch in den Anfängen steckenden, von den Philosophen in Mode gebrachten Aerotherapie allgemeine Anerkennung zu verschaffen. Jurine predigt die Wohltaten der »Luftbäder«[70]. Die »Luftkur«[71], ein noch unbestimmter Begriff, wird zur medizinischen Heilmethode, und zwar lange bevor die Hygieniker des folgenden Jahrhunderts ihre Techniken verfeinern und derartige Kuren je nach Alter, Geschlecht und Temperament unterschiedlich gestalten[72].

Als Antithesen fäulniserregender Orte zeichnen Gärten und Berge sich durch ihre Heilkraft aus. Géraud fordert eine Vielzahl öffentlicher Parks, in deren Schatten die Einwohner der Stadt sich ihrer Miasmen entledigen können[73]. Dennoch, die beste Empfehlung bleiben die Berge. Aber auch dort kann der Aufenthalt sich als gefährlich erweisen. Saussure warnt seine Leser[74]. Die Luft, die man an der »Grenze des Äthers«[75] atmet, ist »trocken und aller Ausdünstungen der bewohnten Erde beraubt«[76]; sie beängstigt auch den verwegensten Touristen. Daß Vorsicht geboten ist, zeigt sich nicht zuletzt an der »Degeneration« der Schweizer Bergbauern[77], der Häßlichkeit ihrer Frauen, der Verblödung der Einwohner von Maurienne[78]. Aber zumindest ermöglichen die einsamen Höhen jene unerläßliche Bereitschaft, sich den Freuden der Sinnesempfindung voll und ganz hinzugeben. Erst die Stille der Alpen gibt Oberman die Möglichkeit, das Rauschen der Quelle zu genießen.

Die Zurückgezogenheit des Gartens kann eine ähnlich »romantische Situation« erzeugen, die – so heißt es bei Girardin –, »ohne deshalb menschenfeindlich oder wild zu sein (...), Ruhe und Einsamkeit ausstrahlen muß, damit die Seele nicht abgelenkt wird und sich der Sanftheit eines tiefen Gefühls ungestört überlassen kann«[79]. Hier wird der Geruchssinn mit starken Gefühlen besetzt, und dies ungeachtet der theoretischen Disqualifizierung von Seiten derer, die ihn für den Sinn des Animalischen halten.

»Damit sie die Vernunft nicht beleidigt, braucht die Wollust eine Stütze oder zumindest einen Vorwand in der Natur«, schreibt Watelet[80]. Der Anspruch auf »ausgewählte Landschaften oder Elemente der Natur«[81] ist eine Absage an das kunstvolle Duftgemisch der Gartenbeete zugunsten eines äußerst beschränkten Fächers erlesener Wohlgerüche. Das frischgemähte Heu gilt hinfort als höchster Balsam. Nach Loaisel de Tréogate[82] rühmen auch Louis-Sébastien Mercier[83], Ramond de Carbonnières[84] und Senancour seinen erquicklichen, feinsinnigen Geruch. »Gegen vier Uhr weckten mich der anbrechende Tag und der Geruch des Heus, das man beim Mondschein in der Kühle geschnitten hatte«[85], erzählt Oberman. So beginnt der unaufhaltsame Aufstieg des *fresh-mown hay*. Im übrigen sind Jonquillen, Veilchen und Jasmin die bevorzugten

Duftspender jener Literatur, die sich mit den Freuden der Natur befaßt. Die von der Parfümerie vereinnahmte Rose gilt in diesem Zusammenhang eher als archaisch. Die Erdbeere dagegen wird weitgehend zum Symbol des guten Fruchtaromas.

Der Garten ist bekanntlich in erster Linie ein Bild. Ihn zum auserkorenen Ort der Riechlust zu machen, wäre ein Paradox. Seine Gestaltung beruht auf der »Mechanik des Blicks«, wie Liane Lefaivre[86] zu Recht feststellt. Ein deutlicher Wille zur Privilegierung von Gesicht und Gehör führt die Hand des Architekten. Der Englische Garten gibt Gelegenheit, diese Hierarchie der Sinne bis zum Überdruß darzustellen und wiederzukäuen. Girardin hält feierliche Reden auf die Überlegenheit des Gesichts, auf die besonders spontanen, lebhaften und feinen Eindrücke, die es vermittelt[87]. In aller Entschiedenheit erklärt Hirschfeld 1779: »Der Geruch, der die süßen Ausatmungen der Pflanzen und Gewächse aufnimmt, scheint der letzte (unter den Sinnen) zu sein, wenn man ihm nicht noch allenfalls den gröbern Sinn des Gefühls, der die Erfrischungen der Luft genießt, beigesellen will.«[88] Der Beruf des Gartenkünstlers besteht darin, »ohne gänzliche Zurücksetzung des Geruchs für das Auge und das Ohr, am meisten aber für das Auge zu sorgen. Er soll demnach vornehmlich sichtbare Schönheiten der ländlichen Natur aufzustellen sich bemühen«[89]. Die Rolle der Blume wird hier insoweit eingeschränkt, als sie in erster Linie den Freuden des Blicks zu dienen hat. Ihre Hauptfunktion besteht nicht in der Ergötzung des Riechorgans, sondern darin, den Hügel mit einem Teppich zu überziehen oder die Wiese mit Farbflecken zu betüpfeln. Die immer häufiger werdenden Theaterszenen in »malerischen Gärten« bestätigen das Primat des Sichtbaren. In der Ordnung der sinnlichen Genüsse kann allein das Gehör als beruhigender Zeuge des reinigenden Rauschens von Wind und Wasser zeitweilig mit dem Blick konkurrieren. Weder bei dem damals sehr einflußreichen Thomas Whately noch bei Jean-Marie Morel findet sich die geringste Anspielung auf die Riechlust[90].

Es erscheint mir allerdings angebracht, über diese offenkundigen Tatsachen hinauszugehen. Der Geruchssinn gehört durchaus zu der Palette sinnlicher Möglichkeiten, über die der Künstler verfügt, um Empfindungen und Gefühle zu variieren. Das Parfüm kann zum Hilfsmittel werden, das eine Verfeinerung der strategisch eingesetzten Reize erlaubt. Es wäre daher recht unpassend, Wahrnehmungen ausschließlich in bezug auf die einzelnen Sinne analysieren zu wollen. Ein solches Vorgehen liefe auf die Verleugnung jener »übereinstimmenden Eindrücke« hinaus, ohne die der Garten nach Hirschfelds Ansicht kein Ort einer sinnlichen Erfüllung sein kann. »Ein Hain voll jungen Laubes und heiterer Aussichten ergötzt mehr, wenn wir darin zugleich das Lied der Nachtigall, das Gemurmel eines Wasserfalls hören, wenn zugleich ein frischer Veilchenduft uns entgegenwallt.«[91]

Die genaue Berechnung von Zusammenwirkungen unterschiedlicher Sinneseindrücke, die dem Diskurs über die ländliche Natur ihr Gepräge geben, führt zur Hervorhebung bestimmter Orte, Haltungen und Gefühle, die mit der Geruchswahrnehmung zu tun haben. Wünschenswert sind Duftreize vor allem dann, wenn ein Ruhebedürfnis vorhanden ist. Die Umgebung des Hauses und des »Schlafgemachs« verlangt ebenso nach der Nähe duftender Pflanzen mit wohlriechenden Blüten oder Blättern wie das Lustwäldchen mit seinen Bogenlauben und Ruhebänken, das zur Rast einladende Moosbeet im Talgrund[92] und die »lieblichen Landstriche« im allgemeinen. Niemand – außer vielleicht Walpole – hat diesen subtilen Imperativ so klar definiert wie Hirschfeld[93]. Hier ist es nicht Julies Garten, der als Modell dient, sondern vielmehr die Bogenlaube, unter der John Milton die Liebe des ersten Paares in der paradiesischen »wilderness of sweets«[94] gedeihen läßt.

Geruchsreize sind auch dort erwünscht, wo die Frische des fließenden Wassers zu sinnlichen Vorstellungen einläd. Girardin empfiehlt, die Bachufer mit duftenden Pflanzen zu schmücken[95]. Er beschreibt eine Quelle mitten im Eichenwald, in deren Nähe »einfache Gewürze, Heilkräuter und der Harz einiger wohlriechender Fichten die Luft mit einem balsamischen Duft erfüllen, der die Lungen erweitert«[96] und den Menschen träumerisch stimmt. Da der Spaziergänger gern an Brücken verweilt, sollten diese nach Hirschfelds Meinung stets von duftenden Blumen umgeben sein[97].

Sogar die Industrie und die notwendige Befruchtung rechtfertigen eine Wollust erregende Entfaltung zu Kopf steigender Blütendüfte. Die Geruchsreize im Umfeld eines Bienenstocks können gar nicht verführerisch genug sein. »Thymian, Lavendel, Majoran, Weiden, Linden und Pappeln gibt es dort im Überfluß; sie erfüllen die Luft schon von ferne mit ihrem Wohlgeruch. Hier ist jeder Duft- und Blumenluxus erlaubt.«[98]

Der Optimismus dieser Zeit, die das Natürliche gleichsetzt mit dem Lebenspendenden und Gesunden, begründet die Anziehungskraft des Pflanzendufts. Er bürgt für die Sinnlichkeit der Geruchswahrnehmung im Freien. Der eindringliche Duft mancher Feldblumen kann einen regelrechten Rausch bewirken. Ähnlichkeiten in der weiblichen Gesichtsmimik legen die Vermutung nahe, daß er zur sexuellen Lust anregt. Die Gelehrten behaupten, diese zweideutige Ehe zwischen der Frau

Monument von Rousseau

und dem geatmeten Blütenduft könne ihren Höhepunkt im Orgasmus finden[99]. Das von Wohlgerüchen erfüllte Lustwäldchen oder die verborgene Bogenlaube sind Orte der Einsamkeit, der Ruhe und des Traums, die sich leicht in das Theater eines schwindelerregenden Sinnentaumels verwandeln. Der Duft der Natur wird zum Weihrauch der Wollust. Die Verführung der jungen Gräfin durch den schuldigen Dolbreuse[100] und seine gefühlsbewegte Hochzeitsnacht im Freien werden erst durch die Verbindung mit den berauschenden Düften der Natur verständlich. Orangenblüten, Jasmin und Geißblatt erfüllen die Liebe von Sydney und Felicia[101] mit ihren Wohlgerüchen. Die kunstvoll parfümierten Inszenierungen der Lust durch die Libertins werden überholt von dem feinsinnigen Hedonismus des Pflanzenlebens.

In diesem Zusammenhang dürfen die endlosen Lobreden auf den Englischen Garten nicht über die Beliebtheit privater Blumengärten (*pleasure gardens*) hinwegtäuschen, jener duftenden Anlagen rund um das Haus, die – wie Girardin und Hirschfeld immer wieder betonen – beim Bürgertum hoch im Kurs sind. »Personen von einem sanften und milden Charakter, (...) pflegen sich am meisten in diesen kleinen Szenen der stillen Schönheit und bescheidenen Anmut zu unterhalten«, schreibt Hirschfeld. Hier können die Frauen und vor allem die jungen Mädchen sich von ihren Vapeurs erholen, hier genießen sie »das Süße, das Feine, das Liebkosende, das Erquickende, das Begeisternde des

Wohlgeruchs bei so vielen Blumengattungen; alles dieses erzeugt und unterhält die Empfindungen des Lieblichen, welche die ganze Seele mit einem Wohlbehagen, mit einer Vergnüglichkeit, mit einer so zauberischen Wollust füllt, daß die Sprache für sie keinen Ausdruck zu haben scheint.«[102]

Die wesentliche Funktion, die den Geruchsreizen an all diesen privilegierten Orten zukommt, ist offenbar eine Förderung des Narzißmus. Der Gesellschaft überdrüssig, fasziniert von der verlockenden Einsamkeit der Erimitage, den Grotten der malerischen Gärten oder den hohen Felsen des Gebirges, hofft der Leser, der sich in Rousseaus Träumereien, Werthers Bekenntnisse oder Youngs Nachtgedanken vertieft, fern des *theatrum mundi* ein intensives Gefühl für die Existenz seines Ich zu entwickeln. Der Geruchssinn, der eine Wahrnehmung des flüchtigen Daseins ermöglicht, stellt sich von nun an als der herausragende Sinn des Zeitempfindens dar. Der Landschaftsarchitekt muß das Uhrwerk der Naturgerüche überwachen[103]. Er hat sich zu entscheiden zwischen Morgengärten, Mittagsgärten und Abendgärten. Wenn ihm Milde und Lieblichkeit am Herzen liegen, wird er blühende Sträucher und Blumen wählen, »die vornehmlich des Abends ihre Wohlgerüche reicher zu verspenden pflegen«, denn sie vermögen die Stimmung des fliehenden Tages einzigartig zu unterstreichen. Dies macht den Duft der roten Nelken auf den Berghängen der Pyrenäen nach Ramonds Ansicht so ergreifend[104]. Eine hervorragende Rolle spielen die Geruchsreize auch bei dem unermüdlich wiederkehrenden Thema der Jahreszeiten, auf das wir hier nicht weiter einzugehen brauchen.

Die Neuerung aber besteht in der Tatsache, daß bestimmte Düfte Gemütsregungen der Vergangenheit beleben und erhöhen, in der Suche nach einem »Erinnerungszeichen«, wie Rousseau es nennt[105], in der unmittelbaren Konfrontation von Vergangenheit und Gegenwart durch einen wiedererkannten Geruch. Diese unvorhergesehene Verbindung bedeutet keine Vernichtung der Zeitlichkeit, sondern sie enthüllt dem Ich seine eigene Geschichte. Während die aufsteigende Mode des feinen Dufthauchs dem Erinnerungsbild des Anderen poetische Kraft verleiht, sichert sich die nostalgische Geruchsbeschreibung ihren Platz in der Literatur. Zwei Zeugnisse aus der Fülle der Beispiele mögen hier genügen:

»Irgendetwas muß den Parfüms eigen sein, was die Vergangenheit mit aller Macht wiederauferstehen läßt. Nichts erinnert so stark wie sie an geliebte Orte oder Situationen, nach denen man sich zurücksehnt, an jene Minuten, die sich tief ins Herz eingraben, aber nur flüchtige Spuren im Gedächtnis hinterlassen. Der Duft eines Veilchens erfüllt die Seele mit den Genüssen ungezählter Frühlingstage. Ich weiß nicht, welch sanfte Momente meines Lebens der blühende Lindenbaum bezeugen können mag, aber ich spürte sehr deutlich, daß er Fasern in mir zum Schwingen brachte, die sich seit langem nicht geregt hatten, daß er Erinnerungen an wunderschöne Zeiten aus einem tiefen Schlaf erweckte. Zwischen meinem Herzen und meinem Denken fand ich einen Schleier, den zu lüften vielleicht liebreich, ... vielleicht auch traurig gewesen wäre«, schreibt Ramond 1789[106]. Und Oberman berichtet, daß der Duft des frisch geschnittenen Heus ihn an die herrliche Scheune erinnert, »wo wir Bocksprünge machten, als ich ein Knabe war«[107].

Wie Lucien Febvre und Robert Mandrou[108] weist auch Yves Castan[109] auf die Geschichte des Gehörs hin, das lange Zeit als der entscheidende Sinn der sozialen Wahrnehmung, die Quelle der intellektuellen Gewißheiten galt. Die zunehmende Bedeutung, die dem Blick in der Neuzeit zuteil wird, zeigt sich zuerst bei Gerichtsverfahren, wo das Hören-Sagen nach und nach dem unzweideutigen Zeugnis des Gesehenen untergeordnet wird. Es gibt aber noch ein weiteres, nicht weniger wichtiges Ereignis in der Geschichte der Gefühlswahrnehmung, das lange im Dunkeln geblieben ist: seit der Mitte des 18. Jahrhunderts zeichnet sich eine ästhetische Bewegung ab, die den Geruchssinn zur Triebkraft der großen Seelenerlebnisse erklärt.

»Der Geruch«, so heißt es bei Saint-Lambert, »vermittelt uns ein innigeres Gefühl, einen unmittelbareren, vom Geist unabhängigeren Genuß als der Gesichtssinn. Schon beim ersten Eindruck ergötzen wir uns zutiefst an einem angenehmen Duft. Die Freuden des Sichtbaren dagegen sind stärker an Reflexionen gebunden, an das Verlangen nach gesehenen Gegenständen und die Hoffnungen, die selbige erzeugen.«[110]

Der Geruchssinn erregt die empfindsame Seele, die sich den ihr angetragenen Gefühlen nicht entziehen kann, gerade wegen der Flüchtigkeit seiner Eindrücke – ein beklagenswerter Tribut an die Durchdringungskraft der Düfte. Zwischen der Flüchtigkeit eines unbeschreiblichen Geruchs und dem Zutagetreten eines ungewissen Begehrens ohne Hoffnung auf Befriedigung entsteht ein merkwürdiges Wechselverhältnis, das dem Narzißmus als Grundlage dient. »Jonquillen! Veilchen! Tuberosen! ihr braucht nur einen Augenblick, um unsere Schwachheit zu besiegen«[111], seufzt Oberman fasziniert und enttäuscht von der Ungewißheit der Gefühle, die sie hervorrufen. Von allen Sinnen ist der Geruchssinn am stärksten dazu begabt, den Menschen die Existenz eines Ich empfinden zu lassen, das als »Verdichtung des gesamten Wesens um einen einzigen Punkt«[112] verstanden wird. Er bietet einen anderen Zugang als etwa das Lauschen auf die Rhythmen des Wassers, das zur inneren Leere führt. Wir können übrigens mit einiger Wahrscheinlichkeit davon ausgehen, daß die – zumindest auf der Ebene des Diskurses – geradezu frappierende Geruchsunempfindlichkeit des einflußreichen Rousseau[113] unsere Historiker veranlaßt hat, die bedeutende Rolle des Geruchssinns herunterzuspielen.

Besser als jeder andere Sinn enthüllt er die Idiosynkrasien des Individuums. »Jeder Mensch hat eine ihm eigentümliche, unbekannte nervliche Disposition«, schreibt der Autor des Artikels über den Geruchssinn in der Enzyklopädie hinsichtlich des engen Zusammenhangs zwischen dem Einatmen gewisser Düfte und dem Ausbrechen oder Abklingen von Vapeurs. In der neuen Intoleranz der höheren Gesellschaftskreise gegenüber dem Moschusgeruch spiegelt sich die zunehmende Bedeutung der individuellen Sensibilität. Fast ein ganzes Jahrhundert lang werden Störungen, die wir heute eher als allergische Reaktionen bezeichnen würden, in Begriffen der Idiosynkrasie analysiert. Den wichtigsten Vertretern der Osphresiologie zufolge, insbesondere nach Ansicht von Hippolyte Cloquet, zeigen sich am Riechverhalten die geheimsten und den gesamten Organismus bestimmenden Dispositionen des Individuums[114].

Es wäre interessant, zwei persönliche, innere Erfahrungen miteinander zu vergleichen: eine, die sich aus der flüchtigen Begegnung mit dem Duft einer vergänglichen Blume ergibt, und eine andere, die durch Fäkalgerüche ausgelöst wird. Wir wissen, welch zwanghafte Ängste die Wahrnehmung der Rhythmen des im lebendigen Leib stattfindenden Fäulnisprozesses bei den Zeitgenossen hervorgerufen hat. »Wir leben mitten in der Verseuchung, da wir einen stets unerträglichen Gestank im eigenen Leib beherbergen«, entsetzt sich Caraccioli[115]. Nach und nach wird der Ort der Darmentleerung spezifischer, individueller. Im Zuge der Privatisierung des Unrats entwickelt er sich mehr und mehr zu einem Ort des inneren Monologs. Die einzigen englischen *water closets*, über die Versailles verfügt, sind dem König und Marie-Antoinette vorbehalten[116]. In Frankreich gehören diese beiden Personen zu den ersten Individuen, die Erfahrungen mit einer neuen Art von Intimität machen. Diese Anekdote ist Bestandteil eines allgemeinen Individuierungsprozesses sozialer Praktiken, der dem Narzißmus in die Hände spielt. Bald sollte auch das – mittlerweile ebenfalls individualisierte – Grab seine stinkenden Ausdünstungen verlieren. Und schon schleicht sich der Gedanke ein, jene Kranken aus den Hospitälern zu entfernen, die ohnehin nicht gesund werden können, weil sie an sich selbst verfaulen. 1813 sollte Fodéré den Rat erteilen, Skrofelkranke, die »ständig eine von den fauligen Ausdünstungen ihrer Körper getränkte Atmosphäre um sich verbreiten«[117], aus den öffentlichen Einrichtungen zu verbannen.

Der Geruchssinn vermittelt ein einzigartiges Empfinden für die harmonische Organisation der Welt. Gerade wegen ihrer Flüchtigkeit verhelfen die natürlichen Gerüche dem einzelnen zum Gefühl einer universellen Übereinstimmung, die den Tod unverständlich macht und auf eine bessere Welt hoffen läßt[118]. Die ebenso unvermutete wie vergängliche Begegnung ist wie ein plötzlicher Anruf[119]. Robert Mauzi hat die Tiefen dieses Wechselspiels glänzend analysiert: »Die Einheit zwischen der Natur und dem Menschen gibt diesem die Illusion einer inneren Einheit. Die Sinnesempfindung stellt das zerstörte Band zwischen Herz und Geist wieder her. Ein einfacher Duft führt zur Bewußtwerdung der eigenen Person; dieser Prozeß hat zur Folge, daß die bis dahin außenstehende Natur unmittelbar mit dem Ich verbunden wird.«[120]

Die Erfahrung dieses Miteinanders erlaubt die Definition einer neuen Sinnlichkeit, die nicht mehr triebhafte Begierde ist, sondern, wie Watelet es ausdrückt, die Kunst der »vollkommensten Beziehung zwischen den Dingen der Außenwelt, den Sinnen und dem Seelenzustand«[121]. So offenbart sich die verborgenste Bestimmung der Blume, die »allein für den Menschen geschaffen scheint«[122]. Niemand beschreibt die berauschenden Kräfte des Geruchssinns, deren Vielfalt den mit besonderer Sensibilität begabten Individuen zur Verfügung steht, so einfühlsam wie Senancour. Der Duft der Frühlingsblumen dringt wie ein plötzlicher »Anruf an das verborgenere Leben« in die Seele des Auserkorenen. »Eben war eine Jonquille aufgegangen. Nichts drückt die Sehnsucht inniger aus; es war der erste Duft in diesem Jahr. Ich fühlte alles Glück, das den Menschen erwartet.«[123] »Wir sehen (...), daß die meisten zwischen dem Duft einer Pflanze und den Mitteln des irdischen Glücks keinen Zusammenhang wahrzunehmen vermögen. Sollten sie darum die Empfindung dieser Beziehungen für eine Verirrung der Phantasie halten? Für manchen Verstand sind diese beiden Wahrnehmungen völlig unvereinbar, aber sind sie es auch für das Genie, das ihre Verbindung aufzuspüren vermag?«[124]

Die Bedeutung der Feldblume mit ihrem diskreten, natürlichen und eigenwilligen Geruch – ein Geschenk des Himmels, Hauch der Ewigkeit, der die erste Herzensregung in Wallung bringt[125] – kann gar nicht genug betont werden. Sie, die das unergründliche Verlangen offenbart, sollte als Modell für das Bild des jungen Mädchens dienen.

Am Ende des 18. Jahrhunderts[126] sind Gärten und Berge Stätten einer vielfältigen Suche. In ihrer duftenden Einsamkeit trachtet der Reisende nicht nur nach Ruhe oder Sinnenlust. Die Flucht fern von den fauligen Ausdünstungen der Masse läßt auf die Wiederkehr schöner Erinnerungen hoffen, sie belebt den Narzißmus, schafft eine Vorahnung der universellen Übereinstimmung und begünstigt die Herzensergüsse des einsamen Liebenden. Wegweisend für diese neue Sinnlichkeit ist nicht so sehr der Anblick einer von der Hand des Gartenkünstlers komponierten Landschaft oder die Kontemplation mächtiger Gebirgszüge, sondern vor allem der Duft der Jonquille. So zeichnen sich im Umkreis der Frühlingsgerüche Funktionen ab, die später, mit der sich entwickelnden Ästhetik der Geruchswahrnehmung, dem Parfüm zufallen sollten. Im Augenblick kommt es darauf an, Körper und Umgebung von allen Gerüchen freizumachen und jene sensorische Ruhe zu schaffen, die als unerläßliche Voraussetzung für die wollüstigen Reizempfindungen des Ich gilt.

Die medizinischen Vorschriften zur Eindämmung der Faulfieber und zur Bekämpfung der Miasmen, die metaphysische Angst vor dem fortschreitenden Fäulnisprozeß im geheimnisvollen Inneren der Lebewesen, die zunehmende Bedeutung des Narzißmus und der damit einhergehende Wunsch einer ungetrübten Aufnahmebereitschaft für Geruchsempfindungen, der Wille zur feinfühligen Wahrnehmung der natürlichen Düfte, welche die Existenz des Ich und die Harmonie der Welt bezeugen, und schließlich die Angst vor der Masse der noch wirren und undifferenzierten sozialen Ausdünstungen treffen sich in einem Punkt: sie nehmen direkten Einfluß auf die Strategien der Desodorisierung, die ab Mitte des 18. Jahrhunderts entwickelt werden.

Die genannten historischen Tatsachen erklären sowohl die sinkende Toleranz gegenüber dem Gestank als auch die neue Mode der zarten Düfte und die – wenngleich beschränkten – Fortschritte der Körperhygiene. Über den anschwellenden medizinischen Diskurs hinaus, der zugleich als Instrument der Desodorisierung und als Preis für die damit zusammenhängenden anthropologischen Umwälzungen erscheint, ist die weitreichende Bedeutung dieser Revolution der Wahrnehmung nicht zu unterschätzen: sie gibt Aufschluß über die gesamte Gesellschaft.

Die Reinigung
des öffentlichen Raums

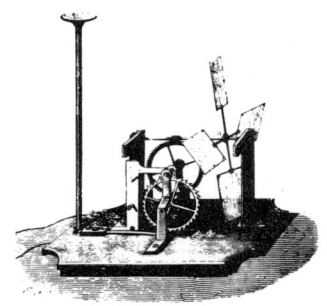

Anemometer oder Windmesser
Zur Kontrolle der Luftströme
besonders in Hospitälern und Gefängnissen

Strategien der Desodorisierung

Pflastern, entwässern, belüften

Die wachsenden hygienischen Besorgnisse gegen Ende des 18. Jahrhunderts führen zu zahlreichen Sanierungsarbeiten. Ich will hier keine Bilanz ziehen, sondern versuchen, die damalige Auseinandersetzung und die verwirklichten Maßnahmen unter dem Gesichtspunkt einer Sinnesgeschichte zu rekapitulieren. Die Gesundheitspolitik, die sich zu jener Zeit herausbildet, schöpft aus einer schon langen, vom Alptraum des Übelriechenden geplagten Vergangenheit. Sie stützt sich auf überlieferte Praktiken der antiken Wissenschaft, die um das 14. Jahrhundert in städtischen Vorschriften und Verordnungen wieder aufgetaucht waren. Die neue Hygiene beschränkt sich jedoch nicht auf die Verwendung des schon Dagewesenen; der höhere Entwicklungsstand medizinischer Überzeugungen und vor allem die Fortschritte der Chemie gewährleisten eine gewisse Modernität.

Die neue Strategie des Gesundheitswesens hat nicht mehr jenen episodischen Charakter, der ihr während der großen Epidemien eigen war; sie erhebt Anspruch auf Dauerhaftigkeit, verbindet die unterschiedlichen Ansätze zu einer Synthese und koordiniert die Entscheidungen in einer der Stadtverwaltung dienlichen Perspektive. »Die Erfindung der urbanen Frage«[1], der Triumph einer funktionellen Konzeption der »Maschinen-Stadt« geben den Impuls zu einer »topographischen Toilette«, die untrennbar mit der »sozialen Toilette« – Straßenreinigung und Einrichtung besonderer Stätten zur Aufbewahrung der Abfälle – verbunden ist. Ab den 40er Jahren des 18. Jahrhunderts bildet sich eine auf den Gesamtzusammenhang bedachte Gesundheitspolizei heraus, angeführt von Ärzten, die sich zwar noch nicht mit dem Glorienschein einer wirksamen Medizin schmücken können, aber zumindest doch mit der Autorität eines »transparenten Wissens«, das »unabhängig ist von den Interessen der einzelnen«. Die noch in den Anfängen steckende Demographie bestärkt den urbanen Pessimismus. Sie identifiziert die Großstadt mehr oder weniger mit einem Massengrab und läßt das gesellschaftliche Wohlbefinden als eine um so dringlichere Aufgabe erscheinen.

Desinfizieren – und folglich auch Desodorisieren – ist überdies Teil einer großen Utopie, die darauf abzielt, alle Zeugnisse der organischen Zeit unsichtbar zu machen, die unwiderlegbaren Zeichen der Dauer zu verdrängen, jene Todesprophezeiungen zum Schweigen zu bringen, die sich in Form von Exkrementen, Menstruationsausflüssen, faulendem Aas und Leichengestank äußern[2]. Die Geruchlosigkeit legt nicht nur den Miasmen das Handwerk, sondern sie leugnet den Lauf des Lebens, das Kommen und Gehen der Generationen. Sie hilft, die Todesangst zu ertragen.

Der am stärksten archaisch anmutende Imperativ dieser desodorisierenden Hygiene besteht in dem Versuch, den Luftraum von allen Erdausdünstungen freizuhalten. Die dauernde Sorge der Zeitgenossen ist und bleibt darauf ausgerichtet, den Strom der plutonischen Dünste zu unterbrechen, sich gegen die aufsteigenden Dämpfe zu schützen, die Tränkung des Bodens um einer gesunden Zukunft willen zu verhindern und alles Stinkende so gut wie möglich unter Kontrolle zu bringen. Überall, wo eine Trockenlegung sich als unmöglich erweist, müssen die Schlammassen fortgespült, die grauenhaften Erdritzen überschwemmt werden, damit die unheilvollen Dünste nicht entweichen können. Wenn es unerläßlich wird, ein Hafenbecken oder eine dem Wechselspiel der Gezeiten ausgesetzte Fahrrinne zu entschlämmen, wartet man vorsichtshalber, bis die Flut am höchsten steht[3]. Chaptal sollte den Rat erteilen, die Randgebiete der Sümpfe mit Sand zuzuschütten[4].

Aus der gleichen Sorge heraus erklärt sich die beunruhigte Aufmerksamkeit[5] gegenüber der »düsteren Kunst des Pflasterns«, einem Handwerk, dessen gesetzmäßige Anwendung von Abbé Bertholon genauestens beschrieben wird[6]. Die ästhetische Tradition der Stadt unterhält den Traum wunderschöner, nach dem Vorbild der Römer mit Steinplatten ausgelegter Straßen. Das Pflaster erfreut den Blick; es erleichtert nicht nur den Verkehr, sondern auch das Abspülen mit großen Wassermengen. Vor allem aber gilt das Pflaster als isolierender Schutz gegen den verseuchten Boden und die Fäulnis des Grundwassers. Die Aufbewahrungsräume und Verschläge bei den Märkten müssen um jeden Preis mit Steinplatten ausgelegt werden[7]. In Caen, einer von modernden Gewässern besonders bedrohten Stadt, wird ohne Unterlaß gepflastert[8]. In die gleiche Richtung zielt auch der neue, von England importierte Brauch, Bürgersteige anzulegen – eine Sitte, die sich in Frankreich allerdings nur langsam durchsetzen sollte. Der erste Bürgersteig von Paris entsteht 1782 an der Rue du Théâtre français (heute Rue de l'Odéon).

Straßenpflaster, Place du Carrousel
1849

Der Ordnung des herrschenden Diskurses folgend predigt man nun auch die Ausdehnung der Pflasterung auf Dorfstraßen und Bauernhäuser[9]. Howard empfiehlt, die alten Pflaster der Krankenhaushöfe durch flache Steinplatten zu ersetzen[10]. Die Pflasterung der Abzugsrinnen, die als einziges wirksames Mittel gegen die Verseuchung des Bodens gilt, wird zum Gegenstand erstaunlich genauer Vorschriften[11]. Franklin allerdings warnt vor einem großen Dilemma: zwar verhindert das Pflaster eine Freisetzung des von unten aufsteigenden Gestanks, doch zugleich steht es dem Einsickern des Regenwassers entgegen, es verzögert die Ausspülung des Bodens, blockiert die Erneuerung des Grundwassers und folglich die Eliminierung verseuchter Substanzen aus vergangenen Zeiten. Kurz, es begünstigt die Stagnation.

Im Kampf gegen die *lepra domorum*, den »fressenden Aussatz« an Häusern, greifen die Hygieniker auf Moses' Empfehlungen zurück. Den alten Mörtel entfernen und ihn erneuern, die Wände abschaben, jene Steine herausbrechen, die direkten Kontakt zum Boden haben und daher getränkt sind mit einem Gemisch aus Erde und fauligen Substanzen – all dies sind nicht nur technische Notwendigkeiten[12]. Die Wände, Deckengewölbe und Getäfel »bewerfen«, sie tünchen, anstreichen und weißen heißt vor allem, sich gegen Krankheitskeime zu wappnen. Diese Theorie rechtfertigt eine neue Vorliebe für Gips, der nicht nur das Auge erfreut, sondern sich obendrein als wirksames Mittel gegen die Infektion erweist. Banau – ein Mann, der sich durch die wunderlichsten Erfindungen hervortut – entwickelt einen »antimefitischen Lack«, der sowohl auf Wände und Möbel als auch auf die Kleidung angewendet werden soll[13]. Howard ist glücklich über die Feststellung, daß die Scheidewände im Madrider Hospital La Corte bis in acht Fuß Höhe mit glasierten Ziegeln bedeckt sind[14].

Der Wille, die Reservate des Gestanks hermetisch abzuriegeln, erscheint im Grunde ganz natürlich. Dennoch dürfen wir seine Bedeutung nicht unterschätzen: er ist es, der die Strategie der Hygieniker in Hinsicht auf die industriellen Geruchsbelästigungen maßgeblich bestimmen sollte[15]. Die von den Gelehrten entwickelten Herstellungstechniken unter Luftabschluß ermöglichen die spätere Ansiedlung chemischer Fabriken im Herzen der Stadt. Das geruchlose Verfahren, das im Rahmen einer dem Augustinismus* nahestehenden Geisteshaltung zu einer der Hauptachsen des künftigen Systems gesetzlicher Verordnungen werden sollte, bahnt sich schon bei der Beseitigung der Exkremente an. Abbé Bertholon verlangt eine gute Abdichtung der Tonnen, die zur Kloakenentleerung dienen; er entwirft sogar eigene Modelle. Thouret stellt erleichtert fest, daß die meisten zum gleichen Zweck benutzten Karren neuerdings mit Gips versiegelt werden[16].

Obwohl der Zirkulation von Wasserströmen erhebliche Bedeutung zukommt, bleibt die Benutzung kleinerer Wassermengen doch eine zwiespältige Angelegenheit. Reinigen bedeutet eher *entwässern* als waschen. In erster Linie muß der Abfluß sichergestellt sein, das Hinausschwemmen des Unrats. Seit Harveys Entdeckung der Blutzirkulation, die unter organizistischen Gesichtspunkten hinfort als Vorbild dient, hat der Imperativ der Bewegung von Wasser, Luft und festen Stoffen die Oberhand gewonnen. Bewegung ist das Gegenteil alles Ungesunden. »Was beweglich ist und eine Masse bildet, kann nicht verderben«[17], schreibt Bruno Fortier. Die Physiokraten wenden dieses Prinzip auch auf die ökonomische Ebene an. Jean-Claude Perrot hebt hervor, daß die Anerkennung der Zirkulationsfunktion zu einer Wandlung der urbanen Vorstellungen führt: sie treibt den Bau eines Entwässerungssystems ebenso voran wie »den Abriß von Befestigungsanlagen«[18]. Die wohltätigen Wirkungen der Bewegung ermuntern zur Kanalisation und zur Ausschwemmung des Unrats; sie rechtfertigen die Bedeutung, die dem

*Augustinismus: Hier ist vor allem die von der Philosophie des Augustinismus vertretene Überzeugung gemeint, daß alles menschliche Erkennen auf göttliche Erleuchtung zurückgeht (A. d. Ü.).

Schrägen, dem Abhang beigemessen wird. Durch die systematische Entwässerung der Stadt soll die stagnierende genealogische Fäulnis allmählich herausgepumpt, die Zukunft gerettet und eine technische Regulierung, die in den künstlich geschaffenen Ballungsgebieten nicht auf natürlichem Wege erfolgen kann, gesichert werden.

Die Trockenlegung der verpesteten Sümpfe im Umland der Städte gehört sozusagen zur Tagesordnung. 1760 beschließt Voltaire eine Sanierung der Sumpfgebiete um Ferney[19]. 1781 nimmt der Marquis de Voyer eine Trockenlegung der morastigen Umgebung von Rochefort in Angriff. Bernardin de Saint-Pierre tut sich als Propagandist der Drainage hervor[20]. Ein für unseren Zusammenhang noch wichtigeres Problem dürfte die Reinigung und Trockenlegung der Straßen sein – zweifellos eine der ältesten Besorgnisse. Jean-Noël Biraben hebt hervor, daß die Straßenreinigung in Zeiten der Pest schon im 14. Jahrhundert eine Rolle spielte, namentlich in Narbonne[21]. Nur die Strategie hat sich im Laufe der Jahre verfeinert. Aus Angst vor dem Ausbruch einer Pestepidemie werden zwischen 1665 und 1666 die Straßen von Amiens[22] gesäubert. Die zuständigen Autoritäten erlassen Befehl, allen verdächtigen Schlamm und Schmutz als mögliche Quelle »der verdorbenen Luft« zu beseitigen. Als das Übel 1669 dennoch über die Stadt hereinbricht, werden die sanitären Kampfmaßnahmen verschärft: man beschließt, alles lebende Vieh und Geflügel zu schlachten; außerdem müssen in jedem Haus Latrinen ausgehoben werden. Was in Amiens geschieht, ist kein Einzelfall. Pierre Deyon enthüllt ähnliche Praktiken sowohl im Agenais als auch an der Ruhr und in der Gegend von Antwerpen[23].

Wie gesagt nimmt die Organisation der Gesundheitspolizei im 18. Jahrhundert präzisere, auf das Alltagsleben ausgerichtete Formen an. 1779 wird die Reinigung der Straßen von Paris Gegenstand eines Wettbewerbs. Das Problem der Abzugsgräben und -kanäle ist bereits Thema einer anhaltenden Auseinandersetzung[24]. Zahlreiche neue Methoden werden erfunden, um den Unrat unter Verschluß zu bringen, ihn aus der Stadt hinauszubefördern. Nach der Privatisierung der Exkremente steht nun die Privatisierung des Abfalls auf dem Programm. Chauvet vertritt das Modell von Lyon: in den Häusern dieser Stadt »stehen in jedem Stockwerk Kisten für den Kehricht bereit, die einmal in der Woche von den Bauern der Umgebung geleert werden ...«[25]. Tournon empfiehlt, die Steine, an deren Fuß der Abfall gesammelt wird, durch runde Eisengitter mit einem Hohlraum zu ersetzen. Als weitere Maßnahme rät er, in die Fassade jedes Hauses zu ebener Erde einen kleinen Verschlag in Form eines Kellerlochs mit »Schiebetür«[26] einzubauen.

Pferdekadaver in bewohnter Umgebung
Um 1830

Die Reformatoren liebäugeln mit dem Gedanken, die Stadt nicht nur vom Dreck, sondern im gleichen Zuge auch von Vagabunden und anderen Herumtreibern zu befreien, den Gestank des Unrats im gleichen Zuge loszuwerden wie die soziale Infektion. Bertholon schlägt vor, zum Straßenkehren Bettler einzusetzen[27]; Chauvet will die Armen und Gebrechlichen zu dieser Aufgabe verpflichten[28]. 1780 schreibt Lavoisier voller Bewunderung, Bern sei die sauberste Stadt, die er je gesehen habe. An die Deichseln angekettete Zuchthäusler »ziehen jeden Morgen große, vierrädrige Wagen durch die Straßen (...); weibliche Sträflinge sind mit längeren und leichteren Ketten an die Wagen angebunden (...), teils um die Straßen zu fegen, teils um den Unrat aufzuladen«[29]. Mathieu Géraud entwickelt einen ähnlichen Plan für Paris: mit Nummern versehene und an Schleifkugeln gefesselte Zuchthäusler sollten die Reinigung der Stadt besorgen. Sie würden »die Straßen kehren und den Schlamm auf die von ihren Kameraden gezogenen Karren laden. Außerdem würden sie den Schlick aus Abzugsgräben und Senkgruben ausheben, das Aas von großen Tieren wie Pferden, Mauleseln, etc. entfernen; sie würden die Überreste von Hunden, Katzen oder anderem Kleinvieh mit dem Klärschlamm, wohin sie zumeist geworfen werden, auf die Karren befördern«[30]. Sie wären verpflichtet, die Tonnen, in denen die Abfälle und Exkremente des Hauses gesammelt werden, jeden Abend abzuholen und durch das säuberlich ausgewaschene Gerät des Vortages zu ersetzen.

Arlette Farge und Pierre Saddy[31] haben den Kreislauf der sanitären Vorschriften analysiert. Als Abhilfe gegen die Rinnsale, die sich mitten auf den Straßen bilden, werden überlaufende Dachrinnen 1764 unter Strafe gestellt; das Fortwerfen von Fäkalien und Jauche wird verboten[32], während das Kehren vor den Haustüren zur Vorschrift erhoben wird; Promenaden, Brücken und Quais sollen regelmäßig mit Wasser besprengt werden[33]; ferner muß sichergestellt sein, daß der an Grenzsteinen deponierte Hausmüll jeden Morgen in gut abgedichteten Wagen abtransportiert, daß die Techniken der Kloakenreinigung modernisiert und die Kanalisationssysteme ausgebaut werden – dies sind die wichtigsten Maßnahmen, die dem beabsichtigten »Zyklus des Unrats« Gestalt verleihen sollen.

Das Hauptelement der neuen Hygienepolitik ist der erklärte Wille, das System der Kloakenreinigung von Grund auf zu erneuern. Die Motive kennen wir bereits. Seit der Verordnung vom 8. November 1729 verfügen die Abfuhr-Anstalten über ein Monopol, sind aber zugleich einem neuen Reglement unterworfen, dessen Vorschriften immer präziser gefaßt werden. Der Erlaß vom 31. Mai 1726 verbietet ihren Arbeitern, den Inhalt der Senkgruben in die Abzugsgräben an den Straßenrändern, in die Seine oder in Brunnen zu schütten. Sie müssen sich hüten, undichte Tonnen zu benutzen. Sie sind gehalten, die verschmutzten Örtlichkeiten nach getaner Arbeit zu kehren, mit Wasser abzuspülen und zu reinigen. Sie dürfen nur nachts arbeiten. Sie sind verpflichtet, sich mit dem Unrat direkt zu den Sammelgruben zu begeben, ohne unterwegs in Schenken einzukehren. Ein ganzer Katalog von Vorschriften, aus dem die Mißstände hervorgehen und aus dem sich auch die Genese des künftigen Systems gesetzlicher Bestimmungen erklärt, dem der Tätigkeitsbereich der Kloakenfeger bezeichnenderweise als Experimentierfeld dienen sollte.

1777 wird die Desinfektion der Senkgruben zum Wettbewerb ausgeschrieben[34]. Mehr als zwanzig Gelehrte – unter ihnen Berühmtheiten wie Fourcroy, Guyton de Morveau, Hallé, Lavoisier, Parmentier, Pilâtre de Rozier und andere – beteiligen sich an den Arbeiten[35]. Durch Analysen der schädlichen Gase hoffen sie, dem besten Desinfektionsmittel auf die Spur zu kommen. Es geht im wesentlichen darum, die üblen Gerüche zu entschärfen und die Kloakenentleerung auf diese Weise unschädlich zu machen.

Die Entfernung des Unrats durch Abtransport, ohne Zuhilfenahme von Wasser, setzt die Schaffung großer Sammelplätze voraus – solcher, die geeignet sind, Schlamm und Hausmüll aufzunehmen, und anderer für die Exkremente und das Aas. Während Müllplätze in der Hauptstadt aus dem Boden sprießen, werden die Kloaken der Faubourgs Saint-Germain und Enfant Jésus (Faubourg Saint-Marceau) 1781 abgeschafft. Damit beginnt das lange Monopol der stinkenden Sammelbecken von Montfaucon, deren Existenz zum großen Alptraum der Zeitgenossen werden sollte.

Diese zunächst als Kampf gegen üble Gerüche präsentierte Hygienepolitik erweist sich jedoch für den Moment als recht unwirksam, zumindest in Paris. Der einzig wichtige Fortschritt wird im Bereich der Kloakenentleerung erzielt. Ansonsten nimmt der Gestank nicht ab; im Gegenteil, wenn man den Beschreibungen der Zeitgenossen glauben will, verschlimmert er sich sogar. Vor zwanzig Jahren waren die Straßen der Stadt weniger verschmutzt, schreibt Ronesse[36] 1782. Der zunehmende Wagenverkehr, die Abschaffung vorspringender Dachrinnen, die für ständig fließende »Bäche« auf den Straßen gesorgt hatten, und der neue Brauch, die Läden zur Straßenseite hin mit Glasscheiben zu versehen – eine Neuerung, die zur Folge hat, daß die Händler das Kehren vor der Tür vernachlässigen – könnten die Zunahme des Unrats erklären. Es bleibt allerdings fraglich, inwieweit diese Analyse von den neuen Ansprüchen der Sinneswahrnehmung geprägt ist.

Die künftige Strategie der Hygieniker ist in erster Linie auf die Techniken der *Ventilation* ausgerichtet. Es sind vor allem Luftströme, die unter Kontrolle gebracht werden sollen. Der Horror vor Stagnation und Erstarrung – Begriffe, die mit Kälte und dem Schweigen des Grabes assoziiert werden[37] – läßt die Zirkulation der Luft noch wichtiger erscheinen als die Ausschwemmung des Unrats. Der neohippokratische Aerismus findet seine theoretische Rechtfertigung. Die Ventilation – dies ist ihre erste Tugend – stellt die Elastizität und fäulniswidrige Kraft der Luft wieder her[38]. Im übrigen, so betont Hales[39], sorgt die Turbulenz der Atmosphäre für eine Bewegung und somit für die Reinigung und Desodorisierung des durch Stagnation verdorbenen Wassers. Weitere Vorteile der Ventilation: die unteren Luftschichten werden fortgeblasen[40], die »wilde Zirkulation der Miasmen«[41] wird bezwungen, der bedrohliche Luftstrom dort unter Kontrolle gebracht, wo die Natur ihn nicht ungestört regulieren kann. Eine Beherrschung der Ströme also, deren wohltätige Wirkung durch die Desodorisierung bestätigt werden sollte.

Die zur Zwangsvorstellung ausartende Ventilation sollte der von Michel Foucault immer wieder betonten Permanenz des Blicks Vorschub leisten. Zwischen dem Überwachen und der kontrollierten Zirkulation der Luftströme besteht eine offensichtliche Verwandtschaft: beides impliziert den Kampf gegen dunkle Ecken und Winkel, in denen verdorbene Luft stagniert. Doch die Verbindung zwischen der schweigenden Geruchlosigkeit und der Überwachung von Verhaltensweisen ist in unserem Zusammenhang nicht der wichtigste Aspekt. Als sich herausstellt, daß die Ventilation unter Berücksichtigung der neuen »Räumlichkeit des Körpers« ein geeigneter Schutz gegen die Gerüche des Anderen ist[42], beginnt jene permanente Konfrontation des Individuums mit seinen eigenen Gerüchen, die dem Aufschwung des Narzißmus als Grundlage dient. Diese Geschichte müssen wir ins Auge fassen.

In der Praxis kann man von einer Koexistenz unterschiedlicher Ventilationsverfahren sprechen: teils wird die Kraft des Windes ausgenutzt, teils werden Geräte, insbesondere Gebläse eingesetzt, und teils wird durch die Aspirationskraft einer Wärmequelle für die notwendige Ventilation gesorgt. 1713 hatte Gauger seine *Mécanique du feu* veröffentlicht – ein Buch, das zunächst ohne große praktische Bedeutung geblieben war, jetzt aber als wichtigste Orientierung dient. Die gleichzeitige Beheizung und Belüftung der Schloßbibliothek, des Damengemachs und des herrschaftlichen Krankenzimmers auf der Grundlage kontrollierter, vom Kamin ausgehender Luftströme ist das erste Ziel des französischen Gelehrten. Gauger lenkt sein Augenmerk vor allem auf den privaten Raum. Er will Annehmlichkeiten schaffen, damit die Großen ihre Zerstreuung und den intellektuellen Müßiggang besser genießen können. Durch die Wiederherstellung der Luftelastizität glaubt er überdies, einen Beitrag zur Eindämmung der Frauenkrankheiten zu leisten. 1742 schlägt Arbuthnot den gleichen Weg ein. »Die rechte Beeinflussung der Luft« ist, sofern sie nur das Krankenzimmer betrifft, in seinen Augen ein Teilaspekt.

Das zweite Drittel des Jahrhunderts erweist sich als entscheidend. 1736 kann Désaguliers einen großen Erfolg vermelden: angeregt von Teral und Gauger, dessen Werke er ins Englische übersetzt, gelingt es ihm, die Luft im *House of Commons* mit Hilfe eines Zentrifugalgebläses in Form eines sich bewegenden Flügelrads zu erneuern. Zwei gleichartige Geräte, die der Herzog von Chandos in seiner Bibliothek installieren läßt, sollten über einen Zeitraum von mehr als fünfundzwanzig Jahren funktionieren. 1739 macht Samuel Sutton den Vorschlag, die Aspirationskraft großer Öfen für bessere Belüftung auf den Schiffen zu nutzen[43]. Zwei Jahre später konstruieren Hales und der Schwede Martin Triewald mechanisch angetriebene Gebläse.

Bis zum Ende des Jahrhunderts begnügt man sich damit, die jeweiligen Vorzüge der unterschiedlichen Verfahren zu diskutieren und schüchtern für die eine oder die andere Lösung einzutreten. 1741 wird Triewalds Apparat erfolgreich von der schwedischen Flotte ausprobiert. Hales' Erfindungen werden in mehreren Kohlebergwerken, im Hospital von Winchester[44] und den Gefängnissen von Newgate erprobt. In Newgate dienen Windmühlen zur Ventilation; sie werden auf den Gebäudedächern installiert und bei Windstille mit »menschlicher Körperkraft oder durch Zuhilfenahme von Tieren«[45] betrieben. Der auf diese Weise entstehende Luftzug ist den »harmlosen Gefangenen« vorbehalten. Sutton erprobt sein System auf zwei Schiffen, in Deptford und in Portsmouth; 1741 wird es für einen Teil der englischen Marine übernommen[46]. In Frankreich treten der Vicomte de Morogues und Duhamel du Monceau 1759 erfolglos als Propagandisten der neuen Apparate auf und empfehlen deren Installierung auf den Schiffen des Königs.

Der Senkgrubenventilator, zur geruchslosen Kloakenreinigung bestimmt, ist in der Tat der einzige, der – zumindest in der Hauptstadt – größere Verbreitung findet. Es handelt sich um einen breiten Holzkasten mit mehreren Gebläsen, der über die Öffnung der Senkgrube gelegt wird. »Die Luftströme werden durch drei Rohre, darunter zwei horizontale, weitergeleitet«[47]; dann werden die Dämpfe nach oben hinausgepustet, »in eine Höhe außerhalb der Reichweite unserer Sinneswahrnehmung«. Die Wirksamkeit dieses Geräts erweist sich als unanfechtbar. Dank des Ventilators »ist die Senkgrubenentleerung zu einem (...) Vorgang geworden, den man im Inneren des Hauses kaum noch bemerkt«[48], behauptet der Erfinder, und die Mitglieder der 1778 zur Beobachtung der neuen Methoden gebildeten Kommission bestätigen es.

Außer den genannten Apparaten und der Benutzung von Fächern, dem gemeinsten Mittel, um für frische Luft zu sorgen, kommen hier und dort recht wunderliche Praktiken der Ventilation des öffentlichen und privaten Raums zur Geltung. Manche Ärzte[49] halten es für angezeigt, die Bettücher heftig zu schütteln, um die Luft in den Krankenzimmern zu erneuern. Ingenhousz macht den Vorschlag, sämtliche Türen einer Wohnung gleichzeitig zu öffnen, um auf diese Weise für Luftzug zu sorgen[50]. Sein vielfach befolgter und oft wiederaufgegriffener Rat wird lebhaft kritisiert; die nur zufällige Wirkung führt zur Polemik. Howard stellt sich auf die Seite des Kollegen und empfiehlt, besagte Praxis auf die Krankenhäuser auszuweiten[51]. Banau und Turben halten es für nützlich, am Rand der Sümpfe Platanen, Pappeln, Ulmen und Birken anzupflanzen – Bäume mit ausladendem Zweigwerk und beweglicher Krone, die ihnen geeignet erscheinen, die unteren Schichten der Atmosphäre fortzufegen[52]. Außerdem schlagen sie vor, an den morastigen Stätten der Fäulnis Windmühlen mit horizontaler Rotation zu installieren, ja selbige sogar auf Schlitten zu befestigen, um verschiedene Bereiche der ungesunden Region in den Genuß ihrer Wohltaten bringen zu können. Baumes[53] zieht die Gebläse oder aber solche Mühlen vor, wie sie auf Anraten von Forestus in Dresden eingesetzt wurden. Monfalcon erinnert an einen Arzt aus der Bresse, der »den Tanz als ein hervorragendes Mittel zur Neutralisierung der unheilvollen Wirkungen sumpfiger Ausdünstungen«[54] empfohlen hat.

Auch der Wagenverkehr im Inneren der Stadt wird zum Gegenstand erstaunlicher Analysen. Die Karosse erweist sich als ein sehr zwiespältiges Ding: als Zuflucht gegen die Ausdünstungen der Masse[55] ist sie zugleich auch ein Ort menschlichen Gedränges und daher äußerst gefährlich für ihre individuellen Benutzer. Diese Bedenken fallen um so schwerer ins Gewicht, als die Stöße auf den holprigen Straßen der Verdauung unzuträglich sind und häufiges Fahren die Entwicklung von Gicht und Rheuma begünstigt[56]. Auf der Ebene der Stadt dagegen wirken die fahrenden Wagen wie Ventilatoren; unter diesem Gesichtspunkt wäre eine Vermehrung wünschenswert[57].

Die Erschütterung der Atmosphäre durch Glocken oder Geschützfeuer gilt noch immer als das im großen Maßstab wirksamste Mittel im Falle einer Verschärfung der fauligen Gefahr. Navier ist der Meinung, daß die Soldaten früher, als sie sich noch mit blanken Waffen schlugen, weniger gesund waren. Kanonenschüsse reinigen und desodorisieren die von Leichen und Aas verpestete Luft der Schlachtfelder[58]. Durch eine unerwartete Kehrtwendung verwandelt sich die Kanone in eine der Gesundheitspflege dienliche Kraft. Die durch Explosion erzeugte Unruhe in der Atmosphäre desinfiziert. Jean-Noël Biraben weist darauf hin, daß die aromatischen Beräucherungen schon seit dem 17. Jahrhundert durch Schwefelzusätze und oft auch durch Hinzufügung von Schießpulver verstärkt werden[59]. Zur Reinigung der Luft in den Sümpfen schlägt Baumes eine Verminung des Bodens vor[60]. Banau und Turben halten die gleichzeitige Entladung mehrerer übereinandergeschichteter Batterien für wirkungsvoller[61]. 1773 wird in der Dijoner Kirche Saint-Étienne Schießpulver zur Explosion gebracht, um den Innenraum vom Leichengestank zu befreien.[62]

Sämtliche Versuche, die Wasserströme unter Kontrolle zu bringen, haben zugleich auch mit der Ventilation zu tun. Zwischen Luft und Wasser entstehen gesundheitsförderliche Wechselwirkungen. Der Wind reinigt Flüsse und Tümpel; in den Sümpfen sorgt die künstliche Bewegung der Atmosphäre zugleich für die Unschädlichkeit des Wassers; den In-

Befestigtes Seineufer mit Blick auf das Hôtel-Dieu

halt eines Gefäßes umzurühren, ist bereits ein Akt der Reinigung. Umgekehrt gelten Wasserfälle als die besten Ventilatoren. Die Bewegung der Strömung teilt sich der Atmosphäre mit. Banau und Turben setzen dem Belüftungsphantasma die Krone auf, indem sie dazu raten, im Mittelpunkt der Weiher künstliche Kaskaden zu errichten, Springbrunnen anzulegen und Wassergarben zu erzeugen. Ferner empfehlen sie, an den Tischenden im Eßzimmer kleine Wasserfälle zu installieren und die Zucht von Goldfischen zu fördern, weil diese kleinen Tiere das Wasser ihrer Glasbehälter in ständiger Bewegung halten![63]

Als Sammelbecken verschiedener Strömungen trägt auch das Flußbett zur Gesundheit der Stadt bei. Wenn es sinnvoll hergerichtet wird, kann es sogar zu einem der wirksamsten Regulatoren werden. Die Seine auf beiden Seiten durch solide Quais zu befestigen, sie so zu einer permanenten, gesundheitsförderlichen Bewegung zu zwingen und im gleichen Zuge das stinkende, schädliche Vermodern von Aas und Unrat zu unterbinden, ist einer der größten Träume der Pariser Hygieniker. Bruno Fortier hat nachdrücklich auf die Vielzahl der zur Kontrolle und Mobilisierung der Wassermassen bestimmten Projekte hingewiesen[64]. Die durch das derart kanalisierte Flußbett erzeugte Zirkulation der Luftströme verdient die gleiche Aufmerksamkeit wie die Stärke und Geschwindigkeit der Wasserströmungen.

Die wissenschaftlichen Bemühungen um eine Kontrolle und Organisation der natürlichen Luftbewegungen spielen eine weit größere Rolle als die Ventilation durch mechanische Gebläse oder künstliche Luftströme. Der einzige auf den Schiffen häufig benutzte Ventilator ist und bleibt – sogar in der englischen Flotte – das »Lüftungssegel«, durch dessen Bewegung Frischluft in den Schiffsbauch gefächert wird. Trotz seiner offenkundigen Mängel, obwohl es bei Windstille nicht funktionieren kann und bei gutem Wind die Fahrt der Schiffe hemmt, sind die Matrosen sehr zufrieden damit – so sehr, daß sie sich einer Neuerung lange widersetzen. Das gleiche Prinzip wird in manchen Kollektivbauten angewandt, nach Howards Angaben etwa im Gefängnis von Maidstone[65].

Als sanitäre Schutzmaßnahme steht der Luftzug weiterhin im Mittelpunkt der Prophylaxe. Die außerhalb der Stadt an windigen und leicht durch Feuer zu desinfizierenden Stätten errichteten »Hütten«, »Verschläge« und »Baracken« hatten schon seit Jahrhunderten der Eindämmung von Epidemien gedient. Dort wurden die Kranken zusammengepfercht[66]. Bis in die Mitte des 19. Jahrhunderts hinein bleibt der mit Zuglöchern versehene Saal neben dem der »Parfüms« eine der wichtigsten Einrichtungen in Lazaretten: hier werden verdächtige, von ihrer Verpackung befreite Waren den reinigenden Luftströmen ausgesetzt.

Bekanntlich haben die Theorien über die Luft einen nicht unbeträchtlichen Einfluß auf die Architektur im Zeitalter der Aufklärung ausgeübt. Funktionalismus und Utilitarismus treten von Anfang an in einen Wettstreit mit der ästhetischen Tradition, oder zumindest verändern sie deren Bedeutung. Die Plänemacher erheben den Anspruch, »als einzige Mittel die der Architektur zu benutzen, um die Luft anzusaugen, in Umlauf zu bringen und sie wieder auszustoßen«[67]. Der Gebäudeplan muß so angelegt sein, daß faulige Ausdünstungen von frischen Luftströmen geschieden werden, daß eine Trennung von sauberem und verschmutztem Wasser möglich ist. Ja das Mauerwerk selbst könnte die alten Heldentaten gegenstandslos machen. Kuppeln und Gewölbe verwandeln sich in Maschinen; ihre Aufgabe besteht darin, Miasmen anzusaugen; sie ziehen unsichtbare, übelriechende Luftspiralen nach oben. Die Experten steigen auf die Dächer, um den Grad des durch die Kuppeln entweichenden Gestanks zu riechen, nach dem die Leistung des Architekten beurteilt wird. Das Hospital von Lyon gilt in diesem Zusammenhang als Vorbild[68]: Soufflot hat einen gewölbten Saal konzipiert, dessen elliptische Form nicht nur die vollständige Eliminierung stickiger Ecken und Winkel erlaubt, sondern auch die Entstehung aufsteigender Luftströme[69].

Die Arkade hat von nun an den Zweck, eine Belüftung des unteren Gebäudeteils zu ermöglichen und die Verpestung der oberen Räume durch das Aufsteigen stickiger Luft zu unterbinden. Der Säulengang garantiert die notwendige Ventilation, erlaubt dem Spaziergänger aber zugleich, sich den Launen von Wind und Wetter zu entziehen. An der Vergrößerung von Türen und Fenstern, dem so oft gerühmten System gegenüberliegender Öffnungen, der Verbreiterung von Fluren und Korridoren[70] sowie an der kritischen Haltung gegenüber Türmen und Wendeltreppen, die den Gestank wie Saugrohre anziehen, zeigt sich die Verschärfung der mit der Luft verbundenen Zwangsvorstellungen. Die Architekten entwickeln eine Vorliebe für Klapptüren, Luftlöcher und Schiebefenster. Die Notwendigkeit der Belüftung stellt das Problem der Wärme und Beheizung oftmals in den Hintergrund. Howard verurteilt sogar die sich verbreitende Sitte, Glasscheiben in die Fenster einzusetzen[71].

Geplagt von Schreckensvorstellungen, prangern die Zeitgenossen die doppelte Gefahr von Kellern und unterirdischen Gewölben an, die nicht nur den Ausdünstungen des Bodens ausgesetzt, sondern überdies der notwendigen Luftzirkulation beraubt sind. Höhlen lösen Entsetzen aus. Immer häufiger wird die Empfehlung laut, das Erdgeschoß leerstehen zu lassen und in den ersten Stock überzuwechseln. Baumes meint sogar, man solle das Volk zwingen, sich oben einzurichten[72]. Diese Überzeugungen führen zu einer neuen Kritik der ländlichen Wohnnormen. Wie die Architektur bezeugt, werden die Ratschläge der Hygieniker befolgt. In einer der Stadt Caen gewidmeten Untersuchung vermerkt Jean-Claude Perrot den Beginn einer Abwanderung in die oberen Etagen[73]. Die neu erbauten Wohnhäuser sind besser belüftet als die alten. Claude-Nicolas Ledoux rühmt Vortreppen als Zugang zu den modernen, aufgestockten Gebäuden; als Symbole der Größe bezeugen sie auch den Glauben an die reinigende Kraft der Luft.

In den Wohnungen selbst wird die Anordnung des Mobiliars neu überdacht. Das Bett wird zum Gegenstand besonderer Aufmerksamkeit. Es muß beweglich sein – dies ist der erste Imperativ, den Howard unermüdlich wiederholt. Außerdem fordert er, die Betten frisch und sauber zu halten und sie nicht zu nahe aneinanderzurücken. Seiner Ansicht nach sollten sie in der Mitte des Zimmers stehen, geschützt vor direktem Kontakt mit dem Boden. Tenon rühmt die Vorzüge des Eisenbetts – Holz ist wegen seiner Saugfähigkeit zu meiden – mit einem am Rahmen befestigten Gitter auf der Unterseite[74]. In der Folgezeit steht die Hängematte hoch im Kurs, namentlich in den Strafanstalten: sie wird nicht nur den Ansprüchen auf Ventilation gerecht, sondern läßt überdies genügend Platz für die Arbeit. Das Ausland bietet weitere Modelle an. Die im Waisenhaus von Antwerpen benutzten Eisenbetten etwa stehen auf besonders hohen Beinen in der Mitte des Schlafsaals.

Utopische Vorstellungen verbinden sich mit diesem utilitaristischen Thema. Das Auseinanderrücken – auch dies ein wichtiger Imperativ der Hygieniker – könnte eine Kontrolle der individuellen Ausdünstungen ermöglichen und somit das letzte Ziel der Schaffung körperlicher Distanzen erfüllen. Le Roy macht den Vorschlag, am Kopfende jedes Krankenhausbettes eine eigene Entlüftung einzurichten[75]. So wäre der von seiner individuellen Atmosphäre umgebene Kranke nicht durch eine Barriere, sondern durch die Beherrschung der Luftströme vor den Gerüchen des Anderen geschützt. Der Architekt entwirft die Antithese des geschlossenen Betts. Nichts könnte die sich vollziehende Wende besser kennzeichnen als dieser Ansatz. Er ist es auch, der bei der Auseinandersetzung über die Belüftung von Gefängniszellen im folgenden Jahrhundert als Vorbild dienen sollte.

Ähnliche Überzeugungen bestimmen den Städtebau im Zeitalter der Aufklärung, vor allem in utopischen Entwürfen. Die gesunde, nach volkstümlichen Maßstäben erbaute Stadt, wie Abbé Jacquin sie 1762 konzipiert, soll auf einem Hügel liegen, ohne die gewohnten hohen Mauern, damit der Wind »Dämpfe und Ausdünstungen fortfegen kann«[76]. Die Handwerke, die für die Verbreitung übler Gerüche verantwortlich sind (Lohgerber, Weißgerber und Färber) sollen ebenso wie Friedhöfe, Hospitäler und Schlachthäuser vor die Tore der Stadt verwiesen, die Manufakturen dagegen in den Randgebieten angesiedelt werden. Breite Straßen und große Plätze mit vielen Brunnen sollen die Zirkulation der Luft erleichtern. Mit der gleichen Begründung fordert Géraud den »Abriß unserer Stadtmauern«[77]. Baumes empfiehlt, die Straßen zu erhöhen; zu diesem Zwecke, so schreibt er, könnte man die Ruinen und den Schutt unbewohnter Häuser verwenden[78]. Das vorbildliche Hospital – ein Modell, das zu zahlreichen Plänen anregt – erscheint als ein Pavillon, eine »Insel in der Luft«[79]. In der von Mona Ozouf glänzend analysierten idealen Stadt des Claude-Nicolas Ledoux werden dem Luftstrom außerordentliche Qualitäten zugeschrieben[80]. In Chaux rühmt man sich, daß Häuser und öffentliche Gebäude »unabhängig« sind von jeder Berührung mit anderen Bauten. Die offenkundige Funktionalität, das Inseldasein der Gebäude und die Symmetrie – auch sie entspricht, zumindest teilweise, einer Forderung der Hygieniker – gewährleisten nicht nur Gesundheit: sie machen die Stadt auch leicht überschaubar und zu einer Augenweide für den Betrachter.

Die Erklärung des Königs vom 10. April 1783 zeigt den Willen zu konkreten Realisierungen. So beginnt der Kampf gegen die schlechte Luft auch auf dieser Ebene. Neue Normen, die sich vor allem auf die Breite der Straßen und die Höhe der Häuser beziehen, sollen die Zirkulation des Fluidums erleichtern. Wie weit sie tatsächlich zur Anwendung kamen, ist schwer zu ermessen. Maurice Garden stellt immerhin fest, daß die Verkehrsstraßen der Stadt Lyon etwa zur gleichen Zeit erweitert wurden[81].

Auseinanderrücken, Luft schaffen, desinfizieren

Auseinanderrücken, dem Menschengedränge Luft schaffen, den Raum der städtischen Einrichtungen neu aufteilen – diese Maßnahmen erscheinen als geeignetes Mittel, um die Arbeit der Ventilation zu vollenden, die verderblichen Luftströme unter Kontrolle zu bringen und die krankmachende Wirkung der sozialen Ausdünstungen einzudämmen[82]. Das körperliche Gedränge, eine permanente Herausforderung des natürlichen Gleichgewichts, verlangt nach einer Gesundheitspolizei, die in der Lage ist, regulierende Normen aufzustellen. Durch diese Einbeziehung des Distributionsproblems[83] kommt dem Geruchssinn eine wesentliche Rolle zu.

Die Räumlichkeit der Körper wird nach Maßgabe der Ausdünstungen definiert. Die sensorielle Intoleranz, von der weiter oben die Rede war, bestimmt das Ausmaß der notwendigen Distanz. Umgekehrt hat die Schaffung räumlicher Abstände im Laufe der Jahrzehnte zur Folge, daß bestimmten Gerüchen bestimmte Orte zugewiesen werden; sie führt zu einer allmählichen Zerstörung der Geruchsverwirrungen, die im privaten wie im öffentlichen Raum häufig anzutreffen waren. Dank der Privatisierung des Unrats können die Fäkalgerüche in zunehmendem Maße auf die dafür vorgesehenen Örtlichkeiten beschränkt werden. Unabhängig von der Intensität hören die Küchengerüche langsam auf, sich mit denen des Intimraums zu vermischen; die Ausdünstungen der Hospitäler scheiden sich von denen der Gefängnisse.

Ein halbes Jahrhundert später sollte Villermé alle gesellschaftlichen Konsequenzen aus dieser neuen Sicht ziehen, die insbesondere – zunächst allerdings noch verschwommen und unsystematisch – die unerhörten Gefahren der fauligen und liederlichen Promiskuität unterstreicht[84]. Die Reize der spürbaren, warmen und beruhigenden Gegenwart des Anderen werden offen verpönt. In Howards Kritik an den Wärmestuben der Gefängnisse deutet sich eine spätere Kritik an den Arbeiterunterkünften bereits an. Auf dieses Thema werden wir noch zurückkommen.

Aussagen von Georges Vigarello[85] legen die Vermutung nahe, daß die Armee der erste Bereich war, in dem die Schaffung körperlicher Distanz durch die Erziehung zu einer vorschriftsmäßigen Körperhaltung und die Festlegung kollektiver Ordnungen vorangetrieben wurde. Wie dem auch sei, im Mittelpunkt der entscheidenden Schlacht standen das individuelle Bett und das Einzelgrab. Schon vor mehreren Jahren hat Jean-Louis Flandrin die Bedeutung dieser Auseinandersetzung hervorgehoben[86]. Die Geschichte des Bettes im 18. Jahrhundert ist nur ein Richtpfeiler jenes langen Prozesses der Privatisierung des Schlafens, dessen Beginn Philippe Perrot am Ende des 16. Jahrhunderts ansiedelt, dem Zeitpunkt also, als das Nachthemd wieder in Gebrauch kam[87]. Die privilegierte Minderheit der mit einer neuen Sensibilität begabten Individuen sieht die Promiskuität und Wärme des gemeinschaftlichen Betts nur noch unter dem Gesichtspunkt der unerträglichen Ausdünstung des Anderen. Auf mehr oder weniger lange Sicht impliziert das individuelle Bett eine ausschließliche Aufmerksamkeit für die Gerüche des Ich. Das Einzelbett ermöglicht ausgiebige narzißtische Träumereien, es regt an zum inneren Monolog, macht das persönlich gestaltete Zimmer unentbehrlich. Ein Erwachen, wie Marcel Proust es aus seiner Kindheit erinnert, wäre ohne diese Revolution undenkbar gewesen.

Alle Spezialisten – von Robert Favre bis Jacques Guillerme, von Michel Foucault bis Bruno Fortier – haben die entscheidende Rolle des Hospitals bei der Definition der neuen Normen klar erkannt. Genau in diesem Zusammenhang und in diesem Augenblick wird das individuelle Bett zum Territorium: es verwandelt sich in eine räumliche Einheit. Daß Tenon[88] hier eine wichtige Rolle spielt, liegt auf der Hand: der große Spital-Theoretiker rechtfertigt die Notwendigkeit der Reform mit dem Argument eines ungestörten Stoffwechsels. Jeder Kranke muß die ihm angemessene Wärme frei entwickeln können; eine Durchschnittswärme, wie sie durch das Gedränge vieler Menschen in ein und demselben Bett entsteht, sollte daher unbedingt vermieden werden: sie würde jedem zur Promiskuität gezwungenen Individuum schon nach kürzester Zeit schlecht bekommen.

Wieder einmal geht das Hospital von Lyon mit gutem Beispiel voran. 1780 – zur Zeit der ersten Amtsperiode von Jacques Necker – wird das Einzelbett durch ein neues Reglement im Hôtel-Dieu zur Vorschrift erhoben. Am 15. November 1793 wird dieses Prinzip per Beschluß des Nationalkonvents verallgemeinert – eine logische Anwendung der *Déclaration des droits de l'homme et du citoyen*. In die gleiche Richtung zielt auch die neue Strategie der »Heimbehandlung«, die wichtige Fürsprecher findet. Eine Zeitlang besteht sogar die Hoffnung, sie könnte die Krankenhäuser überflüssig machen[89].

Um die Mitte des 18. Jahrhunderts wird die Forderung nach Einzelgräbern laut[90]. Jedem Toten seine eigene Gruft, und die Friedhöfe werden weniger stinken! Was im Augenblick nur ein hygienisches Argument ist, entwickelt sich bald zu einem Gebot der Würde und der Frömmigkeit. Diese Idee sollte sich schon Anfang des 19. Jahrhunderts endgültig durchsetzen – schneller also als das Prinzip des individuellen Betts. Angeregt durch die Theorie von Maret, derzufolge jeder Leichnam krankmachende Strahlen aussendet, verlangt Vicq d'Azyr[91], daß die Toten mindestens vier Fuß voneinander entfernt begraben werden, damit ihre Strahlen sich nicht vermischen.

Der zunächst auf die Ebene des Diskurses beschränkte Wille, den Leichen Raum zu schaffen, wird noch vor der Revolution in die Tat umgesetzt. Das beste Beispiel in diesem Zusammenhang ist die große Verlegung der auf dem Cimetière des Innocents zu Hauf begrabenen Toten – ein Schauspiel, das der faszinierte Thouret nach Art eines Heldengedichts beschreibt[92].

Da reine Luft für das beste fäulniswidrige Mittel gehalten wird, da die Ausdünstungen von Körpern und Unrat als Sinnbild der fauligen Gefahr gelten, ist das Ventilieren, das Entwässern und die Schaffung räumlicher Abstände bereits eine Art der Desinfektion. Dieser Begriff ist ebenso zweideutig wie der Begriff der Infektion, der sowohl die krankmachenden Eigenschaften als auch den Gestank der verdorbenen Luft, sowohl das Primat einer Ansteckungsart als auch den Bruch des organischen Gleichgewichts umfaßt. Es gibt indessen noch andere Praktiken, die ebenfalls eine Zerstörung der Miasmen und die Wiederherstellung der ursprünglichen Beschaffenheit einer verseuchten Atmosphäre zum Ziel haben. Die Geschichte dieser Desinfektion beschränkt sich nicht auf die der aromatischen Stoffe.

Am Ende des 18. Jahrhunderts, noch ehe Lavoisier seine umwälzenden Entdeckungen macht, suchen die Chemiker fieberhaft nach jenem »antimefitischen Stoff«, der in der Lage wäre, sowohl den Gestank als auch die Erstickungs- und Krankheitsgefahren zu beseitigen[95]. Diese Suche beschleunigt den Aufstieg des chemischen Desinfektions- und Desodorisierungsmittels. Die wesentlichen Arbeiten und Auseinandersetzungen drehen sich um die Bedrohung durch Exkremente und Leichenausdünstungen.

In der Zeit, die der Entdeckung der Verbrennungsmechanismen unmittelbar vorausgeht, ist das Vertrauen in die desinfizierende Kraft des Feuers noch ungebrochen. Jean-Noël Biraben zeigt, wie stark der Einfluß dieser alten hippokratischen Überzeugung seit dem 14. Jahrhundert gewachsen ist. 1348 war ein ganzes Viertel von Bordeaux zum Zwecke der Entseuchung niedergebrannt worden. Im darauffolgenden Jahrhundert hatten die städtischen Behörden von Troyes unter dem gleichen Gesichtspunkt beschlossen, mehrere Häuser in Brand zu stecken[94]. Die großen Feuer, die im Winter 1709 in Paris entzündet wurden, damit die Armen sich an ihnen wärmen konnten, haben – daran besteht nach Ansicht der Zeitgenossen kein Zweifel – zugleich den Skorbut vertrieben. Aus diesem Grund empfiehlt Navier 1775, die Hauptstadt durch eine Vermehrung der Feuer zu reinigen[95]. Im Kampf gegen die große Pestepidemie veranlassen die Stadtbehörden von Marseille am 2. August 1720 auf Anraten von Vater und Sohn Sicard, daß die Festungswälle, Plätze und Straßen der Stadt drei Tage lang unter Feuer gehalten werden: »ein ebenso gewaltiges wie sinnloses medizinisches Autodafé«[96], das eine schlimme Holzknappheit zur Folge hat. Der Tradition entsprechend werden nach einer Epidemie alle *Hütten*, *Verschläge* und *Baracken*, die ausgestoßenen Kranken als Zuflucht gedient haben, niedergebrannt. Wir wissen, daß die Sitte, verseuchte Schiffe in Brand zu stecken, bis in die Zeit der Revolution hinein fortbestand.

Dem Beispiel Lancisis folgend, empfehlen alle Fachleute, die sich mit den Problemen der Sümpfe befaßt haben, die dort herrschende faulige Gefahr durch eine Vielzahl von Feuern zu bekämpfen, vor allem, wenn die Arbeiter zur Trockenlegung schreiten oder den Schlamm ausheben. Bei der Exhumierung von Leichen wendet Navier das gleiche Mittel an. Selbst Lavoisier rät 1780 zu diesem Verfahren, das seiner Ansicht nach geeignet ist, die Luft der Gefängnisse zu reinigen[97]. Duhamel du Monceau macht den Vorschlag, die Kleidung der Matrosen in Schwitzkammern zu desinfizieren[98]. 1788 setzt Thouret sich mit großen Lobesworten für die Austrocknung der Exkremente und ihre sukzessive Umwandlung in ein pulverförmiges Dungmittel ein[99].

Dem Wasser sprechen die Gelehrten keine so große Desinfektionskraft zu. Zum einen ist eine Stagnation des Wassers schwer zu verhindern, zum anderen erscheint Feuchtigkeit im allgemeinen gefährlicher als Trockenheit[100]. Gewiß, Lavoisier empfiehlt, die Gefängnisse mit Wasser zu reinigen, aber bei diesem Vorgang ist größte Vorsicht geboten. Dennoch, im Zuge seiner weiteren Arbeit steigt das Vertrauen in die Benutzung von Kalkwasser, dem ersten chemischen Desinfektionsmittel, dessen desodorisierende Wirkung von Baumes und Howard angepriesen wird. Die Kalkverbrennung desinfiziert den Raum. Banau und Turben halten es für sinnvoll, in Sumpfgebieten zahlreiche Kalköfen aufzustellen[101]. Das von Marcorel eigens zum Abwaschen der Wände und zur Neutralisierung der Fäulnis zusammengestellte Gemisch hat in den Latrinen von Narbonne Wunder gewirkt. Howard besprengt die Wände seines Zimmers mit Kalk[102]; in seiner Desinfektionsstrategie weist er dieser Substanz einen besonders wichtigen Platz zu[103].

Laborie und Parmentier stellen fest, daß Kalk die in Senkgruben angestaute Jauche desodorisiert[104]. Nach Ansicht von Monsieur d'Ambourney, Sekretär der Akademie von Rouen, erhöhen Kalkzusätze den Wert des aus Exkrementen gewonnenen Dungs um ein Vielfaches. Er fügt hinzu, daß »der Gestank der Fäkalstoffe durch die Beimischung von Kalk vollständig verschwindet und nur ein honigähnlicher Geruch übrigbleibt«[105]. Kalk beseitigt auch den Leichengestank; er beschleunigt den Fäulnisprozeß tierischer Stoffe und verbindet sich mit der von den Körpern ausströmenden »Grundluft«; er zersetzt Miasmen und hindert sie, in die Atmosphäre aufzusteigen; kurz, er »bindet die unheilvollen Ausdünstungen«[106]. Seine Wirkung setzt sich fort, bis der Leichnam gänzlich zerstört ist. Bei einer Exhumierung, die 1783 in Dünkirchen vorgenommen wird, kann den Ausdünstungen dank der Verwendung von Kalkmilch eine Zeitlang Einhalt geboten werden[107].

Aber kommen wir nun zum Wesentlichen. Anfang des Jahres 1773 wird in Dijon der Entschluß gefaßt, die in den Gruften der Kirche Saint-Étienne bestatteten Toten an einen anderen Ort zu verlegen. Der Gestank bei der Exhumierung ist so gewaltig, daß alle Versuche, ihm entgegenzuwirken, fehlschlagen: Salpeterexplosionen helfen ebenso wenig wie Beräucherungen, das Verglühen aromatischer Stoffe oder die Besprengung des Pflasters mit *Pest-Essig*. Die benachbarten Häuser sind bereits verseucht, Fieberepidemien drohen auszubrechen. Guyton de Morveau wird um Rat ersucht. Am Abend des 6. März stellt der Gelehrte eine Mischung aus sechs Pfund Kochsalz und zwei Litern konzentrierter Schwefelsäure her, um anschließend eine salzsaure Beräucherung vorzunehmen. Der Erfolg ist umwerfend: »Als am nächsten Morgen alles geöffnet wurde, um frische Luft hereinzulassen, war keine Spur des

Lavoisiers Apparatur zur
quantitativen Bestimmung von Gasgemischen

üblen Geruchs mehr vorhanden«[108]. Vier Tage später werden die Gottesdienste in der Kirche wieder aufgenommen. Guyton hatte ein neues Mittel entdeckt, um »eine große Masse verseuchter Luft binnen kürzester Zeit vollständig zu reinigen«. Damit war der erste Schritt zur Revolution der Geruchsbeseitigung getan.

Am Ende des gleichen Jahres fordert das Gefängnisfieber einunddreißig Tote im Zuchthaus von Dijon. Wieder setzt Guyton seine neue Beräucherungsmethode ein. Am nächsten Tag, man glaubt es kaum, »war der faulige Geruch so spurlos verschwunden, daß ein Student der Chirurgie sich erbot, an Ort und Stelle ein Bett aufzuschlagen und die Nacht dort zu verbringen«. Ein Jahr später empfiehlt Vicq d'Azyr die Verwendung von Salzsäure zur Desinfektion der von Viehseuchen heimgesuchten Ställe in Südfrankreich[109]. Dennoch wird die von Guyton de Morveau erfundene Beräucherungsmethode in der Zeit vor der Konsularregierung relativ selten angewandt.

Bisher hatte man den Geruch für die materialisierte Form der Miasmen gehalten und ihn daher mit der krankmachenden Gefahr identifiziert. Obwohl Guyton weiterhin überzeugt bleibt, daß der Geruch über jene »Art der Assimilationskraft« verfügt, die für die Zusammensetzung einer fauligen Substanz aus schädlichen Keimen »konstituierend« ist, spricht er ihm nun die Eigenschaft eines Körpers zu, dessen Zerstörung durch chemische Umwandlung erfolgen muß. Die Geruchlosigkeit zeigt den Erfolg an: sie beweist die Entstehung eines neuen Körpers.

Es geht nicht mehr darum, den Gestank zu verdecken, sondern ihn zu zerstören. »Dies ist ein großer Unterschied in den Augen des Chemikers, der im verdeckten Geruch nur das wirre Ergebnis eines Gemischs sieht, dessen Bestandteile dauernd auseinanderstreben; die Zerstörung des Geruchs dagegen ist das Resultat einer Verbindung, durch die der riechende Körper entweder zersetzt oder an eine Basis gebunden wird, die seine Eigenschaften verändert.«[110] Lavoisiers Entdeckungen sollten Guyton de Morveau erlauben, seine Theorie später zu erweitern und die Verwendung aller Stoffe anzupreisen, die Sauerstoff abgeben und so die Verbrennung fauliger oder miasmatischer Substanzen beschleunigen.

Offenbar ohne die von dem französischen Chemiker erzielten Ergebnisse zu kennen, kommt James Carmichael Smyth 1780 aufgrund von Beräucherungsversuchen mit Salpetersäure zu fast identischen Erkenntnissen. Auch seine Methode, die 1795 auf zwei pestverseuchten Schiffen der russischen Flotte – der *Pimen* und der *Revel* – angewandt wird, erlaubt »die Zerstörung der üblen Gerüche und die Verbesserung der Luft«[111]. Im folgenden Jahr gelingt Carmichael Smyth eine erfolgreiche Desodorisierung des Militärhospitals von Forton.

Laboratorien der neuen Strategien

Die Aufmerksamkeit der Hygieniker konzentriert sich auf die mit Menschen überfüllten Örtlichkeiten – ein Problem, das der dringenden Notwendigkeit einer allgemeinen Regulierung Nachdruck verleiht. In diesem Zusammenhang entwickelt sich eine Strategie der Desodorisierung von Körper und Raum, die fünfzig Jahre später auf Bauernhäuser und Arbeiterunterkünfte übertragen wird. Soldatenzelte, Schiffe, Hospitäler und Gefängnisse sind die Laboratorien, in denen die künftige Desodorisierung des privaten Raums experimentell erprobt wird.

Trotz der wichtigen Rolle, die den Militärhospitälern bei diesem Entwicklungsprozeß zukommt, scheinen sich die ersten Normen der Körperhygiene in der Armee selbst herausgebildet zu haben; Pringles Einfluß auf die vorläufig noch schüchternen Versuche ist nicht zu unterschätzen. Um den übelriechenden Ausdünstungen ein Ende zu setzen, fordert Colombier 1779, der Soldat möge seine Wäsche mindestens einmal in der Woche und seine Strümpfe doppelt so oft wechseln[112]. Wir müssen uns allerdings hüten, derartigen Disziplinierungsbemühungen eine übermäßige Bedeutung zuzusprechen. Die Vorschriften, Verhaltensanweisungen und Reglements bleiben in diesem Punkt äußerst diskret; daran zeigt sich ein noch sparsamer Umgang mit hygienischen Maßregeln. Deserteure, die ihre Tat zu rechtfertigen versuchen, berufen sich weder auf hygienische Mißstände in den Standquartieren noch auf die Verweigerung einer unzumutbaren Disziplin – ein Schweigen, das sowohl auf die Nachlässigkeit der Vorgesetzten als auch auf die Ungeniertheit der Soldaten schließen läßt[113].

Nach Ansicht der Ärzte ist es ein Gebot der dringenden Notwendigkeit, das Schiff in ein Vorbild hygienischer Sauberkeit zu verwandeln. 1758 bemüht sich Lind um geeignete Vorschriften für die Gesundheitspflege[114]. In Frankreich liefert der Vicomte de Morogues eine denkbar präzise Definition der Schiffshygiene. Er empfiehlt, das sich im untersten Schiffsraum sammelnde Wasser häufig abzupumpen, um den modernden Gestank zu mildern; er verbietet, daß auf dem Zwischendeck Mahlzeiten eingenommen werden; er befiehlt eine ständige Jagd auf jede Art von Unrat; die Mitglieder der Mannschaft müssen sich waschen und kämmen; der Kapitän soll häufiges Kommando erteilen, alle Hängematten an Deck zu bringen, damit »die Habseligkeiten der Matrosen regelmäßig an die Luft kommen«[115].

Die beste Empfehlung aber ist ohne jeden Zweifel das Schiff von Kapitän Cook. Cook hat es vorbildlich verstanden, »während der Überfahrt alle verpesteten Keime, die der Mannschaft oder den Gegenständen anhaften, zu zerstören«[116]. Ununterbrochen wacht dieser Kapitän über die Sauberkeit. Sobald das Wetter schön ist, läßt er Hängematten und Decken auf das Oberdeck bringen. Mit größter Sorgfalt achtet er darauf, daß sämtliche Bündel geöffnet werden und ihr Inhalt von allen Seiten Luft bekommt, damit die Miasmen während der Fahrt verdunsten können. Er inspiziert die Vorräte, um den fäulniserregenden Keimen vorzubeugen. In regelmäßigen Abständen befiehlt er, die Reservesegel und alle Stoffe, die sich imprägnieren könnten, zu lüften. Die Waren werden in den untersten Schiffsräumen verstaut. »Während der Reise bleiben die Luken fest verschlossen; jede Ritze wird hermetisch mit Teer abgedichtet.«[117] Die Ausdünstungen der Fracht sind also streng von denen der Mannschaft getrennt. Im Gegensatz zu jenem Phantomschiff, das dem vom untersten Schiffsraum aufgestiegenen Pesthauch zum Opfer gefallen ist, erscheint Cooks Schiff als die erste hygienische Hochburg in Kleinformat. Die Menschen sind geschützt vor den bedrohlichen, aufsteigenden Dünsten; Luft und Feuer bannen die dem Wasser innewohnende Gefahr.

Auf dem Land soll das Hospital, namentlich das Militärhospital, als Vorbild dienen. Michel Foucault und François Béguin haben in aller Deutlichkeit gezeigt, wie das Hospital sich zunehmend in eine Maschine verwandelt, die Luft aufnimmt und Krankheitskeime ausstößt. 1776 bringt Boissieu die Strategie klar zum Ausdruck: die in den Hospitälern zusammengepferchten Verletzten gehen an der von Fäulnis verseuchten Luft zugrunde. »Um das Ausmaß der Ausdünstungen zu verringern, dürfen die Krankenzimmer und -säle nur noch mäßig gefüllt werden; alles, was infizieren kann, muß sorgfältig entfernt werden; ferner ist auf größte Sauberkeit zu achten. Durch die Erneuerung der Luft sollen die schädlichen Ausdünstungen vertrieben werden (...). Hohe Kuppeln, Öffnungen in den Decken, Feuer in Kaminen statt in Öfen, der von Sutton erfundene Apparat und die Ventilatoren von Hales«[118] werden den Abzug der Luft ermöglichen. Um den Zustrom frischer Luft von draußen zu erleichtern, sollen Fenster und Türen geöffnet, die Zuglöcher vermehrt und bei jedem Bett Rohre angebracht werden. Beräucherungen vollenden das Programm[119].

Die zwanzig Jahre später von Jean-Noël Hallé definierte Strategie ist vor allem auf Desodorisierung ausgerichtet. Nachdem er die von Boissieu formulierten Ratschläge noch einmal wiederholt hat, setzt der Vater der öffentlichen Hygiene sich mit aller Kraft für einen systematischen Kampf gegen den Gestank ein. »Den Kranken werden ihre Kleider abgenommen; die Bettvorhänge sollen aus Leinwand bestehen, die Nachtstühle sauber und gut verschlossen sein, die Latrinen so konstruiert, daß sie keinen Geruch abgeben; ferner soll häufig ausgekehrt werden, vor allem nach den Mahlzeiten und nach der Erneuerung von Wundverbänden; der Boden soll unter Beachtung aller Vorsichtsmaßnahmen mit Wasser, vorzugsweise aber mit Sand gereinigt werden.«[120]

Auf der Grundlage dieser Vorstellungen entwickeln sich zahlreiche Projekte, vor allem als die Akademie der Wissenschaften 1787 auch Architekten um Mitarbeit ersucht[121]. Es besteht der Plan, »die gesamte Fabrik zu einer einzigen Ventilationsanlage zu machen«[122]. In den Entwürfen überwiegt eine strahlenförmige, um ein Zentrum organisierte Raumaufteilung. Mehrere tatsächlich verwirklichte Bauwerke zeugen von den neuen Imperativen, insbesondere das Militärhospital von Plymouth und das Invalidenhospital von Greenwich[123] in England. Das Krankenhaus von Guy im Londoner Stadtteil Southwark verfügt über Ventilatoren, die in die Decken eingelassen und mit den jeweiligen

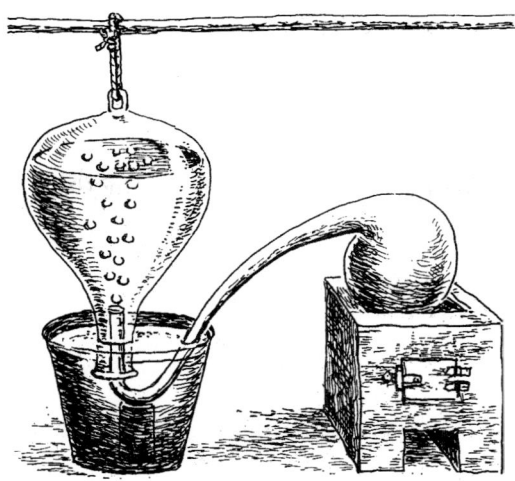

Gasometer von Hales
1727

Kaminen der darüberliegenden Etagen verbunden sind. Von den Abtritten dieses vorbildlichen Spitals geht nicht der geringste Geruch aus: beim Öffnen der Türen wird ein automatischer Wassersturz ausgelöst[124]. In Frankreich dienen die Salle Saint-Landry (1748) sowie die Militärhospitäler von Lyon und Saint-Louis als Modell für die Reformatoren. 1786 läßt C. F. Viel Wasserleitungen und ein ganzes System von Abtritten in der Salpêtrière installieren[125]; schon vorher, zwischen 1784 und 1786, hatte er in Bicêtre den Bau eines großen Abwasserkanals veranlaßt, dessen Inhalt sich recht und schlecht in eine Kompostanlage ergießt.

Die Desodorisierung des Kranken setzt eine somatische Kontrolle und vor allem die Überwachung der Exkremente voraus. Ventilation allein kann nicht genügen; eine Veränderung der individuellen Verhaltensweisen ist unbedingt erforderlich. Über diesen Umweg entwickelt sich das Hospital mehr und mehr zu einem Ort der Disziplinierung. Die Vorschriften werden härter. Die Hausordnung des Hospitals von Haslar nahe Gosport verbietet das Tragen schmutziger Wäsche; sie schreibt vor, daß die Nachthemden der Kranken alle vier Tage und ihre Bettlaken alle vierzehn Tage gewechselt werden müssen. Einmal in der Woche sind die

145

getragenen Nachthauben, Unterhosen und Strümpfe gegen frische auszutauschen. Die Männer sind gehalten, sich alle drei Tage rasieren zu lassen. Die Kranken dürfen weder in ihrer Tageskleidung schlafen noch selbige als Decken benutzen; es ist ihnen untersagt, »Brot, Butter oder sonstige Vorräte (...) am Kopfende oder neben ihren Betten aufzubewahren«[126]. »Die natürlichen Bedürfnisse sind ausschließlich an den dazu bestimmten Orten zu verrichten.«[127] Weder »Geschrei noch Tumulte« werden geduldet. Rauchen ist verboten; das Spielen ebenso. Die Teilnahme am Gottesdienst ist Pflicht. »Niemand darf sich durch gotteslästerliche Ausdrücke, verbotene Flüche, Verwünschungen, Trunksucht, Unreinlichkeit oder Lügen schuldig machen.«[128] Im Allgemeinkrankenhaus von Chester wird »jeder Kranke bei seiner Aufnahme angewiesen, die getragenen Kleider abzulegen und gegen saubere auszutauschen«[129].

Ziel ist die Uniformität, die Zerstörung alter Gewohnheiten, das Verbot spontaner Verhaltensweisen, die hinfort als anarchistisch und gefährlich gelten. Diese Maßnahmen machen das Hospital zu einer Lehranstalt der individuellen Hygiene, deren Verbreitung im volkstümlichen Privatbereich noch kaum in Betracht gezogen wird. Für das Pariser Hôtel-Dieu plant Tenon die Installation von »Abortschüsseln«. Neben einigen Privilegierten sind die hospitalisierten Kranken wohl die einzigen, die in den Genuß dieser neuen Maschinerie des persönlichen Komforts kommen.

Die Gefängnisreformatoren haben ähnliche Neuerungen im Sinn, doch ihre Überlegungen laufen auf ein Dilemma hinaus: wie soll man die Zirkulation von Wasser, Luft und Unrat gewährleisten, wo man die freie Bewegung der Menschen unterbinden muß? Wie den Gefahren der Stagnation und Gerinnung bei gleichzeitiger Sicherstellung der notwendigen Gefangenschaft entgegenwirken? Wie ist das Spiel der Luftströme mit der Trennung verschiedener Kategorien von Häftlingen zu vereinbaren? Die Ventilation verlangt eine Vervielfältigung und Vergrößerung der Öffnungen, der Kerker dagegen zwingt zur unüberwindlichen Abgeschlossenheit. Um das Dilemma zu lösen, empfiehlt Howard, die schweren Türen durch Gitter zu ersetzen. Darüber hinaus hätte der Einsatz von »Lüftungssegeln« oder besser noch Handgebläsen den gleichen Vorteil wie die *tread-mill*: die unerläßliche Belüftung könnte mit der notwendigen Körperertüchtigung gekoppelt werden.

Die Verwaltung der Exkremente erweist sich im Gefängnis als besonders schwierig. Das Individuum muß von seinen Ausscheidungen befreit werden, ohne daß die Sicherheit der Haft gefährdet wird. Erst die Gelehrten des folgenden Jahrhunderts sollten für dieses besondere Problem eine hygienische Lösung finden[130]. In der Zwischenzeit, ab 1780, entwickelt Lavoisier den Plan, die Scheiße der Gefängnisse zu desodorisieren. Zu diesem Zweck schlägt er vor, rund um das Etablissement einen Kanal zu bauen, in den die Abflußrohre der Latrinen münden. Durch das Öffnen einer Ziehschütze könnte alle zwei oder drei Tage ein starker Wasserstrom in den Kanal geleitet werden, um die dort angesammelten Exkremente hinauszuspülen. Aus dem Dach herausragende und oben mit einem drehbaren Knie versehene Zugröhren würden eine Ausbreitung der üblen Gerüche in den Gebäuden verhindern[131].

Die Machtbefugnisse, die den Gefängniswärtern gegeben sind, ermöglichen hier eine strengere Verhaltenskontrolle als in den Krankenhäusern. Genau wie das Kloster, aber aus anderen Gründen, wird das Gefängnis immer mehr zur privilegierten Lehranstalt hygienischer Praktiken. Der propädeutische Wert der körperlichen Sauberkeit verbindet sich mit dem, den die Theoretiker der Arbeit zusprechen. In Hinsicht auf die Gefangenen, die in einem der bei Portsmouth vor Anker liegenden Gefängnisschiffe zusammengepfercht sind, schreibt Howard: »Ich möchte, daß sie sonnabends den ganzen Tag damit beschäftigt werden, ihre Kleider zu waschen, zu bleichen und zu flicken, sich zu rasieren, sich zu reinigen, das Gebäude zu putzen und ihre Nachtlager auszuklopfen und zu lüften. Es ist sehr wichtig, sie derart an Sauberkeit zu gewöhnen.«[132] Mehrere Beamte haben beobachtet, daß »die reinlichsten Männer stets auch die ehrlichsten und anständigsten sind, während die ungepflegtesten zugleich als die lasterhaftesten und größten Störenfriede auffallen«.

Es wird deutlich, daß sich mit dem Gebot der »Sauberkeit in der Ordnung«[133] und der Erziehung zum Hausputz vielfältige Ziele verbinden. Wo es bisher nur um die Frage der Desinfektion ging, schleichen sich moralisierende Absichten und die notwendige Triebunterdrückung ein. Der Gestank des Sünders wird wörtlich genommen. Das Waschen des Körpers beschleunigt die sittliche Wiederaufrichtung des Schuldigen. Der reumütige Verbrecher, der bereit ist, die neue soziale Taufe entgegenzunehmen, muß seine Wiedergeburt durch den Verlust des fauligen Geruchs beweisen, der ihn bis dahin mit seinen Komplizen verband.

In diesem Zusammenhang gelten die holländischen Gefängnisse als vorbildlich. Dort hat jeder sein eigenes Zimmer, seine Bettstelle, seinen Strohsack. Welch großer Wert auf die neuen Besorgnisse gelegt wird, geht auch aus den Vorschriften englischer Gefängnisse hervor. In Artikel VII der Gefängnisordnung von Lancaster heißt es: »Der Kerkermeister ist gehalten, den Gefangenen Kohle, Seife, Essig, Decken, Stroh, Scheuertücher, Sand, Bürsten, Besen, Eimer, Schalen, Handtücher und Kohlenkörbe zur Verfügung zu stellen, auf daß sie selbst und alle Teile des Gefängnisses im Zustand der Sauberkeit und Gesundheit erhalten werden.«[134] Bei der Einlieferung wird der künftige Gefangene und Haushalter nackt ausgezogen, gewaschen und mit der Einheitskleidung versehen. Im Kampf gegen das Gefängnisfieber ist seine Desodorisierung von größter Bedeutung. Artikel XII lautet: »Der Kerkermeister hat insbesondere darüber zu wachen, daß einer oder mehrere Gefangene reihum ihre Putzpflicht tun; die Tagesräume, Schlafsäle und Zellen sind täglich vor dem Mittagessen auszukehren; dienstags, donnerstags und samstags müssen die Böden feucht gewischt werden.« Der Haushaltskalender steht also fest. Artikel XIII besagt, daß »diejenigen, die sich nicht regelmäßig Gesicht und Hände waschen, oder deren Äußeres nicht von Reinlichkeit zeugt« mit der Einbehaltung von Essensrationen bestraft werden. Umgekehrt wird sonntags eine zusätzliche Portion feiner Kost an die am besten gepflegten Gefangenen ausgeteilt; auf diese Weise sollen sie »zur Arbeit, zur Sauberkeit, zur guten Ordnung und zum eifrigen Besuch des Gottesdienstes« ermuntert werden. Auch auf dem Kontinent gibt es einige Gefängnisse, in denen vorbildliche Sauberkeit herrscht: etwa das von Breslau oder das römische Gefängnis auf dem Kapitol.

Als Anhänger des Einzelbetts hält auch Lavoisier[135] es für erstrebenswert, die Gefangenen bei ihrer Aufnahme in die Haftanstalt waschen oder gar baden zu lassen. Eine seiner Innovationen sollte in der Geschichte der Belüftung Epoche machen: er empfiehlt, jede Zelle mit zwei Öffnungen zu versehen, einer im oberen Bereich der Scheidewand, die dem Abzug der leichter gewordenen, verdorbenen Luft dienen soll, und einer anderen auf Türhöhe, die eine Erneuerung der Atmosphäre erlaubt.

Es wäre interessant, die auf Kranke und Gefangene zugeschnittenen Modelle der Hygieniker mit denen zu vergleichen, die Vicq d'Azyr bei den Viehzüchtern durchzusetzen versucht. Der frische, desodorisierte Stall und das gesunde, saubere, wohlgeordnete Vieh sind Ausdruck des gleichen Bestrebens, unter fürsorglicher Bewahrung der allgemeinen Gesundheit auch die Verhaltensweisen unter Kontrolle zu bringen.

Die Gerüche und die Physiologie der sozialen Ordnung

*Das kurze Goldene Zeitalter der Osmologie und
die Folgen der revolutionären Entdeckungen Lavoisiers*

Am Ende des 18. Jahrhunderts ist der von Ramazzini formulierte Gedanke, eine Naturgeschichte des Geruchs zu schreiben, kein wirklichkeitsfremder Traum mehr. Seit dem Sturz des Königtums verfügt die sensualistische Philosophie über ein offizielles Monopol. Innerhalb des neu organisierten *Institut de France* bilden die Philosophen bis 1803 die Abteilung: *Analyse der Empfindungen und Ideen.* Die Konstitution eines osphresiologischen Wissens impliziert jedoch die Ausarbeitung eines wissenschaftlichen Vokabulars. Ganz im Sinne Condillacs bedeutet die Schaffung einer Sprache, die dem Ausdruck der Geruchswahrnehmungen gerecht wird, bereits einen Versuch, den Geruchssinn von seiner alten Bindung an die Animalität zu befreien. Wie sollte es im übrigen gelingen, endlich eine Ordnung in den beunruhigenden Wirrwarr der Geruchsempfindungen zu bringen, ohne daß eine Sprache deren Systematisierung erlaubte?[1]

So mehren sich die Bemühungen um Geruchsdefinitionen und -klassifikationen. Ein neues, aber äußerst langwieriges Unternehmen, durchsetzt von Subjektivität, das die Gelehrten schließlich doch nicht zu befriedigen vermag. Nacheinander stellen Linné, Haller, Lorry und Virey ihre Listen mit verschiedenen Kategorien von Wohlgerüchen vor, doch keine dieser Arbeiten liefert eine erschöpfende Darstellung. Schon bald wird klar, daß die Empfindungen des Geruchssinns sich nicht in den Netzen der wissenschaftlichen Sprache einfangen lassen.

Immerhin sind die Gelehrten zu einer neuen Gewißheit gelangt: der Glaube an das Aroma als allgemeines Duftprinzip beruht auf einem analytischen Irrtum. Schon die Arbeiten von Romieu (1756) und später auch die von Prévost (1797), in denen die Autoren sich mit den kreisförmigen Bewegungen der riechenden Teilchen beschäftigt hatten, waren für das alte Dogma ein harter Schlag gewesen. 1798 behauptet Fourcroy, daß jede Art von Geruch »einzig und allein durch die Auflösung des Riechstoffs in Luft oder einer Flüssigkeit«[2] erzeugt wird. Kurz darauf erbringt Berthollet den entscheidenden Beweis. Von nun an gehen die Gelehrten davon aus, daß jede Substanz ihren eigenen Geruch hat, »abhängig von ihrer Flüchtigkeit und ihrer Löslichkeit«. Damit wird die alte Behauptung des Theophrast zur wissenschaftlichen Überzeugung[3].

Der Sieg dieser von Fourcroy begründeten Theorie verkompliziert die psychologischen Auswirkungen der Lavoisierschen Entdeckungen. Das neue Verständnis der Atmungsvorgänge, die mit denen der Verbrennung gleichgesetzt werden, verstärkt die Angst vor dem Erstickungstod, dessen Mechanismus nun bekannt ist; die Niederlage des *spiritus rector* indessen belebt den Schrecken der Infektion und rechtfertigt die aufmerksame Geruchswahrnehmung: was könnte den Miasmen ähnlicher sein als riechende Korpuskeln?

Ein Vierteljahrhundert lang stellt niemand die Theorien von Fourcroy und Berthollet in Frage; auch Hippolyte Cloquet schließt sich ihnen an. Erst 1821 wirft Robiquet das Problem unter einem neuen Gesichtspunkt wieder auf. Um sich verbreiten zu können, müssen die riechenden Korpuskeln seiner Ansicht nach eine gasförmige Verbindung eingehen. Dafür aber brauchen sie einen Träger, einen »Mittler«. Ein solcher könnte der Schwefel oder, wahrscheinlicher noch, das Ammoniak sein. Die auch von Parent-Duchâtelet bejahte Aufwertung der Rolle dieses Gases – und dies ist nur ein Beispiel – verstärkt die Furcht vor Fäkalgerüchen.

So entwickelt sich auf der Grundlage von Linnés Arbeiten eine wissenschaftliche Osmologie*, die nur mühsame Fortschritte macht. 1812 zieht Virey eine vorläufige Bilanz und konfrontiert die jüngsten Entdeckungen mit den Ergebnissen der antiken Wissenschaft. Im gleichen Jahr zeigt der britische Gelehrte Prout, daß der Geruchssinn tatsächlich in der Lage ist, unterschiedliche Duftnoten zu analysieren; sein französischer Kollege Chevreul bestätigt dies. Schließlich, im Jahr 1821, veröffentlicht Cloquet seine beeindruckende *Osphresiologie oder Lehre von den Gerüchen*, ein regelrechtes Standardwerk, auf das die Gelehrten sich bis ins 20. Jahrhundert hinein berufen. Diese gewaltige Sammlung – eine gigantische, fast schon monströse Arbeit – ist das Ergebnis und in gewissem Sinne auch das Opfer einer endlosen Plünderung: wissenschaftliche Entdeckungen, Intuitionen und die unglaublichsten Gerüchte reihen sich unterschiedslos aneinander. Wie dem auch sei, es ist eine echte Fundgrube für alle Autoren von Wörter- oder Handbüchern, die sich hinfort mit dem Abschreiben begnügen können, insbesondere wenn es um die Geruchshygiene geht.

---

*Osmologie: Lehre von den Riechstoffen (A. d. Ü.).

Als Cloquets Werk erscheint, lastet eine schwere Bedrohung auf dem Sensualismus, dessen Triumph ein besonderes Interesse für die Osphresiologie voraussetzt. Es besteht kein Zweifel, daß die revolutionären Entdeckungen Lavoisiers zu einer Bevorzugung der chemisch-physikalischen Analyse führen, die Bedeutung der Sinneseindrücke also herabgesetzt wird. Die Forschungstätigkeit der Gelehrten zielt in zwei Richtungen. Die einen versuchen, dem immer noch unfaßbaren Miasma mit ihren Instrumenten auf die Spur zu kommen; erneut durchstöbern sie die ganze beunruhigende Liste des Unrats, die im vorhergehenden Jahrhundert zusammengestellt worden war und deren unheilvolle Wirkungen den Zeitgenossen nicht aus dem Sinn gehen. Berthollet analysiert die durch Fäulnis entstehenden Gase. Die Chemiker machen eine genaue Bestandsaufnahme der von Senkgruben aufsteigenden Dünste. Boussingault und zahlreiche andere bemühen sich unter Zuhilfenahme merkwürdiger Apparate, die Ausdünstungen der Sümpfe zu kondensieren und die auf riesigen, aufgespannten Leintüchern gesammelte »stinkende Masse« zu analysieren. Chaussier untersucht die durch den menschlichen Atmungsvorgang bewirkten Veränderungen der Luft. Brachet setzt sich ein noch ehrgeizigeres Ziel: er will die chemische Zusammensetzung jener feinen Ausdünstungen erkunden, von denen der individuelle Geruch abhängt.

Andere Gelehrte schließen an die bereits von Abbé Fontana und Priestley unternommenen Versuche an, die Luft öffentlicher Orte mit Hilfe des Eudiometers genauer zu messen und zu analysieren. Lavoisier ist der erste, der in dieser Hinsicht bedeutsame Ergebnisse erzielt. Die Luft »in geschlossenen Räumen, in denen zahlreiche Individuen lange genug verweilt haben«[4], weist einen ungewöhnlich hohen Kohlendioxidgehalt auf. Humboldt und Gay-Lussac stellen 1804 unter ähnlichen Bedingungen eine Verringerung des Sauerstoffs fest. Auf einem anderen Gebiet indes geben die Chemiker ihre Hoffnungen auf: enttäuscht über die wiederholten Mißerfolge von Magendie, unfähig, auch nur den geringsten Unterschied bei der Zusammensetzung der Atmosphäre in den verschiedenen Wohnvierteln herauszufinden, glauben sie nicht mehr an die Möglichkeit, die Luft der Städte reinigen zu können. Wie Forget schreibt, ist »der Erfolg reinigender Kräfte (von nun an) auf eingrenzbare Räume beschränkt«[5]. Erst die Erfindung einer neuen Analysemethode durch Dumas und Boussingault gibt den Forschungen in den 30er Jahren des 19. Jahrhunderts neuen Auftrieb. Jetzt gelingt es den Gelehrten, namentlich Leblanc und Péclet, die Gesundheit des Raums nach Maßgabe des Kohlendioxidgehalts der Luft zu definieren.

Dennoch wäre es voreilig, von einer Ächtung des sinnlich Wahrnehmbaren zu sprechen. Gewiß, der Tastsinn, der das Fließen der Luftströme bezeugt, ist weniger begehrt seit man weiß, daß Bewegung nicht mit Reinigung gleichzusetzen ist; auch die Rolle des Geruchssinns ist unsicherer geworden, da die Gelehrten versichern, der Gestank zeige nicht den genauen Grad der Luftverderbnis an. Dennoch dient das Riechorgan in der täglichen Praxis weiterhin als Analysator der Luftqualität. Vor allem aber dürfen wir nicht vergessen, daß der Glaube an die wissenschaftliche Existenz der Miasmen, an jene »der Luft hinzugefügte Substanz«, die ihr ganzes Geheimnis bewahrt, unverändert fortbesteht. Das »Gefährliche (...) hat die Chemie uns nicht gelehrt; doch unsere Sinne, zartfühlender als die Chemie, beweisen uns eindeutig, daß eine Luft, in welcher der Mensch lange verweilt hat, von schädlichen, fauligen Stoffen erfüllt ist«[6]. Man muß sein Verhalten daher weiterhin nach der Empfindung richten und die Luft zu erneuern versuchen »solange der Geruchssinn, der hier ein ausgezeichneter Indikator ist, noch eine letzte Spur jenes Gestanks findet, der sich des betreffenden Ortes bemächtigt hatte«[7]. Sogar Leblanc ist immer noch überzeugt, daß die Gegenwart von Miasmen sich durch einen »widerwärtigen Geruch«[8] verrät.

Eine aufmerksame Lektüre all der Arbeiten, die sich mit der Analyse der verdorbenen Luft und den Überprüfungsmöglichkeiten ihrer Wiederherstellung befassen, enthüllt die Enttäuschung der Gelehrten, die angesichts der Ungenauigkeit ihrer Meßinstrumente verdrießlich auf die Sinneswahrnehmung zurückgreifen müssen. Letztlich – so behauptet Grassi[9] – ist es der Geruchssinn, der die Belüftung auf Schiffen reguliert, genau wie er über die Qualität der Lufterneuerung in den Gefängniszellen wacht.

Der Utilitarismus und die
Gerüche des öffentlichen Raums

In der Zeit nach der Konsularregierung gewinnt die öffentliche Hygiene immer mehr Zusammenhalt. Die Vorstellungen der Ideologen zu diesem Thema, insbesondere aber der Wunsch von Georges Cabanis, den Ärzten vorrangigen Einfluß auf die Physiologie der sozialen Ordnung einzuräumen, finden Anklang in den führenden Kreisen der Politik. Dennoch bleibt die Strategie der Hygieniker in gewissen Punkten an der Vergangenheit orientiert. Bis zur Mitte des 19. Jahrhunderts bestimmt die Angst vor üblen Gerüchen die Richtlinien des Kampfes gegen die bedrohliche Verschmutzung. Die Gründe für dieses Verhalten sind uns bereits bekannt. Die Mehrzahl der Klagen, die dem Gesundheitsrat von der Pariser Bevölkerung vorgetragen werden, bezieht sich immer noch auf die Belästigung durch verwesende tierische Substanzen. Sogar die Fachleute, die hinsichtlich der industriellen Schädlichkeit größten Optimismus an den Tag legen, bleiben bei ihren Schmähungen gegen die faulig stinkenden Werkstätten. Der Skeptizismus eines Parent-Duchâtelet ist – wie man aus den heftigen, gegen ihn gerichteten Angriffen ersehen kann – eine bemerkenswerte Ausnahme.

Die in jeder Hinsicht wachsende Dichte im Zentrum der Hauptstadt führt zur Schreckensvorstellung von der »steigenden Flut der Exkremente und des Drecks«[10]. Dieses Phantasma schließt an einen alten Alptraum an: das von Louis-Sébastien Mercier beschworene Bild der im Sumpf versinkenden Stadt, in der es von Gefahren wimmelt. 1826 kommt es zu einer deutlichen Wende. In diesem Jahr konkretisiert sich die Gefahr, ganz Paris könnte im Schlick untergehen: der große unterirdische Amelot-Kanal ist verstopft, die Kloaken von La Roquette und Chemin Vert nähern sich dem gleichen Zustand. Im Herzen der Stadt bildet sich ein übelriechender, anschwellender Tümpel; Schindanger verpesten die Eingänge von Paris[11]. Wie vorher die Verlegung der Toten, wird nun die »Überführung von Dreck und Schlamm«[12] zur dringendsten Notwendigkeit[13]. Es ist Zeit, die städtische Physiologie der Ausscheidungen durch eine systematische Eliminierung des Unrats unter Kontrolle zu bringen. Dem Lumpensammler – einer Figur, die aus der Romanliteratur dieser Zeit gar nicht wegzudenken ist[14] – kommt bei diesem Vorhaben eine wesentliche Rolle zu: er ist es, der den Hausmüll sortiert und ordnet, der die organischen Abfälle – Knochen und totes Kleinvieh – einsammelt und so das Werk der schon in der Vergangenheit streng überwachten Kloakenentleerer vollendet[15].

Die Bewußtwerdung jener großen Gefahr, die nicht so sehr in den in Senkgruben angestauten und alt gewordenen Exkrementen selbst gesehen wird, sondern vor allem in der allgemeinen Verstopfung, d.h., der unzureichenden Zirkulation des Unrats, geht während der Restauration mit der Enthüllung einer weiteren Bedrohung einher: Paris ist umzingelt von den Miasmen der durch städtische Sammelgruben und eigenen Unrat verseuchten Vororte. Schon Ende des 18. Jahrhunderts hatten Fachleute vor einem Rückstrom der Exkremente gewarnt, ohne damals Gehör zu finden. Jetzt wird dieser Gedanke zu einem regelrechten Alptraum für die Verantwortlichen. Die Worte, die der Berichterstatter des Gesundheitsrats 1827 niederschreibt, sind eine offizielle Bestätigung der früheren Beschreibung von Mercier: »Macht nur heute den Versuch, Paris auf einem beliebigen Wege zu verlassen, und Ihr werdet nicht fehlen, zahlreichen Karren mit Straßenkot zu begegnen, Euch jeden Augenblick im Dunstkreis eines Schindangers zu wähnen. Schon jetzt kündigen sich die Eingänge zur Hauptstadt *rund um Paris* durch faulige Dämpfe an, die einem entgegenschlagen (. . .). Um zu wissen, daß man sich der ersten Stadt der Welt nähert, wird man bald nicht mehr warten müssen, bis man die Spitzen und Türme ihrer Bauwerke erblickt: die Nase wird einen schon vorher warnen.«[16] Im gleichen Jahr macht der Gesundheitsrat den Vorschlag, den äußeren Straßenring, der sich um Paris zieht, mit einem breiten, gepflasterten Abzugskanal zu säumen, um die stinkenden Wasser, die sich auf das Zentrum zubewegen, in die Seine abzuleiten[17]. Wie ein Echo auf die fernen Schreckensmeldungen von Thouret läßt der Berichterstatter 1828 verlauten: »Der Boden rund um Paris ist auf große Entfernung mit dieser verpesteten Jauche getränkt.«[18] Wir müssen vermeiden, fügt er hinzu, daß die Stadt von ihrem eigenen Unrat eingeschlossen wird. Der Ausbruch der Cholera verschärft diese Zwangsvorstellung. 1835 beschließen die Experten des Gesundheitsrats, den Grad der Verschmutzung in den Gemeinden der Außenbezirke selbst in Augenschein zu nehmen. Sie stellen fest, daß der stinkende Dreck in Gennevilliers überall zu großen Haufen angewachsen ist, an den Straßenrändern ebenso wie in den Höfen.

Aber die Verschärfung der schon alten Angst vor Fäulnis und Fäkalien ist im Grunde nichts Neues; neu ist vielmehr die Art, wie dieses Gefühl sich mit dem herrschenden Utilitarismus verbindet oder mit ihm in Konflikt gerät. Neben die Bedrohung durch Miasmen tritt die quälende Sorge um den Verlust. Von nun an beherrscht der Gedanke an eine nützliche Verwendung des Unrats die Aufmerksamkeit der Zeitgenossen. Im gleichen Zuge stimuliert der Wunsch nach Rückgewinnung des Unrats die Geruchswahrnehmung.

Im Unterschied zu jenen Beobachtungen, die sich auf das ausgehende 18. Jahrhundert beziehen, stehen die Äußerungen über Dreck und Exkremente jetzt zumeist in direktem Zusammenhang mit dem Profit. Die übelriechenden Ausdünstungen sind nicht nur Anzeichen für die bedrohliche Existenz von Miasmen, sondern auch Hinweise auf ein Defizit. Adolphe-Auguste Mille faßt diesen Tatbestand ein wenig schematisch in folgenden Worten zusammen: »Jeder stinkende Geruch deutet auf eine Gefährdung der öffentlichen Gesundheit in den Städten und auf eine Einbuße an Düngemitteln auf dem Lande hin.«[19] Seiner Ansicht nach rechtfertigt der Gestank die Feststellung »eines Verlusts, einer Zerstreuung der Exkremente«[20]. Der widerwärtige Fäkalgeruch bezeugt einen Ausfall, genau wie die zarten Düfte des Parfüms eine unwiderrufliche, sinnlose Verschwendung verraten. Der Utilitarismus und die notwendige Sparsamkeit kommen der Besorgnis um die öffentliche Gesundheit entgegen: alle drei verlangen nach Desodorisierung.

Der Wunsch nach Rückgewinnung und Wiederverwertung regt zahllose Berechnungen an. Die Ökonomen beziehen den Wert der Exkremente in ihre Pläne ein; sie bemühen sich, Gewinne und Verluste zu erfassen. Schon Anfang des Jahrhunderts hatte eine Kommission des *Institut de France* den Gedanken zurückgewiesen, allen Unrat von Paris in die Seine abzuführen, und zwar nicht etwa aus Sorge um die Sauberkeit des Wassers, sondern um die Verschwendung durch ein solches Verfahren zu verhindern[21]. Parent-Duchâtelet hält den Export der Exkremente für eine der größten potentiellen Einnahmequellen der Hauptstadt. 1833 entwickelt er den Plan, Eisenbahnwaggons als Beförderungsmittel für diese Produkte einzusetzen. Er möchte die Administration dafür gewinnen, die Transportgesellschaften unter ihren Schutz zu nehmen. Auch Privatleute ruft er zur Unterstützung auf: »Helft ihnen mit eurem Geld; kauft Aktien bei diesen Unternehmen.«[22] Dazu muß gesagt werden, daß Paris 1834 nicht weniger als 102.800 Kubikmeter Fäkalstoffe liefert, und daß allein die Sammelbecken von Montfaucon pro Jahr eine halbe Million einbringen.

Bertherand schätzt den Umsatz der Unrat verarbeitenden Industrie in Lille auf 30.000 Francs[23]. Nach Berechnungen von Sponi verlieren die Engländer durch die Einführung der Wasserspülung und der Schwemmkanalisation 250.000 Francs im Jahr[24]. 1857 kommt ein Redakteur des *Journal de chimie médicale* zu dem Ergebnis, daß es einem Verlust von 275.600 Tonnen Mist gleichkäme, wenn 332.000 Kubikmeter Jauche in die Seine abgeführt würden. Dies sind nur einige Beispiele unter vielen. Ihrer Tendenz nach bestätigen sie den Zusammenhang, den die Psychoanalytiker zwischen Geld und Fäces herstellen. Vielleicht wäre es angebracht, wenn dieser Aspekt auch von den Historikern der Statistik und der Wirtschaftswissenschaften berücksichtigt würde. Das Phantasma des Verlusts, dessen Spur wir von Malthus bis Pierre Leroux[25] verfolgen können, das Bemühen um ein reibungsloses Funktionieren der sozialen Physiologie der Ausscheidungen, die Sorge um eine genaue Registrierung von Menschen und Gütern sowie die Gewährleistung ihrer Zirkulation bilden ein Ganzes. Verdrängt man auch nur eine Dimension dieser Geschichte, ist ein umfassendes Verständnis der Vergangenheit bereits unmöglich.

Die Desodorisierung des öffentlichen Raums, deren Notwendigkeit dringender erscheint denn je, läuft nunmehr über die Rückgewinnung, die Wertsteigerung und die Wiederverwendung des Unrats[26]. Die Autoren, die sich – angeregt von diesem verkannten Aspekt des Utilitarismus – mit der Konkretisierung neuer Entwürfe beschäftigen, übertragen ihren Willen zur Rückgewinnung auf die Ebene der sozialen Vorstellungen. Einmütig rühmen sie die Tatsache, daß die notwendigen Schmutzarbeiten und das Einsammeln des Unrats zugleich Gelegenheit zu einer Nutzbarmachung des »sozialen Abfalls« geben. Sie kalkulieren die Rentabilität des gesellschaftlichen Abschaums in Verbindung mit der Wertsteigerung der Abfallprodukte. Die am Ende des 18. Jahrhunderts nur vage von einigen Hygienikern formulierten Pläne werden nun zum Gegenstand ausgeklügelter Berechnungen. Was die Reinigungsarbeiten betrifft, so denkt man übrigens kaum noch an Sträflinge, ja nicht einmal mehr an Bettler, sondern an die Armen und vor allem an *die Alten*. Durch das Aufsammeln des Straßenkots könnten sie eine Gegenleistung erbringen, einen Teil der Kosten, die sie verursachen, zurückerstatten. So würde der Abfall in das Wohltätigkeitsverhältnis einbezogen und die sich aufopfernden Besitzenden entlasten. Das große Vorbild ist nicht mehr Bern, es sind die Städte Belgiens. In Brügge[27] werden Männer aus dem Volk und Alte zum Aufsammeln des Unrats herangezogen. An den notwendigen Schubkarren fehlt es nicht: wer sich keine leisten kann, bekommt sie von den Stadtbehörden. Dank dieser Politik herrscht sowohl in Gent als auch in Lüttich mustergültige Sauberkeit[28].

In Paris setzt Chevallier sich für den Bau öffentlicher Latrinen ein, die Frauen und Männern zur kostenlosen Benutzung zur Verfügung stehen und von Armen gewartet werden sollen[29]. Seiner Ansicht nach wäre es Aufgabe der Wohlfahrtsämter, Personen zu benennen, die für die Wartungsarbeiten und das Aufkehren des Straßenkots eingesetzt werden könnten. Der Bürgermeister von Stains hat bereits einen Versuch gewagt und die im Wohlfahrtsamt gemeldeten Individuen mit den öffentlichen Reinigungsarbeiten betraut[30]. Ab 1832 rät Chevallier unermüdlich, jede Provinzstadt, jede Landgemeinde solle außerhalb des Siedlungsgebiets ein geeignetes Terrain auswählen und dort eine Grube für den Unrat anlegen. Sobald dies geschehen sei, empfehle es sich, auf Kosten der Einwohner einige Arme anzustellen, »sie mit einem kleinen, von einem Esel oder einem Gaul gezogenen Karren auszustatten und ihnen Anweisung zu geben, an allen Werktagen *unentwegt* durch die Straßen der Gemeinde zu ziehen, um mit Hilfe von Schaufel und Besen allen auffindbaren Unrat zu beseitigen und in die dafür vorgesehene Grube zu beför-

Reinigungsarbeiten in der Rue Saint Antoine mit
Kanalanlage im Querschnitt
1830

dern. Dank dieser *laufenden Reinigung* würde eine recht große Menge Straßenkot zusammengetragen; ferner würde die ununterbrochene Entfernung aller unreinen Substanzen eine angenehme und gesundheitsförderliche Sauberkeit unterhalten.«[31] Die Art der Arbeit ist nichts Neues, man kennt sie vom Aufsammeln der Pferdeäpfel. Die Neuheit liegt vielmehr in dem vorgeschlagenen Rhythmus. Durch ununterbrochene Aktivität soll zugleich für restlose Rückgewinnung und absolute Sauberkeit gesorgt werden, für Desodorisierung und Gesundheit.

Das Einsammeln menschlicher Exkremente erscheint um so zwingender, als ihr hoher Wert damals außer Zweifel steht[32]. Ob in flüssiger oder in fester Form, menschliche Ausscheidungen gelten als das reichhaltigste Düngemittel. »Jedes Kilogramm ist so viel wert wie ein Kilogramm Weizen«[33], behauptet Sponi. Dominique Laporte zitiert eine ganze Reihe bezeichnender Texte, deren Ziel darin besteht, die Aufmerksamkeit der Präfekten auf die außergewöhnliche Qualität menschlicher Exkremente zu lenken[34]. Der Erlaß vom 31. Dezember 1720 hatte die Verwendung dieses Düngemittels geregelt und ihm damals in der Gegend von Paris zu einem Aufschwung verholfen. Doch zwischen 1760 und 1780 hatte das Interesse deutlich nachgelassen: am Ende des Ancien Régime war das Volumen der als Dung benutzten Ausscheidungsprodukte plötzlich geschrumpft, außer in Gegenden wie Flandern, wo ihre Verwendung zur Tradition gehörte. Der Aufstieg des Utilitarismus sollte eine neue Periode des zunehmenden Gebrauchs menschlicher Exkremente einleiten[35]. Das wiedererwachte Interesse zwingt den Gesundheitsrat, politische Richtlinien zu definieren. Da jede Vermischung der Ausscheidungsprodukte einen Verlust bedeutet, empfiehlt der Gesundheitsrat 1835 die Einführung neuer Geräte zur Scheidung flüssiger und fester Stoffe[36].

Bleibt das Problem der Schwemmkanalisation, wie sie in England praktiziert wird. Obwohl es auch in Frankreich schon seit der Restauration Fürsprecher dieser Lösung gibt, kann sie sich in Paris nicht vor Ende des 19. Jahrhunderts durchsetzen. An manchen Orten der Hauptstadt kommt das System wenigstens partiell zur Anwendung: die École Militaire, Les Invalides, Bicêtre, die Salpêtriere und das Hôtel de la Monnaie lassen ihre Exkremente durch Abzugskanäle in die Seine fließen. Auch die flüssigen Stoffe von Montfaucon werden gesammelt und zunächst durch den großen Ringkanal, später, ab 1825, dann durch einen Seitenarm des unterirdischen Saint-Martin-Kanals in den Fluß geleitet.

Diese Art, sich des Unrats zu entledigen, ist in den Provinzstädten recht verbreitet und sollte bis zum Ende des Jahrhunderts, in vielen Fällen gar bis zum Zweiten Weltkrieg Bestand haben. 1860 gilt der untere Lauf der Deule als wichtigste Kloake der Stadt Lille; nicht nur die Exkremente, sondern auch die Abfälle des Schlachthauses enden im Flußwasser. Stinkender Klärschlamm staut sich in den Zuleitungskanälen und verpestet die Stadt[37]. In Caen haben sich die Seitenarme des Odon in offene Abzugsgräben verwandelt, ein Problem, das schon seit mehr als hundert Jahren auf der Tagesordnung steht und bei mangelndem Gesprächsstoff jederzeit als »Lückenfüller«[38] dient. 1876 ist die durch Nevers fließende Nièvre nur noch eine »riesige Kloake«[39]. Eine systematische Desinfektion des städtischen Raums wird hier erst gegen Ende des Jahrhunderts unternommen.

Die Fürsprecher der Schwemmkanalisation, von Sponi bis Guéneau de Mussy, wiederholen ihre Argumente unermüdlich: dieses System sei die einzige Möglichkeit, die dauernde Bewegung, die notwendige Zirkulation der Exkremente zu gewährleisten und der schrecklichen Gefahr der Stagnation entgegenzuwirken. Im Gegensatz zu dem Senkgrubensystem erlaube es obendrein, die Ströme zu kontrollieren: »Die Kanäle werden ständig überwacht. Sie lassen sich leicht und regelmäßig beobachten; die Helligkeit ist ausreichend«[40] – lobende Worte, mit denen Emile Trélat noch 1882 für die Schwemmkanalisation wirbt.

Wie also soll man sich erklären, daß diese Lösung fast ein ganzes Jahrhundert lang immer wieder zurückgewiesen wird? Gérard Jacquemet hat die Komplexität der Auseinandersetzung deutlich aufgezeigt und in einleuchtender Weise dargelegt, welche Interessen gegen die Einführung der Schwemmkanalisation im Spiel waren[41]. Die Hauseigentümer hätten für die Benutzung des neuen Systems eine regelmäßige Gebühr entrichten müssen, was lange Zeit als untragbare Belastung erachtet wurde. Von den 32.000 Wohnhäusern der Großstadt verfügten 1856 nur 10.000 über eine Wasserversorgung. Ferner stand den außerordentlich einflußreichen Abfuhr-Anstalten bei Einführung der Schwemmkanalisation der Ruin ins Haus. Aber all diese Hindernisse wären vielleicht überwunden worden, hätte das Geschrei der Gelehrten den Widerstand nicht bestärkt. Damit wären wir wieder bei der zwanghaften Angst vor dem Verlust. Chevreul[42] weist auf die Gefahr hin: schon die Desinfektion der Ausscheidungsstoffe bedeutet eine Verarmung derselben; aus lauter Sorge um die Gesundheitspflege hat man dieses Risiko aus den Augen verloren, heißt es weiter. Ganz abgesehen von der Schwemmkanalisation, dem Archetyp der Verschwendung, führt jede Verflüssigung des Senkgrubeninhalts zu einer Verringerung des Stickstoffgehalts. Den

Kloakenfegern ist dieses Phänomen wohlbekannt. Sie schätzen die festen Ausscheidungen, die sich in den Gruben der Armen sammeln, weit mehr als die dünnflüssige Masse, die sie bei den Reichen vorfinden. Mit größter Präzision ordnet Belgrand den jeweiligen Wert der Ausscheidungsstoffe einer sozialen Stufenleiter zu. Das Ergebnis seiner Arbeit ist eine topographische Gliederung der Hauptstadt unter dem Gesichtspunkt des Stickstoffgehalts der Exkremente[43]. Im gleichen Zuge, in dem der Utilitarismus die Desodorisierung der Straßen und des öffentlichen Raums vorantreibt, bremst er die Einführung der Schwemmkanalisation sowohl in Paris als auch in zahlreichen anderen Städten Frankreichs. Widersprüchliche Wirkungen, die in unserem Zusammenhang größte Beachtung verdienen.

Während der Restauration werden die menschlichen Exkremente zum Rohstoff der chemischen Industrie erhoben. In Bondy, nahe des neuen Schindangers, entsteht eine Fabrik zur Produktion von Ammoniak. So verbinden sich die Gebote der Gesundheitspflege mit denen der Nützlichkeit. Das schmerzliche Vorhaben, Exkremente zu vernichten, ist Wirklichkeit geworden. Die Hygieniker reagieren mit der Empfehlung, in den Latrinen geeignete Produkte zu verwenden, um die Ausscheidungen auf der Stelle in einen ausgezeichneten Dung zu verwandeln[44]. In der Folgezeit sollte die mit Exkrementen arbeitende Chemie grandiose Projekte anregen; 1844 träumt Garnier von der Errichtung eines umfangreichen industriellen Komplexes zur chemischen Behandlung von Urin, den er *Ammoniapolis* nennen will[45].

Das Jahr 1825 eröffnet eine neue Ära der Tierkörperbeseitigung[46]. Es muß hinzugefügt werden, daß der Gestank auf dem geschlossenen Gelände von Montfaucon kurz zuvor eine bis dahin ungekannte Intensität erreicht hatte. Die Dorfbewohner von Pantin und Romainville spürten den Pesthauch bei jedem Atemzug. Als Fachmann der Geruchsverbreitung hatte Parent-Duchâtelet eine genaue Untersuchung der übelriechenden Ströme vorgenommen[47]. Glücklicherweise wurden die Ausdünstungen dank der günstigen Ortslage von der Hauptstadt abgelenkt, so daß Paris zum größten Teil verschont blieb; doch sie verpesteten die Zufahrt von Combat, und unter dem Einfluß bestimmter Winde waren sie gelegentlich auch im Marais und in den Tuilerien zu vernehmen – eine Belästigung, über die Lachaise sich schon drei Jahre vorher bitterlich beklagt hatte[48].

Mauléon hatte das Problem bereits 1815 in seinem Bericht über die Aktivität des Gesundheitsrats angesprochen: »Wie ist es möglich, die Muskeln, das Blut, das Fett, die Knochen und die Eingeweide der zehnbis zwölftausend Pferde, die jährlich in Paris geschlachtet werden, unverzüglich in handelsgerechte Materien umzuwandeln?«[49] Wie dringend die Frage gelöst werden mußte, hatte sich bei den Aufräumungsarbeiten am 31. März 1814 gezeigt, als im Laufe eines einzigen Tages dreitausend Pferde im Kampf getötet worden waren.

Schon 1812 hatten mehrere Chemiker – Payen, die Gebrüder Pluvinet und Boulier – die Genehmigung für ein neues Herstellungsverfahren von Düngemitteln erhalten, bei dem die Fette und fleischlichen Anteile toter Tierkörper auf dem Wege der Verflüssigung und Auspressung verwertet werden sollten. 1816 machte Foucques den Vorschlag, aus »einigen Abfallprodukten der Pferdeabdeckereien, nämlich Haut, Knochen und Eingeweiden, Seife in verschiedenen Farben sowie eine bleichende Flüssigkeit«[50] herzustellen. Nach 1825 werden in dem neuen Payen-Betrieb in Grenelle Methoden entwickelt, die revolutionäre Veränderungen in diesen Gewerbezweig bringen. Die chemische Behandlung unter Luftabschluß und die Verwendung von Knochenkohle verwandeln die Schmutzarbeit der Tierkörperbeseitigung »in eine gesunde Tätigkeit, die beträchtliche Einkünfte gewährleistet«[51].

Auch die Aufbereitung des Talgs durch Kalkzusätze trägt dazu bei, ein Gewerbe, das in der Vergangenheit laufend Anlaß zu Klagen gab, geruchlos zu machen. Dank der Arbeiten von Barruel dem Jüngeren entwickelt sich nun auch die Salmiakgewinnung aus Knochenresten, Gerippen und Abwässern[52]. Die steigende Rohstoffnachfrage hat zur Folge, daß große Haufen tierischer Überreste von den Schindangern verschwinden. Sie trägt zur Säuberung der Stadt bei. Seit in Clichy die Pluvinet-Fabrik errichtet wurde, »sieht man keine Knochen mehr, die einem den Weg versperren oder mitten auf den Straßen der Hauptstadt herumliegen«[53]. Ein großer Teil des Tierbluts, das bisher auf die Straßen floß, zwischen den Pflastersteinen versickerte und die Luft verpestete, kann hinfort in einer Trocknungsfabrik behandelt werden, die ihre Produkte an die Zuckersiedereien in den Kolonien exportiert[54].

Sicherer und zielstrebiger als die panische Angst vor ungesunden Lebensbedingungen führt das Profitstreben zur Desodorisierung des öffentlichen Raums. Die Belästigungen durch Aas-, Blut- und Knochengestank nehmen rapide ab. Kein Zweifel, anfangs hatte die neue chemische Industrie selbst übelriechende Ausdünstungen verursacht; doch der Aufschwung der mit Luftabschluß arbeitenden Herstellungstechniken, die zunehmende Verwendung von Desinfektionsmitteln und die gesetzlichen Vorschriften zur Kontrolle gesundheitsgefährdender Betriebe sollten dazu beitragen, die schädlichen Auswirkungen einzudämmen.

Langsam weicht auch die zehrende Angst vor verwesenden tierischen Substanzen. Die im vorhergehenden Jahrhundert bis in alle Einzelheiten analysierten Rhythmen der Fäulnis haben sich mittlerweile so stark beschleunigt, daß die Verwandlung als Sache eines Augenblicks erscheint. Für die Produktion von Miasmen bleibt keine Zeit mehr; die Vernichtung des Gestanks hat ihnen den Garaus gemacht. Das Vorbild der neuartigen Tierkörperbeseitigung übt allgemeine Faszination aus. Parent-Duchâtelet gesteht seine Bewunderung für die Revolution, die damit in Gang gekommen ist. Desodorisiert und sorgfältig geordnet findet jeder Teil des Kadavers seine rationale Verwendung[55]. Nun muß nur noch das heimliche, im Untergrund der Hauptstadt praktizierte Abdecken offiziell verboten werden, um den neuen Fabriken das Monopol auf die Weiterverwendung von Tierkörpern zu garantieren. Mehrere von der Präfektur eingesetzte Kommissionen werden beauftragt, die notwendigen Vorschriften auszuarbeiten. Eine gesetzliche Verpflichtung, in Zukunft nur noch mit »hohen Schornsteinen zu arbeiten, damit die Dämpfe weit in die Atmosphäre«[56] hinausgeblasen werden, vollendet den Prozeß der Desodorisierung bei der Tierkörperverwertung.

Erwägungen einer möglichen Nutzbarmachung menschlicher Leichen sind noch tabu. Der fromme Parent-Duchâtelet vermag sich nicht darüber hinwegzusetzen, obgleich er sich recht ausführlich mit dem Mißbrauch beschäftigt, den die im Sektionssaal des Quartier latin arbeitenden Gehilfen mit den dort heimlich gesammelten menschlichen Fetten treiben[57]. Erst 1881 äußert der Ingenieur Chrétien einen Plan, den er selbst – in bedauerlicher Voraussicht – für eine avantgardistische Idee hält. »Das Ziel jeder Bestattung«, so schreibt er, »müßte die Verwandlung aller leblosen Überreste in nützliche Produkte sein.«[58]

Die Revolution der Chloride und die Beherrschung der Luftströme

Gestützt auf eine nunmehr korrekte Analyse der stinkenden Gase macht die wissenschaftliche Desodorisierung rasche Fortschritte. In der Alltagspraxis greift man immer häufiger zu der von Guyton de Morveau entwickelten Beräucherungsmethode[59]; noch größerer Beliebtheit aber erfreut sich das *Eau de Javel*, eine Bleichlauge, die seit 1788 in den Manufakturen des Grafen von Artois hergestellt wird[60]. Zwei Entdeckungen vollenden das Werk des Dijoner Chemikers. Der Apotheker Labarraque ersetzt das Chlor durch Chlorkalk – ein Mittel, das ihm erlaubt, dem Fäulnisprozeß Einhalt zu gebieten. Am 1. August 1823 findet das entscheidende Experiment statt. Morgens um 7.30 Uhr wird eine Leiche exhumiert; anschließend soll der große Orfila eine Autopsie vornehmen. Der Leichengestank ist unerträglich. Die von Labarraque vorgeschlagene Besprengung mit in Wasser aufgelöstem Chlorkalk hat eine »wunderbare Wirkung«. »Der üble Geruch verschwindet auf der Stelle.«[61] Es dauert nicht lange, bis der Präfekt Delavau Konsequenzen aus dieser Erfahrung zieht: er ordnet an, die »Latrinen, Pissoirs und Bleibecken der Hauptstadt« mit einer Chlorkalklösung zu desinfizieren. 1824 schreibt Labarraque ein Handbuch für Darmsaitenmacher, in dem er Anweisungen gibt, wie sie ihr Gewerbe ohne Geruchsbelästigung ausüben können.

Anläßlich des Todes Ludwigs XVIII. bestätigt sich die Wirksamkeit von Labarraques Erfindung. Der Leichnam des Königs ist derart von Fäulnis befallen, daß er einen entsetzlichen Geruch verbreitet. Man läßt den Apotheker rufen. Dieser tränkt ein Leintuch mit gechlortem Wasser, spannt es neben dem Toten auf und deckt es über seinen Leichnam, den er anschließend noch lange besprengt. Auf diese Weise gelingt es, den üblen Geruch zu vertreiben[62].

Schon nach kürzester Zeit wird Labarraques Erfindung zum unerläßlichen Hilfsmittel aller großen hygienischen Unternehmungen. Als der Amelot-Kanal 1826 ausgeschlämmt werden muß, dient die neue Lauge den Arbeitern als Desinfektionsmittel[63]. Sie ist es auch, die 1830 verwendet wird, um die Toten der Juli-Revolution zu desodorisieren. Die »drei ruhmreichen Tage« besiegeln den endgültigen Triumph der Chlorkalklösung. Doktor Troche benutzt sie zur Desinfizierung der provisorischen Gräber, die er in aller Eile auf der Place du Marché des Innocents und vor dem Säulengang des Louvre hat ausheben lassen[64]. Wenige Tage später setzt Parent-Duchâtelet die neue Lauge erfolgreich gegen den Leichengestank ein, der aus den Gruften von Saint-Eustache dringt, wo ebenfalls zahlreiche Tote notdürftig begraben worden sind. Als kaum zwei Jahre nach diesen Ereignissen in Paris die Cholera ausbricht, versucht man die ganze Hauptstadt mit Hilfe der kostbaren Flüssigkeit zu desinfizieren. Auf Anweisung des Präfekten Gisquet[65] soll sie zur Reinigung der Warentische von Metzgern und Schlachtern benutzt werden, um »die fauligen Ausdünstungen, die von den Gräbern und Rinnsteinen herkommen oder bei Erdarbeiten freiwerden«, zu »neutralisieren«; ferner sollen die Marktplätze, die Straßenpflaster und die Abzugsgräben neben den Boulevards mit einer Chlorkalklösung besprengt werden.

Dank der Entdeckung von Labarraque kann endlich auch das heikle Problem der Leichensektion gelöst werden. Bisher hatte in den Sektionssälen ein grausiger Gestank geherrscht[66]. Die Medizinstudenten und ihre Lehrer waren Tag für Tag einer regelrechten Marter ausgesetzt. Manche lebten in ständiger Furcht vor Ansteckungen. Da die Sektionssäle genau wie die Abdeckereien ihren Standort zumeist in den Gassen des Quartier latin hatten, klagte die Nachbarschaft über unzumutbare Geruchsbelästigung. Durch das Verbot inoffizieller Einrichtungen und die Tatsache, daß die Arbeitstische im neuen Sektionssaal der Fakultät hinfort täglich mit einer Chlorkalklösung gereinigt werden müssen, kann das Problem gelöst werden. Diese Reform trägt wesentlich zur Desodorisierung eines ganzen Viertels von Paris bei[67].

Ein immer noch ungelöstes Problem ist der entsetzliche Gestank in den Hospitälern. Labarraque wendet sich auch dieser Frage zu. Er erfindet seine berühmte Natronbleichlauge aus Natriumhypochlorit, die sich als wirksam erweist. Mit ihrer Hilfe, so behaupten die Spezialisten nicht ohne Übertreibung, kann »der Zerfall am lebenden Körper zum Stillstand gebracht werden«[68]. Endlich verfügt man über eine Möglichkeit, die brandigen Karbunkeln, die »eitrigen Geschwüre der Lustseuche«, die »schlimmste Spitalfäulnis« und sogar den Krebs zu »desinfizieren« – das heißt, zu desodorisieren.

Die zweite wichtige Entdeckung macht Salmon im Jahre 1825. Schon seit langem war die desinfizierende Wirkung des Kohlenstaubs allgemein bekannt. Indem der Chemiker tierische Stoffe unter Luftabschluß mit erdigen Substanzen glüht, gelingt es ihm, eine neue Tierkohle herzustellen, die alle »im fauligen Zerfall begriffenen Materien«[69] auf der Stelle desodorisiert. Das Endprodukt des ganzen Vorgangs ist ein kostbares Düngemittel. Dank Salmons Entdeckung können Hygieniker und Ökonomen sich wieder versöhnen. Die ekelerregende Poudrette, jener stinkende, pulverförmige Fäkaldünger, der noch in Balzacs Roman *Ein Lebensbeginn* die Nasen der in Pierrotins Wagen eingeschlossenen Fahrgäste beleidigt[70], gilt hinfort als archaisch und überholt.

Seit Mitte des 18. Jahrhunderts waren haufenweise Verfahren zur Desinfektion der Fäkalstoffe erfunden worden. 1856 gibt Sponi einen Überblick über sämtliche seit 1762 zu diesem Problem gemachten Vorschläge: er kommt auf die stolze Zahl von 57 Verfahrensweisen[71]. Fast ein ganzes Jahrhundert lang haben die größten Gelehrten nachgedacht und experimentiert. Man kann wohl ohne Übertreibung sagen, daß es keinen einzigen hervorragenden Chemiker gibt, der sich nicht in der Desodorisierung der Exkremente versucht hätte[72]. Mit der Tierkohle und später dem Eisensulfat werden endlich wirksame Lösungen gefunden. Dank dieser Produkte schwindet die große Angst vor den Gefahren der Kloakenentleerung. Um die Mitte des 19. Jahrhunderts kann die oft als Vorbild zitierte *Société générale des engrais* in Lyon sogar tagsüber arbeiten, ohne daß Klagen über Geruchsbelästigungen laut werden. »Auch wenn eine Öffnung vom Innenraum eines Ladens direkt zur Senkgrube führt, hindert dies die Kunden nicht, ihre Einkäufe zu tätigen.« In der Hauptstadt geht es mit dem Fortschritt nicht ganz so rasch voran. Erst durch die Verordnung vom 12. Dezember 1849, in der die Desinfektion der Kloaken mit Eisensulfat und Zinkchlorid zur Vorschrift erhoben wird, werden durchschlagende Erfolge erzielt. Bis dahin scheint die verwirrende Vielzahl der vorgeschlagenen Systeme eine Verbreitung der wirksamsten Verfahrensweisen behindert zu haben. Das Beispiel der geruchlosen öffentlichen Aborte, die es in der Rue Neuve-Saint-Augustin schon seit 1817 gab, wurde nicht sogleich nachgeahmt.

Die Desodorisierung der von Ausdünstungen verpesteten Orte setzt eine vollkommene Beherrschung der Luftströme voraus. Es reicht nicht, Bewegung in die Atmosphäre zu bringen; solange man die entstehenden Luftströme nicht steuern kann, ist die muffige Stagnation in Ecken und Winkeln nicht vollständig zu beseitigen. Die Lösung dieses Problems bestimmt den Fortschritt im Bereich der Ventilation. In England ist es vor allem Thomas Tredgold[73], der sich mit neuen Plänen befaßt; auf dem Kontinent sind es der Praktiker d'Arcet und der Theoretiker Péclet[74].

»Ein Verfahren ist immer mangelhaft, wenn man es nicht nach Belieben steuern kann«, behauptet der Ingenieur Philippe Grouvelle[75], ein Schüler von d'Arcet. Zur vollständigen Regulierung der Geruchsatmosphäre gehört nicht nur die Entlüftung, sondern auch die kontrollierte Steuerung und Verteilung der Luftströme im Inneren eines Raums.

Diese Vorstellung führt zu einer entscheidenden Aufwertung des geschlossenen Kreislaufs: »Bei der Ventilation kann kein gutes Ergebnis erzielt werden, wenn sie atmosphärischen Änderungen, Windeinwirkungen oder unberechenbaren, von dem Verfahren selbst unabhängigen Luftströmen ausgesetzt ist, wie sie durch die Öffnung oder Schließung von Türen und Fenstern entstehen.«[76] Nach Ansicht von Grouvelle hat d'Arcet begriffen, »daß die anzuwendenden Mittel so regelmäßig, so stark sein müssen, daß der erzeugte Luftstrom alle zufälligen Bewegungen beherrscht, ohne sich von ihnen beeinträchtigen oder unterbrechen zu lassen«.

Der hermetisch abgeschlossene Raum von Pearson wird zum Vorbild der neuen Forschungsansätze. Um schwindsüchtige Patienten zu Hause behandeln zu können und ihnen einen langen Aufenthalt in wärmeren Gegenden des Südens zu ersparen, hatte der englische Arzt versucht, ihnen im Krankenzimmer eine angenehme Temperatur zu verschaffen. Er hatte die Kaminöffnungen zustopfen, doppelte Türen und doppelte Fenster einsetzen lassen und so eine Art wohltemperiertes Treibhaus für Menschen geschaffen[77]. Die durch solche Abgeschlossenheit hergestellten Lebensbedingungen implizieren eine kopernikanische Revolution der alltäglichen Verhaltensweisen. In der neuen, 1821 von d'Arcet erfundenen Küche muß die Hausfrau sich hüten, Türen oder Fenster zu öffnen. »Sie wird eine alte Gewohnheit zu überwinden haben«, schreibt der Gelehrte; »in dem früheren Bausystem pflegte sie alles aufzureißen, denn wenn sie in ihrer Küche nicht ersticken wollte, war sie gezwungen, viel Luft hereinzulassen, um den schädlichen Rauch und die giftigen Gase zu vertreiben. In unserem neuen System dagegen (...) ist für regelmäßigen Abzug gesorgt; keinerlei Dampf erfüllt die Luft in diesem Raum.«[78]

Unter den gleichen Gesichtspunkten empfiehlt d'Arcet die Verwendung von Geruchsverschlüssen und die industriellen Herstellungsmethoden unter Luftabschluß. Die neue Art der Ventilation beschleunigt die Abschaffung von Kaminen und ihre Ersetzung durch Öfen. Da glatte Oberflächen eine Kontrolle der Luftströme erleichtern, führt die Logik des Systems zu einer Bevorzugung von Emaille und Lack, die den Fluß von Luft und Wasser nicht behindern. In diesem seit der Restauration zum Ausdruck kommenden Willen, sämtliche Strömungen unter Kontrolle zu bringen, liegt der ferne Ursprung des *clean and decent bathroom* vom Ende des 19. Jahrhunderts[79].

Innerhalb des Raumes, den es zu belüften gilt, wendet d'Arcet systematisch zwei Prinzipien an: »Die Aspirationsventilation auf der einen, und die *regelmäßige Luftzufuhr* auf der anderen Seite«[80]. Nur die zweite Methode ist eine wirkliche Neuerung. Wie auch immer, nach d'Arcets Meinung ist es damit nicht getan: die vollständige Desodorisierung setzt auch eine totale Verbrennung voraus. Rauchverzehrende Öfen, die d'Arcet zu diesem Zwecke konstruiert und unermüdlich anpreist, sollen die neue Art der Belüftung vollenden.

Die Gefängnisse sind weiterhin Kristallisationspunkte der Angst. An keinem anderen Ort stellt sich das Problem der notwendigen Luftzirkulation so dringend wie hier. Zu seiner Lösung hält Villermé die Eingrenzung des zu belüftenden Raums für eine unabdingbare Voraussetzung. Seiner Ansicht nach würde die Errichtung einer Ringmauer diesen Zweck erfüllen und jede Fluchtgefahr beseitigen[81]. Als zweiter Schritt müßte die Desodorisierung der Ausscheidungen sämtlicher Gefängnis-insassen ins Auge gefaßt werden.

Innerhalb des Gebäudes wird die Zelle zu einem Laboratorium, das den Gelehrten erlaubt, die Techniken der Desodorisierung in aller Ruhe auszuprobieren. Die Mitglieder einer aus hervorragenden Chemikern (Dumas, Leblanc, Péclet, Boussingault) zusammengesetzten Kommission benutzten den Geruchssinn als Meßinstrument, um festzustellen, welches Verhältnis zwischen der Menge des Luftzustroms und der zur vollständigen Desodorisierung einer Zelle notwendigen Zeit besteht. Um den stinkenden Kübel versammelt, gelingt es den Gelehrten im Laufe der Stunden, Tabellen anzufertigen, die »als Grundlage für die Belüftung und Gesundmachung aller Zellengefängnisse«[82] dienen sollen. Der entscheidende Faktor bei der Regulierung der Ventilation ist hier nicht die für das Überleben des Individuums erforderliche Sauerstoff-menge, sondern die Intensität des Luftstroms, der den Gestank der Aus-scheidungen eines Gefangenen zu bezwingen vermag.

Ähnliche Experimente wurden in einem Klassenzimmer durchge-führt, das vom Schweiß der Schüler und ihrer unreinen Kleidung ver-seucht war. Die Berechnungen ergaben, daß die Zufuhr von sechs Kubik-metern Luft pro Stunde und pro Individuum genügte, um jeden Geruch zu beseitigen[83].

Aus diesem Ergebnis wurde auf einen Luftzustrom von zwölf Kubik-metern pro Stunde und pro Individuum für die Desodorisierung solcher Orte geschlossen, in denen Erwachsene auf engstem Raum zusammen-gepfercht sind. Diese Normen geben auch den Ingenieuren neue An-regungen. Grouvelle betätigt sich erfolgreich im Gefängnis von Mazas: mit Hilfe eines »abwärtsgerichteten Luftzugs«, der durch das nach unten führende Rohr der Latrinen erzeugt wird, schafft er in 1.200 Zellen »gesunde Verhältnisse«. Eine ganz andere Methode, nämlich die Einfüh-rung von Abortschüsseln mit S-förmigem Geruchsverschluß, erlaubt Duvoir, in den Zellen des Palais de Justice ebenfalls gute Ergebnisse zu erzielen[84].

Ab 1853 drängt sich der von Van Hecke erfundene mechanische Ven-tilator als Modell auch für die Strafanstalten auf. Ducpétiaux ist ein be-geisterter Anhänger dieses Systems[85]. Der im Brüsseler Zellengefängnis der Karmeliter installierte Windmesser hat bewiesen, daß der neue Apparat eine Zufuhr von 48 Kubikmetern Frischluft pro Stunde und pro Person bewältigt, obwohl die Behörden nur zwanzig Kubikmeter verlan-gen. Vor allem aber zeigt eine vom Gang aus sichtbare Nadel Tag und Nacht »die tatsächliche Kraft der Ventilation (an); ein Blick genügt, um

Zellengefängnis im Querschnitt, Belüftungssystem nach Péclet

Jede Zelle verfügt über eine Abortschüssel (C). Die nach
unten führenden Abflußrohre saugen zugleich die verbrauchte
Luft an und lassen sie in einem Kellerraum entweichen, der
mit dem Hauptkamin verbunden ist. Die Exkremente werden in
Tonnen aufgefangen. Durch die Öffnungen (D) dringt frische Luft
aus dem Korridor in die Zellen

sich Klarheit über die verschiedenen Stufen vom Minimum o bis zum Maximum 10 zu verschaffen«[86]. Obgleich besagter Ventilator nicht nach dem Aspirationsprinzip arbeitet, verwirklicht er den großen Traum von d'Arcet. Ein gleichmäßiger, regulierbarer, ununterbrochen durch Messungen kontrollierter Luftstrom sorgt für jene gesteuerte Ventilation, die allein in der Lage ist, sämtliche individuellen Gerüche zu eliminieren. Regelmäßigkeit bürgt für den Erfolg:»Während der ganzen Dauer unserer Experimente schwankte die Nadel fast unverändert zwischen dem 4. und dem 5. Grad.«[87] 1856 wird ein gleichartiger Ventilator im Hospital Beaujon installiert. Ein Jahr später wirkt Van Heckes Erfindung Wunder an Bord der *Adour*, die 500 Zuchthäusler von Toulon nach Cayenne befördern soll. Dank der neuen Belüftungstechnik braucht der Bordchirurg während der Überfahrt keine einzige Krankschreibung vorzunehmen[88].

Wenn die Desodorisierung an den Orten der »großen Gefangenschaft« durch Belüftung bewerkstelligt werden soll, bedarf es einer Disziplin bei der Defäkation, die – wie alle Verantwortlichen einmütig beklagen – nicht gegeben ist[89]. Lange bevor es in den Schulen oder im Privatbereich zu einer Entwicklung diesbezüglicher Disziplinierungsmaßnahmen kommt[90], bringt die Sorge um die Gesundheitspflege – manchmal kombiniert mit dem Interesse, einen Verlust der wertvollen Exkremente zu verhindern – in den Irrenhäusern erstaunliche Praktiken hervor[91]. Bezeichnend in diesem Zusammenhang sind die strikten Anweisungen, die Girard de Cailleux den Pflegern erteilt: sie sollen die Irren zwingen, Tag und Nacht zu festgelegten Zeiten jene Eisengriffe zu benutzen, die ihnen keine andere Möglichkeit lassen, als sich am vorgeschriebenen Ort zu entleeren. Beobachtungen haben gezeigt, daß diese beispielhafte Dressur Erfolg verspricht:»Hinsichtlich der Abtrittsbenutzung kann der Geisteskranke, gerade weil er seines Verstandes beraubt ist, einem Zwang zur Verhinderung von Unreinlichkeiten unterworfen werden, den man normalen Bewohnern öffentlicher Einrichtungen nicht auferlegen könnte.«[92]

Im gleichen Jahr 1858 stellt Duponchel in den *Annales d'hygiène publique* ein faszinierendes Projekt vor, das auf übertriebene Weise den Willen verdeutlicht, den Fäkalgestank in kollektiven Einrichtungen zu vernichten und allein durch die Struktur der Gebäudeausstattung eine Disziplin zu erzwingen[93]. Zur Desodorisierung von Kasernen und Hospitälern schlägt der Autor die Errichtung eines als »Minarett« bezeichneten Latrinenturms vor, dessen barocke, vom Mastkorb und sicherlich auch von d'Arcets Taubenschlag inspirierte Architektur dem

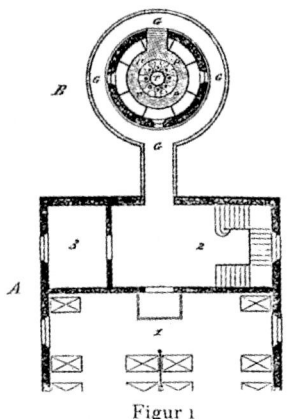

Figur 1

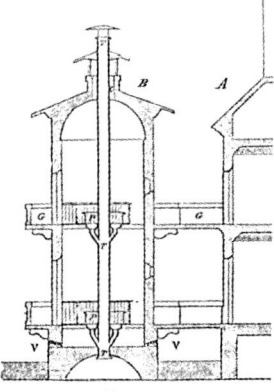

Figur 2

»Minarett« oder Latrinenturm nach Duponchel

Figur 1: Der abgesonderte Latrinenturm (B) ist vom
Gebäude (A) aus durch einen schmalen Gang erreichbar; die
Eingangstür zu den Latrinen ist der des Gebäudes diametral
entgegengesetzt, so daß dieses vor jedem Gestank geschützt bleibt.
Die Becken sind in der Mitte rund um das zylindrische
Abzugsrohr (T) angeordnet und nur vom inneren Steg aus benutzbar
Figur 2: Auf jeder Etage des Latrinenturmes sorgen
vier Ventilatoren (V) für die Zufuhr frischer Luft. Die
verbrauchte Luft entweicht durch das Abzugsrohr (T) nach oben,
während die Exkremente durch das gleiche Rohr nach unten
in die Kloake abgeführt werden

Individuum jede Möglichkeit zur Verunreinigung nehmen soll. Kein Boden, keine Wand mehr, die von dem Kranken oder dem Soldaten beschmutzt werden könnten; nur ein schmaler Metallsteg gewährt Zugang zu dem Ort seiner Notdurft, wo er sich, um Halt zu finden und die fast freischwebende Abortschüssel zu erreichen, mit beiden Händen an den Eisengriffen festklammern muß.

Genau wie seine Kollegen vom Gesundheitsrat und insbesondere sein Freund Parent-Duchâtelet, träumte auch d'Arcet davon, in allen Gewerbezweigen gesunde Verhältnisse zu schaffen. Mit Hilfe der Aspirationsventilation, vor allem aber durch die Installierung rauchverzehrender- und Flammöfen gelang es ihm, einige besonders übelriechende Manufakturen zu desodorisieren. Die Seidenzüchtereien mit ihren »vom Atem, Schweiß und den Ausscheidungen der Würmer, von Verpuppungsrückständen, Aas und Gärungsprozessen in der Streu verseuchten«[94] Raupenhäusern hatten schon Olivier de Serres in Angst und Schrecken versetzt. 1835 kann d'Arcet einen Erfolg verbuchen er hat es geschafft, den Seidenbau von allen üblen Gerüchen zu befreien. Auf ähnliche Weise »saniert« er die Betriebe, in denen Gold und Silber gereinigt werden, später auch solche, die der Räucherung von Tabakrippen dienen. D'Arcet sorgt dafür, daß mancherlei Gewerbe, die wegen ekelerregender Geruchsbelästigung kaum noch von der Stadtbevölkerung geduldet waren, weiterhin im Zentrum der Ballungsgebiete ausgeübt werden können und der Ansiedlung neuer Niederlassungen im Herzen der Stadt nichts mehr im Wege steht.

Diese Entwicklung und der beharrliche Widerstand des Gestanks sollten der Belüftungsindustrie eine dauerhafte Blütezeit garantieren[95]. Frankreich allerdings weist in dieser Hinsicht einen deutlichen Rückstand auf. Im Gegensatz zu ihren englischen Kollegen sind die Architekten hier kaum über die Fortschritte der Physik informiert. Voller Verachtung für die Arbeit der nicht gerade zahlreichen Ingenieure, kommt es ihnen vor allem auf die Schönheit der Formen an. Eine Reise nach Rom bietet weit größere Sehenswürdigkeiten, sie ziert sich mit anderen Reizen als dem Erlernen von Heizungs- oder Belüftungsmechanismen. Die Ventilation bleibt eine Angelegenheit der Ofensetzer; nur selten beeinflußt sie die Gesamtkonzeption eines Gebäudes. Die oben genannten Beispiele sind Ausnahmen. Man hört nicht auf die Theoretiker der Ventilation. Den im Bauwesen tätigen Ingenieuren fehlt es an einer hinreichend organisierten Körperschaft, die sich als Mittler zwischen Architekten und Mechanikern hätte durchsetzen können. In England verfügen fast alle öffentlichen Gebäude sowie zahlreiche Wohnhäuser und

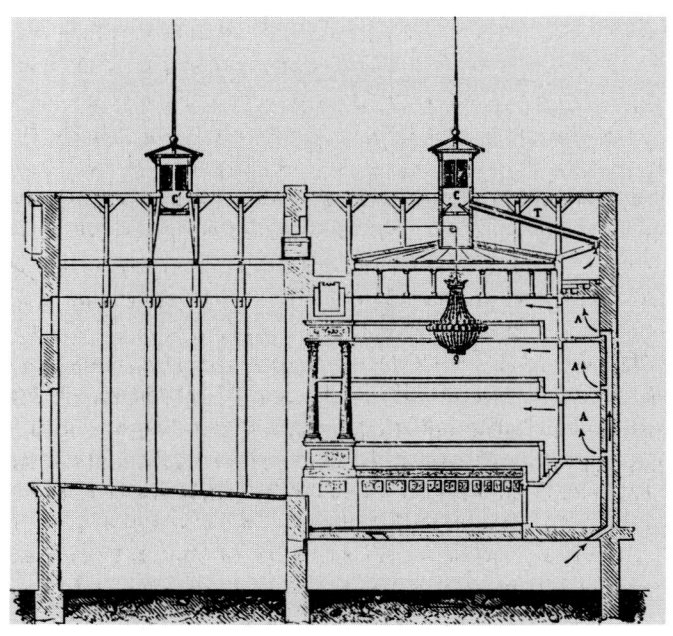

Theatersaal im Querschnitt, Belüftungssystem nach d'Arcet
Über jedem Kronleuchter befindet sich ein Luftschacht (C),
durch den die verbrauchte Luft ins Freie weicht. Frische,
bei kalter Witterung in einem Nebengebäude angewärmte Luft wird
durch Rohre und Öffnungen unter den Sitzbänken im Parterre
zugeführt. Das gleiche System gilt für die höhergelegenen
Logen (A), von denen nur die obersten dank ihrer ungünstigen
Lage durch ein besonderes Rohr (T) an den Luftschacht
angeschlossen sind

Schiffe über Belüftungssysteme, auch wenn diese oft nur das Gröbste besorgen. Die Großstädte der auf dem Zensuswahlrecht beruhenden Monarchie dagegen können nur mit ein paar exemplarischen Verwirklichungen aufwarten. Die Fürsorge der Hygieniker konzentriert sich auf die Pariser Theatersäle, in denen sich Abonnenten aus der Bourgeoisie und der Aristokratie drängen, um endlose Abende auf engstem Raum miteinander zu verbringen. Ein Modell, das in kürzester Zeit große Verbreitung findet, ist die von d'Arcet erfundene Ventilation im *Théâtre des Variétés* mit Luftabzügen über den als Aspirationskraft dienenden Kronleuchtern.

Die Politik und das Problem der Schädlichkeit

*Die Ausarbeitung neuer Gesetzesvorschriften und
das Primat des Riechbaren.*

Auch in der Zeit zwischen der Französischen Revolution und den Entdeckungen von Pasteur scheint die öffentliche Hygiene sich auf geborgte Argumente zu stützen. Das sich herausbildende System gesetzlicher Regelungen schöpft seine Richtlinien weitgehend aus dem Arsenal der unter dem Ancien Régime erlassenen Maßnahmen, deren Wirksamkeit sich oft als fragwürdig erwiesen hatte. Im übrigen hat die heftige Kritik an den ungesunden Verhältnissen auf Friedhöfen und den fauligen Ausdünstungen der auf engem Raum zusammengepferchten Masse den Weg für die Entwicklung des ökologischen Traums gebahnt, ihm ein Modell der Furcht, der Aufmerksamkeit und der Intervention geliefert. Es wäre voreilig, der im 19. Jahrhundert aufkommenden Auseinandersetzung über die industrielle Schädlichkeit radikale Modernität zu bescheinigen; in vielen Punkten ist sie nur ein Resultat früherer Überlegungen. Um es noch einmal in aller Deutlichkeit zu sagen: die Neuerung liegt in der Kohärenz der Maßnahmen. Nach der Zeit der Konsularregierung bildet sich Schritt für Schritt ein regelrechtes *Gesetzbuch* heraus, das sowohl die Schädlichkeit industrieller Einflüsse als auch die in diesem Zusammenhang angemessen erscheinende Politik definiert. Das neue Konzept der öffentlichen Hygiene hat eine Beschleunigung der Desinfektionsrhythmen zum Ziel; diesmal soll die Totalität von Raum und Gesellschaft erfaßt werden.

Die Geschichte des aufkommenden Systems gesetzlicher Regelungen ist klar und übersichtlich. In den Jahren 1790 und 1791 werden zur Gewerbehygiene zwei neue Gesetze verkündet, deren Wirkung sich als äußerst beschränkt erweisen sollte. Der Text enthält nicht einmal eine Klassifizierung der ungesunden Betriebe; die durch industrielle Ansiedlungen verursachten Schäden werden weder gewürdigt noch definiert; die Gerichte bleiben ohnmächtig, die Rechtsprechung ist weiterhin verschwommen und willkürlich. Die besagten gesetzgeberischen Maßnahmen sind im Grunde nur eine Fortsetzung der unter dem Ancien Régime zur Tradition gewordenen Wirkungslosigkeit.

Erst die Einsetzung eines Gesundheitsrats für das Seinedepartement am 18. *Messidor* des Jahres XI (7. Juli 1802) verhilft der Administration zu einem stabilen Konsultations- und Kontrollorgan, das neue Ambitionen erlaubt, zugleich aber auch die Definition präziserer Gesetzesvorschriften unerläßlich macht. Vom Minister des Inneren um Rat ersucht, legt die Abteilung für physikalische und mathematische Wissenschaften des *Institut de France* am 26. *Frimaire* des Jahres XIII (17. Dezember 1804) eine Klassifizierung ungesunder und schädlicher Betriebe vor. Fast drei Jahre lang dient dieser Text als Richtschnur für die Maßnahmen der Administration. Am 12. Februar 1806 tritt eine Verordnung des Präfekten Dubois in Kraft: jeder Unternehmer, der eine Niederlassung gründen will, muß vor Betriebseröffnung eine Erklärung abgeben. Ferner wird ihm die Auflage gemacht, einen Plan seines Vorhabens zu hinterlegen. Für die Überprüfung werden »Leute aus dem Gewerbe« bestellt; in Begleitung eines Polizeikommissars sollen sie die Örtlichkeiten in Augenschein nehmen und nach Anhörung des von dem Vorhaben betroffenen Personenkreises einen amtlichen Bericht über die Befürwortungen und Einwendungen – *de commodo et incommodo* – erstellen.

Heftige Klagen über Belästigungen durch die Sodafabrikation veranlassen den Minister des Inneren, sich 1809 erneut an das *Institut* zu wenden. Die Klassifikation vom 26. *Frimaire* des Jahres XIII vermag den Ansprüchen nicht mehr zu genügen. Seit zwanzig Jahren gibt es laufend Scherereien mit den Fortschritten im Produktionsbereich der Manufakturen; der allgemeine Verdruß ist so gewachsen, daß die unbekümmerte Ansiedlung industrialisierter Betriebe im städtischen Milieu nicht länger geduldet werden kann. Schlachthäuser, Darmsaitenfabriken und Talgschmelzereien versetzen die Bevölkerung weiterhin in Angst und Schrecken. Dennoch, in der Hierarchie der Befürchtungen nehmen andere faulige Einrichtungen hinfort den ersten Rang ein: jene Fabriken nämlich, die zur Herstellung von Berliner Blau, Leim und Poudrette dienen – Gewerbezweige, die sich nach Aussagen der Zeitgenossen in allen großen Städten des Landes verbreiten. Auch die zu Anfang des ersten französischen Kaiserreichs in Aufschwung gekommene Produktion von Vitriol, Bleisalz, Salmiak und vor allem Soda scheint in der Öffentlichkeit auf höchstes Mißtrauen zu stoßen, obgleich die Schädlichkeit saurer Dämpfe von den Gelehrten weniger nachdrücklich angeprangert wird als die der fauligen Miasmen. Die Vergoldung metallischer Gegenstände sowie alle Herstellungsverfahren, bei denen Blei, Kupfer oder Quecksilber verwendet werden, beschließen die Liste der als abschreckend empfundenen Aktivitäten[1].

Der Kaiser selbst liefert einen Beweis für die neue Intoleranz: belästigt durch die üblen Gerüche, die in Saint-Cloud von der Seine aufsteigen und letztlich von den Abfällen einer in Grenelle angesiedelten Fabrik zur Destillation organischer Substanzen herrühren, ordnet Napoleon an, daß solche Produkte hinfort nicht mehr in den Fluß geworfen werden dürfen[2].

Wieder steht eine allgemeine Untersuchung an. Die chemische Abteilung des *Institut*, die dieses Mal mit der Durchführung beauftragt wird, bittet den Polizeipräfekten, eine umfassende Zählung der in Paris niedergelassenen Industriebetriebe zu veranlassen. Die Analyse dieses Dokuments führt zu einer neuen Klassifikation, die durch das Dekret vom 15. Oktober 1810 offiziell bestätigt wird und allen späteren Maßnahmen als Grundlage dient. Auch der königliche Erlaß von 1815 enthält keine nennenswerte Änderung. Aus all den genannten Texten spricht ein und dieselbe Philosophie, die hier wenigstens in groben Zügen dargelegt werden soll.

Das gesamte Reglement ist geprägt von den Interessen einer fortschreitenden Industrialisierung. In erster Linie gilt es, den Unternehmer gegen die Eifersucht oder übelwollende Gesinnung der Anwohner zu schützen, ihm Ruhe und Sicherheit zu garantieren, um günstige Voraussetzungen für die Expansion seines Betriebs zu schaffen. Die Gelehrten des *Institut* machen keinen Hehl daraus, daß sie die Industrie in Paris heimisch machen wollen; die Öffentlichkeit soll dazu gebracht werden, die Existenz industrieller Niederlassungen im Herzen der Stadt ebenso zu akzeptieren wie einst die Werkstätten der Huf- und Kupferschmiede, der Böttcher, Gießer oder Weber, »die ein für die Nachbarschaft mehr oder weniger unangenehmes Handwerk ausüben«. Vergessen ist der am Ende des Ancien Régime gehegte Plan, sämtliche Werkstätten aufs Land zu verlegen[3]. Die gegenwärtige Toleranz wird bestärkt durch die Überzeugung, daß der Aufschwung der Chemie und die Fortschritte bei der »Beherrschung des Feuers« in allernächster Zukunft für eine Beseitigung der schädlichen Einflüsse sorgen werden. Schon jetzt, so heißt es in dem Bericht von 1809, funktionieren einige Fabriken, in denen Soda und Berliner Blau hergestellt werden, ohne die geringste Unannehmlichkeit für ihre Umgebung.

Jedem Leser, der auch nur ein klein wenig mit den medizinischen oder vielmehr behördlichen Schriften des todkranken Ancien Régime vertraut ist, muß die neue Definition des Ungesunden äußerst restriktiv erscheinen. Der alarmierende Tonfall, der gegen Ende des 18. Jahrhunderts von den Chemikern zu hören war, ist verstummt. Eine Zeitlang

Blick auf das Quartier des Gobelins

beherrscht Optimismus den Diskurs der Gelehrten. Einzig das Vorhandensein schädlicher Miasmen, erkennbar am Verfall von Metallen oder am Absterben der Vegetation, rechtfertigt die Bezeichnung »ungesund«. Gewiß, die Werkstätten, in denen »große Massen tierischer oder pflanzlicher Stoffe angehäuft und der Fäulnis oder Verwesung preisgegeben werden, bilden eine der Gesundheit abträgliche Umgebung«[4]; doch das Wesentliche ist eine offenkundige Erweiterung des Begriffs »unangenehm« bei gleichzeitiger Einengung dessen, was als »ungesund« beschrieben wird. Unter dem Vorwand, daß die meisten chemischen Dämpfe »unter dem Einfluß des Feuers entstehen« und man sie kondensieren kann, scheinen sie eine Einstufung als »ungesund« nicht zu verdienen. In dem Bericht vom 26. *Frimaire* des Jahres XIII heißt es: »Bei guter Führung sind die Fabriken, in denen Säuren, Salmiak, Berliner Blau, Bleisalz oder Bleiweiß gewonnen werden, keineswegs gesundheitsschädlich für ihre Umgebung; das gleiche gilt für Schlachtereien, Stärkefabriken, Gerbereien und Brauereien (ja sogar für die Herstellung von Schwefelsäure).«

Selbst der Begriff des Unangenehmen ist ausgesprochen eng gefaßt. Seine Definition beschränkt sich auf das Riechbare – was uns nicht überraschen kann. In Artikel I des Dekrets vom 15. Oktober 1810 finden wir die unmißverständliche Formulierung: »Manufakturen und Werkstätten, die einen ungesunden oder unangenehmen Geruch verbreiten, dürfen ab sofort nicht mehr ohne behördliche Genehmigung in Betrieb genommen werden.« Die wenigen Verweise auf lärmende Geräusche erfüllen nur den Zweck, die Öffentlichkeit zur Toleranz aufzurufen. Sogar der Rauch findet im Augenblick kaum Beachtung, Staub spielt noch gar keine Rolle. Um so verständlicher, daß in den zitierten Texten auch vom Anblick keine Rede ist; alles, was den Blick schockieren oder die Helligkeit verfinstern könnte, wird übergangen.

Der Unternehmer könnte sich also in fast unbegrenzter Sicherheit fühlen, gäbe es nicht den Haus- und Grundbesitzer, dessen Interessen der anarchistischen Expansion der Industrie als einzig wirksame Bremse entgegenstehen. Der entscheidende Test, das Maß für den Schaden, liegt in der Wertminderung von Miets- oder Verkaufsobjekten in der unmittelbaren Nachbarschaft eines Industriebetriebs. Dieses Argument wird immer wieder auf den Tisch gebracht. Am 9. Februar 1814 liefert der für die Manufaktur zuständige Minister eine scharfsinnige Interpretation des oben erwähnten Dekrets vom 15. Oktober 1810: er versteht die Maßnahmen als einen schlichten Schiedsspruch zwischen dem Fabrikanten und dem Hausbesitzer[5]. Die Gesundheit der Arbeiter wird kaum in Betracht gezogen; die der Nachbarn bleibt eine zweitrangige Sorge.

Im Laufe der Zeit sollte das Dekret vom 15. Oktober 1810 durch zahlreiche Einzelvorschriften ergänzt werden. Die Gesamtheit dieser 1832 von Trébuchet zusammengestellten Texte bildet ein »klares und ausführliches Programm für jede Art von Industrie, für jede individuelle Position«[6]. Das neue Reglement teilt die Betriebe in drei Klassen ein[7] und verallgemeinert das Prinzip der behördlichen Bewilligung vor Inbetriebnahme einer neuen Niederlassung; ein neues Kontrollsystem soll die anarchistische Vermehrung der Werkstätten und damit sowohl gesundheitsschädliche Einflüsse als auch materielle Wertminderungen in Grenzen halten.

Lehrjahre der Toleranz

Zwischen 1822 und 1830 wird in allen wichtigen Städten des Königreichs ein Gesundheitsrat geschaffen, ein Organ also, das dazu bestimmt ist, über die Einhaltung der neuen Vorschriften zu wachen. In diesen Gremien arbeiten Ingenieure, Chemiker und Ärzte Hand in Hand. Das Verhalten der Fachleute stimmt mit den Prinzipien überein, unter deren Einfluß die Gesetzestexte erarbeitet wurden. Die versöhnliche Haltung der Ratsmitglieder beweist, daß man sich hüten muß, in ihnen das Instrument einer zur pedantischen Überwachung entschlossenen Macht zu sehen. Der Auftrag der Gesundheitsräte besteht vor allem darin, die Allgemeinheit zu beruhigen, die Angst vor bedrohlichen Gestänkern abzuschwächen und ein ruhiges Leben in der Nachbarschaft industrieller Betriebe zu ermöglichen. Der Optimismus, den die Experten gegenüber schädlichen Auswirkungen an den Tag legen, beruht auf ihrem Glauben an die Fortschritte der Chemie; er steht in direktem Gegensatz zu ihrer eigenen Befürchtung, ganz Paris könnte durch eine gewaltige Verstopfung im Dreck untergehen. Inspiriert vom Augustinismus, überzeugt von der Notwendigkeit, die unvermeidlichen Übel zu ertragen, werben die Hygieniker in den Gesundheitsräten für mehr Toleranz. Da Licht reinigt, geben sie sich damit zufrieden, den undurchsichtigen Untergrund inoffizieller Gewerbeausübung zu durchleuchten – aber auch das erst, nachdem die öffentliche Meinung ihrem Unmut durch Klagen oder Petitionen Nachdruck verliehen hat. Die von den Behörden beauftragten Fachleute für Gesundheitspflege spielen eher eine Schiedsrichter- als eine Inspektorenrolle.

So erklärt sich auch, weshalb es mit der Eliminierung industrieller Gerüche, die den öffentlichen Raum verpesten, nur schleppend vorangeht. Die wenig konsequente Arbeit der Kontrollorgane steht im Widerspruch zu der herausragenden Bedeutung, die der Gesetzgeber dem Riechbaren beigemessen hat. Mit Billigung des Gesundheitsrats werden die Vorschriften in der Hauptstadt auf übelste Weise umgangen. Nach Aussagen der Experten sind die chemischen Dämpfe in den meisten Fällen nur für jene Arbeiter gefährlich, die sie aus nächster Nähe einatmen. Dies aber wäre niemals Grund genug, an eine Schließung der betreffenden Einrichtungen zu denken. Der Begriff der Gesundheitsschädigung gilt nur für die Nachbarschaft. Den Arbeitern bleiben die »Unannehmlichkeiten« ohnehin erspart: dank der Gewohnheit nehmen sie schädliche Einflüsse und Belästigungen schon gar nicht mehr wahr. »Wenn man zum Beispiel eine Fabrik betritt, in der einfache oder oxydierte Schwefel-, Salpeter- oder Salzsäuren hergestellt werden«, schreiben die Chemiker des *Institut* im Jahr 1809, »ist man plötzlich überwältigt vom Geruch dieser Säuren, während die Arbeiter ihn kaum bemerken und ihn nur dann unangenehm finden, wenn sie aus Unvorsichtigkeit zu viel auf einmal davon einatmen.« Monfalcon und Polinière werden noch deutlicher; in ihrem 1846 verfaßten Bericht heißt es: »Man muß feststellen, daß die Arbeiter sich recht oft an die Werkstatt gewöhnen; sehr wenige beklagen sich, sehr wenige scheinen wahrzunehmen, wie ungesund die Umgebung ist, in der zu leben sie verurteilt sind.«[8] Es ist Aufgabe des Statistikers, die schädlichen Einflüsse der Industrie auf die Gesundheit der Belegschaften zu messen. Unempfindlich wie er ist, wäre der Arbeiter selbst nicht in der Lage, die ihm entstehenden Unannehmlichkeiten zu beurteilen.

Durch eine geschickte Einführung des technischen Fortschritts gelingt es den Experten der Gesundheitsräte, die Ansiedlung industrieller Betriebe für die jeweils betroffene Nachbarschaft annehmbar zu machen – ein Vorgang, der fast immer nach einem identischen Schema abläuft: auf die ursprünglichen, durch fast alle Neuerungen ausgelösten Klagen folgt eine Haltung der Resignation; stillschweigend finden die Anwohner sich mit der Neuansiedlung ab. Allmählich wird die gegen Ende des 18. Jahrhunderts noch geschmähte, 1839 heftig kritisierte Steinkohle und mit ihr auch die Dampfmaschine in der Hauptstadt heimisch. Der gleiche Prozeß ist hinsichtlich der »Destillation von Säuren« und später auch im Zusammenhang mit der Produktion und Verbrennung von Leuchtgasen zu beobachten. Das Verhalten von Parent-Duchâtelet ist ein extremes Beispiel für diesen Willen zur Toleranz, dem zu verdanken ist, daß der Gestank die französischen Städte trotz der Verbreitung neuer sensorieller Ansprüche noch lange beherrschen kann.

Doch die Geschichte des Kampfes gegen übelriechende Gesundheitsbedrohungen beschränkt sich nicht auf die Gesetzestexte. Sie ist nicht gleichzusetzen mit dem Triumph der Toleranz, sondern besteht auch aus ehrgeizigen Plänen und schwierigen – oft schmutzigen, manchmal heldenhaften – Schlachten. Nachdem unter der Konsularregierung und während des ersten Kaiserreichs der nur sehr partiell gelungene Versuch unternommen worden war, die Straßen von Paris zu reinigen, erscheint die Restauration als das Zeitalter der großen Ambitionen, wenn nicht gar als das der konkreten Realisierungen. Nie war den politischen Bestrebungen der Hygieniker soviel Nachdruck verliehen worden wie in dieser Zeit, in die unter anderem auch die Gründung der Zeitschrift *Annales d'hygiène publique et de médecine légale* (1829)[9] fällt. Das gleiche gilt für die Ausarbeitung wirksamer Strategien zur Sanierung der traditionell unter Enge und Überfüllung leidenden Orte, insbesondere der Kasernen und Gefängnisse[10]. Im Mittelpunkt der Bemühungen steht jedoch der Kampf gegen die Flut der Exkremente. Die Bièvre, deren Gestank 1821 einen Höhepunkt zu erreichen scheint[11], wird teilweise saniert. Wie wir gesehen haben, gibt die Ausschlämmung der unterirdischen Kanäle von La Roquette, Chemin Vert und Amelot Gelegenheit, neue Techniken der Ventilation, Beräucherung und Desinfektion auszuprobieren. Umfassende Pläne für die Reinigung von Vincennes und Clichy beweisen die Entschlossenheit zur Säuberung der mittlerweile als äußerst bedrohlich empfundenen Vororte.

In den ersten Jahren der Julimonarchie zeichnet sich eine Wende ab. Die Choleraepidemie von 1832 zwingt zum Entwurf einer Desinfektionsstrategie, die das gesamte Königreich erfaßt. Sie gibt – wie wir noch sehen werden – den Anstoß zur Desodorisierung des volkstümlichen Privatbereichs und stimuliert die vorübergehend eingeschlummerte Arbeit an den gesetzlichen Vorschriften zur Gesundheitspflege.

Doch schon stellen sich neue Befürchtungen ein. Sehr zu Recht hat Louis Chevalier die wachsenden Ansprüche des Gesichtssinns im städtischen Milieu während der Regentschaft des »Bürgerkönigs« Louis Philippe hervorgehoben[12]. Eine neue, kollektive und volkstümliche Sensibilität bahnt sich an. Die Atmungsphänomene und die Angst vor Schwindsucht gewinnen stärkeren Einfluß auf die Geisteshaltungen. Gleichzeitig nimmt der Steinkohlegebrauch in der Hauptstadt bedrohlich zu, immer mehr Schmelzereien arbeiten nach dem Wilkinson-Verfahren, und schließlich wird auch die Gasbeleuchtung allgemein eingeführt. Als Antwort auf diese Entwicklung werden in Paris immer mehr Klagen gegen die Benutzung von Steinkohle (1839)[13], gegen den Einsatz von Dampfmaschinen und gegen die Eröffnung von Bitumen[14]- oder Gummifabriken (1856) laut. In zunehmendem Maße gibt der Rauch Anlaß zur Besorgnis, diesmal aber nicht so sehr wegen seines Geruchs, sondern weil die rußigen, undurchsichtigen Schwaden üble Lungenschäden hervorrufen, weil sie die Fassaden einschwärzen und die Atmosphäre verdüstern. Das Bedürfnis nach Licht und Helligkeit wird zum Ausgangspunkt neuer Befürchtungen.

Obwohl der unter den Spezialisten und in der Verwaltung vorherrschende Optimismus allmählich schwindet, geben die Gesundheitsräte sich nicht geschlagen. Schon seit langem vertreten Fachleute und Polizeiinspekteure die Ansicht, daß hohe Schornsteine aus Ziegelstein und abschottende Ringmauern genügen würden, um den lästigen Rauch und die unangenehmen Dämpfe unschädlich zu machen. Darüber hinaus hat sich die Wirksamkeit rauchverzehrender Öfen bestätigt[15]. Dank dieser Apparate ist es gelungen, jene Qualmwolken aufzulösen, die bei der Verbrennung von Steinkohle, beim Rösten von Tabakrippen und beim Raffinieren des Zuckers entstehen. Trotzdem versucht die Administration erst 1854, einigermaßen strenge – aber auch nicht sehr erfolgreiche – Maßnahmen gegen die ebenso unheilvollen wie finsteren Rauchschwaden zu ergreifen.

Kennzeichnend für die neuen Befürchtungen ist die Tatsache, daß Gerüche bei Beschreibungen des öffentlichen Raums seltener erwähnt werden. 1846 stellen Monfalcon und Polinière[16] eine genaue Liste der »Unzulänglichkeiten« von 213 Kategorien ungesunder, schädlicher oder belästigender Industriebetriebe zusammen. Die quantitative Analyse dieser »Unannehmlichkeiten« ergibt mit 69,4 %[17] immer noch eine deutliche Vorrangstellung der über den Geruchssinn wahrnehmbaren Schädlichkeiten; sie beweist die fortbestehende Gleichgültigkeit gegenüber Lärm[18] und Staub, die mit jeweils 2,7 % kaum ins Gewicht fallen, und sie zeigt den unverkennbaren Aufstieg jener Besorgnisse, die neuerdings durch den Rauch hervorgerufen werden, der hier in 21,5 % aller Fälle eine Rolle spielt. Vergleichen wir das soeben angeführte Dokument mit dem ebenfalls auf die Gesundheitspflege zielenden Erlaß von 1866[19] und den dort angeführten Unannehmlichkeiten, so können wir die langsame Evolution nachvollziehen: allmählich wird dem Lärm, dem Staub und vor allem dem Rauch größere Aufmerksamkeit zuteil.

An der Politik Napoleons III. zeigt sich die Fortentwicklung der Empfindsamkeit. Baron Haussmann, der 1853 zum Präfekten des Seinedepartements ernannt wird, widmet sich der Aufgabe, Licht in das finstere Paris zu bringen. Die von ihm veranlaßte städtebauliche Umgestaltung hat teilweise zum Ziel, das düstere, undurchsichtige Zentrum aufzuhellen. Obgleich in der Stadt weiterhin die übelsten Gerüche herrschen – die Gründe dafür kennen wir bereits –, spielt die Sorge um den Gestank bei der Verwaltung des öffentlichen Raums hinfort keine so wichtige Rolle mehr.

Wenn Haussmanns Politik nicht ganz zu Unrecht als »gesellschaftliche Dichotomie der Säuberung«[20] verstanden werden kann, wenn es stimmt, daß es in der Stadt zu einer soziologischen Verteilung des früher fast gleichförmig für alle geltenden Gestanks kommt, so nur, weil seit etwa zwanzig Jahren eine langsame Verschiebung in Gang gekommen ist. Im Laufe der Zeit wird die ängstliche Besorgnis um die Fäulnis des öffentlichen Raums abgelöst von einer neuen Aufmerksamkeit: das Augenmerk ruht mehr und mehr auf dem Gestank des Armen und seiner Ungeniertheit in Fragen der Reinlichkeit. Solange die Toleranzschwellen der Sinneswahrnehmung nicht durch eine allgemeine Erziehung nivelliert sind[21], glaubt man an eine zwangsläufige Selektion der Reinlichkeitsansprüche. Abgesehen davon kann die Desinfektion des der Bourgeoisie vorbehaltenen Raums nur eine Wertsteigerung ihres Eigentums bedeuten. Hier vermehrt sich das Gold im gleichen Zuge, in dem Unrat und Gestank abnehmen. Eine Sanierung der Miethäuser dagegen, in denen die Arbeiter unterschiedslos zusammengepfercht sind, würde die Kosten des Eigentümers unmäßig in die Höhe treiben. Das Profitstreben als solches leistet jener sozialen Verteilung der Gerüche Vorschub, mit der wir uns im folgenden beschäftigen wollen.

Gerüche, Symbole und gesellschaftliche Vorstellungen

Baignoire en berceau oder Schaukelwanne

Während die Chemie, angespornt durch Lavoisiers umwälzende Entdeckungen, neue Vorstellungen des Raums ins Leben ruft, während sie den alten »Aerismus« aus dem Felde schlägt, kommt es in der Theorie zu einer Verschiebung, die den Geruchsempfindungen – trotz der Mißerfolge der osphresiologischen Forschung – eine neue Bedeutung verleiht und den Botschaften des Riechorgans zu unerwartetem Ansehen verhilft.

Schon bei der ersten Lektüre des Werkes von Georges Cabanis springt seine Kritik am Vorgehen der Sensualisten ins Auge. Nach Ansicht von Cabanis ist es unmöglich, »daß je ein besonderes Organ eines einzelnen Sinnes sich isoliert wirksam beweisen oder daß die ihm eigentümlichen Impressionen stattfinden könnten, ohne daß sich andere Impressionen damit vermischen und die in Mitleidenschaft stehenden Organe dazu wirken«[1]. Zwischen allen Sinnen, so heißt es weiter, gibt es »beständige Korrespondenzen«[2]. Der Rosenduft beispielsweise erhält »durch die Mitwirkung der übrigen, gleichzeitigen Sensationen neue Kennzeichen und einen ganz neuen Charakter«[3] – Condillac hat also unrecht, wenn er die Empfindung auf den bloßen Geruch beschränken will.

Cabanis geht noch weiter: »Wir (müssen) bemerken, daß, da kein Sinn in Wirksamkeit kommen kann, als vermittelst der vorgängigen Wirksamkeit aller allgemeinen Systeme der Organe, und sich keiner darin erhalten kann, als wenn alle diese zugleich mit in Tätigkeit bleiben, jeder Sinn notwendig von deren Gewohnheiten leidet und an ihren gewöhnlichen Zuständen und Zufällen mehr oder weniger teilnimmt. Auf diese Weise hat der Grad der Sensibilität des Empfindens-Systems und des Verhältnisses zum Bewegungs-System einen starken Einfluß auf die Beschaffenheit der von jedem Sinne insbesondere empfangenen Impressionen.«[4]

Was nun den Geruchssinn betrifft, so unterhält er zu vielen Organen derart »innige Beziehungen«, daß er zum »Sinn der Sympathie« erhoben wird. Der enge Zusammenhang zwischen Riechen und Schmecken ist uns nicht neu; Cabanis fügt die Verbindung zwischen der Nase und dem »Kanal der Eingeweide« hinzu: er berichtet von mehreren Krankheiten des Unterleibs, die das Geruchsvermögen gänzlich vernichten. Schon ein Jahrhundert vor Wilhelm Fliess[5] streicht Cabanis in seiner Abhandlung *Über die Verbindung des Physischen und Moralischen in dem Men-*

schen ein weiteres Phänomen heraus, das endlose Polemiken hervorrufen sollte: die Verbindung zwischen der Riechmembran und den Geschlechtsorganen.

Cabanis träumt von einer neuen Lehre, die das Empfindungsvermögen aus jenen Verbindungen erklärt, welche die Sinnesorgane zueinander und zu anderen Organen unterhalten. Diese »physiologische Geschichte der Empfindungen«[6] – in der Praxis nicht weit entfernt von der »Wissenschaft des empfindenden Lebewesens«, mit der Maine de Biran sich in seinem *Journal* beschäftigt – eröffnet neue Perspektiven. Sie spricht der Osphresiologie, die sich gerade zu konstituieren versucht, jede Sachdienlichkeit ab. Kein Wunder also, daß diese Disziplin in einen langen Schlaf verfällt[7]. Es sei hinzugefügt, daß der nicht versiegende Strom von Widerlegungen des Condillacschen Systems durch die Ärzte der Restauration[8] sowie das späte Wiederaufleben des Vitalismus in die gleiche Richtung wirken und eine Abkehr von der Osphresiologie beschleunigen.

Cabanis, der die Ansicht vertritt, das individuelle Leben liege in den Empfindungen, erhebt das Geruchsorgan zum Sinn der Sympathie und der Antipathie zwischen den Lebewesen[9]. Genau wie die Osphresiologie in ihren ersten Anfängen, legt er den Schwerpunkt auf die spezifischen Individualgerüche und individuellen Atmosphären. Doch die Zeit ist vorbei, in der man sich damit begnügte, unterschiedliche Körpergerüche dem Alter, Geschlecht oder Klima zuzuschreiben. Es ist die Individualität selbst, die durch die Atmosphäre einer Person und ihre besondere Art der Geruchswahrnehmung enthüllt wird. Es gibt kein »Organ, dessen Empfindungen so individuell sind« wie die der Nase, bestätigt Doktor Fournier im *Dictionnaire des Sciences médicales*[10].

Das Zartgefühl des Riechorgans variiert je nach dem physiologischen Habitus. »Diejenigen, die in einem Netz sozialer Bindungen leben, reagieren eher auf pflanzliche Gerüche, während der Wilde die fauligen Dünste tierischer Körper weit besser unterscheiden kann«[11], schreibt Virey. Die Zivilisation, fügt Kirwan[12] später hinzu, läßt alle starken Gerüche unerträglich und gefährlich erscheinen. Im Einklang mit der Medizin rechtfertigt die Anthropologie sowohl die Ächtung tierischer Riechstoffe als auch die Mode der Pflanzendüfte.

So erklärt sich ein weiterer Widerspruch: die Empfindsamkeit für zarte Wohlgerüche, die eine ungetrübte Bereitschaft zur Geruchswahrnehmung und folglich eine Desodorisierung der Umgebung voraussetzt, entwickelt sich in umgekehrter Richtung wie die auf langjähriger Übung beruhende Fähigkeit zur Geruchsanalyse. »Die Kamtschadalen«, so

Schweineschlachterei
1844

heißt es bei Virey, »vermochten den Duft von Melissengeist oder *Eau de Cologne* kaum wahrzunehmen, während sie verdorbenen Fisch oder einen gestrandeten Wal sehr wohl aus weiter Ferne riechen konnten«[13].

Ähnlich ergeht es dem geplagten Arbeiter. Da er Tag und Nacht von verdorbener Luft umgeben ist, durch und durch getränkt mit fettigen Gerüchen, vollauf beschäftigt mit der Arbeit seiner Hände und gewöhnt an die schwülen Ausdünstungen seiner eigenen Person, verliert er jede Disposition zur Geruchswahrnehmung. Dank der gesetzmäßigen Kompensation, die bei der Entwicklung der Organe für den notwendigen Ausgleich sorgt, verbietet die Muskelkraft der Arme die gleichzeitige Ausbildung eines feinen Riechorgans. Hochempfindliche Nasen bleiben denen vorbehalten, die nicht zur Handarbeit gezwungen sind. In der Ungleichheit der Organe spiegelt sich die Ungleichheit der Individuen[14].

Auf der Grundlage dieser Überzeugungen bildet sich ein Phänomen heraus, das ich – ein wenig pauschal – die bürgerliche Verwaltung des

Geruchssinns und die vom Primat des lieblichen Wohlgeruchs abgeleitete Konstruktion eines Systems neuer Wahrnehmungsschemata nennen möchte.

Der köstliche Hauch der individuellen Atmosphäre und die hochempfindliche Nase bezeugen das Raffinement einer Person, die nie im Schweiße ihres Angesichts hat arbeiten müssen. Im äußersten Fall kann eine derart zugespitzte Sensibilität sogar gefährlich werden: die unter Geruchsstörungen leidenden jungen Mädchen sind gewöhnlich die zartesten und feinsinnigsten. In der behüteten, für alle Sinneseindrücke aufnahmebereiten Welt kommt den Duftbotschaften eine große Bedeutung zu. Hier waltet der Geruchssinn über die Freuden des Empfindens, deren Erlesenheit für Unschuld bürgt.

Wieder einmal enthüllt die Geschichte der Wahrnehmung ihre inneren Widersprüche. Während die chemische Analyse einen Aufschwung erlebt, während sie die analytische Arbeit der Sinnesorgane sukzessive übernimmt und die osphresiologische Forschung auf der Stelle tritt, wird das Riechorgan in den für das 19. Jahrhundert charakteristischen Prozeß einer feineren Unterscheidung gesellschaftlicher Unterschiede und sozialer Praktiken einbezogen. Das subtile Spiel der individuellen, familiären und sozialen Atmosphären trägt zur Neuordnung der gesellschaftlichen Beziehungen bei; es bestimmt sowohl die Gefühle der Abneigung als auch die der Zuneigung, es gestattet oder verbietet die Verführung, schafft die Voraussetzungen für die Lust der Liebenden und nimmt im gleichen Zuge Einfluß auf die neue Einteilung des sozialen Raums.

Der Gestank des Armen

Sekretionen des Elends

Von Anfang des 19. Jahrhunderts bis zu Pasteurs Entdeckungen besteht das Hauptereignis für die Geschichte der Geruchswahrnehmung in der zunehmenden Aufmerksamkeit gegenüber sozialen Gerüchen. Während die Anspielungen auf den Gestank von Erdausdünstungen, modernden Gewässern, Leichen und später auch Aas allmählich seltener werden, beschäftigen sich sowohl die Texte der Hygieniker als auch die der Romanliteratur und der frühen Sozialenqueten zunehmend mit Geruchsphänomenen, die die Konturen eines gespenstischen Menschensumpfs umreißen. Diese Verschiebung vom Lebenden zum Sozialen spiegelt sich auch in dem Werk von Cabanis. Eine neue Zielrichtung steht hinter den Beschreibungen des Raums und der Menschen. Die Geruchsanalyse der Beobachter konzentriert sich nicht mehr ausschließlich auf Hospitäler, Gefängnisse und all die anderen Orte, wo Menschen unterschiedslos zusammengepfercht, wo die undifferenzierten Ausdünstungen der fauligen Masse zu vernehmen sind. Eine neue Wißbegierde lenkt das Interesse auf die Gerüche des Elends, lädt dazu ein, den Gestank des Armen und seiner dürftigen Behausung aufzustöbern.

Diese Verlagerung zwingt zur Erneuerung der Strategien: eine taktische Verschiebung vom öffentlichen zum privaten Raum hat bereits begonnen. »Obgleich mit allem Nachdruck darauf hingewiesen werden muß, daß die Breite der Straßen, die gute Lage der Häuser, die Sauberkeit der Dörfer und die Trockenlegung schlammiger Böden äußerst nützlich sind, behaupten wir doch, daß man nicht so sehr außerhalb der Mauern, sondern in den Wohnräumen selbst über die Gesundheit wachen muß«[1], schließt Piorry nach der Lektüre sämtlicher Berichte über die Epidemien, die Frankreich zwischen 1830 und 1836 heimgesucht haben. Passot bringt dieses Ergebnis fünfzehn Jahre später auf eine glänzende Formel: »Die Gesundheit einer Großstadt ergibt sich aus der Summe aller Privatwohnungen.«[2] Die Stunde hat geschlagen, in der die Bleibe des Elenden zum Ziel der Jagd auf Krankheitskeime wird.

Die Armen von Paris
1829

Das neue Vorhaben ist untrennbar mit der Konstitution eines neuen Vorstellungssystems und neuer Verhaltensnormen in den Kreisen der Bourgeoisie verbunden. Die Geruchswahrnehmung kommt hier zwar nur als eine Komponente ins Spiel, doch es wäre falsch, ihre Bedeutung zu unterschätzen. Je stärker die wachsende Differenzierung der Gesellschaft, die neue Kompliziertheit kultureller Abstufungen[3] ins Bewußtsein dringt, um so wünschenswerter erscheint die Verfeinerung der analytischen Riechfähigkeit. Der Geruch des Anderen wird zum entscheidenden Kriterium[4]. Charles-Léonard Pfeiffer macht darauf aufmerksam, mit welch sachkundiger Präzision Balzac in seinem Zyklus *Die menschliche Komödie* die jeweilige Stellung der Bürger, Kleinbürger, Bauern oder Kurtisanen an den von ihnen ausgehenden Gerüchen festmacht[5].

Die Vernichtung aller penetranten Ausscheidungsgerüche erlaubt eine Freisetzung des individuellen Hauchs jener unmerklichen Ausdünstungen, welche die tiefere Identität des Ich enthüllen. Angewidert von den schwülen Gerüchen des Volkes, Zeichen einer schwierigen Entfaltung des Begriffs der Person in diesem Milieu, und herausgefordert durch die Ächtung, die auf dem Tastsinn liegt, wird die Bourgeoisie immer empfänglicher für die verwirrenden Botschaften der Intimität.

Die soziale Bedeutung dieses Verhaltens liegt auf der Hand. Das Fehlen zudringlicher Gerüche erlaubt nicht nur eine deutliche Abgrenzung von dem nach Fäulnis, Tod und Sünde stinkenden Volk, sondern es liefert auch eine implizite Rechtfertigung für die Behandlung, die eben diesem Volk zuteil wird. Je mehr der Gestank der sich schindenden Bevölkerung hervorgehoben wird, je stärker man den Akzent auf die durch ihre bloße Anwesenheit gegebene Ansteckungsgefahr legt, um so leichter ist jener Rechtfertigungsterror aufrechtzuerhalten, in dem die Bourgeoisie sich wiegt, in dem sie den Ausdruck ihres schlechten Gewissens erstickt. Die neue Strategie der Hygiene zeichnet sich durch eine symbolische Gleichsetzung von Desinfektion und Unterwerfung aus. »Die dumpfige Luft der sozialen Katastrophen«[6] – ganz gleich, ob es sich um Aufruhr oder Epidemien handelt – läßt darauf schließen, daß man den Proletarier durch die Desodorisierung seiner Person zu Disziplin und Arbeit zwingen könnte.

Mit dem Wahrnehmungsverhalten ändern sich auch die medizinischen Überzeugungen. Aufgerüttelt durch die Arbeiten der noch jungen Anthropologie und der sich ebenfalls als Wissenschaft konstituierenden empirischen Soziologie, läßt die Medizin nach und nach von einigen Grundprinzipien des Neohippokratismus ab. Faktoren wie die Topographie, die Bodenbeschaffenheit, das Klima und die Windrichtung gelten kaum noch als ausschlaggebend[7]. Die Fachleute legen den Schwerpunkt mehr denn je auf die unheilvollen Wirkungen des menschlichen Gedränges und der von Exkrementen verseuchten Umgebung; vor allem aber weisen sie den »Sekretionen des Elends« von nun an eine entscheidende Bedeutung zu. Genau dies ist die Schlußfolgerung des Berichts über die Choleraepidemie von 1832[8]. Ärzte und Soziologen haben entdeckt, daß eine bestimmte Sorte Bevölkerung dem Ausbruch von Epidemien Vorschub leistet: gemeint sind all diejenigen, die im Gestank ihres eigenen Drecks verkommen.

Vor diesem Hintergrund ist das Fortbestehen der großen Angst vor Exkrementen besser verständlich. Es kann gar nicht oft genug wiederholt werden, wie sehr die herrschenden Klassen sich damals von dem Schreckgespenst der Ausscheidungen verfolgt fühlen. Die Scheiße – ein unbestreitbares Produkt der Physiologie, das der Bourgeois dennoch zu leugnen versucht[9] – plagt das Imaginäre, weil sie unversöhnlich mit ihrer Rückkehr droht. Sie widersetzt sich allen Bemühungen, ihre stoffliche Substanz aufzulösen; sie erlaubt ein Anknüpfen an das organische Leben, dessen unmittelbare Vergangenheit sie erzählt. »Diese Aufrichtigkeit des Unflats gefällt mir; sie gewährt der Seele eine angenehme Abwechselung«[10], gesteht Victor Hugo, der dem historischen Diskurs der Kloaken mit offenen Ohren lauscht. Aus einer sowohl vom Organizismus als auch vom Augustinismus geprägten Sicht heraus bemühen sich Parent-Duchâtelet und viele andere Gelehrte seiner Zeit, die Mechanismen der städtischen Ausscheidungen – dieses notwendigen Übels – zu erforschen. Auf ihrer Reise durch den Bauch der Stadt begegnen sie Müllarbeitern und Kloakenfegern. Hier zeigt sich, wie stark das Exkrement die sozialen Vorstellungen bestimmt. Der Bourgeois projiziert auf den Armen, was er zu verdrängen sucht. Dreck und Unrat sind die entscheidenden Faktoren bei dem Bild, das er sich vom Volke macht. Das stinkende Tier, das sich in den Mist seiner Höhle verkriecht, gilt als beispielhaft. Es wäre ein künstlicher Einschnitt, wollte man den Akzent, der auf den Gestank des Armen gelegt wird, vom bürgerlichen Willen zur Desodorisierung trennen.

An dieser Stelle ist ein kurzer Rückblick angebracht. Wie wir wissen, entwickelt die Anthropologie des 18. Jahrhunderts eine besondere Leidenschaft für Körpergerüche aller Art; ohne selbige mit dem Zustand des Elends zu verbinden, bemüht sie sich, die Auswirkungen des Klimas, der Ernährung, des Berufs oder des Temperaments aus ihnen herauszulesen. Sie analysiert vorzugsweise den Geruch der Greise, der Trinker, der vom Brand Befallenen, der Samojeden oder der Stallknechte, nur selten den der Elenden. Die stinkende Masse gilt ihr allein wegen des Gedränges und der Vermischung von Lebewesen als schreckliche Gefahr. Allenfalls Howard behauptet, daß die Luft, die den Armen umgibt, ansteckender ist als die Atmosphäre, die sich um den Körper des Reichen bildet[11] – aber auch er gibt keinen genauen Hinweis auf einen spezifischen Gestank. Seine Feststellung impliziert nur, daß die Desinfektionstechniken je nach Vermögen modifiziert werden müssen[12].

Die medizinische Wissenschaft dieser Zeit gibt immerhin zu verstehen, daß gewisse Individuen einen animalischen Gestank aushauchen. Ein menschliches Wesen, das von Anfang an im schlimmsten Elend und im tiefsten Schmutz dahinvegetiert, verströmt heftige Gerüche, weil seinen Säften die notwendige Reifung fehlt und sie den »Grad der dem Menschen eigenen Animalisierung«[13] nicht erreicht haben. Wenn dieses Wesen keinen menschlichen Geruch besitzt, so nicht dank einer Regres-

sion, sondern weil es die artspezifische Vitalität nicht hat erreichen können. So wird der Verrückte und mancher Gefangene als ein Ebenbild des
Kettenhundes dargestellt, der winselnd in einem Dreckloch sitzt, seine
Streu in dampfenden Mist verwandelt und seinen Urin wie Jauche versickern läßt. Aus diesem Porträt ergibt sich das des *Mist-Menschen*, Vorläufer des Bildes vom mühseligen und übelriechenden Proletarier der
Julimonarchie[14].

Diese Vision dehnt sich schon im 18. Jahrhundert auf verschiedene
andere soziale Kategorien aus. In erster Linie selbstverständlich auf die
Dirne, eine ebenfalls im Schmutz heimische Person, die mit dem Unrat
von den Straßen verschwindet. In Florenz, so heißt es bei Chauvet, sind
die Straßen gepflastert, die Abzugskanäle sind verdeckt, der Unrat wird
in Gitterverschlägen gesammelt und alle »Gassen sind übersät mit duftenden Blumen und Blättern«[15]. Man sieht kein einziges Freudenmädchen mehr.

Auch die Juden gelten als verdreckte Individuen. Wie man sagt, verdanken sie ihren schlechten Geruch der für sie typischen Unsauberkeit.
Chauvet schreibt: »Überall, wo diese Hebräer versammelt sind und wo
ihnen die Überwachung ihres Viertels selbst überlassen ist, macht der
Gestank sich einzigartig bemerkbar.«[16]

Was die Handwerker und Gewerbetreibenden betrifft, so stellt der
Lumpensammler mit seinen üblen Gerüchen alle anderen in den Schatten: in seiner Person konzentrieren sich die ekelerregenden Dünste von
Kot und Leichen[17]. Auch Dienstboten riechen schlecht, obwohl ihre
Lebensbedingungen und damit auch ihre Hygiene sich verbessern.
Schon 1755 hatte Malouin empfohlen, die Orte, an denen sie verweilen,
so intensiv wie möglich zu belüften[18]. 1797 erteilt Hufeland den Rat, sie
vom Kinderzimmer fernzuhalten[19].

In der Zeit zwischen dem Anfang des 19. Jahrhunderts und dem Ende
der großen Choleraepidemie wird das moderne Bild von Hiob, das mit
der zwanghaften Angst vor Exkrementen verbundene Bild vom Mist-
Menschen zu einem regelrechten Mythos. Bevorzugter Gegenstand der
noch in den Anfängen steckenden Sozialenqueten sind die »Unberührbaren« der Stadt, Kumpanen des Gestanks, alle, die mit Schlick, Unrat,
Kot und Sexualität arbeiten. Kanalreiniger, Darmsaitenmacher, Abdekker, Kloakenfeger, Arbeiter, die bei Schindangern und solche, die bei
Ausschlämmungs-Anstalten beschäftigt sind, stehen überall dort im
Mittelpunkt der Aufmerksamkeit, wo Pioniere der empirischen Soziologie am Werke sind. Parent-Duchâtelet befaßt sich fast 8 Jahre lang mit
einer Untersuchung über die öffentliche Prostitution in der Stadt Paris;

ich habe die große erkenntnistheoretische Bedeutung dieser Enquete in einem anderen Zusammenhang hervorgehoben[20]. Die Dokumente in den Archiven der Gesundheitsräte bestätigen das herausragende Interesse am Thema der Prostitution.

Um nicht zu wiederholen, was offenkundig ist, will ich hier andere Beispiele wählen. Ein schier unerschöpfliches Thema ist und bleibt der im eigenen Kot verrottende Gefangene. Gewiß, aus der Sicht der Theoretiker gibt es ihn schon längst nicht mehr; doch alle Untersuchungen, die der Gefängniswirklichkeit gewidmet sind[21], bestätigen sein Überleben. Nicht selten wird er sogar in Einzelheiten geschildert. Nach dem Besuch eines finstern Kerkers in Reims hat Doktor Cottu folgendes zu berichten: »Ich habe jetzt noch das Gefühl, an dem entsetzlichen Gestank, der bei meinem Eintreten hinausströmte, ersticken zu müssen (...). Auf meine Stimme hin, der ich einen sanften und tröstenden Klang zu verleihen suchte, sah ich, wie sich mitten aus dem Kot ein Frauenkopf erhob, der sich mir, da er kaum aus dem Mist herausragte, als ein abgehackter, in den Dreck geworfener Kopf darbot; der restliche Körper dieser Unglückseligen steckte so tief im Unflat, daß er vollends verschwand.« »Der Mangel an Kleidung hatte sie gezwungen, sich zum Schutz gegen die kalte Jahreszeit in ihrem eigenen Mist zu verkriechen.«[22]

Allein im Jahr 1822 ist der Lumpensammler – Archetyp des Gestanks – Gegenstand von siebzehn Berichten, die dem Gesundheitsrat vorgelegt werden[23]. Die zuständigen Behörden wollen jene übelriechenden Depots, wo die Lumpensammler, ehe sie mit dem Aussortieren beginnen, Knochen, Aas und alle anderen von der Straße aufgelesenen Abfälle zusammentragen, nicht länger in der Stadt dulden. Nur die Sammler »bürgerlicher Lumpen« finden Gnade beim Gesundheitsrat: sie sind frei von dem Verdacht, die Pestilenz des Volkes weiterzutragen. Die Gerüche des Elends konzentrieren sich auf die durch und durch verseuchte Person des Lumpensammlers; sein Gestank hat Symbolcharakter. Im Unterschied zu Hiob oder dem im Dreck schmachtenden Gefangenen verkommt er jedoch nicht im eigenen Kot: als fratzenhaftes Sinnbild, das den Unrat des Volkes verkörpert, thront er auf dem Mist der anderen.

In der Rue Neuve-Saint-Médard, der Rue Triperet oder auch der Rue des Boulangers begegnet man solchen Individuen, die »in Lumpen gehüllt, ohne Hemd, ohne Strümpfe, ja oft sogar ohne Schuhe bei jedem Wetter durch die Straßen ziehen und häufig völlig durchnäßt nach Hause zurückkehren (...), beladen mit allerhand Produkten, die sie in den Gossen der Hauptstadt gefunden haben und deren Gestank mit ihrer

Person so eins ist, daß sie selbst wandelnden Misthaufen gleichen. Wie sollte es bei ihrer Beschäftigung auch anders sein, wo sie doch ständig auf der Straße sind und sich mit der Nase über jeden Mist beugen?«[24] Als Schlafstätte dient ihnen ein schmutziger, stinkender Strohsack, umgeben von widerwärtigen Abfällen.

Blandine Barret-Kriegel weist darauf hin, daß der atemberaubende Anblick, der sich dem Armenbesucher bietet, von Condorcet bis Engels, von Villermé bis Victor Hugo einhergeht mit einer gewissen Faszination für das einem »Kehrichthaufen gleichende Heim des Lumpensammlers«, jenen »höllischen Aufenthalt« mit dem »muffigen Geruch eines anderen Lebens, das barbarischer und härter erscheint«, geprägt von der »ewigen Rückkehr dunkler Mächte«[25]. Das allgemeine Riechverhalten und die häufigen Bezugnahmen auf den Höllengestank bestätigen diese Hypothese, die mit meinen eigenen Vermutungen übereinstimmt. Ob es sich um Kot, um Prostituierte oder um Lumpensammler handelt, das ständige Hin und Her zwischen Faszination und Ekel bestimmt sowohl den Rhythmus des Diskurses als auch die Haltung der Hygieniker und Sozialforscher.

Wie man sich denken kann, hat der Homosexuelle teil am Gestank der mit Dreck und Unrat Vertrauten. Als Symbol der Analität[26], als Person, die dem Umkreis der Latrinen zugeordnet wird, haftet ihm ein tierischer Gestank an. Wie Carlier behauptet, zeigen die Gerüche des Päderasten, bekannt wegen seiner Vorliebe für schwüle Parfüms, eine unverkennbare Nähe zu Moschus und Kot an[27].

Wenden wir uns nun etwas ausführlicher dem weniger bekannten Beispiel der Matrosen zu. Da das Schiff – Sammelbecken von Gestänkern aller Art – schnell zum Experimentierfeld der Ventilations- und Desinfektionstechniken geworden war, ist zu erwarten, daß auch das dort lebende Individuum ein Exempel statuiert. Laufen die Matrosen nicht mehr als alle anderen Gefahr, an übelriechenden Ausdünstungen zugrunde zu gehen? Ist das tragische Schicksal der mit Poudrette beladenen und als Geisterschiff gesichteten *Arthur* nicht Beweis genug?

Die Autoren der für die Seefahrt bestimmten Hygienehandbücher nennen die Sache ohne Umschweife beim Namen: Matrosen riechen schlecht, sie wirken abstoßend. »Sie haben liederliche Gewohnheiten. Ihr höchstes Glück liegt in der Trunkenheit. Der starke Tabakgeruch, gemischt mit den Ausdünstungen von Wein, Alkohol, Knoblauch und anderen groben Nahrungsmitteln, an denen sie sich vorzugsweise ergötzen, sowie die besondere Duftnote der oft mit Schweiß, Dreck und Teer getränkten Kleidung lassen ihre Nähe als widerwärtig erscheinen.«[28]

Der Gestank des »wüsten und lüsternen«, zu langer Enthaltsamkeit oder zur Masturbation verdammten Seemanns wird durch die Dünste einer starken Samensekretion vollends unerträglich.

Im Grunde kann man es nur als Glück bezeichnen, daß der Matrose – die gemeine Schiffsbesatzung steht hier stellvertretend für das Volk – schlecht riecht. Da ihm das Feingefühl der Sinne fehlt, empfindet er nicht den gleichen Ekel wie die Offiziere. Hatte Doktor Itard nicht festgestellt, daß das wilde Kind von Aveyron keinen Abscheu vor seinen eigenen Exkrementen kannte[29]? Die von den Hygienikern hergestellte Verbindung zwischen dem Gestank und der relativen Geruchsunempfindlichkeit des Volkes bestärkt den bürgerlichen Willen zur Desodorisierung. Wenn man auch zugeben muß, daß der Matrose ein (geschultes) »feines und scharfes« Sehvermögen hat, ist sein Gehör wegen des lauten Getöses von Stürmen und Geschützfeuern doch »etwas schwerfällig«; »der Geruchssinn ist wenig empfindlich, da er kaum beansprucht wird; die rauhe Handarbeit stumpft den Tastsinn ab; der Geschmackssinn ist durch anspruchslose, gefräßige Gelüste vollständig verdorben«[30].

»Die Empfindungsorgane des Seemanns werden im allgemeinen wenig aktiviert: wie es scheint, ist das Nervenmark durch die rauhe körperliche Arbeit verhärtet und durch mangelnde intellektuelle Übung erlahmt.«[31] Wahrscheinlich wüßte der Matrose nicht einmal die Wohlgerüche der Frühlingsblumen zu schätzen: weit entfernt vom Schauspiel der ländlichen Natur, »sind seine Sinne nicht mehr fein genug, um ihre Reize wahrzunehmen«[32]. Ermattet von heftigen Emotionen, ist der Seemann nicht fähig zu zarten Gefühlsregungen. Die sensitive Minderwertigkeit, um nicht zu sagen Verkrüppelung des Volkes führt zur Gedankenarmut und einem urtümlichen Gefühlsleben. Die Psychologie des Offiziers beweist den offensichtlichen Rangunterschied und rechtfertigt die Hochachtung, mit der die Mannschaft ihm zu begegnen hat.

Als nach der großen Choleraepidemie die Sittenstatistik wieder auflebt, erwählt die Sozialenquete das proletarische Elend zu ihrem Lieblingsgegenstand. Denunziert wird hinfort der Gestank des gesamten Volkes, nicht mehr der einiger besonders anrüchiger, symbolisch mit dem Schmutz identifizierter Kategorien. Wenn Dienstboten, Ammen und Pförtner weiterhin als ausnehmend übelriechende Personen bezeichnet werden[33], so nur, weil sie den Geruch des Proletariats in die bürgerliche Familie hineintragen. Dies allein wäre Grund genug, den allgemeinen Ausschlußprozeß, dem sie damals – mit Ausnahme der »im Hause wohnenden Ammen« – zum Opfer fallen, zu rechtfertigen. Flaubert, dessen Ekel vor dem »Kellerlochgeruch« des Volkes geradezu neurotische Züge trägt, kann uns hier als hervorragender Zeuge dienen: »Meine Rückreise verlief ausgezeichnet«, schreibt er am 2. Mai 1842 an Madame Bonenfant, »bis auf den Gestank, den meine Nachbarn – die Proletarier, die Ihr bei meinem Aufbruch gesehen habt – auf dem Wagenverdeck verströmten. Ich habe die ganze Nacht kaum geschlafen und obendrein meine Kappe verloren.«[34] Huysmans sollte die Geruchsintoleranz noch weiter auf die Spitze treiben.

Jacques Léonard, der den medizinischen Diskurs unter linguistischen Gesichtspunkten analysiert, betont das häufige Zusammentreffen der Begriffe Elend, schmutzig, verkommen, Gestank und verstänkern[35]. Mindestens ein Vierteljahrhundert lang – bis die Bemühungen um eine Verbesserung der Sitten, um Familiarisierung, Bildung und Integration des Volkes ihre Früchte zu tragen beginnen – bleibt der schlechte proletarische Geruch ein Stereotyp. Dem Reichen die Luft, das Licht, der wolkenlose Horizont, die Erholung im Garten; dem Armen der düstere, geschlossene Raum, die niedrigen Decken, die drückende Luft, die muffigen Ecken des Gestanks. Ein unerschöpfliches Thema, das sich in zahlreichen Dokumenten spiegelt. Unter all den sich wiederholenden Quellen erscheinen mir die Archive der Gesundheitsräte sowie die 1848 von der Konstituierenden Versammlung in Auftrag gegebene Enquete über landwirtschaftliche und industrielle Arbeit am aufschlußreichsten.

Bei all den Beschreibungen des Elends drängen sich mehrere unentwegt wiederkehrende Leitbilder auf. Genau wie früher der Gestank gewisser Handwerker, ist auch der Gestank des Armen in erster Linie eine Folge der *Imprägnation*; die Nachlässigkeit, die er hinsichtlich der Reinigung von all seinen *excreta* walten läßt, spielt nur eine untergeordnete Rolle. Genau wie der Boden, das Holz oder das Mauerwerk saugt auch die Haut, vor allem aber die Kleidung des Arbeiters faulige Säfte auf. Alle Kinder in der Spinnerei von Pompairin sind rachitisch, schreibt Doktor Hyacinthe Ledain. »Der Zustand, in dem sie sich befinden, wird auf die Tatsache zurückgeführt, daß sie eine ungesunde Luft atmen, verdorben von den großen Mengen fetten Öls, das in solchen Fabriken verwendet wird. Die Kleider der Kinder sind so *imprägniert*, daß man, sobald sie näherkommen, einen unerhört garstigen Geruch verspürt.«[36] In der Spinnerei von Secondigny herrschen ähnlich ungesunde Verhältnisse. Die Kinder bieten einen erschreckenden Anblick. »Bedeckt mit ölgetränkten Lumpen sieht man sie aus ihren Werkstätten kommen.« Jacques Vingtras ekelt sich vor dem nach Maschinenöl stinkenden Lampenwärter im Collège von Puy[37]. Noch 1884 sollte Doktor Arnould erklären, daß die armen Einwohner von Lille »geringer sind als die reichen, und dies nicht wegen der Arbeit, die sie verrichten, sondern wegen ihres engen und schmutzigen Obdachs (die Armen haben keine Wohnung), wegen der Unsauberkeit, die sie umgibt und sie *durchdringt*, wegen ihres dauernden Kontakts zu allerhand Unrat, den zu entfernen sie weder die Zeit noch die Mittel haben, ja den zu fürchten ihre Erziehung sie nicht einmal gelehrt hat«[38]. Thierry Leleu, der jüngst eine Untersuchung über die Arbeitsbedingungen der nordfranzösischen Frauen am Vorabend des Ersten Weltkriegs durchgeführt hat, berichtet in eigenen Worten, daß die Spinnerinnen – wegen der aus den Maschinen tropfenden Flüssigkeit *chirots* genannt – nach »harzartigem Leinöl rochen. Man erkannte sie an ihrem Geruch, sogar draußen auf der Straße. Dieser Geruch haftete an ihrer Haut«[39]. Mit einer gewissen zeitlichen Verschiebung bringt auch der volkstümliche Roman diese Art der Wahrnehmung und den damit verbundenen Ekel zum Ausdruck. Wenn von Fabriken die Rede ist, geht es mehr um den erstickenden Gestank und die drückende Hitze, als um eine Beschreibung der industriellen Arbeit[40].

Ein weiteres Leitmotiv ist der ranzige Tabakgeruch, der dem Mann aus dem Volke in den Kleidern sitzt[41]. Alles weist darauf hin, daß die Toleranz gegenüber Tabakdünsten am Ende des 18. Jahrhunderts sehr gering war, wahrscheinlich geringer als die Duldsamkeit der herrschenden Klassen gegenüber Fürzen und Latrinengestank. Die Sitte, an öffentlichen Orten Tabak – erst Pfeifen, dann Zigarren und schließlich Zigaretten – zu rauchen, verbreitet sich in der ersten Hälfte des 19. Jahrhunderts. Auf den ersten Blick läuft dieses Phänomen dem Streben nach Desodorisierung zuwider. Wir dürfen allerdings nicht vergessen, daß manche Ärzte dem Rauch immer noch desinfizierende Wirkungen zuschreiben. Es spricht für sich, daß es außer den Matrosen vor allem ausgediente- oder Zeitsoldaten und alte Haudegen waren, die für die allgemeine Verbreitung des Tabaks sorgten[42].

Die daraus folgende zwiespältige Haltung hinsichtlich des Tabaks sollte in aller Zukunft fortbestehen. Für viele zeigt der Tabakgeruch eine bäuerliche Herkunft an[43]; die meisten Hygieniker halten ihn für ein Übel. Michelet behauptet, er töte die sexuelle Lust und habe manche Frau vereinsamen lassen. Adolphe Blanqui fordert, man solle Frauen und Kindern die Benutzung dieser Droge, die »der Anfang aller Unordnung ist«[44], verbieten.

Oft hat der Widerwille eine soziologische Bedeutung. Forget nimmt Anstoß am Kautabak, dessen Geruch den Atem, die Hände und die Kleider der Matrosen verseucht. Allerdings, so fügt er versöhnlich hinzu, handelt es sich hier um eine Kompensation, die deshalb geduldet werden muß. »Wenn der Seemann Tabak nimmt, ist es für ihn das gleiche, wie wenn Ihr Cafés, Bälle und Theater besucht, wie wenn der Literat sich an Voltaire ergötzt oder der Gelehrte sich an einem abstrakten Problem weidet.«[45] Ein weiteres rechtfertigendes Argument sieht Théodose Burette in der Tatsache, daß »nur der Tabak die Vorstellungskraft des Armen unterstützt«[46].

Doch die Verbreitung des Tabaks symbolisiert auch den Sieg des Liberalismus. Sie zeugt von einer Vermännlichung der Soziabilität, ehe sie zu deren Instrument wird. Genau wie die Wehrpflicht, die viel zu den neuen Rauchgewohnheiten beigetragen hat, ziert auch der Tabak sich mit egalitären, »patriotischen« Tugenden. Er hat sich um seine Ehre verdient gemacht: »Zwei Männer, die rauchen, sind untereinander gleich (. . .); an Orten, wo Tabak verkauft wird« – aber auch nur dort – »treffen Reiche und Arme zusammen, ohne sich darüber zu verwundern.«[47] Als »beste Stütze der verfassungsmäßigen Regierung«[48] sorgt die Julimonarchie für einen dauerhaften Triumph des Tabaks. Das Wichtigste in unserem Zusammenhang ist die Tatsache, daß seine siegreiche Verbreitung in die gleiche Zeit fällt, in der die Wahrnehmung des Gestanks der Arbeiter zunimmt.

Die Berichte von Ärzten und Armenbesuchern lassen keinen Zweifel an der Verschärfung des Ekels vor proletarischen Gerüchen. Merkwürdigerweise ist diese neue Intoleranz nie besonders hervorgehoben worden. Im 18. und Anfang des 19. Jahrhunderts scheinen die Ärzte keinen Ekel gekannt zu haben; als Grund für Vorsichtsmaßnahmen wird nur die Angst vor Infektion genannt[49]. Während des zweiten Drittels des 19. Jahrhunderts kommt es zu einer Veränderung: der Widerwille gegen die Gerüche des Volkes wird ohne Umschweife zugegeben. Ob es sich dabei um eine neue Intoleranz oder um eine neue Offenheit handelt, bleibt unklar. Der Arzt empfindet Hausbesuche bei seinen Patienten als tägliche Marter. »Man erstickt im wahrsten Sinne des Wortes; unmöglich, diese Stätte des Gestanks zu betreten«, versichern Monfalcon und Polinière. »Wenn der Arzt einen Armen besucht, kommt es oft vor, daß er den stinkenden Geruch des Zimmers nicht ertragen kann; er schreibt seine Verordnung möglichst bei der Tür oder am Fenster.«[50]

Im Gegensatz zu seinen elenden Patienten duldet der Arzt keine animalischen Ausdünstungen mehr. »Als ich das Haus betrat«, schreibt Doktor Joiré 1851, »war ich entsetzt über den widerwärtigen Geruch, der mir in die Nase drang. Dieser buchstäblich erstickende und unerträgliche Gestank schien von besonders übelriechendem Mist zu kommen; er umgab vor allem das Bett der Kranken, war aber in der ganzen Wohnung verbreitet, obwohl durch die halboffene Tür frische Luft von außen hineinströmen konnte. Während meines ganzen Aufenthalts bei dieser Frau war es mir unmöglich, das Taschentuch, das ich sicherheitshalber mitgenommen hatte, auch nur einen Augenblick von Mund und Nase zu nehmen. Dennoch schienen die Hausbewohner die Unannehmlichkeit dieses Miasmas ebenso wenig zu bemerken wie die Kranke.«[51] Angeekelt vom Gestank in den Kellerlöchern der Stadt Lille, aus denen ihm der Geruch verunreinigter Menschen entgegenschlägt, weicht Adolphe Blanqui entrüstet vor den schlundartigen Eingängen zu diesen »Menschengruben«[52] zurück; wenn er es dennoch »wagt«, in eine solche, von »menschlichen Schatten« belebte Hölle hinabzusteigen, so nur in Begleitung eines Arztes oder eines Polizisten.

Im Inneren der Werkstätten, auf der Schiffsbrücke oder im Krankenzimmer bemißt sich die soziale Zugehörigkeit eines Individuums an seiner Wahrnehmungsschwelle oder, besser gesagt, am Grad seiner Geruchstoleranz. Der bürgerliche Ekel begleitet und rechtfertigt die phobische Angst vor Hautkontakt. Grund für die Einführung des Stethoskops ist weniger der Respekt vor weiblichen Schamgefühlen als der Gestank des Kranken selbst[53].

Die durch Körperbotschaften wahrgenommene soziale Distanz zeigt sich nicht zuletzt in dem verbreiteten Widerwillen gegen den Studienaufseher, den Schulmeister und gar den Oberlehrer, der damals – wie Paul Gerbod einleuchtend gezeigt hat – den Anti-Helden verkörpert[54]. Diese unbefriedigten alten Junggesellen, deren ranzigen Samen- und Tabakgeruch die ehemaligen Schüler aus dem Bürgertum ihr Leben lang nicht vergessen werden, haben sich als unfähig erwiesen, ihren Traum vom gesellschaftlichen Aufstieg zu verwirklichen. Genau wie die aus dem Volke stammenden Mitglieder des Klerus[55], verströmen sie einen unverkennbaren Gestank, der ihre wahre Herkunft verrät.

Nach und nach durchdringt der Ekel die gesellschaftliche Scheidewand und verbreitet sich auch in volkstümlichen Kreisen. Die neue Sensibilität erreicht jene proletarische Randgruppe von Nachtarbeitern, die dem Alptraum der Handarbeit zu entfliehen versucht. Dank der Akkulturation müssen grauenvolle Zustände ertragen werden, die bis dahin nicht als solche empfunden worden sind. Dieser Prozeß führt zum Verzicht auf die tröstliche Wärme der Promiskuität. Norbert Truquin, ein Dammarbeiter bei der Eisenbahn, bekommt heftigen Brechreiz vom Schnaps- und Tabakgeruch der eigenen Arbeitskollegen; da er gezwungen ist, sein armseliges Lager zu teilen, gesteht er, daß er die Berührung eines anderen Mannes nicht mehr ohne Ekel ertragen kann[56].

Der Käfig und die Höhle

In der Zeit nach der Choleraepidemie von 1832 kommt es zu einer Flut ausufernder Erörterungen, die um ein einziges Thema kreisen: die Unterkünfte des gemeinen Volkes und die dort herrschende Atmosphäre. Eine neue Obsession nimmt Gestalt an. In der Hierarchie der geruchsbezogenen Ängste tritt »der Luftsumpf des Hauses«[57] an die Stelle der Kloaken des öffentlichen Raums. Diese Tatsache ist so bekannt, daß es sich erübrigt, ausführlich darauf einzugehen. Ich werde mich mit einigen Bemerkungen begnügen. In der Stadt konzentrieren sich die Klagen auf den Gestank der gemeinschaftlich genutzten Teile volkstümlicher Mietshäuser, in denen es nach Kot und Unrat riecht. Eine Privatisierung von Scheiße und Abfall hat in diesem Milieu noch nicht stattgefunden. Die Anprangerung des Gestanks ist daher eng mit Schmähungen der Promiskuität verbunden. Was die Hygieniker in diesem Zusammenhang an Argumenten vorzubringen haben, zeichnet sich aus durch eine fast unzumutbare Monotonie. Lachaise, Hatin, Bayard, Adolphe Blanqui, Passot, Lecadre, Tetrais, Ledain und viele andere wiederholen sich unermüdlich oder schreiben gar voneinander ab. Es wäre interessant, die Funktionsweise dieser zwanghaften Litanei im einzelnen zu analysieren und ihre psycho-historischen Ursachen zu erforschen. Wie Marie-Hélène Zylberberg aufzeigt, sind die mißbilligenden Beschreibungen übelriechender Unterkünfte auch als Erzählstoff in volkstümliche Romane eingegangen – kein Wunder, wenn man bedenkt, daß die Autoren sich häufig von Berichten der Sozialforscher inspirieren ließen[58].

Geruchsschwaden von abgestandenem, in der Abflußrinne stagnierendem, auf dem Pflaster getrocknetem, in das Mauerwerk eingesickertem Urin verfolgen den Besucher, der sich durch einen endlosen, schlauchförmigen Gang zum Innenhof vorarbeiten muß, ehe er die elenden Wohnungen erreicht. Zutritt bekommt man »nur durch niedrige, schmale und düstere Gänge, die einem stinkenden Rinnsal als Bett dienen, einem zähflüssigen Strom aus denkbar unflätigem Schmutz, der von allen Etagen herunterregnet«[59]. Um die stinkende Unterkunft des Armen zu erreichen, muß man sich auf eine quasi unterirdische Forschungsreise begeben. Mit der gleichen faszinierten Vorsicht, die Parent-Duchâtelet dazu getrieben hatte, in die Kloaken von Paris hinabzusteigen und sie höchstpersönlich zu durchwandern, stößt Adolphe Blanqui bis in die finsteren Hinterhöfe der Stadt Lille oder die Elends-

Querschnitt eines »ungesunden« Hauses ohne Schwemmkanalisation
1820

quartiere von Rouen vor. Der düstere, schlauchartige Eingang mündet
gewöhnlich in einen so engen, so dunklen und so feuchten Innenhof, daß
man sich auf dem mit Unflat bedeckten Grund eines Brunnens glaubt.
Hier sammeln sich Essensreste und verdorbene Nahrungsmittel, hier
staut sich das dreckige Spül- und Waschwasser. Ein Gemisch aus ungleich verpesteten Dämpfen steigt zu den Etagen auf, belagert die Wohnungen mit widerwärtigem Gestank. In diesem Repräsentationssystem
erscheint die Treppe als Umflut: eine übelriechende Kaskade stürzt von
einem Treppenabsatz zum nächsten, gespeist von den Latrinen, deren
stets offenstehende Türen einen obszönen Blick auf die von Kot über-
schwemmten Sitze bieten. Doktor Bayard hat das Glucksen und Knurren
der »Spülwassertraufen«[60] in den Treppenhäusern des 4. Arrondisse-
ments von Paris noch im Ohr. Der allgemeine Gestank dieser Mietshäuser schließt sich mit dem vorherrschenden Fäkalgeruch, der je nach
Gegebenheit mehr oder weniger intensiv sein kann, zu einer Einheit zusammen. Eine subtile Unterscheidung einzelner Duftnoten wird hier
nicht getroffen.

Die Wohnräume selbst sind klein und überfüllt; es herrscht ein wildes
Durcheinander von Gerätschaften, schmutziger Wäsche und Geschirr.

Inmitten dieser Unordnung »kauert« der Arme, oft in Gesellschaft seiner Tiere[61] – eine Vorstellung, bei der einem eher das Bild eines Käfigs als das einer Höhle in den Sinn kommt. »Die Armut schließt sich in einen winzigen Kerker ein.«[62] Von nun an konzentriert sich die zwanghafte Angst vor den mit der Luft verbundenen Gefahren auf das Elendsquartier. Daß hier ein bedrohlicher Luftmangel herrscht, ist um so offenkundiger, als es den Gelehrten mittlerweile gelungen ist, präzise Normen für die Ventilation aufzustellen. Das Hauptübel ist nicht mehr die am Gestank erkennbare Verseuchung durch Miasmen, sondern die Erstickungsgefahr – eine wesentliche psychologische Wandlung, die einiges zur Erklärung der neuen Wachsamkeit beiträgt.

Die Enge des Raums rückt in den Brennpunkt der Aufmerksamkeit. Winzige Schlafstätten in Verbindung mit schachtartigen Innenhöfen und schlauchförmigen Gängen – schon diese Vorstellung vermittelt dem an Großzügigkeit und Geräumigkeit gewöhnten Bourgeois jenes Erstickungsgefühl, das zwischen den Zeilen aus allen Beschreibungen herauszulesen ist. Die phobische Angst vor Luftknappheit begründet die starke Hervorhebung der erstickenden Atmosphäre, die auf dem Hängeboden des unter dem Dachstuhl hausenden Handwerkers herrscht. Zwischengeschosse mit niedrigen Decken sind ebenso verpönt wie die nach Hundehütte riechende Pförtnerloge, der Hinterladen des Krämers, die muffige Studentenbude oder die Kammer des Laufburschen.

Schlimmer noch: das Logierhaus, die Stubengemeinschaft. Louis Chevalier weist auf einen in Paris verbreiteten Widerwillen gegen die Gerüche der Zuwanderer aus der Provinz hin[63]. Die Tatsache, daß die Städter mit Abscheu und Verachtung auf die nach ihrem Heimatboden riechenden Saisonarbeiter aus dem Limousin oder der Auvergne herabblicken, sollte zur Rechtfertigung jener »Apartheid« beitragen, die einer Integration lange im Wege stand[64]. Martin Nadaud empört sich noch nachträglich über die Unbekümmertheit der Maurer aus dem Creusot, die nicht einmal Anstoß an der muffigen Luft in ihren Gemeinschaftsunterkünften nehmen. Genau wie der Vicomte d'Haussonville tadelt auch Pierre Mazerolle die stinkenden Ausdünstungen von Käse und Speck, die sich in den Regalen türmen[65].

Dabei muß man den Limousinern noch zugute halten, daß in ihren Stubengemeinschaften eine überschaubare Ordnung herrscht – ganz im Gegensatz zu dem nächtlichen Durcheinander, das gewissen Logierhäusern zugesprochen wird und die bürgerliche Phantasie nicht zur Ruhe kommen läßt. Angesichts dieser totalen Promiskuität verschlägt es dem Besucher den Atem. Hier führt das brüderliche Miteinander von

Unrat und Menschen zur Herrschaft der Animalität. Die Individuen, so heißt es, paaren sich nach Lust und Laune[66]. »Ob diese Geschöpfe sich untereinander kennen?« fragt Victor Hugo in Hinblick auf die imaginären Gäste von La Jacressarde; und seine Antwort lautet: »Nein, sie riechen sich.«[67]

»Räume, die zu klein sind, um einem einzigen Menschen als Wohnung zu dienen, haben ebenso unheilvolle Wirkungen wie geräumige Säle, in denen viele Menschen versammelt sind«[68], schreibt Piorry im Zusammenhang mit den Unterkünften des niederen Volkes. In diesem Milieu weist das Krankenzimmer die gleichen Merkmale auf wie der gefürchtete *palus*. Sämtliche Bedingungen des tropischen Sumpfwaldes kommen hier zusammen, bestätigt Doktor Smith[69]. An diesen Orten reifen jene Faulfieber heran, bei denen man sich fragen muß, ob sie nicht das Ergebnis eines langsamen Erstickungsprozesses sind, der zu organischen Funktionsstörungen und Körperschwäche führt[70]. Die üblen Gerüche bezeugen den Luftmangel, der eine Entfaltung der Arbeitskraft verhindert. Was oft als schimpfliche Faulheit angesehen wird, ist in Wirklichkeit fast immer eine »Schwächung (...) durch die verdorbene Atmosphäre ungesunder Wohnungen«[71]. Man muß dem Armen Luft verschaffen, verlangen Ärzte und Hygieniker wie aus einem Munde. Ventilieren und Desodorisieren sind ökonomische Notwendigkeiten. Andral, Louis, Bouillaud, Chomel und viele andere versuchen, die genauen Auswirkungen des Platzmangels zu beobachten und zu messen. Nach Ansicht von Baudelocque haben die Skrofeln keine andere Ursache als diese. Untersuchungen über die Cholera haben gezeigt, daß eine – tatsächlich nachgewiesene – »fast konstante Relation zwischen dem Ausmaß der Symptome und der Enge des Wohnraums«[72] besteht; wahrscheinlich ist es die Raumnot, die der Krankheit ihren »typhusartigen und tödlichen Charakter« verleiht. Villermé unterstreicht die Verheerungen, welche die Cholera in den Logierhäusern angerichtet hat; je beengter die Verhältnisse, in denen die Menschen leben, desto grausamer geht der Tod um.

Wenn es darum geht, die Lufterneuerung zu messen und den üblen Folgen der Enge und Überfüllung vorzubeugen, ist der Geruchssinn den Instrumenten der Physik immer noch überlegen. Doch allmählich kommt im privaten wie im öffentlichen Raum eine neue Sorge auf: das Problem des Lichts, der Helligkeit, rückt stärker in den Vordergrund. Der große Umbruch, der zum unangefochtenen Primat des Sichtbaren führt, kündigt sich auch im Bereich der Hygiene an. Baudelocque stellt fest, daß der Körper in düsteren Unterkünften verweichlicht, daß er schlaff und aufgedunsen wird. Unzulängliches Licht hemmt die Zirkulation, läßt junge Mädchen in jene entsetzliche Bleichsucht verfallen, deren prägenden Einfluß auf das Imaginäre Jean Starobinski hervorgehoben hat[73]. Das Halbdunkel macht sogar Nachttiere traurig und hinterhältig; Zwielicht[74] bedroht sowohl die Gesundheit und den Arbeitseifer als auch die Sexualmoral. Nach Michelet besteht die erste Pflicht eines Gatten darin, sein Kind und die junge Mutter so unterzubringen, daß sie »eine gute Lage«[75] genießen.

Der Landmann mit seinem starken Schweißgeruch und seiner mangelhaften Hygiene ist ein uraltes und vielfach bezeugtes Thema: denken wir nur an *Don Quijote* und die »muffigen« Düfte, die Sancho Panza in Dulcineas vom Arbeitsschweiß triefenden Achselhöhlen vermutet[76]. Selbst Rousseaus Zeitgenossen haben sich der Klagelieder nicht enthalten. Von Thouret bis Louis-Sébastien Mercier sind wir immer wieder auf höchste Entrüstung über die ländlichen Kloaken im Umkreis der Hauptstadt gestoßen. Auch die tiefere Provinz bleibt nicht von Schmähungen verschont. Schon 1700 prangert Ramazzini die stinkende, krankmachende Nähe der Misthaufen und, mehr noch, die »garstigen Ausdünstungen« des eingeweichten Hanfs an[77]. Bevor die Entdeckungen von Priestley und vor allem Ingenhousz zu neuen Erkenntnissen führen, flößt sogar die Nachbarschaft der Bäume Angst ein; man fürchtet, ihre unheilvollen Wirkungen könnten sich mit denen der Erdausdünstungen verbinden, die den Landarbeiter ohnehin in Gefahr bringen. Auch die Luft der nach Dung stinkenden Gemüsegärten gilt als bedrohlich. Kurz, das Dorf erzeugt Miasmen; insofern ähnelt es dem Sumpf[78].

All das läßt Julies Garten und Jean-Jacques' Träumereien in weite Ferne rücken. Zwei auf den ersten Blick antagonistische Repräsentationssysteme vermischen sich. Diese Dualität sollte die auf das Landleben bezogene Imagination während des ganzen 19. Jahrhunderts[79] in einem äußerst komplexen Zustand erhalten. Doch im Augenblick ist es nur ein Scheinwiderspruch. Die von Rousseau und seinen Schülern gerühmten ländlichen Gefilde erscheinen als balsamischer Raum, befreit vom Gestank der Dörfer und des Bauernvolks, leise durchstreift vom Hauch der Frühlingsblumen. Kurz, eine Landschaft, die für die Einsamkeit geschaffen ist, wo der Reisende nur hin und wieder einen isolierten Hof, eine Windmühle, eine Sennhütte, im äußersten Fall vielleicht einen Weiler oder die flüchtige Begegnung mit einem Hirten dulden mag.

Diese idyllische Vision des Bauern und des Landlebens besteht im 19. Jahrhundert fort. Die *Voyages pittoresques*, vor allem aber auch die Ikonographie[80] tragen zu ihrem Überleben bei. Anders als der für die medizinische Alltagspraxis bezeichnende direkte Kontakt, bei dem Gefühl und Nase kompromittiert werden, erlaubt die mit Hilfe des Blicks betriebene Ethnologie, gebührenden Abstand zu wahren. Sie kann sich den Ekel sparen. Mit dem Pinsel des Künstlers ist die Übertragung der Realität in die symbolische Ordnung leicht zu bewerkstelligen.

Allein das Dorf, schon bald als Antithese des in der Reinheit des Äthers badenden Gipfels erkannt, wird in düsteren Farben gemalt. Unten im Talgrund keimen die sozialen Ausdünstungen. Der Reisende ist gut beraten, wenn er den Berghang nicht verläßt. Oberman flieht die Niederungen, während Doktor Benassis sich bemüht, sie auszuschlämmen – ein Unternehmen, das nicht ohne Hoffnung ist: schon 1756 war es Howard gelungen, die »Schlammhütten«, in denen die Bauern von Cardington seiner Ansicht nach wie Wilde lebten, in freundliche Landhäuschen zu verwandeln[81].

Charles-Léonard Pfeiffer hat eine ganze Reihe von Äußerungen zusammengestellt, in denen Balzac seinen Widerwillen gegen die Gerüche der Bauern kundtut. Hier nur ein Beispiel: »Der starke, wilde Geruch der beiden Stromer durchstank das Eßzimmer so sehr, daß Madame de Montcornet, deren empfindliche Sinne dadurch beleidigt worden waren, gezwungen gewesen wäre, hinauszugehen, wenn Mouche und Fourchon länger dageblieben wären.«[82]

Es muß allerdings hinzugefügt werden, daß der Dorfgestank schon seit mehreren Jahren eine regelrechte Flut derartiger Äußerungen unterhielt, als Balzac seine Werke *Der Landarzt* (1833) und *Die Bauern* (1844) schrieb. Es gibt keinen Bericht, der vor dem Gesundheitsrat irgendeines ländlichen Departements gelesen wird, keine medizinische Doktorarbeit, keinen unter der Julimonarchie oder der Zweiten Republik redigierten Auszug einer Enquete, der die hygienischen Mißstände auf dem Lande nicht heftig anprangert. Auch die sozialgeschichtlichen Arbeiten über das ländliche Frankreich jener Zeit räumen den diesbezüglichen Klageliedern samt und sonders einen großen Platz ein. Ich selbst habe einige Seiten über die mangelhafte Hygiene der Limousiner Bauern in der Mitte des 19. Jahrhunderts verfaßt.[83] Es wäre zu langatmig und auch zu uninteressant, all die endlosen Beschreibungen hier zusammenzufassen. Nur eines soll gesagt sein: die Autoren haben sich, nicht ohne Naivität, den ausufernden Diskurs der bürgerlichen Beobachter zu eigen gemacht. Es wäre sinnvoller gewesen, das Knäuel der Vorstellungssysteme wenigstens versuchsweise zu entwirren und vor allem aufzuzeigen, daß die wesentliche historische Tatsache nicht in einer Realität besteht, die sich, verglichen mit früheren Zeiten, wahrscheinlich kaum geändert hatte, sondern in der neuen Wahrnehmung, der neuen Intoleranz gegenüber einer traditionellen Realität. Die Wandlung der Sinnesempfindungen in den oberen Kreisen der Gesellschaft und der daraus folgende Strom von Diskursen sollten die hygienische Revolution, den Weg zur Modernität erzwingen.

Was die Vorstellungen anbetrifft, kommt es zu einer Kehrtwendung. Schlamm und Unrat, von den empfindsamen Städtern mehr gefürchtet als alles andere, überschwemmen das Imaginäre als untrennbare Bestandteile des Landlebens. Stärker denn je wird der Bauer mit dem »Fladenscheißer« identifiziert, der vertraut ist mit Jauche und Mist, durch und durch getränkt mit Stallgerüchen. Die Stadt, deren öffentliche Gestänker bislang Zielscheibe der Angriffe gewesen waren, entledigt sich – ganz allmählich – ihres Unrats; ein halbes Jahrhundert später hat sie es beinahe geschafft, sogar ihre Armen vom Kot zu befreien. Die Beziehung zwischen dem städtischen und dem ländlichen Raum kehrt sich um. Die Stadt wird zum Ort des Unverderblichen, des Geldes, während das Land die Armut und die Fäulnis der Exkremente symbolisiert[84]. Daran ändert auch die Agrarideologie[85] nichts. Mehr als ein Jahrhundert lang bleibt die Phänomenologie die gleiche; die mangelnde Bereitschaft zur Integration ländlicher Immigranten und die Haltung der städtischen Reisenden oder Touristen bezeugen dies. Im Imaginären bildet sich ein anderes Verhältnis zwischen Stadt und Land erst mit der allgemeinen Wasserversorgung, der Mechanisierung, der Modernisierung des Haushalts und der ökologischen Propaganda heraus – aber dies ist nicht mein Thema.

Die eintönigen Beschreibungen jener Forscher, die sich während der Julimonarchie mit der Auskundschaftung bäuerlicher Wohnhöhlen beschäftigen, setzen sich aus einer geringen Anzahl von Stereotypen zusammen. Zum größten Überdruß des Lesers tritt dieser Diskurs schon nach kürzester Zeit auf der Stelle. Wie die Inhaltsanalyse von Doktor Piorry[86] zeigt, kommt ab 1836 nichts Neues mehr hinzu. Enge Räumlichkeiten, winzige Fenster, Luft- und Lichtmangel, feuchte Böden, die nicht einmal mit Steinplatten ausgelegt sind, unheilvolle Dämpfe, stinkender Mist im Verbund mit dem Geruch von Waschlaugen und Spülwasser sowie die unerträgliche Nähe der Viehställe und der Molkerei, von denen faulige, vergorene Dunstschwaden aufsteigen – dies sind die wesentlichen Bestandteile des dargebotenen Bildes. Ferner hören wir von einer Vorliebe für tiefe Federbetten, die sich vollsaugen mit dem Schweiß des Schlafenden, wir hören von Haustieren, die immer gegenwärtig sind und mit den Menschen um die Wette atmen, oder auch von zahlreichen Schinken, die an der Decke hängen und ihren Teil zur Geruchsbildung beitragen. Nur selten wird die unzureichende Körperhygiene beklagt. Hier, im bäuerlichen Milieu, ist es der animalische Gestank, der die Befürchtungen nährt, nicht der Mangel an Raffinement. Das im Entstehen begriffene normative System läßt sich auf den Bauern noch nicht anwenden[87], von ihm verlangt man nur, daß er Mist und Geflügeldreck entfernt, daß er lernt, Türen und Fenster aufzureißen.

In der zweiten Hälfte des Jahrhunderts nimmt die zwanghafte Angst vor dem Gestank des Armen ab. Durch die Fortschritte der Hygiene wird das Problem auf Randbereiche abgeschoben. Was die Bauern – für lange Zeit – auf dem Lande, sind in der Stadt die Saisonarbeiter, Dienstmädchen, Pförtner und einige Arbeiter, die dank ihres Berufs besonders schmutzigen Tätigkeiten ausgesetzt sind, etwa die *chirots* aus dem Norden. Sie sind die stellvertretenden Opfer eines schon etwas überholten Ekels, der mehr und mehr in zotige Späße abgleitet, wie man sie von den militärischen Stubengemeinschaften her kennt[88]. In diesem Sinne sind auch die Hintertreppenbeschreibungen in Zolas Roman *Pot-Bouille* (dt. *Ein feines Haus*) zu verstehen; sie bezeugen die lästige Gegenwart eines Volkes, das als bedrohlicher Faktor kaum noch ernst zu nehmen ist.

Dem Clochard und dem Vagabunden wird weiterhin ein spezifischer Gestank zugeschrieben – ein Beweis dafür, daß der Proletarier seine gefährlichen Gerüche verloren hat. Bei den Brüdern Goncourt heißt es, der Maikäfergeruch gelte »in der Präfektur als der besondere Geruch des Vagabunden, des Mannes, der unter den Brücken schläft, der Geruch des Zuchthäuslers und des Gefangenen«[89]. Damit wären wir wieder beim Kerkergeruch. So schließt sich der Kreis der auf den unbestimmten Gestank des Proletariers gerichteten Wahrnehmung. In Zukunft ist es der bedrohliche Geruch der Rasse[90], der die Aufmerksamkeit der Gelehrten in Anspruch nimmt. Doch das ist eine andere Geschichte.

Den Elenden vom Kot befreien

Kommen wir auf die Julimonarchie zurück. Die Tatsache, daß die Wahrnehmung sich auf den Gestank des Armen konzentriert, führt zwangsläufig zu der Forderung, ihn zu desodorisieren beziehungsweise zu desinfizieren. Im wesentlichen geht es um die Zerstörung der widerwärtigen organischen Gerüche, die die Gegenwart des Todes bezeugen und verdächtigt werden, sie könnten jenes »Gemütsfieber«[91] wieder aufflammen lassen, das unlängst so viele Tote gefordert hat. Trotz der spät von

Durkheim[92] eingeführten Unterscheidung zwischen den Regeln von Moral und Hygiene sind die moralischen Implikationen des hygienischen Unternehmens vielfach hervorgehoben worden, namentlich in Hinsicht auf das 17. und 18. Jahrhundert. Während der auf das Zensuswahlrecht gestützten Monarchie treten diese Implikationen besonders deutlich zutage. Dem Volk seinen animalischen Gestank zu nehmen, es auf Distanz von Kot und Unrat zu halten, sind Bestandteile einer breit angelegten Therapie, die dem Pathologischen in der Gesellschaft entgegenwirken soll. Mit dem Rückgang der Verpestung nimmt auch die Gewalt ab. Die Hygiene ist ein unübertreffliches Mittel »gegen die Laster der Seele (...); ein auf Sauberkeit bedachtes Volk ist bald ein Freund der Ordnung und der Disziplin«[93], schreibt Moléon als Berichterstatter des Gesundheitsrats schon 1821. Ein Jahr zuvor hatte Gérando erklärt: »Sauberkeit ist alles zugleich, sowohl ein Mittel der Selbsterhaltung als auch ein Zeichen, das den Sinn für Ordnung und Beständigkeit zum Ausdruck bringt; es ist betrüblich anzusehen, wie wenig diese Tugend der meisten Bedürftigen bekannt ist – ein trauriges Symptom der moralischen Krankheit, von der sie befallen sind.«[94]

Zwanzig Jahre später träumen Monfalcon und Polinière immer noch vom Bild des nicht riechenden Arbeiters: »Sauberkeit, Mäßigkeit und Arbeit – dies sind neben dem Atmen reiner Luft die wichtigsten Bedingungen für das Wohlergehen der arbeitenden Klassen.« In der Unterkunft des guten Arbeiters gibt es »keinen Luxus, aber auch nichts, was das Auge oder die Nase beleidigen könnte«[95]. »Allein dadurch, daß dieser Arbeiter in ausreichender Menge gesunde Luft atmet und über viel Wasser für seine täglichen Bedürfnisse verfügt, geht es ihm besser und er verdient mehr. Zufrieden mit seinem Heim, hat er auch mehr Achtung für Sauberkeit und die Gesetze, und er hält mehr auf die Erfüllung seiner Pflichten.«[96] Der fleißige kleine Arbeiter verbreitet keinen Gestank; verliebt in seine Romanheldin Pauline, rühmt Zola den »gesunden Geruch ihrer Hausfrauenarme«[97].

Indes, von Badezimmern ist hier im Augenblick noch nicht die Rede; die in diesem Zusammenhang selten erwähnte Körperhygiene beschränkt sich auf einige genau definierte Kategorien. Baden ist das Privileg der Bergarbeiter, der vom Kohlenstaub verschmutzten Heizer und gewisser Dienstboten, die engen Kontakt zu den oberen Kreisen der Gesellschaft haben. Alle anderen werden entfettet, entseucht, vom Kot befreit und allenfalls »entsudelt«. Es kann gar nicht genug betont werden, welch ungeheure Bedeutung dem Kampf gegen die Imprägnierung der Kleidung beigemessen wird. Sauber sein heißt in erster Linie, daß man keine speckigen, schmierigen und übelriechenden Kleider trägt[98]. Die Reinigung derselben sollte lange Zeit als das erste Gebot der sogenannten Körperhygiene des einfachen Volkes gelten. 1821 behauptet Cadet de Vaux[99], die Dreckschicht auf der Kleidung sei, in Zusammenwirkung mit dem groben Hemd, schuld daran, daß die Frau aus dem Volke ihre Atmosphäre nicht entfalten könne und sie daher der wesentlichen Reize ihrer Verführungskraft beraubt sei.

In der Stadt besteht die dringendste Aufgabe darin, den Schmutz der »Gemeinschaftsaborte« zu bezwingen und den stinkenden Unflat aus den kleinen Innenhöfen zu entfernen. Der Fortschritt läuft über eine Halb-Privatisierung der an den Treppenabsätzen befindlichen Latrinen: den jeweils zur Benutzung berechtigten Familien werden Schlüssel ausgehändigt[100]. In diesem Milieu bedeutet ein Aufschwung der *privacy* in erster Linie, sich vor dem Dreck und den Gerüchen des Anderen zu schützen, eine annähernde Familialisierung der Scheiße zu erreichen und zu verhindern, daß die Scham des einzelnen unerwartet zum öffentlichen Schauspiel wird. Die mit der Abortbenutzung verbundene Promiskuität muß ein Ende nehmen; die Türen müssen verschlossen und Belüftungsrohre installiert werden. Diese Maßnahmen sind unerläßliche Voraussetzungen für jene Disziplinierung der Defäkation, die das einzige Mittel ist, den Gestank endgültig unter Kontrolle zu bringen. Ein besonderes Augenmerk gebührt solchen Individuen, die in die düsteren Eingänge pinkeln; sie zu vertreiben, gehört hinfort zu den Aufgaben eines guten Hausmeisters. Notfalls, so rät Passot, kann dieser nach außen hin eine kleine Schranke errichten und die Abzugsrinne mit einer Platte bedecken[101]. Kurz, das ganze Unternehmen zielt darauf ab, die »Gemeinschaftsaborte« sukzessive in »Privatkabinette« zu verwandeln. Im übrigen – und um das Arsenal der in diesem Milieu angepriesenen Maßnahmen zu vervollständigen – wird größter Wert darauf gelegt, die Wände durch häufiges Kalken und Streichen vor jeder Art von Verseuchung zu schützen. Natürlich impliziert der Fortschritt auch einen Anschluß an die allgemeine Wasserversorgung; die zahlreichen Hindernisse, die einer Ausweitung dieser Praxis im Wege stehen, sind bekannt.

Auf dem Lande und in vielen Kleinstädten führt der Kampf gegen den Gestank der Exkremente zu einer endlosen Schlacht zwischen den Behörden und denen, die Stalldung besitzen oder benutzen. Der Widerstand gegen die Entfernung der Misthaufen ist lebhaft, manchmal sogar verzweifelt und daher erbittert[102]. Meist ziehen die Hygieniker den kürzeren. Ihr Ziel, den Mist in Gruben unterzubringen, sollten sie nie erreichen. Weitere Maßnahmen zur Desinfektion ländlicher Wohnstätten

Volkstümlicher Marktplatz
1857

sind die Verwendung von Kalk, der Durchbruch zusätzlicher Fenster und das Einreißen von Zwischenwänden[103].

Bleiben die Modellversuche: jene neuartigen Arbeiterviertel, die in Mühlhausen, Brüssel oder der Rue de Rochechouart in Paris errichtet werden. Die von Erbauern und Hygienikern – namentlich Villermé[104] – gemeinschaftlich entwickelte, subtile Strategie zur planmäßigen Verhinderung jeder Promiskuität, zum Schutz der Familienintimität und zur Enterotisierung von Fluren und Treppenhäusern hat schon viele Autoren beschäftigt[105]. Es sei jedoch angemerkt, daß zur damaligen Zeit nur ein sehr geringer Teil der Bevölkerung tatsächlich von diesen durchaus bezeichnenden, wohldurchdachten sanitären und moralischen Absichten betroffen ist.

Von größerer Bedeutung für unseren Zusammenhang sind die Versuche, Inspektionen in volkstümlichen Wohnungen vorzunehmen. Wieder einmal wird die verheerende Choleraepidemie von 1832 zur Grundlage einer neuen Strategie. Als die Seuche auszubrechen droht, werden

Stadtteilkommissionen gebildet, die den Auftrag erhalten, sämtliche Häuser in Augenschein zu nehmen, nach gesundheitsgefährdenden Mißständen zu forschen und den Besitzern Auflagen im Sinne der Polizeivorschriften zu machen. Diese Kommissionen haben tatsächlich funktioniert; im Quartier du Luxembourg beispielsweise wurden innerhalb von zwei Monaten 984 Häuser aufgesucht. Der Präfekt Gisquet behauptet, insgesamt seien rund 10.000 Kommissionsberichte bei ihm eingegangen[106].

In England werden die volkstümlichen Wohngebiete schon lange vor der Gründung des *General Board of Health* im Jahr 1848 »von der Gesundheitspolizei eingekreist«[107]. Örtliche Komitees sind mit den notwendigen Machtbefugnissen ausgestattet. In London unternehmen die amtlichen Inspektoren Hauskontrollen; anschließend schreiben sie »einen Vermerk, in dem gesondert angegeben wird, welche Wohnungen zu waschen und mit Kalk zu weißen sind, welche von Unrat gesäubert werden müssen, wo Höfe oder Keller zu pflastern sind, wo es an Wasserzuleitungen oder -abflüssen fehlt, wo belüftet oder auf irgendeine andere Weise saniert werden muß«[108]. Ein Arzt überprüft die Zulässigkeit dieser Beanstandungen, und mit seiner Zustimmung wird der Hausbesitzer über die Mängel in Kenntnis gesetzt; innerhalb einer Frist von fünfzehn Tagen müssen alle Mißstände behoben sein. Allein im Jahr 1853 nehmen die Inspektoren in 3.147 Häusern – das sind zwanzig Prozent von ganz London – Kontrollen vor und stellen 1.587 »Steckbriefe« aus.

Das französische Gesetz zur Überprüfung ungesunder Wohnungen – ein Gesetz, das lange gefordert, seit 1846 durch die Arbeiten im Rahmen des Gesundheitsrats vorbereitet worden war und in dem Pariser Polizeierlaß vom 20. November 1848 bereits ein Vorbild hatte – wird am 13. April 1850 endlich verkündet. Nach der Formulierung seines Haupturhebers, des Marquis de Vogüé, soll es eine »bessere Schutzaufsicht«[109] über die Wohnungen ermöglichen. Die dem Gesetzestext beigefügten Inspektionsrichtlinien[110] sehen unter anderem vor, daß die Latrinen auf ihren Zustand und die von ihnen ausgehenden Gerüche überprüft werden. Welch eine Genugtuung für Monfalcon und Polinière, die schon früher ihrem Wunsch Ausdruck verliehen hatten, die Administration möge sowohl die Wohnstätten der Armen als auch die Tierkäfige in den zoologischen Gärten überwachen[111]. Von Passot ist die Forderung zu hören, Polizeibeamte mit der Inspektion von Arbeiter-Latrinen zu beauftragen und ihnen das Recht der Protokollführung einzuräumen[112]. In der Praxis wird das Gesetz von 1850 allerdings kaum angewandt, darin stimmen alle diesbezüglichen Untersuchungen überein[113].

»Der Atem des Hauses«[1]

Erstickungsphobien und erbliche Gerüche

Bestrebt, den neuen Vorstellungen von komfortabler Wohnlichkeit gerecht zu werden, hatte die private Architektur seit Mitte des 18. Jahrhunderts auf eine Spezialisierung und Funktionsbestimmung der einzelnen Räume gedrängt. In neuerbauten Wohnungen, vor allem aber in den Entwürfen der Architekten gehen die Zimmer nicht mehr ineinander über; es mehren sich Korridore und Flure, die für zunehmende Unabhängigkeit sorgen. Die Gesellschaftsräume werden vom Intimbereich getrennt. Claude-Nicolas Ledoux erhebt die Möglichkeit, sich allein in einen luftigen Raum zurückziehen zu können, sowohl in physischer als auch in moralischer Hinsicht zu einem therapeutischen Gebot.

Diese Evolution geht von Anfang an mit neuen Empfindsamkeiten einher. Schon 1762 hatte Abbé Jacquin zum Kampf gegen die üblen Gerüche in Wohnungen und zur Sauberhaltung der Küchen aufgerufen[2]. Er gab den Rat, im Schlafzimmer möglichst wenig Wasser zu benutzen, es von Lacken und Rauch freizuhalten, Hunde und Katzen aus den Gemächern zu vertreiben, die Abtritte in gebührlicher Entfernung zu installieren und die Vorhänge zu öffnen. Bei der Lektüre seines Buches wird deutlich, daß sowohl die Geruchsempfindlichkeiten als auch die Strategien der Desodorisierung nicht allein dem 19. Jahrhundert zugeschrieben werden dürfen, daß sie in einer sehr frühen, für die herrschenden Klassen bestimmten privaten Hygiene verwurzelt sind. Doch nach 1832 wird die Angelegenheit mit ungewohntem Nachdruck vorangetrieben; die Wahrnehmungen werden lebhafter, die Ratschläge fügen sich zu einem Gesamtkonzept zusammen. All dies unterstreicht die rasche Evolution, die zu einer kollektiven Veränderung der psychologischen Bedingungen führt.

Auch diese Neuerung steht im Rahmen jener übergreifenden Zielvorstellungen, die den Bourgeois anregen, Abstand vom gemeinen Volk zu nehmen und sich vor ihm zu schützen, was unter anderem auf eine strengere Überwachung hinausläuft. Die Desodorisierung, die hier mein Thema ist, führte zwangsläufig zu einem Rückzug in das traute Heim,

Nach dem Bade
Um 1835

zur Konstitution einer Privatsphäre, kurz, zu jener »Verhäuslichung«, die schon im 18. Jahrhundert begonnen hatte und über die Robert Mauzi schreibt: »das Glück des Bourgeois ist nirgends als in seinem Haus«[3]. Die Entfaltung der »Haushygiene«, die in zunehmendem Maße zu einer »Familienhygiene» wird, ist – genau wie die Körperhygiene – nur eine Kehrseite des Rückzugs aus dem öffentlichen Leben. Ergebnis dieser Entwicklung ist eine der Medikalisierung des privaten Raums unterworfene Wohnform. Im Schutz seines Heims, fern vom Gestank der Armen

und seinen Bedrohungen, will der Bourgeois sich der neuen Mode nar-
zißtischer Genüsse hingeben und sich berauschen lassen von subtilen
Körperbotschaften, die dem Gefühlsaustausch eine köstliche Note verleihen.

Seit der Zeit des guten Abbé Jacquin haben sich wichtige Dinge ereignet. Dank der Entdeckungen von Lavoisier weiß man, daß die Bewegung als solche keine Reinigung der Luft bewirkt. Nur die Erneuerung kann dem Fluidum in einem gegebenen Raum seine ursprüngliche
Kraft zurückgeben. Es geht daher nicht mehr so sehr um die Ventilation,
sondern um eine ausreichende, den quantitativen und qualitativen Bedürfnissen des Organismus angemessene Belüftung jedes bewohnten
Raums. Infolge dieser Erkenntnis werden auf die Individuen abge-
stimmte und nach Raumgröße berechnete Normen definiert. Reinigung
impliziert nicht mehr die Agitation der Luft, sondern die Schaffung von
Frischluftreserven und die Beherrschung der Ströme. Der Durchbruch
der Rue Rambuteau läßt Doktor Bayard[4] nicht etwa auf eine vermehrte
Ventilation des öffentlichen Raums hoffen, sondern allein auf die Schaffung einer atmosphärischen Reserve, aus der die benachbarten Wohnungen frische Luft schöpfen können.

Für das geruchsbezogene Verhalten im Innern des Hauses spielt der
Atem, der Lebenshauch eine wichtigere Rolle als früher. Die Gesell-
schaft der auf dem Zensuswahlrecht beruhenden Monarchie ist aufmerksam besorgt um alle mit der Respiration verbundenen Phänomene.
Die neuen Ansprüche auf gute Luftqualität, der Abscheu vor begrenzten
Räumen und stickigen Gerüchen, der Alptraum der allgegenwärtigen
Schwindsucht, die mehr und mehr zum Kristallisationspunkt des morbi-
den Schreckens wird, die phobische Angst vor dem Ersticken, dessen
Ursachen nunmehr bekannt sind und das im Sprachgebrauch der damaligen Zeit zu einer stereotypen Metapher wird – all dies enthüllt eine
einzige, anschwellende Angst vor den in der Atmosphäre verborgenen
Gefahren, eine Angst, für deren Verschärfung nicht zuletzt die Autorität
der Gelehrten verantwortlich ist. Louis Chevalier hat gezeigt, daß der
Mythos des kollektiven Erstickens zu einer neuen Wahrnehmung der
Stadt, ihres Raums, ihrer Gebäude und ihres Untergrundes führt: er entdeckt eine bis dahin unbekannte Furcht vor dem Nebel. »Heilloses Allerlei aus allen Arten von gefürchteten Miasmen«, schreibt Delphine Gay de
Girardin; »Kette aus Dämpfen und Rauch, die Pflaster und Dächer ver-
eint (. . .), monströse, fatale Verbindung der über den Schornsteinen
schwebenden Qualmwolken mit dem Atem der Kloaken.«[5] Diese Gesellschaft, hin- und hergerissen zwischen der Faszination des Rückzugs und

dem Alptraum einer »atmosphärischen Gefangenschaft», träumt von »Luftbädern«, während sie die bleichsüchtigen jungen Mädchen und die dahinwelkenden Frauen fröstelnd ins Haus einschließt.

Im öffentlichen wie im privaten Raum entwickelt sich eine Sensibilität für »territoriale Übertretungen«[6]. Die Einflüsse von Exkrementen und Körperausdünstungen gelten in zunehmendem Maße als Vergewaltigung der Territorien des Selbst; sie werden als Beeinträchtigung empfunden. Die Geruchstoleranz gegenüber dem Anderen sinkt. Hatte Chaussier nicht bewiesen, daß die in der Luft verbreiteten Schweißabsonderungen eine hochgradig fäulniserregende Wirkung haben?

In der Privatsphäre selbst wird nun auch der Familiengeruch als zudringlich empfunden. Um 1840 werden diesbezügliche Warnungen laut. Dem stets als tugendhaft gerühmten Schoße der Familie wohnen Gefahren inne, die eine spezifische Hygiene verlangen. Es erscheint mir angebracht, diesen wenig beachteten und für die Geisteshaltungen der damaligen Zeit – der Zeit vor Pasteurs umwälzenden Entdeckungen – bezeichnenden Aspekt näher zu beleuchten, zumal eine zeitliche Übereinstimmung mit dem vielfach untersuchten Aufkommen der Angst vor Erbkrankheiten und erblichen Veranlagungen besteht.

Schon 1844 warnt Doktor Michel Lévy, einer der größten zeitgenössischen Hygieniker, vor den unheilvollen Wirkungen der »Familienatmosphäre«, den »gasförmigen Rückständen der Familie«[7]. Genau wie die Atmosphäre einer Stadt aus der Summe der sozialen Ausdünstungen besteht, ist auch die »Familienatmosphäre« nichts anderes als eine Synthese aller individuellen Atmosphären, die sich im Haus entfalten[8]. Die so heftig angeprangerten Gefahren des öffentlichen Raums werden dank der Vorstellungskraft der Hygieniker auf den privaten Raum übertragen. Es zeichnet sich eine spezifische Bedrohung ab, die nichts mehr mit dem Mangel atemfähiger Luft oder den Mißständen der allgemeinen Hygiene zu tun haben; ohne daß der Gestank des Volkes die geringste Rolle dabei spielt, kann die »Familienatmosphäre« sich als gefährlich erweisen. Die schädliche Zusammenwirkung der aus Verwandtschafts- und damit aus Erblichkeitsgründen gleichartigen miasmatischen Ausdünstungen ist schon als solche eine Krankheitsgefahr. So bildet sich eine »kollektive Idiosynkrasie«, die den »Lebenshabitus«, die »häusliche Atmosphäre«[9] durchdringt. Der permanente »Verkehr von Miasmen« im engsten Familienkreise führt dazu, daß jedes Haus seinen eigenen Geruch und seine »besonderen endemischen Krankheiten« besitzt, an deren Erhaltung das saugfähige, mefitische Mauerwerk wesentlich beteiligt ist.

Hören wir Michel Lévy: »Indem wir uns so ausdrücken, haben wir nicht die bekannten Wirkungen der durch Überfüllung, durch das Freiwerden von Verbrennungs- oder Beleuchtungsgasen usw. entstehenden Luftverderbnis im Auge, sondern den dauernden Austausch aller Einflüsse, aus denen sich die Atmosphäre mehrerer mit gleichem Blut und gleichen Erbanlagen begabter Individuen zusammensetzt.«[10] Weiter heißt es: »Das Zusammenwohnen bringt die persönlichen Atmosphären der Beteiligten in Konflikt; das Gleichgewicht resultiert aus einer gegenseitigen Sättigung, die gewisse krankhafte Veranlagungen bei den darunter Leidenden verstärkt, sie aber auch bei anderen hervorbringt, die bis dahin ausgenommen waren.«[11]

Eine gute Familienhygiene verlangt also, daß die üblen Auswirkungen der »Hausatmosphäre« korrigiert werden, und zwar durch die Schaffung eines Raums, in dem die individuelle Atmosphäre sich frei und ohne die Gefahr einer gegenseitigen Ansteckung entfalten kann. Genau wie der »Verkehr sozialer Emanationen« einst zur Flucht aus der Stadt oder dem Rückzug ins traute Heim gezwungen hatte, zwingt das »Geschäft« der Familienemanationen jetzt zur Einrichtung eines individuellen Privatraums. Der Abscheu vor den Ausdünstungen des Anderen im Schoße der Familie selbst beschleunigt jenen Prozeß der Individuierung, dessen Entwicklung wir nun seit Mitte des 18. Jahrhunderts verfolgen. Nach dem Sieg des Einzelbetts trägt der neue Widerwille dazu bei, das individuelle Zimmer in Rang und Würden zu erheben.

In den volkstümlichen Milieus wären derartige Ambitionen im Augenblick noch deplaziert. Die Familie des Proletariers, bei der es in erster Linie um eine »Normalisierung« geht, hat angesichts der sich summierenden Wirkung blutsverwandter Miasmen kaum eine Chance, der Krankheitsgefahr zu entrinnen. Die Skrofeln des Knaben, die Bleichsucht des jungen Mädchens sind in der Geruchslandschaft ihres Zuhauses bereits enthalten. In seinen Wirkungen kommt der Gestank des Armen einer erblich belasteten Entartung gleich.

Die Ansprüche der Hygieniker und die neue Sensibilität

Die neuen Überzeugungen sind zugleich Richtlinien für die Normierung des häuslichen Raums und der dort herrschenden Gerüche. Neue Prinzipien werden aufgestellt. »Es gibt keinen gesunderen Wohnsitz als den, der einsam und isoliert ist«, behauptet Vidalin 1825 in seinem *Traité d'hygiène domestique*[12]. Das Haus als solches muß dem unentwirrbaren Gemisch sozialer Emanationen und der miasmatischen Promiskuität benachbarter »Familienatmosphären« entfliehen. Aus dieser Besorgnis heraus erklärt sich die zunehmende und anhaltende Bewunderung für die unabhängige englische Wohnart, den sowohl von Gehöften, Läden und Krambuden als auch von Kontoren und Büros getrennten Wohnbereich. In London, so heißt es bei Mille[13], hat sich die Sitte durchgesetzt, in jedem Haus nur eine einzige Familie unterzubringen.

Die beiden anderen wichtigen Imperative sind, um es noch einmal zu sagen, die mögliche Zuflucht zu einem nahen Frischluftreservat und die Beherrschung der Luftströme. Diese Phänomene sind erschöpfend untersucht worden; ich will deshalb nicht weiter darauf eingehen. Hier sei nur angemerkt, daß Jules Michelet lange vor Michel Foucault entdeckt hat, welch unauflösliche Verbindung zwischen den hygienischen Geboten, dem angestrebten panoptischen System* und der moralisierenden Absicht besteht. So schreibt er über die Wohnsitze der Großen während des Ancien Régime: »Belüftung, Sauberkeit und Überwachung – drei Dinge, die gleichermaßen unmöglich waren (...); all die endlosen Labyrinthe aus Korridoren, versteckten Nebengängen und Geheimtreppen, die kleinen Innenhöfe, die Giebel und schließlich die flachen, mit Balustraden versehenen Dächer boten Gelegenheit zu tausend Abenteuern.«[14]

Das Aufstöbern muffiger Luft und eingeschlossener Gerüche in den Räumlichkeiten des Hauses wird zum großen hygienischen Anliegen. Die Autoren von Handbüchern fordern unermüdlich dazu auf, sich auf die Jagd nach stagnierenden privaten Gestänkern zu machen, die sich in Ecken und Winkel verkriechen. Dank dieser Besorgnis ist uns ein genaues Bild von der Geruchswirklichkeit in den damaligen Wohnungen überliefert. Die neuen Befürchtungen bringen zahllose, von hygienischen Gesichtspunkten bestimmte Beschreibungen des Familienlebens hervor, ohne daß die unvorhergesehene Fülle an Zeugnissen, Eindrücken oder schlichten Randbemerkungen eindeutige Hinweise auf eine verstärkte Geruchsintensität der häuslichen Umgebung enthielte. Doch immerhin gibt sie uns einen Überblick über die einzelnen Bestandteile des Kaleidoskops.

Mehr denn je rückt die Verseuchung der Hauswände – eine Gefahr, die im privaten Raum offener zutage tritt als im öffentlichen Raum – in

---

*panoptisches System: Die im Interesse einer zentralen Überwachung angewandte strahlenförmige Architektur (A. d. Ü.).

den Mittelpunkt der beunruhigten Aufmerksamkeit. Diese schon alte Befürchtung verstärkt eine neue Obsession: das Grauen vor Verstecken, Schlupfwinkeln und anderen verborgenen Plätzen, wo »die Luft nur mühsam zirkuliert«, wo die Dunkelheit alles begünstigt, was gegen die Regeln verstößt. Der Mief in den Schlafkammern der Kinder rivalisiert mit den dumpfen Gerüchen in den engen Büros der Hausherren. Flure und Treppen verlangen besondere Wachsamkeit. Die ersten, weil sie sich nicht selten einer genauen Regulierung der Ströme widersetzen. Nur allzu oft brütet die stagnierende, stinkende Luft in den finsteren Hausgängen alle ihr innewohnenden Gefahren aus, oder aber sie strömt unkontrolliert hinein und erzeugt einen gefährlichen Zug. Was die Treppen betrifft, so können sie – wenn man nicht aufpaßt – den gleichen Sog verursachen wie Schornsteine und zum Sammelbecken aller stinkenden Wohnungsgerüche werden. Dieses Dunstgemisch in den Treppenhäusern muß ebenso unter Kontrolle gebracht werden, wie die an solchen Orten mögliche Begegnung der Geschlechter, Ausgangspunkt aller Unsittlichkeit, die den düsteren Ecken und Winkeln anhaftet.

Der Alkoven, jene meist muffige »unvollständige Unterteilung der primitiven Hütte«[15], hat sich während der Choleraepidemie als entsetzliche Todesfalle erwiesen. Der stagnierende Geruch solch abgetrennter Bettnischen ist unbedingt zu meiden; was bis dahin als wohlige Zuflucht der Intimität und der Wollust galt, wird jetzt in Grund und Boden verdammt; nur ihr feucht-warmer Pesthauch wird noch beschrieben. Sogar den einfachen Vorhang, der in bescheideneren Unterkünften als Alkovenersatz dient, gilt es abzuschaffen. Auch die von Möbeln ausdünstende Luft, deren spezifische Verderbtheit durch eine besonders aufmerksame Geruchsanalyse hervorgehoben wird, ist mit Vorsicht zu genießen. Die stickige Atmosphäre in Schränken und Kommoden begünstigt eine unkontrollierbare Vermehrung von Ratten und Mäusen. »Wenn Schränke nicht saubergehalten werden, kann die in ihrem Innern sich sammelnde und daselbst verderbende Luft auch zur Quelle fauliger Emanationen werden, die keineswegs ungefährlich sind.«[16]

»Kein gewisseres Mittel gibts, den Lebensfaden eines Geschöpfs gleich von Anfang an recht kurz und vergänglich anzulegen, als wenn man (...) es wenigstens ein Jahr lang in Federn und Wärmflaschen begräbt«[17], schreibt Hufeland, der die mefitischen Ausdünstungen von Federbetten immer wieder beklagt. Auch John Sinclair prangert das Federbett als Brutstätte übelster Gerüche an[18]. Charles Londe geht noch weiter: er fordert sogar die Abschaffung von Kopf- und Daunenkissen; außerdem tadelt er den Überfluß mehrfach übereinanderliegender Zudecken, deren Wärme Sekretionen aktiviert[19] und zur Masturbation verführt. In der feuchten Hitze der Körperausdünstungen reift der Gestank der Sünde heran. Sinclair gibt den Rat, zum Schlafen Nachthemden zu tragen – eine Sitte, die, wie wir weiter oben gesehen haben, wieder in Gebrauch kommt – und »den Halskragen sowie die Ärmel aufgeknöpft zu lassen, damit die Zirkulation durch nichts behindert werden kann«[20].

Der spezifische Geruch der einzelnen Räume wird uns schonungslos in allen Feinheiten und Nuancen offenbart, ganz im Gegensatz zu den Beschreibungen der höhlenartigen Elendsquartiere, die jeder Differenzierung entbehren. Der Kotgestank spielt hier, im bürgerlichen Wohnmilieu, keine so große Rolle – abgesehen von den Ausdünstungen des Nachttopfs, der in den Schlafzimmern zwar geduldet wird, aber als ewiger Stein des Anstoßes gilt. Das Schlimmste jedoch ist die Küche. Dort, wo es nach Spülstein und Ausguß riecht, halten sich die Dienstboten auf – eine Atmosphäre, die der bürgerlichen Sensibilität lange Zeit zu schaffen machen sollte. Am Ende des Jahrhunderts liefert sie immer noch Stoff für ein unerschöpfliches Klagelied[21]. Die Lüftungstrichter der umliegenden Kammern, die unverschließbaren, unter den Spülstein geschobenen Abfalleimer und die frisch gewaschene, noch feuchte, nach Seifenlauge riechende Wäsche sorgen für eine Vielfalt übler Dünste, die sich mit denen des ungepflegten Hausmädchens mischen – kurz, ein komplexer Gestank, der schon sehr früh zum Symbol volkstümlicher Geruchsspuren innerhalb des bürgerlichen Heims werden sollte.

Die Hygieniker sind voller Aufmerksamkeit für das Schlafzimmer, insbesondere das des zarten jungen Mädchens. Beispielhaft in diesem Zusammenhang ist die ebenso fürsorgliche wie verliebte Haltung, mit der César Birroteau sich in Balzacs gleichnamigem Roman um die Gestaltung von Césarines Gemach bemüht. Die Atmosphäre dieses Ortes kann in der Tat tödliche Parfüms enthalten. Ein Wechsler der Galerie Véro ist an der mefitischen Luft seiner Schlafkammer zugrunde gegangen[22]; zahllos sind die im Schlaf am Blumenduft erstickten Frauen und Mädchen. Der Fortschritt bringt neue Gefahren mit sich, vor denen glücklicherweise der Geruchssinn warnt. Einige Ausdünstungen werden von den Hygienikern besonders hervorgehoben und angeprangert: etwa der vom Ofen ausgehende Geruch heißen Eisenblechs[23]; Guy Thuillier[24] weist darauf hin, daß die Öfen nur selten im Rauchfang stehen, der einen gewissen Schutz gegen die Verbreitung des gefährlichen Kohlenoxids bieten könnte. Problematisch ist auch der von Wärmetöpfen[25] aufsteigende Steinkohledampf, dem der »Spleen der Engländer« zugeschrieben wird; ähnliches gilt für den Gestank der Gasbeleuchtung, der sich dem des Kerzentalgs[26] hinzugesellt oder gänzlich an seine Stelle tritt, und schließlich für die Ausdünstungen der Haustiere. Allein die Katze zieht einen Vorteil aus diesen Schmähungen: sie ist von nun an gern gesehen, da ihre Gerüche diskreter und für das Riechorgan weniger anstößig sind als die ihres Rivalen. Einer Beobachtung von Jean-Pierre Chaline zufolge ist es in der Bourgeoisie von Rouen üblich, die Schuhe von der Ruhestatt zu entfernen, um den Schläfer vor jeder Geruchsbelästigung zu bewahren[27]; einschränkend muß hinzugefügt werden, daß dieses Beispiel sich auf einen relativ späten Zeitpunkt bezieht.

Während sich das Einzelbett noch lange nicht in allen Hospitälern und Gefängnissen hat durchsetzen können, wird der Anspruch auf ein eigenes Zimmer auch im Kleinbürgertum zu einer Selbstverständlichkeit[28].

Wie zu beobachten ist, verwenden die Hygieniker sich schon sehr früh für die Definition von Vorschriften, deren Beobachtung sowohl die Gesundheit als auch die gute Moral des Schlafzimmers garantiert. Der große Hufeland, dessen Botschaft bald in ganz Europa Gehör findet, empfiehlt, nicht nur die Dienstboten von Schlafgemächern fernzuhalten, sondern auch Blumen und schmutzige Wäsche. Kurz, er setzt sich dafür ein, alle nur möglichen Ausdünstungen zu eliminieren. Vor allem aber verlangt er, daß Kinder nicht im gleichen Raum schlafen, in dem sie tagsüber spielen. Einige Jahre später faßt Londe das mustergültige Verhalten in klaren Aphorismen zusammen: man bewahre nichts im Schlafzimmer, »was die frische Atemluft verbrauchen oder die durchs Atmen verdorbene Luft in der Nähe des Bettes festhalten könnte; das heißt keine Lampen, kein Feuer, keine Haustiere, keine Blumen. Es ist angezeigt, die Vorhänge an Betten oder Alkoven offenzulassen«[29].

Für das Schlafgemach, den Ort, an dem die gesunde Respiration eine besonders wichtige Rolle spielt, verlangen die Hygieniker zwölf bis zwanzig Kubikmeter Luft pro Stunde; das bedeutet große Räumlichkeiten, zumal man sich hüten muß, die Fenster übermäßig lange offenstehen zu lassen. Das fürsorgliche Auge der Ärzte wacht darüber, die Nachtruhe sowohl vor den Gerüchen des Hauspersonals als auch vor den fauligen und unsittlichen Ausdünstungen der Straße zu bewahren.

Ist die extreme Geruchssensibilität gegenüber dem Atem des Hauses vielleicht nur der Ausdruck einer ausgeprägten Besorgnis der Hygieniker, oder aber spiegelt sich in deren Schriften eine neue Haltung wider, zu deren Verbreitung die Fachleute beitragen? Zahlreiche literarische Zeugnisse lassen vermuten, daß die zweite Hypothese zutrifft. Léonard Pfeiffer deckt bei Balzac eine identische Sensibilität auf[30]. In den Werken dieses Romanciers findet sich eine ganze Reihe von Anspielungen auf die Küchenatmosphäre *(Ein Lebensbeginn, Vater Goriot, Pierre Grassou, Das Bankhaus Nucingen, Die Komödianten wider ihr Wissen)*. Balzac zeigt ferner eine starke Empfindlichkeit für Spülsteingerüche und die muffige Luft in verkommenen, unsauberen Räumen *(Madame de la Chanterie, Der Aufgenommene)*, ja er weist sogar auf den »allen Büros eigentümlichen Geruch« hin *(Das Haus »Zum ballspielenden Kater«)*, jene von den Ausdünstungen der sie bevölkernden Junggesellen verdorbene Atmosphäre, die bald zum Stereotyp werden sollte[31]. Er unterscheidet den charakteristischen Mief der nicht belüftbaren Kammern altersschwacher Stadthäuser von den üblen Schwaden, die aus dem noch körperwarmen Bett aufsteigen. Er geißelt den »ranzigen Geruch der verschlissenen Wandteppiche und verstaubten Schränke« *(Das Lebenselixier)*; auch der besondere Gestank des Sterbezimmers findet mehrfach seine Aufmerksamkeit. Mit seinem stets wachen Auge für die Zusammengehörigkeit von Menschen und Orten, stellt Balzac Parallelen zwischen dem spezifischen Geruch der Räume und dem Temperament der dort ein- und ausgehenden Individuen her; seine Beobachtungen entsprechen der Intuition der Hygieniker, die einen direkten Zusammenhang zwischen den endemischen Krankheiten einer Wohnstätte und der Eigentümlichkeit der dort herrschenden Familienatmosphäre herstellen.

So kommt es, daß manche Wohnungen, vor allem in Paris, von guten Gerüchen erfüllt sind. Boudoirs und Vorzimmer verströmen einen angenehmen Blütenduft *(Die Beamten, Das Haus »Zum ballspielenden Kater«)*. Die Truhen bestehen aus wohlriechendem Holz und die Schubladen der Kommode, in der die Aussteuer des jungen Mädchens aufbewahrt wird, verbreiten im ganzen Zimmer einen lieblichen Hauch *(Memoiren zweier Jungvermählter)*.

Balzac ergeht sich in ausführlichen Beschreibungen des riechbaren Ambiente gewisser halböffentlicher Orte: Apotheken, Ball- und Konzertsäle, Herbergen und Gerichtssäle[32] spielen dabei eine besondere Rolle. Doch im Brennpunkt seines Ekels steht der Pensionsgeruch: »Es riecht nach allem, was abgestanden, muffig und ranzig ist; man fröstelt; es steigt einem feucht in die Nase; der Geruch durchdringt die Kleider; man hat die Empfindung, als sei man in einem Raum, in dem gerade gegessen worden ist; es stinkt nach Dienstboten, nach Behörden, nach Krankenhaus. Vielleicht würde er sich schildern lassen, wenn man ein Verfahren entdeckte, die Übelkeit erregenden Elementarbestandteile zu analysieren, die die katarrhalischen Aushauchungen *sui generis* jedes

Pensionsgastes, sei er jung oder alt, hier hinterlassen.«[33] Auch in diesem
Punkt stimmt die Analyse des Romanciers mit der des Hygienikers überein.

Obwohl der Gesichtssinn immer stärker in den Vordergrund drängt,
bleibt die Sensibilität für den spezifischen Geruch von Räumen und
Möbeln bis zur Zeit der revolutionären Entdeckungen von Pasteur bestehen, teilweise sogar außerordentlich lebhaft. Untersuchungen, die sich
mit den Werken von Baudelaire, den Brüdern Goncourt und vor allem
Huysmans beschäftigen, erlauben uns, die weitere Entwicklung zu verfolgen – eine Entwicklung, die über die Suche nach dem »Geist des Da-
heim«[34] hinaus zum neurotischen Streben nach einer Harmonie zwischen den Gemächern und den seelischen *Stimmungen* führen sollte.
Prousts Äußerungen über den lauschigen, nach alten Lebensformen riechenden Duft in Onkel Adolphes Ruhegemach und die Gerüche der
Jagdschlößchen im Walde sind ebenso aufschlußreich wie seine Erinnerung an die dicken, *madeleines* genannten Sandtörtchen oder die gepflasterten Böden im Hôtel de Guermantes[35]. Ein halbes Jahrhundert
später versucht Bachelard, diese sensorielle Konstruktion des Intimbereichs zu analysieren[36]. Wichtig erscheint mir vor allem, die Genese
und die Fortschritte jener neuen Sensibilität, die den Enthüllungen des
Geruchssinns lange Zeit einen privilegierten Platz reservieren sollte,
datieren zu können.

Die Bewußtwerdung der spezifischen Duftnote jedes einzelnen
Wohnraums löst den Wunsch aus, diese Eigentümlichkeit zu verstärken,
um so dem anstößigen Gemisch der Familienatmosphäre ein wirksames
Mittel entgegenzusetzen; sie regt dazu an, die Entstehung des Potpourris
häuslicher Gerüche – so weit dies irgend möglich ist – von vornherein zu
unterbinden. Das Geruchsgemisch gilt mittlerweile als ebenso obszön
wie die von ihm bezeugte Promiskuität. Außer der Eliminierung stickiger Ecken und Winkel gibt es nur ein Mittel, sich von unwillkommenen
Dünsten zu befreien und den privaten Raum für die köstlichen Botschaften der Intimität zu reservieren: man muß eine Auswahl treffen und die
zudringlichsten Gerüche auf dafür bestimmte Örtlichkeiten beschränken. Eine neue Intoleranz lädt zur Ächtung jedes Durcheinanders von
organischen Ausdünstungen und zarten Parfüms ein; eine solche Vermischung zu verhindern, ist die Funktion der modernen Küche, des der
Toilette vorbehaltenen Waschraums und des gepflegten Klosetts.

Diese Orte des inneren Monologs gewährleisten eine ungetrübte Geruchsdisponibilität im Schlafgemach und im Salon. Sie erlauben das
Aufkommen einer Riechästhetik innerhalb des privaten Raums. Eine

neue Kunst, die Stätten der Intimität mit besonderen Duftnoten zu schmücken, begleitet die schüchternen Fortschritte der Parfümerie. Beide verfolgen das gleiche Ziel: die feinfühlige Übermittlung individueller Botschaften und die Enthüllung oder Betonung der Persönlichkeit. Beide gehorchen den gleichen Imperativen. Es wäre daher absurd, die kundige Geruchsgestaltung des Boudoirs getrennt von den betörenden Parfüms der Frau zu untersuchen[37].

Das individuelle Gemach, das von allen fremden Gerüchen befreit werden soll, symbolisiert den beschriebenen Prozeß; es erscheint als die vollendete Verkörperung der Geruchsintimität. Im Schutz dieses Refugiums[38] können sich die voneinander getrennten Liebenden in aller Einsamkeit an den Düften der angebeteten Person berauschen[39]. Die Gerüche tragen dazu bei, das persönliche Zimmer in einen Spiegel der Seele zu verwandeln. Als Zuflucht der Tränen und der heimlichen Begierde wird der Liebreiz einer kunstvoll gestalteten Atmosphäre allmählich zum Ersatz für die sinnliche Animalität des Alkovens.

Gesten und Normen

Gegen Ende des 18. Jahrhunderts hatten Schiffe, Kasernen, Gefängnisse und Hospitäler als Laboratorien zur Entwicklung von Ventilations- und Desinfektionstechniken gedient. In diesem Punkt gibt es keinen Bruch: im folgenden Jahrhundert erfüllen sie immer noch die gleiche Funktion; sie sind die Stätten, an denen die Gesten der Hausarbeit erprobt und die Belüftungsnormen gemäß der jüngsten wissenschaftlichen Erkenntnisse neu definiert werden[40].

Kehren wir zu Howard zurück, begleiten wir ihn diesmal nicht in ein Gefängnis, sondern in das Lazarett von Venedig, genau genommen in den Saal, wo die Angestellten verseuchte Waren reinigen: die Ballen werden bewegt, gerüttelt, umgewendet; Laken werden entfaltet, ausgeschlagen, manchmal sogar auf Leinen gehängt; Pelze werden geschüttelt, Häute geklopft und alle Gegenstände der frischen Luft ausgesetzt[41].

Hören wir nun, was Charles Londe 1827 zur Sauberhaltung des Schlafzimmers empfiehlt: »Bettlaken, Zudecken, Matratzen und Kopfpolster müssen jeden Tag aufgeschüttelt werden; während dieses Vorgangs sollte man durch das Öffnen gegenüberliegender Fenster in der ganzen Wohnung für Luftzug sorgen.«[42] Darüber hinaus ist es angezeigt, die Matratzen mindestens einmal im Jahr auszuklopfen, um sie von

»faulenden animalischen Substanzen zu befreien«. Auch Johr. Sinclair trägt dazu bei, die Gesten der täglichen Putzarbeit zu kodifizieren; um »alle schädlichen Dünste« aus den Betten zu vertreiben, rät er, die Fenster des Schlafgemachs zu öffnen und »sowohl Laken, Zudecken als auch Vorhänge einem reichlichen Maß frischer Luft auszusetzen«[43].

Belüften, ausklopfen, aufschlagen, verrücken und die in den Winkeln sich verkriechende Gefahr mit dem Besen aufstöbern – so definieren sich die Gesten der Hausarbeit. Dabei geht es nicht so sehr um eine Bekämpfung des Staubs[44]; wichtig ist vielmehr, die Möbel und die einzelnen Räume von ihrer verdorbenen Luft zu befreien, allen Gestänkern den Garaus zu machen, der Fäulnis zuvorzukommen. Genau wie die Spinngewebe weist auch der Staub nur auf mangelnde Belüftung hin. Gewiß, er ist Gegenstand zahlreicher wissenschaftlicher Untersuchungen[45], doch was man dabei zu entdecken sucht, sind die fauligen Substanzen, die sich in dem undefinierbaren Grau verbergen könnten. Forget, der zur Reinhaltung von Schiffen fortwährendes Auskehren empfiehlt, erhofft sich nichts anderes als eine Eliminierung von Unrat und Abfällen, die sich an unzugänglichen Stellen sammeln könnten[46]. Auch hier müssen wir uns vor anachronistischen Interpretationen hüten und dürfen die Putzgewohnheiten des 19. Jahrhunderts nicht übereilt mit jener Staubneurose gleichsetzen, die erst durch Pasteurs Entdeckungen hervorgerufen wird.

Die Hauptaufgabe aber bleibt die Definition räumlicher, nach den Bedürfnissen der Respiration errechneter Normen. Schon Arbuthnot hatte das Minimum des zum Atmen notwendigen Luftvolumens zu messen versucht, jene Grenze, unterhalb derer das Individuum dahinzusiechen beginnt. Howard hatte mit aller Entschiedenheit verkündet, die Zelle eines Gefangenen müsse zehn Fuß lang, zehn Fuß hoch und acht Fuß breit sein – jedoch ohne diese Vorschrift im mindesten zu begründen[47]. Tenon war der Meinung, in Hospitälern sollte die Höhe der Säle von der Art der Krankheiten abhängig gemacht werden: der Fiebernde beispielsweise brauche mehr Luft als der Genesende[48]. 1786 hatte schließlich auch Lavoisier eine Kubiknorm vorgeschlagen[49].

Gestützt auf die bei der Luftanalyse erzielten Fortschritte, bemühen sich die Gelehrten des folgenden Jahrhunderts um die Präzisierung dieser »Anpassung von Raum und organischem Körper«[50] – ein Unternehmen, das im Laufe der Jahre als regelrechte Sisyphusarbeit erscheint. Trotz ungenauer Maße können Leblanc und Péclet sich schließlich einigen. Sie kommen zu der Überzeugung, daß ein Individuum sechs bis zehn Kubikmeter Luft pro Stunde braucht[51]. Diese Norm wird im Prinzip auch von den Spezialisten der Wohnungshygiene[52] übernommen; doch vorsichtig wie sie sind, vertreten diese Fachleute unabhängig von allen wissenschaftlichen Maßstäben die Meinung, dem Schlafenden, der die ganze Nacht im geschlossenen Gemach verbringt, müsse ein doppeltes Volumen zukommen. Monfalcon und Polinière ziehen aus all dem die Schlußfolgerung, daß ein Pferd im Stall zwanzig Kubikmeter Luft pro Stunde benötigt[53].

Unter Bezugnahme auf die von Leblanc und Péclet errechnete Norm müßte nun die Definition optimaler Raumgrößen möglich sein. Doch das Kalkül stellt sich als willkürlich heraus: das Luftvolumen, das dem Individuum in einem Raum von gegebener Größe zur Verfügung gestellt wird, variiert je nach der Intensität der zugeführten Luftströme; ferner unterscheiden sich die Bedürfnisse je nach Subjekt, Temperatur und Feuchtigkeitsgrad. Trotzdem kommt Péclet zu dem Schluß, daß das optimale Volumen eines Krankensaals mit dreißig Betten abzüglich des Rauminhalts aller festen Körper 1.355 Kubikmeter beträgt. Piorry und etwas später auch Monfalcon übertragen diese Norm auf den Wohnbereich.

Es dauert nicht lange, bis die Administration die Berechnung der Hygieniker aufgreift. Eine Polizeiverordnung vom 20. April 1848 schreibt vor, daß jedem Individuum ein Raum von vierzehn Kubikmetern zur Verfügung stehen muß. Im gleichen Jahr schlägt die vom Hygienerat der Stadt Paris gebildete Kommission zur Überprüfung ungesunder Wohnverhältnisse ein Volumen von dreizehn Kubikmetern pro Individuum und Zimmer vor. Es sei hinzugefügt, daß die neugewonnenen physikalischen Erkenntnisse über die Beschaffenheit von Gasen jene Ratschläge untermauern, die schon von den Hygienikern des 18. Jahrhunderts erteilt worden waren. Die Decke eines Zimmers sollte nie weniger als drei bis drei Meter fünfzig hoch sein, schreibt Piorry; andernfalls befände sich der Kopf »in der gleichen Zone, in der sich auch die leichtesten und ungesundesten Gase aufzuhalten pflegen«[54].

In Wirklichkeit bleiben diese Richtlinien zum größten Teil Theorie. Für Frankreich gibt es bisher noch keine Bestandsaufnahme der unter dem Einfluß der oben dargelegten Strategie tatsächlich verwirklichten Projekte. Doch die eindringlichen Empfehlungen der Hygieniker, der Wunsch nach Komfort[55], der eine Trennung räumlicher Funktionen, eine klare Unterscheidung zwischen Dienst-, Repräsentations- und Intimbereich begünstigt, sowie das zur Vermehrung des Mietraums anregende Profitstreben sollten im Laufe des Jahrhunderts zu einer Veränderung des traditionellen Wohnungsbaus führen. 1894 beschreibt

Foville ein für die Stadt Lille typisches Haus, aus dem alle unerwünschten Dünste verbannt sind: »Kochküche, Waschküche und Abtritte sind abgesondert in einem Nebengebäude untergebracht, so daß die von dort kommenden ungesunden Gerüche sich in Hof und Garten verlieren, ohne in die Wohnung einzudringen.«[56] Die gleiche Entwicklung ist auch in Tours zu beobachten: ein häßlicher Neubau verunstaltet den winzigen Garten des »Privatmanns«; im Erdgeschoß dieses Zusatzgebäudes befindet sich die Küche, während der erste und der zweite Stock den menschlichen Bedürfnissen, der Toilette und dem Wäschewaschen vorbehalten sind.

Die Bedeutung der wenigen Prototypen vom Anfang des Jahrhunderts ist also keineswegs geringzuschätzen; es sind Modelle, denen eine reiche Zukunft bevorsteht. Der Historiker darf sich nicht gänzlich von allgemeingültigen Fakten gefangennehmen lassen; wenn er sein Augenmerk zu sehr auf den Fortbestand archaischer Institutionen und die unbeugsame Starrheit der Verhaltensweisen richtet, besteht die Gefahr, daß er angesichts der nur langsam sich anbahnenden Neuerungen mit Blindheit geschlagen ist. Die quantitative Geschichtswissenschaft muß auch die der Ungewöhnlichkeiten sein, vor allem, wenn diese sich als Vorläufer erweisen.

In dem Bereich, der uns hier beschäftigt, kommt die entscheidende Initiative aus Großbritannien. Die englischen Lösungen üben eine starke Faszination aus, obgleich man den damit verbundenen Innovationen in Frankreich tunlichst aus dem Wege geht. Jenseits des Ärmelkanals »hat niemand die folgende Wahrheit in Abrede gestellt: daß nämlich üble Gerüche in den Wohnungen (...) eine Bedrohung der öffentlichen Gesundheit anzeigen«[37]. Die in England verfolgte Strategie, so faßt Mille zusammen, beruht auf drei Prinzipien: »Das Wasser muß unter Hochdruck stehen und freien Ausfluß haben«, was namentlich in Küchen und *water closets* von großer Bedeutung ist; ferner wird der durch die Schwemmkanalisation bedingte Verlust sämtlicher Fäkalstoffe in Kauf genommen; der dritte Punkt schließlich ist die Übernahme der neuen »Maschinerie des Komforts«, zu der uns eine bemerkenswerte Studie von François Béguin[58] vorliegt. Kurz, die Regulierung der Wasserströme geht Hand in Hand mit einer Beherrschung der Luftzirkulation und der automatischen Ausschwemmung des Unrats.

Um die Mitte des Jahrhunderts sind 300.000 Londoner Wohnungen an die Wasserversorgung angeschlossen. In allen wohlhabenden Häusern von Glasgow »findet man auf jeder Etage ein Wasserklosett, ein heißes Bad und eine Dusche«. In manchen mittelgroßen Städten wird eine Gemeindesteuer erhoben, die es finanziell ermöglicht, den Bau eines Wasserversorgungsnetzes mit dem der Schwemmkanalisation zu verbinden. So wird von vornherein eine umfassende Sanierung realisiert. In Rugby sind von insgesamt 1.100 Häusern »700 bis 750 mit Anschlüssen und mindestens zwei Wasserhähnen versorgt, von denen sich einer in der Küche und der andere im Wasserklosett befindet«[59]. Ähnliche Fortschritte sind in Croydon, Warwick und Dover zu beobachten.

In wenigen Jahrzehnten entsteht eine tiefe Kluft zwischen den britischen Inseln und dem Kontinent[60]. Die relative Ungeniertheit, welche die Franzosen in Fragen der Sauberkeit an den Tag legen, ihre Ablehnung der Wasserversorgung, die lange Duldung verhältnismäßig starker Körpergerüche, die andauernde Privatisierung von Exkrementen und Unrat lassen sich nicht allein durch ein dumpfes Mißtrauen gegenüber jeder Art von Innovation, durch die relative Armut oder die schleppenden Fortschritte der Urbanisierung erklären. Es sind die kollektiven Haltungen gegenüber dem Körper, den organischen Funktionen und den sensoriellen Botschaften, die das Verhalten bestimmen. Bedauerlicherweise haben die Historiker sich noch kaum mit der Vergangenheit dieser somatischen Kultur beschäftigt.

Die Ablehnung der Schwemmkanalisation[61], die nur zögernd voranschreitende Wasserversorgung und der Rückstand in Hinsicht auf hygienischen Komfort führen dazu, daß die in Frankreich verwirklichten Modelle fast ausschließlich auf die Ventilation und die neuen Raumvorstellungen im häuslichen Bereich ausgerichtet sind. Als wesentliche Neuerung gilt die Zusammenschaltung der Wirtschaftsräume; nach Lion Murard und Patrick Zylberman[62] wird diese Idee erstmals 1827 in der von d'Arcet veröffentlichten *Description d'une salle de bains* zum Ausdruck gebracht. Siebzehn Jahre später faßt Piorry die neuen Imperative der Chemiker und Ingenieure folgendermaßen zusammen: »Eine gute Küche muß groß, sehr hoch, mit Steinplatten ausgelegt, gründlich geputzt und belüftet sein, wobei die Ventilation bei der Decke und am Boden zu erfolgen hat.« Um das Werk zu vollenden, wird ein »an den Hauptkamin angeschlossener« Rauchfang installiert, »dessen Öffnung derart kalkuliert sein muß, daß der erzeugte Luftstrom sämtliche Kohlendünste hinausbefördert«[63]. Die aus dem Spülstein aufsteigenden Gerüche werden durch einen glockenförmigen Verschluß eingedämmt.

Die mangelhafte Wasserversorgung und das Fehlen eines Ausschwemmungssystems stimulieren die Findigkeit der mit der Konzeption von Latrinen beauftragten Hygieniker. Was dabei auf dem Spiel steht, ist ihnen nicht entgangen. »Der Abort muß der sauberste Ort

Blue Magnolia Design

Raised Acanthus Pattern

Pedestal Lion Closet

The Lambeth

Mulberry Peach Decoration

Abortschüsseln Ende 19. Jahrhundert

schlechthin sein«[64], schließt Grassi, Berichterstatter der 1858 zur Untersuchung dieses Problems gebildeten Kommission. Durch eine merkwürdige Umkehrung – die unwillkürlich an den Versuch von Parent-Duchâtelet erinnert, den Kloakenfeger zum Musterexemplar des sittlich veredelten Arbeiters zu machen – erwartet man, daß die Sanierung der Aborte in einer Art Kettenreaktion zur Desodorisierung des gesamten Privatraums führt. Nach den Latrinen des Asyls und den Abtritten volkstümlicher Mietshäuser werden die Klosetts des Bürgertums zur privilegierten Lehranstalt hygienischer Disziplin. Über der Abortschüssel »muß ein Vorsprung oder irgendein Hindernis angebracht werden, das den Besucher daran hindert, auf den Sitz zu steigen und eine andere als die schon durch den Namen dieses Bestandteils der Latrinen angezeigte Haltung einzunehmen«[65]. Die Sauberkeit der Aborte ist nur eine »Angelegenheit der Überwachung und der Disziplin«.

Die schulische Erziehung zur vorschriftsmäßigen Defäkation bereitet den Weg für die Verallgemeinerung entsprechender Haltungen im Privatbereich – ein Thema, das eine Fülle von Literatur hervorgebracht hat[66]. Inspektoren und Hygieniker definieren Normen, wählen das Mobiliar aus und geben sich zahlreichen Experimenten hin. Als Vorbild führen sie das Beispiel solcher Direktoren an, die es verstanden haben, sich Gehorsam zu verschaffen, wie etwa im Fall der Knabenschule Rue de la Réunion, wo es dem Leiter innerhalb von wenigen Tagen gelungen ist, seine Schüler daran zu gewöhnen, sich hinzusetzen und nicht mehr auf die Sitze zu steigen[67]. Ein anderes Gebot wird unermüdlich wiederholt: daß der Schulmeister von seinem Stuhl aus die Decke und den Boden der Bedürfnisanstalt sehen können muß[68]. Mit Recht weist Roger-Henri Guerrand[69] darauf hin, daß die Disziplin in Mädchenpensionaten noch strenger gehandhabt wird; die Erzieherinnen schärfen ihren Schülerinnen ein, sich zurückzuhalten; eine anständige Frau muß durch die Beherrschung ihrer physiologischen Bedürfnisse beweisen, daß sie allen Regungen des Körpers widerstehen kann.

Die Hygieniker indes begnügen sich nicht damit, ihre äußerst sinnreiche Maschinerie zu rühmen; neue Ambitionen verwandeln den Abtritt in einen wirklichen Raum, der innerhalb der Wohnung laufend an Bedeutung gewinnt. Mit dieser erstaunlichen und sehr bezeichnenden Aufwertung wächst auch der Luxus der Dekoration, der im viktorianischen England und – wie schon Charles de Gaulle[70] bemerkte – im wilhelminischen Deutschland seinen glanzvollen Höhepunkt erreichen sollte. Grassi führt uns das vorbildliche Klosett in allen Einzelheiten vor Augen: die mit einem Geruchsverschluß versehene Schüssel gleicht einem Trichter aus Steingut oder gebranntem und glasiertem Ton. Sitz und Deckel bestehen aus gewachsem Eichenholz; ebenso der Fußboden. Ein gesonderter Urinabfluß erlaubt die säuberliche Entleerung der Nachttöpfe, ohne daß der beißende Geruch von abgestandenem Urin sich in der Wohnung verbreitet. Die Desodorisierung erfolgt durch Geruchsverschluß oder Luftsog; schlimmstenfalls wird der Gestank durch ein in die Wölbung der Senkgrube eingelassenes Zugrohr hinausbefördert. Mehrere Sitzschüsseln in einem Raum dürfen, genau wie die » Türkenlöcher, die nur durch einfache Stützstangen voneinander getrennt sind«[71], unter keinen Umständen mehr geduldet werden. Unverkennbar geht es auch hier um die alten Themen der Promiskuität im Vorgang der Defäkation und das nicht mehr akzeptable Gemisch der Fäkalgerüche – zwei Phänomene, die es vor allem anderen zu zerstören gilt.

Wie wir bereits gesehen haben, bleibt die praktische Verwirklichung all dieser Vorhaben weit hinter der Theorie zurück. In der Provinz ist es – sogar im Bürgertum – weiterhin gang und gäbe, die Exkremente auf beliebigen Schmutzhaufen oder gar auf der Straße abzuladen. 1849[72] verfügen in Le Havre nur die neu erbauten Häuser reicher Leute über eigene Senkgruben; diese Einrichtung, die in Paris schon seit fast einem Jahrhundert als Übel angeprangert wird, gilt hier als fortschrittlich. An der Place Manigne in Limoges – nur hundert Meter vom Hôtel de Ville entfernt – werden noch Anfang des 20. Jahrhunderts gemeinschaftliche Sammelgruben benutzt.

Erst nach Einführung des modernen Wasserklosetts halten die der Toilette dienenden Waschräume ihren Einzug. Die hier untersuchte Epoche ist kaum noch davon betroffen. Gegen Ende des 19. Jahrhunderts, als dieser Brauch sich zu verallgemeinern beginnt[73], handelt es sich meist nur um »ungeheizte Ecken, die mit einer Waschschüssel und einem Wasserkrug versehen sind«; einen weiteren Gegenstand hat Jean-Pierre Chaline, dessen Schilderung der Bourgeoisie von Rouen gilt[74], offenbar vergessen: das gelegentlich unter den Tisch geschobene Bidet. Der von den Schüsseln aufsteigende Dampf, die Ausdünstungen der feuchten Schwämme und die Parfüms ätherischer Öle schaffen eine schwüle Atmosphäre in den winzigen Waschräumen oder -ecken. Aber wenigstens ist dafür gesorgt, daß die Seifengerüche sich nicht mehr im Schlafzimmer verbreiten. Das späte Auftauchen dieser der Toilette vorbehaltenen Örtlichkeiten verdient besondere Beachtung; es ist ein entscheidender Schritt in dem langwierigen Prozeß der Spezifizierung der einzelnen Räume des Intimbereichs, mit Sicherheit das Hauptereignis der Geschichte des Wohnraums im 19. Jahrhundert.

Eine Desodorisierung der Waschräume wird erst später in Angriff genommen, nach der Verbreitung des Badezimmers, die als solche jedoch noch keineswegs mit einer allgemeinen Praxis des Badens gleichzusetzen ist. Für sehr lange Zeit bleibt das Bad ein exklusives Zubehör von reichen Wohnsitzen, Touristenhotels und Luxusbordellen[75]. In Paris, schreibt Alfred Picard im Jahr 1900, sind nur die teuersten Wohnungen mit einem Badezimmer ausgestattet[76]. Die Nacktheit des sich bewegenden Körpers, die totale Freiheit aller Gesten während der Toilette und die anheimelnde, jeder Kontrolle entzogene Intimität bringen diesen Ort für lange Zeit in den Geruch der Sittenlosigkeit, um so mehr, als in die Fassung des Wasserhahns oft kleine Leda-Skulpturen eingearbeitet sind.

Die seltenen, mit schwerem Mobiliar und schützenden, warmen Wandtapeten bestückten Badezimmer des 19. Jahrhunderts sind in der Mehrzahl ausgesprochen geräumig; die Gründe kennen wir bereits. Die Hygieniker empfehlen, Badewannen aus Blech zu verwenden – Marmor würde zu viel Kälte abgeben. Die Innenwände, so der Rat der Fachleute, sollten zum Schutz gegen die mefitischen Ausdünstungen des Mauerwerks mit Holz verkleidet werden; vor allem aber ist darauf zu achten, daß solide Scheidewände jedes Eindringen von Feuchtigkeit oder schweißartigen Gerüchen verhindern. Anfang des 20. Jahrhunderts erlaubt die Abschaffung des traditionellen Mobiliars und seine Ersetzung durch eine vom Spengler gefertigte, rigide angeordnete sanitäre Einrichtung die Desodorisierung auch dieser Räumlichkeit. Noch später setzt sich dann die geometrische Raumgestaltung durch, jene Badezimmeratmosphäre, die als *clean and decent*[77] beschrieben wird, Garant für die Unsinnlichkeit und die Unschuld des Ortes[78].

Die Parfüms der Intimität

Die neue Art der Geruchskontrolle, die sich mit den Fortschritten der *privacy* in den Wohnungen der Bourgeoisie verbindet, erlaubt eine kunstvolle Inszenierung der Frau. Die Körperbotschaften unterliegen einem subtilen Kalkül, das darauf ausgerichtet ist, die Intensität des Duftzeichens herabzusetzen und es gleichzeitig aufzuwerten. Für alles, was dem Blick versagt bleibt, muß der Geruchssinn entschädigen – was ihm zu einem erstaunlichen Aufstieg verhilft. »Die Atmosphäre der Frau« wird zum verwirrenden Element ihres *sex-appeal.* Gleichwohl, die Verherrlichung der jungfräulichen Reinheit sowie die neuen Vorstellungen von der Rolle und den Tugenden einer Ehefrau verbieten jede indiskrete Liebeswerbung. Die Begierde wecken, ohne die Scham zu verletzen – dies ist die Aufgabe des Riechens, sein Anteil am Raffinement des Liebesspiels, das sich auszeichnet durch ein neues Bündnis zwischen der Frau und der Blume.

»Die beständige Sauberkeit«[1]

Neue medizinische Argumente rechtfertigen jene Praktiken, die darauf abzielen, den Körper von seiner fauligen Dreckschicht zu befreien, um so die Infektionsgefahr einzudämmen. Seit es Lavoisier und Séguin gelungen ist, die Ausscheidungsprodukte der unmerklichen Hautausdünstungen genau zu messen[2], ist die Sorge um mögliche Behinderungen dieses wichtigen Prozesses gewachsen. Die von dem französischen Arzt François Broussais begründete »physiologische Medizin« verlangt eine verstärkte hygienische Pflege der für die »Depuration«[3] zuständigen Sekretionsorgane. Die medizinische Theorie verbürgt sich also für jene Zerteilung des Körpers, die den Ablauf des Toilettenrituals bestimmt. Im wesentlichen ist darauf zu achten, daß Hände, Füße, Achselhöhlen, Leisten und Geschlechtsorgane sauber gehalten werden. Die große Bedeutung, die Broussais dem Begriff der Reizung zuspricht, bringt die – ohnehin geächteten – Metalloxid enthaltenden Kosmetika in zusätzlichen Mißkredit. Die Vertreter des immer noch einflußreichen, wenngleich nicht mehr unangefochtenen Sensualismus fordern mit Nachdruck dazu auf, die Sensibilität und Wahrnehmungsschärfe des Gefühlssinns durch eine gewissenhafte Toilette zu pflegen[4].

Die allgemeinen Regeln der Körperästhetik drängen darauf, es mit der Hygiene peinlich genau zu nehmen. Entscheidend für die Art der Schönheitspflege ist das aristokratische Ideal der perlmuttartigen Haut, die das Pochen des blauen Bluts durchscheinen läßt. Fast ein Jahrhundert lang gelten das strahlende Weiß der Lilie und der schimmernde Teint der Pompadour als unübertreffliches Vorbild[5]. Den Geboten der Ästhetik zufolge müssen die sichtbaren Teile des Körpers regelmäßig gewaschen werden; eine sitzende Lebensweise ist ebenso unerläßlich wie der Aufenthalt im kühlen Schatten und das Tragen von Handschuhen zum Schutz der »sanften, weißen, festen und molligen«[6] Hände.

Den Armen vom Kot zu befreien heißt, ihn fügsamer zu machen; den Bourgeois von der Notwendigkeit der Körperwäsche zu überzeugen heißt nichts anderes, als ihn auf die Ausübung der Tugenden seiner Klasse vorzubereiten. Von Benjamin Franklins dreizehn Prinzipien der Weisheit steht die Reinlichkeit an zehnter Stelle, noch vor der Gemütsruhe und Keuschheit[7]. »Die Hygiene, die den Menschen gesund erhält, die den Geist mit Gewohnheiten der Ordnung, der Reinheit, der Mäßigung nährt, ist allein deshalb die Seele der Schönheit; denn dieser kostbare Vorzug kommt in erster Linie von der Frische eines gesunden Körpers, dem Einfluß einer reinen Seele.«[8] Vidalin weist auf die unerwartete Verbindung hin, die zwischen Sparsamkeit und Sauberkeit entsteht[9]. Reinlichkeit im weitesten Sinne des Wortes verhindert eine unnötige Verschwendung von Nahrung und Kleidung, sie erleichtert die Ortung, die Kontrolle und möglicherweise sogar die Rückgewinnung des Abfalls; sie gehört zum Arsenal der erfolgversprechenden Maßnahmen im Kampf gegen den Verlust[10]. Dem Individuum beizubringen, sich nicht zu beschmutzen, die Berührung alles Fauligen zu meiden und seine Haut von allen *excreta* zu befreien, ist unter diesem Aspekt die beste Propädeutik, die man sich nur denken kann.

Wie wir wissen, haben die verschärften Ansprüche, die an das Schamgefühl gestellt werden, eine Doppelwirkung: sie fördern und bremsen die Praxis der Körperhygiene. In das sich entspinnende Netz der Verbote ist – merkwürdigerweise – auch der Geruchssinn einbezogen. Richard Sennett schreibt, daß es im viktorianischen Bürgertum aus lauter Angst, in der Öffentlichkeit zu furzen, zu physiologischen und psychischen Beschwerden kam[11]. Um ehrlich zu sein, wird diese Art der Zurückhaltung in den Handbüchern der neuen Höflichkeit kaum erwähnt; gleichwohl lassen diese hinsichtlich des Riechbaren ein bis dahin unbekanntes Zartgefühl erkennen. Verlangt von Eurem Diener nichts, was seinen Sinnen widerstrebt, schreibt die Comtesse de Bradi 1838; laßt Euch, außer im Krankheitsfall, »nicht die Schuhe ausziehen«[12].

Trotz dieser günstigen Faktoren stehen dem Fortschritt der Körperhygiene weiterhin zahlreiche Hindernisse entgegen, namentlich die unzulängliche und nur zögernd sich verbessernde sanitäre Ausstattung der Häuser – ein Rückstand, der von den Ärzten mit ihrem immer noch anhaltenden Mißtrauen gegenüber den Wirkungen des Wassers und seinem unzeitigen Gebrauch sogar begrüßt wird. Die zähe Litanei der von den Hygienikern gepredigten Verbote und Vorsichtsmaßnahmen beweist dies zur Genüge. Der Zeitplan der Toilette richtet sich weiterhin nach dem Menstruationszyklus. Nur wenige Spezialisten raten zu mehr als einem Bad im Monat; der von Hufeland empfohlene Wochenrhythmus gilt bereits als verwegen, wenngleich noch harmlos gegen die Vorschläge Friedlanders, der maßloses Baden zwar mißbilligt, es den Kindern aber zwei- oder sogar dreimal die Woche erlaubt[13].

Den ganzen Körper ins Wasser zu tauchen, ist ein kalkuliertes Risiko; die jeweilige Dauer, Temperatur und Häufigkeit muß genau auf Geschlecht, Alter, Temperament, Gesundheitszustand und Jahreszeit abgestimmt sein. Baden ist nicht etwa eine banale und alltägliche Reinigungsaktion; im Gegenteil, es hat tiefgreifende Wirkungen auf den gesamten Organismus – ein Vorgang, in den die Moralisten große Hoffnungen setzen: ein Beweis mehr für die Ambivalenz dieser prekären Angelegenheit[14]. Die Gynäkologen gehören zu denen, die üble Folgen befürchten. Delacoux erinnert daran, daß die Kurtisane ihre Unfruchtbarkeit einer exzessiven Toilette verdankt. Zahlreich, so behauptet er, sind die Frauen, die sich durch »indiskrete Pflege«[15] um die Freuden der Mutterschaft gebracht haben. Und, schlimmer noch: das Baden gefährdet die Schönheit; Frauen, die maßlosen Gebrauch von dieser Sitte machen, »haben im allgemeinen wenig Farbe, und ihre Dickleibigkeit rührt mehr von einer Verschleimung her als vom Aufblühen der Gewebe«[16]. Das junge Mädchen kann vom vielen Baden sogar debil werden.

Tourtelle hält es für angezeigt, das Eintauchen ins Badewasser nach dem Essen, im Schwächezustand und selbstverständlich während des Menstruationsflusses grundsätzlich zu vermeiden. Rostan empfiehlt, beim Baden auch den Kopf naß zu machen, um einen Blutandrang im Gehirn zu verhindern[17]. Nach dem »zweiten Schauer« muß man sogleich aus dem Wasser, sich unverzüglich abtrocknen und eine Weile ausgestreckt auf einer Bank ruhen, um sich von den Anstrengungen des Bades zu erholen, ohne Gefahr zu laufen, die geringste Feuchtigkeit ins Schlafgemach zu tragen.

Bis zur erfolgreichen Einführung der Dusche, die den Vorgang der Toilette beschleunigt und der sich entwickelnden Selbstgefälligkeit Grenzen setzt, gilt das Bad als ein äußerst verdächtiger Ort. Die auf der Nacktheit lastenden Verbote stehen einer allgemeinen Verbreitung des Badezimmers entgegen. Ein besonderes Problem ist das Abtrocknen der Geschlechtsorgane. »Schließt die Augen, bis Ihr den Vorgang beendet habt«[18], empfiehlt Madame Celnart ihren Leserinnen. In der Tat, das Wasser kann zum indiskreten Spiegel werden. Doktor Marie de Saint-Ursin spricht über die Verwirrung des jungen Mädchens im Bade: »Die Unerfahrenheit gleitet errötend in die kristallene Flut, begegnet dort dem Bild ihrer unbekannten Schätze und errötet um so mehr.«[19] In schwülstigen Worten bestätigt der Autor die zeitliche Übereinstimmung zwischen der weiblichen Pubertät und der feierlichen Einführung in die Praktiken der Körperhygiene[20]. »Badet, wenn es Euch verordnet wird«, folgert die Comtesse de Bradi. »Ansonsten beschränkt Euch auf höchstens ein Bad im Monat. Ich weiß nicht, was es ist, doch an dieser Lust, sich auf dem Grund einer Badewanne einzurichten, ist etwas Müßiges und Weichliches, was einem Mädchen nicht gut ansteht.«[21]

So wird das offensichtliche Mißverhältnis zwischen den ausschweifenden Erörterungen des Themas und der sparsamen Praxis verständlich[22]. Man badet, um eine Verordnung des Arztes zu befolgen. Wer es zum Vergnügen tut, braucht zumindest eine therapeutische Rechtfertigung. Kein Grund also, sich über das ausgesprochen komplizierte Ritual zu wundern. Das Herbeischleppen des Wassers, das Füllen und Leeren des Bottichs, des Zubers oder der Wanne gehören, genau wie die große Wäsche oder der Hausputz, zu jenen regelmäßig wiederkehrenden Riten des häuslichen Lebens, die alle Dinge zu ihrem Ausgangspunkt zurückkehren lassen.

Die wichtigste Innovation bleibt daher die sich ausweitende Praxis der Teilbäder; davon zeugt die zwar ebenfalls beschränkte, aber doch relativ starke Verbreitung von Fußbädern, Handbädern, Sitzbädern und Halbbädern. Aus der Sorge, sich nicht zu beschmutzen, aus dem neuen Rhythmus der Waschungen und aus der Betonung der diesbezüglichen Vorschriften ergeben sich die Regeln für das Erlernen hygienischer Praktiken innerhalb der Bourgeoisie. Die Physiologie der Ausscheidungen, deren Bedeutung durch die medizinischen Theorien von Broussais

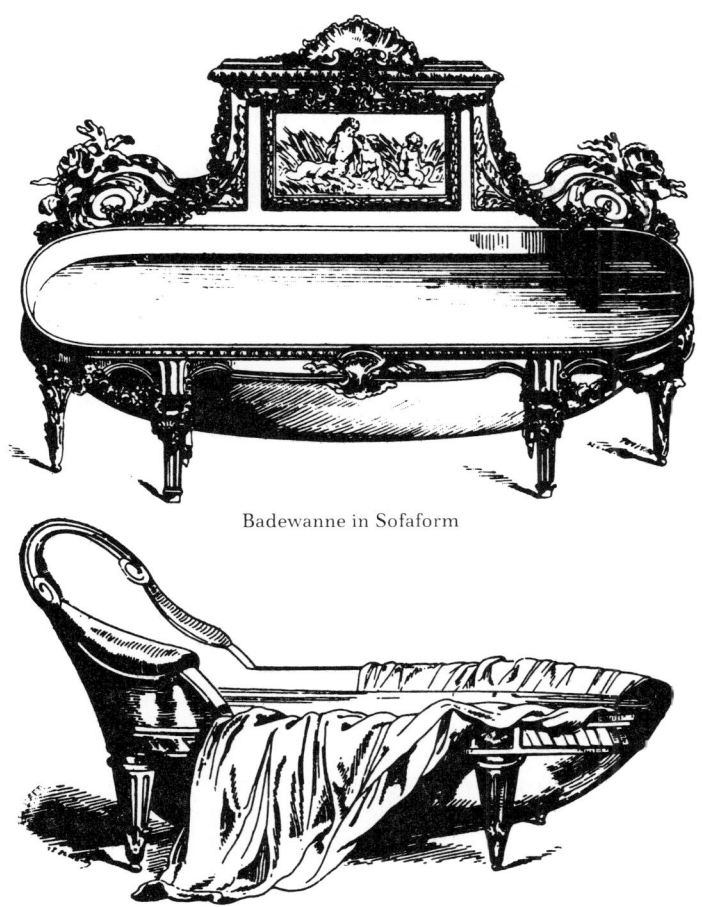

Badewanne in Sofaform

und Halbwanne

erneut hervorgehoben worden ist, bestimmt das fragmentierte Toilettenritual; gleichzeitig liefert sie den Nährstoff für die Utopien und die Praxis der Behörden. Die dem Bourgeois empfohlene, für seinen Körper angepriesene beständige Hygiene erfüllt den gleichen Zweck wie die von den Hygienikern angestrebte permanente Evakuierung des Unrats aus der Stadt: in beiden Fällen geht es darum, die bedrohliche Wirkung des

Ausscheidungsproduktes zu vernichten, nur daß die Gefahr nicht mehr so sehr in der Infektion, sondern vor allem in einer möglichen Verstopfung gesehen wird.

Im Gefolge der häufiger werdenden Waschungen tauchen zahlreiche Lotionen auf. Der Mißkredit, in den das Parfüm geraten ist, begünstigt den Aufschwung dieses Ersatzmittels, dem obendrein zugute kommt, daß es Einreibungen erforderlich macht, die wegen ihrer energiespendenden Wirkungen als höchst empfehlenswert gelten. Die übrigen Gesten des Toilettenrituals sind schnell genannt. Das Einfetten der Kopfhaut mit Haarpomade ist verständlicherweise aus der Mode gekommen[23]. Die neue Haarhygiene besteht darin, das Haar zu entwirren, es regelmäßig mit einem feinen Kamm zu kämmen, es zu bürsten und es vor dem Schlafengehen zu flechten. Das alte Verbot der medizinischen Schule von Salerno bleibt bestehen: den Kopf wäscht man nicht! Madame Celnart empfiehlt, das Haar gelegentlich mit einem trockenen Handtuch abzureiben[24], um es auf diese Weise vom Staub zu befreien; allenfalls darf die auf Eleganz bedachte Dame vorsichtigen Gebrauch von einer seifenhaltigen Lotion machen, die mit Hilfe eines Schwamms aufgetragen wird. Die Sitte, Haarwaschmittel zu benutzen, sollte sich erst unter der Dritten Republik entwickeln – glücklicherweise nicht früher, denn bis dahin gehören die ausgeprägten Düfte des Haarschopfs zu den sichersten Trümpfen der Frau, die auf Parfüms weitgehend verzichten muß.

Hinsichtlich der Mundhygiene präzisieren sich die Vorstellungen. Zur Beseitigung des Atemgeruchs empfiehlt Londe, täglich alle Zähne zu bürsten, und nicht nur, wie es üblich ist, die vorderen[25]. Madame Celnart rät zur Benutzung aromatisierter Puder[26].

Die Frische der Körpergerüche hängt nicht nur von einer gewissenhaften Befolgung der hygienischen Vorschriften ab, sondern auch, ja mehr noch von der Qualität und Sauberkeit der Leibwäsche[27]. Auch in diesem Bereich drückt sich die Evolution durch beschleunigte Rhythmen aus. Die Hygieniker bemühen sich, einen wöchentlichen Wechsel der Unterkleidung zur Regel zu machen. Die verkürzte Zeitspanne zwischen den Waschtagen[28] und die verstärkte Sensibilität für den Wohlgeruch sauberer Wäsche regen dazu an, sowohl die Waschzuber als auch die Truhen und die Schubladen der Kommoden zu parfümieren; so treiben sie die Verbreitung alter Praktiken voran, die schon lange vor der eigentlichen Körperhygiene in Gebrauch gekommen waren[29].

Sogar innerhalb der Bourgeoisie können die neuen Verhaltensweisen sich nur langsam durchsetzen. Die seltenen Waschräume sind nicht der einzige Beweis; auch das Bidet findet erst am äußersten Ende des Jahrhunderts allgemeine Verbreitung[30]; die Benutzung des von England importierten *tub* bleibt lange ein Zeichen des Snobismus. Im Jahr 1900 gibt die gutbürgerliche Pariserin sich immer noch mit gelegentlichen Fußbädern zufrieden[31]. Wenn die zeitgenössischen Ärzte tatsächlich – wie aus den Verzeichnissen zu schließen ist – über zahlreiche »Halbwannen« verfügen, so nur, weil sie eine mit der Förderung hygienischer Maßnahmen beauftragte Avantgarde bilden[32].

Was den gewöhnlichen Mann aus dem Volk betrifft, so wäre es im Augenblick fehl am Platze, ihm ein Ritual vorzuschreiben, mit dem noch nicht einmal die Eliten vertraut sind. Er bleibt also dazu verdammt, unter seiner öligen, stinkenden Dreckschicht zu vermodern, es sei denn, er nimmt die faulige und unsittliche Promiskuität des öffentlichen Bads in Kauf. Guy Thuillier stellt fest, daß die Praktiken der Körperhygiene im Nivernais erst nach 1930 zum Allgemeingut werden[33]. Bis dahin bezieht sich die Lernerfahrung in Schulen, Kasernen oder Sportvereinen kaum auf etwas anderes als die äußere Erscheinung. An klaren Beweisen dafür mangelt es nicht: der schwierige Kampf um die Benutzung von Haarkämmen ist ebenso eindeutig wie das Ritual der vom Lehrer durchgeführten Sauberkeitsüberprüfung oder die Ratschläge, die Madame Fouillée in *Le Tour de la France par deux enfants* erteilt[34].

Bestimmte Kategorien bilden bei all dem eine Ausnahme: sie werden schon sehr früh mit den für die Bourgeoisie erdachten Normen konfrontiert. Mehr als das Schülerpensionat spielt das Gefängnis wieder seine alte Rolle als Laboratorium; an den Gefangenen werden zukunftsweisende und für die neuen Ansprüche bezeichnende Praktiken erprobt. Bereits 1820 verlangt Villermé[35], daß die Häftlinge sich nach dem Aufstehen kämmen, daß sie sich jeden Morgen das Gesicht, mehrmals täglich die Hände und einmal in der Woche die Füße waschen. Der Gesamtzustand des einzelnen sollte seiner Ansicht nach jede Woche überprüft werden; ferner möchte er, daß Neuankömmlinge gebadet werden, und daß die Administration eine kurze Haartracht zur Vorschrift erhebt. Nichts anderes verlangen die Hygieniker ein Jahrhundert später von den Schulkindern.

Auch Ammen, die zum Stillen der Säuglinge in gutbürgerliche Häuser aufgenommen werden, sind zur Einhaltung strenger hygienischer Normen gezwungen, die zweifellos über das Maß der in der Familie praktizierten Sauberkeit hinausgehen. Nach Empfehlung der Ärzte sollten Stillmütter dazu angehalten werden, einmal im Monat zu baden und sich täglich den Mund, die Brüste und die Geschlechtsorgane zu waschen[36]. Der Einfluß, den diese Frauen nach der Rückkehr in ihr Heimatdorf auf die dortigen Verhältnisse ausüben, ist schwer zu ermessen.

Auf dem Lande, wo das Baden im Fluß die einzig praktizierte Maßnahme zur Erhaltung der Sauberkeit ist, müssen erst einmal die Wasserströme unter Kontrolle gebracht werden, ehe an einen Eintritt der traditionsgemäß schmutzigen Klassen in das herrschende, auf den Vorschriften der Hygieniker beruhende System zeichenhafter Werte überhaupt zu denken ist. Um die Mitte des 19. Jahrhunderts kommt hier ein wesentlicher Prozeß in Gang, der bisher noch kaum untersucht worden ist. Das uns bekannte Beispiel des Dorfes Minot hat in diesem Punkt allerdings gute Aussichten, repräsentativ zu sein. Auf dem Grund und Boden der Gemeinde bildet sich ein komplexes System von Tränken, Zisternen, Trögen aus Buchenholz, Waschhäusern und Wasserstellen heraus, bezeugt durch eine neue Art des Wasserbaus. 1875 ist das Wasser im Dorf gezähmt[37]. Während die Frau die verlassenen Brunnenränder flieht und ihre Soziabilität sich den neuen Arbeitsräumen anpaßt, entfaltet sich – sehr schüchtern und sehr vorsichtig – die in der Stadt ausgefeilte, komplexe Strategie der Haus- und Körperhygiene. Auch in diesem Milieu sollte die Beherrschung der Ströme eine neue Ökonomie der Alltagsgesten ermöglichen.

Der Geruchssinn und die neuen Vorstellungen von Eleganz

Unter der auf dem Zensuswahlrecht beruhenden Monarchie hat der elegante Mann Abstand von dem Brauch genommen, sich zu parfümieren – es sei denn, er spielt den Dandy, oder er hat sich für die »antiphysische« Liebe entschieden. Allenfalls verströmt seine Person einen leichten Tabakgeruch[38], von dem er die Frauen möglichst verschonen sollte[39]. Für ihn ist die Zeit der Zurschaustellung vorbei, das haben die Geschichtsforscher der Mode und des Kostüms deutlich gezeigt. Die neuen Regeln der – bekanntlich äußerst subtilen – männlichen Eleganz lassen keinen Platz mehr für spezielle Duftnuancen, es sei denn, man argumentiert umgekehrt und erhebt eben das Fehlen eines starken Geruchs, Beweis der gewissenhaften Körperpflege, zum entscheidenden Kriterium des guten Geschmacks. Der von der Wäsche ausgehende, symbolische, kaum wahrnehmbare »saubere Geruch« kennzeichnet den desodorisierten Bourgeois, der keiner Maske mehr bedarf.

Der Frau dagegen, mittlerweile zum Aushängeschild des Mannes geworden, zu jener Person, »die aus Gründen der Konvention die Güter konsumiert, die der Mann produziert«[40], kommt von nun an die Aufgabe zu, den gesellschaftlichen Rang und den Reichtum des Vaters oder Ehemanns zu bezeugen. Einschmeichelnde Gewänder, lebhafte Farben und prahlerischer Luxus sind ihr in Zukunft vorbehalten, zum Zeichen einer Verschwendung, die sie über jeden Verdacht der Arbeit erhaben macht.

Was die Geruchslandschaft betrifft, so werden die Gebote der Eleganz immer raffinierter. Bis zum Ende des 19. Jahrhunderts bleibt das Spektrum der erlaubten Düfte sehr eng; trotz häufiger Schwankungen im Bereich der Mode respektiert die gute Gesellschaft die am Hof von Marie-Antoinette definierte Ästhetik. Besonders während der auf dem Zensuswahlrecht beruhenden Monarchie läd die von den Ärzten gerühmte Hygiene des Geruchssinns ein, zarten Duftbotschaftern treu zu bleiben, sich an sanfte Wohlgerüche der Natur zu halten und schwere tierische Riechstoffe wie Moschus, Ambra oder Zibet zu meiden[41].

Mit diesem Streben nach feinsinnigen Nuancen entwickelt sich eine neue Praxis der Kosmetik. Schönheit wird in zunehmendem Maße mit »eleganter Sauberkeit«[42] gleichgesetzt. Diese Tendenz äußert sich sowohl in dem Verzicht auf (weiße oder rote) Schminke und Puder, als auch in der maßvollen Verwendung von Pomaden[43]. Tourtelle faßt die neuen Imperative von Mode und Hygiene hervorragend zusammen: »Die wirklichen Kosmetika sind wässrige Lotionen für die Sauberkeit und Salbungsmittel, die man verwenden kann, um die Haut zu reinigen und geschmeidig zu machen; das gleiche gilt für Emulsionen wie frisch gepreßtes Öl, Walrat, Butter, Kakaobutter, Seife und Mandelteig«; vor allem aber, so fügt er hinzu, darf »kein Metalloxid«[44] enthalten sein. Es kommt darauf an, Masken und Pflaster vom Gesicht zu reißen, der Haut Luft zu lassen, die Poren zu befreien und auf diese Weise eine ungestörte Entfaltung der weiblichen Atmosphäre zu erlauben.

Sämtliche zeitgenössischen Beobachter bestätigen den Rückgang der Parfüms; die Professionellen beklagen ihn, namentlich Rimmel, einer der größten Meisterparfümeure[45]. Die auf Eleganz bedachten Damen haben ihre Heimparfümerie im Stich gelassen; das Absterben dieser Duftküchen, die bis dahin eine subtile Schulung der Sinneswahrnehmung ermöglicht hatten, kann gar nicht genug betont werden[46]. Wohlriechende Badezusätze werden praktisch nicht mehr hergestellt, schreibt Louis Claye 1860[47]. Nachdem das Puder außer Gebrauch gekommen ist, entspinnt sich eine lange Polemik um die Gewohnheit, das Haar zu parfümieren; allem Anschein nach wagen nur die Kokettesten[48] einige Kühnheit auf diesem Gebiet.

Der gute Geschmack verbietet dem jungen Mädchen das Tragen von Parfüms. Eine derart indiskrete Aufmachung, die seine Ambitionen auf dem Heiratsmarkt nur allzu unverblümt verraten könnte, würde seiner Scham schlecht zu Gesicht stehen. Liefe es nicht im übrigen Gefahr, sich eines seiner sichersten Trümpfe zu begeben?

Liegt nicht ein großer Reiz in den zarten Ausdünstungen eines anmutigen, jungen Körpers, dessen Duftnote noch nicht vom männlichen Samen verdorben ist? Nein, die Unschuld hat nichts zu verbergen: »Der zarte Majorangeruch, den die Jungfrau aushaucht, ist lieblicher, berauschender als alle Parfüms von Arabien«.[49]

Auf gar keinen Fall darf echtes Parfüm auf die Haut aufgetragen werden. Nur aromatische Toilettenwasser – destillierte Rosen-, Wegerich-, Bohnen- oder Erdbeerwasser – und Eau de Cologne sind erlaubt[50]. Mehr denn je ist Zurückhaltung des Körpers geboten. Im Gefolge dieser zunehmenden Strenge verringert sich sowohl das Spektrum als auch die Oberfläche der Objekte, die mit Riechstoffen versehen werden. Während es immer noch zum guten Geschmack gehört, den Wäscheschrank mit zarten Wohlgerüchen zu erfüllen, ist es bereits verpönt, die bei der Toilette verwendeten Tücher zu parfümieren. Der liebliche Duft konzentriert sich auf das Taschentuch[51] und einige Accessoires: den Fächer, die Spitze, die zum großen Ball um das Ziersträußchen gewickelt wird, und – für die Sinnlichsten – den Finger- oder Halbhandschuh sowie den zierlichen Pantoffel.

Indes, für all die aufgefrischten Verbote gibt es lohnenden Ausgleich. Die vertrauten Gegenstände nehmen den diskreten Duft des Parfüms an und geben ihn weiter; sie bezeugen die weiblichen Reize trotz aller Zurückhaltung. So entsteht ein kostbarer Hauch, der die Atmosphäre der Frau zugleich vernehmbar macht und aufwertet – kurz, der das Unversöhnliche versöhnt. Im Endeffekt dient die Zurückhaltung einer stärkeren Verführungskraft; die Erotik zieht ihre Vorteile aus der schamlos ausgespielten Scham.

Dieses komplexe Projekt verlangt und rechtfertigt die Ächtung tierischer Riechstoffe ebenso wie jene Flut von Blumendüften, die – ohne mit denen der Haut zu rivalisieren – Ausdruck einer merkwürdigen Komplizenschaft zwischen der Frau und der Blume ist.

»Die Wohlgerüche der Natur und die ersten Sonnenstrahlen sollen den Geruchssinn beschäftigen«[52], verordnet Londe 1838; auch die Comtesse de Bradi schlägt einen beschwichtigenden Tonfall an: »Die zubereiteten Parfüms habe ich Euch verboten; doch die Wohlgerüche der natürlichen Blumen wollen mir, sofern sie nicht inkommodieren, durchaus

Pomadentöpfchen und Schönheitsmittel
Um 1820

statthaft scheinen.«[53] Hier bürgt nicht nur die Natur, sondern auch die
Dosis für die Eleganz. Die Liste der zugelassenen Wohlgerüche und der
– besser geduldeten – Toilettenwasser bleibt bis zur Mitte des Zweiten
Kaiserreichs unverändert. Als die Parfümeure um 1860 versuchen, ihre
Produkte zu verfeinern, ist das Spektrum der Grundstoffe, die sie für ihre
Taschentuch-Präparate benutzen, immer noch sehr beschränkt; Rim-
mel zufolge besteht es aus sechs Elementargerüchen: dem Duft von
Rosen, Jasmin, Orangenblüten, Kassien, Veilchen und Tuberosen[54].
Dem Parfümeur bleibt die Aufgabe überlassen, durch unterschiedliche
Kombinationen dieser sechs Grundriechstoffe neue Bouquets zu erfin-
den. Für die Pomadenherstellung erweitert sich die Palette auf Jonquillen, Narzissen, Reseden, Flieder, Weißdorn und Pfeiffenstrauch. Diese
Einschränkungen sind nicht nur bloße Anweisungen der Theoretiker:
die Pariser Meisterparfümeure, stellt Debay 1861 fest, »haben die starken, berauschenden, nervenschädigenden Gerüche verbannt (...) und
bieten nur noch harmlose Düfte an«[55].

Die Zeitgenossen rechtfertigen den vorsichtigen Umgang mit allem
Riechbaren. Im Kreis der Ärzte werden jene alten Argumente wieder

243

ausgegraben, die schon Ende des 18. Jahrhunderts breitgetreten worden waren, namentlich zum Zweck der Disqualifizierung tierischer Riechstoffe, die seither als faulige Substanzen empfunden werden und deren fast vollständiges Verschwinden nunmehr von den Medizinern als großer Erfolg gefeiert wird. Die allgemein anerkannte Notwendigkeit einer hygienischen Atemluft läßt doppelte Vorsicht geboten erscheinen. Die Furcht vor den verheerenden Auswirkungen tierischer Riechstoffe auf die Seele derer, die sie am Leibe tragen, verschärft sich Hand in Hand mit der fortschreitenden Entwicklung der Psychiatrie. »Der Mißbrauch von Riechstoffen führt zu Neurosen aller Art«, schreibt Doktor Rostan schon 1826[56]. »Die üblichen Folgen sind Hysterie, Hypochondrie und Melancholie.« Als besonders gefährdet gelten bleichsüchtige junge Mädchen, die genau wie schwangere Frauen an regelrechten Verirrungen des Riechorgans wie Parosmie oder gar Kakosmie leiden. »Die Gerüche nach verbranntem Horn und anderen mehr oder weniger stinkenden Substanzen werden (von diesen Personen) nicht nur ertragen, sondern sogar leidenschaftlich begehrt«[57], schreibt Doktor Obry in seiner Dissertation. Und da kein junges Mädchen vor der Bleichsucht sicher ist, wäre dies bereits Grund genug, ihnen vom Parfümieren abzuraten.

Das zwiespältige Thema der Unsittlichkeit penetranter und schwüler Gerüche taucht zwischen den Zeilen immer dann auf, wenn die Ärzte sich in ihren Schriften warnend an die Leserinnen wenden. Unmittelbar vor den revolutionären Entdeckungen von Pasteur werden die Schmähungen mit neuer Heftigkeit vorgetragen. Die Vorliebe für Parfüms und das Streben nach »minderwertigen Gefühlen«[58] – Zeichen einer »nachgiebigen und kraftlosen« Erziehung – verschärfen die nervöse Reizbarkeit, führen zum »Feminismus«, begünstigen die Ausschweifung. Doktor Tardieus »Schnüffler« gesellen sich den unglückseligen »Perversen« hinzu, deren Liste immer länger wird. Die Zeit der straffenden und desinfizierenden Lotionen ist gekommen.

Diese psychiatrische Strategie, die stärker auf eine Förderung der Sittlichkeit ausgerichtet ist als die früheren, in erster Linie auf der Angst vor Infektion beruhenden Schmähungen gegen schwere Parfüms, trägt zu einem neuen Aufschwung der Osphresiologie bei, jener Lehre von den Gerüchen, die seit Erscheinen der dicken Bücher von Hippolyte Cloquet ähnlich eingeschlafen war wie die Verwendung von Parfüms. Jetzt zeigt insbesondere die experimentelle Psychologie ein neues Interesse an der Geruchswahrnehmung[59].

Es wäre jedoch zu einfach, sich mit dieser Erklärung zufrieden zu geben. Die bleibende Mode natürlicher Wohlgerüche und die beharrliche, unnachgiebig strenge Verurteilung der als provozierend empfundenen tierischen Riechstoffe haben ganz offensichtlich etwas anderes zu bedeuten: diese auf feinsinniges Riechen ausgerichteten Verhaltensweisen geben Aufschluß über die sozialpsychologischen Bedingungen der damaligen Zeit. Als Anstoß für weitere Überlegungen möchte ich hier einige noch kaum abgesteckte Fährten aufzeigen, ohne einer von ihnen den Vorrang geben zu wollen.

»Der Bourgeois verwendet seinen Reichtum nicht auf den äußeren Schein«, er benötigt ihn zum Sein[60], schreibt Robert Mauzi. Mit diesem Argument ließe sich, wie ich weiter oben schon gesagt habe, die feindselige Haltung gegenüber dem Parfüm erklären, jenem Symbol der Verschwendung, dessen Verflüchtigung den unerträglichen Verlust bezeugt und die Gesetze der quantitativen Wertbestimmung außer Kraft setzt. Doch um ehrlich zu sein, scheint diese These auf den Bourgeois des 19. Jahrhunderts nicht so recht zu passen; dieser ist nicht mehr nur der von Werner Sombart beschriebene Mann der Pflicht, der Moralist und Feind jeder Genüßlichkeit, ja sogar jeder Sinnlichkeit. Geplagt von der Sorge, seine Position zu legitimieren, träumt der Bourgeois des 19. Jahrhunderts von einem Familiengeschlecht; er beneidet die aristokratische Ungezwungenheit und versucht sie nachzuahmen. Im Laufe der Jahre hört er auf, als der sozial Verklemmte zu erscheinen; und was die Zurschaustellung betrifft, so kann man sogar sagen, daß er alle Trümpfe ausspielt: unter diesem Gesichtspunkt läuft die glanzvolle Mode der Chaussée d'Antin dem diskreten Charme des Boulevard Saint-Germain schon bald den Rang ab. Hier wären die Ansätze für eine bessere Erklärung zu suchen. Hier werden die guten Manieren definiert, und zwar bis ins Herz der Julimonarchie hinein. Philippe Perrot ist einer der Autoren, die einleuchtend gezeigt haben, wie das neue Verhältnis zur Schlichtheit und Natürlichkeit, das sich in diesem Milieu herausbildet, den Codex der Eleganz bestimmt. Seit der Restauration werden die Hierarchien immer differenzierter, die Zeichen immer komplizierter; unerwartete Spaltungen zeichnen sich ab. Während die neuen Praktiken der Sauberkeit den Reichen vom Armen unterscheiden, zerfällt die Welt des Reichtums unter dem Einfluß solcher Kriterien, die für den Uneingeweihten nicht wahrnehmbar sind, in lauter einzelne Fragmente. Die bewußt vorangetriebene Zartheit der Geruchsbotschaften ist mit Sicherheit Bestandteil dieser komplexen Strategie der Unterscheidungen[61].

In diesem Milieu, auf dessen Boden die neuen Vorstellungen von Eleganz gedeihen, können die Vorliebe für Blumendüfte und die Verachtung tierischer Riechstoffe selbst als eine Restauration interpretiert werden;

sie zeugen sowohl von einer Rückkehr zu den Moden des ausgehenden Ancien Régime, als auch von einer strikten Ablehnung des übertriebenen oder gar stutzerhaften Geschmacks, Symbol der Gegenrevolution oder zumindest der »Modedamen« und »Bisamdufter« aus der Zeit des Direktoriums. Sie sind eine Absage an die prunkvollen Aufmachungen des kaiserlichen Hofs. Dennoch halte ich andere Erklärungselemente für zuverlässiger als diese, die von einer Interpretation der Mode ausgehen, einem Bereich also, dessen Verwicklungen sich geradezu anbieten, die widersprüchlichsten Hypothesen zu rechtfertigen.

Von allen Tugenden, die der Frau in der damaligen Zeit zugesprochen werden, weist das 19. Jahrhundert der Scham den ersten Platz zu. Die Ächtung von Schminke und indiskreten Parfüms entspricht einem äußerst komplexen, zugleich moralischen, visuellen und ästhetischen Repräsentationssystem. »Ungekünstelte Sauberkeit, natürliche Eleganz und Anmut des Leibes und der Seele, *Heiterkeit* und Scham sind die wirkungsvollsten Schönheitsmittel.«[62] Alles andere, die schwülen Dünste des aufgeweichten Fleisches, die schweren Parfüms und die nach Moschus riechenden Puder bleiben den Boudoirs der Kurtisanen oder den Bordellsalons überlassen. Hier erleichtert das exemplarische Gegenbeispiel der käuflichen Frau die Definition der Eleganz.

An dem alles überschwemmenden Symbolismus der natürlichen und lieblich duftenden Blumen-Frau zeigt sich der feste Wille, die Gefühle in Zaum zu halten. Die köstlichen Wohlgerüche besiegeln das Bild eines durchscheinenden Körpers, den man sich als schlichten Widerschein der Seele wünscht – eine ehrgeizige Strategie, die darauf ausgerichtet ist, den Gefahren der Animalität zu trotzen und die Triebe der Frau zu zügeln. Man will sie als Rose, als Veilchen oder als Lilie, vor allem aber nicht katzenhaft oder nach Moschus duftend[63]; die der Blumenwelt entlehnten Bilder vertreiben jene anderen, die dem Zyklus der fleischgierigen Raubtiere entstammen. Selbst innerhalb des Pflanzenreichs schöpft das Imaginäre aus der unschuldigen Flora der Felder und Gemüsegärten; die verwirrend exotischen Reize von Lianen, fremdartigen Pflanzen oder giftigen Blumenkronen bleiben vorerst ausgespart. Hinter dem mutwilligen Symbolismus, in den das junge Mädchen eingebettet wird – und dessen wissenschaftliche Untersuchung aus Angst, sich lächerlich zu machen, viel zu lange verschmäht worden ist –, verbirgt sich ein beharrlicher und faszinierender Versuch der Heiligung. Möge die Frau sich mit Blumen schmücken, wie sie das Heiligtum der Jungfrau schmückt, möge sie ihren Leib mit der gleichen Sorgfalt zieren wie den Ruhealtar der Fronleichnamsprozession, möge der Überfluß ihrer Tugenden ihr

Leben mit einem Wohlgeruch erfüllen, wie man ihn sich nicht lieblicher von den Blumenkränzen auf den Bildern der Ersten Kommunion vorstellen kann: die Gefahr der alles verwüstenden Animalität wäre damit gebannt. Bei unserer ausgiebigen Beschäftigung mit dem medizinischen Diskurs dürfen wir die prägende, in diesem Milieu wahrscheinlich sogar vorherrschende Wirkung der züchtigen Moralpredigten nicht vergessen.

Das gelehrte Kalkül der Körperbotschaften

Der wesentliche Punkt indes bleibt die Frage nach der tieferen Bedeutung der Scham. Ergibt sich aus der Unempfänglichkeit für Anspielungen, den nur zart angedeuteten einladenden Gesten, den Geständnissen unmerklicher Verwirrungen und dem so häufig erwähnten Erröten, jenem permanenten Hinweis auf die schwindelerregenden Abgründe der Sünde, die man um der Schicklichkeit willen zu ignorieren hat, nicht das Bild einer ausgeklügelten sexuellen Strategie, in der auch die Subtilität der Geruchsbotschaften ihren Platz hat?[64] Werden die natürlichen Duftströme des jungfräulichen Körpers und die luftige Kleidung nicht als die erotischsten Lockmittel schlechthin empfunden? »Man muß so behutsam mit den Parfüms umgehen, daß man beim Riechen lebhaft nach ihnen verlangt«[65], mit diesen Worten faßt Debay die ganze erotische Wissenschaft der Scham zusammen. Im Rahmen dieser allumfassenden Strategie kommt dem Geruch eine neue Rolle zu. Ein Dufthauch als einladende Geste ist nicht nur feinsinniger, unauffälliger, weniger plump und vielleicht verwirrender als die Faszination der Nacktheit, sondern er eignet sich auch besser für die Doppeldeutigkeiten der Verführungsabsicht. Überdies hat er den Vorteil, den Anschein der Unschuld zu wahren. Die Liebesbotschaften, die der zart parfümierte Körper aussendet, können die Schamhaftigkeit einer Person ebensowenig in Zweifel ziehen wie die unfreiwilligen, unter dem Korsett verborgenen Rundungen, die durch eben dieses Kleidungsstück erkennbar, ja sogar betont werden. Was den Geruchssinn betrifft, so werden die mondänen Sitten von entsprechenden Vorstellungen der Gelehrten begleitet, ja vielleicht sogar angeregt. Nie wieder sollte den spezifischen Individualgerüchen so viel Aufmerksamkeit zuteil werden, wie in dieser Zeit. Der sachkundige Barruel behauptet, ein wissenschaftliches Mittel zur Unterscheidung der individuellen Gerüche herausgefunden zu haben; er stellt der Kriminalpolizei seine Entdeckungen über den Blutgeruch zur Verfügung[66]. Bevor die Fingerabdrücke in Gebrauch kommen, schlägt er die Verwendung von »Geruchsmarken« vor – ein völlig unbekannter Abschnitt aus der Geschichte der Identität.

Die zeitgenössischen Ärzte weigern sich einstimmig, die Rolle, die dem Geruch der Sexualsekretionen bei der Zeugungsfunktion zukommt, für den Menschen anzuerkennen. Beim Tier mag er den Geschlechtstrieb reizen, doch »beim Menschengeschlecht verhält es sich anders«[67], stellt Rostan fest. Hier, so versichert Londe, fällt die erotische Funktion dem Gefühlsinn zu[68]; nur die Liebkosung ist erregend. Beim Tier weckt der Geruchssinn »heftige Gelüste«, beim Menschen dagegen »zarte Empfindungen«[69], schreibt Hippolyte Cloquet. Die Schwarzen, die dem Tier – wie die Anthropologen Blumenbach und Sömmerring bewiesen haben sollen[70] – ähnlicher geblieben sind, zeigen sich folgerichtig auch empfänglicher für die sexuelle Reizkraft der Gerüche.

Unterdessen hat die Frau den ihr zugewiesenen Platz im Zentrum der häuslichen Sphäre eingenommen; hier ist sie diejenige, die Regie führt. In den Grenzen dessen, was das Schamgefühl erlaubt, unternimmt sie ein wohldurchdachtes erotisches Kalkül ihres Lebensrahmens, der sich in einen Wald von Symbolen verwandelt. Aus nichts läßt sich das Imaginäre jener Zeit so gut herauslesen wie aus dem Innenleben der Gemächer. Balzac persönlich gibt es in seiner *Physiologie der Ehe* zu: Pflanzengerüche dürfen – vorausgesetzt, daß sie nicht aufdringlich sind – zur Verschönerung der Atmosphäre im Schlafgemach und im Boudoir verwendet werden. Moschus dagegen, aber auch Lilien und Tuberosen sind verboten, während bei Rosen größte Vorsicht angezeigt ist.

Die Räucherpfanne gehört immer noch zum Nécessaire eines jungen Mädchens von Welt[71]. Auch Riechpastillen sind nicht verschwunden[72], obgleich man versucht, ihren Gebrauch auf das Krankenzimmer zu beschränken. Ganz neu in Mode sind parfümierte Kerzen[73], deren Nützlichkeit für absolute Harmlosigkeit bürgt. Hinfort ist es in der Tat das Wichtigste, die Verführungsabsichten mit einem nützlichen Vorwand zu bemänteln. Riechstoffe im Wäscheschrank sind nur eine Maßnahme der Hygiene. Wenn auch das Briefpapier zarte Düfte verströmt, darf man wohl annehmen, daß es sie von den natürlichen Wohlgerüchen seiner Benutzerin übernommen hat.

Wie ein virtuoser Maler beschreibt Balzac die von lieblichen, unanstößigen Düften durchschwebten Vorhallen und Boudoirs[74]: die kunstvolle Geruchsinszenierung von Madame de Sommervieux entmutigt Augustine und läßt sie ermessen, welche tiefe Kluft die Tochter eines Tuchhändlers aus der Rue Saint-Denis von einer raffinierten Aristokra-

tin trennt. Das Boudoir erscheint als der parfümierte Pol des Balzacschen Universums – durchaus logisch, denn im Werk des Romanciers
verbindet sich der gute Geruch fast immer mit Vokabeln aus der Blumenwelt sowie den Worten Frau, Pariserin, Jugend, verliebt, reich, sauber
und geräumig; während der Gestank vorzugsweise mit den Begriffen
eng, schmutzig, zusammengepfercht, arm, alt oder Volk einhergeht.

Genau wie die Nähe des Vogels gilt auch die der Blume als unverfäng-
lich. »Ihr gilt eine natürliche Neigung der Frauen«[75], behauptet die
Comtesse de Bradi; sogar die Prostituierten haben diesen Zug trotz ihrer
sittlichen Verkommenheit bewahrt. Den Romantikern – von Novalis bis
Nerval – erscheint das junge Mädchen als ein unkörperliches, ver-
schwiegenes Geschöpf, empfänglich für den Ruf der Ewigkeit, das, der
Feldblume gleich, eine duftende Spur ins Jenseits der Poesie eröffnet.
Diese Nähe, diese unauffällige Harmonie führt zu einer symbolischen
Metamorphose, läßt die Grenzen verwischen. Lange bevor Aurelias Gestalt sich in einen blühenden Garten verwandelt, schreibt Senancour
über das Veilchen: »Zauber und Flüchtigkeit der Begierden, gemischt
mit leichter Unruhe und einer gewissen Vorahnung von der Leere der
Dinge. Vages Bedürfnis zu lieben; heimliches Bedürfnis geliebt zu werden. Zartgefühl in den Bindungen«.[76] Anders als seine sinnlichen Zeitgenossen, die mit Blumen nichts anzufangen wissen, als sie zu brechen
und ihre Düfte zu absorbieren, bittet Michelet die Gärtnersfrau, »die
arme Blume« schonend zu behandeln, ihre Blüte »auf dem Stil zu lassen
und sie der Natur gemäß zu pflegen«: »Diese hier braucht einen Pfrop-
fen, und daß man ihr anderen Saft zuführt; sie ist noch jung und wild.
Jene, kraftlos und zart, vollkommen durchlässig, müßte dazu gebracht
werden, sich vollzusaugen; da hilft nichts, als Leben in sie einsickern zu
lassen (...), ihr Liebesstaub verfliegt im Wind; man muß sie gut schützen, ihre Kräfte versammeln, und vor allem muß man sie befruchten.«[77]
Angesichts der unschuldigen Blütenkrone, die sich reif und willig dar-
bietet, träumt der Mann mit doppeltem Genuß von der Befruchtung.

Diese permissive Haltung gegenüber der Blume ist ein neues Phänomen. Seit Ingenhousz die Mechanismen der Photosynthese durchschaut
hat, sieht man das Pflanzenreich mit anderen Augen. »Die mephitische
Aushauchung der Blätter und Blüten«, so schreibt der Gelehrte, »ist ganz
und gar von dem riechbaren Stoffe verschieden; jener ist so viel zu fürchten, als dieser seiner Natur nach unschädlich ist. (...) Der riechende
Stoff (hat) mit der mephitischen Ausdünstung der Pflanze nichts gemein.«[78] Diese Unterscheidung hat wesentliche Folgen: die Pflanzen
mit dem stärksten Duft gelten von nun an nicht mehr als die gefährlich-

sten; von den Blüten geht keine stärkere Bedrohung aus als von den Blättern. Als Vorsichtsmaßnahme wird es in Zukunft ausreichen, wenn man vermeidet, in unmittelbarer Nähe der Pflanzen zu schlafen, wenn man die Räume, in denen sie stehen, tagsüber belüftet und innerhalb der Wohnung auf allzu ausladendes Blattwerk verzichtet. Besser noch: im Atem der gut mit Licht versorgten Blume kann die Frau ein Heilmittel für ihre Nervenschwäche finden.»Die Pflanze, die keine Nerven hat, ist ihr eine sanfte Ergänzung, eine Beruhigung, eine Erfrischung, eine Gefährtin in der Unschuld.«[79] Dennoch bittet Michelet aus Sorge um die Sittlichkeit, man möge den »kleinen Demoiselles« die »Verwirrungen« duftender Blumensträuße ersparen.

Die neuen Theorien bewirken eine umfassende Wiederkehr der Blume. In den großen Gärten des 18. Jahrhunderts hatte sie zunehmend an Bedeutung verloren; in denen der armen Bevölkerung nahm sie – wenn überhaupt – ohnehin nur den Rand der Gemüsebeete ein; und was die künstliche Landschaft der Englischen Gärten betrifft, so haben wir bereits gesehen, daß dem Riechen dort niemals mehr als eine Hilfsrolle zukam. Die Traktate des frühen 19. Jahrhunderts über landschaftliche oder malerische Gärten enthüllen in diesem Punkt eine fast unveränderte Wirklichkeit[80]. Die Neuerung sollte nicht von den weitläufigen Parks ausgehen, sondern von den Gewächshäusern und den abgeschlossenen Privatgärten der Bourgeoisie.

Die zunehmende Verbreitung der Gewächshäuser im 19. Jahrhundert wäre eine besondere Untersuchung durch die Historiker des Privatlebens wert. Es gibt die unterschiedlichsten Modelle: Wintergärten, Treibhäuser, in denen das ganze Jahr hindurch exotische Pflanzen gedeihen, und schließlich Überwinterungshäuser – Nachkommen der Orangerien –, die den Pflanzen Schutz gegen die Kälte des Winters bieten. Nachdem die Gewächshäuser lange Zeit der Aristokratie und den reichsten Bürgern vorbehalten waren, mehren sie sich zunächst in England[81], dann in Mitteleuropa, und endlich in Frankreich.

Die Spezialisten verlangen, daß die Treibhäuser unmittelbar an den Wohnbereich angrenzen. Man muß hineingehen können, ohne sich der Kälte oder gar dem Regen auszusetzen. Von den Architekten als eine Art Etappe der von Düften erfüllten Promenade konzipiert, mündet es auf der dem Wohnhaus entgegengesetzten Seite in den *pleasure-ground*, in Frankreich *potager-fleuriste* (Blumen- und Gemüsegarten) oder *jardin-fleuriste* (Blumengarten) genannt[82]. Als direkte Verlängerung des Wohnhauses bezeugt es die Ausweitung der Privatatmosphäre. Das Gewächshaus, seit jeher ein Ort, der dem Lustwandeln dient, was natürlich

Treibhäuser mit australischen und mexikanischen Pflanzen
1856

auch die Einrichtung von blumenumrankten Wandelgängen und Bänken bedeutet, wird mehr und mehr zum Ort der zufälligen Begegnung, des Stelldicheins, des Abenteuers. Es vereitelt die Überwachung, die sich im häuslichen Raum entspinnt. Es ist Vorwand und Zuflucht zugleich. Das Überwinterungshaus hat überdies den Vorteil, daß man es im Sommer als Ruhe-, Lese-, Eß- oder gar als Tanzsaal benutzen kann[85].

Insgesamt also ein Ort, der nicht ohne Gefahr ist, der unbedingt auf die »Anfälligkeit des Fleisches« hin kontrolliert werden muß. Die Fermentation pflanzlicher Substanzen und die der Erde innewohnende Fäulnis können das Treibhaus, wenn man es sich selbst überläßt, in einen bedrohlichen Sumpf verwandeln, ein Reservat von Miasmen an der Schwelle des Wohnhauses[84]. Hier ist die Ventilation ein unumgängliches Gebot.

In den Kreisen der Bourgeoisie finden die Gewächshäuser im Laufe der Jahre zunehmende Verbreitung. 1868 schreibt Baron Ernouf: »Heute sind sie ein unentbehrlicher Bestandteil aller größeren Gärten«.[85] Zur gleichen Zeit[86] kommt in Frankreich jene Kombination von Gewächshaus und Salon in Mode, wie Emile Zola sie in *Die Beute* beschreibt.

Schon sehr früh bildet sich – dies gilt zumindest für Mitteleuropa – im Inneren der Gewächshäuser ein kunstvoller Einklang zwischen der Frau und der duftenden Blume heraus. In extremen Fällen verwandelt sich der ganze Wohnbereich in ein einziges Gewächshaus; Pflanzen und Blumen erobern die Innenräume, ranken an Wänden und Treppen empor, dringen in Boudoirs und Gemächer ein; das ganze Haus wird eins mit der Blumenpracht, die Atmosphäre ist vom Pflanzenduft durchdrungen. Hören wir die ebenso erstaunten wie faszinierten Äußerungen des französischen Naturforschers Bory de Saint-Vincent nach seinem gefeierten Empfang im Wien des Jahres 1805: »Es war mir eine völlig neue und hinreißende Entdeckung, wie die meisten eleganten Damen der dortigen Gesellschaft ihre Gemächer mit prachtvollen Treibhauspflanzen zieren, so daß auch im Winter der Duft von allerliebsten Blumen herrscht. Unter anderem erinnere ich mich wie in einem Rausch an das Boudoir der Gräfin C***, deren Sofa umgeben war von rankendem Jasmin auf Daturapflanzen, deren Wurzeln tief in die Erde reichten – und das alles im ersten Stock. Der Weg dorthin führte vom Schlafzimmer durch ein regelrechtes Dickicht aus afrikanischem Heidekraut, Hortensien, den noch äußerst seltenen Kamelien und anderen kostbaren Stauden, eingepflanzt in seitliche Rabatten, auf denen obendrein eine dichtgedrängte Wiese aus Veilchen, bunten Krokussen, Hyazinthen und anderen Blumen gedieh. Auf der anderen Seite befand sich das Bad, auch dieses in ein Treibhaus eingebettet, wo um den Marmorzuber und die Wasserleitungen Papyrus und Schwertlilien wuchsen. Die doppelten Fensterkreuze waren nicht minder mit prachtvollen blühenden Pflanzen geschmückt. . .«[87]

In den Anfängen des 19. Jahrhunderts entwickelt sich eine der Großbourgeoisie zugedachte Gartenästhetik, die sich allmählich auf die mittlere und endlich auf die Kleinbourgeoisie ausdehnt – ein Ereignis von entscheidender Bedeutung für unser Thema, allerdings in den Schatten gestellt durch die Aufmerksamkeit, die den ausländischen Parks entgegengebracht wird. Der bürgerliche Garten ist die Frucht einer langen Reflexion der mit kleinen Flächen konfrontierten Gartenbauarchitekten. Mit der Natur zu wetteifern und den Versuch zu unternehmen, eine Landschaft zu kreieren, wäre lächerlich. »Bei einem bürgerlichen Haus, wo die verfügbare Fläche nicht größer ist als ein Morgen«, sind der Blumengarten und »der Baumgarten die einzig angemessenen Kompositionen«[88]. Da es den Baumeistern angesichts des begrenzten Raums unmöglich ist, die Anordnung ihrer Entwürfe den Freuden des Blicks unterzuordnen oder sich von den Gesetzen der Optik inspirieren zu lassen, konzentrieren sie sich auf »liebliche Szenen« – die einzigen, die dem Riechen auch im Rahmen des Landschaftsgartens einen nicht unerheblichen Platz zugestanden.

Im gleichen Augenblick, in dem dieses Problem als gelöst erscheint, sorgt Gabriel Thouin durch die Anlage zahlreicher Gartenbeete für eine Wiederherstellung des Blütenreichtums in den großen Parks. Manche seiner Schüler, namentlich Bailly, wenden die Prinzipien des Meisters auf den bürgerlichen Hausgarten an, dem sie im übrigen eine gesetzmäßige Anordnung zu verleihen suchen.

Als erstes muß der auf Eleganz bedachte Eigentümer den Blumengarten vom Gemüsegarten trennen[89]; er muß Abstand nehmen von der im Kleinbürgertum lange gepflegten Sitte, nur Ränder und Rabatten mit Blumen zu bepflanzen[90]. Der Lustgarten soll mit Hecken und der Gemüsegarten mit Mauern eingefriedet werden; auch hier ist es wichtig, jedes Durcheinander zu zerstören. Im gleichen Maße, in dem der ans Haus angrenzende Raum sich strukturiert und differenziert, wird er zu einer Erweiterung, einem mehr und mehr integrierten Bestandteil des Wohnbereichs. Der Blumengarten, schreibt Alexandre de Laborde schon 1808, »ist gleichsam eine zusätzliche Wohnung neben dem Hauptgebäude«[91].

Der Aufenthalt im Garten gestaltet sich nicht anders als im Inneren des Hauses, es herrschen die gleichen Imperative. Auch draußen sind »äußerste Sauberkeit« sowie ein »Hauch von Eleganz und Ordnung« geboten. Ein solcher Garten »ähnelt einer Wohnung; er ist eher eine Galerie hübsch angeordneter, natürlicher Objekte als eine Nachahmung der Natur«[92]. Der Rechen im Freien erfüllt den gleichen Zweck wie der Besen im Haus.

Die dem Lustgarten zugedachte Aufgabe führt zu einem Paradox: in den engen Grenzen dieser Pflanzenwohnung muß alles getan werden, um die Spazierwege zu verlängern. Der Garten soll den bedrohlichen Auswirkungen der sitzenden Lebensweise entgegenwirken, er soll Auslauf bieten und die Atemtätigkeit anregen. Nach und nach entsteht ein Labyrinth aus gewundenen Gartenwegen; Urheber dieser neuen Mode ist wiederum Thouin, der versucht hat, die strenge geometrische Aufteilung und das Pflanzenmosaik der Französischen Gärten durch zahlreiche Korbbeete und kurvenförmige Rabatten zu durchbrechen.

Der Wunsch nach Abwechslung und Ruhemöglichkeiten während der Promenade bringt eine komplexe Pflanzenarchitektur hervor. Geborgene Plätze unter schattenspendendem, erfrischendem, duftendem Blattwerk und grünende Wandelgänge fügen sich zu einer Verschachtelung geschlossener Räume zusammen, die so viel Intimität gewähren, daß sie der Scham bereits gefährlich sind. Wie die Gewächshäuser bei den Reichen entwickeln sie sich zu den einzigen Orten, an denen das Abenteuer der Verführung möglich erscheint. Immer deutlicher zeichnet sich die unerhört wichtige Rolle ab, die der Gartenweg im Privatleben der Bourgeoisie spielt[93]. »Hier tun die alsbald rosenrot sich färbenden Lippen unfreiwillig ihr erstes Geständnis, hier ahnen sie zum ersten Mal das Glück.«[94]

Die vergänglichen Grünkonstruktionen der auf dem Zensuswahlrecht beruhenden Monarchie – Konstruktionen, die uns um so weniger bekannt sind, als ihre Spuren sowohl durch die spätere Vermehrung von Gewächshäusern und metallischen, für reine Zierpflanzen bestimmten Sommerlauben als auch durch die anschließende Mode der »gestalteten Gärten« zur Unkenntlichkeit verwischt werden – legen den Gedanken an eine Archäologie des Pflanzlichen nahe.

Zur Definition der unterschiedlichen Grünkonstruktionen bildet sich ein präzises Vokabular heraus[95]. Es ist angebracht, so heißt es bei Boitard, den Begriff *berceau* (Laubengang) auf jenen »kurzen, bedeckten und gewölbten Gang« zu beschränken, der »undurchdringlich ist für Sonnenstrahlen« – und damit auch für Blicke. Als Schattenspender für diesen Miniaturwandelgang kommen Geißblatt, Jasmin oder duftender wilder Wein in Frage, die sich an einem leichten Holzgerüst emporranken können. Die meist runde und von einer zierlichen Metallkuppel bedeckte Gartenlaube verlangt einen festeren Lattenverschlag, der unter dem Grün gleichartiger Büsche und Kletterpflanzen verschwindet. Als Ruhestatt dienen schlichte Steinbänke, die ihren Standort neben einer Statue oder einer Büste haben – bescheidene Abwandlungen der pittoresken Szenen des Englischen Gartens. Eine kleine Gruppe Flieder oder Goldregen sorgt für den notwendigen Schatten. Die anspruchsvollsten Gärten verfügen über weitere Erquickungen: ein Landhäuschen, eine Gartenlaube, eine Tanzfläche, eine Eßnische oder gar ein Theater im Grünen.

Angesichts des begrenzten Raums bietet der Spaziergang im Garten ebenso viele Riechgenüsse wie Augenfreuden. In Ermangelung des landschaftlichen Horizonts muß die Blume sowohl den Gesichts- als auch den Geruchssinn befriedigen. Bevor die »gestalteten Gärten« mit Springbrunnen und steifen Wasserbecken in Mode kommen, gibt es im bürgerlichen Garten außer dem Zwitschern der Vögel[96] wenig Sinnesreize für das Ohr. Das gefühlsanregende Modell des erholsamen Laubengangs breitet sich derart aus, daß es den ganzen Raum einnimmt.

Nicht durch die Geruchspromiskuität der Blumensträuße, sondern durch Gartenpromenaden wird das junge Mädchen die »diskreten Düfte«, das »Geheimnis« und die Sprache der »einfachen Blumen«[97] kennenlernen.

Die köstlichen Düfte, welche die von den Spezialisten empfohlenen Blumen oder Sträucher verströmen, mögen den heutigen Leser verwundern. Der Vorrang besonders wohlriechender Arten ergibt sich jedoch ganz logisch aus dem Quasi-Monopol, das die Blumen-Parfümerie genießt. Mehrere damals äußerst beliebte Sorten haben ihr Ansehen inzwischen verloren: so die Reseda, deren lieblicher Geruch Madame Lafarge[98] während ihrer Gefangenschaft in Montpellier nicht aus dem Sinn geht, und deren äußerliche Unansehnlichkeit die hohe Wertschätzung des Parfüms bezeugt; die wohlriechende Platterbse sollte sich im Lauf der Zeit den »Armeleuteblumen« hinzugesellen; ein deutlicher Abstieg steht auch dem Basilikum, der Wunderblume und der Kornblume bevor. Wie auch immer, die beiden unangefochtenen Königinnen des bürgerlichen Gartens bleiben die Nachtviole und das Veilchen[99].

Unterdessen sprießen Blumen in allen Teilen des Wohnbereichs; sie begnügen sich nicht mehr mit den Gemächern der Damen; auf dem Boden und vor den Fenstern, überall stehen »Blumenkästen« und »massive Grün-Kübel«[100], in denen auf Anraten derer, die über Fragen der Eleganz entscheiden, Rosen, Jasmin, Maiglöckchen, Resenden und Veilchen blühen[101]. Exotische Pflanzen gelten als zu aufdringlich; in Frankreich gehört es noch nicht zum guten Ton, sein Heim in ein Pflanzenmuseum zu verwandeln[102].

Unter dem Zweiten Kaiserreich schreibt die Kleidermode der Frau einen Blumenschmuck vor. »Zur Verzierung des Mieders verwendet man (...) natürliche Blumen; solche steckt man auch an die Ärmel, oft sogar an den Rock, und zwar nicht nur in die Falten oder Volants, sondern in zwei oder drei Reihen an das Vorderteil.«[103] Ein kunstvoll in das Haar eingeflochtener Schmuck aus Rosen, Goldlack, Maiglöckchen, Jasmin und Vergißmeinnicht umrahmt das Gesicht der eleganten jungen Dame[104]. Der reifen Frau dagegen ist das Tragen echter Blumen nach den Regeln des guten Anstands untersagt. Die Harmonie zwischen dem jungen Mädchen und der Blume zerbricht mit dem Alter; wer seine jugendlichen Düfte verloren hat, muß mit der künstlichen Blume vorlieb nehmen – aber auch dies nur mit der gebotenen Diskretion.

Die neue Schwärmerei regt den Blumenhandel an. In Paris reicht der traditionelle Quai aux fleurs nicht mehr aus; auf den Plätzen und später auch an den Boulevards entstehen Blumenmärkte, die zweimal in der

Woche geöffnet sind. Wenn man durch die neuerbauten Passagen geht, »braucht man nur die Augen zu schließen, und schon wähnt man sich in einem köstlichen Blumenbeet«, versichert Mrs. Trollope 1835, obgleich gerade sie im allgemeinen wenig geneigt erscheint, in Paris Dinge zu bemerken, die den Sinnen durch Liebreiz schmeicheln[105]. Auf den Blumenmärkten wird die Menge immer dichter. Seit Anfang der Julimonarchie haben sich zahllose Blumenmädchen auf den Brücken, an den Quais und auf den Bürgersteigen niedergelassen[106]; sie stellen die Moralisten vor ein neues Problem.

Topfblumen und duftende Sträuße werden volkstümlicher; sie verbreiten sich »bis hin zu der kleinen Arbeiterin, die gern ihre Dachkammer schmückt«[107], heißt es bei Debay. Und Paul de Kock schreibt über die Grisetten: »Es müssen nicht die seltensten (Blumen) sein, darauf legen sie keinen Wert; sie sind glücklich, wenn sie nur Goldlack oder Reseden haben; solche allerdings stopfen sie gleich haufenweise in ihre Karaffen: es soll ja schließlich für die ganze Woche reichen, und daß es gut riecht, das muß nun einmal sein.«[108] Das Bild der mit Blumen geschmückten Näherin beruhigt. Auf der symbolischen Ebene stellt sich die von natürlichen Düften erfüllte Kammer als Antithese des stinkenden Lochs oder der anstößigen Fabrik dar. Die Blumen bezeugen, daß es Arbeitsstätten gibt, die dem fröhlichen, sauberen und fleißigen jungen Mädchen gut anstehen[109]. Selbst unter den Dächern weist die Keuschheit der Blumen auf die dort herrschende Tugend hin; allerdings, das ist wahr, kann der im Licht zwischen den Vorhängen stehende Strauß sich in ein lockendes Zeichen verwandeln; auch die heimlichen Prostituierten kennen die Sprache der Blumen.

Auf dem Lande erscheint die Flora weniger doppeldeutig; die als Handarbeitsvorlage dienenden Mustertücher, von denen die jungen Mädchen sich inspirieren lassen, tragen hier zur Verallgemeinerung einer Vorliebe für die unschuldigen Blumen bei[110]. Die mit zärtlicher Hingabe gestickten Blumenkronen bereiten eine schleichende Invasion des Brauchtums vor, die Gemüsegärten mit Blumen zu säumen. Die neue Art der christlichen Andacht, als deren verehrtes Vorbild der Pfarrer von Ars gilt und die Einfluß auf den ländlichen Klerus gewinnt, stützt sich weitgehend auf die Tugenden des jungen Mädchens[111]. Kinder und Dienerinnen der Heiligen Jungfrau wachen darüber, daß es auf den Altären nicht an Blumen mangelt; und wenn der Pfarrhausgarten nicht mehr ausreicht, gibt es genügend Möglichkeiten, die Blumen andernorts zu pflanzen. Am Fronleichnamstag wird es dann um so leichter sein, die Körbe zu füllen, um die Wege der Prozession mit Blüten zu bestreuen.

In den bürgerlichen Gärten kommt es zu erstaunlichen Dialogen, die eine feinsinnige Verwandtschaft zwischen der Blume und dem jungen Mädchen enthüllen. Ähnlich wie die Töne des Klaviers erscheinen Lilien, Rosen und Veilchen als heimliche Verbündete, denen die ungeduldigen Seufzer der ersten Liebesregungen anvertraut werden. Auch wenn sich unter dem weißen Kleid der Lilie verwirrende Düfte verbergen – wer könnte Anstoß nehmen an diesem unschuldigen Ersatz, der eine Abfuhr der zurückgehaltenen Sinnlichkeit ermöglicht? Während Gilliat gegen den Sturm ankämpft und sich an den rauhen Klippen den Körper zerschindet, während die Elenden in der stinkenden *Jacressarde* auf engstem Raum zusammengepfercht sind, verweilt Déruchette in dem duftenden kleinen Garten, der ihre Seele atmen hört und ihre keuschen Lieben hütet. Déruchette pflegte ihre Beete selbst zu gießen, versichert Victor Hugo; ihr Onkel »hatte sie eher zu einer Blume denn zu einer Frau erzogen«[112]; als sie in der Dämmerung im Garten auftauchte, erschien sie ihm wie »die blühende Seele all dieser Dunkelheit«[113]. Gilliat, der heimliche Beobachter des rätselhaften, stummen Dialogs, war im Laufe des Frühlings hellsichtiger geworden; die Liebe hatte ihn erleuchtet: »Nach den Blumen, die er Déruchette pflücken und beriechen sah, hatte er die von ihr bevorzugten Parfüms erraten. Ihr Lieblingsduft war der Geruch der Winde, danach kam die Nelke, dann das Geißblatt, dann der Jasmin und an fünfter Stelle erst die Rose. Sie betrachtete die Lilie, roch aber nicht daran. Nach dieser Auswahl der Wohlgerüche setzte Gilliat in Gedanken ihr Bild zusammen. Mit jedem Geruch verband er eine Vollkommenheit.«[114]

Die Historiker haben sich zu lange damit aufgehalten, das von Victor Hugo beschriebene Menschengedränge in der *Jacressarde* und die prometheische Arbeit des Menschen auf seinem Riff zu analysieren; wenn sie die Ohren nicht öffnen, um auch dem Atem einer Déruchette zu lauschen, besteht die Gefahr, daß sie die Träume und Wünsche jener faszinierenden und überspannten Bourgeoisie, die das Gesellschaftsspiel bestimmt, falsch interpretieren. Die Geschichte der Reseda, der Lilie und der Rose ist ebenso aufschlußreich wie die der Kohle. »Ein köstliches Arom ist für sie (das Gräbermädchen) eine fast unerschöpfliche Lust: ich habe es erlebt, daß sie einen ganzen Tag lang den Duft genoß, den die Resedastauden nach einem der regnerischen Morgen aushauchten, die die Seele der Blumen entwickeln und dem Tag irgendwie etwas Frisches und Glänzendes verleihen ...«, so phantasiert Balzac über die geheimnisvolle Harmonie, die sich zwischen dem jungen Mädchen und dem Odem der Natur entspinnt[115].

Am Ende des Zweiten Kaiserreichs kommt alles ins Wanken, was mit der Geschichte der wohlriechenden Blume zu tun hat; die neue, von Napoleon III. durchgesetzte Ästhetik der großen Parks revolutioniert den Gartenbau. »Die Vorliebe für Pflanzen mit schönem Blattwerk hat sich seit kurzem dem Sinn für Blumen hinzugesellt«[116], schreibt Edouard André 1879. Die Auswahl der Arten richtet sich hinfort nicht mehr nach den Kriterien des Wohlgeruchs; das Primat des Visuellen drängt sich unerbittlich auf. Man schätzt die Pflanzen wegen ihrer Stattlichkeit und der dekorativen Wirkung, die sie als zusammenhängende Masse erzielen. Farbenprächtige Pflanzen sind die begehrtesten[117]. Exotische Seltenheiten mehren sich; für ihren Triumph sorgt die zunehmende Industrialisierung der Gartenbauproduktion, die Einrichtung regelrechter »Pflanzenmanufakturen«[118]. Die reichsten Repräsentanten der Bourgeoisie entwickeln eine Leidenschaft für Pflanzenmuseen; die Gerüche, die in diesen gigantischen Treibhäusern herrschen, haben die Unschuld früherer Zeiten verloren. Eine neue Ehe zwischen der eleganten Dame und dem Pflanzlichen bahnt sich an. Die symbolistische Kunst beweist dies zur Genüge, und zwar schon bevor Mucha auf diesem Gebiet tonangebend wird. Ob blühend oder giftig, die Frau umgibt sich mit Lianen, vergleicht sich gern mit wunderbaren Blütenkronen; sie fürchtet sich nicht mehr, die Lilie zu atmen, aber die Blume hat aufgehört, ihre Vertraute zu sein[119].

Die kurzfristigen Schwankungen in der Geschichte der Parfümerie

Eine Geschichte der Parfümerie kann hier nicht geschrieben werden – das Thema böte Stoff genug, um mehrere Bände zu füllen. In unserem Zusammenhang möchte ich nur einige wesentliche Fakten hervorheben, die direkt mit der Sinnesgeschichte zu tun haben. Von der Thronbesteigung Ludwigs XVI. bis zu den Kompositionen des Parfümfabrikanten François Coty gibt der allgemeine *Trend* zarten Pflanzendüften den Vorzug. Dennoch – und ohne daß es deshalb gerechtfertigt wäre, von Zyklen zu sprechen – wird die Monotonie der artigen Wohlgerüche immer wieder durch kurzfristige Schwankungen des Geschmacks und der Mode durchbrochen; alle fünfzig Jahre gehen Ambra und Moschus zu kurzlebigen Gegenangriffen über.

Unter der Schreckensherrschaft gibt die Auswahl der Duftnoten zugleich Aufschluß über die politischen Einstellungen. Das wieder in Rang und Würden erhobene Parfüm wird zum Erkennungszeichen: sich mit

*Samson-Pomade** einzufetten ist ein Beweis für patriotische Überzeugungen. »Man riskierte die Ächtung und die Guillotine, wenn man sein Spitzenjabot und sein Taschentuch mit einer Lilienessenz oder dem Wasser der Königin tränkte«[120], schreibt Louis Claye. Nach dem Sturz Robespierres am 9. Thermidor verrät der penetrante Geruch des »Bisamdufters«[121] die Zugehörigkeit zur Reaktion. Die Revolution von 1830 sollte in Hinsicht auf die Gerüche zu einem ähnlichen Engagement führen und sowohl dem *Savon constitutionnel* als auch dem *Savon des trois journées* einen durchschlagenden Erfolg garantieren[122].

Das Direktorium, vor allem aber das Konsulat und das Kaiserreich zeichnen sich durch eine Rückkehr starker Duftstoffe tierischen Ursprungs aus. Im übrigen verhelfen die wieder geduldeten Aristokraten und der kaiserliche Neu-Adel der Parfümerie zu einem neuen Aufschwung. Dank der Schwärmerei für das Griechische und das Römische kommen auch Salbungen und Duftbäder wieder in Gebrauch. »Das antike Öl, das man teurer bezahlen mußte als Gold, glänzte damals in allen Frisuren. Wenn Madame Tallien ihrem Erd- und Himbeerbad entstieg, ließ sie sich behutsam mit milchgetränkten und parfümierten Schwämmen einreiben.«[123] Alle zeitgenössischen Zeugen stimmen in der Ansicht überein, daß der kaiserliche Hof im Palais des Tuileries stärker von Wohlgerüchen durchdrungen war als der Ludwigs XVI. Jeden Morgen ließ der Kaiser sich ein kleines Fläschchen von dem feinsten Eau de Cologne über Kopf und Schultern gießen. Napoleon hatte eine ausgeprägte Vorliebe für kräftige Einreibungen. Joséphines Schwäche für Moschus, Ambra und Zibet kennen wir bereits. Sogar von der Insel Martinique ließ die Kaiserin sich Parfüms kommen. Ihrem moschusdurchtränkten Boudoir im Schloß Malmaison sollte noch sechzig Jahre später der gleiche Geruch anhaften[124]. Aus dem vertraulichen Briefwechsel des kaiserlichen Paars geht die wichtige Rolle der Körpergerüche für ihre sexuellen Beziehungen hervor. Diese sinnlichen Riechgenüsse stehen im Gegensatz zu den Geboten der Hygieniker; sie entfernen sich ganz entschieden von der Rosenwassererotik eines Restif de la Bretonne.

Wie wir weiter oben gesehen haben, drückt auch die Restauration sich in eigenen »Gerüchen« aus. Sie eröffnet »die Herrschaft der alten Frauen«[125], die den berauschenden Parfüms feindselig gegenüberste-

---

*Samson-Pomade: Diese Bezeichnung ist nicht nur eine Anspielung auf die dem ungeschorenen Haupthaar des alttestamentlichen Richters Samson innewohnende Kraft; zur Zeit der Französischen Revolution bezieht sie sich vor allem auf den Pariser Scharfrichter Charles Henri Sanson, der unter anderem das Todesurteil an Ludwig XVI. vollstreckte (A. d. Ü.).

Schloß Malmaison
Das moschusduftende Schlafgemach der Kaiserin Joséphine

hen. In Valognes, bei den Demoiselles Touffedelys, wäre Moschus fehl am Platz, schreibt Barbey d'Aurevilly in seinem Roman *Le chevalier des touches*. Mit ihrer Schwäche für zarte Pflanzendüfte versuchen die altmodischen Richterinnen junger Eleganz, ihren archaischen Geschmack an die Enkelinnen weiterzugeben. »Die Parfüms sind aus der Mode«, bemerkt Madame de Bradi 1838 wie bei einer Grabrede; »sie waren ungesund und für Frauen wenig schicklich, denn sie erregten Aufmerksamkeit.«[126] Der »vage Duft von Puder *à la maréchale*« in den Gemächern der verstorbenen Großmutter ruft bei Louise de Chaulieu rührende Erinnerungen an ihre Kindheit wach[127].

Wie wir wissen, nimmt um die gleiche Zeit der Tabakgeruch überhand. Ähnliches gilt für den Duft des Kampfers, der gewaltigen Zuspruch findet[128]; angepriesen von den Armenärzten – namentlich von Raspail, der seine verhütenden Wirkungen rühmt –, wird Kampfer gekaut, geraucht, in die Krankenbetten gestreut, für Salbungen, Einreibungen und Umschläge verwendet.

Um 1840[129] wird der Fächer der Wohlgerüche komplizierter; Blumen und Tabak stehen sich nicht mehr von Angesicht zu Angesicht gegenüber. Während die Männermode reifer wird, bildet sich – sehr schüchtern noch – eine neue Ästhetik des Geruchssinns heraus. Möglicherweise hat diese Entwicklung mit dem Einfluß des Neolamarckismus zu tun, der die Gefahr einer Verkümmerung aller nicht beanspruchten organischen Funktionen hervorhebt[130]. Wie dem auch sei, dreizehn Jahre später triumphieren die Parfüms am Hof Napoleons III., wie einst in der Umgebung seines Onkels – nur daß es nicht mehr genau die gleichen sind[131]. An den zahlreichen aus dieser Zeit stammenden Angaben zur Bearbeitung, Produktion und Kommerzialisierung der Erzeugnisse wird das schnelle Wachstum der Parfümindustrie deutlich[132]. Die Zuhilfenahme der Chemie, die Entdeckung des Parfümzerstäubers und die noch späteren Erfindungen zur gleichmäßigen Verteilung der öligen Duftstoffe im Badewasser begünstigen diesen Aufschwung.

Mit Ausnahme des Eau de Cologne konzentriert sich die Parfümherstellung auf Paris und London. Die Weltausstellung von 1868 ist ein Riesenerfolg für die Parfümerie der beiden Hauptstädte[133]. In Spanien, Deutschland, Rußland und den Vereinigten Staaten werden nur noch gewöhnliche Produkte hergestellt. Durch die Unterzeichnung neuer Handelsabkommen ist es gelungen, den rechtsrheinischen Imitationen ein Ende zu setzen. Manche Niederlassungen erleben eine glanzvolle Blütezeit. Schon 1858 besaß das Haus Gellé außer der Fabrik von Neuilly Filialen in Sankt-Petersburg, Hamburg und Brüssel. Die Pariser Parfümerie verwendet Rohstoffe aus aller Welt, und sie exportiert in alle vier Himmelsrichtungen. Ihre wichtigsten Versorgungsquellen indes bleiben die Umgebung von Grasse und Nizza sowie England, wo das am stärksten riechende Lavendel angebaut wird. Ab Mitte des Jahrhunderts kehren sich im Orienthandel die Verhältnisse um: für das Osmanische Reich wird er zu einem Verlustgeschäft. Die am höchsten veranschlagte Rosenessenz ist hinfort die von Paris[134].

Seit 1840 nimmt das Raffinement der Erzeugnisse unentwegt zu. Die hohe Kunst der Parfümerie läßt ihre künftigen Erfolge mit liebevoller Geduld heranreifen. Eine ganze Reihe von historischen Ereignissen bietet sich zur Erklärung dieses späten Widerrufs der Kantschen Überzeugungen an. Die neue Aufwertung modeschaffender Berufe gehört ebenso dazu wie die Rückkehr der Bonapartes in das Palais des Tuileries, die Schwärmerei für alles Exotische, das triumphierende Weltbürgertum oder auch die unermüdlichen Bemühungen Alexandre Dumas', den Parfümgeschmack des 18. Jahrhunderts wiederherzustellen; ein ähnliches Ziel verfolgen die Brüder Goncourt und die von einer neuen Leidenschaft für den Stil Louis-quinze ergriffenen Sammler[135]. Von nun an kann der Bourgeois die Aristokratie ohne Komplexe nachäffen und sich beruhigt der Akkumulation symbolischer Werte widmen. Dies ist der tiefere Sinn der »kaiserlichen Feste«. Das Parfüm profitiert von der vorübergehenden Lockerung in der Beurteilung des Luxus und der Verweichlichung; einen vielleicht noch größeren Vorteil zieht es aus der – ebenfalls für die neuen Zeiten kennzeichnenden – Suche nach einem ästhetischen Synkretismus. Baudelaires Briefe sind der Widerschein eines Kulturereignisses. Duftwolken erfüllen die Bühne der englischen Glanzdarbietungen. In Paris denkt man daran, diese Praxis anläßlich der Premiere von Meyerbeers Oper *Die Afrikanerin* nachzuahmen[136].

Im Jahr 1858 begründet Charles Frederick Worth die Pariser Haute Couture[137]. Seine in köstlich duftende Gewächshäuser verwandelten Salons erinnern an die Aufmachung der Boudoirs und bringen sie zugleich wieder in Mode. Doch zu diesem Zeitpunkt haben sich sowohl in Paris als auch in London schon manche der großen Parfümeure einen Namen gemacht: Askinson, Lubin, Chardin, Violet, Legrand, Piesse und vor allem Guerlain. Die Bouquets verlieren ihre Schlichtheit. Louis Claye, Zubereiter des Hauses Violet, behauptet schon 1860, daß die Erzeugnisse drei oder vier Jahre Forschungsarbeit verlangen. Dennoch kommt die neue Ästhetik nur stockend voran; es fällt ihr schwer, sich von den unerbittlich strengen Geboten der auf den Geschmack des Ancien Régime festgelegten Parfümeure freizumachen.

Ganz langsam reift die Person des Parfüm-Komponisten heran. 1855 schlägt Piesse eine Skala von Duftnoten vor[138], für die er zunächst das Gespött der Chemiker erntet. So weit also ist es mit den Parfümeuren gekommen, daß sie sich anmaßen, von Harmonie, von vollendeten Akkorden (Heliotrop/Vanille/Orangenblüte) und von Dissonanzen (Benzoe/ Nelke/Thymian) zu sprechen[139]! Sie bemächtigen sich des Vokabulars der Meister der Konservatorien – mit dem einzigen Unterschied, daß sie keine theoretischen Abhandlungen, sondern nur eine Praxis feilbieten. Über die Kunstgriffe im Umgang mit Düften schweigt man sich in der Tat weitgehend aus, was zugleich bedeutet, daß die Parfüms ihr Geheimnis bewahren. Auch die spitzfindig gestalteten Flakons sind ein Beweis für die neuen Ambitionen. Das ewigwährende Kristall zwingt dem flüchtigen Parfüm die Ehe auf. Die genialen Einfälle des Balzacschen Parfümhändlers César Biroteau würden unter diesen Voraussetzungen nur noch belächelt[140].

Schließlich ist es Huysmans, der 1884 das Modell des modernen Parfüm-Komponisten entwirft: sein Romanheld Jean Des Esseintes verfügt über die ganze Technik[141]; seine große Komposition erscheint als eine geordnete Abfolge, die Kopf und Kern umfaßt. Des Esseintes hält sich nicht an ein Rezept; er überläßt sich seinem poetischen Entwurf; er stellt eine Kulisse her (die »blühende Wiese«), schafft eine Atmosphäre (»leichter Regen menschlicher Essenzen«), ruft Gefühle in Erinnerung (der Duft des »Lachens im Schweiß, der unter strahlender Sonne entfesselten Freuden«), und er läßt die schrillen Töne der Modernität anklingen (»der Hauch der Fabriken«). Etwa zwanzig Jahre später sollte François Coty »Origan« erfinden.

Mit den neuen ästhetischen Ansprüchen geht eine Verfeinerung des Vokabulars einher. Die Vielfalt der Erzeugnisse und die Suche nach Übereinstimmungen regen die verbale Imagination an[142]. Das dichte Massiv der Benennungen erscheint als eine relativ schlichte poetische Landschaft, aus der einige größere Massen herausragen. Die Linguistik der Bouquets bestätigt die Anziehungskraft ländlicher und flüchtiger Gerüche (»Die fliehende Stunde«). Veilchen, Rosen und Lavendel beherrschen das duftende Vokabular. Auch der Orient bewahrt seinen Zauber. Nach Rimmels Ansicht hat dies mit dem großen Erfolg von Carsten Niebuhrs *Beschreibung von Arabien* und den zahlreichen Reiseberichten über Ägypten[143] zu tun. An den Ufern des Nils versucht Flaubert mit leidenschaftlicher Hingabe, die Düfte der Wüste wiederzugeben[144]. Die Beschreibungen des Bazars von Istanbul verstärken die Faszination der Harems. Umgekehrt vermittelt das Vokabular der Parfümerie ein recht fades Bild von der orientalischen Wirklichkeit. Edmond und Jules de Goncourt schreiben über ihren Helden Anatole Basoche: allein der Name Konstantinopel »erweckte in ihm Träume von Poesie und Parfümerie, in denen sich (...) alle seine Vorstellungen über das *Sultaninenwasser*, die Riechpastillen des Serail und die in der Sonnenglut sitzenden Türken vermischten«[145].

Bei den meisten Gelegenheiten indes wird auf das Prestige der Aristokratie und der Herrscherfamilien Bezug genommen. So gibt die erlesene Parfümerie zu erkennen, welch enge Beziehungen sie zu den europäischen Höfen unterhält. Ihre Verbreitung beruht zu einem nicht geringen Teil auf der unerhörten Popularität, welche die Königspaare mitten in der Dritten Republik immer noch genießen. Die politische Nostalgie belebt den Wunsch nach Luxus, während die Berufung auf eine Prinzessin den Reichtum des Produktes garantiert. Wer sich für den *Jockey club*, das *Bouquet de l'Impératrice* oder gar die *Pommade de Triple Alliance* entscheidet, wird – in der Imagination – hinaufbefördert in den Kreis der hohen Geschlechter.

Im Laufe der Jahrzehnte verallgemeinert sich die Ästhetik des Geruchssinns. Die sinkenden Preise parfümierter Seifen, die industrielle Herstellung der Eaux de Cologne und das sich ausweitende Netz der Kurzwarenhandlungen, in denen die Erzeugnisse der Parfümerie verkauft werden, führen zu einer Ausdehnung des Kundenkreises. In zunehmendem Maße schmücken zierliche Flakons die Tischchen der Ärzte[146] und der kleinen Notablen aus der Provinz. Noch ehe die Toilettenseife zum volkstümlichen Allgemeingut wird, bezeugt der soziale Abstieg des Eau de Cologne, daß auch der Arme den Kampf gegen den fauligen Gestank seiner Sekretionen aufgenommen hat.

Der Rausch und das Duftglas

Der zu Anfang des 19. Jahrhunderts[1] in den aufgeklärten Kreisen der Gesellschaft fast ungeteilt herrschende Sensualismus ermuntert zu überschwenglichen Beschreibungen des sinnlichen Glücks; davon zeugen nicht zuletzt die häufigen Anspielungen auf Riechgenüsse, namentlich im ländlichen Milieu. Balzac ist ein hervorragendes Beispiel für die erwachende Sensibilität, die Bereitschaft, Triebe und Gefühle auf das Einatmen natürlicher Düfte zurückzuführen. Das sinnliche Begehren seiner Helden wird über den Geruchssinn angeregt, den Hauch der Blumen und des frisch gemähten Heus (*Die Marañas, El Verdugo*) oder auch die gemischten Gerüche von Feld und Wald (*Die Bauern, Memoiren zweier Jungvermählter*). »All diese kräftigen Fruchtbarkeiten, die sich der Nase darbieten, warten samt und sonders mit einem Gedanken auf, vielleicht mit ihrer Seele«, erklärt Blondet. »Ich habe damals an ein rosa Kleid gedacht, das durch diese gewundene Allee wogte.«[2] Die Düfte des Frühlings machen der jungen Frau schlagartig ihre weibliche Bestimmung klar[3].

Weniger ausgewählte Gerüche von Gestaden und Feldern beschäftigen den jungen Flaubert: die salzigen Dunstschwaden, die nach Meer und Tang riechen, der Duft des frischen Grases und der Gestank des Misthaufens beleben seine wehmütige Erinnerung an das Croisset früherer Zeiten. Bei ihm mischt sich die Sehnsucht mit einer romantischen Faszination für die fauligen Gerüche von Kot und Leichen[4]. Zwanzig Jahre später schreiben die Brüder Goncourt von ihrem im Jardin des Plantes angestellten Romanhelden Anatole Basoche, er schwimme im »großen tierischen Glück«; in seiner Haltung spiegelt sich die Wiederkehr der Faszinationskraft starker Gerüche[5].

Der Geruchssinn ist nicht mehr so sehr auf das Empfinden jener »vergänglichen Begegnung« ausgerichtet, welche die Koexistenz des Ich und der Welt enthüllt, sondern vor allem auf die parallelen Veränderungen des innigen Gefühls und der duftenden Landschaft. Es wächst die Aufmerksamkeit gegenüber den fliehenden Gerüchen der Zeit. Das Duftspektrum der Stunden, der Tage und der Jahreszeiten begleitet die innere Meteorologie, die Maine de Biran im Gefolge Rousseaus zu beschreiben versucht. Sein Wille, sich von Condillacs Philosophie abzugrenzen, und sein dauerndes Bemühen um Introspektion veranlassen ihn, eine Vorstellung der neohippokratischen Medizin in den Bereich der experimentellen Psychologie, die er begründen will, zu übertragen. »Meine Sinne sind außerordentlich variabel in ihrer Aktivität oder ihrer Empfänglichkeit für Eindrücke«, schreibt er 1815. »Es gibt zum Beispiel Tage, an denen die leichtesten Gerüche mich berühren, und andere (dies sind die häufigsten), an denen ich nichts rieche.«[6] Die gesegneten Tage erfüllen ihn mit so großer Freude, daß er das Bedürfnis verspürt, seine Erlebnisse aufzuschreiben. Am 13. Mai 1815 heißt es: »Ich bin glücklich über die wohlriechende Luft, die ich atme.« Am 13. Juli 1816 finden wir die kurze Notiz: »Die Luft ist von Wohlgerüchen erfüllt.«[7]

Doch wieder ist es der alternde Senancour, der die Harmonie zwischen den Düften der wechselnden Jahreszeiten und den Regungen der Seele am eindringlichsten beschreibt. »Das Veilchen blüht auch im Herbst. Es ist der gleiche Duft, und es ist ein anderer Genuß, oder zumindest weckt das Veilchen andere Gefühle; es spricht andere Ideen an, es vermittelt, vielleicht weniger mitreißend, eine innigere, träumerischere und weniger flüchtige Befriedigung.«[8]

Die Geruchserinnerung wird zum Leitmotiv. Maine de Biran insistiert auf jener merkwürdigen Empfindung, die seiner Ansicht nach den Schleier zwischen Herz und Denken zerreißt, den Abstand nichtig macht, der die Vergangenheit von der Gegenwart trennt, und durch die Bewußtwerdung des einheitlichen Ich zur Melancholie des *never more* führt. »Die Art der Erinnerungen, die sich mit den Empfindungen des Geruchssinns verbinden, muß von der gleichen Natur sein wie die Empfindungen selbst, das heißt rein affektiv; zwischen den Gerüchen und den inneren Eindrücken, aus denen sich das Gefühl der Koexistenz zusammensetzt, besteht eine diesem Sinn eigentümliche Affinität. Gerüche, die mit irgendwelchen unaussprechlichen, spontanen Gefühlen verbunden sind, wie man sie etwa in der Jugend empfindet, wecken stets mehr oder weniger das gleiche Gefühl; in einem duftenden Wäldchen fühlt man sich wieder jung und verliebt. In solchen Augenblicken spielt das Herz sein Spiel vollkommen unabhängig vom Denken; wenn der Schleier sich lüftet, spüren wir alle unsere Verluste und die Melancholie bemächtigt sich unserer Seele.«[9]

Die von einigen Dichtern enthüllte individuelle Erfahrung wird schon bald zur wissenschaftlichen Wahrheit: der Geruchssinn ist der

Sinn der »zärtlichen Erinnerungen«, liest man 1819 im *Dictionnaire des sciences médicales*[10]. Genau wie das Spektrum der erlaubten Gerüche wird hier auch das Feld der Erinnerung absichtlich eingeengt. 1821 läßt sogar Doktor Hippolyte Cloquet sich zu lyrischen Worten hinreißen, was keineswegs seinen Gewohnheiten entspricht: die Frühlingsgerüche in den Wäldern rufen ihm »das Bild eines geliebten Freundes vor Augen, der nicht mehr ist«; sie laden ein, »sich der ruhmreichen Taten der Vergangenheit zu erinnern, oder für die Zukunft Pläne des Glücks zu schmieden, die nicht von den verlogenen Bestimmungen des Ehrgeizes vergiftet sind«[11]. Etwas trockener äußert sich Doktor Bérard 1840 im *Dictionnaire de médecine*: der Geruchssinn »bringt sowohl die Erinnerung als auch die Vorstellungskraft ins Spiel«[12]. Nicht weniger gelehrt klingen die Zeilen Balzacs, der den Geruchssinn in seinem Roman *Louis Lambert* als jenen Sinn beschreibt, »der in unmittelbarerer Beziehung als die anderen zum Zerebralsystem steht und daher, wenn er gestört wird, unmerkliche Erschütterungen in den Denkorganen herbeiführen muß«[13].

Nach Tennyson, Thomas Moore und vielen anderen gibt sich auch George Sand der nostalgischen Lust der Erinnerung hin. In einem erstaunlich dichten Text verbindet sie die Geruchserinnerung mit der Gegenwart ihrer Mutter und dem ontologischen Gefühl. »Und als sie (die Mutter) die blühenden Winden sah, sagte sie zu mir: ›Rieche ihren Duft, er ist wie guter Honig – und vergiß sie nicht!‹. Dies also ist die erste Offenbarung des Geruchssinns, die mir im Gedächnis geblieben ist; und durch eine jederman bekannte, mir aber dennoch unerklärliche Verbindung von Erinnerungen und Gefühlen atme ich nie die Blüten rankender Winden, ohne vor mir den Ort in den spanischen Bergen und den Wegesrand zu sehen, wo ich diese Blumen zum ersten Mal pflückte.«[14]
Eine Anrufung wie die Baudelaires

> »O tiefer Zauber, durch den in das alte Heute
> erneutes Gestern seine Räusche streute!«[15]

wird von nun an Allgemeingut. Ein weiteres Beispiel, das ich zitieren möchte, siedelt sich auf einer anderen Ebene an, da die Geruchsempfindung mit etwas Gehörtem verbunden wird. »Ich war ein kleines Kind«, schreibt Alphonse Karr 1870, »als mein geliebter Vater eine damals sehr beliebte Weise über ein grausiges Thema komponierte: die Pest von Barcelona im Jahr 1821. Wenn ich die beiden Verse heute vor mich hin summe [...], habe ich sogleich einen echten Reseda-Geruch in der Nase – umgekehrt erinnert mich der Geruch der Reseda leicht an die Pest von Barcelona und das Datum ihres Ausbruchs.«[16]

Parfumeuse
1846

Eine letzte Abwandlung dieses breitgetretenen Themas ist das Parfüm der Dame in Schwarz, das in dem gleichnamigen Roman von Gaston Leroux als Leitfaden für die kriminalistischen Aktivitäten des Detektivs Rouletabille dient.

Mit der wachsenden Banalität geht eine Vertiefung der Analyse einher. Charles-Léonard Pfeiffer stellt in diesem Zusammenhang das Aufkommen eines »komplexen Gedächtnisses« fest, das in deutlichem Gegensatz zur Schlichtheit der früheren Anspielungen auf Geruchserinnerungen steht. Ein kurzer Auszug aus *Madame Bovary* dürfte ausreichen, um seinen Gedankengang verständlich zu machen: »Emma sog mit halbgeschlossenen Augen in tiefen Zügen den Wind ein, der frisch herüberwehte. Sie sprachen beide nicht, ganz in Gedanken, wie sie waren, und versunken in ihre Träume. Die Zärtlichkeit der ersten Tage hielt wieder Einkehr in ihr Herz, unerschöpflich und still wie der Fluß, der langsam hinströmte und den Duft von Blumen mit sich führte, und sie warf in ihre Erinnerungen unermeßliche Schatten, wehmütiger als die Wehmut der unbeweglichen Trauerweiden, die sich im Gras verlängerten.«[17]

Noch subtiler zeichnet Eugène Fromentin die Wollust seines Romanhelden Dominik, der aus Geruchserinnerungen sinnliche Genüsse schöpft, welche die Geliebte ihm durch ihre Gegenwart nicht verschaffen könnte. »Die unscheinbarsten Eigentümlichkeiten ihrer Kleidung und äußeren Erscheinung«, gesteht Dominik, nachdem Magdalena abgereist ist, »das fremdländische Duftwasser, das sie gern gebrauchte und an dem ich sie erkannt hätte, selbst mit geschlossenen Augen. Alles, sogar die von ihr seit kurzem geliebten Farben [...], alles lebte in leuchtender Klarheit wieder auf, regte mich wieder in anderer Weise an als ihre Gegenwart, erwachte immer, wie eine treu gehegte Sehnsucht.«[18] Für den abgewiesenen Verliebten, der sich in sein Landhaus zurückgezogen hat, ist der Winter die privilegierte Jahreszeit der hedonistischen Erinnerung an Geräusche, Bilder und Gerüche.

Die Ewigkeit des Dufts – ein Thema, das Baudelaire besonders lieb war – verleiht dem Geruchssinn eine überwältigende Macht, Vergangenes heraufzubeschwören. Was wird den teuren Überlebenden von dem Menschen und von seinen Lieben bleiben? Ein im Duftglas gefangenes Parfüm, ein Geruch, der sich tief unten in einem Schrank oder gar im Grabe[19] eingenistet hat. Beim Atmen bestimmter Gerüche erstehen frühere Gesellschaften, alte Kulturen wieder auf. Verwirrt über die Tatsache, im Saint-Cloud Ludwigs XVIII. die Kotgerüche wiederzufinden, die im Versailles Ludwigs XVI. geherrscht hatten, gesteht eine ehrwürdige alte Dame Viollet-le-Duc, daß dieses Zeichen aristokratischer Ungeniertheit gegenüber dem Gestank der Scheiße die nostalgische Erinnerung an ihre verlorene Jugend und das verschwundene Ancien Régime belebt[20]. Der von rückblickenden Visionen geplagte Théophile Gautier hofft darauf, daß die »felsenfesten« alten Gerüche ihm helfen werden, »seine Seele hinüberzubringen«[21]. Der unverderbliche Weihrauch verhöhnt die Gesetze der Zeit; durch seine heiligen Dünste hindurch erhebt sich vor den Augen des empfindsamen Gläubigen eine von Opfern gezeichnete Vergangenheit. Der »bittere Ruch der Zeiten«[22] erschüttert. Die Handbücher der Parfümerie werden zu Geschichtsbüchern. Louis Claye, Verfasser eines solchen, weist darauf hin, daß er sich der Verwirrung zwischen der Duftleidenschaft und dem Taumel der historischen Tiefe durchaus bewußt ist. Des Esseintes versucht, die Vergangenheit durch eine wissenschaftliche Wiederherstellung der dazugehörigen Geruchslandschaft wiederzubeleben; die Geschichte selbst wird nichtig in dem wiedererschaffenen Geruch. Der geatmete Duft bezeugt die Einheit der Zeiten, wie er die Einmaligkeit des Ich enthüllt.

Das Rauchfaß des Alkovens

Da die Gelehrten mit Entschiedenheit behaupten, daß jedes Individuum einen spezifischen Geruch besitzt, führt die Wahrnehmung der eigenen Ausdünstungen, die Erforschung der unterschiedlichen Duftnoten des eigenen Leibes bereits zu einer Bewußtwerdung seiner selbst. Als Zolas Heldin Pauline Quenu die Wohlgerüche ihres pubertierenden Körpers spürt, als sie »ihren neuen Duft, den Duft des Weibes«, atmet, fühlt sie sich zum ersten Mal als Frau[23]. Der Narzißmus des »großen Mädchens« ergötzt sich ebenso am einsamen Riechen des Hautgeruchs wie an den fühlbaren Blicken, die über den eigenen Körper wandern.

Die *Phrenologie** treibt diese Überzeugung auf die Spitze: für sie ist »der Geruch eine Äußerung der Lebewesen, genau wie die Linie, die Farbe und der Klang«[24]. Namentlich auf Balzac übt diese Disziplin einen starken Einfluß aus. Der gute César Birotteau hat den Beruf des Parfümhändlers gewählt, während der finstere Roguin eine »Stinknase« geworden ist[25].

Die Medizin und die Phrenologie, beide auf hygienische Fortschritte bedacht, bestimmen die Richtlinien des erotischen Verhaltens; wenn es stimmt, daß der Geruch so viel vom Wesen der Menschen offenbart, kommen den Ausdünstungen des Anderen in der Tat schwindelerregende Bedeutungen zu. Das Riechorgan, Sinn des sozialen Widerwillens, ist auch der Sinn der Verwandtschaften. Die zarten Duftbotschaften, die durchscheinend weiße Haut und die luftigen Kleider laden ein, den Hauch der Frau zu atmen[26]. Die Erinnerung an den Körpergeruch

*Phrenologie: Lehre von den Zusammenhängen zwischen geistig-seelischen Anlagen und der Schädelform (A. d. Ü.).

des geliebten Wesens schürt die Leidenschaft und nährt die schmerzliche Sehnsucht. Diese feinsinnige Aufmerksamkeit findet man nur bei dem zartfühlenden Bourgeois. Die Aushauchungen der wohlriechenden Geliebten gehören zum Programm der Schule der Empfindsamkeit[27].

Das Werk Balzacs spiegelt sowohl die medizinischen Überzeugungen seiner Zeit als auch den damaligen Kodex der Eleganz. Fasziniert von den Reizen der Duftbotschaften, gestaltet der Romancier *Die Lilie im Tal* wie eine Symphonie des »perfume appeal«[28]. »Sie tat ein paar leichte Schritte, wie um ihr weißes Kleid zu durchlüften [...]. ›O meine Lilie!‹ sagte ich. ›Immer unversehrt und aufrecht auf dem Stengel, immer weiß, stolz, duftend, abgesondert.‹«[29] Félix de Vandenesse scheint sich von Cadet de Vaux inspirieren zu lassen. In der Balzacschen Dichtkunst ist es die blumige Zartheit, die den natürlichen Körpergerüchen der Frau ihre verführerische Ausstrahlung verleiht. Wie die quantitative Analyse zeigt, konzentrieren sich die Geruchsanspielungen primär auf das Haar und sekundär auf die unverdeckten Körperteile, die nach den neuen Regeln der Hygiene reinzuhalten sind und von deren Duft ohne Verletzung des Schamgefühls gesprochen werden darf, da er in den sozialen Beziehungen einen festen Platz innehat (der Hals, das Dekolleté, der Brustansatz, die Arme, die Hände, das Gesicht); aber auch die äußerst seltenen Anspielungen auf den Wohlgeruch der Hüften und der Taille sollen hier nicht unerwähnt bleiben.

Mit Baudelaire verschwindet dieser poetische Einklang zwischen der Frau und der Wiesenblume, die im erotischen Bereich an die Stelle des allgegenwärtigen Duftwäldchens als dem üblichen Accessoire der Liebesszenen früherer Zeiten getreten war. Die Geruchsilhouette der Frau verwandelt sich; sie ist nicht mehr eingehüllt in duftige Schleier; der Duft des nackten Fleisches, der sich in der feuchten Hitze des Bettes höchst aufreizend entfaltet, ersetzt die verschleierten Wohlgerüche des schamhaften Körpers und übernimmt deren Rolle als Stimulans der sexuellen Erregung. Die visuelle Metapher tritt in den Hintergrund. Die Frau hört auf, eine Lilie zu sein; sie erscheint als Riechkissen, als »Duftmeer des Waldes«[30] aus aufgelöstem Haar, Haut, Atem und Blut. Das Parfüm der Frau besiegelt die erotische Intimität von Schlafgemach und Bett. Als »Rauchfaß«[31] des Alkovens haucht sie eine Garbe von Wohlgerüchen aus, denen auf der negativen Seite der ranzige Tabak und, mehr noch, der schimmlige Geruch jener Räume entspricht, denen die weibliche Anwesenheit fehlt. Die Ausdünstungen der Haut beleben die Wohnung, jene Bühne, auf der die Düfte permanent im Zweikampf stehen. Die Atmosphäre des Alkovens weckt die Begierde, löst die Stürme aus.

In Baudelaires Poesie spiegelt sich sowohl die Verschiebung der Mode zu schweren Gerüchen als auch der prägende Einfluß des Modells sexueller Käuflichkeit. Durch die Reize der feuchtschwitzenden Haut, die Vorliebe des Dichters für tierische Riechstoffe und – vielleicht stärker noch – durch seinen Ekel vor einer mangelhaften Intimhygiene[32] werden die Duftströme der Bordells mitsamt der dort üblichen sorgfältigen Körperpflege[33] in den häuslichen Rahmen übertragen. Die Richter sollten Baudelaire diesen Transfer der erotischen Szene nicht verzeihen[34].

Paradoxerweise hatte Zola eine schlechte Nase[35]. Der Prüfung durch Jaques Passys Olfaktometer unterzogen, zeigt der Romancier sich nur zu kläglichen Leistungen fähig[36]. Léopold Bernard, der nichts von dieser Erkenntnis wußte, hielt die beharrlichen Geruchsbeschreibungen in Zolas Romanen bereits für ein naturalistisches Stilmittel[37]. Dank einer ausführlichen Analyse des Zyklus der *Rougon-Macquart* kommt Alain Denizet zu präziseren Schlußfolgerungen[38]: Zola bringt zu einem sehr späten Zeitpunkt jene Geruchsobsessionen zum Ausdruck, die der Medizin bis zur großen Wende durch Pasteurs Entdeckungen anhaften. Seine Beschreibungen von den Gerüchen öffentlicher und privater Orte spiegeln – ganz gleich, ob es sich um die Unterkunft des Armen oder die des Reichen handelt – die Ängste und Sorgen der Hygieniker um 1835, in der Folgezeit der großen Choleraepidemie.

Auf ähnliche Weise hält Zola sich bei seinen außerordentlich genauen Geruchsbildern der Individuen an jene überholten Glaubensvorstellungen, die ich zu entziffern versucht habe. Die systematische Übereinstimmung zwischen den Orten, den Gefühlen und den Lieben erscheint als Vollendung der geduldigen Arbeit von Hygienikern, Architekten und Künstlern, die schließlich zur Fragmentierung der Geruchslandschaften des Intimbereichs führt. Wie die zärtlichen Ausgelassenheiten von Cadine und Marjolin, richten sich die Bewegungen der Leidenschaft auch bei Renée Saccard nach den Rhythmen der Duftströme. Die Atmosphäre der Gemächer, in denen ihre Liebe zu Maxime Zuflucht findet, reguliert die Palette ihrer Gefühle und ihrer Sinnesfreuden; in dem von verwirrenden Düften erfüllten Treibhaus genießt sie ihre wollüstige Trunkenheit.

Doch Zolas Geruchsbeschreibungen sind mehr als nur veraltet; indem die Duftbotschaften dem Helden seine Wünsche und seine tiefere Natur enthüllen, beschleunigen oder bremsen sie die Handlung. In Hinsicht auf die Personen des Romanzyklus *Die Rougon-Macquart* hat schon Léopold Bernard festgestellt, daß »das erste Prinzip und der letzte – bewußte oder unbewußte – Grund ihres Verhaltens«[39] sehr häufig ein

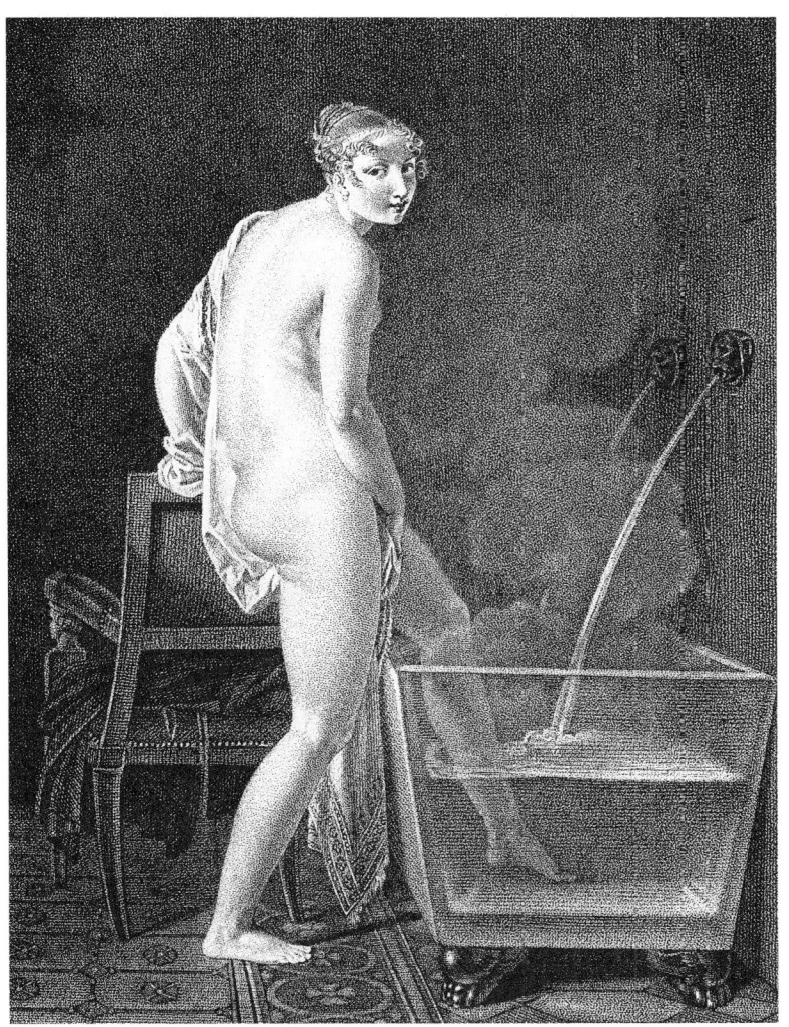

Kristallbad,
»Ein Tag im Leben einer Kurtisane«
Um 1820

Eindruck des Geruchssinns ist. Ähnlich wie man Baudelaire die Übertragung der permissiven und dunstschweren Bordellatmosphäre in den häuslichen Rahmen nicht verziehen hatte, wird man Zola die dramatische Rolle, die er den Gerüchen zugesteht, nicht verzeihen. Es dürfte wohl seine skandalöseste Herausforderung gewesen sein, das Gesicht und das Gehör als intellektuelle und ästhetische Sinne auf ein und dieselbe Stufe mit denen des pflanzlichen und tierischen Lebens, dem Geruchs- und dem Tastsinn, zu stellen.

In Zolas dichterischer Welt variiert die Art der sinnlichen Verführung je nach der sozialen Klasse. Beim Volk spielt der Tastsinn die wichtigste Rolle; ganz gleich, ob die Handlung auf dem Lande oder in der Stadt angesiedelt ist, die Berührung des Körpers, dessen Formen klar zu erkennen sind, öffnet die Schleusen der Lust; der männliche Eroberer packt seine Beute. Beim Bourgeois ist es der Geruchssinn, der die Trieb- und Gefühlsregungen reguliert. Dem Blick stehen Hindernisse im Wege, die keine andere Möglichkeit lassen, als die Reize eines Körpers zu erahnen, zumal dieser sich allen Berührungen entzieht, und mögen sie noch so flüchtig sein[40]. Die Wohlgerüche des anderen Geschlechts regen die Imagination nach Belieben an, enthüllen Zuneigungen, lassen das Blut in Wallung geraten. Unter der verstohlenen Mitwirkung der umgebenden Atmosphäre entscheiden sie über die Liebesbeziehungen.

Eine neue Gestaltung der Rhythmen der Lust

Das Primat des Tastsinns im volkstümlichen Milieu impliziert heftige und kurze Ausbrüche der Leidenschaft. Die feinsinnigen Geruchsbotschaften dagegen entsprechen dem verzögerten Rhythmus der Verführung in den Kreisen der Bourgeoisie. Die Flüchtigkeit der Parfüms begünstigt das genüßliche Entzücken, den Rausch durch Antizipation; sie symbolisiert die Unstetigkeit des Liebesdialogs. Der hingebungsvoll und geduldig geatmete Hauch des geliebten Wesens deutet die Zartheit künftiger Liebkosungen an[41]. Genau wie der Voyeurismus erlauben gewisse Eigenarten des Riechverhaltens eine neue Gestaltung der Rhythmen der Lust. Das Riechen an parfümierten Gegenständen beschwört die imaginäre Gegenwart der Geliebten vollkommener herauf als der Anblick eines Fotos. Den Anderen auf Entfernung zu atmen entspricht der verzögerten und unsteten Liebe Flauberts zu Louise Colet. Es ist die Suche nach dem geheimnisvollen Kontakt, die Frédéric Moreau erlaubt, in der

Atmosphäre von Madame Arnoux zu leben, die Léon Emmas Ausstrahlung ertragen läßt[42]. Im Laufe der Flaubertschen Korrespondenz fügen sich Briefe, Pantoffeln, Taschentücher, fingerlose Damenhandschuhe und wohlriechende Haarsträhnen zu einer umfangreichen Duftsammlung zusammen. Eine Gewohnheit, die bald zum Ritual wird, deren Züge sich verfeinern; das Sichtbare verbindet sich mit dem Riechbaren; wie dies geschieht, beschreibt Flaubert in allen Einzelheiten. Als Beispiel mögen einige Auszüge seiner im August und September 1846 geschriebenen Briefe genügen[43].

6. August: »Ich ergehe mich in beschaulichen Betrachtungen deiner Pantoffeln, des Taschentuchs, deiner Haare, des Portraits, ich lese erneut in deinen Briefen, ich atme ihren Moschusduft.«

8.–9. August: »Ich werde deine Pantoffeln noch einmal anschauen (...), ich glaube, ich liebe sie ebenso wie dich (...); ich atme sie, sie riechen nach Eisenkraut und nach einem Duft von dir, der mir die Seele aufgehen läßt.«

11. August: »Ich lebe im Traum in den Falten deines Kleides, in den leichten Locken deines Haars. Ich habe welche hier! Oh! Wie gut sie duften! Wenn du wüßtest, wie sehr ich an deine gute Stimme denke, an deine Schultern, deren Geruch ich so liebend gern in mich einsauge.«

13. August: »Der fingerlose Handschuh ist da. Er riecht wunderbar, mir scheint, daß ich noch immer deine Schulter und die sanfte Wärme deines bloßen Arms atme.«

14.–15. August: »Sag mir, ob du Eisenkraut benutzt, tust du es auf deine Taschentücher? Tu ein wenig auf dein Hemd – aber nein, parfümiere dich nicht, das beste Parfüm bist du selbst, die Aushauchung deiner eigenen Natur.«

27.–28. August: »Danke für die kleine Orangenblüte. Dein ganzer Brief riecht nach ihrem Duft.«

31. August: »Nochmals danke für die kleinen Orangenblüten. Deine Briefe duften danach.«

Am 20. September schließlich schreibt er in Form eines Bouquets: »Tausend Küsse (...) auf diese langen Lockenwickel; manchmal atme ich ein klein wenig von ihrem Duft in dem zierlichen, blau durchbrochenen Pantoffel, denn dort habe ich die Strähne untergebracht; der fingerlose Handschuh ist in dem anderen, die Medaille daneben, und noch daneben sind die Briefe.«

Im Laufe des Briefwechsels nehmen Anspielungen auf Düfte und Gerüche immer dann zu, wenn die Erregung wächst oder die Liebeswerbung drängender wird. Etwa ein halbes Jahrhundert später wird diese

Art des erotischen Verhaltens als fetischistisch und neurotisch qualifiziert; es wird schwerer, sich außerhalb der psychiatrischen Sphäre zu derartigen Vorlieben zu bekennen. Zola macht sie zum zentralen Thema seines Romans *Die Freude am Leben*, in dem ein vom Leid zerrissenes und daher neurotisches Individuum dem Primat der Duftreize erliegt. Der Heliotrop-Geruch, den Louise verströmt, treibt die Handlung an entscheidenden Stellen voran. Eine überaus starke Riechempfindlichkeit erklärt das Unterscheidungsvermögen der guten Véronique, die Pauline über das Liebesverhältnis des jungen Paares unterrichtet; der Geruch des von Louise vergessenen Handschuhs hält den unglücklichen Lazare wochenlang im Zustand höchster Erregung.

»Der Handschuh aus feinem Leder hatte einen strengen Geruch bewahrt, jenen eigentümlichen Wildgeruch, den das bevorzugte Parfüm des jungen Mädchens, Heliotrop, durch einen Hauch Vanille milderte; und sehr empfänglich für Wohlgerüche, durch diese Mischung von Blume und Fleisch heftig verwirrt, war er außer sich geraten, den Handschuh am Mund, die Wollust seiner Erinnerungen trinkend. Wenn er allein war, nahm er den Handschuh hervor, atmete seinen Duft, küßte ihn, glaubte, daß er sie von neuem mit beiden Armen umschlungen hielt...«[44]. Der Lust verfallen, sich »ganz der brennenden Erinnerung an die andere hinzugeben«[45], erschöpft Lazare sich in diesen »regelrechten Ausschweifungen«.

Kurz bevor die aphrodisischen Eigenschaften des Ledergeruchs zum Gegenstand umfangreicher sexualtheoretischer Erörterungen[46] werden, bezieht Zola das Riechorgan in den heiklen Prozeß des Autoerotismus ein. Kaum ist dies geschehen, da verhilft Edmond de Goncourt[47] Zolas Romangestalt Lazare zu einer Schwester: Chérie, ein blutjunges Mädchen, das vom Duftwahn befallen ist. Mit Hilfe eines Körnchens Moschus hat Chérie sich den Exzessen verbotener Genüsse hingegeben. Sie hat die Gewohnheit angenommen, heimlich in ihrem Bett daran zu riechen. Sie berauscht sich an seinem Duft, bis sie in orgiastische Zuckungen verfällt. Chérie wurde von einer Mutter zur Welt gebracht, die wahnsinnig geworden ist; sie selbst will keinen Ehemann; unzureichend aufgeklärt, glaubt sie, ohne das Zutun eines Mannes schwanger zu werden. Edmond de Goncourt läßt seiner merkwürdigsten Heldin jenes unheilvolle Schicksal zuteil werden, das die Ärzte allen masturbierenden Frauen voraussagen: sie stirbt als Jungfrau, ohne einen anderen Genuß gekannt zu haben als diese seltsame Ersatzbefriedigung.

In dem Augenblick, als der Roman erscheint, sind die Psychiater schon seit mehreren Jahrzehnten damit beschäftigt, den Geruchsfetischismus zu kodifizieren. 1857 hatte Doktor Ambroise Tardieu es vorgezogen, sich auf lateinisch auszudrücken, um die schmutzigen Praktiken jener »Schnüffler« zu beschreiben, deren höchste Lust im Einatmen der Gerüche defäkierender Frauen besteht[48]. Zehn Jahre später schildert der Polizeibeamte Macé das wundersame Verhalten einer anderen Sorte von »Schnüfflern«: diesmal handelt es sich um »Liebhaber von Löckchen« oder Taschentuchdiebe, die sich auf die Kundinnen der großen Kaufhäuser stürzen, um sich des Dufts ihrer parfümierten Nacken für ein paar Sekunden zu bemächtigen[49]. Féré analysiert die lustauslösende Rolle der Gerüche[50]; Binet widmet sich dem Studium des Fetischismus und beschäftigt sich eingehend mit dem Geruchsverhalten von Restif de la Bretonne[51]. Die Sexologen, namentlich Fliess, Hagen und etwas später auch Havelock Ellis, untersuchen die unerhörte Bedeutung, die dem Riechen bei der Sexualität zukommt; doch damit wären wir schon in einer anderen Periode.

Huysmans bildet den Übergang: erinnern wir uns an seinen Helden Des Esseintes, der die Einführung des Parfüm-Komponisten in die Welt der Kunst ankündigt; eine seiner früheren Geliebten weist alle Anzeichen eines denkbar zügellosen Geruchsfetischismus auf. Sie war »eine hemmungslose, nervöse Frau gewesen, die die Spitzen ihrer Brüste in Parfüm badete, aber in berauschende und zermalmende Ekstase eigentlich nur dann geriet, wenn man ihr mit einem Kamm den Kopf kraulte oder wenn sie unter Zärtlichkeiten den Geruch von Ruß oder von Gips bei Neubauten, oder den Geruch von Staub, auf den die ersten großen Regentropfen eines Sommergewitters gefallen waren, atmen konnte.«[52]

Vor allem aber stellt Huysmans' Buch die dogmatische alte Geruchshierarchie in Frage, die seit mehr als einem Jahrhundert Bestand hat. Des Esseintes, der künstliche Blumen sammelt, sagt sich vom Reiz der natürlichen Wohlgerüche los. Fasziniert von der nach Industrie riechenden Landschaft von Pantin, entwickelt er ein neues Verhältnis zur Natur, rühmt die Gerüche der Modernität[53].

Als Huysmans schreibt, ist die Geschichte des Geruchssinns an ihrem entscheidenden Wendepunkt angelangt: sie zieht die schlimmsten Ängste der damaligen Zeit auf sich. Das gesamte Werk von Gaston Leroux ist so abgefaßt, daß die Erblichkeit krimineller Eigenschaften und die drohende Regression zwischen den Zeilen herauszulesen ist. Rouletabille besitzt ein tierisches Riechorgan, das für seine detektivische Arbeit äußerst nützlich ist, und das er der Vergangenheit seines Vaters, des alten Banditen, zu verdanken hat. Nicht einmal das verwirrende Parfüm und die große Schönheit seiner Mutter können ihn davon abhalten, sich auf die Erde zu werfen und auf allen Vieren den Boden zu beriechen, um die ihm aufgetragenen kriminalistischen Rätsel zu lösen[54].

Die postdarwinistische Anthropologie hat zur Folge, daß der Schwerpunkt in zunehmendem Maße auf den spezifischen Geruch der Rassen und Volksgemeinschaften gelegt wird. Jean Lorrain[55] empört sich über den Geruch der Neger, die während der Weltausstellung im Dorf des Champs de Mars zusammengepfercht sind. Edgar Bérillon vertritt die Ansicht, daß dieser Geruch für den Rassenhaß in den USA verantwortlich, daß er die Ursache der »Apartheid« ist[56]. Noch bevor die Patrioten wie entfesselt gegen den Geruch des »boche« ins Feld ziehen, beschreibt Doktor Cabanès den faden Geruch der Engländer, der die Räume nach Meinung des Autors derart imprägniert, daß er ihnen mehrere Jahre lang anhaftet. Manche – so erklärt Cabanès – führen diesen Geruch auf das Inseldasein und die damit verbundene Nähe von Algen und Tang zurück; andere behaupten, er komme von dem Leder, aus dem die Reisekoffer der Engländer gemacht sind. Der japanische Gelehrte Buntaro Adachi prangert den Gestank der Abendländer an, während Doktor Bérillon in Hinsicht auf die Rassenantagonismen zu dem Schluß kommt: »Es gibt nichts, was mehr gelten könnte als Geruchsaversionen.«[57] Diese Feststellung veranlaßt ihn zu einer erstaunlichen Aufwertung des Geruchssinns, in dem er das herausragende Instrument der Rassenerhaltung sieht, »zumal die endgültige Konstitution einer Familie und die Solidarität des Familienmilieus unleugbar abhängig sind von Geruchsaffinitäten und -sympathien«.

Bleibt ein weniger heikles Thema: die Anspielung auf die parfümierte Frau durch *Quelques Fleurs* von Houbigant (1912) oder *L'Heure bleue* von Guerlain (1913). Dank der hohen Kunst der Parfümerie bildet sich ein neuer Kodex der Eleganz heraus, während das schimmernde Weiß der Frau und die Symbole ihres pflanzlichen Dekors ein neues Szenario erkennen lassen.

»Lachen im Schweiß[1]«

Bis zum Triumph der umwälzenden Theorien von Pasteur zielt die Strategie der Desodorisierung im wesentlichen auf den öffentlichen Raum, die gemeinschaftlich genutzten Teile ungesunder Wohnhäuser und die Wohnsitze der Reichen. Die große Mehrheit der Bevölkerung sieht über die laufenden hygienischen Unternehmungen hinweg. In den volkstümlichen Milieus findet hinsichtlich der neuen Disziplin kaum ein Lernprozeß statt, es sei denn über den Umweg von Hospitälern, Gefängnissen oder Kasernen. Auch in den Schulprogrammen spielt die Verbreitung der neuen Hygienevorschriften vor den 60er Jahren des 19. Jahrhunderts kaum eine Rolle[2]; zunächst einmal geht es darum, Lesen, Schreiben und Rechnen zu lernen. In der Folgezeit erlauben das Wehrpflichtgesetz, die Normalisierung der schulischen Lebensbedingungen und die Überzeugungskraft der von Pasteur entwickelten Theorien eine ganz allmähliche Verbreitung der zuvor definierten Werte und Verhaltensweisen. Kein Grund also, sich über den Fortbestand traditioneller Haltungen und den langen Widerstand gegen die punktuellen Unternehmungen der Desodorisierung zu wundern; die Mißerfolge, die den Stadtvätern und Hygienikern in ihrem Kampf gegen Mist, Schmutz und verdorbene Luft widerfahren, bezeugen die Treue zur herkömmlichen Art der Sinnesempfindung.

Die schwierige Schlacht um die Exkremente

Es gibt zahlreiche Erklärungen für den lebhaften Widerstand, auf den die Politik der Desodorisierung in Frankreich stößt – eine Politik, die sich zum Ziel gesetzt hat, Scheiße, Mist und Abfälle aus der Nachbarschaft des Menschen zu entfernen. Schon die unmögliche Einführung der Schwemmkanalisation zeigt die tiefe Verwurzelung des Widerstandes, der nicht zuletzt auf dem alten und beharrlichen Glauben der abendländischen Gelehrten an den therapeutischen Wert der Exkremente beruht. Bis zum Ministerium des Grafen Aranda pflegte man in Madrid Fäkalstoffe auf die Straße zu schütten; die Ärzte, so versichert Chauvet[3], waren überzeugt, daß der über mehr als vier Meilen verbreitete Gestank dem Schutz der öffentlichen Gesundheit dienlich war. Ohne die Gerüche der Kloakenentleerung, so fügt er hinzu, »wäre die Pest auch bei uns nicht mehr fern«[4]. Manche Gelehrten teilen diese Meinung; einige von ihnen haben sogar vorgeschlagen, Kot in den Straßen der pestbefallenen Städte auszubreiten. Fourcroy äußert zwar Zweifel an der angeblichen Heilkraft des Unrats, aber auch er wagt noch nicht, sie offen in Abrede zu stellen[5].

Nicht selten orientiert sich die therapeutische Praxis an derartigen Überzeugungen. Unter der Herrschaft Karls II. hatten die Londoner Behörden veranlaßt, alle Senkgruben der Stadt zu öffnen, um die Pest durch Gestänker zu bezwingen. Dieser Ausdruck eines umgekehrten Hippokratismus wird 1787 ohne die geringste Ironie in die *Encyclopédie méthodique* aufgenommen[6]. Noch ein halbes Jahrhundert später rühmt Parent-Duchâtelet den therapeutischen Wert des Unflats, der seiner Ansicht nach die gute Gesundheit der Darmsaitenmacher und Kanalreiniger erklärt[7]. Drei schwindsüchtige Frauen sind durch ihre Arbeit mit Fäkalstoffen geheilt worden. Parent-Duchâtelet hat sie nach ihrer Situation befragt; »sie fielen auf durch ihre frische Farbe und ihre Wohlgenährtheit«, stellt er fest. »Ich habe erfahren«, so fährt er fort, »daß mehrere Kranke, die den Mut aufgebracht hatten, ein Glied oder gar den ganzen Körper in die hinteren Becken zu tauchen, von schmerzenden Beinen, Rheumatismen oder anderen Gebrechen geheilt worden sind, nachdem alle anderen Mittel versagt hatten«.[8] Die wässrige Jauche, die aus den Sammelbecken von Montfaucon fließt, wird den Pferden der Nachbarschaft als Heilmittel gegeben[9]. Liger ruft noch 1875 in Erinnerung, daß die Umgebung der Düngergruben von Bondy nie unter der Cholera hat leiden müssen[10]. Im übrigen halten manche Praktiker den Fäkalgestank zwar für unangenehm, aber nicht für ungesund.

Wenngleich solche Theorien unter den Fachleuten in der Minderheit bleiben und die Ärzte zumeist überzeugt sind von den drohenden Infektionsgefahren fauliger Substanzen, bestärken sie doch den Volksglauben an die wohltätigen Wirkungen des Unflats. Die Fleischer, bemerkt Bailly 1789[11], schreiben ihre meist ausgezeichnete Gesundheit der Tatsache zu, daß sie ständig das Blut, das Fett und die Innereien der von ihnen geschlachteten Tiere riechen. 1832 glauben die Arbeiter des gefährlichen Schindangers der großen Abdeckerei immer noch, daß die Ausdünstungen der Fäkalstoffe ihrer Gesundheit zuträglich sind[12]. Zwanzig Jahre

Tierkörperbeseitigung und -verwertung im Clos Dusaussois
Links zum Trocknen aufgehängte Hundefelle; vorn Gerippe, die
einen Wall rund um das Gebiet der Abdeckerei bilden

später stellt Bricheteau im Laufe einer Untersuchung fest, daß die Kloakenentleerer die Kotgerüche, denen sie ausgesetzt sind, nicht für ungesund halten[13]. Im übrigen hebt der Autor hervor, wie leicht es diesen Arbeitern fällt, Ehefrauen oder Lebensgefährtinnen für sich zu gewinnen.

Doch die Exkremente finden noch andere Verbündete. Dunghändler, Landwirte und Chemiker beschweren sich lautstark, daß jede Desodorisierung von Fäkalstoffen eine Verarmung derselben bedeutet. Diese Qualitätsminderung hält die Käufer fern, führt zum Wertverfall der Erzeugnisse[14]. Aus diesem Grund stoßen die von der Stadtverwaltung Lille angeordneten Maßnahmen zur Desinfektion der Senkgruben 1858 auf den Widerstand all derer, die beruflich mit Exkrementen zu tun haben[15].

Die bürgerliche Desodorisierung setzt Reichtum oder zumindest Wohlstand sowie die Unnötigkeit der schmutzigen Handarbeit voraus. Der Arme, der mit üblen Gerüchen getränkte Mist-Mensch indes beruft sich auf seinen Überlebenswunsch, um den Widerstand zu rechtfertigen. Die Bauern halten daran fest, den unerläßlichen Dünger neben der Haustür aufzubewahren[16]. In der Stadt sind es die Lumpensammler, die sich den behördlichen Maßnahmen widersetzen[17]. In den Anfängen der Julimonarchie lösen sie regelrechte Aufstände gegen die Entscheidungen der Polizeipräfektur zur beschleunigten Entfernung des Unrats aus; sie beschließen, die Bewahrung ihres Dreckhaufens mit Gewalt durchzusetzen. Vom 1. bis 15. April 1832 blockieren die Lumpensammler den Wagenverkehr des Abfuhr-Unternehmens und setzen die neuen Sturzkarren in Brand[18]. Das durch die Desinfektionsmaßnahmen beunruhigte Volk kommt den Aufrührern zu Hilfe. Eine Schwemme von Chlorwasser nährt die Gerüchte; manche sehen in ihr den Beweis für das mörderische Vorhaben der oberen Gesellschaftskreise.

Um diese Treue zum Unflat besser zu verstehen, müßte hier zweifellos berücksichtigt werden, welche Rolle der Kot in der kindlichen Psychologie spielt, wie wichtig die Analität für die Entwicklung der Psyche ist. Noch bevor der Säugling die Mutter sieht, spürt er ihre Gegenwart durch den Geruch; dank der Differenz zwischen Hören und Riechen gewinnt er ein erstes Raumgefühl; und schließlich sind es die jeweiligen Ausdünstungen, die dem Kleinkind erlauben, zwischen Männern und Frauen zu unterscheiden. Der Kotgeruch des Säuglings ist ein Appell an die Mutter; im Austausch mit ihr produziert das Baby »von unten etwas Riechbares und es erfährt etwas Riechbares von oben«[19]: die Brust oder die Flasche. Die Anfang des 20. Jahrhunderts erfolgende Verbreitung der »englischen Windel«, die dem Kind verbietet, mit nacktem Hintern herumzulaufen und an beliebigen Orten zu kacken oder zu pinkeln, während sie die Umgebung zu unverzüglicher Säuberung verpflichtet, vollendet die Disziplin der Defäkation, deren allmählichen Aufstieg wir verfolgt haben.

Ein weiterer Punkt, der in diesem Zusammenhang angesprochen werden müßte, ist die Bedeutung der Gerüche beim Erwachen der Sinnlichkeit. Eine interessante Spur verfolgt Yvonne Verdier, indem sie auf die Rolle hinweist, welche die »Ausscheidungsgerüche hinsichtlich der Erzeugung von erotischen Empfindungen«[20] bei den Männern in den Wäldern des Châtillonnais spielen. Alles, was wir über die volkstümliche Sexualität des vergangenen Jahrhunderts wissen, ist uns von wohlerzogenen Mitgliedern der Bourgeoisie übermittelt, kaum geeignet, die Triebe derer zu verstehen, die ihre Ekelgefühle nicht teilen. Die Tatsache, daß die große Masse der Bevölkerung trotz anderslautender Vorschriften durch die privilegierten Klassen an ihrer Zuneigung zu starken und stinkenden Gerüchen festhält, könnte uns einen neuen Zugang zur Geschichte der Sozialpsychologie eröffnen.

Der herrschende Diskurs dieser Zeit verbindet das Schmutzverhalten mit der Triebhaftigkeit, das heißt mit der Kindheit und dem Volk; im Gegensatz dazu hat die wohlerzogene, gereifte Bourgeoisie es verstanden, einen direkten Zusammenhang zwischen der notwendigen somatischen Disziplin und der Eliminierung der Exkremente aus der sichtbaren und riechbaren Umgebung herzustellen. Während die Aristokraten dieses Kapitel aus dem Kodex der guten Manieren noch eine Zeitlang mit größerer Ungeniertheit behandeln, legt das Volk Wert darauf, sich unverhohlen zu seinem Bündnis mit dem Unrat zu bekennen; mit lauter Stimme bekundet es seine Parteinahme für die Erniedrigung und gegen die von der Bourgeoisie angestrebte Sublimierung[21]. Manche Schmutzpraktiken – etwa das Werfen mit Kot und Unflat während der Karnevalsschlachten oder das ostentative, gelegentlich mit einer gewissen Zurschaustellung einhergehende Furzen – verdeutlichen den volkstümlichen Willen zur Liquidierung des Überfließenden als Antithese des Akkumulationsprozesses, der in den Senkgruben stattfindet. Diese Verschwendungssucht, so sagt man, beweist die Ablehnung der Fäkaldisziplin und im weiteren Sinne den Widerstand gegen die »Auslöschung der dionysischen Funktion des Körpers«[22]; es sei denn, besagte Zügellosigkeiten wären nur ein vorübergehender, durch das Unternehmen der kontrollierten Zurückhaltung notwendig gewordener Ausweg.

Noch offensichtlicher ist die Ablehnung der seit Anfang des 17. Jahrhunderts in Gang gebrachten Desodorisierung der Sprache. Grobe Schimpfworte setzen die Akzente der noch kaum untersuchten pöbelhaften Literatur, die ihren Höhepunkt genau in dem Augenblick erreicht, in dem die Strategien der Desodorisierung sich entfalten. Hier nimmt die von den Gelehrten als höchst gefährlich angeprangerte Fäulnis den ersten Platz ein. »In einer endlosen Vielfalt von Bildern kommt nacheinander alles an die Reihe: der Schmutz, der Verfall, der Verwesungsgestank, das Aas, das Klebrige, das Saure, der Unrat, der Auswurf, der Abfallbehälter, die Kloake und der Abfluß. Die menschlichen Exkremente sind in diesem Zusammenhang nur eine Form des Drecks, eine besondere Art des Unrats.«[23]

Vielleicht ist diese Faszination der Fäulnis nur eine volkstümliche Form jener Verwesungsangst, die den herrschenden Klassen der damaligen Zeit zu schaffen macht. Es gibt jedoch noch eine andere Lesart des Problems. »Die reine Sprache des Königs«, schreibt Dominique Laporte, impliziert eine »niedere Sprache«[24] als Ort der verbalen Unreinlichkeit. Die Schmutzschlachten beim Karneval, die Verspottung der geruchlosen Kloakenentleerung und die hemmungslose Flut der Injurien könnten als Zustimmung einer bestimmten Rolle interpretiert werden. Im vollen Bewußtsein der unterschiedlichen Schwellen der Geruchstoleranz nimmt das Volk die Spaltung an. Es wehrt sich mit Nachdruck gegen die Desodorisierungspraktiken und fürchtet sich nicht, diese seine Haltung offen zu zeigen. Das Werfen mit Kot und seine verbale Entsprechung bedeuten nicht nur die Ablehnung einer Disziplin, sondern im gleichen Maße auch die Anerkennung einer Position. Indem der Elende mit seinem Kote wirft, will er den, der ihn ebenso meidet wie den Schmutz, nicht nur herausfordern; durch die Geste oder das Wort bekräftigt er seinen eigenen Fäkalstatus.

Zwei Konzeptionen von der Luft

Die Weigerung, zu belüften, ist Teil des Widerstands gegen das Unternehmen der Desodorisierung. Auf dem Lande, in einem Milieu, wo der Begriff der Person noch kaum von Bedeutung ist, wird das Atmen der Familienatmosphäre – eines Durcheinanders von Tier und Mensch – als ebenso beruhigend empfunden wie die Wärme des Gemeinschaftsbettes im Winter. Wir wissen, daß die Nähe des Tiers besonders an langen Abenden weiterhin akzeptiert und sogar gesucht wird. Die wohltuenden Wirkungen, die den mit Jungvieh bevölkerten Ställen lange Zeit von den Ärzten zugeschrieben wurden, bestärken diese Haltung. Zu Anfang des 19. Jahrhunderts wird dieser angebliche therapeutische Wert zum Gegenstand einer recht lebhaften Polemik. Die meisten Hygieniker bestreiten ihn, wie aus den Protokollen der Pariser Fachleute deutlich hervorgeht. Dennoch behält die Theorie angesehene Fürsprecher. Hippolyte Cloquet, der große Schutzpatron der Osphresiologie, macht sich zu ihrem Verbündeten, ohne deshalb von den Vorschriften der Hygiene abzulassen: sofern das Vieh sauber gehalten wird, ist die Luft in den Ställen gesundheitsförderlich, schreibt er[25]. Die Gesundheitsarchive liefern reichliche Beweise dafür, daß diese vitalistische Lufttherapie mitten im 19. Jahrhundert immer noch verordnet wird. Zahlreichen Tuberkulosekranken wird das Atmen tierischer Ausdünstungen verschrieben.

So erklärt sich die von der einfachen Bevölkerung offen zum Ausdruck gebrachte Weigerung, zu belüften – insbesondere bei den leicht fröstelnden Alten, die sich mit Vorliebe in Ecken und Winkel verkriechen. »Das Volk hat eine große Schwäche für Vorhänge und geschlossene Fenster«, klagt Fodéré[26]. Manche alten Lehrer, die es für heilsam halten, den jungen Geruch ihrer Schüler zu atmen, verbieten, die Klassenfenster zu öffnen[27]. »Wenn unsere armen Arbeiter, die von zu Hause daran gewöhnt sind, alles verschlossen zu halten, in Hospitäler oder Arbeitshäuser kommen, sind sie keineswegs erfreut darüber, daß die Luft dort erneuert wird«, bemerkt Howard[28]. Die alten Leute im Quartier des Halles lehnen es ab, ihre Zimmer zu belüften, stellt Doktor Legras 1818 fest[29]. Der schottische Hygieniker Doktor Gregory pflegt die Frage kraft seiner Autorität zu entscheiden: »Wenn er Armenbesuche machte, begann er seine Verordnungen oft, indem er mit seinem Spazierstock ein oder zwei Fensterscheiben zerbrach«[30].

Belüftungsfeindliche Haltungen findet man auch im Krankenhausmilieu. In Lyon bewahren die Ärzte des Hôtel-Dieu ein »unbezwingliches Vorurteil gegen die freie Luftzirkulation«[31]; manche Londoner Hospitäler, etwa das von Pampelune, lehnen es ab, die Krankensäle mit Wasser zu reinigen und die Fenster zu öffnen[32].

Dieser Widerstand gegen die Belüftung ist Bestandteil einer allgemeinen Verweigerung. Die Disziplinierungsmaßnahmen der Krankenhausadministration sind lange Zeit zum Scheitern verurteilt. Ganz gleich, ob es sich um Gefängnisse oder Hospitäler handelt, die jüngsten historischen Arbeiten lassen das Mißverhältnis zwischen reglementierender Strenge und anarchistischen Verhaltensweisen immer stärker in den Vordergrund treten. In zunehmendem Maße wird deutlich, welch unverwüstliche Gegenkräfte in jenen Etablissements, von denen man den Sieg der Disziplin erwartet, am Werke sind. Die Zustände, die während der Restauration in den Bürgerhospizen der Stadt Lyon herrschen, werden folgendermaßen beschrieben[33]: die Alten rauchen und spielen, die Kinder streifen wild durch das Gebäude, die Krankensäle gleichen Schenken. Aufgrund der großen Nachfrage bleibt keine andere Wahl, als wieder mehrere Insassen in einem Bett unterzubringen und die Abstände zu verringern. Auf Betreiben der über die ungesunden Verhältnisse empörten Ärzte wird die Desinfektion der Hospitäler während der Julimonarchie entschiedener vorangetrieben. Die Administration kämpft mit aller Kraft um die Durchsetzung von Ordnung und Hygiene. Es werden Uhren aufgestellt, ungeregelte Besuche verboten und Bedürfnisanstalten errichtet. Mit einem halben Jahrhundert Verspätung versucht die Krankenhausverwaltung – aber auch diesmal ohne großen Erfolg –, die von den Reformatoren des Ancien Régime verlangte Kontrolle über Luft- und Wasserströme zu gewinnen.

Am entgegengesetzten Pol des sozialen Fächers, innerhalb des bürgerlichen Heims, stößt die Belüftung ebenfalls auf deutliche Zurückhaltung, allerdings aus anderen Gründen. Der Rückzug in die eheliche Zweisamkeit, der wachsende Narzißmus und die phobische Angst vor unpäßlichen Begegnungen oder indiskreten Gerüchen, jene Phänomene also, die eine neue Art des Wohnens hervorgebracht haben, stehen den Geboten der frischen Luftzufuhr entgegen. Wir haben gesehen, um welch ein subtiles Gleichgewicht die Hygieniker sich vor allem in den Schlafzimmern bemühen, indem sie die hygienischen Ansprüche auf großzügiges Öffnen der Fenster und die Abschaffung der Alkoven mit den Freuden der Intimität und dem Wunsch nach behaglichen Vorhängen, Tapetenstoffen und Gardinen zu verbinden suchen. Die neuen Normen der zeitweiligen Belüftung, denen das Stubenmädchen sich beugen muß, erlauben die Bewahrung einer gesunden Atmosphäre in den lauschigen Wohnungen des »fin de siècle« unter Ausschluß der von der Straße drohenden Miasmen. Dank einer unsichtbaren und lautlosen Dienerschaft kann Huysmans' Romanheld Des Esseintes seine Neurose pflegen und seine Duftsammlung genießen, ohne sich der geringsten Erstickungsgefahr auszusetzen.

Die Tugenden des Drecks

Es wäre außerordentlich nützlich, genau zu untersuchen, mit welchen Vorsprüngen und Verzögerungen sich der Kodex der guten Manieren in den unterschiedlichen sozialen Milieus verbreitet. Eine solche Arbeit würde uns zweifellos allerhand Überraschungen bescheren. Der überaus empfindsame Doktor Freud, dem es arg zu schaffen macht, daß er ohne Kragen und Manschetten von seinem Arbeitsraum zu dem eine Etage höher liegenden Schlafzimmer hinaufgegangen ist, hat nicht die geringsten Skrupel, auf die Teppiche im Treppenhaus seiner bürgerlichen Klientel zu spucken[34].

Wir erinnern uns an die Ratschläge, die Théophile de Bordeu in seiner Besorgnis erteilte, die Hygiene könne die »aura seminalis« seiner städtischen Patienten zerstören. Er war es auch, der den Gedanken aufbrachte, die große Fruchtbarkeit der Armen sei der aphrodisischen Wirkung starker Körpergerüche zuzuschreiben[35]. Von Howard erfahren wir, daß die Ärzte des Spitals von Amsterdam weiße Wäsche für ungesund halten[36]. Die Vorbehalte der Hygieniker in Hinsicht auf das Baden sind uns bekannt. Es kann daher kaum verwundern, daß die Mehrheit der Bevölkerung auch auf die Gefahr übler Ausdünstungen hin lange von den Tugenden des Drecks überzeugt bleibt.

Françoise Loux und Pierre Richard haben anhand einer Analyse von mehreren tausend Sprichwörtern[37] deutlich gemacht, daß hinter dem Widerstand, der den bürgerlichen Normen im bäuerlichen Milieu entgegengesetzt wird, andere Toleranznormen stehen, die nicht weniger präzise, aber weit schwieriger zu entdecken sind. Was die Körperhygiene betrifft, so wird die auf archaischen medizinischen Glaubensvorstellungen beruhende Sorge um die Gesundheitspflege und der Wunsch nach Aufrechterhaltung eines »wilden Komforts«[38] hier weit ernster genommen als die Schicklichkeit. Die notwendige Physiologie der Ausscheidungen reguliert die Verhaltensweisen; die Sprichwörter empfehlen, weder Rülpser noch Fürze zurückzuhalten; sie spielen auf den ansteckenden Harndrang an und entspinnen ein ganzes Netz von Verboten um das Bad, das als Erfrischung und nicht als hygienische Maßnahme verstanden wird; sie erwähnen die erogene Funktion der Körpergerüche, stigmatisieren sie jedoch nur selten. Die Sprichwörter über die Sauberkeit erscheinen als ein ethischer Diskurs, der die Ausscheidung ungesunder Säfte oder den Geruch des Hemdes preist und sich furchtlos zu der Überzeugung bekennt, daß Pinkeln und Trinken der männlichen Soziabilität neuen Auftrieb geben. Erstaunlicher noch ist die Tatsache, daß manche Sprichwörter auf buchstäbliche oder metaphorische Art die später von der Psychoanalyse entdeckte Verbindung zwischen Geld und Kot zum Ausdruck bringen. Die schon von Luc Boltanski[39] hervorgehobene Kohärenz dieses normativen Systems trägt dazu bei, die Verspätung der von Schule und Regiment angestrebten Metamorphose zu erklären.

Der Dreck kann den weißen Gesetzen der Schönheit durchaus gerecht werden. Er allein ist in der Lage, die der Sonnenglut ausgesetzte Bäuerin vor derber Bräunung zu bewahren. »Unter der Dreckschicht bildet sich der schöne Teint.«[40] »Je schmutziger die Kinder sind, um so besser geht es ihnen.«[41] Über die Vorbehalte gegen hygienische Reinlichkeit während der Menstruation und die Intimpflege der Frau im allgemeinen ist so oft geschrieben worden, daß ich hier nicht weiter darauf eingehen möchte. Weniger bekannt, aber nicht weniger wirksam ist die verzögernde Rolle gewisser Formen der Spiritualität. Ähnlich wie die vom Dreck faszinierten »Brüder der Wüste«[42] nährte auch der Heilige Benoît Labre sich vom Ungeziefer seines eigenen Körpers; er glaubte »an die wirksamen Eigenschaften des Schmutzes«, schreibt Philippe Ariès[43]. Fünfzig Jahre später legt Labres Schüler Jean-Marie Vianney die gleiche Ungeniertheit an den Tag. Das exzessive Verhalten des Pfarrers von Ars erlaubt uns, derartige Einstellungen besser zu verstehen. Weshalb sollte man ihn pflegen, diesen Körper, den der heilige Vianney geißelt, martert, und den er seinen Kadaver nennt? Besessen von dem Vorbild der großen Asketen der Vergangenheit und inspiriert von der *Legenda aurea*, will der Pfarrer von Ars nicht zulassen, daß sich irgendjemand um sein Zuhause kümmert. Seine Kleider verschenkt er an die Armen, und er denkt nicht daran, die Soutane zu wechseln. Das einzige, was ihn interessiert, ist der »Haushalt des Lieben Gottes«. Aus Demut sucht er den garstigen Gestank, der jenes Schicksal ankündigt, das seiner sterblichen Hülle, die er lieber heute als morgen verlassen möchte, vor-

behalten ist. Jean-Marie Vianney beteiligt sich an der Senkgrubenentleerung seiner Schule. Er folgt dem Karren mit den Unratsfässern, der die
Exkremente in die Kloake befördern soll[44]. Die Berichte, die uns aus seiner Umgebung übermittelt sind, informieren über seine mangelhafte
Zahnhygiene und den üblen Geruch seines Atems. Die Haltung des Pfarrers von Ars ruft uns den stinkenden Hauch von Golgotha in Erinnerung[45]. Sie hilft, die Zurückhaltung zahlreicher Ordensschulen in Fragen der Körperhygiene besser zu verstehen.

Die Libertinage der Nase

Sowohl der Spott als auch die Empörung derer, die eine Verweigerung
der bürgerlichen Normen für sich in Anspruch nehmen, zielt vorzugsweise auf die neuen Schwellen des Ekels. Die provozierende Beharrlichkeit und die Art und Weise, wie der Kampf gegen die bürgerliche Schicklichkeit sich auf Kot und faulige Gerüche konzentriert, beweisen die
Wichtigkeit dessen, was hier auf dem Spiel steht.

Die Herausforderung, die der junge Flaubert gegen die guten Manieren richtet, hat einen heftigeren Charakter als seine späteren Angriffe
auf das überkommene Gedankengut. Er fordert zur Verwüstung des Sitt-
lichkeitskodex auf, namentlich im Bereich der Geruchswahrnehmung:
»Kack in die Stiefel, piß aus dem Fenster, schrei Scheiße, laß den
Dünnpfiff wässrig sein und die Fürze eisern, rauche wie ein Schlot (...)
rülps den Leuten ins Gesicht«, rät er seinem Freund Ernest Chevalier am
15. März 1842[46]. In pennälerhafter, an Rabelais erinnernde Verbalre-
volte spricht er der Scheiße eine Starrolle zu. Er läßt keine Gelegenheit
aus, sie in den Höflichkeitsformeln unterzubringen, und genießt schon
im Voraus die skandalösen Wirkungen, die dank der Nachsicht gegenüber der männlichen Jugend allerdings recht mild ausfallen. Flaubert,
der auf den Geruch der Proletarier mit empfindlichen Ekelgefühlen rea-
giert, sich aber der Rolle der Analität beim Aufkommen des Narzißmus
sehr bewußt ist, erhebt die Scheiße zum Symbol des Ich[47].

Später, im reiferen Mannesalter, schätzt der Autor der *Schule der
Empfindsamkeit* bei Frauen vor allem ihren pöbelhaften Umgangston,
die Ungeniertheit, mit der sie sich einer »deftigen Sprache« bedienen,
und ihre Weigerung, physiologische Bedürfnisse zu unterdrücken[48].
Flauberts Haltung wirft die Frage nach den Wurzeln der Anziehungskraft des damals von zahlreichen ordentlichen Bürgern mit Vorliebe gepflegten unanständigen und geilen Umgangs auf.

Die Probleme der organischen Zeit ziehen sich wie ein roter Faden durch die Werke von Michelet; die Geschichte, die er vor unseren Augen entstehen läßt, ist die des aufblühenden und zerfallenden Fleisches. Der Historiker weicht nicht mit Entsetzen vor der Fäulnis und den Ausscheidungsprodukten zurück; er wartet den Moment ab, in dem diese, gerade erst vom Körper getrennt, noch kaum einen Widerwillen auslösen; er sucht nach den Spuren des vergänglichen Lebens. Kein Grund also zur Verwunderung, wenn man hört, mit welch feierlichen Worten dieser große Geschichtsschreiber die Menstruation seiner jungen Frau Athenaïs beschreibt, oder wie er den Moschusgeruch der Latrinen in vollen Zügen einatmet, um seiner Inspiration neuen Auftrieb zu geben[49].

Bei Jules Vallès kommt die Revolte zum Ausbruch. Seine ›Libertinage der Nase‹[50] ist nicht nur Provokation, nicht Faszination des Todes. Schon die Lektüre seines Romans *L'Enfant* macht dies deutlich. Mit größtem Vergnügen stellt der Autor die sinnlichen Genüsse seiner Geruchswahrnehmung zur Schau. Für seinen Romanhelden Jacques Vingtras ist die Riechlust das Gegenstück zur Verhaltenheit des guten Tons: »Ich reiße die Augen riesig auf, weite die Nasenflügel und spitze die Ohren«[51]; an einer anderen Stelle heißt es: »Ich blies die Nasenflügel auf, so weit ich konnte . . .«[52]. Nach Maßgabe persönlicher Kriterien errichtet der Knabe seine eigene, von den Geboten der Mode weit entfernte Geruchshierarchie, ohne sich um die guten Sitten zu scheren. Seine Begeisterung für die Triebhaftigkeit und die Natur, seine Liebe zum Leben und zur Stärke sowie seine Schwäche für die lärmende Atmosphäre der Orte volkstümlicher Soziabilität lassen ihm die Gerüche von Mist, Viehställen, Menschenmengen, Butter, Käse, Obstgärten und Früchten als die reizvollsten Düfte erscheinen. Wie sind die Wonnen zu erklären, die er aus den Gerüchen der Kolonialwarenhandlung und vor allem aus dem von feinsinnigen Nasen verabscheuten Gestank der Lohgerberei zieht? Sind sie ein Ergebnis seines Masochismus[53] oder aber eine Folge seiner tiefen Verwurzelung in der Sinnlichkeit des Volkes? Die Frage ist schwer zu entscheiden.

»Am Ende des Breuil liegt die Lohgerberei mit (. . .) ihrem scharfen Geruch. Ich liebe ihn, diesen aufsteigenden, senfartigen Duft, derb – wenn man derb sagen kann – wie das Leder, das in der Feuchtigkeit einen starken Wildgeruch annimmt oder seinen Schweiß in der Sonne trocknen läßt. Von wo ich auch immer kommen mochte, wenn ich später nach Puy zurückkehrte, ahnte und roch ich die Lohgerberei des Breuil – und wenn eine solche Fabrik an meinem Wege lag, roch ich sie zwei Meilen im Umkreis, und ich wandte meine dankbare Nase zu ihr um.«[54]

Das Riechverhalten von Jacques Vingtras spielt eine wesentliche Rolle bei seiner Revolte, die auf einer schmerzlichen Vergangenheit beruht, deren Erinnerung durch Gerüche stärker belebt wird als durch alle anderen Sinnesempfindungen. Im Gedächtnis des jungen Mannes bewahrt der Geruchssinn seine Unterscheidungskraft, er füllt die Lükken aus. Der Autor arbeitet mit regelrechten Sträußen von Duftreminiszenzen, ohne daß diese Virtuosität wie bei Zola als ein Stilmittel erscheint.

Die Kolonialwarenhandlung im Quartier de Pannesac von Puy »fügte den ruhigen Gerüchen des Marktes einen stickigen, heißen, heftigen Geruch nach gepökeltem Kabeljau, Schimmelkäse, Talg, Fett und Pfeffer hinzu. Der Kabeljau war überragend; er erinnerte mich mehr denn je an die Inselbewohner, die Hütten, den Kleister und die geräucherten Robben.«[55]

Am Ausgang der Stadt bleibt nur noch die Geruchserinnerung – doch sie hat nichts mit jenen balsamischen Düften zu tun, die den Psychologen des *Dictionnaire des sciences médicales* so sehr am Herzen liegen. »Ich erinnere mich nur, daß ich mich am Rande eines übelriechenden Grabens befand, und daß ich über wucherndes Gras und Pflanzen schritt, die keinen angenehmen Geruch hatten.«[56]

Das Riechverhalten des Kindes kündigt das spätere Engagement des Erwachsenen an[57]. Sein Widerwille gegen die Zwiebelgerüche der am Stadtrand liegenden Gemüsepflanzungen enthüllt eine Ablehnung der »redlichen Gartenarbeit«[58]. Als Erwachsener verbindet Vingtras den guten Geruch der Druckerschwärze, der den Zeitungen seiner Revolte anhaftet, mit den balsamischen Düften des Viehstalls. Alles, was dem Bourgeois Erstickungsgefühle bereitet, ist ihm ein Vergnügen. Für ihn ist die Revolution eine Wiederentdeckung des Landlebens und der Triebhaftigkeit. Vallès liebt die Republik, wie er den Misthaufen liebt[59].

Diese Tradition geht nicht verloren; Geruchserinnerungen bleiben in aller Zukunft ein Hilfsmittel der Revolte, sie vertreten das Anliegen der Triebhaftigkeit und der ausschweifenden Kindheit. Die Toleranz, die der Held des Romans *Tod auf Raten* gegenüber den Exkrementen an den Tag legt, und sein unbändiger Schrecken vor allem, was mit der Fäkaldisziplin zu tun hat, das Spektrum der aufsteigenden Dünste Brooklyns und seiner Frauen in der Erfahrung von Henry Miller[60] oder die beruhigende Atmosphäre, die der Zwerg Matzerath in Günter Grass' *Blechtrommel*[61] unter den Röcken der Großmutter genießt, sind der beste Beweis für die tiefgreifende Bedeutung der Herausforderung.

»Die Gerüche von Paris«

Im Laufe des Sommers 1880 erreichen die üblen Gerüche in Paris eine solche Intensität, daß die öffentliche Meinung sich empört. »Man begrüßte sich nur noch mit den Worten: ›Riechen Sie?‹ – ›Welch ein Gestank!‹ Es schien, als wäre eine schwere Not über die Stadt hereingebrochen. Der Pariser war außer sich, der Präfekt von Sorgen gequält, der Minister gereizt.«[1]

Die zahlreichen Berichte, die sich mit der Plage beschäftigen, geben uns direkten Einblick in die Hierarchie des Ekels[2]. Sie bezeugen eine archaische Wahrnehmung und das Fortleben alter Befürchtungen. Zu Unrecht hält die Bevölkerung die im öffentlichen Raum herrschende Verschmutzung durch Unrat und Exkremente spontan für den Grund des Übels; man kommt kaum auf die Idee, die Dünste der Industrie für das Unheil verantwortlich zu machen.

Im Oktober geht die Presse zum Sturmangriff über. Das *Comité d'Hygiène et de Salubrité de la Seine* und der Stadtrat haben die Diskussion des Problems bereits eröffnet. Der Präfekt spricht von einer Untersuchungskommission, die vorwiegend aus Ärzten bestehen soll. Alles, was zu dieser Affäre geschrieben wurde, insbesondere der Expertenbericht[3], bestätigt den relativen Mißerfolg der zur Desinfektion des öffentlichen Raums entwickelten Strategien. Trotz der administrativen Verbote staut sich der Unrat weiterhin auf den Straßen; in manchen Vierteln werden immer noch Exkremente in den Rinnstein gekippt; die Kinder pinkeln auf das Pflaster; die Senkgrubenentleerungen verpesten die Luft, bei Tag und bei Nacht. Die rapide anwachsende Zahl der im Verkehr benötigten Pferde erschwert die Aufgabe der Stadtväter; um die Haltestellen öffentlicher Beförderungsmittel bilden sich Kloaken; das Champ de Mars verströmt seine übelriechenden Dünste nach Grenelle und Le Gros Caillou. Auch in den Beschreibungen von Kollektivbauten überwiegen altbekannte Bilder: sowohl die Latrinen von La Pitié als auch jene, die dem Dienstpersonal der vornehmen Viertel zur Verfügung stehen, erreichen einen Grad des Gestanks, den die Öffentlichkeit nicht

Am Seineufer
Um 1895

für möglich gehalten hätte. Bleiben da noch Worte für die Zustände in den Mietshäusern der einfachen Bevölkerung? Das unerschöpfliche Klagelied könnte leicht den Eindruck erwecken, als hätte sich seit der Julimonarchie nichts geändert. Es liegt jedoch auf der Hand, daß die revolutionären Entdeckungen Pasteurs zu einer Infragestellung der alten Sensibilität und der geltenden Toleranz zwingen. Die mit dem Sieg der Republik einhergehende Lockerung der Zensur und die heftigen Polemiken, die im Stadtrat ausgebrochen sind, schaffen überdies günstige Voraussetzungen für eine Entfaltung der öffentlichen Auseinandersetzung und die nachdrückliche Anprangerung der Mißstände.

Der Zerfall der vorwissenschaftlichen Mythologien

Die Affäre um die »Gerüche von Paris« liefert eine Fülle von Beweisen für die rasche Verbreitung der pasteurschen Entdeckungen. Im Jahr 1880 kommt kein Fachmann mehr auf den Gedanken, die neuen Theorien in Frage zu stellen. Das Miasma hat die wissenschaftliche Bühne verlassen[4]. Die spontane Fortpflanzung findet keinen Fürsprecher mehr. Seit die Gelehrten zu der Überzeugung gekommen sind, daß ansteckende Keime für die Weitergabe des Übels verantwortlich sind, scheiden sie den schlechten Geruch von der Krankheitsgefahr. »Wir können nur wiederholen, daß nicht alles tötet, was stinkt, und daß nicht alles stinkt, was tötet⁵«, erklärt der konservative Brouardel im Laufe der Debatte. Schon im darauffolgenden Jahr bestätigt das *Dictionnaire Dechambre* die unrechtmäßige Disqualifizierung des Geruchs[3].

Zur gleichen Zeit schwindet der Glaube an Krankheitsbedrohungen durch Schlamm oder die mit fauligen Substanzen getränkte Erde. Besser noch, es tritt eine kopernikanische Wende ein: man beginnt, ihre durch Schloesing unter Beweis gestellte und von Pasteur persönlich anerkannte Filtrierkraft zu rühmen. Da der Boden ansteckende Keime festhält, gelten die Ausscheidungen und Ausdünstungen der Erde hinfort als Garanten für die Reinheit der Luft; wie P. Miquel gezeigt hat, können die Emanationen der Kanalisation zwar »Dämpfe verseuchter Substanzen enthalten; doch sie nehmen keine Mikroben auf«[7]. Die neuen Entdeckungen wirken der alten Angst vor dem Pesthauch der Friedhöfe entgegen. 1879 beschließt eine Kommission die Unschädlichkeit der Totenäcker. »Die Gase, die von der vergrabenen und in Verwesung begriffenen Materie herrühren, sind immer frei von Bakterien«[8], schreibt Chardouillet 1881 während Professor Colin die Ungefährlichkeit verscharrter Tierleichen nachweist.

Von nun an halten die Gelehrten auch den alten Glauben an die Beförderung der Miasmen durch die Ausdünstungen stehender Gewässer für falsch. 1880 beweist Miquel, daß »ein von hochgradig verwesten organischen Substanzen verseuchtes Wasser beinahe bis zur Trockenheit verdunsten kann, ohne daß ein einziger der reichlich vorhandenen Mikrokeime mitgeführt würde. Es ist uns gelungen, hundert Gramm des derart kondensierten Dampfwassers aufzufangen; es hatte einen ebenso stinkenden Geruch wie die Flüssigkeit, der es entstammte, doch es war absolut rein von allen in ihm vermuteten Miasmen.«[9]

Das Verschwinden der krankmachenden Rolle des Gestanks treibt die rückläufige Bedeutung des Riechens in der klinischen Semiologie voran. Der Arzt versteht sich nicht mehr als privilegierter Geruchsanalytiker – um so weniger, als er selbst teilhat an den wachsenden Ekelgefühlen der mittleren Klassen, denen er angehört. In Zukunft ist es der chemische Ingenieur, der den Platz des Geruchsexperten einnimmt.

Dennoch – und dies ist kein unerhebliches Paradox – bewirken die von den Gelehrten angepriesenen Heilmittel gegen den lästigen Gestank eine Fortsetzung jener Strategien, die unter der Herrschaft der vorwissenschaftlichen Mythologien definiert worden waren und denen durch Pasteurs Entdeckungen ein Todesstoß versetzt worden ist. Alle Experten sind sich einig über die Notwendigkeit einer »radikalen Ablation der Exkremente«[10], von denen man mittlerweile weiß, daß sie für die Ausweitung des Thyphus verantwortlich sind. Im übrigen erscheint die landwirtschaftliche Verwendung von Menschendünger nicht mehr so zwingend wie einst: der Guano aus Peru, die Nitrate aus Chile und vor allem die chemischen Düngemittel sind zu mächtigen Konkurrenten geworden. Wie dem auch sei, zwei Strategien der Desinfizierung stehen sich gegenüber. Die erste, die in den medizinischen Berichten der für die »Gerüche von Paris« zuständigen Kommission genauestens zusammengefaßt wird, beruht in erster Linie auf der Überlegenheit der unter Luftabschluß arbeitenden Techniken. Ihr Ziel besteht darin, jeden Kontakt zwischen den als bakterielle Brutstätte verdächtigten Fäkalstoffen und dem schutzbedürftigen menschlichen Milieu zu unterbinden. Diese Strategie stützt sich nicht auf die Beherrschung der Ströme, sondern auf die Prinzipien der Abdichtung, des Unterdrucks und der Pumpkraft. Das Wasser dient ihr nur als Reinigungsmittel, nicht als Verdünner.

Den Plänen der Kommission zufolge sollen die Senkgruben also beibehalten werden, nur müssen sie vollkommen hermetisch und daher metallisch abgedichtet sein. Wieder einmal tragen Kupfer und Stahl den Sieg davon. Unter besagten Voraussetzungen könnten die »aus den Abtritten kommenden Ausscheidungen von absolut wasserdichten, metallbeschichteten Rohren aufgefangen werden, ohne im geringsten mit der Luft oder dem Boden in Berührung zu kommen. Die zu einem Netz zusammengeschlossenen Rohre würden die Fäkalstoffe aus der Stadt hinaus an einen fernen Ort befördern, wo sie in den eigens zu diesem Zweck errichteten Fabriken die nötigen Umwandlungen erführen (...). Die Zirkulation würde durch Saug- und Druckpumpen, durch Unterdruck oder irgend ein anderes Verfahren sichergestellt.«[11] In diesem System ist die Senkgrube nur das erste Element eines hermetischen Kreislaufs, als dessen letztes Glied die verarbeitende Fabrik erscheint – es sei denn, der Unrat würde, wie Pasteur es vorgesehen hatte, direkt ins Meer geleitet. Die Bevölkerung soll vor jedem Kontakt mit den unsichtbar und geruchlos gemachten Exkrementen geschützt werden: dies ist der Plan – die Utopie – der ärztlichen Mitglieder der Kommission.

Eine ähnliche Sichtweise liegt mehreren bereits verwirklichten Entwürfen zugrunde: etwa dem Liermur-System in Belgien oder auch dem pneumatischen Abzugsnetz, das 1880 unter der Leitung von Berliet in Lyon errichtet wurde. Belgrand hatte 1861 sogar für die Hauptstadt an eine ähnliche Lösung gedacht.

Einen krassen Gegensatz zu dieser Strategie bildet das Konzept der Ingenieure des Pariser Wegeamts, die über ausländische Erfahrungen besser informiert sind und auf dem internationalen Hygiene-Kongreß von 1878 Rückendeckung bekommen haben. Die Vertreter dieses zweiten Projekts halten mit ihrer Kritik an den Vorschlägen der Kommission nicht hinter dem Berg: die von den Ärzten angepriesenen Lösungen bringen die Gefahr bedrohlicher Schmutzablagerungen mit sich; sie machen die dauernde Inbetriebhaltung eines komplexen Systems von Pumpen und Wasserhähnen erforderlich; bei den Reparaturarbeiten, mit denen in jedem Fall zu rechnen ist, wird die Verbreitung der übelsten Gerüche unvermeidlich sein.

Es wäre sinnvoller, die Vermehrung der Bakterien durch eine rasche Zirkulation des Unrats zu verhindern. Das Vorhaben der Ingenieure beruht auf der Bewegungslehre; hier geht es nicht um wasserdichte Abgeschlossenheit, sondern um eine Beschleunigung der Rhythmen. In den reißenden Fluten der Schwemmkanalisation verlieren die Exkremente ihre Schädlichkeit. Keine Senkgruben mehr, keine Zugröhren, keine Kloakenentleerung, keine Ammoniumsulfat-Fabriken, keine Depots: nur noch die »schnellstmögliche und ununterbrochene Ausschwemmung der Fäkalstoffe«[12], die dank der läuternden Wirkung der Erde schließlich vollends unschädlich gemacht werden.

Der Plan der Ingenieure stützt sich auf Erfahrungen, die in England schon vor Pasteur gesammelt worden sind. Die englischen Gelehrten haben nachgewiesen, daß Fäkalstoffe bis zum zweiten Tage ungefährlich sind und keine besonders üblen Gerüche verbreiten; durch starke Bewegung kann diese Frist verlängert werden. Die englischen Arbeiten zum Problem der Flußverschmutzung haben die Unschädlichkeit der Abwässer aus der Schwemmkanalisation bewiesen. Auf dem Kontinent stellt Freycinet seine Autorität in den Dienst dieser wagemutigen Theorien[13].

Das Anfang der 60er Jahre des 19. Jahrhunderts in London entstandene Kanalnetz ist ein Ergebnis dieser Überzeugungen. Mehrere Städte haben das System übernommen, namentlich Brüssel, Frankfurt am

Main und Danzig. In Berlin ist seine Realisierung beschlossene Sache: eine von Virchow geleitete Prüfungskommission hat seine Überlegenheit bestätigt. England und die USA sind einen Schritt weiter; ihr Problem besteht nicht mehr darin, Vor- und Nachteile der Schwemmkanalisation zu diskutieren, sondern herauszufinden, ob die Einrichtung eines »Trennsystems«, das heißt, der Bau eines doppelten Kanalnetzes zur Scheidung von Regen- und Schmutzwasser unumgänglich ist.

Ohne Zweifel ist zügige Ausschwemmung des Unrats durch einen ununterbrochenen Wasserstrom die wirksamere Technik zur Desodorisierung des öffentlichen und privaten Raums. Der lange Widerstand, den die französischen Behörden diesem System entgegensetzen, erklärt den schier unausrottbaren Stadtgestank besser als alles andere.

Stagnation oder Verdünnung

Diese Verspätung als solche ist ein äußerst bezeichnender historischer Tatbestand. Die antagonistischen Entwürfe der Hygieniker sind eng mit den sozialen Vorstellungen verknüpft. Auch in diesem Bereich stoßen wir wieder auf den Konflikt zwischen einer auf Stagnation und Luftabschluß ausgerichteten Strategie und den Prinzipien der Bewegung und Verdünnung. Professor Brouardel, der entschiedenste Fürsprecher der hermetischen Abdichtung, ist zugleich der leidenschaftlichste Verfechter einer durchorganisierten Reglementierung der Prostitution und der Freudenhäuser. Dieser verspätete Apostel der Abschottung und administrativen Kontrolle stützt sich in beiden Fällen auf die Interessen des Eigentums; er macht sich zum Advokaten der Pächter und Abfuhr-Anstalten, zum Anwalt der geschäftstüchtigen Kaufleute, die mit abgestorbenem Fleisch und akkumulierter Scheiße handeln. Überstimmt von den Anhängern der Reform, wird er beide Prozesse verlieren.

Diejenigen, die sich für das Prinzip der Bewegung und Verdünnung einsetzen, versäumen es nicht, die egalitären Tugenden ihres Projekts hervorzuheben, das in der Tat eine umfassende Wasserversorgung – »Wasser für alle« – impliziert. Sie beginnen einen langwierigen Feldzug der Kritik gegen den Egoismus der Hausbesitzer, die reichliche Mieten kassieren, den gebührenpflichtigen Anschluß an die Wasserversorgung jedoch ablehnen. Während das Eau de Cologne und die parfümierten Seifen zunehmende Verbreitung finden, verlangen die – republikanischen – Ingenieure des Pariser Wegeamts, daß die Exkremente des Reichen und die des Armen nach den gleichen Maßstäben behandelt werden; um ihren Konzeptionen zum Sieg zu verhelfen, verweisen sie auf die je nach sozialen Kategorien und Stadtvierteln bestehenden Unterschiede hinsichtlich des Gehalts und der Verwaltung von Fäkalstoffen.

An dieser Stelle ist es angebracht, den Einfluß der pasteurschen Revolution auf die gesellschaftlichen Vorstellungen und Strategien ins Auge zu fassen. Das unerwartete Auftauchen der Mikroben hat zwangsläufig eine Infragestellung der von Villermé begründeten Epidemiologie zur Folge. Dank der neuen Entdeckungen ist die Krankheitsgefahr noch diffuser und schwieriger wahrnehmbar geworden – beunruhigender als zuvor. Jedes Wasser muß »verdächtigt«[14] werden, erklärt Marié-Davy; und man möchte hinzufügen: das gleiche gilt für jedes Individuum. So verstärkt sich die biologische Verbundenheit der unterschiedlichen Teile der Bevölkerung; die Gelehrten sind sich dieser Entwicklung genau bewußt. »Das Gemeinschaftsleben in einer Großstadt macht uns alle solidarisch (...). Nämliche Organismen (die Mikroben) verbreiten sich in der Luft unserer Umgebung und dringen überall ein: in unsere Wohnungen, in unsere Lungen, in unsere Getränke, in unsere Nahrungsmittel. (...) Die Hygiene einer Stadt kann niemals sichergestellt werden, solange die Armenviertel ihr Widerstand entgegensetzen.«[15] Diese Überzeugungen zwingen zu neuen Formen der Wachsamkeit und zu einer Umorientierung der sozialhygienischen Strategien[16].

Dennoch müssen wir uns vor einer Überbewertung solch moderner Einstellungen hüten. Die Äußerungen der Erneuerer könnten dazu verleiten, das Schwergewicht des Althergebrachten zu unterschätzen. Das Bündnis zwischen den Krankheitskeimen und dem Schmutz – der hinfort mit Dreck und Staub identifiziert wird – erscheint weiterhin als Dogma. In der Unterkunft des Armen befinden sich fünfzig- bis sechzigmal mehr Mikroben als in der Luft des stinkendsten Abwässerkanals, behauptet Marié-Davy 1882[17]. Der Gestank selbst gilt zwar nicht mehr als Krankheitserreger, aber er zeigt das Vorhandensein pathogener Elemente an. Das übelriechende Volk hat sein Monopol auf Ansteckung verloren, doch es bleibt höchstgradig bedrohlich.

Von nun an breitet sich in den bürgerlichen Familien die Furcht vor Entartung aus. Eine gesellschaftliche Unterteilung, eine Abspaltung des Krankmachenden bahnt sich an[18]: im Blut des Volkes finden die Mikroben eine behagliche Brutstätte, hier fühlen sie sich wohl; sie entfalten sich im Laster und im Schmutz; ihr Reich ist die Straße, das Elendsquartier und die sechste Etage. Beim Kontakt mit dem Proletarier droht dem Bourgeois nicht nur Ansteckung; er kann einer biologischen Mutation zum Opfer fallen: es ist nicht unwahrscheinlich, daß der aus dem sozialen Sumpf aufgestiegene giftige Keim im zarten Blut des Bourgeois zur erblichen Belastung wird. Infolgedessen ist die ganze Nachkommenschaft gefährdet, die genetische Erbmasse kann jederzeit verderben.

Obwohl die Bedrohung diffuser geworden ist und die Mikroben eine noch heimlichere Existenz führen als die früheren Miasmen, wird die soziale Abschottung weiterhin für notwendig erachtet, nur auf subtilere Art. Die wiederauflebende Reglementiersucht im Bereich der Prostitution enthüllt die neuen Ansprüche auf Transparenz; doch sie ist nur das sichtbarste Beispiel einer strategischen Umstellung von größerer Tragweite, die sich wesentlich auf eine systematische Gesundheitskontrolle der Bevölkerung stützt.

Epilog

Trotz allem beweist das hartnäckige Fortleben der »Gerüche von Paris«, wie langsam es mit den behördlichen Maßnahmen vorangeht. Bis zum Vorabend des Ersten Weltkriegs kehrt der Gestank jeden Sommer in die Hauptstadt zurück – obwohl die Schwemmkanalisation schon 1889 beschlossen worden und das Aquaedukt von Archères seit 1895 fertiggestellt ist. Jedes Jahr macht der für die einschlägig registrierten Gebäude zuständige Generalinspektor Adam auf die Plage aufmerksam; er führt sogar Buch über die Tage, an denen der Gestank seinen Höhepunkt erreicht. Doch nichts hilft – nicht einmal die Neuorganisation der Kontrollbehörde im Jahr 1897.

Nach dem Vorbild der durch die Sittenpolizei ausgelösten Kampagnen kommt es zu sporadischen Versuchen, die öffentliche Meinung gegen die Unfähigkeit der Stadtväter aufzuhetzen. Im Sommer 1911 bricht die Krise aus. Die Gerüche sind so penetrant, daß sie dem Spaziergänger den Atem verschlagen, vor allem abends; nach Aussagen der Experten handelt es sich um einen Gestank, der »an Wachs, an erhitzte organische Substanzen«[19] erinnert. Dank Verneuils Hilfe kommt man dem Schuldigen diesmal auf die Spur: Ursache des Übels sind die in der nördlichen Vorstadt angesiedelten Superphosphat-Fabriken[20]. Die Arbeitsstätten der Außenbezirke belästigen die Hauptstadt mit ihrem sträflichen Gestank, genau wie einst die garstigen Sammelgruben von Montfaucon. In der Hierarchie des Ekelerregenden hat die Industrie den Platz der Exkremente eingenommen. Eine neue ökologische Sensibilität bildet sich heraus.

Schluß

Die Menschen des 19. Jahrhunderts bestürmen die Geschichte mit den lautstarken Proklamationen ihrer Wünsche. Die Demokraten träumen von der »schönen« Republik, Michelet entdeckt das Volk, die Sozialisten schmieden das Glück der Menschheit und die Positivisten predigen die Erziehung der Massen. Aber die Hoffnungen haben einen doppelten Boden: unter der Falltür sind andere Reden zu hören, dort kommen das Miasma, der Moschus und die Jonquille zu Wort. Die schwülen tierischen Riechstoffe, die flüchtigen Parfüms erzählen von Abscheu und Ekel, von Sympathie und Verführung.

Trotz der mahnenden Hinweise Lucien Febvres haben unsere Historiker diese Art der sensoriellen Zeugnisse vernachlässigt. Die Ächtung des Geruchssinns – von Buffon als Sinn der Animalität bezeichnet, von Kant aus dem Feld der Ästhetik verbannt, später von den Physiologen zum bloßen Überrest der Evolution erklärt und von Freud mit der Analität verknüpft – hat das, was die Gerüche zu sagen haben, unter Verbot gestellt. Doch die Revolution der Wahrnehmung, die Vorgeschichte unserer heutigen, zur Geruchlosigkeit verdammten Umgebung, kann und darf nicht länger verschwiegen werden.

Der entscheidende Akt spielt sich zwischen 1750 und 1880 ab, in der Blütezeit jener Mythologien, die Pasteurs Entdeckungen vorausgehen. Unsere teleologische Wissenschaftsgeschichte, allein für Wahrheiten empfänglich und voller Mißachtung für die historischen Konsequenzen des Irrtums, hat ihn übergangen. Um 1750 werden neue Unruhen wach, angeregt durch die von Pringle und Mac Bride durchgeführten Analysen fauliger Substanzen, durch das Aufkommen der sogenannten pneumatischen Chemie und das Phantasma einer städtischen Pathologie. Exkremente, Schlamm, Jauche und Leichen rufen Panik hervor. Eine vom Gipfel der sozialen Pyramide ausgehende, nach unten sich verbreitende Angst belebt die keimende Intoleranz gegenüber dem Gestank. Dem Riechorgan kommt die Aufgabe zu, das faulige Allerlei auszukundschaften, die Miasmen aufzustöbern, um ihnen den Garaus zu machen.

Die Gelehrten dieser Zeit erweisen sich als unvergleichliche Geruchsbeobachter; sie entwerfen ein aus dem Zusammenhang gerissenes, am Riechbaren orientiertes Bild der Stadt, das dem Alptraum pestartiger Brutstätten, in denen die Epidemie heranreift, Vorrang vor allem anderen erteilt. Verfolgt von dem drohenden Jauchensumpf machen die oberen Kreise der Gesellschaft sich auf die Flucht vor sozialen Ausdünstungen und suchen Schutz in balsamisch duftenden Landschaften. Dort begegnen sie der Jonquille, die ihnen von ihrem Ich erzählt, die der Poesie des *never more* die Schleusen öffnet und eine vollendete Harmonie zwischen dem Wesen des Individuums und der Welt offenbart.

Der animalische, von »Ausscheidungsrückständen« herrührende Bisamduft, der dem fauligen Genitalbeutel des Moschustiers entstammt, wird zunehmend als widerwärtig empfunden. Auch er gilt als Gefahrenherd. Seine Anspielungen auf den weiblichen Geruch machen ihn unannehmbar. Die neue Mode des zarten Blütenhauchs vertreibt ihn vom Königshof, während die Hygieniker ihre mühsam erarbeitete Strategie zur Reinigung und Desodorisierung des öffentlichen Raums erproben.

Nach der Revolution, einer Zeit der morbiden Leichen-Faszination und der Schmähung pflanzlicher Wohlgerüche, kehrt der Moschus als symbolischer Wert an den Hof zurück. Das mit Eau de Cologne besprühte und von tierischen Duftstoffen umwölkte Kaiserpaar hat mit der Rosenwassertradition gebrochen. Auch die Restauration zeichnet sich durch eine eigene Geruchswahrnehmung aus: in dieser Hinsicht entwickelt der Faubourg Saint-Germain die kränkelnde Sensibilität eines bleichsüchtigen Mädchens. Wieder bestimmt zarter Blütenduft das Maß der Empfindsamkeit – diesmal mit dem Auftrag, die weiblichen Triebe zu zügeln und der neuen Selbstbeherrschung Ausdruck zu verleihen.

Zur gleichen Zeit tritt der Schrecken eines bedrohlichen Menschensumpfs an die Stelle der plagenden Angst vor Aas und Jauche, in denen es von tödlichen Miasmen wimmelt. In der Hierarchie der Befürchtungen vollzieht sich eine Verschiebung vom Lebenden zum Sozialen; dem Volk bleibt der Instinkt, die Animalität, der organische Gestank überlassen. Von nun an konzentriert sich der Ekel nicht mehr so sehr auf die schwülen Dünste einer unterschiedslos zusammengepferchten, fauligen Masse, sondern vor allem auf die elende Behausung des Armen, auf seine Latrinen, den bäuerlichen Misthaufen und den fettgetränkten, stinkenden Schweiß, den die Haut des Arbeiters absondert. Flaubert verbringt eine schlaflose Nacht, weil er in einem öffentlichen Transportmittel den Geruch der Proletarier geatmet hat; Adolphe Blanqui weicht entsetzt vor den mefitischen Ausdünstungen zurück, die ihm aus den »Menschen-

Der Kampf gegen die Pest
Tracht eines Pestarztes im Lazarett von Marseille
1819

gruben« entgegenschlagen, in denen die Weber von Lille auf engstem Raum zusammenleben.

In Zukunft ist der Geruchssinn es sich schuldig, durch eine neue Empfindsamkeit zur Festigung der Scheidewände innerhalb des komplizierten Systems wahrnehmbarer Hierarchien beizutragen. Angewidert von den Sekretionen des Elends, wendet der Bourgeois sich jenen subtilen Körperbotschaften zu, die als diskrete Mittler der indirekten Verführung wachsende Bedeutung erlangen und den verbotenen Hautkontakt kompensieren.

Fern von den Gerüchen des Volkes – nach dem längeren Aufenthalt eines Dienstmädchens, dem Besuch einer Bäuerin oder dem Vorsprechen einer Arbeiterdelegation empfiehlt sich gründliche Belüftung – unternimmt die Bourgeoisie ihre ersten, noch recht unbeholfenen Versuche, den Atem des Hauses zu reinigen. Allmählich hören Latrinen, Küchen und Abtritte auf, ihren penetranten Gestank im Wohnraum zu verbreiten. Lavoisiers chemische Entdeckungen erlauben die Definition präziser Belüftungsnormen. Die ungetrübte Geruchsdisponibilität in den Salons und Boudoirs gilt als Voraussetzung für eine neue und gelehrte Inszenierung der Duftreize. Unliebsame Gerüche sollen in Zukunft nicht mehr stören, vor allem nicht im Schlafgemach, Tempel des Privatlebens und Raum intimster Vertraulichkeit, der wie ein unergründliches Geheimnis im Zentrum der häuslichen Sphäre steht.

Seit den Träumen von Novalis entwickelt sich ein stummer, aus Symbolen schöpfender Dialog zwischen der Blume, dem jungen Mädchen und der Frau. Das pflanzliche Parfüm – die durch einen zarten Hauch angedeutete Einladung – wird immer reicher an Nuancen. Unter Wahrung der körperlichen Distanz dient es als Ausdrucksmittel des Begehrens, als Zeichen weiblicher Verführung. Die von Blütenduft erfüllten Wege des bürgerlichen Gartens erneuern die Sprache der Liebe. Während es – so sagt man uns – im einfachen Volke üblich ist, daß der männliche Eroberer, vom Geschlechtstrieb überwältigt, seine Beute an sich reißt, genießt der zwischen Blumen wandelnde Verliebte den Rausch durch Antizipation. Das ausharrende Atmen der Duftspuren, die das angebetete Wesen hinterlassen hat, das gekonnt hinausgezögerte Vorspiel bürgt für die Beständigkeit des Begehrens und die Erlesenheit künftiger Liebkosungen. Die Geruchserinnerung an den Körper des Anderen nährt Leidenschaft und Sehnsucht; sie regt an zur neurotischen Sammlung der mit Duftzeichen markierten Gegenstände.

Draußen, im öffentlichen Raum, schreitet die Desodorisierung der Straße voran, beschleunigt durch die Verwendung von Chloriden, an-

Pariser Lumpensammler in der Mitte des 19. Jahrhunderts
Sortierhof in der Rue Gracieuse

gespornt durch den Utilitarismus der Abfallverwertung und die erwachende Intoleranz gegenüber den schädlichen Einflüssen der Industrie. Doch diese Art der Säuberung vermag den Ansprüchen der Stadträte nicht mehr zu genügen. Sie haben ein neues Unternehmen in die Wege geleitet: die Elenden sollen vom Kot befreit, sie sollen »entstänkert« werden. Der Verwirklichung dieser Strategie dienen die Kontrollkommissionen zur Überprüfung ungesunder Wohnungen, die Schulen, die Kasernen und die Duschvorrichtungen der Sportvereine. Doch es wird lange dauern, bis die Körperhygiene in diesem Bereich entscheidende Erfolge verbuchen kann. Im Augenblick konzentrieren sich die Bemühungen auf ein sauberes Äußeres und die Disziplin der Defäkation. Im volkstümlichen Milieu stößt die Desodorisierung auf einen dumpfen Widerstand. Althergebrachte Wahrnehmungs- und Beurteilungsschemata bestehen fort; der Habitus erhält den nostalgischen Anspruch auf freie organische Äußerung.

Der Geruchssinn gibt umfassende Auskunft über den großen Traum der Desinfektion und die neuen Formen der Intoleranz; besser als alle anderen Sinne informiert er über die unerbittliche Rückkehr der Exkremente, das Epos der Kloaken, die Heiligung der Frau und die Symbolik des Pflanzenreichs. Er ermöglicht eine neue Betrachtungsweise jener großen Ereignisse der zeitgenössischen Geschichte, die ihren Ausdruck im Aufstieg des Narzißmus, dem Rückzug in den Privatbereich, der Zerstörung des »wilden Komforts« und der Ächtung der Promiskuität finden.

Spaltungen und Antagonismen sind verwurzelt in zwei Konzeptionen von der Luft, dem Dreck, der Scheiße; sie äußern sich in gegensätzlichen Maßstäben für die Rhythmen der Lust und die Düfte des Begehrens; sie verschwinden, wo sämtliche Gerüche zum Schweigen gebracht sind: in einer desodorisierten Umgebung – der unsrigen.

Die hier dargelegte hundertjährige Episode der Geschichte des Ekels, der Affinitäten und der Reinigung hat zu einer Umwälzung der sozialen Vorstellungen und symbolischen Bezüge geführt. Ohne genaue Kenntnis dieser Vorgänge ist unmöglich einzuschätzen, wie tief die sozialen Konflikte des 19. Jahrhunderts in die Eingeweide der Gesellschaft reichen; ohne sie ist auch die aktuelle Prägung des ökologischen Traums nicht zu begreifen.

Die Sozialgeschichte hat das einfache Volk respektieren gelernt, aber sie ist taub geblieben für den Ausdruck der Affekte. Sie darf die elementaren Reaktionen – selbst wenn sie schmutzig sind – nicht länger unter dem Vorwand verschweigen, die wahnwitzige Anthropologie der darwinistischen Ära hätte ihre Analyse pervertiert.

Anmerkùngen

Vorbemerkung der Übersetzerin: Bei einigen im Original oder in der deutschen Übersetzung nicht verfügbaren Abhandlungen zur Chemie und Hygiene des 18. Jahrhunderts wird – wie an den betreffenden Stellen angemerkt – nach den vom Autor benutzten französischen Ausgaben zitiert. In allen anderen Fällen wurde die Originalfassung oder, soweit Übersetzungen vorliegen, die deutschsprachige Ausgabe herangezogen.

Vorwort

1. JEAN-NOËL HALLÉ, »Procès-verbal de la visite faite le long des deux rives de la rivière Seine, depuis le Pont-Neuf jusqu'à la Rappée et la Garre, le 14 février 1790«, in: *Histoire et mémoires de la Société Royale de Médecine*, Paris 1790, S. LXXXVI.
2. J.-N. HALLÉ, *Recherches sur la nature et les effets du méphitisme des fosses d'aisances*, Paris 1785, S. 57–58.
3. J.-N. HALLÉ, Artikel »Air – Air des hôpitaux de terre et de mer«, in: *Encyclopédie méthodique, Médecine*, Paris 1787, Bd. I, S. 571.
4. Zum Glück des Schauens im 18. Jahrhundert, siehe MONA OZOUF, »L'image de la ville chez Claude-Nicolas Ledoux«, in: *Annales E.S.C.*, Paris, November–Dezember 1966, S. 1276.
5. LUCIEN FEBVRE, *Le problème de l'incroyance au XVIᵉ siècle*, Paris 1942.
6. Vgl. ROBERT MANDROU, *Introduction à la France moderne. Essai de psychologie historique, 1500–1640*, Paris 1961; in Anlehnung an Lucien Febvre widmet Mandrou der Geschichte der Wahrnehmung zu Beginn der Neuzeit ein wichtiges Kapitel. Dies ist meines Wissens der einzige Versuch einer zusammenfassenden Darstellung des Themas.
Seit Erscheinen der Werke von Pierre Francastel sind zur historischen Analyse des Blicks zahlreiche Arbeiten veröffentlicht worden; die jüngsten Beiträge stammen von Michael Baxandall. Die Nummer 40 der *Actes de la recherche en sciences sociales*, Paris 1981, beschäftigt sich ausschließlich mit diesem Aspekt der Wahrnehmungssoziologie. Es sei ferner auf das meisterhafte Buch von MAX MILNER, *La fantasmagorie*, Paris 1982, verwiesen; in seiner Untersuchung über das Spiegelbild und die Transfiguration der Wahrnehmungswelt in der phantastischen Literatur analysiert Milner die Verbindungen, die sich nach Kant zwischen der Sinnesgeschichte und der Frage der Identität entspinnen.
JEAN-PAUL ARON, *Essai sur la sensibilité alimentaire à Paris au XIXᵉ siècle*, Paris 1967, eröffnet eine ganze Serie von Arbeiten über die Geschichte des Geschmacks. Das *Institut français du goût* in Tours bemüht sich, sämtliche Forscher der Geisteswissenschaften, die sich mit der Psychosoziologie und der Geschichte von Eßgewohnheiten beschäftigen, regelmäßig zu versammeln. Es muß allerdings gesagt werden, daß nur wenige der zu diesem Thema geschriebenen Untersuchungen die – bekanntlich recht arme – Geschmacksempfindung zum Gegen-

stand haben: die Feinheit der Würze hängt in der Tat vom Geruchssinn ab.

Mit der Geschichte dieses Sinnes setzt sich RUTH WINTER, eine Journalistin der Los Angeles Times, in ihrem interessanten Buch auseinander, das 1978 unter dem Titel *Le livre des odeurs* in Frankreich erschien; hier finden wir eine umfassende Bibliographie der jüngeren Arbeiten über die Sinnesphysiologie und die experimentelle Psychologie, insbesondere auch genaue Angaben zu den Werken von J. Le Magnen und A. Holley, den französischen Spezialisten dieser Aspekte der Osmologie. Die Ästhetik des Geruchssinns ist Thema des bemerkenswerten Beitrags von EDMOND ROUDNITSKA, *L'esthétique en question*, Paris 1977; interessant erscheint vor allem die Auseinandersetzung mit der Kantschen Disqualifizierung des Geruchssinns.

Nennenswert sind ferner die Arbeiten von Peter Reinhart Gleichmann. Anknüpfend an die Zivilisationstheorie von Norbert Elias untersucht Gleichmann schon seit Jahren die Zusammenhänge zwischen den sich wandelnden Affekten, der Transformation der Körperbilder und den Techniken der sozialen Kontrolle, die bei der Entwicklung neuer Sanierungssysteme zum Ausdruck kommen. Seine Ausführungen zur Integration der physiologischen Funktionen in den häuslichen Bereich und das dadurch bedingte Anschwellen der Interaktionsketten beziehen sich direkt auf unser Thema; vgl. dazu P. R. GLEICHMANN, »Des villes propres et sans odeur«, in: *Urbi*, Paris, April 1982. Es muß hinzugefügt werden, daß der Autor sich hauptsächlich mit Mitteleuropa zwischen 1866 und 1930 befaßt, so daß die Mythologien aus der Zeit vor Pasteur bei ihm nicht zur Sprache kommen und die Bedeutung der hier untersuchten Periode auf ein Minimum reduziert wird.

Zum gleichen Thema, siehe auch DOMINIQUE LAPORTE, *Histoire de la merde*, Paris 1979. Was die Verwendung des Wortes Scheiße betrifft, so ist die Zeit einer schamhaften Suche nach Synonymen oder gar der Ersetzung durch Auslassungspünktchen selbstverständlich vorbei. Die Linguisten haben derartige Vorgehensweisen mittlerweile zum Gegenstand ihrer Forschung gemacht; hinsichtlich der obszönen Sprache, vgl. PAUL VIALLANEIX UND JEAN EHRARD (HRSG.), *Aimer en France, 1760–1860*, Paris 1979, Bd. II, S. 414. Im übrigen wäre es sinnlos, eine Geschichte des Geruchs in Angriff zu nehmen, ohne die Säuberung der geruchsbezogenen Sprache und damit einen wesentlichen Aspekt der Desodorisierung mit einigem Abstand zu betrachten.

7. JOHN LOCKE, *An essay concerning human understanding*, London 1694; dt. *Über den menschlichen Verstand*, Berlin 1962.

8. MAUBEC, *Principes physiques de la raison et des passions des hommes*, Paris 1701; vgl. auch JEAN EHRARD, *L'idée de nature en France dans la première moitié du XVIIIe siècle*, Paris 1963, S. 676.

9. DAVID HARTLEY, *Conjecturae quaedem de sensu, motu et idearum generatione*, London 1737; zit. nach der franz. Übers., *Explication physique des sens, des idées et des mouvements*, Paris 1755.

10. ÉTIENNE BONNOT DE CONDILLAC, *Essai sur l'origine des connaissances humaines*, Amsterdam 1746; dt. *Versuch über den Ursprung der menschlichen Erkenntnis*, Leipzig 1780; ders. *Traité des sensation*, Paris 1754; dt. *Condillac's Abhandlung über die Empfindungen*, Berlin 1870.

11. J. EHRARD, *op. cit.*, S. 685.

12. Vgl. CLAIRE SALOMON-BAYET, *L'institution de la science et l'expérience du vivant*, Paris 1978, S. 204 ff. Die Autorin hat sehr schön dargelegt, wie die Gelehrten mit Beobachtungen über den *homo ferus* umgehen: sie bedienen sich philosophischer und experimenteller Listen (Condillac zieht die Statue und Maupertius den geheilten Blinden zum Beweis heran) oder auch unvorhergesehener Unfälle (Rousseaus Sturz bei seiner zweiten Promenade), um auf diese Weise eine Lösung für die Probleme der empirischen Erkenntnis zu finden.

13. JACQUES GUILLERME, »Le malsain et l'économie de la nature«, in: *XVIIIe siècle*, Paris 1977, Nr. 9, S. 61.

14. Noël Antoine Pluche, *Le spectacle de la nature*, Paris 1732–1750; dt. *Schauplatz der Natur*, Wien/Nürnberg 1746–1753. »All die verschiedenen Düfte, Gerüche, Klänge und Farben, kurz, all unsere Sinneseindrücke sind nur die unseren Bedürfnissen entsprechend abwechselungsreiche Wirkung Gottes auf uns«, schreibt Abbé Pluche. *Ibid.*(franz.), Bd. IV, S. 162.

15. L. Febvre, *op. cit.*, S. 461–472.

16. J. Locke, *op. cit.*, Bd. I, S. 130, weist ausdrücklich auf die Spracharmut in diesem Bereich hin.

17. Robert Boyle hatte festgestellt, daß Moschus trotz der starken Düfte, die er verströmt, nichts oder fast nichts von seiner Substanz verliert. Albrecht von Haller berichtet von Papieren, die nur mit einem einzigen Körnchen Ambra parfümiert worden sind und ihren intensiven Duft nach über vierzig Jahren immer noch nicht verloren haben; vgl. A. v. Haller, *Elementa physiologiae corpore humani*, Lausanne 1757–1765; zit. nach der französischen Übers., *Éléments de physiologie*, Paris 1769, Bd. IV, S. 157. Diese und ähnliche Beobachtungen bestärken die von Hermannus Boerhaave entwickelte Theorie des *spiritus rector*. Boerhaave zufolge entsteht der Geruch keineswegs durch die Ausdünstung von dem Riechstoff abgelöster Korpuskeln, sondern er ist ein alles durchdringendes Fluidum, ein »sehr flüchtiges, sehr vergängliches, sehr verbreitungsfähiges Wesen ohne jede Schwerkraft, vollkommen unsichtbar und unfühlbar, außer für die Riechmembran«; vgl. Hippolyte Cloquet, *Osphrésiologie ou Traité des odeurs*, Paris 1821, S. 39–40; dt. *Osphresiologie oder Lehre von den Gerüchen*, Weimar 1824. Für die meisten Gelehrten ist dieser *spiritus rector* – Ende des 18. Jahrhunderts auch Aroma genannt – öliger Natur. Es liegt allerdings auf der Hand, daß er nicht überall in derselben Form auftaucht. Macquer, einer der größten Chemiker jener Zeit, versucht die unterschiedlichen Arten, in denen der *spiritus rector* in Erscheinung tritt, systematisch zu erfassen.

Eben diese Verschiedenheit ist es, die

Boerhaaves Theorie in Mißkredit bringen sollte. Da das Aroma sich laufend in einer von sich selbst abweichenden Form zeigt, ist seine Existenz als allgemeines Prinzip nicht länger aufrechtzuerhalten. Dies jedenfalls vertritt Nicolas Le Cat, *Traité des sensations et des passions en général et des sens en particulier*, Paris 1767, Bd. II, S. 234; die gleiche Meinung teilt auch der Chevalier de Jaucourt in seinem 1765 verfaßten Artikel »odorat« der *Encyclopédie*. Obgleich die schon von Theophrast formulierte und von den Kartesianern anerkannte Korpuskulartheorie einen hypothetischen Charakter bewahrt. bis Fourcroy und Berhollet die notwendigen Beweise erbringen, sind viele Zeitgenossen Jean-Noël Hallés überzeugt, daß die Körper riechende Teilchen von ihrer eigenen Substanz abgeben.

18. Diese Ansicht vertritt vor allem Buffon.

19. Vgl. die Rolle der Sprache bei Condillac, analysiert von Jean Ehrabd, *op. cit.*, S. 686.

20. Nachtrag zum Artikel »odorat« der *Encyclopédie*. Von Hallers Äußerungen erinnern an die weiter unten zitierten Ausführungen Freuds zum gleichen Thema; siehe *unten*, S. 323.

21. Père du Tertre, *Histoire naturelle et morale des îles Antilles . . .*, Paris 1658; Père Lafitau, *Mœrs des sauvages américains*, Paris 1724; Alexander von Humboldt, *Versuch über den politischen Zustand des Königreichs Neu-Spanien*, Tübingen 1809–1814.

22. Insbesondere Samuel Thomas von Sömmerring und Johann Friedrich Blumenbach.

23. »Man hat beobachtet«. schreibt Albrecht von Haller 1777. »daß ein in der Wildnis großgewordenes Kind an den Kräutern schnüffelte wie ein Schaf, daß es mit der Nase auswählte, von welchen es sich ernähren wollte: nachdem es der Gesellschaft zurückgegeben, und an mancherlei Speisen gewöhnt war, hat es diese Fähigkeit verloren.«

24. Vgl. N. Le Cat, *op. cit.*, Bd. II, S. 230.

25. Auch dies nach Auffassung von Albrecht von Haller, *op. cit.*, Bd. II, S. 33.

26. CHEVALIER DE JAUCOURT, *art. cit.*

27. A. VON HALLER, *op. cit.*

28. JEAN-JACQUES ROUSSEAU, *Émile*, Paris 1762; dt. *Emile*, Stuttgart 1963, S. 337. Hier heißt es vor allem: die Gerüche »affizieren weniger durch das, was sie wirklich anzeigen, als durch das, was sie vermuten lassen«.

29. CHEVALIER DE JAUCOURT, *art. cit.*: »Es besteht eine unbekannte Verbindung zwischen dem Lebensprinzip und den Riechstoffen.«

30. »Ich begann ohne Erregung zu sehen und ohne Verwirrung zu hören, als ich die Frische eines leichten Windhauchs verspürte, der Düfte zu mir trug, die mich inniglich beglückten und mir ein Gefühl der Liebe zu mir selbst verliehen«, erklärt der erste Mensch in BUFFONS Werk *De l'homme*, Paris 1971, S. 215.

Revolution der Wahrnehmung oder der verdächtige Geruch

Die Luft und die faulige Gefahr

1. Auch Boissier de Sauvages, erster Preisträger des Wettbewerbs, den die Akademie von Dijon 1753 zu diesem Thema ausschrieb, bleibt der mechanistischen Konzeption der Luft treu. Ihm zufolge besteht die Luft aus winzigen Kugeln oder Molekülen, getrennt durch Zwischenräume, in denen sich fremde Stoffe einnisten können; vgl. BOISSIER DE SAUVAGES, *Dissertation où l'on recherche comment l'air, suivant ses différentes qualités, agit sur le corps humain*, Bordeaux 1754.

Im vorhergehenden Jahrhundert hatte Boerhaave die Luft noch für ein einfaches Werkzeug gehalten, einen nicht von den chemischen Austauschprozessen betroffenen Mittler.

2. »Deshalb verdaut man die gleichen Nahrungsmittel unterschiedlich, je nach der Luft, die man atmet«, schrieb Malouin 1755. Die Folge ist, daß der Mensch auf dem Lande besser verdaut als in der Stadt. M. MALOUIN, *Chimie médicinale*, Paris 1755, Bd. I, S. 54.

3. Zu der Bedeutung, die dem Begriff der Fasern oder »Fibern« im 18. Jahrhundert zukommt, siehe JEAN-MARIE ALLIAUME, »Anatomie des discours de réforme«, in: *Politique de l'habitat (1800–1850)*, Paris 1977, S. 150.

4. Jean Ehrard stellt sehr aufschlußreiche Überlegungen zu diesem Aspekt des Themas an; vgl. JEAN EHRARD, *L'idée de nature en France dans la première moitié du XVIIIe siècle*, Paris 1963, S. 697–703.

5. Die Gebildeten, schreibt de Sèze, wissen sehr wohl, daß die Morgenluft »vortrefflich zum Studieren disponiert«; ROMAIN DE SÈZE, *Recherches physiologiques et philosophiques sur la sensibilité ou la vie animale*, Paris 1786, S. 241.

6. In diesem Zusammenhang, vgl. den hervorragenden Artikel von OWEN und CAROLINE HANNAWAY, »La fermeture du cimetière des Innocents«, in: *XVIIIe siècle*, Paris 1977, Nr. 9, S. 181–191.

7. In seinen Augen macht das elektrische Fluidum das Wesen der Nervenflüssigkeit aus; mit dieser Überzeugung stellt er die Theorie von den »Lebensgeistern« in den Schatten.

8. Vgl. JEAN EHRARD, *op. cit.*, S. 701 ff.

9. ROBERT BOYLE, *The general history of the air*, London 1692. Siehe auch JOHN ARBUTHNOT, *An essay concerning the effects of air on human bodies*, London 1733; zit. nach der franz. Übers., *Essai des effets de l'air sur le corps humain*, Paris 1742, insbesondere S. 92 ff.

10. Vgl. PIERRE THOUVENEL, *Mémoire chimique et médical sur la nature, les usages et les effets de l'air, des aliments et des médicaments, relativement à l'économie animale*, Paris 1780.

11. Zum Werk des Hippokrates und seiner Bedeutung, siehe ROBERT JOLY, *Hippocrate, médecine grecque*, Paris 1964, insbesondere das Kapitel über die Luft, die Wässer und die Gegenden, S. 75 ff.

Der Einfluß, den die griechischen Ärzte unterschiedlicher Schulen der Luft zusprechen, ist außerordentlich vielfältig; vgl. JEANNE DUCATILLON, *Polémiques dans la collection hippocratique*, Dissertation Paris IV, 1977, S. 105 ff. Hippokrates und seine Schüler ordneten die Medizin der Kenntnis des menschlichen Körpers unter und wichen damit von einer »alten Medizin« ab, die sich unter dem Einfluß der Philosophen herausgebildet hatte. Diese »alte Medizin« behauptete, die Krankheiten durch eine einzige Ursache erklären zu können; sie vertrat einen kosmologischen Standpunkt und maß den Winden größere Bedeutung bei als die Ärzteschule von Kos. Vgl. in diesem Zusammenhang die Kommentare von ROBERT JOLY, *op.cit.*, S. 25 ff, und JEANNE DUCATILLON, *op. cit.*, zu der Abhandlung »Von den Winden«.

Es sei noch angemerkt, daß Antoine Thivel in einem jüngst erschienenen Beitrag die Legitimität dieser Unterscheidung zwischen den beiden Schulen in Frage stellt; vgl. ANTOINE THIVEL, *Cnide et Cos? Essai sur les doctrines médicales dans la collection hippocratique*, Paris 1981. Zur medizinischen Konstitutionslehre, siehe die Beiträge von JEAN-PAUL DESAIVE, JEAN-PIERRE GOUBERT, EMMANUEL LE ROY LADURIE, JEAN MEYER u. a., in: *Médecins, climats et épidémies à la fin du XVIIIe siècle*, Paris 1972.

12. JOHN ARBUTHNOT, *op. cit.*, S. 268.

13. P. THOUVENEL, *op. cit.*, S. 27. »Die Luft darf weder zu rein sein noch zu geistig, weder zu dunstig, noch zu feurig, noch zu schwer, noch zu matt, noch zu konzentriert, noch zu flüssig, noch zu ausgedehnt, noch zu fade, noch zu erregend, noch zu nahrhaft, noch zu septisch, noch zu antiseptisch, noch zu austrocknend, noch zu befeuchtend, noch zu entspannend . . .«, schreibt der Autor – recht spät, aber immer noch unter dem Gesichtspunkt des besagten Gleichgewichts. *Op. cit.*, S. 24.

14. JOHN ARBUTHNOT, *op. cit.*, S. 275.

15. Vgl. JEAN EHRARD, »Opinions médicales en France au XVIIIe siècle: La peste et l'idée de contagion«, in: *Annales. Économies, Sociétés, Civilisations*, Paris, Januar–März 1957, S. 46–59.

16. JACQUES GUILLERME, »Le malsain et l'économie de la nature«, in: *XVIIIe siècle*, Paris 1977, Nr. 9, S. 61–72.

17. CARL WILHELM SCHEELE, *Physische und chemische Werke*, Berlin 1793. Noch deutlicher wird die Experimentierlust in den Schriften von JEAN-GODEFROI LÉONHARDY, *Supplément au traité chimique de l'air et du feu de M. Scheele* und *Tableau abrégé des nouvelles découvertes sur les diverses espèces d'air*, Paris 1785.

18. JOSEPH PRIESTLEY, *Experiments and observations on different kinds of air*, London 1774–1777; dt. *Versuche und Beobachtungen über verschiedene Gattungen der Luft*, Wien 1779.

19. JACQUES GUILLERME, *art. cit.*, S. 63.

20. *Ibid.*, S. 61.

21. Vgl. PIERRE DARMON, *Le mythe de la procréation à l'âge baroque*, Paris 1977.

22. P. THOUVENEL, *op. cit.*, S. 15.

23. FRANCIS BACON, *Historia naturalis & experimentalis de ventis*, Amsterdam 1662.

Zur Geschichte der Forschungsarbeiten über die Fäulnis, siehe JEAN-JACQUES GARDANE, *Essais sur la putréfaction des humeurs animales*, Paris 1769.

24. *Ibid.*

25. Balsamisch heißt hier: ölig. Vgl. JOHANN JOACHIM BECHER, *Physica subterranea*, Frankfurt am Main 1669; dt. *Chymisches Laboratorium oder unter-erdische Naturkündigung*, Frankfurt am Main 1680.

26. Im antiken Griechenland galt das Aromat, die nicht faulende Sonnenpflanze, deren Urbild die Myrrhe ist, als Antithese der feuchten, leicht faulenden Gewächse, symbolisiert durch den Lattich. Vgl. MARCEL DÉTIENNE, *Les jardins d'Adonis. La mythologie des aromates en Grèce*, Paris 1972.

27. JOHN PRINGLE, *Experiments and observations upon septic and antiseptic substances*, Vortrag vom 28. Juni 1750. DAVID

Mac Bride, *Experimental essays*, London 1764; dt. *Durch Erfahrung erläuterte Versuche*, Zürich 1766.

28. Die Abhandlungen von Barthélemy-Camille Boissieu, Toussaint Bordenave und Guillaume-Lambert Godart erschienen als Sammelband unter dem Titel: *Dissertations sur les antiseptiques*, Dijon 1769.

29. J.-J. Gardane, *op. cit.*, S. 121; ebenso die folgenden Zitate.

30. Robert Mauzi, *L'idée du bonheur au XVIIIᵉ siècle*, Paris 1960, S. 273 ff.

31. Madame Thiroux d'Arconville, *Essai pour servir à l'histoire de la putréfaction*, Paris 1766.

32. G.-L. Godart, *op. cit.*, S. 253–258.

33. Zitiert von J.-J. Gardane, *op. cit.*, S. 220.

34. Diese Meinung stützt sich auf die von den Philosophen etablierte Sinneshierarchie, die ein Erbe Platons ist.

35. J.-J. Gardane, *op. cit.*, S. 124.

36. J. Guillerme, *art. cit.*, S. 61.

37. J. Ehrard, *art. cit.*; der Autor untersucht die Genese und Entwicklung der Theorie von den Miasmen sowie deren ursprüngliche Verbindung zu den Korpuskulartheorien, die aus den Arbeiten von Boyle hervorgingen. Ehrard unterscheidet zwischen der Theorie von den Miasmen, der von den Keimen und der von den Würmern oder Insekten.

38. J. Guillerme, *art. cit.*, S. 63.

39. John Cowper Powys, *Morwyn*, London 1937. Robert Favre, *op. cit.*, S. 403, erinnert an die Worte, mit denen die hl. Theresia von Ávila die Hölle beschrieb: »Sie ist der Ort, an dem es stinkt und an dem es keine Liebe gibt.«

40. Vgl. auch die bei den Romantikern hartnäckig fortlebende Überzeugung, daß der Tod notwendig ist, damit eine neue Welt entstehen kann. So etwa der Tod von Gauvin und Cimourdin in Victor Hugos *Quatre-vingt-treize*, Paris 1874; dt. *Siebzehnhundertdreiundneunzig*, Frankfurt am Main 1973; oder auch das bereits 1798–1801 entstandene Werk von Novalis, *Heinrich von Ofterdingen*, Stuttgart 1978.

41. J. Guillerme, *art. cit.*, S. 62.

Schwerpunkte der Wachsamkeit

1. J. Ehrard, *L'idée de nature …*, *op. cit.*, S. 71.

2. Boissier de Sauvages, *op. cit.*, S. 51.

3. *Ibid.*

4. J. J. Becher, *op. cit.*

5. Diese Vorstellung von einem Ausgleich, einer Unschädlichmachung der Luftverderbnis, unterstützt die Auffasung von Arbuthnot, *op. cit.*, *passim*.

6. Vgl. R. Boyle, *op. cit.*

7. Bernardino Ramazzini, *De morbis artificum diatriba*, Padua 1700; dt. *Untersuchung von den Krankheiten der Künstler und Handwerker*, Leipzig 1705.

8. *Ibid.*, S. 247.

9. *Ibid.*, S. 395.

10. Siehe *oben*, S. 206.

11. M. de Chamseru, »Recherches sur la nyctalopie«, in: *Histoire et Mémoires de la Société Royale de Médecine*, Paris 1786, S. 167 ff.

12. J.-B. Théodore Baumes, *Mémoire (…) sur la question: peut-on déterminer par l'observation quelles sont les maladies qui résultent des émanations des eaux stagnantes…*, Paris 1789, S. 234.

13. *Ibid.*, S. 165. Im Jahr 1815 wiederholt Étienne Tourtelle das gleiche Klagelied; vgl. E. Tourtelle, *Éléments d'hygiène*, Paris 1815, Bd. I, S. 277.

14. Paul Savi, »Considérations sur l'insalubrité de l'air dans les Maremmes«, in: *Annales de chimie et de physique*, Paris 1841, S. 347.

15. E. Tourtelle, *op. cit.*, Bd. I, S. 278.

16. Mit diesem recht obskuren Thema beschäftigt sich Jean Roger, *Les sciences de la vie dans la pensée française du XVIIIᵉ*

siècle, Paris 1963, S. 642–647. Wichtigster Vertreter der Theorie des universellen Vitalismus war JEAN-BAPTISTE ROBINET; vgl. sein Werk *De la nature*, Paris 1761–1768.

17. M. THOURET, *Rapport sur la voirie de Montfaucon*, Vortrag vom 11. November 1788 bei der *Société Royale de Médecine*, S. 13.

18. »Rapport fait à l'Académie Royale des Sciences le 17 mars 1780 par MM. Duhamel, de Montigny, Le Roy, Tenon, Tillet et Lavoisier, rapporteur«, in: ANTOINE LAURENT LAVOISIER, *Œuvres*, Paris 1844, Bd. III, S. 493.

19. Vgl. die symbolische Bedeutung des Burgverließes und seine Rolle als Übermittler von Botschaften aus der Vergangenheit bei VICTOR HUGO, insbesondere in: *Quatre-vingt-treize*, *op. cit.*, und *L'homme qui rit*, Paris 1869; dt. *Die lachende Maske*, Leipzig 1952.

20. Vgl. BOISSIER DE SAUVAGES, *op. cit.*, S. 54.

21. BRUNO FORTIER, »La politique de l'espace parisien«, in: *La politique de l'espace parisien à la fin de l'Ancien Régime*, Paris 1975, S. 32.

22. LOUIS-SÉBASTIEN MERCIER, *Tableau de Paris*, Amsterdam 1782–1788, Bd. I, S. 21; dt. Teilsammlung: *Mein Bild von Paris*, Frankfurt am Main 1979.

23. BRUNO FORTIER, *art. cit.*, S. 116–125.

24. ROBERT FAVRE, *La mort dans la littérature et la pensée française au siècle des Lumières*, Paris 1978, S. 398.

25. Vgl. GASTON BACHELARD, *La terre et les rêveries de la volonté*, Paris 1948, S. 129 ff. Bachelard ist der Meinung, daß sich hinter der Aufmerksamkeit, die den schlammigen Materien entgegengebracht wird, eine Ambivalenz verbirgt: sie zeigt den indirekten Wunsch, sich im Dreck zu wälzen – eine Form der Regression, über die in der Psychoanalyse viel nachgedacht und geschrieben wurde. Der auf den Unrat bezogene Utilitarismus (siehe *oben*, S. 152) wäre demnach nur ein Vorwand für den Gelehrten, seinen Trieben nachzugehen; der Lebensstil von Parent-Duchâtelet, die Analysen von Chevreul und die Aufrufe von Chaptal zugunsten einer

Weiterverwendung des Schlamms wären Ausdruck ihres unbewußten Wunsches. Aber zugleich ist die Erforschung des Schlamms auch ein Blick in die Zukunft, geplagt von der Angst vor möglichen Keimungsprozessen. Ein anderer Aspekt indes will mir noch wichtiger erscheinen, nämlich die zwanghafte Angst vor dem unwiderruflichen Verlust und die wilde Entschlossenheit, ihm entgegenzuwirken.

26. Vgl. PIERRE CHAUVET, *Essai sur la propreté de Paris*, Paris 1797, S. 24; vor allem aber L.-S. MERCIER, *op. cit.*, Bd. I, S. 213; und J.-H. RONESSE, *Vues sur la propreté des rues de Paris*, Paris 1782, S. 14. An der Genauigkeit, mit der die beiden zuletzt genannten Autoren den Schlamm und »Auswurf« auf den Straßen von Paris analysieren, zeigt sich die Bedeutung, die sie dem Problem zumessen. PIERRE PIERRARD, *La vie ouvrière à Lille sous le Second Empire*, Paris 1965, zitiert allerhand Texte über den Schlamm in Lille, die sich durch ähnliche Präzision auszeichnen.

27. E. CHEVREUL, »Mémoire sur plusieurs réactions chimiques qui intéressent l'hygiène des cités populeuses«, Vortrag vom 9. und 16. November 1846, in: *Annales d'hygiène publique et de médecine légale*, Paris 1853, S. 15.

28. *Ibid.*, S. 36.

29. *Ibid.*, S. 38.

30. P.-A. PIORRY, *Des habitations et de l'influence de leurs dispositions sur l'homme en santé et en maladie*, Paris 1838, S. 49.

31. L.-S. MERCIER, *op. cit.*, Bd. IV, S. 218.

32. JOHN HOWARD, *An account on the present state of the prisons, houses of correction and hospitals*, London 1784; zit. nach der franz. Übers., *Etat des prisons, des hôpitaux et des maisons de force*, Paris 1788, Bd. I, S. 240.

33. PHILIPPE PASSOT, *Des logements insalubres, de leur influence et de leur assainissement*, Paris 1851, S. 24; der Autor bezieht sich auf das Werk des Lyoners FRANCIS DEVAY, *L'hygiène des familles*.

34. PH. PASSOT, *op. cit.*, S. 25.

35. *Ibid.*

36. MATHIEU GÉRAUD, *Essai sur la suppression des fosses d'aisances et de toute*

espèce de voirie, sur la manière de convertir en combustibles les substances qu'on y renferme, Amsterdam 1786, S. 34.

37. DUHAMEL DU MONCEAU, *Moyens de conserver la santé aux équipages des vaisseaux; avec la manière de purifier l'air des salles des hôpitaux*, Paris 1759, S. 131.

38. JAMES LIND, *An essay on the most effectual means of preserving the health of seamen in the Royal Navy*, London 1758; zit. nach der franz. Übers., *Essai sur les moyens les plus propres à conserver la santé des gens de mer*, Paris 1762, S. 17.

39. J. HOWARD, *op. cit.*, S. 14.

40. J. HOWARD, *An account to the principal lazarettos in Europe*, Warrington 1789; zit. nach der franz. Übers., *Histoire des principaux lazarets de l'Europe*, Paris 1801, Bd. II, S. 144.

41. Das gleiche gilt übrigens für die Saugfähigkeit der Wolle; aber dieses Thema führt zu weit.

42. P. CHAUVET, *op. cit.*, S. 17.

43. L.-S. MERCIER, *op. cit.*, Bd. VII, S. 226.

44. Lange Ausführungen zu diesem Thema finden sich in dem Werk von ALFRED FRANKLIN, *La vie privée d'autrefois*, Bd. VII, »L'hygiène«, Paris 1900, S. 153 ff.

45. Zur Unwirksamkeit des Pariser Polizeiapparats im allgemeinen, siehe ARLETTE FARGE, *Vivre dans la rue à Paris au XVIIIe siècle*, Paris 1979, S. 193 ff., besonders S. 209.

46. Diese Handwerker benutzen tatsächlich abgestandenen Urin; vgl. B. RAMAZZINI, *op. cit.*, S. 102.

47. L.-S. MERCIER, *op. cit.*, Bd. XI, S. 54.

48. P. CHAUVET, *op. cit.*, S. 18.

49. La Morandière (1764), zitiert von DR. CABANÈS, *Mœurs intimes du passé*, Paris 1908, S. 382.

50. ARTHUR YOUNG, *Travels in France during the years 1787, 1788, 1789*, London 1789; dt. *Reisen durch Frankreich*, Berlin 1793–1795; zit. nach der franz. Übers., *Voyages en France*, Paris 1976, S. 382.

51. JOHN PRINGLE, *Observations on the diseases of the army, in camp and garrison*, London 1753; dt. *Beobachtungen über die Krankheiten einer Armee, sowohl im Felde als in Garnison*, Altenburg 1754;

zit. nach der franz. Übers., *Observations sur les maladies des armées dans les camps et dans les garnisons*, Paris 1793, S. 300. Pringle stützt sich auf Versuche, die Homberg schon 1711 unternommen hat.

52. M. GÉRAUD, *op. cit.*, S. 38.

53. LABORIE, CADET LE JEUNE, PARMENTIER, *Observations sur les fosses d'aisances et moyens de prévenir les inconvénients de leur vidange*, Paris 1778, S. 106.

54. P. CHAUVET, *op. cit.*, S. 38.

55. L.-S. MERCIER, *op. cit.*, Bd. XI, S. 55.

56. M. THOURET, *op. cit.*, S. 15.

57. M. GÉRAUD, *op. cit.*, S. 66.

58. *Ibid.*, S. 96.

59. ALEXANDRE PARENT-DUCHÂTELET behauptet es jedenfalls; vgl. »Rapport sur les améliorations« à introduire dans les fosses d'aisances«, in: *Hygiène publique*, Paris 1835, Bd. II, S. 350.

60. *Dictionnaire philosophique*, Artikel »déjection«.

61. L.-S. MERCIER, *op. cit.*, Bd. X, S. 250.

62. NOUGARET und MARCHAND, *Le vidangeur sensible*, Paris 1777. Die Auseinandersetzung über den Brechreiz, der schon beim Gedanken an eine mögliche Aufführung dieses Stücks entsteht – eines Stücks, dessen erklärte Absicht es ist, die »Ziererei« des Ekels zu bekämpfen (vgl. S. XIV) –, bezeugt die von den Exkrementen ausgehende Faszination ebenso wie die neue Sensibilität.

63. J.-N. HALLÉ, *Recherches sur la nature et les effets du méphitisme des fosses d'aisances*, Paris 1785, S. 77–81. Genaue Analysen finden sich auch in den bereits zitierten Werken von Laborie und Thouret.

64. M. THOURET, *op. cit.*, S. 21.

65. L.-S. MERCIER, *op. cit.*, Bd. VII, S. 299: »Die Exkremente des Volkes befinden sich in ihren verschiedenen Ausführungen fortwährend unter den Augen der Herzoginnen, Marquisen und Prinzessinnen.« Erst das 19. Jahrhundert sollte versuchen, den Fäkalgeruch auf die Armen zu beschränken, sie mit dem Gestank der Exkremente zu identifizieren.

66. Vgl. insbesondere: PHILIPPE ARIÈS, *L'homme devant la mort*, Paris 1978; dt. *Geschichte des Todes*, München 1980. PH. CHAUNU, *La mort à Paris, XVIe, XVIIe*,

XVIIIᵉ siècles, Paris 1978. Pascal Hinter-meyer, *Politiques de la mort*, Paris 1981. Und, nicht zu vergessen, die Dissertation von François Lebrun, *Les hommes et la mort en Anjou aux XVIIᵉ et XVIIIᵉ siècles*, Paris 1975.

67. Abbé Porée, *Lettres sur la sépulture dans les églises*, Caen 1745.

68. Henri Haguenot, *Mémoire sur les dangers des inhumations*, Paris 1744.

69. Vicq d'Azyr, *Essai sur les lieux et les dangers des sépultures*, Paris 1778, S. CXXXI.

70. J. de Horne, *Mémoire sur quelques objets qui intéressent plus particulière-ment la salubrité de la ville de Paris*, Paris 1788, S. 4.

71. Vgl. Cadet de Vaux, *Mémoire histori-que et physique sur le cimetière des In-nocents*, Paris 1781.

72. Charles Londe, *Nouveaux éléments d'hygiène*, Paris 1838, Bd. II, S. 348.

73. F.-E. Fodéré, *Traité de médecine légale et d'hygiène publique ou de police de santé...*, Paris 1813, Bd. V, S. 302.

74. In diesem Zusammenhang sei auf die Theorie von Pierre Toussaint Navier hin-gewiesen, der zufolge krankheitser-regende Strahlen von Leichen ausgehen; vgl. P.-T. Navier, *Sur les dangers des ex-humations précipitées et sur les abus des inhumations dans les églises*, Paris 1775.

75. J. de Horne, *op. cit.*, S. 11.

76. Vgl. Daubenton, Bailly, Lavoisier u.a., *Rapport des mémoires et projets pour éloigner les tueries de l'intérieur de Paris*. Allein an der Rue Saint-Martin, zwischen der Rue Au maire und der Rue Montmo-rency, drängen sich sechzehn Schlacht-häuser den Blicken auf; sechs weitere be-finden sich in den Nebenstraßen.

77. M. Thouret, *op. cit.*, S. 28. Der Ge-stank ist ein fundamentales Element der städtischen Pathologie; vgl. Emmanuel Le Roy Ladurie, »La ville moderne«, in:

Histoire urbaine, Paris 1981, Bd. III, S. 292 ff.

78. Vgl. L.-S. Mercier, *op. cit.*, Bd. I, S. 137-138.

79. Vgl. besonders M.F.-E. Ramel, *De l'in-fluence des marais et des étangs sur la santé de l'homme*, Marseille 1801.

80. M. Malouin, *op. cit.*, S. 62.

81. Duhamel du Monceau, *op. cit.*, S. 40.

82. Abbé Bertholon, *De la salubrité de l'air des villes et en particulier des moyens de la procurer*, Montpellier 1786, S. 6-7.

83. Im übrigen hat dieses Wort damals eine andere Bedeutung als heute.

84. Joseph Raulin (1766), zitiert von M. F.-B. Ramel, *op. cit.*, S. 63.

85. Dazu vgl. Jean-Baptiste Monfalcon, *Histoire des marais*, Paris 1824, S. 32. In diesem Werk (S. 69-78) findet sich außer-dem eine gut dokumentierte Zusammen-fassung der Geschichte jener Theorien, die sich mit der »Beschaffenheit der mora-stigen Ausdünstungen« befassen.

Anfang des 19. Jahrhunderts wurde viel über die »Gatts« an den Ufern der Charente geschrieben; vgl. Alain Corbin, »Progrès de l'économie maraîchine«, in: *Histoire du Poitou, du Limousin et des pays charentais*, Toulouse 1976, S. 591 ff., sowie die Bibliographie, S. 413-414.

86. F.-E. Fodéré, *op. cit.*, Bd. V, S. 168.

87. J.-B. Th. Baumes, *op. cit.*, S. 99.

88. Ingenhousz ist der Ansicht, daß diese Gase zugleich phlogistisiert, keimhaltig und fäulniserregend sind. Damit bestätigt sich, daß die morastigen Ausdünstungen im Denken der zeitgenössischen Gelehr-ten alle Gefahren in sich vereinen. Vgl. Jan Ingenhousz, *Experiments on vegetables*, London 1779; dt. *Versuche mit Pflanzen*, Leipzig 1780, S. 170-171.

89. J.-B. Th. Baumes, *op. cit.*, S. 7.

90. *Ibid.*

91. F.-E. Fodéré, *op. cit.*, Bd. V, S. 164 ff.

92. J.-B. Th. Baumes, *op. cit.*, S. 196.

1. 1786 schreibt DE SÈZE, op. cit., S. 85, es seien vor allem Bordeu und Lorry (siehe oben, S. 189), die gemeinsam mit Barthez für den Niedergang des Mechanismus, seiner Triebfedern und seiner Hebel gesorgt hätten.

2. THÉOPHILE DE BORDEU, Recherches sur les maladies chroniques, Paris 1775, Bd. I, S. 378.

3. Ibid., S. 379.

4. Ibid., S. 383.

5. Ibid.

6. J. BRIEUDE, »Mémoire sur les odeurs que nous exhalons, considérées comme signes de la santé et des maladies«, in: Histoire et Mémoires de la Société Royale de médecine, Paris 1789, Bd. X; J.-J. Virey, »Des odeurs que répandent les animaux vivants«, in: Receuil périodique de la Société de Médecine de Paris, Paris 1799, Bd. VIII, S. 161 ff. und S. 241 ff.; A.-J. Landré-Beauvais, Séméiotique ou traité des signes des maladies, Paris 1815 (2. Aufl.), S. 419–432.

7. CHARLES FALIZE, »Quelle est la valeur des signes fournis par l'odeur de la bouche?«, in: Questions sur diverses branches des sciences médicales, Paris 1839.

8. DR. E. MONIN, Les odeurs du corps humain, Paris 1885. Zu dieser Zeit erlebt die Osphresiologie einen neuen Aufschwung.

9. Siehe oben, S. 248.

10. TH. DE BORDEU, op. cit., S. 435.

11. YVONNE VERDIER, Façons de dire, façons de faire, Paris 1979; dt. Drei Frauen. Das Leben auf dem Dorf, Stuttgart 1982, besonders S. 17–77.

12. TH. DE BORDEU, op. cit., S. 411.

13. Ibid., S. 414.

14. Ibid., S. 412.

15. Ibid., S. 413.

16. J. BRIEUDE, op. cit., S. LI.

17. A. VON HALLER, op. cit., Bd. II, S. 253.

18. Diese Theorie bildet die Grundlage für das zitierte Werk von DR. E. MONIN.

19. Aristoteles ist der Ansicht, daß der Körpersaft, wenn er keiner hinreichenden Verdauung unterliegt und die daraus hervorgehenden Produkte nicht ausgeschieden werden, Fäulnis verbreitet.

20. TH. DE BORDEU, op. cit., S. 469.

21. In seinen Anmerkungen zur Neuausgabe des zuerst 1802 erschienenen Werkes von P. J. GEORGES CABANIS, Rapport du physique et du moral de l'homme, Paris 1844, schreibt L. PEISSE in Hinsicht auf die spezifischen Körpergerüche: »Bei schwachen Völkern oder Individuen ist dieser Geruch weniger ausgeprägt; stark animalisierten Arten und besonders kräftigen Körpern dagegen haftet er intensiver an.«

22. J. INGENHOUSZ, op. cit., S. 94.

23. Siehe oben, S. 287.

24. TH. DE BORDEU, op. cit., S. XLVII.

25. Ibid., S. 428.

26. Vgl. etwa ABBÉ JACQUIN, De la santé, ouvrage utile à tout le monde, Paris 1762, S. 283.

27. XENONPHON, Convivium; dt. Das Gastmahl, Hamburg 1957. MICHEL DE MONTAIGNE, Essais, Paris 1580; dt. Essais, Frankfurt am Main 1976.

28. CHEVALIER DE JAUCOURT, in: Encyclopédie, Artikel »musc«.

29. Vgl. MICHÈLE DUCHET, Anthropologie et histoire au Siècle des Lumières, Paris 1977; im Grunde zeigt die Autorin, daß man damals noch nicht von einer Anthropologie sprechen kann, sondern nur von mehreren (S. 409). Die weitere Entwicklung folgt den Richtlinien von Buffon.

30. J. BRIEUDE, op. cit., S. XLVII.

31. M. DUCHET, op. cit., S. 203.

32. Vgl. J. BRIEUDE, op. cit., S. LV; E. MONIN, op. cit., S. 51.

33. J. BRIEUDE, op. cit., S. XLIX.

34. Vgl. J.-J. VIREY, art. cit., S. 249.

35. JEAN-NOËL VUARNET, Extases féminines, Paris 1980, S. 38–45, beschäftigt sich eingehend mit dieser Frage. Darüber hinaus findet sich in diesem Buch eine Bibliographie zu den »Gerüchen der Heiligkeit«, die oft mit Wundertätigkeit und Unvergänglichkeit verbunden werden. Siehe

auch E. Monin, *op. cit.*, S. 61. Zu ihren Lebzeiten verströmte die hl. Trévère einen Duft von Rosen, Lilien und Weihrauch; die hl. Rose roch nach Rosen, der hl. Cajétan nach Orangen, die hl. Katharina nach Veilchen, die hl. Theresia von Ávila nach Jasmin und Schwertlilien, die hl. Lydwine nach Zimt. Die hl. Maria-Maddalena de' Pazzi, der hl. Étienne de Muret, der hl. Filippo Neri, der hl. Paternien, der hl. Omer und der hl. François Olympe verbreiteten nach ihrem Tode liebliche Düfte. Im 19. Jahrhundert halten die Irrenärzte dieses Phänomen für »den Ausdruck einer Neurose«; vgl. E. Monin, *ibid.*

36. J. Brieude, *op. cit.*, S. XLVIII.
37. A.-J. Landré-Beauvais, *op. cit.*, S. 423.
38. H. Cloqeut, *op. cit.*, S. 66.
39. J.-J. Virey, *art. cit.*, S. 248. In diesem Artikel finden sich genaue Angaben zu zahlreichen Reisebeobachtungen in Hinblick auf den Gestank der Wilden.
40. H. Cloquet, *op. cit.*, S. 15.
41. In der erweiterten Bedeutung, die sowohl Buffon als auch Helvétius diesem Begriff verliehen. Klima definiert sich hier also nicht nur durch die Zone und die meteorologischen Bedingungen eines Ortes, sondern auch durch die Beschaffenheit des Bodens und die Lebensweise der Einwohner; die Gegebenheiten des natürlichen Milieus spielen eine ebenso wichtige Rolle wie das Ergebnis des Anpassungsprozesses der Menschen. Vgl. M. Duchet, *op. cit.*, S. 322.
42. H. Cloquet, *op. cit.*, S. 66.
43. J. Brieude, *op. cit.*, S. LX.
44. *Ibid.*, S. L.
45. *Ibid.*, S. LI.
46. *Ibid.*, S. LI–LII. In dem Theaterstück von Nougaret und Marchand, *op. cit.*, wird ein Vergleich zwischen den Gerüchen des Kloakenfegers und denen des Metzgers angestellt.
47. Hier finden wir wieder den erschreckenden Gleichgewichtsverlust, der bewirkt, daß die Fäulnis innerhalb des lebenden Organismus überwiegt.
48. Th. de Bordeu, *op. cit.*, S. 470.
49. J. Brieude, *op. cit.*, S. LV.
50. *Ibid.*, S. LXII; vgl. auch A.-J. Landré-Beauvais, *op. cit.*, S. 431.

51. H. A. P. A. Kirwan, *De i'odorat et de l'influence des odeurs sur l'économie animale*, Paris 1808, S. 26.
52. Ein Bericht über diese Erfahrungen findet sich in: J. Ingenhousz, *op. cit.*, S. 92.
53. Louis Jurine, »Mémoire sur les avantages que la médecine peut retirer des eudiomètres«, in: *Histoire et mémoires de la Société Royale de Médecine*, Paris 1789, S. 19–100; in diesem Vortrag vom 28. August 1787 liefert Jurine eine genaue Beschreibung seiner Methoden.
54. Jules-César Gattoni, in: *ibid.*, S. 132.
55. Die von Jurine unternommene Analyse der Gase, die sich in den Gedärmen befinden, bestätigt allenfalls Bethollets Überzeugung, daß Blähungen und Winde von der fauligen Zersetzung fleischhaltiger Substanzen herrühren.
56. Th. de Bordeu, *op. cit.*, S. 523.
57. Zitiert von E. Monin, *op. cit.*, S. 239. Der volle Sinn dieser Beobachtung wird erst klar, wenn man an Bichats Definition des Todes denkt, der zufolge Leben und Tod einen permanenten Kampf im Inneren des Organismus führen.
58. Zu Philippe Hecquet, vgl. J. Ehrard, *art. cit.*, S. 55. David Hartley, *Conjecturae quaedam de sensu, motu et idearum generatione*, London 1937; zit. nach der franz. Übers., *Explication physique des sens, des idées et des mouvements*, Paris 1755, Bd. I, S. 449–451. Zur Theorie der Sympathisten, vgl. R. Mauzi, *op. cit.*, S. 313–314.
59. Tiphaigne de la Roche, *L'amour dévoilé ou le système des sympathistes*, Paris 1749, S. 43.
60. *Ibid.*, S. 48.
61. *Ibid.*, S. 113.
62. Honoré Gabriel Riqueti Mirabeau, *Erotika Biblion*, Paris 1783, S 19.
63. Giacomo Casanova, *Histoire de ma vie*, Paris 1960–62; dt. *Geschichte meines Lebens*, Berlin 1964, Bd. I, S. 71.
64. Mit dieser Episode befaßt sich Gérard Wajeman, »Odor di femmina«, in: *Ornicar*, Nr. 7, S. 108–110.
65. Dr. Augustin Galopin, *La parfum de la femme et le sens olfactif dans l'amour*, Paris 1886.

66. Siehe *oben*, S. 185.

67. JOHANN WOLFGANG VON GOETHE, *Faust*, Hamburg 1963, 2. Teil, S. 199.

68. YVONNE VERDIER, *op.cit.*, schließt daraus, daß die Frau an einem kosmischen Odem teilhat.

69. CADET DE VAUX, »De l'atmosphère de la femme et de sa puissance«, in: *Revue encyclopédique*, Paris 1821, S. 427–445.

70. Vgl. Y. VERDIER, *op. cit.*, S. 57.

71. Vgl. JEAN BORIE, »Une gynécologie passionnée«, in: *Misérable et glorieuse la femme du XIXᵉ siècle*, Paris 1980, S. 152–189. Siehe auch sämtliche Arbeiten von Thérèse Moreau.

72. Vgl. ÉVARISTE DE PARNY, »Le cabinet de toilette«. in: *Œuvres complets*, Paris 1778. M. de Bernis, *Les saisons et les jours. Poèmes*, Paris 1764, besingt den »Duft des blonden Haargeflechts« der Nymphen.

73. Vgl. ROLAND BARTHES, *Fragments d'un discours amoureux*, Paris 1977; dt. *Fragmente einer Sprache der Liebe*, Auszüge in: *Freibeuter 18*, Berlin 1983, S. 40.

74. Siehe vor allem J.-J. MENURET, *Essai sur l'action de l'air dans les maladies contagieuses*, Paris 1781, S. 41.

75. Vgl. HAVELOCK ELLIS, *Sexual selection in man*, London 1918; dt. *Die Gattenwahl beim Menschen*, Leipzig 1919, S. 89–90.

76. Dazu muß gesagt werden, daß dem angesprochenen Thema gegen Ende des 19. Jahrhunderts ein neues Interesse zuteil wird. Der Psychologe Féré spricht dem Geruch des Achselschweißes eine belebende Naturkraft zu. Er könnte auch in der Industrie verwendet werden. . . Die übermüdeten Plätterinnen schöpfen frische Kraft, indem sie die Ausdünstungen ihrer Mieder riechen.

77. JEAN-JACQUES ROUSSEAU, *op. cit.*, S. 337.

78. Wie RESTIF DE LA BRETONNE in *L'Anti-Justine*, Paris 1948, bekennt.

79. Meines Wissens gibt erst Henry Miller den Anstoß, öffentlich über die Vaginalgerüche zu sprechen und sie der Skala jener Gerüche zuzuordnen, die erwähnt werden dürfen; vgl. HENRY MILLER, *Tropic of cancer*, Paris 1934; dt. *Wendekreis des Krebses*, Berlin 1971.

80. JEAN-BAPTISTE SILVA, »Dissertation où l'on examine la manière dont l'esprit séminal est porté à l'ovaire«, in: *Dissertations et consultations médicinales de MM. Chirac et Silva*, Paris 1744; Silva beschäftigt sich ausführlich mit dem angesprochenen Thema; *ibid.*, Bd. I, S. 188 ff.

81. Vgl. die Arbeiten von YVONNE KNIEBIEHLER.

82. Wie viele andere vertritt auch Restif de la Bretonne, daß die Etymologie des französischen Wortes *putain* auf das lateinische *putida* (stinken) zurückgeht.

83. J.-B. SILVA, *op. cit.*, S. 189. Umgekehrt hatten die Alten geglaubt, die Enthaltsamkeit verliehe der Frau einen widerwärtigen Gestank; vgl. M. DÉTIENNE, *op. cit.*, S. 173. Die Unterbrechung des ehelichen Geschlechtsverkehrs – die Trennung von Sonne und Erde – erzeugte bei den Frauen von Lemnos eine Schwäche des Geruchssinns und üble Ausdünstungen; von den Teilnehmerinnen der Thesmophorien wird, weniger ausgeprägt, ähnliches berichtet. Meines Wissens spielt dieser Aspekt des Problems im 18. Jahrhundert keine Rolle mehr.

84. Vgl. BOISSIER DE SAUVAGES, *Journal des Savants*, Februar 1746, S. 356; zit. von FODÉRÉ, *op.cit.*, Bd. VI, S. 232. Zu einer im Vivarais ausgebrochenen Viehseuche schreibt der Autor: Wenn die Menschen »aus nächster Nähe den stinkenden Hauch einatmen, der dem Magen dieser Rinder entweicht, auch wenn selbige noch am Leben sind, werden sie von Koliken mit nachfolgendem Erbrechen befallen, ja sogar von Durchfällen, die den Bauch in erstaunlicher Weise aufblähen können«.

85. *Ibid.*, Bd. V, S. 298.

86. *Ibid.*

87. »Der Atem des Menschen ist tödlich für den Menschen«, behauptet ROUSSEAU. Siehe auch FRANÇOIS DAGOGNET, »La cure d'air: essai sur l'histoire d'une idée en thérapeutique médicale«, in: *Thalès*, Paris 1959, S. 87.

88. YVONNE VERDIER, *op.cit.*, S. 40 ff., findet die gleiche Überzeugung in Minot wieder: »Mit ihrem Atem hat sie meiner Schwester eine Art Epidemie verabreicht«, berichtet eine alte Frau von ihrer Freundin.

89. Étienne Pivert de Senancour, *Oberman*, Paris 1844, Bd. II, S. 48; dt. *Oberman*, Frankfurt am Main 1982, S. 216 (in der deutschen Übersetzung ist an dieser Stelle nur von »Einfluß« die Rede. (A. d. Ü.).

90. J. Arbuthnot, *op. cit.*, S. 241–242.

91. Boissier de Sauvages, *op. cit.*, S. 56.

92. C. Forget, *Médecine navale ou nouveaux éléments d'hygiène, de pathologie et de thérapeutique médico-chirurgicales*, Paris 1832, Bd. I, S. 332. Dieser Text wurde später verfaßt als die übrigen im gleichen Zusammenhang genannten Zeugnisse.

93. Stephen Hales, *A description of ventilators, whereby great quantities of fresh air may with ease be conveyed into mines, goals, hospitals, work-houses and ships, in exchange for their noxious air*, London 1741; zit. nach der franz. Übers., *Descriptions du ventilateur...*, Paris 1744, S. 61.

94. Der Ausdruck stammt von C. Forget, *op. cit.*, S. 184. Die folgenden Abschnitte sind eine Synthese aus zahlreichen zeitgenössischen Beschreibungen, insbesondere von Duhamel du Monceau, *op. cit.*

95. *Ibid.*, S. 29.

96. Joseph Conrad, *The shadow line*, Leipzig 1928; dt. *Die Schattenlinie*, Frankfurt am Main 1948.

97. C. Forget, *op. cit.*, S. 186.

98. *Ibid.*; vgl. auch F.-E. Fodéré, *op. cit.*, Bd. VI, S. 476 ff.

99. A. J. B. Parent-Duchâtelet, *Recherches pour découvrir la cause et la nature d'accidents très graves, développés en mer, à bord d'un bâtiment chargé de poudrette*, Paris 1821. Die Hälfte der Bemannung ist umgekommen, alle anderen sind krank.

100. »Die Dunstschwaden ihres eigenen Schweißes können sich in der Luft nicht verflüchtigen«, schreibt Duhamel du Monceau, *op. cit.*, S. 30.

101. S. Hales, *op. cit.*, S. 53.

102. Der Vicomte de Morogues beispielsweise errechnet das Gewicht der ausgedünsteten oder ausgeatmeten Dämpfe auf einer Fregatte, die dreißig Kanonen faßt; er kommt zu dem Ergebnis, daß das Volumen der üblen Dünste etwa fünf Kubikfuß Wasser entspricht. Vgl. Duhamel du Monceau, *op. cit.*, S. 44.

103. Dieser Kommission gehören unter anderen Macquer, Lavoisier, Fourcroy und Vicq d'Azyr an.

104. L.-S. Mercier, *op. cit.*, Bd. VIII, S. 1.

105. J. Howard, *État des priscns. op. cit.*, S. 214.

106. G. Casanova, *op. cit.*, Bd. IV, S. 287.

107. E. P. de Senancour, *op. cit.*, S. 69.

108. Vgl. Beethovens Oper *Fidelio*, nach dem Text von J.-N. Bouilly; Rocco erlaubt den Gefangenen, einen Augenblick Luft zu schnappen.

109. Jules Michelet, *Histoire de France*, Paris 1833–1844, Bd. XIII, S. 317–318.

110. J. Howard, *État des prisons..., op. cit.*, S. 13.

111. F. Bacon, *op. cit.*, zitiert von J. Pringle, *Observations sur les maladies...*, *op. cit.*, S. 293.

112. *Ibid.*, S. 293 (nach der Chronik von Stowe).

113. J. Howard, *État des prisons.., op. cit.*, S. 22.

114. J. Pringle, *Observations. .., op. cit.*, S. 295.

115. *Ibid.*

116. F.-E. Fodéré, *op. cit*, Bd. V, S. 311.

117. Dieses Ereignis wird immer wieder erwähnt; vgl. etwa Dr. Banau und Turben, *Mémoire sur les épidémies du Languedoc*, Paris 1786, S. 12.

118. Siehe *oben*, S. 37.

119. Es ist ein wenig anachronistisch, hier zwischen Gefängnis und Hospital zu unterscheiden; gegen Ende des 18. Jahrhunderts allerdings erscheint die Trennung nicht mehr ganz ungerechtfertigt.

120. Dieses »grausige Gemisch stagnierender Gestänker« ist der Tod des Armen. Die Atemgerüche sind unerträglich, »die Wunden faulen und der Schweiß riecht nach Leichen«, schreibt Claude Léopold de Genneté, *Purification de l'air croupissant dans les hôpitaux, les prisons et les vaisseaux de mer*, Nancy 1767, S. 10.

121. In Howards Berichten über englische Einrichtungen werden Gerüche seltener erwähnt – eine aufschlußreiche Tatsache.

122. L.-S. Mercier, *op. cit.*, Bd. VIII, S. 7.

123. J.-R. Tenon, *Mémoires sur les hôpitaux de Paris*, Paris 1788.

124. Michel Foucault, *Les machines à guérir, aux origines de l'hôpital moderne*, Paris 1979.

125. J.-R. Tenon, *op. cit.*, S. 208.

126. *Ibid.*, S. 223.

127. *Ibid.*

128. *Ibid.*, S. 238.

129. Schon bevor es eine große Anzahl solcher Kasernen gab, führte der Generalstab die großen Epidemien, die 1743 über das französische Heer hereinbrachen, auf das Menschengedränge und die stickige Luft zurück. Vgl. André Corvisier, *L'armée française du XVIIᵉ siècle au ministère de Choiseul*, Paris 1964, Bd. II, S. 672.

130. L.-S. Mercier, *op. cit.*, Bd. VII, S. 309. Aus dem gleichen Grund kritisiert Mercier die großen Bälle.

131. E.P.de Senancour, *op.cit.*, S. 217, 316.

132. Edna Hindie Lemay, »La vie parisienne des députés de 89«, in: *L'Histoire*, Paris 1982, Nr. 44, S. 104.

133. R. Favre, *op. cit.*, S. 252; zu Voltaire und seinem Engagement, vgl. *ibid.*, S. 259.

134. Philippe Ariès, *L'homme devant la mort*, Paris 1978; dt. *Geschichte des Todes*, München 1982, S. 608 ff.

135. B. Ramazzini, *op. cit.*, S. 145.

136. *Ibid.*, S. 270.

137. *Ibid.*, S. 259. Die Furcht vor den Ausdünstungen der Waschhäuser sollte lange fortbestehen. Nach der Julirevolution, als in Paris neue Ansprüche an die Sauberkeit gestellt werden, bringen die beim Waschen entstehenden Dämpfe dem Gesundheitsrat zahlreiche Klagen ein.

138. *Ibid.*, S. 104.

139. Mit Ausnahme der Juden; siehe oben, S. 159. Wir wissen jedoch, wie diese Überzeugung in der Religionsgeschichte des Abendlandes verwurzelt ist.

140. L.-S. Mercier, *op. cit.*, Bd. I, S. 137–138; zum gleichen Thema, S. 126–130.

141. Françoise Boudon, »La salubrité du grenier de l'abondance à la fin du siècle«, in: *XVIIIᵉ siècle*, Paris 1977, S. 171–180.

142. Vgl. B. Fortier, *op. cit.*, *passim*.

143. F. Boudon, *art. cit.*, S. 176.

144. L. Jurine, *art. cit.*, S. 71 ff. und S. 90–91.

Eine Neudefinition des Unerträglichen

1. Alexandre Tournon, *Moyen de rendre parfaitement propres les rues de Paris*, Paris 1789, S. 60.

2. Daniel Roche, *Le Siècle des Lumières en province: Académies et académiciens provinciaux*, Paris 1978, Bd. I, S. 378.

3. L.-S. Mercier, *op. cit.*, Bd. I, S. 222.

4. P. Chauvet, *op. cit.*, S. 18.

5. L.-S. Mercier, *op. cit.*, Bd. I, S. 267.

6. R. Favre, *op. cit.*, S. 40.

7. Vgl. Madeleine Foisil, »Les attitudes devant la mort au XVIIIᵉ siècle: sépultes et suppressions de sépultres dans le cimetière parisien des Saints-Innocents«, in: *Revue historique*, Paris, April–Juni 1974, S. 322.

8. B. Fortier, *op. cit.*, S. 34.

9. A. Young, *op. cit.*, S. 142.

10. *Ibid.*, S. 130.

11. *Ibid.*, S. 383.

12. Vgl. Jean Delumeau, *La peur en Occident*, Paris 1978, S. 129 ff.

13. J.-J. Menuret, *op. cit.*, S. 51.

14. M. Foisil, *art. cit.*, S. 311.

15. Cadet de Vaux, *op. cit.*, liefert eine Chronologie dieser Klagen.

16. L.-S. Mercier, *op. cit.*, Bd. VIII, S. 340; Hervorhebung von A. Corbin.

17. *Ibid.*, Bd. VIII, S. 341.

18. Schon der Erlaß von 1726 enthielt ein Verbot, das den Kloakenreinigern untersagte, die Anwohner zu beleidigen.

19. Lavoisier, Fougeroux und Milly zu der zitierten Denkschrift von Laborie, Cadet le jeune und Parmentier, S. 105.

20. M. Géraud, *op. cit.*, S. 43.

21. Die Proteste sollten über einen Zeitraum von mehr als fünfzig Jahren erfolglos bleiben.

22. M. Thouret, *op. cit.*, S. 4.

23. J.-H. RONESSE, *op. cit.*, S. 28.

24. EDMOND und JULES DE GONCOURT, *La femme au XVIIIe siècle*, Paris 1862, S. 368.

25. LOUIS DAMOURS, *Mémoire sur la nécessité et les moyens d'éloigner du milieu de Paris, les tueries de bestiaux et les fonderies de suif*, Paris 1787, S. 9.

26. F. BOUDON, *art. cit.*, S. 172.

27. M. GÉRAUD, *op. cit.*, S. 41 und 49.

28. Maurice Agulhon beschäftigt sich eingehend mit diesem Prozeß im politischen Bereich.

29. J. GUILLERME, *art. cit.*, S. 65.

30. P. Chaunu, zitiert von M. FOISIL, *art. cit.*, S. 323. Dennoch ist es eben in diesem Punkt unmöglich, den Grad der Veränderung objektiv zu beurteilen, da der Historiker vollständig auf die Subjektivität der zeitgenössischen Zeugen angewiesen ist.

31. Vgl. B. FORTIER, *op. cit.*, S. 19. Der Autor bezieht sich auf einen Artikel aus dem *Journal de Paris* vom 25. Juli 1781.

32. D. LAPORTE, *op. cit.*

33. *Ibid.*, S. 60.

34. *Ibid.*, S. 18.

35. Dies ist allerdings auch nicht das Hauptanliegen seines Buches.

36. *Ibid.*, S. 97. In meiner Einführung zu dem Werk von ALEXANDRE PARENT-DUCHÂTELET, *La Prostitution à Paris*, Paris 1981, habe ich mich eingehend mit diesem Thema befaßt.

37. D. LAPORTE, *op. cit.*, S. 97.

38. MARCEL MAUSS, *Sociologie et anthropologie*, Paris 1980; dt. *Soziologie und Anthropologie*, München 1975, Bd. II, S. 251. Der Autor unterstreicht die Rolle, die Kant und besonders Fichte in diesem Zusammenhang gespielt haben.

39. B. FORTIER, *op. cit.*, S. 41.

40. J.-J. MENURET, *op. cit.*, S. 51.

41. Siehe auch Mrs. FRANCES MILTON TROLLOPE, *Paris and the Parisans in 1835*, London 1836; dt. *Paris und die Pariser im Jahre 1835*, Aachen 1836; zit. nach der franz. Übersetzung, *Paris et les Parisiens en 1835*, Paris 1836, Bd. I, S. 300–306. Erstaunt über den atemberaubenden Gestank, der auf dem ganzen Kontinent zu herrschen scheint, bemüht die Engländerin Trollope sich 1835 um ein Verständnis der revolutionären Veränderung der Sinneswahrnehmung, die ihrem – sicherlich richtigen – Eindruck nach in England schneller voranschreitet als in Frankreich. »Der sich steigernde Argwohn« geht einher mit einer Vermehrung der Reichtümer und der Tatsache, daß in England »sorgfältig darauf geachtet wird, alles, was die Sinne schockieren könnte, aus dem Blickfeld zu entfernen Wenn wir keine unangenehmen Dinge mehr sehen, hören oder riechen, ist die natürliche Folge, daß wir auch nicht mehr von ihnen sprechen«. »Diese Entfernung aller Dinge, die unsere Sinne schockieren könnten, diese Gewohnheit, der Seele zu schmeicheln, indem man ihr jede unerfreuliche Empfindung erspart, ist wahrscheinlich der letzte Punkt, den der erfinderische Geist des Menschen in seinem Streben, das Dasein zu verschönern, erreichen kann.« Aber vielleicht wird dieses Übermaß an Raffinement England in den Abgrund stürzen, seine Zivilisation vernichten. – Wie wir sehen, meidet die englische Dame jede Anspielung auf hygienische Gesichtspunkte und damit die Obszönitäten des Körpers; sie betont allein den Wunsch nach Zartgefühl, der höchsten – aber auch gefährlichen – Schmeichelei der Seele. Es sei noch darauf hingewiesen, daß die Bereinigung der Sprache nach Ansicht dieser Autorin kein Vorläufer sondern ein Ergebnis der Säuberung des öffentlichen Raumes ist.

42. P.-J. BUCHOZ, *Toilette de flore à l'usage des dames*, Paris 1771, S. 192.

43. NICOLAS LÉMERY, *Pharmacopée universelle*, Paris 1697.

44. Außer der bereits zitierten Denkschrift von J.-J. VIREY, siehe auch dessen Aufsatz »De l'osmologie, ou histoire naturelle de odeurs«, in: *Bulletin de pharmacie*, Mai 1812, S. 193–228.

45. J.-N. HALLÉ, »Observations sur les parties volatiles et odorantes des médicaments tirés des substances végétales et animales; extraites d'un mémoire du feu M. Lorry, par M. Hallé«, in: *Histoire et mémoires de la Société Royale de Médecine*, Paris 1784–1785, S. 306–318.

46. N. LÉMERY, *op. cit.*, S. 892.

47. BANAU und TURBEN, *op. cit.*, S. 90.

48. B. Ramazzini, *op. cit.*, S. 139.
49. N. Lémery, *op. cit.*, S. 896 und 914.
50. Dies ist eine uralte Überzeugung; vgl. J. Delumeau, *op. cit.*, S. 114.
51. M. de Blégny, *Secrets concernant la beauté et la santé...*, recueillis par *M. Daquin*, Paris 1688, besonders S. 696.
52. Vgl. Françoise Hildesheimer, »La protection sanitaire des côtes françaises au XVIIIe siècle«, in: *Revue d'histoire moderne et contemporaine*, Paris, Juli–September 1980, S. 443–467. Bei den sanitären Maßnahmen in der Levante verbinden sich Luftzufuhr, »Parfüm« und Isolierung.
53. Vgl. E. H. Ackerknecht, »Anticontagionisme between 1821 and 1867«, in: *Bulletin of the history of medicine*, 1948, S. 562–593.
54. J. Pringle, *Experiments and observations...*, *op. cit.*; zit. nach der franz. Übers., *Mémoires sur les substances septiques et antiseptiques*, Vortrag vom 28. Juni 1750, S. 317–318 und S. 367.
55. J. Lind, *op. cit.*, S. 69.
56. B. C. Boissieu in dem Sammelband: *Dissertations sur les antiseptiques*, *op. cit.*, S. 67.
57. T. Bordenave, *ibid.*, S. 190 ff.
58. An dieser Stelle möchte ich darauf hinweisen, daß der Zusammenhang zwischen dem Wohlriechenden und dem Gesunden auf der einen, sowie dem Übelriechenden und dem Ungesunden auf der anderen Seite immer unsicher geblieben ist. In der Praxis verlieren die wissenschaftlichen Theorien ihre Kohärenz. Wenn sie sich nicht gänzlich vermischen, schieben sie sich doch zumindest wie Dachziegel ineinander. Becher beispielsweise war überzeugt von der Heilkraft der übelriechenden Exkremente; und lange bevor Ingenhousz eine haltbare Erklärung der Photosynthese lieferte, hatten die Ärzte den schädlichen Einfluß bestimmter balsamischer Pflanzen angeprangert.
59. E. und J. de Goncourt, *op. cit.*, S. 395, erinnern daran, daß die Abendmesse in der Heilig-Geist-Kapelle während der Regentschaft Philipps II. »Moschusmesse« genannt wurde.
60. J.-P. Papon, *De la peste ou époques mémorables de ce fléau et les moyens de s'en préserver*, Paris 1799, Bd. II, S. 47.
61. P.-J. Buchoz, *op. cit.*, S. 7.
62. N. Lémery, *op. cit.*, S. 892. Dieser Autor rät vor allem, sich »zum häufigen Beriechen« mit einem Balsam aus Moschus, grauer Ambra, Zibet und Styrax auszurüsten, da dieser »der verdorbenen Luft durch seinen starken Geruch widersteht«.
63. Nach dem Zeugnis von Baumes, *op. cit.*, S. 224. Ein Reisender, der eine sumpfige Gegend durchquert hat, möge abends, wenn er das Gasthaus erreicht, Schwefel in seinem Zimmer räuchern, duftende Kräuteraufgüsse trinken, Tabak »oder jede andere aromatische Substanz« rauchen und sich bemühen, seinen Speichel nicht hinunterzuschlucken; *ibid.*, S. 226.
64. L.-B. Guyton de Morveau, *Traité des moyens de désinfecter l'air*, Paris 1801, S. 149. Ihm zufolge ist die Wirkung dieses Verfahrens durchaus zweifelhaft.
65. J.-B. T. Baumes, *op. cit.*, S. 224.
66. B. Ramazzini, *op. cit.*, S. 153.
67. Antoine François Foucroy, begleitender Kommentar zur franz. Ausgabe des Werkes von Ramazzini, *Essai sur les maladies des artisans*, Paris 1777, S. 332.
68. A. Parent-Duchâtelet, »Rapport sur le curage des égouts Amelot, de la Roquette, Saint-Martin et autres«, in *Hygiène publique*, Paris 1826, Bd. I, S. 364. Hier werden allerdings Chlorgerüche verwendet – erst in Form von Riechkissen, später in Fläschchen.
69. D. du Monceau, *op. cit.*, S. 132 ff.
70. Vgl. Delassone der Ältere und Cornette, »Mémoire sur les altérations que l'air éprouve par les différentes substances que l'on emploie en fumigation...«, in: *Histoire et mémoires de la Société Royale de Médecine*, Paris 1786, S. 324. Weitere Informationen zu den Beräucherungsmethoden finden sich bei S. Hales, *op. cit.*, S. 76, und in der *Encyclopédie méthodique*, S. 572–575, Artikel »air«, verfaßt von J.-N. Hallé.
71. *Encyclopédie*, Artikel »parfumoir«.
72. Im Jahr 1796 bieten Jackson und

Moser den Londoner Einrichtungen ihre Räucherlampe an, die eigens für die Verbrennung der neuerdings als Desinfektionsmittel verwendeten chemischen Produkte bestimmt ist; vgl. GUYTON DE MORVEAU, op. cit., S. 147.

73. Vgl. M. F.-B. RAMEL, op. cit., S. 301.

74. J.-P. PAPON, op. cit., Bd. I, S. 329.

75. Vgl. besonders F.-E. FODÉRÉ, op. cit., Bd. VI, S. 159.

76. So berichtet Tenon, der behauptet, Lind den Älteren gut gekannt zu haben; vgl. J.-R. TENON, op. cit., S. 451.

77. Zitiert von DUHAMEL DU MONCEAU, op. cit., S. 138.

78. Vgl. JEAN-ANTOINE CHAPTAL, Eléments de chimie, Paris 1803, Bd. III, S. 111.

79. VICQ D'AZYR, Instruction sur la manière de désinfecter une paroisse, Paris 1775, S. 7–8.

80. »Riesige Lager, die mit diesen Pflanzen und anderen Drogen gefüllt waren, hatten dem Eindringen der Pest ein mächtiges Hindernis entgegengestellt«; J.-J. MENURET, op. cit., S. 60.

81. Histoire et mémoires de la Société Royale de Médecine, Bd. III, S. 44, zitiert von J.-B. T. BAUMES, op. cit., S. 164. Diese Erfolge rechtfertigen die große Hymne auf den Rauch. Bei BAUMES, ibid., S. 163, heißt es: »Zum Teil ist die Luftgüte der großen Städte den Wohltaten des Rauches zu verdanken.«

82. Ibid., S. 165: »Es wäre wichtig, in diesen ungesunden Vierteln je nach örtlichen Bedingungen Kalköfen, Glashütten, Seifensiedereien, Branntwein- oder Vitriolölbrennereien einzurichten, da selbige einen zweifachen Nutzen haben, indem sie der Luftverbesserung dienen und (...) Arbeitsplätze für die Einwohner schaffen.« Optimistischer als viele der Zeitgenossen fügt Baumes hinzu: »Im übrigen hätte die Verbrennung von Steinkohle in einfachen Brennöfen den doppelten Vorteil, daß weniger Holz verbraucht würde (...) und mit dem vielen Rauch schweflige Dünste verbreitet würden, deren reinigende Kraft außer Zweifel steht.«

83. M. DE BLÉGNY, op. cit., Bd. II, S. 167.

84. So etwa der CHEVALIER DE JAUCOURT, Encyclopédie, Artikel »musc« (1765).

85. Ibid.

86. Ibid.

87. J.-J. VIREY, »Des odeurs. . .«, art. cit., S. 174; D. HARTLEY, op. cit., S. 331.

88. Romain de Sèze vermag Buffons Ansicht nicht zu teilen; vgl. R. DE SÈZE, op. cit., S. 159.

89. J.-J. VIREY, »Des odeurs...«, art. cit., S. 254.

90. PAUL DORVEAUX, Historique de l'Eau de la Reine de Hongrie, Paris 1921, S. 6. M. de Blégny macht darauf aufmerksam, daß viele Leute den starken Geruch dieses Parfüms »lieben und laufend daran riechen«. Der Autor zählt alle seine guten Eigenschaften auf; vgl. M. DE BLÉGNY, op. cit., S. 684.

91. Vgl. J.-N. HALLÉ, »Observations sur les parties volatiles. . .«, art. cit., S. 318.

92. B. RAMAZZINI, op. cit., S. 82–85.

93. Ibid., S. 161.

94. J.-J. VIREY, »De l'osmologie. . .«, art. cit., S. 206. Menschen mit feurigem Temperament müssen sich besonders vor wollüstigen Düften hüten; aus eben diesem Grund verströmen besagte Individuen nach Vireys Ansicht stinkende Gerüche. Damit wären wir wieder bei der aura seminalis. Üble Düfte können, wenn sie nur stark genug sind, die gleiche verderbliche Wirkung hervorrufen. RAMAZZINI, op. cit., S. 131, schreibt: »Auch habe ich öfters angemerkt, daß die bei solchen Werkstätten (wo Wachslichter gefertigt werden) wohnenden Weiber wegen des garstigen Gestanks über Mutterschmerzen geklagt.« Mit derselben Begründung warnt er die Gelehrten vor übermäßiger Nachtarbeit. Der Leipziger Arzt Platner nennt eine ganze Reihe von Gefahren, die beim Einatmen unsauberer Gerüche drohen, vgl. JOHANN ZACHARIAS PLATNER, Tractat von der Reinlichkeit, Leipzig 1752.

95. Vgl. etwa BOISSIER DE SALVAGES, op. cit., S. 56; vor allem aber H. CLOQUET, op. cit., S. 80–98. Cloquet stützt sich insbesondere auf die Denkschrift Mémoire sur l'influence des odeurs von THOMAS CAPPELINI und die Beobachtungen von TRILLER. Selbst der Tabak, so behauptet Cloquet, hat unheilvolle Wirkungen. Die starken

Raucher verlieren jede Geruchsempfindung. Wie die an den Köpfen von Tabakliebhabern vorgenommenen Sektionen beweisen, werden ihre Riechnerven allmählich zerstört; *ibid.*,S. 352.
96. Vgl. L.-S. MERCIER, *op. cit.*, Bd. VI, S. 47: »Vor der Tür sitzt eine Wache, die alle Besucher beriecht. In einem fort wiederholt sie die Frage: ‚Habt Ihr auch keine Gerüche am Leib?‘«
97. J. HOWARD, *Histoire des principaux lazarets…, op. cit.*, Bd. 1, S. 170.
98. J. J. VIREY, »De l'osmologie…«, *art. cit.*, S. 216.
99. Ein alter Streit dreht sich um dieses Thema. PLATON, der in seiner *Politeía* darauf eingeht, verdammt die verweichlichenden, Wollust erregenden Parfüms. Die griechische Antike hält die Benutzung aromatischer Stoffe für ein Charakteristikum der Kurtisanen, die »verführerische Gaukelei eines duftenden Lebens«. Je geringer die Rolle des Wohlgeruchs bei der sexuellen Vereinigung geschätzt wird, um so größer ist deren Legitimität. Mit diesem Problem beschäftigt sich *Jean-Pierre Vernant* in seinem Vorwort zu dem Werk von MARCEL DÉTIENNE, *op.cit.*, S. XIII und XXXVI. Es muß allerdings hinzugefügt werden, daß die tierischen Riechstoffe, von denen in unserem Zusammenhang die Rede ist, der Antike unbekannt waren. Weit davon entfernt, die aromatischen Stoffe als faulige Gefahr zu betrachten, wurden selbige vielmehr mit Wärme, Trockenheit und dem Himmelsfeuer in Verbindung gebracht. Sie galten als Symbol des Unverderblichen. Zur Verurteilung des Luxus, vgl. ABBÉ PLUQUET, *Traité philosophique et politique sur le luxe*, Paris 1786.
100. ABBÉ JACQUIN, *op. cit.*, Paris 1762, S. 290 ff.
101. *Ibid.*
102. LOUIS-ANTOINE DE CARACCIOLI, *La jouissance de soi-même*, Lüttich 1759, S. 333.
103. *Ibid.*
104. Vgl. GEORGES VIGARELLO, *Le corps redressé*, Paris 1978, S. 87 ff.
105. THORSTEIN BUNDE VEBLEN, *The theory of the leisure class*, London 1899; dt. *Theorie der feinen Leute*, Köln 1957, S. 100.
106. C. L. DE GENNETÉ, *op. cit.*, S. 11.
107. VICQ D'AZYR, *Instruction…, op. cit.*, S. 8.
108. ABBÉ JACQUIN, *op. cit.*, S. 82.
109. GUYTON DE MORVEAU, *op.cit.*, S. 93.
110. Mit zahlreichen Experimenten beweist Delassone der Ältere immer wieder, daß die Luft unter der Glocke durch aromatische Beräucherung verdirbt. Der Chemiker weiß nicht, daß dieses Phänomen auf den Verbrennungsvorgang zurückzuführen ist und nicht ausreicht, um den therapeutischen Wert der analysierten Substanzen in Frage zu stellen.
111. Parmentier und Chaptal, zitiert von GUYTON DE MORVEAU, *op. cit.*, S. 138 und 139.
112. Vgl. FOURCROY, *Encyclopédie méthodique*, Artikel »air«.
113. HALLÉ, LEROUX, HENRY und RICHARD, *Codex des médicaments ou pharmacopée française*, Paris 1818.

Die kalkulierte Riechlust

1. Vgl. beispielsweise ABBÉ JACQUIN, *op. cit.*, S. 283: »Sauberkeit ist die Sorge, alles zu meiden, was die Feinfühligkeit der Sinne verletzen könnte. Dies ist eine der wichtigsten Tugenden der Gesellschaft.« Zur Entwicklung der lasallschen Höflichkeitsvorschriften in den Schulen, siehe ROGER CHARTIER, MARIE-MADELEINE COMPÈRE und DOMINIQUE JULIA, *L'éducation en France du XVIe au XVIIIe siècle*, Paris 1976, S. 143–144.
2. JOHANN ZACHARIAS PLATNER, *Tractat von der Reinlichkeit*, Leipzig 1752; zitiert von J.-B. THÉODORE BAUMES, *op.cit.*, S. 189. Eine ähnliche Theorie vertreten ANTOINE MONTYON und MOHEAU, *Recherches et*

considérations sur la population de la France, Paris 1778, 2. Buch, S. 109.
3. J.-B. T. BAUMES, *op. cit.*, S. 191.
4. J. N. HALLÉ, *Recherches...*, *op. cit.*, S. 111.
5. Vgl. LION MURARD und PATRICK ZYL-BERMAN, *Sanitas sanitatum, et omnia sanitas*, Paris 1980, S. 275–280. Siehe auch JEAN-MAURICE BIZIÈRE, »Before and after: Essai de psycho-histoire«, in: *Revue d'histoire moderne et contemporaine*, Paris April–Juni 1980, S. 177–207.
6. An dieser Stelle zwingt das neue Buch von DANIEL ROCHE, *Le peuple de Paris*, Paris 1981, zu einer weitergehenden Differenzierung: aus den Nachlaßverzeichnissen geht hervor, daß manche volkstümlichen Haushalte, vor allem aber solche, die der Aristokratie nahestanden, über eine stattliche Anzahl von Krügen und Wasserschalen verfügten; *ibid.*, S. 122.
7. Vgl. BRUNO FORTIER, »La maîtrise de l'eau«, in: *XVIIIᵉ siècle*, Paris 1977, S. 193–201.
8. Vgl. besonders J.-H. RONESSE, *op. cit.*, S. 91. Im Jahr 1782 behauptet dieser Autor: »Die Wassermengen, die aus den Häusern kommen, sind unendlich viel größer als vor etwa fünfzehn Jahren. Es ist dies die Folge einer häufigen Inanspruchnahme der Bäder, die von den Ärzten heute mehr denn je bei allerhand Krankheiten verordnet werden. Überdies hat die Öffentlichkeit derartige Gefallen an diesem Brauch gefunden, daß es in allen neu erbauten Häusern Bäder gibt; und wenn ein *wohlhabender* Bürger die Absicht hat, eine Wohnung zu mieten, betrachtet er das Badezimmer als einen der wichtigsten Räume.« Fast überall sind Pumpen an die Brunnen angeschlossen; infolgedessen haben die Dienerschaften der großen Häuser aufgehört, sparsam mit dem Wasser umzugehen; sie benutzen es zum Putzen der Innenhöfe und der Küchen, manchmal sogar zum Wagenwaschen.
9. A. MONTYON UND MOHEAU, *op. cit.*, S. 110.
10. Zur Einführung einer neuen Disziplin in den Schulen, siehe R. CHARTIER u.a., *op. cit.*, besonders S. 145.
11. M. DÉJEAN, *Traité des odeurs*, Paris 1764, S. 147.

12. R. CHARTIER u.a., *op. cit.*, S. 144.
13. R. MAUZI, *op. cit.*, S. 427.
14. M. DÉJEAN, *op. cit.*, S. 457.
15. *Encyclopédie*, Artikel »parfum«. Die gleiche Ansicht vertritt der CHEVALIER DE JAUCOURT, *Encyclopédie*, Artikel »musc«.
16. N. LE CAT, *op. cit.*, Bd. II, S. 256. Vom Moschusgeruch bekommen alle Damen Vapeurs oder gar Ohnmachtsanfälle; auch manche Herren sind nicht dagegen gefeit.
17. M. DÉJEAN, *op. cit.*, S. 91.
18. Seine Funktion hat sich allerdings verändert, da es heute weitgehend den Männern vorbehalten ist. Die tierischen Riechstoffe sind zum Symbol der Männlichkeit geworden; eine Verbindung zur Brunst wird nicht mehr hergestellt.
19. H. ELLIS, *op. cit.*, S. 121. Schon lange vor Ellis, der Anfang des 20. Jahrhunderts schreibt, haben die Spezialisten die Auswirkungen des Moschusgeruchs auf das Sexualverhalten hervorgehoben. Esquirol berichtet von mehreren Frauen, die während der Stillzeit Moschus geatmet haben und daran verrückt geworden sind. Fünfzig Jahre später behauptet Féré, daß Moschus stärkere sexuelle Sekretionen hervorruft als alle anderen Parfüms.
20. *Ibid.*, S. 116.
21. IWAN BLOCH HAGEN, *Sexuelle Osphresiologie*, Leipzig 1901, S. 226. Sowohl in diesem Werk als auch bei Havelock Ellis finden sich hervorragende Bibliographien zu dem angesprochenen Thema.
22. H. ELLIS, *op. cit.*, S. 121.
23. SIGMUND FREUD, *Das Unbehagen an der Kultur*, Frankfurt am Main 1974, Studienausgabe Bd. IX, S. 229, Anm. 1: »Das Zurücktreten der Geruchsreize scheint aber selbst Folge der Abwendung des Menschen von der Erde, des Entschlusses zum aufrechten Gang, der nun die bisher gedeckten Genitalien sichtbar und schutzbedürftig macht und so das Schämen hervorruft. Am Beginne des verhängnisvollen Kulturprozesses stünde also die Aufrichtung des Menschen. Die Verkettung läuft von hier aus über die Entwertung der Geruchsreize und die Isolierung der Periode zum Übergewicht der Gesichtsreize, Sichtbarwerden der Genitalien, weiter zur Kontinuität der Sexualerregung,

Gründung der Familie und damit zur Schwelle der menschlichen Kultur.«

24. D. HARTLEY, *op. cit.*, Bd. I, S. 332.

25. M. DÉJEAN, *op. cit.*, S. 8 ff. Diese Entwicklung sollte in Verbindung mit dem Farbenspektrum der Kleidermode gesehen werden; während die Jonquille über den Moschusgeruch triumphiert, tragen die zarten Farbtöne den Sieg davon; vgl. D. ROCHE, *Le peuple...*, *op. cit.*, S. 177.

26. Schon im 17. Jahrhundert war das Rosenwasser sehr beliebt; vgl. M. DE BLÉGNY, *op. cit.*, S. 687.

27. M. MALOUIN, *op. cit.*, S. 275.

28. Vgl. Dr. LOUIS REUTTER DE ROSEMONT, *Histoire de la pharmacie à travers les âges*, Paris 1931, Bd. II, S. 438.

29. *Ibid.*, S. 441. So etwa die peruanischen Heliotropblüten, die 1740 durch Joseph de Jussieu in Frankreich bekannt wurden.

30. G. CASANOVA, *op. cit.*, Bd. III, S. 126.

31. Diese Ansicht vertritt vor allem A. F. FOURCROY, *Kommentar zu Ramazzini*, *op. cit.*, S. 186.

32. Schon bei M. DE BLÉGNY, *op. cit.*, S. 697, und bei M. DÉJEAN, *op. cit.*, S. 303.

33. RESTIF DE LA BRETONNE, *L'Anti-Justine*, *op. cit.*, *passim.*

34. Bei Casanovas Begegnung mit der venezianischen Nonne heißt es in der franz. Fassung, *op. cit.*, S. 448: »Und ich wusch ihre schönen Brüste mit Rosenwasser.« [In der deutschen Übersetzung, *op. cit.*, Bd. IV, S. 83, fehlt das Rosenwasser (A. d. Ü.)]

35. Etwa in dem Roman von JACQUES ROCHETTE DE LAMORLIÈRE, *Angola, histoire indienne*, Paris 1746.

36. ROLAND BARTHES, *Sade, Fourier, Loyola*, Paris 1971; dt. *Sade, Fourier, Loyola*, Frankfurt am Main 1974, S. 156. Der Blick spielt die Hauptrolle bei der Inszenierung des Sadeschen Körpers. Blumen und Exkremente werden nur benutzt, um einen Weg des Verfalls zu kennzeichnen. »Geschrieben stinkt Scheiße nicht«, schreibt Barthes. »Sade kann seine Partner damit überschütten, wir bekommen nichts davon ab, nur das abstrakte Zeichen von etwas Unangenehmem.«

Dennoch nimmt Sade hier und dort Bezug auf den Atem, den Sperma- und natürlich auch den Schwefelgeruch (etwa bei den Zaubereien der Durand).

37. M. DÉJEAN, *op. cit.*, S. 423.

38. *Ibid.*, S. 431.

39. P.-J. BUCHOZ, *op. cit.*, 1. Teil. Ein weiteres Zeugnis findet sich bei L.-S. MERCIER, *op. cit.*, Bd. VI, S. 153.

40. MADAME CAMPAN, *Mémoires sur la vie de Marie-Antoinette, reine de France et de Navarre*, Paris 1849, S. 97; die Autorin weist auf die Blütenpracht in den kunstvollen Frisuren am Hof Ludwigs XVI. hin.

41. L.-S. MERCIER, *op. cit.*, Bd. II, S. 158.

42. Zur Rolle des Magiers, G. CASANOVA, *op. cit.*, Bd. III, S. 183; eine ähnliche Reaktion finden wir in Bd. II, S. 316. Zum Geständnis der reizenden Cristina, *ibid.*, Bd. II, S. 329.

43. *Ibid.*, Bd. II, S. 261.

44. ALEXANDRE DUMAS, »Les parfums«, in: *Le (Petit) Moniteur universel du soir*, 16. Oktober 1868.

45. *Le Parfumeur royal* (anonym), Paris 1761, S. 83.

46. M. DÉJEAN, *op. cit.*, S. 4.

47. G. CASANOVA, *op. cit.*, Bd. IV, S. 50.

48. So etwa in den Briefen XIV (Juni 1783) und XXIII (8. März 1784) in: *Lettres choisies du marquis de Sade*, Paris 1963, S. 169 und 222.

49. G. CASANOVA, *op. cit.*, Bd. IV, S. 60.

50. *Le Parfumeur royal*, *op. cit.*, S. 150.

51. M. DÉJEAN, *op. cit.*, S. 447.

52. Nur einige der zahlreichen Zeugnisse zu nennen: *Encyclopédie*, Artikel »parfum«; P.-J. BUCHOZ, *op. cit.*, S. 137; *Le Parfumeur royal*, *op. cit.*, S. 7.

53. *Le Parfumeur royal*, *op. cit.*, S. 152–153.

54. *Ibid.*, S. 158.

55. P.-J. BUCHOZ, *op. cit.*, S. 67.

56. *Ibid.*, S. 233.

57. *Le Parfumeur royal*, *op. cit.*, S. 158.

58. *Ibid.*, S. 159.

59. *Ibid.*, S. 148–149.

60. *Ibid.*, S. 202.

61. J.-J. ROUSSEAU, *op. cit.*, S. 337.

62. ÉVARISTE D. DE FORGES PARNY, »Le cabinet de toilette«, in: *Œuvres complètes*, Paris 1778.

63. Claude Godart d'Aucourt, *Thémidore*, Den Haag 1745; dt. *Themidor; meine Geschichte und die meiner Geliebten*, Heidenheim 1951. Der Autor bezeichnet die Verwendung zarter, einschmeichelnder Parfüms als eine der bevorzugten Waffen der leichtlebigen »Betschwestern«. Die feinen Düfte in der Kleidung von Madame de Dorigny bereiten Thémidores Niederlage vor.

64. Siehe *oben*, S. 205 f.

65. R.-L. Girardin, *De la composition des paysages*, Paris 1777, S. 59.

66. E. P. de Senancour, *op. cit.*, S. 71.

67. *Ibid.*

68. Louis François E. Ramond de Carbonnières, *Observations faites dans les Pyrénées pour servir de suite à des observations sur les Alpes*, Paris 1789, S. 346.

69. R. Favre, *op. cit.*, S. 251.

70. L. Jurine, *op. cit.*, S. 95.

71. F. Dagognet, *art. cit.*, S. 76, 85. Mit großem Scharfsinn analysiert Dagognet diese »gesellschaftliche Schlafkur« als einen »affektiven Winterschlaf«, einen »um die belebende Bergluft organisierten Wahn«. Zur Erklärung des Strebens nach der energiespendenden Luft der Gipfel bezieht er sich auf die Jungschen Themen des heilsamen Atemholens und der Genesung durch Luftveränderung. Die Vorliebe für den Aufenthalt in den Bergen muß im Zusammenhang mit der Mode eines Strebens nach Höhe gesehen werden.

72. Vgl. E. Tourtelle, *op. cit.*, S. 271.

73. M. Géraud, *op. cit.*, S. 95.

74. Horace-Bénédicte de Saussure, *Voyage dans les Alpes*, Neufchâtel 1779, Bd. I, S. 518; dt. *Reisen durch die Alpen*, Leipzig 1781-1788. »In einer Höhe von mehr als fünf- oder sechshundert Klaftern über dem Meeresspiegel ist die Luft durch andere Ausdünstungen verdorben...«

75. E. P. de Senancour, *op. cit.*, S. 48.

76. L. F. E. Ramond de Carbonnières, *op. cit.*, S. 348.

77. E. P. de Senancour, *op. cit.*, S. 305.

78. H.-B. de Saussure, *op. cit.*, Bd. II, S. 480 ff.

79. R.-L. Girardin, *op. cit.*, S. 128.

80. Claude Henri Watelet, *Essai sur les jardins*, Paris 1764, S. 34.

81. R.-L. Girardin, *op. cit.*; bei diesem Zitat handelt es sich um eine Kapitelüberschrift.

82. Loaisel de Tréogate, *Dolbreuse*, Amsterdam 1783, S. 81.

83. L.-S. Mercier, *op. cit.*, Bd. X, S. 72: »Wer den Duft des frisch geschnittenen Heus verschmäht, dem entgeht das angenehmste aller Parfüms.«

84. L. F. E. Ramond de Carbonnières, *op. cit.*, S. 88.

85. E. P. de Senancour, *op. cit.*, S. 27. Mit dieser Empfindung beschäftigt sich Béatrice Le Gall in ihrer Dissertation, *L'imaginaire chez Senancour*, Paris 1966, S. 43. Der Duft des frisch geschnittenen Heus gehört zu den Symbolen der frühen Adoleszenz.

86. Liane Lefaivre, Alexander Tzonis, »La géométrie du sentiment et le paysage thérapeutique«, in: *XVIIIᵉ siècle*, Paris 1977, S. 74.

87. R.-L. Girardin, *op. cit.*, S. 123.

88. Christian Cay Lorenz Hirschfeld, *Theorie der Gartenkunst*, Leipzig 1779-1780, Bd. I, S. 161.

89. *Ibid.*, Bd. I, S. 162.

90. Thomas Whately, *Observations on modern gardening*, London 1770; Jean-Marie Morel, *Théorie des jardins*, Paris 1776.

91. C. C. L. Hirschfeld, *op. cit.*, Bd. I, S. 161-162.

92. R.-L. Girardin, *op. cit.*, S. 52.

93. Horace Walpole, *Essay on modern gardening*, Strawberry Hill 1771. Bei C. C. L. Hirschfeld, *op. cit.*, Bd. II, S. 78, heißt es: »Da, wo der Mensch ruhet, wo er sich dem Genuß seiner Gedanken und Phantasien übergibt, wo er lieber fühlt als betrachtet, da sollen die wohlriechenden Blumengeschlechter den Kelch ihrer süßen, gewürzhaften, erquickenden Düfte eröffnen und seine Empfindung von der Wollust der Schöpfung durch die Befriedigung eines neuen Sinns erhöhen. Um Ruheplätze und Schlafgemächer, um Studierkabinette, um Speisesäle, um Bäder verbreite sich der Wohlgeruch der Märzviole, der Mayblume, der Matronalviole, der Nachtviole, der gelben Viole oder Goldlack, der Levkoyen, der Monarden,

der weißen Narcisse, der weißen Lilie, der Hyacinthe, der Nelke, der Mignotte oder ägyptischen Resede, der Tuberose, der Tazette, der Jonquille usw. Der Genuß dieser Wohlgerüche breitet auf eine unbeschreibliche Art eine gewisse Erquickung und Milde über das ganze Inwendige des Menschen aus, Ruhe der Seele und sanfterwärmende Behagung.«

94. JOHN MILTON, *Paradise lost*, London 1711; dt. *Das verlorene Paradies*, Altona 1760. Im 4. und 5. Buch dieses Werkes werden die natürlichen Düfte von Blumen und Wiesen schwärmerisch gepriesen. Der blinde Milton appelliert in erster Linie an die Geruchsvorstellungen seiner Leser. Wohlriechendes Buschwerk, Rosen, Jasmin und Veilchen erfüllen die Bogenlaube, das Liebesversteck von Adam und Eva, mit ihren Düften.

95. R.-L. GIRARDIN, *op. cit.*, S. 48.

96. *Ibid.*, S. 132.

97. C. C. L. HIRSCHFELD, *op. cit.*, Bd. I, S. 44.

98. C. H. WATELET, *op. cit.*, S. 34.

99. H. ELLIS, *op. cit.*, S. 124: »Man lasse das züchtigste Weib ihre Lieblingsblumen riechen, sagt er (Mantegazza), sie wird ihre Augen schließen, tief Atem holen und bei großer Empfindlichkeit am Leibe zittern, kurz, eine sehr intime Szene zum Besten geben, die sie sonst niemanden, ausgenommen vielleicht ihren Liebhaber, sehen lassen wird.« Im gleichen Zusammenhang weist Ellis darauf hin, daß manche Moralisten des 19. Jahrhunderts die Blumendüfte wegen ihrer Reizwirkung anprangern.

100. LOAISEL DE TRÉOGATE, *op. cit.*, S. 174 und 80.

101. ANDRÉA DE NERCIAT, *Félicia ou mes fredaines*, Paris 1979, S. 196. Vgl. auch J.R. DE LAMORLIÈRE, *op. cit.*, Bd. II, S. 16.

102. C. C. L. HIRSCHFELD, *op. cit.*, Bd. V, S. 62.

103. *Ibid.*, Bd. V, S. 3–25.

104. L. F. E. RAMOND DE CARBONNIÈRES, *op. cit.*, S. 165.

105. Vgl. JEAN STAROBINSKI, *La transparence et l'obstacle*, Paris 1971, S. 196, 197 und 281.

106. L. F. E. RAMOND DE CARBONNIÈRES,

op. cit., S. 88. Dieses Beispiel wurde oft zitiert, so auch von PIERRE MAINE DE BIRAN in seinem *Journal*, Paris 1927, Bd. I, S. 151. Das Erinnerungszeichen manifestiert sich vorzugsweise an stillen Berghängen, die durch Ruhe und die (väterliche) Nähe der Sonne (franz. *le* soleil, daher väterlich; A. d. Ü.) das Bild der Mutter ins Gedächtnis rufen und das Erlebnis einer Neugeburt begünstigen. Diese Themen werden von Michelet aufgegriffen; siehe F. DAGOGNET, *art. cit.*, S. 81 ff.

107. E. P. DE SENANCOUR, *op. cit.*, S. 223.

108. R. MANDROU, *op. cit.*, S. 70 ff.

109. Podiumsdiskussion zur Geschichte der Gefängnisse, E.H.E.S.S., 19. Dezember 1980.

110. SAINT-LAMBERT, *Les saisons*, S. 35; zitiert von R. MAUZI, *op. cit.*, S. 320.

111. E. P. DE SENANCOUR, *op. cit.*, S. 373.

112. R. MAUZI, *op. cit.*, S. 114.

113. Rousseaus Begeisterung für Blumen gleicht der eines Botanikers. Er neigt sich nicht über sie, um ihren Duft zu riechen, sondern um ihre Organisation zu bewundern; nicht »um ein Gefühl der Extase zu steigern, sondern sich von ihm zu erholen«; vgl. B. LE GALL, *op. cit.*, Bd. I, S. 331. Wenn die Pflanzensammlung, die er sich zulegt, für ihn in erster Linie eine »Gedächtnisstütze« ist, so nur, weil er sich von ihrem *Anblick* die unmittelbare Vergegenwärtigung einer Erinnerung erhofft; vgl. J. STAROBINSKI, *op. cit.*, S. 197.

114. Siehe *oben*, S. 186.

115. L.-A. DE CARACCIOLI, *op. cit.*; zit. von R. MAUZI, *op. cit.*, S. 195.

116. A. FRANKLIN, *op. cit.*, S. 31.

117. F.-E. FODÉRÉ, *op. cit.*, Bd. VI, S. 526.

118. E. P. DE SENANCOUR, *op. cit.*, S. 373.

119. *Ibid.*, S. 172.

120. R. MAUZI, *op. cit.*, S. 317.

121. C. H. WATELET, *op. cit.*; zit. von R. MAUZI, *op. cit.*, S. 319.

122. Siehe *oben*, S. 9 ff.

123. E. P. DE SENANCOUR, *op. cit.*, S. 90.

124. *Ibid.*, S. 183.

125. MARCEL RAYMOND, *Senancour, sensations et révélations*, Paris 1965. Raymond untersucht diese über die Empfindung laufende Suche nach dem Glück in Senancours Werk. Die ausgeprägte Ge-

ruchssensibilität interpretiert er als eine Aufwertung der ersten Herzensregung. BÉATRICE LE GALL, *op.cit.*, S. 271, kommt zu dem Schluß, daß Veilchen und Jonquillen Senancour offenbar an zwei Liebeserlebnisse erinnern. Sie fügt hinzu: »Er liebt das Veilchen, weil es manchmal, im Grase versteckt, nur ein Dufthauch ist.« In seinem Werk *Rêveries sur la nature primitive de l'homme* schreibt SENANCOUR in der Tat: »Das Gefühl, das von ihm ausgeht, bietet sich uns an und verweigert sich fast im gleichen Augenblick; wir suchen es vergeblich, ein leichter Hauch hat seinen Duft

vertrieben, bringt ihn zurück und vertreibt ihn wieder, und seine unsichtbare Laune hat unsere Wollust geweckt.« Es sei hinzugefügt, daß Senancour – der die Suche nach sensorischen Übereinstimmungen mit der gleichen Leidenschaft betreibt wie E. T. A. HOFFMANN in *Der goldene Topf* und sich von den Forschungen des Père Castel anregen läßt – lange vor Huysmans von einem Duft-Klavier träumt. Vgl. B. LE GALL, *op. cit.*, S. 331.
126. An dieser Stelle sei angemerkt, daß SENANCOURS Roman *Oberman* erst 1803 erscheinen sollte.

Die Reinigung
des öffentlichen Raums

Strategien der Desodorisierung

1. JEAN-CLAUDE PERROT, *Genèse d'une ville moderne. Caen au XVIIIe siècle*, Paris 1975, S. 9; die folgenden Zitate *ibid.*, S. 945, S. 950 und S. 10.
2. GILLES LAPOUGE, »Utopie et hygiène«, in: *Cadmos*, Paris 1980, Nr. 9, S. 120.
3. Dies ist die Ansicht von DR. LECADRE, »Le Havre considéré sous le rapport hygiénique«, in: *Annales d'hygiène publique et de médecine légale*, Paris 1849, Bd. 42, S. 255.
4. M. F.-B. RAMEL, *op. cit.*, S. 251.
5. Wesentlich für unseren Zusammenhang ist die dauernde Furcht, die aus dem Tonfall der zeitgenössischen Autoren spricht.
6. ABBÉ BERTHOLON, *op. cit.*, S. 69.
7. F. BOUDON, *art. cit.*, S. 178.
8. Das Pflaster neben dem Dominikanerkloster wird innerhalb von vierzehn Jahren viermal erneuert; vgl. J.-C. PERROT, *op. cit.*, S. 95.
9. Vgl. zum Beispiel J.-B. T. BAUMES, *op. cit.*, S. 179.
10. J. HOWARD, *État des prisons...*, *op. cit.*, Bd. I, S. 47.
11. Siehe etwa die Polizeivorschrift vom 8. November 1729.

12. F.-E. FODÉRÉ, *op. cit.*, Bd. VI, S. 256.
13. Diese Erfindung entspricht der allgemeinen Sorge, gegen die drohende Infektion »gewappnet« zu sein. Der Vorstellungskraft der Gelehrten entspringen allerhand komplizierte Vorrichtungen, die zum Gebrauch empfohlen werden. FOURCROY, *op. cit.*, S. 313, rät den mit der Herstellung von Stärke beschäftigten Arbeitern, »sich eine Art Papiertrichter mit der größeren Seite nach oben um den Hals zu legen, um so den Dampf, der ihnen ins Gesicht schlägt, abzulenken«. Die Apotheker bieten seltsame antimefitische Lacke zum Kauf an. BANAL, *op.cit.*, S. 99, stellt einen Sud her, mit dem man die Gehröcke einstreichen kann. Dieses Beispiel ist nicht ungewöhnlich. FODÉRÉ, *op.cit.*, Bd. VI, S. 112, empfiehlt seinen Kollegen sowie den Familienmitgliedern und Nachbarn seiner Patienten, sich mit lackierten Tafthüllen, welche Kleidung, Stiefel und sogar den Hut bedecken, gegen die Infektion zu schützen; er selbst geht mit gutem Beispiel voran.
14. J. HOWARD, *État des prisons...*, *op.cit.*, Bd. II, S. 15. D. ROCHE, *Le peuple...*, *op.cit.*, S. 140, weist auf die zunehmende Verwen-

dung von Tapetenstoffen in der gemeinen Bevölkerung hin; gegen Ende des Jahrhunderts findet man sie in 84% aller Wohnungen.

15. Siehe *oben*, S. 166.

16. M. Thouret, *op. cit.*, S. 10.

17. B. Fortier, *op. cit.*, S. 59.

18. J.-C. Perrot, *op. cit.*, S. 12.

19. R. Favre, *op. cit.*, S. 249.

20. Bernardin de Saint-Pierre, *Études de la nature*, 1784, S. 220–222; zitiert von R. Favre, *op. cit.*, S. 250.

21. Jean-Noël Biraben, *Les hommes et la peste en France et dans les pays européens et méditerranéens*, Paris 1975, Bd. II, S. 179.

22. Pierre Deyon, *Amiens, capitale provinciale*, Paris 1967, S. 22.

23. *Ibid.*, S. 27.

24. Viele Einzelheiten zu diesem Thema finden sich in der Denkschrift von M. A. Chevallier, »Notice historique sur le nettoiement de la ville de Paris«, in: *Annales d'hygiène publique et de médecine légale*, Paris 1849.

25. P. Chauvet, *op. cit.*, S. 28.

26. A. Tournon, *op. cit.*, S. 16.

27. Abbé Bertholon, *op. cit.*, S. 90.

28. P. Chauvet, *op. cit.*, S. 34.

29. A. L. Lavoisier, *Œuvres,* , *op. cit.*, Bd. III, S. 496.

30. M. Gérard, *op. cit.*, S. 58–59.

31. Pierre Saddy, »Le cycle des immondices«, in: *XVIIIe siècle*, Paris 1977, S. 203–214. Arlette Farge, »L'espace parisien au XVIIIe siècle«, in: *Éthnologie française*, Paris 1982, Nr. 2.

32. Verordnung vom 8. November 1780.

33. Diese Vorschrift gilt ab 1750.

34. Vgl. P. Saddy, *art. cit.*, S. 206.

35. Eine ausführliche Erörterung des Problems findet sich in dem Buch von F. Liger, *Fosses d'aisances, latrines, urinoirs et vidanges*, Paris 1875.

36. J.-H. Ronesse, *op. cit.*, S. 31.

37. Glänzende Seiten zu diesem Thema finden sich bei R. Favre, *op. cit.*, S. 378 ff.

38. Die Erneuerung der Luft »ist nicht nur eine gute Voraussetzung zum Gesundwerden, sondern eine echte Heilung«, schreibt J.-C. Perrot, *op. cit.*, Bd. II, S. 890.

39. S. Hales, *op. cit.*, S. 103–105.

40. M. Géraud, *op. cit.*

41. François Béguin, »Évolution de quelques stratégies médico-spatiales«, in: *La politique de l'espace parisien à la fin de l'Ancien Régime*, Paris 1975, S. 208.

42. Vgl. *ibid.*, S. 228.

43. Samuel Sutton, *Nouvelle méthode pour pomper le mauvais air des vaisseaux*, Paris 1749.

44. S. Hales, *op. cit.*, S. XVI.

45. C. L. de Genneté, *op. cit.*, S. 21.

46. S. Sutton, *op. cit.*, S. 4.

47. Laborie, Cadet le Jeune, Parmentier, *op. cit.*, S. 26–27.

48. *Ibid.*, S. 29.

49. J.-B. T. Baumes, *op. cit.*, S. 186.

50. J. Ingenhousz, *op. cit.*, S. 118.

51. J. Howard, *op. cit.*, Bd. I, S. 293.

52. Banau und Turben, *op. cit.*, S. 53–57.

53. J.-B. T. Baumes, *op. cit.*, S. 162.

54. J.-B. Monfalcon, *op. cit.*, S. 384. Dieses Heilmittel ist nicht ohne Risiko, zumal derselbe Autor behauptet, daß sumpfige Ausdünstungen die Frauen und Mädchen zur Libertinage verführen; *ibid.*, S. 126.

55. A. Tournon, *op. cit.*, S. 24.

56. Vgl. Marie Armande Jeanne Gacon-Dufour, *Manuel du parfumeur*, Paris 1825, S. 111. Jeder in einem Wagen eingeschlossene Reisende »ist im eigenen Interesse verpflichtet, ein Fläschchen Essig mitzuführen«, schreibt die Autorin 1825.

57. B. Fortier, *op. cit.*, S. 60.

58. P.-T. Navier, *op. cit.*, S. 63.

59. J.-N. Biraben, *op. cit.*, Bd. II, S. 177.

60. J.-B. T. Baumes, *op. cit.*, S. 163.

61. Banau und Turben, *op. cit.*, S. 68.

62. G. de Morveau, *op. cit.*, S. 7.

63. Banau und Turben, *op. cit.*, S. 53 ff. und S. 78.

64. B. Fortier, »La maîtrise de l'eau…«, *art. cit.*

65. J. Howard, *État des prisons…*, *op. cit.*, Bd. II, S. 195.

66. Dazu, vgl. J.-N. Biraben, *op. cit.*, Bd. II, S. 170.

67. François Béguin, in: M. Foucault, *Les machines à guérir*, *op. cit.*, S. 40.

68. C. L. de Genneté, *op. cit.*, S. 24.

69. Dazu, vgl. Richard Etlin, »L'air dans l'urbanisme des Lumières«, in: *XVIIIe siècle*, Paris 1977, Nr. 9, S. 123–134.

70. Alle diese wahrhaften Zwangsvorstellungen finden sich in den zitierten Werken von J. Howard, *passim*.

71. J. Howard, *État des prisons...*, *op.cit.*, Bd. I, S. 74.

72. J.-B. T. Baumes, *op. cit.*, S. 184.

73. J.-C. Perrot, *op.cit.*, Bd. II, S. 686.

74. J.-R. Tenon, *op.cit.*, S. 166.

75. Vgl. R. Etlin, *art.cit.*, S. 132.

76. Abbé Jacquin, *op. cit.*, S. 85 ff; Darstellung der gesunden Stadt.

77. M. Géraud, *op.cit.*, S. 128.

78. J.-B. T. Baumes, *op. cit.*, S. 184.

79. Vgl. R. Etlin, *art.cit.*, S. 132.

80. M. Ozouf, *art.cit.*, S. 1279.

81. Maurice Garden, *Lyon et les Lyonnais au XVIIIe siècle*, Paris 1970, S. 12.

82. B. Fortier, »La politique...«, *art.cit.*, S. 41 ff.

83. *Ibid.*, S. 92.

84. Vgl. zum Beispiel Louis-René Villermé, *Des prisons telles qu'elles sont et telles qu'elles devraient être (...) par rapport à l'hygiène, à la morale et à l'économie politique*, Paris 1820, 5. Kapitel, S. 39 ff.

85. G. Vigarello, *op.cit.*, S. 123.

86. Jean-Louis Flandrin, *Familles, parenté, maison, sexualité dans l'ancienne société*, Paris 1976, S. 97–101.

87. Philippe Perrot, *Les dessus et les dessous de la bourgeoisie*, Paris 1981, S. 288. D. Roche, *Le peuple...*, *op.cit.*, S.133, findet heraus, daß bei der zu Miete wohnenden Bevölkerung von Paris gegen Ende des 18. Jahrhunderts jeder über ein eigenes Bett verfügt.

88. J.-R. Tenon, *op. cit.*, S. 165 ff.

89. Dazu, vgl. Michel Foucault, *Naissance de la clinique*, Paris 1963; dt. *Die Geburt der Klinik*, München 1973, S. 34 ff; und R. Favre, *op. cit.*, S. 246 ff.

90. Ph. Ariès, *op. cit.*, S. 624–625.

91. Vicq d'Azyr, *Essai sur les lieux...*, *op. cit.*, S. CXXIX, zu den von Maret vorgeschlagenen Normen, die er befürwortet und übernimmt.

92. M. Thouret, *Rapport sur les exhumations du cimetière et de l'église des Saints-Innocents*, Paris 1789. Die Verlegung erfolgte von Dez. 1785 bis Okt. 1787.

93. Vgl. Jean-Noël Hallé, *Recherches sur la nature...*, , *op. cit.*, S. 10.

94. J.-N. Biraben, *op. cit.*, Bd. II, S. 176.

95. P.-T. Navier, *op. cit.*, S. 54.

96. J.-N. Biraben, *op. cit.*, Bd. I, S. 235.

97. A.-L. Lavoisier, *Œuvres*, *op. cit.*, Bd. III, S. 477. Lavoisiers Verbrennungstheorie zwingt ihn sogar zur Befürwortung dieses Verfahrens. Es sei angemerkt, daß sich bei aromatischen Beräucherungen die wohltätigen Wirkungen des Feuers mit denen der »Parfüms« verbinden.

98. Duhamel du Monceau, *op.cit.*, S.119.

99. M. Thouret, *Rapport sur la voirie...*, *op. cit.*, S. 7–8.

100. Abgesehen natürlich von der wohltätigen Kraft des Weihwassers. 1795 werden die von Pest befallenen Schiffe der russischen Flotte zuerst mit Weihwasser besprengt; vgl. Guyton de Morveau, *op. cit.*, S. 45.

101. Banau und Turben, *op. cit.*, S. 64.

102. J. Howard, *Histoire des principaux lazarets...*, *op. cit.*, Bd. I, S. 33.

103. »Jeder Teil des Gefängnisses, jeder einzelne Raum muß außer der üblichen Sauberkeitspflege mindestens zweimal im Jahr gründlich gescheuert und mit Kalkwasser gereinigt werden (...). Ein Raum, der von Kranken mit ansteckenden Krankheiten bewohnt worden ist, muß geschrubbt, mit Essig ausgewaschen, mit Kalkwasser geweißt und einer mehrmals wiederholten Beräucherung unterzogen werden; die Möbel und Kleider der Kranken sollen in den Ofen gesteckt, seine Habseligkeiten verbrannt werden. Schwefel, Tabak und Wacholderbeeren sind in derartigen Fällen am besten für die Beräucherung geeignet«, schreibt Howard, *État des prisons...*, *op. cit.*, S. 59 und 62.

104. Laborie, Cadet le Jeune, Parmentier, *op. cit.*, S. 39.

105. Zitiert von M. Thouret, *Rapport sur la voirie...*, *op. cit.*, S. 14.

106. P.-T. Navier, *op. cit.*, S. 46.

107. Guyton de Morveau, *op.cit.*, S. 272.

108. *Ibid.*, S. 10–13; ebenso die beiden folgenden Zitate.

109. Vicq d'Azyr, *Instruction...*, *op.cit.*, S. 7–8.

110. Guyton de Morveau, *op.cit.*, S. 93–94.

111. James Carmichael Smyth, *A de-*

scription of the jail distemper (. . .). To which is added an appendix containing an account of the experiment made on board the Union hospital ship, in 1795, to determine the effect of the nitrous acid in destroying contagion, London 1803; zitiert nach der französischen Übers., *Observation sur la fièvre des prisons, sur les moyens de la prévenir (. . .) à l'acide des fumigations de gaz nitrique...*, Genf 1801, S. 88. Cruickshank dagegen benutzt – genau wie de Morveau – »oxygenierte Salzsäure« für seine Beräucherungen.

112. Vgl. MARCEL SPIVAK, »L'hygiène des troupes à la fin de l'Ancien Régime«, in: *XVIIIe siècle*, Paris 1977, S. 115–122.

113. Diese Bemerkungen stammen von Jean Chagniot, Fachmann für die Geschichte der französischen Garden am Ende des Ancien Régime.

114. J.LIND, *op.cit.*; es sei angemerkt, daß Lind bei seiner Arbeit vor allem an die Kranken denkt.

115. Eine Zusammenfassung dieser Strategie findet sich bei DUHAMEL DU MONCEAU, *op. cit.*, S. 73 ff.

116. J. HOWARD, *Histoire des principaux lazarets...*, , *op. cit.*, Bd. II, S. 408; es handelt sich um einen Brief von John Haygarth an den Autor vom 30. Mai 1789.

117. *Ibid.*, S. 411. Die gleichen Vorsichtsmaßnahmen trifft Kapitän Furneaux, ein Gefährte Cooks, auf dem Schiff *Adven-*

ture; JAMES COOK, *Relations de voyage autour du monde*, Paris 1980, Bd. I, S. 302.

118. B.-C. BOISSIEU, *op. cit.*, S. 66.

119. Siehe *oben*, S. 89.

120. *Encyclopédie méthodique*, Artikel »air – air des hôpitaux de terre et de mer«, S. 575.

121. Vgl. den Bericht von Delassone und Daubenton vom 20. Juni 1787.

122. R. ETLIN, *art. cit.*, S. 132.

123. *Encyclopédie méthodique*, Artikel »air«, S. 575.

124. J. HOWARD, *Histoire des principaux lazarets...*, *op. cit.*, Bd. II, S. 37.

125. Vgl. P. SADDY, *art. cit.*, S. 209.

126. J. HOWARD, *Histoire des principaux lazarets...*, *op. cit.*, Bd. II, S. 170.

127. *Ibid.*, S. 172.

128. *Ibid.*

129. *Ibid.*, S. 247.

130. Siehe *oben*, S. 166 f.

131. A.-L. LAVOISIER, *Œuvres*, *op. cit.*, S. 469.

132. J. HOWARD, *Histoire des principaux lazarets...*, *op. cit.*, Bd. II, S. 271.

133. Dies ist der Titel eines Werkes von GENEVIÈVE HELLER, *Le propre en ordre*, Lausanne 1979.

134. J. HOWARD, *Histoire des principaux lazarets...*, *op.cit.*, Bd. II, S. 231; ebenso die folgenden Zitate.

135. A.-L. LAVOISIER, *Œuvres*, *op. cit.*, Bd. I, S. 474 ff.

Die Gerüche und die Physiologie der sozialen Ordnung

1. Vgl. R. BARTHES, *Sade, Fourier, Loyola*, *op. cit.*, zu den Systemen der visuellen Repräsentation.

2. PIERRE-JEAN ROBIQUET, »Considérations sur l'arôme«, in: *Annales de chimie et de physique*, Paris 1820, Bd. XV, S. 28; ebenso das folgende Zitat.

3. Schon Locke hat diese Theorie vorgeschlagen und damit die von den Karte-

sianern eingeführte Erklärung der sinnlich wahrnehmbaren Qualitäten übernommen. Vgl. J. LOCKE, *op. cit.*, Bd. I, S. 366 ff.

4. FÉLIX LEBLANC, *Recherches sur la composition de l'air confiné*, Paris 1842, S. 4; zitiert nach »Mémoire sur les altérations qui arrivent à l'air dans plusieurs circonstances où se trouvent les hommes réunis

en société«, in: *Histoire et mémoires de la Société Royale de Médecine*, Paris 1782–1783 (1787).

5. C. FORGET, *op. cit.*, S. 191.
6. P.-A. PIORRY, *op. cit.*, S. 85.
7. *Ibid.*, S. 91.
8. F. LEBLANC, *op. cit.*, S. 7.
9. C. GRASSI, *De la ventilation des navires*, Paris 1857, S. 5.
10. Vgl. LOUIS CHEVALIER, *Classes laborieuses et classes dangereuses à Paris pendant la première moitié du XIXe siècle*, Paris 1958, S. 168–182.
11. JEAN-BAPTISTE HUZARD DER JÜNGERE, *De l'enlèvement des boues et des immondices de Paris*, Paris 1826. Der Autor fordert, daß die vom Klärschlamm stinkenden Schindanger der Rue Château-Landon, der Rue de la Voirie und der Schlagbäume von Montreuil, Les Fourneaux und Enfer an einen Ort außerhalb der Stadt verlegt werden.
12. VICTOR DE MOLÉON, *Rapports généraux sur les travaux du Conseil de Salubrité*, Paris 1828, S. 265, Bericht über das Jahr 1823.
13. »Schluß damit, man lacht nicht mehr über einen Scheißhaufen«, schreibt R.-H. Guerrand im Zusammenhang mit dem Verschwinden der unflätigen, vom Schmutz zehrenden Literatur; vgl. R.-H. GUERRAND, »Petite histoire du quotidien. L'avènement de la chasse d'eau«, in: *L'histoire*, Paris 1982, Nr. 43, S. 97. Die Angst vor der Flut der Exkremente plagt die zeitgenössischen Zeugen. Ihr Klagelied schließt unmittelbar an die Besorgnisse des 18. Jahrhunderts an, nur daß die Geruchsanalyse noch zwingender erscheint als ehemals. Hier noch einige Literaturhinweise, die uns erlauben, die Intensität des Widerwillens zu begreifen: CLAUDE LACHAISE, *Topographie médicale de Paris*, Paris 1822, S. 139, zum Thema des Gestanks bei den Sammelgruben von Montfaucon. Doktor FRANÇOIS-MARC MOREAU, *Histoire statistique du choléramorbus dans le quartier du faubourg Saint-Denis*, Paris 1833, S. 40; hier wird der Marktplatz von Saint-Laurent vor seiner Reinigung im Jahre 1832 folgendermaßen beschrieben: »An vielen Stellen ist

der Boden so mit Fäkalien bedeckt, daß er restlos darunter verschwindet und man ihn nicht mehr sehen kann.« Wie unerhört die Allgegenwärtigkeit der Exkremente das Zartgefühl der Menschen kränkt, kommt wohl am deutlichsten bei Doktor FÉLIX HATIN, *Essai médico-phitosophique sur les moyens d'améliorer l'état sanitaire de la classe indigente...*, Paris 1832, zum Ausdruck. Ein gutes Beispiel ist seine Beschreibung der näheren Umgebung von Notre-Dame: »Wir, ein zivilisiertes, feinsinniges Volk, wir leben inmitten unseres eigenen Drecks, der uns fortwährend an die Schwächen erinnert, die denen die Natur uns von der Wiege an verdammt. Für mich gibt es nichts Anstößigeres als unsere großen Bauwerke, gesäumt von Überresten der Verdauung.« *Ibid.*, S. 3.

Zu den Gestänkern von Paris, siehe auch die Äußerungen von MILTON FRANCES TROLLOPE, *op. cit.*, S. 146: »In dieser Stadt tut man keinen Schritt, ohne daß die Augen und die Nase auf nur jede denkbare Art beleidigt und angeekelt werden.« Ähnlich klingt das Zeugnis von Victor Considérant, zitiert in: R.-H. GUERRAND und ELSIE CANFORA-ARGANDONA, *La répartition de la population. Les conditions de logement des classes ouvrières à Paris au XIXe siècle*, Paris 1976, S. 19–20. Vgl. auch HONORÉ DE BALZAC, *La fille aux yeux d'or*, in: *La comédie humaine*, Paris 1853; dt. *Das Mädchen mit den Goldaugen*, in: *Die menschliche Komödie*, München 1972, Bd. VI. Von allen Autoren, mit denen ich mich in diesem Zusammenhang beschäftigt habe, rühmt nur Antoine Caillot den Rückgang des Gestanks im öffentlichen Raum seit der Konsularregierung. Dabei bezieht er sich allerdings auf einen ganz bestimmten Ort: die Gärten des Palais Royal, die in der Tat Ende des 18. Jahrhunderts von übelriechenden Exkrementen gereinigt worden waren. Vgl. ANTOINE CAILLOT, *Mémoires pour servir à l'histoire des mœurs et usages des Français*, Paris 1827, Bd. I, S. 303.

Pierre Pierrard, *op. cit.*, berichtet ausführlich über die verseuchte »Kothölle« der Stadt Lille. Besonders interessant ist seine Darstellung der Kloakenentleerung, bei der die gefüllten Tonnen nur mit ein paar Strohhalmen verschlossen werden. Die Arbeit wird von kleinen Händlern – genannt *berneux* oder *bernatiers* – erledigt, die mit ihren Karren durch die Straßen ziehen und immerfort schreien: »Vier Sous für eine Tonne!«, um ihre Ware anschließend an Landwirte zu liefern, die sie zu »flämischem Dung« verarbeiten. Im Jahr 1850 besaß Lille immer noch keine öffentlichen Pissoirs; »statt dessen standen an den Mauern ein paar Kübel herum, die unweit einer Zisterne in der Nähe des Hôtel de Ville entleert wurden«. Vgl. *ibid.*, S. 53–54.

In Nevers und Charité-sur-Loire wurden noch sehr spät Klagen über Belästigungen durch Exkremente laut; siehe dazu Guy Thuillier, *Pour une histoire du quotidien au XIXᵉ siècle en Nivernais*, Paris 1977, S. 34.

14. Vgl. L. Chevalier, *op. cit.*, S. 461–463.
15. Vgl. Alain Faure, »Classe malpropre, classe dangereuse?« in: *Recherches. L'haleine des faubourgs*, Paris 1977, S. 79–102.
16. V. de Moléon, *op. cit.*, Bd. II, S. 46. Im Zusammenhang mit der stinkenden Düngergrube von Saint-Agnès, aus der die Bauern ihren Bedarf schöpfen, findet man auch in Lille das Schreckgespenst der verseuchten Vororte, deren Unrat ins Zentrum zurückzuströmen droht; vgl. P. Pierrard, *op. cit.*, S. 53.
17. Dies ist ein konkretes Beispiel für die Anwendung des Prinzips der Isolierung oder Abtrennung, einer wesentlichen Richtlinie der Hygienepolitik und insbesondere der gesetzlichen Vorschriften zum Schutz der Gesundheitspflege vom 8. März 1822. Vgl. Blandine Barret-Kriegel, »Les demeures de la misère«, in: *Politiques de l'habitat*, Paris 1977, S. 93.
18. V. de Moléon, *op. cit.*, S. 75.
19. Adolphe-Auguste Mille, »Rapport sur le mode d'assainissement des villes en Angleterre et en Écosse«, in: *Annales d'hygiène publique et de médecine légale*, Paris Juli–Oktober 1855, S. 210.
20. *Ibid.*, S. 209. Auf S. 210 heißt es weiter, der Wert eines Düngemittels müsse »nach dem Grad des Gestanks geschätzt« werden.

21. A. Parent-Duchâtelet, *Rapport sur les améliorations à introduire dans les fosses d'aisances. . ., op. cit.*, S. 371.
22. A. Parent-Duchâtelet, *Rapport sur les nouveaux procédés de MM. Salmon et Payen (...) pour la dessication des chevaux morts*, Paris 1833, S. 293.
23. Émile-Louis Bertherand, *Mémoire sur la vidange des latrines et des urinoirs publics*, Paris 1858, S. 7.
24. H. Sponi, *De la vidange au passé, au présent et au futur*, Paris 1856, S. 29. Bei R.-H. Guerrand, *art. cit.*, S. 97, finden sich Angaben zu der nachfolgenden Berechnung aus dem *Journal de chimie médicale*.
25. Vgl. seine berühmte Theorie des »circulus«.
26. Es sei darauf hingewiesen, daß die Wurzeln derartiger Bestrebungen auf das 18. Jahrhundert zurückgehen, als in Montfaucon eine Poudrette-Fabrik angesiedelt wurde.
27. M. A. Chevallier, *art. cit.*, S. 318.
28. Pierre Pierrard weist darauf hin, daß die Hälfte der Arbeitskräfte, die während des zweiten französischen Kaiserreichs von den zuständigen Unternehmen für die Schmutzbeseitigung herangezogen werden, noch immer Gebrechliche und Alte sind.
29. M. A. Chevallier, *art. cit.*, S. 307.
30. *Ibid.*, S. 319.
31. *Ibid.*, S. 313; Hervorhebung von A. Corbin.
32. Vgl. E.-L. Bertherand, *op. cit.*, passim; dieser Aspekt wurde schon von Dominique Laporte hervorgehoben.
33. H. Sponi, *op. cit.*, S. 26.
34. D. Laporte, *op. cit.*, S. 99 ff.
35. Zu diesen Fluktuationen, siehe F. Liger, *op. cit.*, S. 87 ff. Hier finden sich auch Angaben über die Preisentwicklung.
36. V. de Moléon, *op. cit.*, S. 234. Bericht über das Jahr 1835. Den Scheideapparaten ist eine umfangreiche Literatur gewidmet.
37. P. Pierrard, *op. cit.*, S. 49.
38. Gabriel Désert, in: *Histoire de Caen*, Paris 1981, S. 199 und 228.
39. G. Thuillier, *op. cit.*, S. 34.
40. Émile Trélat, »Rapport sur l'évacuation des vidanges hors des habitations«,

in: *De l'évacuation des vidanges dans la ville de Paris*, Paris 1880–1882, S. 29.

41. Gérard Jacquemet, »Urbanisme parisien: la bataille du tout-à-l'égoût à la fin du XIXe siècle«, in: *Revue d'histoire moderne et contemporaine*, Paris, Oktober– Dezember 1979, S. 505–548.

42. E. Chevreul, *art. cit.*, S. 42.

43. Vgl. Marié-Davy, in: *art. cit.*, Paris 1880–1882, S. 67 ff. Der Stickstoffgehalt variiert zwischen neun Kilogramm pro Kubikmeter bei den nicht mit Wasser vermischten Fäkalstoffen in den Kloaken volkstümlicher Wohnhäuser und zweihundertsiebzig Gramm pro Kubikmeter in der Senkgrube des Grand Hôtel.

44. Parent-Duchâtelet, der sich eifrig für diese Produkte einsetzt und die Bevölkerung von ihrer Wirksamkeit überzeugen will, rät zu öffentlichen Vorführungen auf den Bürgersteigen der Stadt; vgl. A. Parent-Duchâtelet, *Rapport sur les améliorations...*, *op. cit.*, Bd. II, S. 397.

45. Georges Knaebel, *Les problèmes d'assainissement d'une ville du Tiers Monde: Pointe-Noire*, Dissertation, Paris 1978, 6. Kapitel »Construction du réseau d'égouts parisiens au XIXe siècle«, S. 249.

46. A. Parent-Duchâtelet, *Les chantiers de l'équarrissage de la ville de Paris envisagés sous le rapport de l'hygiène publique*, Paris 1832, S. 29.

47. *Ibid.*, S. 100.

48. C. Lachaise, *op. cit.*, S. 139.

49. V. de Moléon, *op. cit.*, S. 89, Bericht über das Jahr 1815.

50. A. Parent-Duchâtelet, *Les chantiers...*, *op. cit.*, S. 28.

51. Diese Ansicht vertreten Jean-Baptiste Monfalcon und Auguste Pierre Isidore de Polinière, *Traité de la salubrité dans les grandes villes*, Paris 1846, S. 220 ff.; die Autoren errechnen die möglichen Gewinne dieses Gewerbes.

52. V. de Moléon, *op. cit.*, S. 16, Bericht über das Jahr 1827.

53. *Ibid.*, S. 325, Bericht über das Jahr 1825.

54. *Ibid.*, S. 286, Bericht über das Jahr 1824.

55. A. Parent-Duchâtelet, *Rapport sur les nouveaux procédés...*, *op. cit.*, Bd. II,

S. 295; ders., »Projet (...) d'un rapport (...) sur la construction d'un clos central d'équarrissage pour la ville de Paris«, in: *Hygiène publique*, Paris 1835, Bd. II, S. 310.

56. Monfalcon und Polinière. *op. cit.*, S. 224.

57. Alexandre Parent-Duchâtelet und Jean-Pierre J. d'Arcet, »De l'influence et de l'assainissement des salles de dissection«, in: *Hygiène publique*, Paris 1835, Bd. II, S. 22–24.

58. Jean Chrétien, *Les odeurs de Paris*, Paris 1881, S. 33.

59. Vgl. Jacques Léonard, *Les médecins de l'ouest au XIXe siècle*, Paris 1979, Bd. III, S. 1141.

60. L. Reutter de Rosemond, *op. cit.*, Bd. II, S. 86.

61. A.-G. Labarraque, *Observations sur l'emploi des chlorures*, Paris 1825, S. 5.

62. Nach einem Bericht von Maxime du Camp über Äußerungen von Labarraque, in: *La chronique médicale*, Paris 1915, S. 280.

63. A. Parent-Duchâtelet, *Rapport sur le curage...*, *op. cit.*, S. 362.

64. N. Troche, *Notice historique sur les inhumations provisoires faites sur la place du marché des Innocents en 1830*, Paris 1837; A. Parent-Duchâtelet, *Note sur les inhumations et les exhumations qui ont eu lieu à Paris, à la suite des événements de juillet*, Paris 1830, S. 81.

65. Henri-Joseph Gisquet, *Mémoires de M. Gisquet*, Paris 1840, Bd. I, S. 425–427. Vgl. auch B. Barret-Kriegel, *art. cit.*, S. 108.

66. Siehe *oben*, S. 46; vgl. auch V. de Moléon, *op. cit.*, S. 264, Bericht über das Jahr 1823.

67. Parent-Duchâtelet und d'Arcet, *De l'influence...*, *op. cit.*

68. A.-G. Labarraque, *op. cit.*. S. 5. Der Autor zitiert Beobachtungen von Fachleuten.

69. V. de Moléon, *op. cit.*. S. 428, Bericht über das Jahr 1838.

70. Honoré de Balzac, *Un début dans la vie*, in: *La comédie...*, *op. cit.*; dt. *Ein Lebensbeginn*, in: *Die menschliche Komödie*, *op. cit.*, Bd. I, S. 938.

71. H. SPONI, *op. cit.*, S. 8.

72. Vgl. *ibid.*, S. 10. In der Bibliographie stößt man vor allem auf die Namen Boussingault, d'Arcet, Dupuytren, Fourcroy, Hallé, Labarraque, Parent-Duchâtelet, Parmentier, Payen, Thouret und Trébuchet.

73. Vgl. THOMAS TREGOLD, *Principles of warming and ventilating public buildings, dwelling-houses, manufactories, hospitals, hot-houses etc.*, London 1824, zit. nach der franz. Übers. *Principes de l'art de chauffer et d'aérer les édifices publics, les maisons d'habitation, les manufactures, les hôpitaux, les serres...*, Paris 1825.

74. Dies relativiert die Behauptung von Maurice Daumas, in jener Zeit habe es hinsichtlich der Ventilation keine Entwicklung gegeben; vgl. MAURICE DAUMAS, *Histoire générale des techniques*, Paris 1968, Bd. III, S. 522–523.

75. PHILIPPE GROUVELLE in seiner Einführung zu: JEAN-PIERRE JOSEPH D'ARCET, *Collection de mémoires relatifs à l'assainissement des ateliers, des édifices publics et des maisons particulières*, Paris 1843, Bd. I, S. VII.

76. *Ibid.*; ebenso das folgende Zitat.

77. TH. TREDGOLD, *op. cit.*, S. 271.

78. J.-P. J. D'ARCET, »Rapport sur des (...) fourneaux de cuisine salubres et économiques«, 1821, in: *op. cit.*, S. 113.

79. Die Art, wie die gleichen Schemen in die sozialen Vorstellungen eingehen, ist nicht unser Thema; doch wie wir wissen, stehen sie auch hinter dem Willen, die Aktivitäten der Prostitution unter totale Kontrolle, unter »Luftabschluß« zu bringen.

80. PH. GROUVELLE in seiner Einleitung zu: J.-P. J. D'ARCET, *op. cit.*, S. VI.

81. L.-R. VILLERMÉ, *op. cit.*, S. 18.

82. PHILIPPE GROUVELLE, *Chauffage et ventilation de la Nouvelle Force par Philippe Grouvelle*, Paris um 1843, S. 25.

83. Zu diesen Fragen, siehe F. LEBLANC, *op. cit.* Es handelt sich um eine Synthese von Untersuchungen, die in einem Schlafzimmer, dem Gemeinschaftsraum eines Irrenhauses, einem Klassenzimmer, einem Sektionssaal der Sorbonne, der Abgeordnetenkammer, dem Theatersaal Favart, einem Pferdestall der Armee und einem Gewächshaus des Jardin Royal gemacht wurden. Für jeden einzelnen der genannten Orte gibt es exakte Angaben über »das räumliche Fassungsvermögen, die Anzahl der Individuen, die Dauer ihres Aufenthalts im geschlossenen Raum, die Temperatur, die Art der Beheizung sowie das Fehlen oder Vorhandensein« eines mit dem Windmesser von Combes registrierten Luftstroms. *Ibid.*, S. 11.

Zur Analyse der Luft in geschlossenen Räumen, siehe auch EUGÈNE PÉCLET, *Instruction sur l'assainissement des écoles primaires et des salles d'asile*, Paris 1846.

84. C. GRASSI, *Rapport (...) sur la construction et l'assainissement des latrines et fosses d'aisances*, Paris 1858, S. 32.

85. ÉDOUARD DUCPÉTIAUX, »Extrait du rapport sur les deux systèmes de ventilation établis à titre d'essai dans la prison cellulaire des femmes, à Bruxelles«, in: *Annales d'hygiène publique et de médecine légale*, Paris 1853, Bd. I, S. 459 ff.

86. *Ibid.*, S. 461.

87. *Ibid.*

88. C. GRASSI, *De la ventilation..., op. cit.*, S. 23.

89. Vgl. GENEVIÈVE und BRUNO CARRIÈRE, »Santé et hygiène au bagne de Brest au XIXe siècle«, in: *Annales de Bretagne et des pays de l'ouest*, 1981, Nr. 3, S. 349. 1822 schreibt der Ingenieur TROTTÉ DE LA ROCHE über den Kerker von Brest: »Nachts machen die Männer sich nicht die Mühe, wegen kleinerer Bedürfnisse zu den Latrinen zu gehen. Statt in die Wasserrinne zu fließen, bleibt der Urin auf dem Boden stehen und sickert ins Holz...«

90. Siehe *unten*, S. 230.

91. Vgl. DOMINIQUE LAPORTE, »Contribution pour une histoire de la merde: la merde des asiles, 1830–1880«, in: *Ornicar? Analytica*, Paris, Juli 1977, Nr. 4, S. 31–48.

92. Zitiert von C. GRASSI, *Rapport..., op. cit.*, S. 37.

93. EDMOND DUPONCHEL, »Nouveau système de latrines pour les grand établissements publics et notamment pour les casernes, les hôpitaux militaires et les hospices civils«, in: *Annales d'hygiène*

public et de médecine légale, Paris, Juni 1858, S. 356–362.

94. Ph. Grouvelle, Collection..., op. cit.

95. François Caron, Histoire économique de la France. XIXᵉ–XXᵉ siècle, Paris 1981, S. 65.

Die Politik und das
Problem der Schädlichkeit

1. Archive der Polizeipräfektur, Conseil de Salubrité: Sammlung der Klagen.
2. P.-A. Piorry, op. cit., S. 38.
3. A.Farge,»Les artisans malades de leur travail«, in: Annales E. S. C., Paris, September–Oktober 1977.
4. Bericht des Innenministers; Darlegung der Gründe für den Erlaß vom 15. Oktober 1810. Zitiert von Maxime Vernois, Traité pratique d'hygiène industrielle et administrative, Paris 1860, S. 14.
5. Zitiert von M. Vernois, ibid., S. 28.
6. V. de Moléon, op. cit., Bd. II, S. IV.
7. Die schädlichen oder ungesunden, die unangenehmen oder störenden und schließlich die nicht anstößigen Betriebe.
8. Monfalcon und Polinière, op. cit., S. 172.
9. Vgl. B.-P.Lécuyer,»Démographie, statistique et hygiène publique sous la Monarchie censitaire«, in: Annales de démographie historique, Paris 1977, S. 242.
10. Vgl. V. de Moléon, op. cit., Bericht über das Jahr 1829; zu den Kasernen, S. 113 ff; zu den Gefängnissen, S. 141–150.
11. Ibid., S. 185, Bericht über das Jahr 1821. Siehe auch A. Parent-Duchâtelet, Recherches et considérations sur la rivière de Bièvre ou des Gobelins, et sur les moyens d'améliorer son cours..., Paris 1822.
12. L. Chevalier, op. cit., S. 173 ff.
13. Diese neue Intoleranz macht sich in der Provinz erst später bemerkbar: in Nevers mehren sich die Klagen über den schwarzen Staub ab 1854; vgl. G. Thuillier, op. cit., S. 38–39.
14. Charles de Launay (Pseudonym von Delphine Gay de Girardin), Lettres parisiennes, Paris 1836–1839, Brief XIX, S. 181, klagt 1837 bitterlich über die Allgegenwärtigkeit dieses Geruchs:»Immerzu verfolgt einen der abscheuliche Gestank

(...); an allen Ecken auf den Boulevards sieht man riesige Gießpfannen auf großen Feuern, die von merkwürdigen Männern geschürt werden. Eugène Fromentin, Dominique, Paris 1862; dt. Dominik, Leipzig 1907, S. 202, liefert ein anderes Beispiel: bei seinem ersten Besuch in Paris ist Dominik entsetzt über den intensiven Gasgeruch, der die Stadt beherrscht.
15. In Fourchambault werden schon vor 1850 Versuche unternommen, gegen Rauch und Staub vorzugehen; vgl. G. Thuillier, op. cit., S. 35.
16. Monfalcon und Polinière, op.cit., S. 327–351.
17. Die Kommission zur Überprüfung ungesunder Wohnverhältnisse in der Stadt Paris bestätigt sowohl das Primat des Riechbaren als auch die Zunahme neuer Besorgnisse. Die im November 1850 mit ihrer Funktion betrauten Mitglieder dieser Kommission stellen eine Vorfrage, ehe sie mit der Arbeit beginnen:»Was soll sie (die Kommission) unter dem Begriff ungesund verstehen? (...) stimmt sie insofern mit dem Gesundheitsrat überein, als ungesunde Verhältnisse überall dort gegeben sind, wo ein übler Geruch die Luft in Wohnhäusern verderben kann, wo Feuchtigkeit oder Unsauberkeit herrschen, wo es an Luft und Licht fehlt.« Vgl. Rapport général des travaux de la Commission (...) pendant l'année 1851, Paris 1852, S. 4.
18. Wie die Lektüre der Rapports généraux des travaux du Conseil de Salubrité, insbesondere S. 1075 ff., zeigt, wird der Lärm erst 1847 zum Problem.
19. Jacques Léonard, op. cit., S. 1151.
20. Vgl. Georges Knaebel, op cit., S. 242–243; sowie Gabriel Dupuy und Georges Knaebel, Choix techniques et assainissement urbain en France de 1800 à

1977, Institut d'Urbanisme, Paris 1978. G. Knaebel schreibt, in den Augen des Präfekten Haussmann habe es eine Zweiteilung gegeben: hier die Stadt, die man als repräsentative Umgebung des Bürgertums verschönert, in der nichts sein darf, was die Sinne beleidigt – eine Stadt also, die von Schmutz, Armut, Unreinheit und üblen Gerüchen befreit werden muß –, und dort die »Nicht-Stadt«. Aus dieser Sicht habe Haussmann von der Einführung der Schwemmkanalisation und einer unterirdischen Beförderung der Unratsfässer geträumt. Diese Interpretation erscheint mir durchaus anregend. Knaebels These, derzufolge die Art der Schmutzbeseitigung nur ein Ausdruck des sozialen Kräfteverhältnisses ist, wäre meiner Ansicht nach eine genauere Analyse wert. Andererseits haben die Arbeiten der Historiker – insbesondere die Untersuchungen von Jeanne Gaillard und Jean Le Yaouanq – gezeigt, welch heftigen und oft erfolgreichen Widerstand die tradi-

tionsbewußte Stadt den behördlichen Eingriffen während des zweiten französischen Kaiserreichs entgegengesetzt hat. Die Vertreibung der Armen und anderer Randgruppen aus dem Zentrum von Paris war bei weitem nicht so eindeutig, wie oft behauptet wird. Außerdem haben wir gesehen, daß die Schwemmkanalisation erst gegen Ende des Jahrhunderts triumphieren sollte. Kurz, abgesehen vom 8. Arrondissement bewahrt die »Nicht-Stadt« ihren Sitz im Herzen von Paris.
21. Daniel Roche (Kolloquium der E.H.E.S.S., Mai 1981) weist darauf hin, daß Klagen über gesundheitsschädliche Einflüsse in den verschiedenen Vierteln nicht identisch sind. Auf diesen soziologischen Aspekt der Toleranzschwellen bezieht sich auch Parent-Duchâtelet, wenn er – in einem anderen Zusammenhang – schreibt, daß ein für skandalös erachtetes Bordell in der Rue Feydeau von niemandem auch nur beachtet würde, wäre es in einem »niedrigen« Viertel angesiedelt.

Gerüche, Symbole und gesellschaftliche Vorstellungen

Georges Cabanis und der »Sinn der Verwandtschaften«

1. Pierre Jean Georges Cabanis, *Rapport du physique et du moral de l'homme*, Paris 1844 (erstmals erschienen 1802); dt. *Über die Verbindung des Physischen und Moralischen in dem Menschen*, Halle/Leipzig, 1804, Bd. II, S. 464.
2. *Ibid.*, Bd. II, S. 465.
3. *Ibid.*, Bd. II, S. 468.
4. *Ibid.*, Bd. II, S. 472. In diesem Zusammenhang sei auf eine Unterscheidung hingewiesen, die Maine de Biran, *op. cit.*, zwischen der passiven Empfindung und jener Art von Wahrnehmung trifft, die eine gewisse Aktivität der Organe voraussetzt. Destutt de Tracy hält die Wahrneh-

mung für eine dem Verstand in ihren Einzelheiten zugängliche Empfindung; siehe dazu Jean-Pierre Richard, *Littérature et sensation*, Paris 1954, S. 112 und S. 28.
5. Wilhelm Fliess, *Über den ursächlichen Zusammenhang von Nase und Geschlechtsorgan*, Halle 1902.
6. L. Peisse, Einführung zur französischen Ausgabe des zitierten Werkes von Cabanis, *op. cit.*, Paris 1844.
7. Vgl. Havelock Ellis, *op. cit.*, S. 62: »Während eines halben Jahrhunderts wurde auf diesem Gebiet (dem Studium des Geruchssinns) kein wesentlicher Fortschritt gemacht. (...) Das Thema des Ge-

ruchssinns wurde den Liebhabern von
›Kuriositäten‹ überlassen«.
8. »Es besteht keinerlei Verbindung zwischen dem Wesen der Sinnesempfindung und dem des Verstandes«, verkündet Étienne Tourtelle 1815 in aller Entschiedenheit; vgl. É. TOURTELLE, *op. cit.*, S. 479.
9. P. J. G. CABANIS, *op. cit.*, Bd. II, S. 511.
10. Vgl. H. CLOQUET, *op. cit.*, S. 45.
11. J.-J. VIREY, »Des odeurs...«, *art. cit.*, S. 256. Beobachtungen über die Wahrnehmungsschärfe, die Erlernbarkeit von Empfindungen und der Umgang mit ihnen gehören nach Definition von Joseph-Marie de Gerando zum Forschungsprogramm der Anthropologen.

Vgl. auch JEAN COPANS und JEAN JAMIN, *Aux origines de l'anthropologie française*, Paris 1981, S. 149.
12. H. A. P. A. KIRWAN, *op. cit.*, S. 32–34.
13. J.-J. VIREY, »Des odeurs...«, *art. cit.*, S. 256. Virey stützt sich auf Beobachtungen von Kapitän Cook. Das gleiche Thema wird auch von H. CLOQUET, *op. cit.*, S. 137, aufgegriffen. Der unermüdliche Abfallsammler Alexandre, eine Gestalt aus Michel Tourniers Roman *Les Météores*, Paris 1975; dt. *Zwillingssterne*, Hamburg 1977, erweist sich als ein hervorragender Kenner übler Gerüche.
14. MICHEL LÉVY, *Traité d'hygiène*, Paris 1856, Bd. I, S. 91.

Der Gestank des Armen

1. PIERRE-ADOLPHE PIORRY, »Extrait du rapport sur les épidémies qui ont régné en France de 1830 à 1836, lu le 9 août 1836«, in: *Mémoires de l'Académie Royale de Médecine*, Paris 1837, Bd. VI, S. 17.
2. PH. PASSOT, *op. cit.*, S. 26.
3. Vgl. MAURICE AGULHON, *Le cercle dans la France bourgeoise, 1810–1848; étude d'une mutation de sociabilité*, Paris 1977.
4. Ist es nicht das, was Madame de Girardin zu verstehen gibt, als sie am 21. Oktober 1837 schreibt: »Wer sich die Hände nicht wäscht, wird diejenigen, die sich die Hände waschen, ewig hassen; und wer sich die Hände wäscht, wird diejenigen, die es nicht tun, ewig verachten. Nie wird man sie vereinen können, nie werden sie zusammen leben können (. . .); denn es gibt etwas, was nicht zu überwinden ist, und das ist der Ekel; und es gibt etwas anderes, was nicht zu ertragen ist, und das ist die Erniedrigung.« Vgl. DELPHINE GAY DE GIRARDIN, unter dem Pseudonym CHARLES DE LAUNAY, *op. cit.*, S. 190.
5. CHARLES-LÉONARD PFEIFFER, *Taste and smell in Balzac's novels*, Arizona 1949.
6. VICTOR HUGO, *Les Misérables*, Paris 1963; dt. *Die Elenden*, Leipzig 1923, Bd. II, S. 445.

7. Vgl. PH. PASSOT, *op. cit.*, S. 26. Eine Differenzierung ist hier allerdings angebracht: hält man sich an die Anzahl der Publikationen, so erscheint die auf dem Zensuswahlrecht beruhende Monarchie immer noch als das Goldene Zeitalter der »medizinischen Topographien«.
8. Zitiert von Doktor HENRI BAYARD, *Mémoire sur la topographie médicale du IVᵉ arrondissement de Paris...*, Paris 1842, S. 103 ff.
9. Außer auf der Ebene der Nahrung; vgl. JEAN-PAUL ARON, *Le mangeur au XIXᵉ siècle*, Paris 1976.
10. VICTOR HUGO, *Die Elenden*, *op. cit.*, Bd. II, S. 444.
11. J. HOWARD, *Histoire des principaux lazarets...*, *op. cit.*, Bd. I, S. 101.
12. Dies rät M. F.-B. RAMEL, *op. cit*, S. 271–272: ein interessanter Aspekt in der Soziologie der Desinfektion.
13. *Encyclopédie méthodique*, Artikel »air – air des hôpitaux de terre et de mer«, S. 571.
14. Es sei angemerkt, daß Louis-Sébastien Mercier den Tonfall späterer Beschreibungen an manchen Stellen vorwegnimmt; davon zeugten etwa sein entsetztes Zurückweichen vor der »Animalität«, die den Faubourg Saint-Marcel be-

herrscht; vgl. D. ROCHE, *Le peuple…*, *op. cit.*, S. 100. Der Autor weist jedoch darauf hin, daß die Medizin noch zögert, die Grenzen des Privatlebens zu durchbrechen.

15. P. CHAUVET, *op. cit.*, S. 10.

16. *Ibid.*, S. 8. Als Spanien sein Goldenes Zeitalter erlebte, wurde dieses Thema ausführlich behandelt; vgl. G. LAPOUGE, *art. cit.*, S. 117.

17. B. RAMAZZINI, *op. cit.*, S. 313.

18. M. MALOUIN, *op. cit.*, S. 55.

19. CHRISTOPH-WILHELM HUFELAND, *Die Kunst, das menschliche Leben zu verlängern*, Jena 1797, S. 348 und 357; der Autor vertritt die Meinung, daß sich möglichst wenig Menschen in der Kinderstube aufhalten sollen, daß Dienstboten, Nachttöpfe und am Ofen trocknende Wäsche fernzuhalten sind. Es sei darauf hingewiesen, daß die Stellung der Dienstboten sich trotz sozialer Vorstellungen dieser Art verbessert; vgl. D. ROCHE, *Le peuple…*, *op. cit.*, S. 76 ff.

20. Vgl. meine Einführung in das Werk von ALEXANDRE PARENT-DUCHÂTELET, *La prostitution à Paris*, *op. cit.*

21. Vgl. insbesondere JEAN-JACQUES DARMON, »Sous la Restauration, des juges sondent la plaie si vive des prisons«, in: *L'impossible prison*, Paris 1979, S. 123–146; sowie HÉLÈNE CHEW, »Loin du débat pénitentiaire: la prison de Chartres durant la première moitié du XIXe siècle«, in: *Bulletin de l'Institut d'histoire de la presse et de l'opinion*, Tours 1981, Nr. 6, S. 43–67.

22. Zitiert von L.-R. VILLERMÉ, *op. cit.*, S. 25–26.

23. V. DE MOLÉON, *op. cit.*, S. 225. Es gibt zahllose Hinweise auf den Gestank des durch und durch von Unrat verseuchten Lumpensammlers; hier nur einige Beispiele: F.-M. MOREAU, *op. cit.*, S. 41; C. LACHAISE, *op. cit.*, S. 190–192; *Commissions des logements insalubres*, Jahrgang 1851, S. 12; PH. PASSOT, *op. cit.*, S. 3. Was die Lumpensammler der Stadt Lille betrifft, siehe P. PIERRARD, *op. cit.*, S. 54.

24. Auszug aus einem Bericht, der am 8. November 1831 im Namen der Sanitär-Kommission des Jardin des Plantes erstellt wurde; *Annales d'hygiène publi-que et de médecine lègale*, Paris, Januar–April 1832, S. 200.

25. B. BARRET-KRIEGEL, *art. cit.*, S. 130.

26. Vgl. JEAN-PAUL ARON und ROGER KEMPF, »Canum more«, *Le pénis et la démoralisation de l'Occident*, Paris 1978, S. 47 ff.

27. FÉLIX CARLIER, *Études de pathologie sociale. Les deux prostitutions*, Paris 1887, S. 305 und 370: »Der Geruch, der von solchen Orten ausgeht, wirkt äußerst anziehend auf eine häufig vorkommende Kategorie von Päderasten, für deren Lust er unerläßlich ist.« Dieser Teil des Werkes wurde 1981 unter dem Titel *La prostitution antiphysique* neu herausgegeben.

28. C. FORGET, *op. cit.*, S. 127.

29. JEAN-MARC ITARD, *Premier rapport… sur le sauvage d'Aveyron*, Paris 1801, S. 88. Doktor Itard schreibt diese Ungeniertheit einer fehlenden Schulung der *percepta* zu. Der Bericht wurde 1981 neu herausgegeben, in: THIERRY GINESTE, *Victor de l'Aveyron, dernier enfant sauvage, premier enfant fou*, Paris 1981. Siehe auch H. LANE, *The wild boy of Aveyron*, New York 1976.

30. C. FORGET, *op. cit.*, S. 126.

31. *Ibid.*, S. 128.

32. *Ibid.*, S. 135.

33. Vgl. etwa PH. PASSOT, *op. cit.*, S. 7.

34. GUSTAVE FLAUBERT, *Correspondance*, Paris 1980, Bd. I, S. 103.

35. J. LÉONARD, *op. cit.*, Bd. III, S. 1140.

36. Zitiert von PIERRE ARCHES, »La médicalisation des Deux-Sèvres au milieu du XIXe siècle«, in: *Bulletin de la Société historique et scientifique des Deux-Sèvres*, 3. Trimester 1979, S. 261.

37. JULES VALLÈS, *L'enfant*, Paris 1973, S. 65.

38. Zitiert von P. PIERRARD, *op. cit.*, S. 87.

39. THIERRY LELEU, »Scènes de la vie quotidienne: les femmes de la vallée de la Lys: 1870–1920«, in: *Histoire des femmes du Nord*, Paris 1981, S. 661.

40. MARIE-HÉLÈNE ZYLBERBERG-HOCQUARD, »L'ouvrière dans les romans populaires du XIXe siècle«, in: *Histoire des femmes du Nord*, Paris 1981, S. 629.

41. Dies ist ein weites Thema, mit dem wir uns hier nicht näher beschäftigen können. Ich verweise deshalb auf das Werk

von NED RIVAL, *Tabac, miroir du temps. Histoire des mœurs et des fumeurs*, Paris 1981.

42. Vgl. THÉODOSE BURETTE, *La physiologie du fumeur*, Paris 1840, S. 21.

43. M. AGULHON, *op. cit.*, S. 53; diese Ansicht vertritt LÉON LOUIS ROSTAN, *Cours élémentaire d'hygiène*, Paris 1828, Bd. I, S. 546 ff.

44. ADOLPHE BLANQUI, *Des classes ouvrières en France pendant l'année 1848*, Paris 1849, S. 209; und JULES MICHELET, *Histoire...*, *op. cit.*, Bd. XI, S. 285–287.

45. C. FORGET, *op. cit.*, S. 292 und 294.

46. TH. BURETTE, *op. cit.*, S. 86.

47. *Ibid.*, S. 79.

48. *Ibid.*, S. 75.

49. Bezeichnend in diesem Zusammenhang ist die Haltung von Parent-Duchâtelet. Was die Vorsichtsmaßnahmen betrifft, so seien hier zwei Beispiele genannt. F.-E. FODÉRÉ, *op. cit.*, Bd. VI, S. 111, erteilt folgende Ratschläge: Wenn man Krankenbesuche macht, sollte man »gut zugeknöpft sein (...); man darf den Speichel nie hinunterschlucken; wenn immer es nötig ist, sollte man ausspucken und sich schneuzen; außerdem ist es angezeigt, genau wie in den Hospitälern eine Schürze zu tragen, an der die Hände häufig abzuwischen sind (...). Nach dem Aufschlagen der Zudecken sollte man einen Moment abwarten, ehe man sich hinunterbeugt und den ersten Ausdünstungen (vom Körper des Kranken) ausgesetzt wird; im übrigen ist sein Odem stets zu meiden und ein gehöriger Abstand von seinem Mund zu wahren«. So bildet sich ein Modell der Distanzierung von allen übelriechenden, krankhaften Körpern aus. Howard, der unermüdlich mit Gefängnis-, Lazarett- und Spitalbesuchen beschäftigt ist, gesteht, daß er es immer vermieden hat, sich Luftströmen auszusetzen, die aus der Richtung eines Kranken kamen. Er hat sich dauernd bemüht, so flach und so wenig wie möglich zu atmen. Vgl. J. HOWARD, *État des prisons...*, *op. cit.*, Bd. II, S. 451; ders. *Histoire des principaux lazarets...*, *op. cit.*, Bd. II, S. 309.

50. MONFALCON und POLINIÈRE, *op. cit.*, S. 90.

51. DR. JOIRÉ, »Des logements du pauvre et de l'ouvrier considérés sous le rapport de l'hygiène publique et privée dans les villes industrielles«, in: *Annales d'hygiène publique et de médecine légale*, Paris Januar 1851, Bd. XLV, S. 310.

52. A. BLANQUI, *op. cit.*, S. 103 und 98.

53. M. FOUCAULT, *Die Geburt der Klinik*, *op. cit.*, S. 177.

54. PAUL GERBOD, *La condition universitaire en France au XIXe siècle*, Paris 1965, S. 629.

55. Aufschlußreich in diesem Zusammenhang ist der »Ziegenbockgeruch« von Bruder Archangias in ZOLAS Roman *La faute de l'abbé Mouret*, Paris 1884; dt. *Die Sünde des Abbé Mouret*, München 1922.

56. NORBERT TRUQUIN, *Mémoires, vie, aventure d'un prolétaire a travers la révolution*, Paris 1977 (Erstveröffentlichung Paris 1888), S. 129; das zitierte Zeugnis bezieht sich auf 1852. Zu dieser proletarischen Randgruppe, siehe JACQUES RANCIÈRE, *La nuit des prolétaires*, Paris 1981.

57. PH. PASSOT, *op. cit.*, S. 16.

58. M.-H. ZYLBERBERG-HOCQUARD, *art. cit.*, S. 627–628. Siehe vor allem die Beschreibungen der Keller und kleinen Innenhöfe von Lille in: MATHILDE BOURDON, *Euphrasie, histoire d'une femme pauvre*, Paris 1868; sowie auch MARIE-LOUISE GAGNEUR, *Les réprouvées*, Paris 1867.

59. A. BLANQUI, *op. cit.*, S. 71.

60. H. BAYARD, *op. cit.*, S. 49.

61. Vgl. C. LACHAISE, *op. cit.*, S. 198. Aus der Lektüre der *Rapports du Conseil de Salubrité de la Seine* geht hervor, daß Vieh und Haustiere in der Stadt wachsende hygienische Besorgnis erregen. Zunächst konzentriert sich die Aufmerksamkeit auf Kuhställe (1810–1820) und Schweineställe (1849–1858). Ab 1859 werden die Klagen allgemeiner, sie richten sich gegen die Tierhaltung schlechthin. 1880 erregen die Gerüche der tierärztlichen Versorgungsstellen für Hunde besonderen Anstoß.

62. P.-A. PIORRY, »Extrait...«, *op. cit.*, S. 17.

63. L. CHEVALIER, *op. cit.*, S. 182.

64. Vgl. ALAIN CORBIN, »Les paysans de Paris«, in: *Ethnologie française*, Paris 1980, Nr. 2, S. 169–176.

65. Vgl. MARTIN NADAUD, *Mémoires de Léonard, ancien garçon maçon*, mit einem Kommentar von Maurice Agulhon, Paris 1976, S. 103. O. D'HAUSSONVILLE, »La misère à Paris. La population nomade, les asiles de nuit et la vie populaire«, in: *Revue des Deux-Mondes*, Paris, Oktober 1881, S. 612. PIERRE MAZEROLLE, *La misère de Paris. Les mauvais gîtes*, Paris 1874, S. 28–31. Ist es ein Zufall, daß die Gastronomie des frühen 19. Jahrhunderts von Käse nichts wissen will?

66. ENQUÊTE über die Logierhäuser, in: *Statistique de l'industrie à Paris résultant d'une enquête faite par la Chambre de Commerce pour les années 1847–1848*, Paris 1851.

67. VICTOR HUGO, *Les travailleurs de la mer*, Paris 1980, S. 220; dt. *Der Kampf am Dover*, Berlin/Leipzig 1922 (stark gekürzte Fassung).

68. P.-A. PIORRY, *Extrait...*, *op. cit.*, S. 17.

69. JEAN BORIE, *Mythologies de l'hérédité au XIXe siècle*, Paris 1981, S. 113.

70. Vgl. etwa Dr. JOIRÉ, *art. cit.*, S. 318.

71. *Ibid.*, S. 320.

72. P.-A. PIORRY, *Des habitations...*, *op. cit.*, S. 74.

73. JEAN STAROBINSKI, »Sur la chlorose«, »Sangs« in: *Romantisme*, Paris 1981, Sondernummer, S. 113–130.

74. Dr. JOIRÉ, *art. cit.*, S. 296.

75. JULES MICHELET, *Le femme* (1859), Paris 1981, S. 90.

76. MIGUEL DE CERVANTES SAAVEDRA, *El ingenioso hidalgo Don Quijote de la Mancha*, Madrid 1798; dt. *Der sinnreiche Junker Don Quijote von der Mancha*, Zürich 1969, Bd. I, S. 265.

77. B. RAMAZZINI, *op. cit.*, S. 365–366.

78. Siehe *oben*, S. 109.

79. Und sogar darüber hinaus; vgl. ROSE-MARIE LAGRAVE, *Le village romanesque*, Le Paradou 1980.

80. NEIL MACWILLIAMS, Kolloquium der Universität von Loughborough, September 1981. Die ethnographischen Untersuchungen vom Anfang des Jahrhunderts lassen das Studium des materiellen Lebens und die ökologisch-soziale Beobachtung unter den Tisch fallen; sie vernachlässigen die durch die medizinischen Topographien in Gang gebrachte materielle Anthropologie; vgl. MONA OZOUF, »L'invention de l'ethnographie française: le questionnaire de l'Académie celtique«, in: *Annales E.S.C.*, Paris, März–April 1981, S. 213.

81. Vgl. HENRY ROBERTS, *The dwellings of the labouring classes...*, London 1850; zit. nach der franz. Übers.: *Des habitations des classes ouvrières*, Paris 1851, S. 30 ff. Auch ARTHUR YOUNG, *op. cit.*, S. 229, vergleicht die Bauern von Combourg mit Huronen. So bildet sich eine Metapher heraus, die in Zukunft auf der ländlichen Historiographie lasten sollte und deren Spuren auch in dem äußerst interessanten Werk von EUGEN WEBER, *Peasants into Frenchmen. The modernisation of rural France*, London 1977, zu finden sind.

82. HONORÉ DE BALZAC, *Les paysans*, in: *La comédie humaine*, *op. cit.*; dt. *Die Bauern*, in: *Die menschliche Komödie*, *op. cit.*, Bd. X, S. 93.

83. ALAIN CORBIN, *Archaisme et modernité en Limousin au XIXe siècle*, Paris 1975, Bd. I, S. 74–94. Aufschlußreich in diesem Zusammenhang ist auch das Buch von GUY THULLIER, *Aspects de l'économie nivernaise au XIXe siècle*, Paris 1966.

84. Vgl. D. LAPORTE, *op. cit.*, S. 42.

85. Mit diesem Thema beschäftigt sich PIERRE BARRAL, *Les agrariens français de Méline à Pisani*, Paris 1968.

86. P.-A. PIORRY, *Extrait...op. cit., passim*.

87. G. THUILLIER, *Pour une histoire...*, *op. cit.*, S. 64; der Autor hebt hervor, daß die Überzeugung von der Sinnlosigkeit hygienischer Einrichtungen für die Landbevölkerung im Nivernais mindestens bis Anfang des 20. Jahrhunderts fortbesteht.

88. Die geruchsintensive Promiskuität der militärischen Stubengemeinschaften bleibt für den jungen Bürgerssohn in der Tat ein Urbild ekelerregenden Gestanks. Für den frisch eingezogenen Pierre Louÿs ist dies der Grund, sich lieber für dienstuntauglich erklären zu lassen; vgl. seine unveröffentlichte Korrespondenz, die mir von Paul-Ursin Dumont freundlicherweise zur Verfügung gestellt wurde.

89. Zitiert von Dr. E. MONIN, *op. cit.*, S. 72.

90. Vgl. KARL CHRISTOPH VOGT, *Vorlesun-*

gen über den Menschen, Giessen 1863, S. 157; hier heißt es: »Auch die Ausdünstung der Haut (hat) ihren ganz eigentümlichen Charakter, der sich unter keinen Umständen, selbst bei der sorgfältigsten Reinlichkeit nicht, bei gewissen Rassen verliert. Freilich muß man einen solchen Rassegeruch nicht mit denjenigen Ausdünstungen verwechseln, welche ganz gewiß auf der Nahrung beruhen und die man auch innerhalb der Rassen selbst konstatieren kann. (...) Nicht so verhält es sich mit dem Negergeruche: der ist und bleibt derselbe, wie man den Neger auch reinigen und nähren mag. Er gehört eben zu der Art, wie der Bisamgeruch zu dem Moschustiere...«

91. A. BLANQUI, *op. cit.*, S. 151.
92. Vgl. LUC BOLTANSKI, *Prime éducation et morale de classe*, Paris 1969, S. 110.
93. V. DE MOLÉON, *op. cit.*, Bd. I, S. 199.
94. JOSEPH MARIE DE GÉRANDO, *Le visiteur du pauvre*, Paris 1826, S. 227; dt. *Der Armenbesucher*, Leipzig 1831.
95. MONFALCON und POLINIÈRE, *op. cit.*, S. 91 und 89.
96. *Ibid.*, S. 89.
97. EMILE ZOLA, *La joie de vivre*, Paris 1884; dt. *Die Freude am Leben*, München 1976, S. 344.
98. Vgl. PHILIPPE PERROT, *op. cit.*, S. 227.
99. CADET DE VAUX, »De l'atmosphère de la femme...«, *art. cit.*, S. 435.
100. PH. PASSOT, *op. cit.*, S. 20.
101. *Ibid.*, S. 21.
102. Siehe, S. 281 f.
103. P.-A. PIORRY, *Des habitations...*, *op. cit.*, S. 93.
104. L.-R. VILLERMÉ, »Sur les cités ouvrières«, in: *Annales d'hygiène publique et de médecine légale*, Paris, Januar 1850, Bd. 43, besonders S. 246–258.

105. So etwa R.-H. GUERRAND und E. CANFORA-ARGANDONA, *op. cit.*, S. 33–41.
106. H.-J. GISQUET, *op. cit.*, Bd. I, S. 423–424.
107. A.-A. MILLE, *art. cit.*, S. 223.
108. *Ibid.*, S. 213.
109. So drückt er sich am 13. Juli 1848 vor der Kammer aus, um den am Vortag von Émery eingebrachten Entwurf für den Polizeierlaß zu unterstützen. Es sei angemerkt, daß diese Diskussionen zwei Wochen nach der Niederschlagung des Juniaufstands stattfinden. Am 17. Juli bringt de Melun seinen Gesetzentwurf ein, der am 8. Dezember 1849 Gegenstand des *Rapport Riancey* werden sollte.
110. Schon für die Enquete, die nach der Choleraepidemie in Paris durchgeführt wurde, hatte Dr. Moreau pro Haus ein Inspektionsformular vorgesehen. Im weiteren Sinne stimme ich BLANDINE BARRET-KRIEGEL, *art. cit.*, S. 119 ff., zu, daß diese Episode als eine große Wende in der Geschichte der Enquete-Techniken zu betrachten ist.
111. MONFALCON und POLINIÈRE, *op. cit.*, S. 92.
112. PH. PASSOT, *op. cit.*, S. 20.
113. In Hinblick auf Paris, vgl. R.-H. GUERRAND, *op. cit.*, S. 55 ff.; A. THALAMY, in: *Politiques de l'habitat*, Paris 1977, S. 59; und vor allem DANIELLE RANCIÈRE, »La loi du 13 juillet 1850 sur les logements insalubres. Les philanthropes et le problème insoluble de l'habitat du pauvre«, in: *Politique de l'habitat*, Paris 1977, S. 187–207. In Hinblick auf die Stadt Lille, vgl. P. PIERRARD, *op. cit.*, S. 92 ff. Zur Vernachlässigung der gesetzlichen Vorschriften im Nivernais, G. THUILLIER, *op. cit.*, S. 36 ff.

»Der Atem des Hauses«

1. EDMOND und JULES DE GONCOURT, *Manette Salomon*, Paris 1979, S. 158.
2. ABBÉ JACQUIN, *op. cit.*, S. 294–295; zu Claude-Nicolas Ledoux, siehe MONA OZOUF, »L'image de la ville...«, *art. cit.*, S. 1279–1280.

3. R. MAUZI, *op. cit.*, S. 281.
4. H. BAYARD, *op. cit.*, S. 90.
5. Zitiert von L. CHEVALIER, *op. cit.*, S. 179.
6. ERVING GOFFMAN, *Relations in public. Microstudies of the public order*, New York 1971; dt. *Das Individuum im öffentli-*

chen Austausch, Frankfurt am Main 1974, S. 81.

7. Zitiert von PH. PASSOT, *op. cit.*, S. 16.
8. Vgl. MICHEL LÉVY, *Traité d'hygiène publique et privée*, Paris 1844–1845, Bd. I, S. 544.
9. *Ibid.*, S. 545; ebenso die anderen Kurzzitate in diesem Absatz.
10. *Ibid.*
11. *Ibid.*
12. P.F. VIDALIN, *Traité d'hygiène domestique*, Paris 1825, S. 131.
13. A.-A. MILLE, *art. cit.*, S. 199.
14. JULES MICHELET, *Histoire de la Régence*, Paris 1863, S. 394.
15. A.-A. PIORRY, *op. cit.*, S. 126.
16. *Ibid.*, S. 57.
17. CH.-W. HUFELAND, *op. cit.*, S. 235.
18. JOHN SINCLAIR, hrsg. von LOUIS ODIER, *Principes d'hygiène extraits du code de santé et de longue vie de sir John Sinclair*, Paris 1823, S. 574.
19. CH. LONDE, *op. cit.*, Bd. I, S. 405 ff.
20. J. SINCLAIR, *op. cit.*, S. 577.
21. ANNE MARTIN-FUGIER, *La place des bonnes. La domesticité féminine à Paris en 1900*, Paris 1979, S. 113.
22. A.-A. PIORRY, *op. cit.*, S. 85.
23. *Ibid.*, S. 104; CH. LONDE, *op. cit.*, Bd. II, S. 322. Beide beklagen den unerträglichen Ofengeruch.
24. G. THUILLIER, *Pour une histoire…*, *op. cit.*, S. 41.
25. Vgl. *ibid.*, S. 48; in Hinblick auf das Nivernais unterstreicht Thuillier die Vorliebe der Frauen für Wärmtöpfe und ihre Weigerung, sie durch Kochkessel zu ersetzen. Siehe auch Dr. CABANÈS, *op. cit.*, S. 67 ff.
26. Vgl. L.-L. ROSTAN, *op. cit.*, Bd. II, S. 44; diesem Autor zufolge verbreitet Kerzentalg einen »stinkenden Geruch«.
27. Diese Geste enthüllt neue Empfindsamkeiten. Vgl. JEAN-PIERRE CHALINE, *La bourgeoisie rouennaise au XIXᵉ siècle*, Dissertation, Paris IV, 1979, S. 805: »Drei Dinge sind im Schlafgemach verboten: Parfüm, Toilettenwasser und Schuhe – alles wegen der Gerüche.«
28. Vgl. F.-E. FODÉRÉ, *op. cit.*, Bd. V, S. 44. Der Autor fordert noch im Jahr 1813 individuelle Wiegen für die im Hospiz von

Marseille eng beieinander liegenden Säuglinge; zugleich lobt er »die Ordnung, die in allen Schulanstalten des Französischen Kaiserreichs herrscht, wo jeder Zögling sein eigenes Schlafzimmer hat, jedoch ohne eine nach oben abschließende Decke, so daß nicht nur die Luft von allen Seiten frei zirkuliert, sondern der Schüler bei Tag und bei Nacht jeden Augenblick überwacht werden kann«; *ibid.*, S. 48. Genau dies ist das Problem. Nur durch ein ausgeklügeltes Gleichgewicht können die Gerüche abgesondert werden, ohne daß die Belüftung darunter leidet; nur so können Promiskuität und homosexuelle Beziehungen bei gleichzeitiger Kontrolle über die Masturbation unterbunden werden.
29. CH. LONDE, *op. cit.*, Bd. I, S. 404.
30. CH.-L. PFEIFFER, *op. cit.*, liefert auch das notwendige Beweismaterial: in seinem Buch findet sich eine sorgfältig zusammengestellte Liste der Geruchsbeschreibungen in jenen Werken von BALZAC, die unter dem Titel *Die menschliche Komödie* zusammengefaßt sind.
31. Siehe auch H. DE BALZAC, *Physiologie de l'employé*, Paris 1841, S. 44; hier heißt es: »Die atmosphärische Umgebung (des Beamten) besteht in der Luft der Korridore, den in unbelüftbaren Räumen gespeicherten männlichen Ausdünstungen sowie den Gerüchen von Papier und Federhalter.« Auch ÉMILE GABORIAU, *Les gens de bureau*, Paris 1862, räumt den Gerüchen einen wichtigen Platz in seiner Erzählung ein; vgl. G. THUILLIER, *La vie quotidienne dans les ministères au XIXᵉ siècle*, Paris 1976, S. 15–16 und S. 41. Ähnlich wie in den Stubengemeinschaften spielen regionale Gerüche hier eine besondere Rolle. »Im Büro der Elsässer riecht es nach Sauerkraut, in dem der Provenzalen nach Knoblauch.« Das Auftauchen weiblicher Beamter führt zu einer Veränderung der Geruchslandschaft: billige Parfüms und Blumen erfrischen die muffige Atmosphäre; allmählich verschwindet jenes Phänomen, das Guy Thuillier »die üblen Gerüche der 80er Jahre des 19. Jahrhunderts« nennt. Es sei angemerkt, daß der Bürogestank in früheren Klagen fast

immer mit Männlichkeit und Ehelosigkeit in Verbindung gebracht wird – die Gründe dafür kennen wir bereits.

32. Die stickige Luft im Gerichtssaal, wo das stinkende, kriminelle Elend sich gleichsam auf der Bühne vor einem zartfühlenden, gleichzeitig aber auf heftige Empfindungen versessenen Publikum zur Schau stellt, ist und bleibt ein Leitmotiv. Diese Beharrlichkeit erscheint als das ferne Erbe jenes Schreckens, den das »Gefängnisfieber« seinerzeit verbreitet hatte; vgl. JEAN-LOUIS DEBRÉ, *La justice au XIXe siècle. Les magistrats*, Paris 1981, S. 176.

33. H. DE BALZAC, *Le Père Goriot*, in: *La comédie humaine, op.cit.*; dt. *Vater Goriot*, in: *Die menschliche Komödie, op. cit.*, Bd. III, S. 290. Als noch schlimmer wird der Gestank im Zöglingspensionat beschrieben; vgl. H. DE BALZAC, *Louis Lambert*, *ibid.*; dt. *Louis Lambert, ibid.*, Bd. XII, *passim*. Man kann gar nicht genug betonen, welch wichtige Rolle diese Geruchsatmosphäre bei der Genese der männlichen Sensibilität im 19. Jahrhundert spielt. Auch hier verbindet sich der Ekel mit einer mangelnden Mischung männlicher und weiblicher Elemente. Im Pensionat sammeln sich die mefitischen Ausdünstungen der Wände, der soziale Gestank des Dienstpersonals sowie die Samengerüche lediger Studienaufseher und masturbierender Schüler. Dieser als männlich empfundene Gestank belebt den Wunsch nach weiblicher Gegenwart.

34. CHARLES BAUDELAIRE, »L'invitation au voyage«, in: *Fleurs du Mal*, Paris 1861; dt. »Einladung zur Reise«, in: *Blumen des Bösen*, Frankfurt am Main 1976, S. 81.

35. JEAN-PIERRE RICHARD, *Proust et le monde sensible*, Paris 1974, S. 101. Vgl. MARCEL PROUST, *A la recherche du temps perdu*, Paris 1913–1922; dt. *Auf der Suche nach der verlorenen Zeit*, Frankfurt am Main 1967, besonders Bd. I, S. 63–67 und S. 100.

36. GASTON BACHELARD, *La poétique de l'espace*, Paris 1957; dt. *Poetik des Raums*, Frankfurt am Main/Berlin/Wien 1975, S. 46 und S. 109; Bachelard rühmt den »einmaligen Schrank (. . .), den Schrank mit

dem einmaligen Geruch, der eine Innerlichkeit kennzeichnet«, den Schrank als »Ordnungszentrum« mit pflanzlichen Düften. »Mit Lavendel dringt auch die Geschichte der Jahreszeiten in den Schrank ein. Schon allein das Lavendel bringt eine bergsonsche Dauer in die Hierarchie der Leintücher. Muß man nicht abwarten, ehe man sie in Gebrauch nimmt, bis sie genügend *lavandés* sind, wie man bei uns sagt?« Wir sollten die von Bachelard hergestellte Verbindung zwischen Ordnung und Pflanzendüften im Kopf behalten; es hat den Anschein, als wäre die Ablehnung tierischer Riechstoffe vor allem eine Ablehnung der Unordnung.

37. Wir werden noch darauf zurückkommen; siehe S. 248 f.

38. Vgl. G. BACHELARD, *Die Poetik. . .*, *op. cit.*, S. 62, 65 und S. 165; Bachelard entwickelt das Thema der »Primitivität des Schlupfwinkels«, die zu einer starken »Bewertung des Einsamkeitszentrums« führt, zu einer Suche nach den »Zentren der Einfachheit« innerhalb des Hauses, und die bewirkt, daß jede Ecke, in die ein Kind sich verkriechen kann, bereits »der Keim eines Zimmers« ist.

39. Siehe S. 275 f.

40. Unter dem Aspekt der Desinfektion haben wir uns mit diesem Kapitel aus der Geschichte der Hygiene beschäftigt; siehe S. 142 ff. Hier geht es darum, die Genese der Alltagsgesten zu analysieren.

41. J. HOWARD, *Histoire des principaux lazarets. . .*, *op. cit.*, Bd. I, S. 59 ff.

42. CH. LONDE, *op. cit.*, Bd. I, S. 406–407.

43. J. SINCLAIR, *op. cit.*, S. 577.

44. Bis 1900 bleibt das trockene Auskehren in den Schulen des Nivernais an der Tagesordnung, schreibt G. THUILLIER, *op. cit.*, S. 41.

45. P.-A. PIORRY, *Des habitations. . .*, *op. cit.*, S. 34, stellt eine ganze Liste solcher Untersuchungen zusammen; unter anderen wird der Name Benoiston de Châteauneuf zitiert.

46. C. FORGET, *op. cit.*, Bd. I, S. 198; der Autor fügt hinzu: »Man kehre in allen Ecken und Winkeln, auch hinter, zwischen und unter den Truhen die zu diesem Zweck verrückt werden müssen. Die

dunkelsten und unzugänglichsten Ecken verlangen die aufmerksamste Überwachung.«

47. J. Howard, *Histoire des principaux lazarets...*, *op. cit.*, Bd. II, S. 228.

48. J.-R. Tenon, *op. cit.*, S. 186 ff.

49. Vgl. Denis I. Duveen und Herbert S. Klickstein, »Antoine Laurent Lavoisier's contributions to medicine und public health«, in: *Bulletin of the history of medicine*, 1955, Nr. 29, S. 169.

50. F. Béguin, »Évolution de quelques stratégies...«, *art. cit.*, S. 236.

51. Eugène Péclet, *op. cit.*; Félix Leblanc, *op. cit.*, S. 21.

52. Namentlich von Ph. Passot, *op. cit.*, S. 16.

53. Monfalcon und Polinière, *op. cit.*, S. 65.

54. P.-A. Piorry, *Des habitations...*, *op. cit.*, S. 89.

55. Im Laufe der zweiten Hälfte des Jahrhunderts kümmern die Architekten sich weniger um gesundes als um genußvolles Wohnen. Die Hygiene ist nur noch ein Anhängsel des Komforts. Vgl. Anne Thalamy, *art. cit.*, S. 50.

56. Zitiert von A. Thalamy, *ibid.*, S. 34.

57. A.-A. Mille, *art. cit.*, S. 224.

58. F.Béguin,»Les machineries anglaises du confort«, in: *Recherches – L'haleine des faubourgs*, Paris 1977, Nr. 29, S.155–186.

59. A.A.Mille, *art.cit.*, S. 219 und S. 221.

60. Vgl. F. M. Trollope, *op. cit.*, S. 302. »Ich erinnere mich noch gut«, schreibt Mrs. Trollope 1836, »wie ich mich letztes Jahr, als ich in Calais das Schiff verließ, über die Antwort eines erfahrenen Reisenden auf die Bemerkung eines Neulings, der seinen ersten Ausflug unternahm, amüsiert habe. ›Welch abscheulicher Geruch!‹ rief der junge Fremde aus, indem er ein Taschentuch vor die Nase preßte. ›Das ist der Geruch des Kontinents, Monsieur‹, gab der Sachkundige zurück – und er hatte recht.«

61. Mit Ausnahme von Lyon.

62. L.Murard und P.Zylberman, *op.cit.*, »Hygiène corporelle et espace domestique, la salle de bains«, S. 292.

63. P.-A. Piorry, *Des habitations...*, *op. cit.*, S. 130–131.

64. C. Grassi, *Rapport...*, *op. cit.*, S. 28.

65. *Ibid.*, S. 29–30.

66. In den Arbeitsberichten der Commission du logements insalubres du département de la Seine, *Rapports*, Jahrg. 1862–1865, finden sich zahlreiche Dokumente zu dieser Offensive der Pariser Administration. Ein systematischer Kampf gegen die reihenweise angeordneten, nicht durch Seitenwände getrennten Abtrittsbecken und solche Örtlichkeiten, die nur vorübergehend als Latrinen dienen, wird in die Wege geleitet. Die Behörden setzen ihre Hoffnung vor allem in die Schulen. Ihnen werden Normen vorgeschrieben; vgl. *ibid.*, S.79. Das Programm der Administration sieht vor, daß »auf dem nicht überdachten Schulhof isoliert stehende, nach Norden ausgerichtete« Bedürfnisanstalten errichtet werden; auf je hundert Kinder sollen zwei derartige, angemessen belüftete, ventilierte und desinfizierte Örtlichkeiten kommen, die der Verantwortung des im Krieg gegen die Exkremente zum kommandierenden General beförderten Hausmeisters unterstehen. Das große Vorbild ist die Schule in der Rue de Reuilly Nr.77, wo eine alte Frau tagein tagaus die Latrinen putzt; vgl. *ibid.*, S. 32.

Erstaunlich an dieser Literatur ist die außerordentliche Präzision der Beiträge; vgl. *ibid.*, S. 34. Wir erfahren, daß in der Mittelschule früher Fortschritte erzielt wurden als in der Grundschule, daß der Lernprozeß in Mädchenschulen schneller vonstatten ging als in Knabenschulen.

67. *Ibid.*, S. 34.

68. *Ibid.*, S. 29. Dominique Laporte, »Contribution...«, *art.cit.*, S.224 ff., zitiert in diesem Zusammenhang einen Text, der aber viel später verfaßt wurde. In den Inspektionsberichten finden sich viele Hinweise auf die üblen Gerüche der Schulen; oft reichen sie für eine Schließßung aus.

69. Roger-Henri Guerrand, »Petite histoire du quotidien: l'avènement de la chasse d'eau«, in: *L'histoire*, Paris 1982, Nr. 43, S. 96–99.

70. Charles de Gaulle, *Vers l'armée de métier*, (1934), Paris 1971, S. 27; bei seiner Beschreibung der nationalen Eigenschaften weist de Gaulle auf die Gewohnheit

der Deutschen hin, »gothische Paläste für die Bedürfnisse« zu errichten.

71. C. GRASSI, *Rapport...*, *op. cit.*, S. 29.

72. Dr. LECADRE, *art. cit.*, S. 256–257.

73. Im Durchschnittshaus der Stadt Lille, wie de Foville es 1894 anläßlich einer Enquete über Wohnbedingungen schildert, findet sich in der ersten Etage ein Waschraum; vgl. A. THALAMY, *art. cit.*, S. 33.

74. J.-P. CHALINE, *op. cit.*, S. 807.

75. Schon 1827 hebt ANTOINE CAILLOT, *op. cit.*, Bd. II, S. 100, die wichtige Rolle hervor, welche die ausgehaltenen Luxusdamen bei der Verbreitung des Anspruchs auf derartige Annehmlichkeiten spielen.

76. ALFRED PICARD, *Exposition de 1900, le bilan d'un siècle*, Paris 1906–1907, Bd. VI, S. 3.

77. LAWRENCE WRIGHT, *Clean and decent. The fascinating history of the bathroom and the water closets*, London 1960. In diesem Werk finden sich Illustrationen der luxuriösen Wasserklosetts im Viktorianischen Zeitalter; vgl. *ibid.*, S. 206. Bei den Keramikverzierungen wetteifert das Akanthusblatt mit blauen Magnolien. Das Meisterwerk scheint eine Abortschüssel mit einer Löwenskulptur als Fuß zu sein.

78. Vgl. LION MURARD und PATRICK ZYLBERMAN, *op. cit.*, S. 291.

Die Parfüms der Intimität

1. AGATHE PAULINE COMTESSE DE BRADI, *Du savoir-vivre en France au XIXᵉ siècle*, Paris 1838, S. 210; als geborene Caylac de Caylan war die Autorin eine Schülerin von Madame de Genlis.

2. D. I. DUVEEN und H. S. KLICKSTEIN, *art. cit.*

3. »Depuration« ist ein von Broussais neu erfundenes Wort für die innere Reinigung.

4. Die Hygiene der *percepta* nimmt einen beachtlichen Platz in den Hygienehandbüchern ein. Hier ist es Rostan, der ihre Bedeutung hervorhebt; vgl. L. L. ROSTAN, *op. cit.*, Bd. I, S. 530.

5. »Der Teint muß stets gemischt sein mit Rosen und mit Lilien (...); unter der zarten, frischen und weißen Haut soll eine reine Färbung zirkulieren«, verordnet LOUIS CLAYE, *Les talismans de la beauté*, Paris 1860, S. 90–91.

6. *Ibid.*, S. 94. JEAN-PIERRE RICHARD, *L'univers imaginaire de Mallarmé*, Paris 1961, S. 92 und 61, hat sich auf faszinierende Weise mit der »Herrlichkeit des ursprünglichen Weiß« und der paradiesischen Genese der weißen Blume sowie deren Verbindung zum ewigen Schnee der Gestirne befaßt. Der Symbolismus sollte bekanntlich viel zum Wiederaufleben dieser Vorliebe für eine perlmuttartig-durchschimmernde Haut beitragen. Mallarmé persönlich rühmt die Unverdorbenheit der Schnee-Sahne.

7. WERNER SOMBART, *Der Bourgeois*, München/Leipzig 1920, S. 134.

8. MADAME CELNART (Pseud. von ÉLISABETH FÉLICIE BAYLE-MOUILLARD), *Manuel des dames ou l'art de l'élégance*, Paris 1833, S. 100.

9. P.-F. VIDALIN, *op. cit.*, S. 159.

10. GENEVIÈVE HELLER, *Propre en ordre*, *op. cit.*, hat die konvergierende Strategie, mit deren Hilfe die Schweiz ab 1850 zu einem Land vorbildlicher Sauberkeit gemacht werden soll, am Beispiel des Kantons Vaud hervorragend aufgezeigt; der höchsten Tugend Sauberkeit werden – da sie Beständigkeit impliziert – alle anderen geopfert. Die Autorin weist nach, daß die Bemühungen bis zum Ersten Weltkrieg mehr der häuslichen als der körperlichen Sauberkeit galten. In diesem Zusammenhang, auch M.-H. GUILLON, »L'apprentissage de la propreté corporelle à Paris dans la deuxième moitié du XIXᵉ siècle«, Mémoire de D.E.A., Paris VII. 1981.

11. RICHARD SENNETT, *The fall of public man*, New York 1971; dt. *Verfall und Ende des öffentlichen Lebens. Die Tyrannei der*

Intimität, Frankfurt am Main 1983, S. 210; bei Sennett stehen diese Beobachtungen in Zusammenhang mit der »Hartleibigkeit«, der chronischen Verstopfung.

12. Comtesse de Bradi, *op. cit.*, S. 180.

13. D.-M. Friedlander, *De l'éducation physique de l'homme*, Paris 1815, S. 54.

14. P.-J. Marie de Saint-Ursin, *L'ami des femmes*, Paris 1804, S. 169, gibt folgenden Rat: »Sucht ein bleiches junges Mädchen mit farblosen Lippen und von unfreiwilligen Tränen feuchten Augen, schwankend zwischen den Genüssen der Wollust und den Zierden der Tugend, die Einsamkeit, und ergeht es sich in melancholischen Träumereien, so möge ein langes heißes Bad die Gründe dieses erotischen Orgasmus schwächen; möge es die Kräfte dieses von der Natur bevorzugten Kindes verzehren.« Hier vollzieht sich, um eine damalige Unterscheidung aufzugreifen, der Übergang von der »Hygiene der Koketterie« zur »Hygiene des Temperaments«.

15. Vgl. Alexis Delacoux, *Hygiène des femmes*, Paris 1829, S. 223–224.

16. *Ibid.*, S. 226. Parent-Duchâtelet führt die Beleibtheit der Prostituierten auf übermäßig häufiges Baden zurück.

17. L. L. Rostan, *op. cit.*, S. 507.

18. Madame Celnart, *op. cit.*, S. 37.

19. P.-J. Marie de Saint-Ursin, *op. cit.*, S. 117.

20. Vgl. Marie-Françoise Guermont, *La grande fille. L'image de la jeune fille dans les manuels d'hygiène de la fin du XIXe siècle et du début du XXe siècle*, Tours 1981, Mémoire de maîtrise.

21. Comtesse de Bradi, *op. cit.*, S. 210.

22. Vgl. Ph. Perrot, *op. cit.*, S. 228.

23. Comtesse de Bradi, *op. cit.*, S. 191.

24. Madame Celnart, *op. cit.*, S. 8–12; die Autorin nennt auch die Möglichkeit, das Haar mit Eigelb einzustreichen, um es auf diese Weise zu entfetten. Doktor J. P. Thouvenin, *Hygiène populaire à l'usage des ouvriers des manufactures de Lille et du département du Nord*, Lille 1842, S. 27, empfiehlt seinen Lesern ebenfalls, sich das Haar von Zeit zu Zeit mit lauwarmem Seifenwasser zu waschen.

25. Ch. Londe, *op. cit.*, Bd. II, S. 5.

26. Madame Celnart, *op. cit.*, S. 23.

27. Die schnelle Verbreitung dieses »unsichtbaren Kleidungsstücks« ist ein für unseren Zusammenhang höchst bedeutungsvolles Ereignis; vgl. Ph. Perrot, *op. cit.*, S. 259.

28. Vgl. G. Thuillier, *op. cit.*, S. 124 ff.

29. So scheint es in Minot gewesen zu sein; vgl. Y. Verdier, *op. cit.*, S. 117. Der »Geruch nach neuem Stoff« macht die Winterlehre, die das pubertierende Mädchen bei der Schneiderin absolviert, besonders reizvoll; *ibid.*, S. 224.

30. Nach G. Thuillier, *op. cit.*, S. 52, wird das Bidet ebenso wie die Monatsbinde in der Bourgeoisie von Nevers um 1900 zum Allgemeingut; für die anderen Schichten der Gesellschaft beginnt dieser Verallgemeinerungsprozeß erst nach 1920.

31. A. Martin-Fugier, *op. cit.*, S. 110.

32. J. Léonard, *op. cit.*, Bd. III, S. 1468.

33. Vorangetrieben wurde der Fortschritt insbesondere durch die Verbreitung von emailliertem Blech, das die billige Herstellung großer Waschschüsseln erlaubt. Die neuen Ansprüche reißen eine Kluft zwischen den Generationen auf.

34. Der ganze vorausgehende Abschnitt stützt sich auf die Untersuchung von G. Thuillier, *op. cit.*, S. 54–55.

35. L.-R. Villermé, *op. cit.*, S. 34.

36. Vgl. Fanny Faÿ-Sallois, *Les nourrices à Paris au XIXe siècle*, Paris 1980, S. 216.

37. Y. Verdier, *op. cit.*, S. 131–135. Guy Thuillier, *op. cit.*, S. 14 ff., enthüllt einen ähnlichen Prozeß im Nivernais. Ab 1820–1830 kommt eine regelrechte »Waschhauspolitik« in Gang. In den ländlichen Gemeinden macht die Zähmung des Wassers zwischen 1840 und 1870 rapide Fortschritte. Dennoch entwickelt sich eine kohärente und systematische Hygienepolitik erst auf der Grundlage des Gesetzes vom 15. Februar 1902.

38. Nach den Beschreibungen von Mme. de Girardin, *op. cit.*, S. 317, haucht der Pariser Elegant im Jahre 1837 sogar einen starken Tabakgeruch aus.

39. Vgl. Honoré de Balzac, *La fausse maîtresse*, in *La comédie humaine, op. cit.*; dt. *Die falsche Geliebte*, in *Die menschliche Komödie, op. cit.*, Bd. II, S. 420: Bezeichnend ist das Taktgefühl des Helden Paz,

der fürchtet, den Wagen der Gräfin Laginska zu verstänkern, weil er gerade geraucht hat.

40. Th. B. Veblen, *op. cit.*, S. 92 und 175. Vgl. auch Ph. Perrot, *op. cit.*, *passim*.

41. Vgl. Madame Gacon-Dufour, *op. cit.*, S. 31 und S. 83, betont den Rückgang von Moschusdüften und die Vorliebe für Eau de Cologne und Melissenwasser. »Starke Gerüche wie Moschus, Ambra, Orangenblüte, Tuberose und was immer es an ähnlichen Düften geben mag müssen vollständig verbannt werden«, ordnet Madame Celnart 1833 an, *op. cit.*, S. 11.

42. E. Tourtelle, *op. cit.*, Bd. I, S. 434.

43. Comtesse de Bradi, *op. cit.*, S. 214.

44. E. Tourtelle, *op. cit.*, Bd. I, S. 434–435. Die gleiche Ansicht vertritt L. L. Rostan, *op. cit.*, S. 528–529.

45. Eugene Rimmel, *The book of parfumes*, London 1865; zit. nach der franz. Übers. *Le livre des parfums*, Brüssel 1870, S. 25.

46. *Ibid.*, S. 350.

47. L. Claye, *op. cit.*, S. 75.

48. Vgl. H. de Balzac, *Mémoires de deux jeunes mariées*, in *La Comédie...*, *op. cit.*; dt. *Memoiren zweier Jungvermählter*, in *Die menschliche Komödie*, *op. cit.*, Bd. I, S. 515: Louise de Chaulieu parfümiert ihr Haar, um Marie Gaston an sich zu binden.

49. Auguste Debay, *Les parfums et les fleurs*, Paris 1846, S. 49.

50. Ch. Londe, *op. cit.*, Bd. II, S. 501.

51. Weitherzig duldet Madame Celnart sogar »ein paar Tröpfchen Eau de Cologne« auf der Bluse und den Strümpfen; *op. cit.*, S. 92.

52. Ch. Londe, *op. cit.*, Bd. I, S. 59.

53. Comtesse de Bradi, *op. cit.*, S. 220. Den gleichen Prinzipien folgt die Liste der 1829 von A. Delacoux, *op. cit.*, S. 233, und 1833 von Madame Celnart, *op. cit.*, S. 92, für schicklich erklärten Parfüms.

54. E. Rimmel, *op. cit.*, S. 369.

55. A. Debay, *op. cit.*, S. 42.

56. L. L. Rostan, in: *Dictionnaire de médecine* (Béchet), Paris 1840, Artikel »odeur«; die gleiche Ächtung hören wir auch von Friedlander, *op. cit.*, S. 70.

57. Z.-A. Obry, *Questions sur diverses branches des scienes médicales*, Paris

1840, S. 13. Madame Celnart. *op. cit.*, S. 91, macht ihren eleganten Leserinnen die medizinischen Vorschriften folgendermaßen klar: »Blässe, Magerkeit, Augenringe, Zerschlagenheit und nervöse Schauer sind die gewöhnlichen Früchte des übertriebenen Gebrauchs von Riechstoffen durch Personen mit mehr oder weniger reizbaren Nerven.« Auguste Debay, *Hygiène des mains et des pieds, de la poitrine et de la taille*, Paris 1851, S. 20, rät dringend von parfümierten Handschuhen ab, da in ihnen der alleinige Grund mancher Unfälle vermutet wird.

58. Doktor Alexandre Layet, in: *Dictionnarie Dechambre*, Paris 1880, Artikel »odeurs«.

59. Vgl. Antoine Combe, *Influence des parfums et des odeurs sur les névropathes et les hystériques*, Paris 1905. Der Autor arbeitet den entscheidenden Punkt des Problems heraus.

60. R. Mauzi, *op. cit.*, S. 271.

61. Madame Celnart betont, daß im Bereich der Parfümerie Kostspieligkeit und Diskretion miteinander einhergehen. Der Pflanzenduft verflüchtigt sich schneller als tierische Riechstoffe; deshalb zwingt ein leichtes Parfüm zu höheren Ausgaben; es bezeugt den Reichtum der Person.

62. L. L. Rostan, *op. cit.*, Bd. I, S. 528.

63. Vgl. J. Borie, *Mythologies...*, *op. cit.*, S. 57.

64. Vgl. Michel Foucault, *La volonté de savoir*, Paris 1977, *passim*.

65. A. Debay, *Les parfums...*, *op. cit.*, S. 50.

66. M. Barruel, »Mémoire sur l'existence d'un principe propre à caractériser le sang de l'homme et celui des diverses espèces d'animaux«, in: *Annales d'hygiène publique et de médecine légale*, Paris 1829, S. 267–277.

67. L. L. Rostan, in: *Dictionnaire de médecine* (Béchet), Paris 1840, Artikel »odorat«.

68. Ch. Londe, *op. cit.*, Bd. I, S. 59.

69. H. Cloquet, in: *Dictionnaire des sciences médicales* (Panckoucke), Paris 1819, Artikel »odeur«, S. 229.

70. L. L. Rostan, in: *Dictionnaire de médecine* (Béchet), Paris 1840, Artikel »odorat«, S. 237.

71. Eine Räucherpfanne gehört auch zur Brautausstattung von Louise de Chaulieu; vgl. H. DE BALZAC, *Memoiren zweier Jungvermählter, op. cit.*, Bd. I, S. 327.

72. J.-A. CHAPTAL, *op. cit.*, S. 109.

73. A. DEBAY, *Les parfums...*, *op. cit.*, S. 43.

74. Wir wissen, daß Balzac sich durch die Appartements von Laure d'Abrantès inspirieren ließ. Nach ANTOINE CAILLOT, *op. cit.*, S. 134, hat das Direktorium dem Boudoir seine volle Bedeutung und insbesondere seine politische Rolle zurückgegeben. Zu dieser Zeit kommen auch die Haarkünstler in Mode. Bezüglich des Boudoirs erklärt der Baron Mortemart de Boisse 1857: »Die ganze Frau ist dort ... und in ihrem Schlafgemach.« Vgl. FRANÇOIS JÉRÔME LÉONARD MORTEMART DE BOISSE, *La vie élégante à Paris*, Paris 1857.

75. COMTESSE DE BRADI, *op. cit.*, S. 221. Bei JULES JANIN, *Un été à Paris*, Paris 1844, S. 238, heißt es über die Begegnung zwischen Frauen und Blumen: »Sie begrüßen sie mit herzlicher Begeisterung, wie lauter glücklich wiedervereinte Schwestern.«

76. Zitiert von M. RAYMOND, *op. cit.*, S. 157.

77. J. MICHELET, *La femme, op. cit.*, S. 242–243.

78. JAN INGENHOUSZ, *Versuche mit Pflanzen*, erweiterte Ausgabe, Wien 1788, Bd. II, S. LIV–LV.

79. J. MICHELET, La femme, *op. cit.*, S. 127–128.

80. Bestenfalls kann man von einer sich andeutenden Evolution sprechen. Da die Theoretiker sich nicht mehr ausschließlich auf die Natur verlassen wollen, raten sie, duftende Blumen in den Rasen einzusäen: Iris, Maiglöckchen, Veilchen und Storchschnabel. Die Aufmerksamkeit gegenüber aromatischen Düften nimmt insofern zu, als dem Atmungsvorgang und allem was damit zu tun hat größere Bedeutung beigemessen wird. »An den Flußufern wachsen aromatische Pflanzen und Heilkräuter deren balsamischer Duft sich mit dem Harzgeruch der Fichten verbindet, die Luft mit Wohlgeruch erfüllt und die Lungen weitet«, heißt es bei J. LALOS, *De la composition des parcs et jardins pittoresques*, Paris 1817, S. 88.

81. Zum Vorsprung Englands, siehe EDMOND TEXIER, *Tableau de Paris*, Paris 1852, S. 154.

82. COMTE ALEXANDRE DE LABORDE, *Description des nouveaux jardins de la France et de ses anciens châteaux*, Paris 1808, S. 210.

83. MORTEMART DE BOISSE, *op, cit.*, S. 90, beschließt seine Beschreibung der Wohnung einer eleganten Frau folgendermaßen: »Alle Fenster im Erdgeschoß geben den Blick frei auf einen Gewächshaus-Garten, der mit Hilfe von Wandbehängen jeden Winter vier- oder fünfmal in einen kleinen Theatersaal verwandelt wird, in dem die Männer und Frauen von Welt Sprichwörter aufführen.«

84. C. BAILLY, *Manuel complet théorique et pratique du jardinier*, Paris 1829, Bd. I, S. 223.

85. BARON ALFRED AUGUSTE ERNOUF, *L'art des jardins*, Paris 1886, S. 238.

86. Vgl. ÉDOUARD ANDRÉ, *Traité général de la composition des parcs et jardins*, Paris 1879, S. 192.

87. Diesen Abschnitt aus BORY DE SAINT-VINCENT, *Musée des familles*, Paris 1834, Bd. I, zitiert Arthur Mangin, *Histoire des jardins, anciens et modernes*, Paris 1887, S. 372.

Die sehr frühe Beschreibung von Bory de Saint-Vincent bleibt weit entfernt von Zolas Modell der giftigen Lianen-Frau und erst recht von den symbolistischen Dekors, die gegen Ende des Jahrhunderts in Mode kommen. Das Treibhaus, das Sombreval in BARBEY D'AUREVILLYS Roman *Un prêtre marié* für seine »sensitive« Callixte einrichten läßt, respektiert die am Anfang des Jahrhunderts üblichen Regeln der Diskretion.

88. PIERRE BOÎTARD, *L'art de composer et décorer les jardins*, Paris 1827, Bd. II, S. 22.

89. JOHN-CLAUDIUS LOUDON, *Traité de la composition et de l'exécution des jardins d'ornement*, Paris 1830, S. 194.

90. So war es in den Gärten ihrer Kindheit, berichtet Madame MANON JEANNE PHILIPON ROLAND DE LA PLATTIÈRE, *Mémoires particulières* (1847), Paris 1966, S. 205.

91. A. DE LABORDE, *op. cit.*, S. 210.

92. C. BAILLY, *op. cit.*, Bd. II, S. 47.

93. Davon zeugt etwa die Rolle, die der Garten im Leben der Romanheldin Henriette Gérard spielt. Aufschlußreich ist auch das Erwachen des jungen Mädchens: »Sie stand auf, hörte die Vögel zwitschern, roch die Blumen, schaute den Verwandlungen des Himmels zu . . .«. Vgl. LOUIS EMILE EDMOND DURANTY, *Le malheur d'Henriette Gérard* (1860), Paris 1981, S. 112.

94. C. BAILLY, *op. cit.*, S. 57.

95. Die folgenden Definitionen sind dem zitierten Werk von P. BOITARD entnommen.

96. Vgl. den Vogelgesang im Garten von BALZACS *Modeste Mignon*.

97. J.MICHELET, *La femme, op.cit.*, S.129.

98. MARIE FORTUNÉE LAFARGE, *Heures de prison*, Paris 1853, S. 92. Vgl. auch JULES AMÉDÉE BARBEY D'AUREVILLY, *Les diaboliques*, Paris 1874; dt. Die Teuflischen, Stuttgart 1964, S. 221–222: der liebliche Geruch der Reseden, an denen Madame de Stasseville während jeder Whistpartie zu riechen und zu kauen pflegte, erinnerte sie an den im Blumenkasten vergrabenen Leichnam ihres Kindes. Der Resedenduft in ihrem Salon war so erstickend, daß manche zartfühlenden Frauen nicht mehr zu Besuch kamen.

99. »Wer hat in seinem Garten nicht Veilchen im Überfluß?«, fragt C. BAILLY, *op. cit.*, S.174. Was die Nachtviole betrifft, so ist sie »eine der Pflanzen, die am häufigsten zur Verzierung von Rabatten und Korbbeeten verwendet werden«. Auch der sogenannte »Goldlack der Damen« hat seinen großen Erfolg dem hochgeschätzten Duft zu verdanken. Der Tuberose dagegen traut man nicht.

100. Vgl. PIERRE BOITARD, *Le jardinier des fenêtres, des appartements et des petits jardins*, Paris 1823.

101. COMTESSE DE BRADI, *op. cit.*, S. 221.

102. Marcel Détienne beschreibt die Scheinkulturen der griechischen Frauen in den Adonisgärten auf ihren Terrassen als eine Art illusorische Landwirtschaft, eine Antithese zum Getreideanbau. Die Pflege von Blumenrabatten und Topfpflanzen, mit der die Frauen der höheren Gesellschaft sich im 19. Jahrhundert so leidenschaftlich gern befassen, könnte die Nutzlosigkeit der weiblichen Zeit symbolisieren, für die es zum Glück einen Ausgleich gibt: die wirklich produktive Tätigkeit der Ehemänner.

103. Madame AMET, geb. D'ABRANTHÈS, *Le messager de modes et de l'industrie*, Paris, 1. März 1855.

104. »In jüngster Zeit trug die Kaiserin eine zauberhafte Frisur mit einem Haarzopf über der Stirn, in den natürliche Blumen eingeflochten waren. Dabei handelte es sich um die Knospen dicker weißer Gänseblümchen«, schreibt Madame Amet.

105. F.M.TROLLOPE, *op.cit.*, Bd.II, S.170. E.TEXIER, *op.cit.*, beschäftigt sich ausführlich und in allen Einzelheiten mit der Entwicklung des Blumenhandels und den Herrlichkeiten des Wintergartens. Die Soirées im Mabile-Garten wollen ihm duftender erscheinen als früher. »Die Harmonie von Pilodos Orchester mischt sich wollüstig mit Jasmin- und Rosendüften«, schreibt Madame AMET, *Le Messager ...*, *op.cit.*, 15. Juli 1855. Wo immer es stattfinden mag, das kaiserliche Fest schwelgt in einem Übermaß lieblicher Parfüms.

106. Vgl. DAVIN, »Le printemps à Paris«, in: *Le nouveau tableau de Paris*, Paris 1834, Bd. I, S. 209.

107. A. DEBAY, *Les parfums...*, *op. cit.*, S. 216.

108. PAUL DE KOCK, »Les grisettes«, in: *Le nouveau tableau de Paris*, Paris 1834, Bd. I, S. 174.

DAVIN, *op. cit.*, S. 211, versichert, wohlriechende Platterbsen und vor allem Reseden seien die von Grisetten und Hausfrauen »zärtlich geliebten« Blumen, mit denen sie sich »wollüstig den Magen parfümieren«. Gleich nach dem Erwachen läuft das junge Mädchen in den kleinen Garten hinaus. Im Jahr 1852 spottet TEXIER, *op. cit.*, S. 153, über die Vorliebe der Grisetten für Resedastauden und die der Studenten für Veilchen; der »sentimentale Infanterist« dagegen schenkt seiner Braut lieber einen Topf Goldlack.

109. Vgl. M.-H. ZYLBERBERG-HOCQUARD, *art, cit.*, S.614. Die Autorin zeigt, welchen

Platz die volkstümlichen Romanschriftsteller Blumen und Vögeln einräumen.

110. Vgl. Y. Verdier, *op. cit.*, S. 196.

111. Vgl. die Andacht des Sergius in E. Zola, *Die Sünde des Abbé Mouret, op. cit.*, S. 104 ff.

112. V. Hugo, *Les travailleurs de la mer*, *op. cit.*, S. 151.

113. *Ibid.*, S. 482.

114. *Ibid.*, S. 171.

115. H. de Balzac, *Le médecin de campagne*, in *La comédie . . ., op. cit.*; dt. *Der Landarzt*, in *Die menschliche Komödie*, *op. cit.*, Bd. X, S. 502.

116. É. André, *op. cit.*, S. III.

117. *Ibid.*, S. 687–717.

118. A. Alphand und A. A. Ernouf, *op. cit.*, S. 326.

119. Auf dem Lande (vgl. Colettes *Claudine*-Romane) bleibt das unschuldige Bündnis zwischen dem jungen Mädchen und der Blume bestehen; es gerät in Gegensatz zur Entwicklung der Pariser Moden. Im übrigen sei darauf hingewiesen, daß die symbolistische Kunst fortfährt, den Parallelismus zwischen dem jungen Mädchen und der lieblich duftenden Blume zu verfeinern. Besonders aufschlußreich in diesem Zusammenhang ist das Romanwerk Theodor Fontanes, namentlich die subtile Blumensymbolik im Garten von Effi Briest.

120. L. Claye, *op. cit.*, S. 24.

121. Vgl. Claude Rifaterre, »L'origine du mot muscadin«, in: *La Révolution française*, Paris 1909, Januar–Juni, S. 385–390. Wie der Autor annimmt, diente der Begriff *muscadin* (»Bisamdufter«) ursprünglich (im August 1792) zur Bezeichnung der Grenadiere der Nationalgarde von Lyon, kleiner Beamter von guter Herkunft aus dem Geschäfts- oder Bankwesen, die bei den Sansculotten, welche die Truppen in der Hauptstadt stellten, schlecht angesehen waren. Die Betroffenen griffen die Bezeichnung von Anfang an mit Stolz auf.

122. Madame Celnart, *Manuel du parfumeur*, Paris 1834, S. 225.

123. L. Claye, *op. cit.*, S. 35.

124. Ch.-L. Pfeiffer, *op. cit.*, S. 27.

125. A. Dumas, *art. cit.*

126. Comtesse de Bradi, *op. cit.*, S. 211.

127. H. de Balzac, *Memoiren zweier Jungvermählter, op. cit.*, Bd. I, S. 311.

128. Auguste Debay, *Nouveau manuel du parfumeur-chimiste*, Paris 1856, S. 40.

129. Genau genommen nennt Madame de Girardin, *op. cit.*, S. 329, das Jahr 1839 als die Zeit, in der eine Lockerung stattfindet, die elegante Schlichtheit in Frage gestellt wird und eine Rückkehr zur Phantasie sich anbahnt. Trotz des explosiven Aufschwungs, den der Gartenbau erlebt, bleibt die Autorin den zarten Düften von Jasmin und Geißblatt treu.

130. Vgl. G. Vigarello, *op. cit.*, S. 167.

131. Die Ablehnung von Ambra und Moschus ist am kaiserlichen Hof weiterhin geboten, zum Zeichen des guten Geschmacks und der Sittsamkeit. Aufschlußreich in diesem Zusammenhang ist die Komposition des *Bouquet de l'Impératrice*, das Guerlain für die Herrscherin zubereitet. Das von Königin Viktoria bei ihrem offiziellen Besuch im Jahre 1855 benutzte Parfüm ist zwar erstklassiger Qualität, läßt aber den anrüchigen Verdacht aufkommen, daß es einen Hauch Moschus enthält. Die eleganten Damen aus dem Palais des Tuileries beeilen sich, diese Entdeckung hervorzuheben; vgl. Madame Amet, *Le Messager des modes et de l'industrie*, 1. Juni 1855, S. 4.

132. Diesen Überlegungen liegt eine quantitative Untersuchung zugrunde, die hier nicht in Einzelheiten dargelegt werden kann.

133. Vgl. M.-L. L'Hôte, *Rapport concernant la parfumerie*, Exposition internationale de 1889, classe 28.

134. L. Claye, *op. cit.*, S. 56.

135. Vgl. Albert Boime, »Les hommes d'affaires et les arts en France au XIXᵉ siècle«, in: *Actes de la recherche en sciences sociales*, Paris, Juni 1979, Nr. 28.

136. E. Rimmel, *op. cit.*, S. 24.

137. Ph. Perrot, *op. cit.*, S. 325–328.

138. Septimus Piesse, *The art of perfumery*, London 1855; zitiert nach der franz. Übers. *Des odeurs, des parfums et des cosmétiques*, Paris 1877, S. 4–18.

139. Vgl. A. Debay, *Nouveau manuel . . .*, *op. cit.*, S. 107.

140. Allein für Haarwasser auf Quitten- und Hyazinthenbasis bietet das Haus *Gellé frères* 1858 flache, eckige und runde Flakons mit den Namen »tombeau«, »violon«, »cerf-volant«, »en étui«, »gourde« ... Eine entsprechende Erhebung wurde in der Serie *Parfumeries*, B.N.V.403, durchgeführt; als Grundlage diente eine Sammlung von Prospekten verschiedener Häuser des 19. und 20. Jahrhunderts.

141. Zu den Begriffen Riechform, Riechsatz und Parfüm-Komponist, siehe das hervorragende Buch von O. MORÉNO, R. BOURDON und E. ROUDNITSKA, *L'intimité des parfums*, Paris 1974.

142. Siehe *oben*, S. 350.

143. So etwa EDWARD WILLIAM LANE, *An account of the manners and customs of the modern Egyptians*, London 1836; dt. *Sitten und Gebräuche der heutigen Egypter*, Leipzig 1852. Oder auch die Bücher von CHARLES NICOLAS SIGISBERT SONNINI DE MANONCOURT, *Voyage dans la haute et basse Égypte*, und WILLIAM ALEXANDER DUCKETT, *La Turquie pittoresque*, Paris 1855. Die Wiederherstellung des Bardo-Palastes auf der Weltausstellung von 1867 soll zur Belebung der durch den Krimkrieg angeregten Orient-Mode beigetragen haben. Dieser letzten Episode schreibt Mme. Amet die sehr diskret wieder in Gebrauch kommende Schminke zu.

144. G. FLAUBERT, *Correspondance, op. cit.*, Bd. I, S. 558 (5. Jan. 1850) und S. 568 (15. Jan. 1850).

145. EDMOND und JULES DE GONCOURT, *Manette Salomon, op. cit.*, S. 131.

146. JACQUES LÉONARD, *op. cit*, Bd. III, S. 1468. Die Parfümflakons im Ankleidezimmer des Maire von Plassans verdrehen Antoine Macquart den Kopf; sie machen ihm die gesellschaftliche Distanz bewußt, die ihn von Rougon trennt, und üben schließlich einen besänftigenden Einfluß auf die Empörten aus. Vgl. ÉMILE ZOLA, *La Fortune des Rougon*, in *Les Rougon-Macquart*, Paris 1871–1893; dt *Das Glück der Familie Rougon*, Berlin 1890, S. 165.

Der Rausch und das Duftglas

1. Vgl. das Zeugnis von CHARLES DE RÉMUSAT, *Mémoires de ma vie*, Paris 1958, Bd. I, S. 110 ff.

2. H. DE BALZAC, *Die Bauern, op. cit.*, Bd. X, S. 14.

3. H. DE BALZAC, *Le curé de village*, in *La comédie...*, *op.cit.*; dt. *Der Dorfpfarrer*, in *Die menschliche Komödie*, *op.cit.*, Bd. X, S. 677.

4. Vgl. FLAUBERTS Bericht über die Totenwache bei seiner Schwester, in *Correspondance*, *op.cit.*, Bd. I. Zur gleichen Zeit strömen die eleganten Damen aus Corrèze massenhaft in den Gerichtssaal von Tulle, um der öffentlichen Sektion des von seiner Frau mit Arsen vergifteten Lafarge beizuwohnen und den Gestank zu riechen, der seinen Gedärmen entströmt.

5. »Während die Natur alle seine Sinne bestürmt (...), vergißt er sich, er verliert sich im Schauen, Lauschen und Riechen (...). In der Luft, die Anatole atmet, sind die Düfte blühender Jungfernreben (...), dampfende Aromata, Moschusdünste und wilde Gerüche, gemischt mit den zarten Parfüms der *Nymphenschenkelrosen*, deren Büsche den Eingang des Gartens mit Wohlgeruch erfüllen.« Vgl. EDMOND DE GONCOURT, *Manette Salomon, op. cit.*, S. 425.

6. P. MAINE DE BIRAN, *Journal, op. cit.*, Bd. I, S. 79.

7. *Ibid.*, S. 77 und 165.

8. ÉTIENNE PIVERT DE SENANCOUR, »Promenade en octobre«, in: *Le Mercure du XIXe siècle*, Paris 1823, Bd. II, S. 164.

9. P. MAINE DE BIRAN, *op.cit.*, Bd. I, S. 152.

10. *Dictionnaire des sciences médicales*, Artikel »odeur«, S. 229.

11. H. CLOQUET, *op. cit.*, S. 112.

12. *Dictionnaire de médicine* (Béchet), Artikel »olfaction«, S. 19.

13. H. DE BALZAC, *Louis Lambert, op.cit.*, Bd. XII, S. 493.

14. GEORGE SAND, *Histoire de ma vie*, Paris 1970, Bd. I, S. 557; dt. Teilsammlung, *Geschichte meines Lebens*, Frankfurt am Main 1978.

15. CHARLES BAUDELAIRE, »Le parfum«, in: *Fleurs du Mal, op. cit.*; dt. »Der Duft«, in: *Blumen des Bösen, op. cit.*, S. 60.

16. Alphonse Karr, Vorwort zu EUGENE RIMMEL, *op. cit.*, S. VI.

17. GUSTAVE FLAUBERT, *Madame Bovary*, Paris 1857; dt. *Madame Bovary*, in *Werke*, Minden 1926, Bd. I, S. 276. Ein weiteres Beispiel für das »komplexe Gedächtnis« liefert GUY DE MAUPASSANT, *Fort comme la mort*, Paris 1889; dt. *Stark wie der Tod*, in *Romane*, München 1974, Bd. II, S. 384–385: der Held dieses Romans, Olivier Bertin, wird durch den Geruch des Wassers an sein heimatliches Korsika erinnert. »Bei Bertin erwachten Erinnerungen, entschwundene, vergessene, die plötzlich wieder da sind, man weiß nicht wie. Sie tauchten rasch auf, mannigfach, zahlreich und gleichzeitig, so daß ihm war, eine Hand schöpfe sie aus seinem Gedächtnis (...). Es bestand immer eine Ursache für so jähe Evokationen, eine einfache, natürliche Ursache, ein Geruch oft, ein Parfum. Wie manches Mal hatte eine vorüberrauschende Robe ihm mit dem Duft einer Essenz verwischte Erinnerung zugeweht! In alten Parfümflaschen hatte er oft auch Teilchen seiner Existenz wiedergefunden. Und die Gerüche von Straßen, Feldern, Häusern, Möbeln, die angenehmen und die schlechten, der warme Geruch von Sommernächten, der kalte Geruch von Winterabenden belebten ihm stets ferne Erinnerungen ...«

18. EUGÈNE FROMENTIN, *op. cit.*, S. 132–133.

19. Mit gutem Grund bieten die Parfümhändler ihrer Kundschaft Flakons in »Grabform« an, die das Parfüm der verstorbenen Frau enthalten.

20. EUGÈNE EMMANUEL VIOLLET-LE-DUC, *Dictionnaire de l'architecture*, Paris 1867–1873, Bd. VI, S. 164. Auf ihrem Spaziergang in Fontainebleau nehmen auch Frédéric und Rosanette diese »Ausdünstung der Jahrhunderte« wahr; vgl. J.-P. RICHARD, *Littérature ...*, *op. cit.*, S. 190.

21. THÉOPHILE GAUTIER, »Le pied de momie« und »Arria Marcella«, in *Récits fantastiques*, Paris 1981, S. 184 und 251.

22. CHARLES BAUDELAIRE, »Le flacon«, in: *Les Fleurs du Mal, op. cit.*; dt. »Das Duftglas«, in *Blumen des Bösen, op. cit.*, S. 73.

23. É. ZOLA, *Die Freude am Leben*, *op. cit.*, S. 82.

24. THÉOPHILE THORÉ, *Dictionnaire de phrénologie et de physiognomie à l'usage des artistes, des gens du monde, des instituteurs, des pères de famille ...*, Paris 1836, S. 314.

25. H. DE BALZAC, *César Birotteau, op. cit.*, Bd. VI, S. 431.

26. In der Vorstellung von Barbey d'Aurevilly sind die Gerüche der geliebten, gegen ihre Krankheit ankämpfenden Frau erschütternder als alles andere, als wären sie der stärkste Ausdruck der Verzweiflung. »Man muß ihn gespürt haben, den von Leben strotzenden Hauch, den das Kleid der geliebten Frau um ihr trauriges, fieberndes Gesicht verbreitet ...«; vgl. J. A. BARBEY D'AUREVILLY, *Un prêtre marié, op. cit.*, S. 223.

27. In diesem Zusammenhang scheint der Roman *Volupté* von CHARLES AUGUSTIN SAINTE-BEUVE, Paris 1834, als Vorbild und Anregung für GEORGE SANDS *Lélia*, Brüssel 1833, dt. *Lelia*, Leipzig 1834, und BALZACS *Die Lilie im Tal, op. cit.*, gedient zu haben.

28. Diesen Ausdruck prägte CH.-L. PFEIFFER, *op. cit.*, S. 49.

29. H. DE BALZAC, *Die Lilie im Tal, op. cit.*, Bd. X, S. 1120–1121.

30. CH. BAUDELAIRE, »La chevelure«, in *Fleurs du Mal, op. cit.*; dt. »Das Haar«, in *Blumen des Bösen, op. cit.*, S. 41.

31. CH. BAUDELAIRE, »Chanson d'après-midi«, in *Fleurs du Mal, op. cit.*; dt. »Gesang am Nachmittag«, in *Blumen des Bösen, op. cit.*, S. 90–91.

32. Vgl. vor allem BAUDELAIRES Epigramm auf die Belgierinnen »La propreté des demoiselles belges«, in: *Œuvres*, Paris 1954, S. 263.

33. Eine genaue Beschreibung findet sich bei GUY DE MAUPASSANT, *L'ami patience*, Paris 1883.

34. Was die endlosen Variationen des Dichters zu den Themen des Dufts, der imaginären Reise, der Übereinstimmung und der Erinnerung betrifft, so gehen sie über den Rahmen der vorliegenden Arbeit hinaus. Es sei jedoch angemerkt, daß Baudelaires Suche nach der höchsten Form des Rausches, in dem alle Sinne sich verwirren, als die Vollendung eines langen Strebens betrachtet werden kann, dessen Spuren in den schon alten Arbeiten von Marie-Antoinette Chaix, *La correspondance des arts dans la poésie contemporaine*, Paris 1919, und Jean Pommier, *La mystique de Baudelaire*, Paris 1932, zu entdecken sind. Wie wir gesehen haben, geht das ewige Thema des Parfüms den Zeitgenossen Baudelaires nicht aus dem Sinn; auch die duftende Einladung zur Reise ist Bestandteil des kollektiven Imaginären; siehe *oben*, S. 263 f.

35. Die Rolle des Geruchssinns in Zolas Werken böte Stoff für ein mehrbändiges Werk. Verschiedene Autoren haben sich diesem Thema bereits in Einzelstudien gewidmet; ich werde mich hier damit begnügen, ihre Ergebnisse zusammenzufassen.

36. Vgl. Doktor Édouard Toulouse, *Enquête médico-psychologique sur les rapports de la supériorité intellectuelle avec la névropathie. Émile Zola*, Paris 1896, S. 163–165 und 173–175.

37. Léopold Bernard, *Les odeurs dans les romans de Zola*, Montpellier 1889.

38. Alain Denizet, *Les messages du corps dans les Rougon-Macquart*, Mémoire de Maîtrise, Tours 1981.

39. L. Bernard, *op. cit.*, S. 8.

40. Charakteristisch in diesem Zusammenhang ist das Männergespräch bei der Abendgesellschaft der Comtesse Muffat; vgl. E. Zola, *Nana*, in *Les Rougon-Macquart, op.cit.*; dt.*Nana*, München 1975, 3. Kapitel.

41. Vgl. die Verführung von Hélène Grandjean durch Doktor Deberle; É. Zola, *Une page d'amour*, in *Les Rougon-Macquart, op. cit.*; dt. *Ein Blatt Liebe*, München 1975.

42. Vgl. J.-P. Richard, *Littérature...*, *op. cit.*, S. 189.

43. G. Flaubert, *Correspondance*, *op. cit.*, Bd. I.

44. É. Zola, *Die Freude am Leben, op.cit.*, S. 333.

45. *Ibid.*, S. 334.

46. Vgl. den Überblick bei H. Ellis, *op. cit.*, S. 121 ff. Hagen vertritt die Ansicht, daß der Ledergeruch an den der Sexualorgane erinnert.

47. E. de Goncourt, *Chérie*, Paris 1889.

48. Ambroise Tardieu, *Les attentats aux mœurs*, Paris 1867, S. 183.

49. G. Macé, *La police parisier.ne. Un joli monde*, Paris 1887, S. 263, 266 und 272.

50. Charles Féré, *La pathologie des émotions*, Paris 1892, S. 438–441; ders., *L'instinct sexuel, évolution et dissolution*, Paris 1890, S. 126 ff. und 210 ff.

51. Alfred Binet, *La psychologie expérimentale*, Paris 1888, S. 4: »Der Fetischismus in der Liebe«. Binet erinnert daran, daß diese Arten des Fehlverhaltens sowohl für Morel als auch für Magnan nur Episoden des erblichen Wahns der Degenerierten sind. Was dem Autor am wichtigsten erscheint, ist die Tatsache, daß der Duft bei »Geruchsfetischisten« einen unwiderstehlichen Impuls auslöst: er muß der Frau folgen, deren Ausdünstungen ihn faszinieren. Nach Ansicht von Charles Féré, *op. cit.*, S. 439, war d.es höchstwahrscheinlich der Grund für Lamartines Liebe zu den Wirtshausmädchen.

52. Joris-Karl Huysmans, *A rebours*, Paris 1884; dt. *Gegen den Strich*, Zürich 1981, S. 224–225.

53. Vgl. Pierre Cogny, »La destruction du couple Nature-Société dans l'*A Rebours* de J.-K. Huysmans«, in: *Romantisme*, Paris 1980, Nr. 30. Françoise Gaillard, »De l'antiphysis à la pseudo-physis: l'exemple d'*A Rebours*«, in: *Romantisme*, Paris 1980, Nr. 30.

54. Gaston Le Roux, *Le mystère de la chambre jaune*, Paris 1960, S. 84.

55. Jean Lorrain, *La ville empoisonnée*, Chroniques du *Journal*, 1896–1902, 8. Juli 1896, S. 106–107. Über den »Gestank des schwarzen Dorfs« heißt es: »Und der Negergeruch, ein muffiges Gemisch von gesalzener Butter und Pfeffer, steigt in der Sturmnacht noch widerwärtiger empor.«

Wie man sieht, der Ton hat sich geändert.
56. Doktor Edgar Bérillon, »Psychologie de l'olfaction: la fascination olfactive chez les animaux et chez l'homme«, in: *Revue de l'hypnotisme*, Paris, Oktober 1908, S. 98 ff.

In diesem Artikel finden wir einen Gedanken wieder, der bei den Zeitgenossen größte Ängste nährt: daß nämlich die Zivilisation zur Degenerierung führt. In dieser Perspektive analysiert Doktor Bérillon die nachlassende Bedeutung des Geruchssinns. Zugleich aber ist der Autor sich darüber im klaren, daß die Rückkehr zur stärker betonten Geruchswahrnehmung eine Regression bedeuten könnte; wieder einmal zeigt sich, wie dicht die Grenzen dieser beiden Phantasmen beieinander liegen.

57. *Ibid.*, S. 306. Berühmt wird Doktor Edgar Bérillon im Jahre 1915 durch die Veröffentlichung seines Werkes *La bromidrose fétide de la race allemande, foetor germanicus*, Paris 1915; zuvor hatte er sich bereits dem Thema des *foetor judaicus* gewidmet. Die Bedeutung, die William Faulkner dem Rassengeruch zu einem späteren Zeitpunkt in seinem Roman *Intrudor in the dust* zukommen läßt, ist bekannt; vgl. W. Faulkner, *Intrudor in the dust*, London 1957; dt. *Griff in den Staub*, Zürich 1974.

»Lachen im Schweiß«

1. J.-K. Huysmans, *op. cit.*, S. 220 (hier ist »rires en sueur« mit »heißes Lachen« übersetzt; A. d. Ü.).
2. Vgl. meine Untersuchung über die materiellen Bedingungen des Schulunterrichts im Limousin; A. Corbin, *Archaisme et modernité, op. cit.*, Bd. I, S. 337–362.
3. P. Chauvet, *op. cit.*, S. 7. Die spanische Regierung hat zu diesem Thema eine Umfrage bei den europäischen Universitäten durchführen lassen.
4. *Ibid.*, S. 8.
5. A.-F. Fourcroy, *op. cit.*, S. 561.
6. R.-P. Cotte, *Encyclopédie méthodique*, Artikel »air et atmosphère«, Paris 1787, S. 587.
7. Zum Beispiel A. Parent-Duchâtelet, »Essai sur les cloaques et égouts de la ville de Paris«, in: *Hygiène publique*, Paris 1835, Bd. II, S. 252.
8. A. Parent-Duchâtelet, *Recherches pour découvrir la cause …, op. cit.*, S. 274.
9. M. Thouret, *Supplément au rapport sur la voirie…, op. cit.*, S. 26.
10. F. Liger, *op. cit.*, S. 12.
11. C. Bailly, *op. cit.*, S. 586.
12. A. Parent-Duchâtelet, *Les chantiers d'équarrissage…, op. cit.*, Anm. 40.
13. Bricheteau, Chevallier, Furnari, »Note sur les vidangeurs«, in: *Annales d'hygiène publique et de médecine légale*, Paris 1842, Bd. XXVIII, S. 50.
14. Chevreuls Äußerungen zu diesem Thema, siehe *oben*, S. 159 f. Vgl. auch V. de Moléon, *op. cit.*, S. 495, Bericht über das Jahr 1839.
15. É.-L. Bertherand, *op. cit.*, S. 7; und P. Pierrard, *op. cit.*, S. 54.
16. »Es ist immer noch besser, an der Cholera zu sterben, als zu verhungern«, erklären die Bauern dem Bürgermeister der kleinen Gemeinde Saint-Priest-Ligoure in der Haute-Vienne; dem Bürgermeister zufolge ist eine Entfernung der Misthaufen nicht zu verwirklichen. Vgl. A. Corbin, *Archaisme…, op. cit.*, Bd. I, S. 77.
17. Alain Faure, *Paris Carême-prenant*, Paris 1978, S. 107.
18. H.-J. Gisquet, *op. cit.*, Bd. I, S. 458–465.
19. Vgl. Françoise Dolto, »Fragrance«, in: *Sorcières*, Nr. 5, S. 12; der ganze Absatz stützt sich auf S. 10–17 dieses Aufsatzes.
20. Y. Verdier, *op. cit.*, S. 322.
21. Vgl. Pierre Bourdieu, *La distinction*, Paris 1978; dt. *Die feinen Unterschiede*, Frankfurt am Main 1983, S. 767.
22. A. Faure, *op. cit.*, S. 167. P. Pierrard, *op. cit.*, S. 148, weist darauf hin, daß die

Stadtväter von Lille jahrzehntelang gegen die sogenannten »Palisadenpisser« kämpfen. Die ersten Pissoirs, die während des Zweiten Kaiserreichs errichtet werden, rufen Spott hervor: es heißt, dies sei die Art, nach der Mode von Paris zu pissen; vgl. *ibid.*, S. 53.
In den Berichten des *Conseil d'Hygiène de la Seine* von 1881, S. 284, ist zu lesen: »Der Boden in den Abtritten wird gereinigt, aber nicht die Abortschüsseln.« »Hier fehlt das Gefühl, wir möchten sogar sagen der Instinkt für die Reinlichkeit.« – Aber gibt es einen solchen?

23. A. Faure, *op. cit.*, S. 74.
24. D. Laporte, *op. cit.*, S. 27.
25. H. Cloquet, *op. cit.*, S. 115.
26. F.-E. Fodéré, *op. cit.*, Bd. VI, S. 539.
27. J. Ingenhousz, *op. cit.*, S. 94.
28. J. Howard, *Histoire des principaux lazarets...*, *op. cit.*, Bd. II, S. 262.
29. Zitiert von H. Bayard, *op. cit.*, S. 88.
30. Zitiert von F. Béguin, »Savoirs de la ville et de la maison au début du XIXe siècle«, in: *Politiques de l'habitat*, Paris 1977, S. 259. G. Thuillier, *Pour une histoire...*, *op. cit.*, S. 39, hebt hervor, mit welchem Nachdruck die Arbeiter des Nivernais noch Anfang des 20. Jahrhunderts verlangen, in geschlossenen Räumen zu arbeiten. Der Autor macht auf jene Form des Widerstands aufmerksam, die das Bündnis zwischen den Arbeitern und ihren Chefs besiegelt und den Mißerfolg der Gesundheitspolitik erklären hilft.
31. J. Howard, *Histoire des principaux lazarets...*, *op. cit.*, Bd. I, S. 153.
32. *Ibid.*, Bd. II, S. 52; ders., *État des prisons...*, *op. cit.*, Bd. II, S. 26.
33. Olivier Faure, »Hôpital, santé, société: les hospices civils de Lyon dans la première moitié du XIXe siècle«, in: *Bulletin du Centre d'histoire économique et sociale de la région lyonnaise*, Lyon 1981, Nr. 4, S. 45–51.
34. Sigmund Freud, *Die Traumdeutung*, Frankfurt am Main 1961, S. 203–204.
35. Th. de Bordeu, *op. cit.*, S. 426.
36. J. Howard, *Histoire des principaux lazarets...*, *op. cit.*, Bd. II, S. 354. Hierbei handelt es sich um eine Überzeugung, die in volkstümlichen Kreisen auch im folgenden Jahrhundert noch weit verbreitet ist; vgl. etwa A. Corbin, *Archaisme et modernité...*, *op. cit.*, Bd. I, S. 80.

37. Françoise Loux und Pierre Richard, *Sagesses du corps*, Paris 1978.
38. Vgl. F. Béguin, »Savoirs de la ville...«, *art. cit.*, S. 257; was Béguin als »wilden Komfort« definiert, ist eine komplexe Gesamtheit alter Praktiken. Dazu gehören unter anderem die Liebe zum Alkohol, die Tolerierung der Promiskuität, die Neigung zur Nicht-Arbeit, die Unbeschwertheit des sexuellen Umgangs, das Herumtreiben und die Suche nach Anonymität. Der »wilde Körperkomfort« impliziert, daß Schmutz eher geduldet wird als umständliche Bemühungen; er fördert das Fortbestehen intensiver und gemischter Gerüche; er widersetzt sich der angestrebten Reform der Ökonomie des Wohlbefindens. »Bequem geht man nur, wenn die Schenkel sich berühren«, erklärt die Ragotte bei Jules Renard; aus diesem Grund weigert sie sich, Hosen zu tragen.
39. L. Boltanski, *op. cit.*, S. 85 ff.
40. Sprichwort aus dem Limousin; vgl. A. Corbin, *Archaisme et modernité...*, *op. cit.*, Bd. I, S. 81.
41. Françoise Loux hat die Nützlichkeit mancher sauberkeitsfeindlichen Praktiken aufgezeigt; die Weigerung, die Dreckschicht von den Köpfen der Kinder zu entfernen, entspricht der Sorge um die Schutzbedürftigkeit der Fontanelle.
42. G. Lapouge, *art. cit.*, S. 104.
43. Ph. Ariès, *op. cit.*, S. 608.
44. A. Corbin, »La vie exemplaire du curé d'Ars«, in: *L'histoire*, Mai 1980.
45. G. Lapouge, *art. cit.*, S. 103.
46. G. Flaubert, *Correspondance*, *op. cit.*, Bd. I, S. 97.
47. *Ibid.*, Bd. I, S. 86; Brief an Ernest Chevalier vom 23. Oktober 1841.
48. Vgl. Jean-Paul Sartre, *L'idiot de la famille*, Paris 1971–1972; dt. *Der Idiot der Familie*, Reinbek 1977–1980, Bd. V, S. 536–537.
49. Vgl. G. Lapouge, *art. cit.*, S. 111.
50. Jules Vallès, *L'enfant*, Paris 1973, S. 102.
51. *Ibid.*, S. 257.
52. *Ibid.*, S. 321.

53. Diesen Askpekt betont B. DIDIER in ihrer Einführung zu J. VALLÈS, *op. cit.*

54. *Ibid.*, S. 87.

55. *Ibid.*, S. 73.

56. *Ibid.*, S. 87–88.

57. Es sei denn, der Autor wollte die Ursache für die Heftigkeit des Erwachsenen nachträglich in die Kindheit verlegen.

58. *Ibid.*, S. 89.

59. *Ibid.*, S. 373; in Hinsicht auf die republikanische Druckerei in der Rue Coq-Héron heißt es: »Es ist ebenso angenehm wie der Duft eines Misthaufens. Es riecht so warm wie im Viehstall.«

60. HENRY MILLER, *Tropic of capricorn*, Paris 1939; dt. *Wendekreis des Steinbocks*, Frankfurt am Main 1972, S. 219–221.

61. GÜNTER GRASS, *Die Blechtrommel*, Frankfurt am Main 1966, *passim*. Im Gegensatz dazu offenbaren die Gedankenassoziationen, die James Joyce seinem Mr. Bloom bezüglich der Rolle weiblicher Gerüche in den Mund legt, einen ganzen Katalog von Stereotypen: von einer »Libertinage der Nase« hat der Dubliner Spießbürger nie etwas gehört. Vgl. James Joyce, *Ulysses*, Paris 1922; dt. *Ulysses*, Frankfurt am Main 1979, S. 524–525.

»Die Gerüche von Paris«

1. ÉMILE TRÉLAT, *art. cit.*, S. 25.

2. Siehe etwa JEAN CHRÉTIEN, *op. cit.*, S. 8.

3. *Ibid.*, S. 10 ff.; vgl. auch ALFRED DURAND-CLAYE, *Observations des ingénieurs du service municipal de Paris au sujet des projets de rapport présentés par MM. A. Girard et Brouardel*, Paris 1881, *passim*.

4. Bis auf die Tatsache, daß die Mikroben eine Zeitlang noch gelegentlich mikrobische Miasmen genannt werden.

5. PAUL CAMILLE HIPPOLYTE BROUARDEL, in: *De l'évacuation des vidanges dans la ville de Paris*, Paris 1880–1882, S. 36.

6. Doktor FRANÇOIS-FRANCK, in: *Dictionnaire Dechambre*, Artikel »olfaction«, S. 99.

7. MARIÉ-DAVY, *art. cit.*, S. 65.

8. Zitiert von PHILIPPE ARIÈS, *op. cit.*, S. 691.

9. MARIÉ-DAVY, *art. cit.*, S. 64.

10. ÉMILE TRÉLAT, *art. cit.*, S. 19.

11. A. DURAND-CLAYE, *op. cit.*, S. 21–22.

12. *Ibid.*, S. 23.

13. *Ibid.*, S. 50.

14. MARIÉ-DAVY, *art. cit.*, S. 69.

15. *Ibid.*, S. 69.

16. MURARD und ZYLBERMANN, *op. cit.*

17. MARIÉ-DAVY, *art. cit.*, S. 68.

18. Vgl. A. CORBIN, »L'hérédosyphilis ou l'impossible rédemption«, in: *Romantisme*, Paris 1981, Nr. 1.

19. O. BOUDOUARD, *Recherches sur les odeurs de Paris*, Paris 1912, S. 6; der Autor zitiert einen Bericht des für die registrierten Gebäude zuständigen Aufsichtsamts von 1899.

20. Es gibt elf solcher Fabriken in Aubervilliers, zwei in Saint-Denis, drei in Ivry, zwei in Vitry und eine in Paris; vgl. PAUL CAMILLE HIPPOLYTE BROUARDEL und ERNEST MOSNY, *Traité d'hygiène*, Paris 1910, Bd. XII, »Hygiène générale des villes et des agglomérations communales«, S. 161.

Literaturverzeichnis

ACKERKNECHT, E. H.: »Anticontagionisme between 1821 and 1867«, in: *Bulletin of the history of medicine*, 1948.

AGULHON, MAURICE: *Le cercle dans la France bourgoise, 1810–1848; étude d'une mutation de sociabilité.* Paris, 1977.

ALLIAUME, JEAN MARIE: »Antinomie des discours de réforme«, in: *Politique de l'habitat (1800–1850).* Paris, 1977.

AMET, MME.: *Le messager des modes et de l'industrie.* Paris, 1855.

ANDRÉ, EDOUARD: *Traité général de la composition des parcs et jardins.* Paris, 1879.

ANONYM: *Le parfumeur royal.* Paris, 1761.

ARBUTHNOT, JOHN: *An essay concerning the effects of air on human bodies.* London, 1733.

ARCET, JEAN-PIERRE JOSEPH D': *Collection de mémoires relatifs à l'assainissement des ateliers, des édifices publics et des maisons particulières.* Paris, 1843.

ARCHES, PIERRRE: »La médicalisation des Deux-Sèvres au milieu du XIXe siècle«, in *Bulletin de la Société historique et scientifique des Deux-Sèvres.* 3. Trimester 1979.

ARCONVILLE, THIROUX D': *Essai pour servir à l'histoire de la putréfaction.* Paris, 1766.

ARIÈS, PHILIPPE: *L'homme devant la mort.* Paris, 1978. Dt. *Geschichte des Todes.* München, 1980.

ARON, JEAN-PAUL: *Essai sur la sensibilité alimentaire à Paris au XIXe siècle.* Paris, 1967. *Le mangeur au XIXe siècle.* Paris, 1976.

ARON, JEAN-PAUL/KEMPF, ROGER: *Le pénis et la démoralisation de l'Occident.* Paris, 1978.

AZYR, VICQ D': *Essai sur les lieux et les dangers des sépultres.* Paris, 1778. *Instruction sur la manière de désinfecter une paroisse.* Paris, 1775.

BACHELARD, GASTON: *La poétique de l'espace.* Paris, 1957. Dt. *Poetik des Raums.* Frankfurt am Main/Berlin/Wien, 1975. *La terre et les rêveries de la volonté.* Paris, 1948.

BACON, FRANCIS: *Historia naturalis et experimentalis de ventis.* Amsterdam, 1662.

BAILLY, C.: *Manuel complet théorique et pratique du jardinier.* Paris, 1829.

BALZAC, HONORÉ DE: *La comédie humaine.* Paris, 1853. Dt. *Die menschliche Komödie.* München, 1972.

BANAU/TURBEN: *Mémoire sur les épidémies du Languedoc.* Paris, 1786.

BARBEY D'AUREVILLY, JULES AMÉDÉE: *Les diaboliques.* Paris, 1854. Dt. *Die Teuflischen.* Stuttgart, 1964. *Un prêtre marié* (1865). Paris, 1980.

BARRAL, PIERRE: *Les agrariens français de Méline à Pisani.* Paris, 1968.

BARRET-KRIEGEL, BLANDINE: »Les demeures de la misère«, in: *Politiques de l'habitat.* Paris, 1977.

BARRUEL, M.: »Mémoire sur l'existence d'un principe propre à caractériser le sang des hommes et celui des diverses espèces d'animaux«, in: *Annales d'hygiène publique et de médecine légale.* Paris, 1829.

BARTHES, ROLAND: *Fragments d'un discours amoureux*. Paris, 1977. Dt. *Fragmente einer Sprache der Liebe*. Auszüge in: *Freibeuter*, Berlin 1983, Nr. 18.

Sade, Fourier, Loyola. Paris, 1971. Dt. *Sade, Fourier, Loyola*. Frankfurt am Main, 1974.

BAUDELAIRE, CHARLES: *Fleurs du mal*. Paris, 1861. Dt. *Blumen des Bösen*. Frankfurt am Main, 1976.

BAUMES, J.-B. THÉODORE: *Mémoire […] sur la question: peut-on déterminer par l'observation quelles sont les maladies qui résultent des émanations des eaux stagnantes …* . Paris, 1789.

BAYARD, HENRI: *Mémoire sur la topographie médicale du IVᵉ arrondissement de Paris …* . Paris, 1842.

BECHER, JOHANN JOACHIM: *Physica subterranea*. Frankfurt am Main, 1669. Dt. *Chymisches Laboratorium oder unter-erdische Naturkündigung*. Frankfurt am Main, 1680.

BÉGUIN, FRANÇOIS: »Evolution de quelques stratégies médico-spatiales«, in: *La politique de l'espace parisien à la fin de l'Ancien Régime*. Paris, 1975.

»Les machineries anglaises du confort«, in: *Recherches, L'haleine des faubourgs*. Paris, 1977, Nr. 29.

»Savoirs de la ville et de la maison au début du XIXᵉ siècle«, in: *Politiques de l'habitat*, Paris 1977.

BÉRILLON, EDGAR: *La bromidrose fétide de la race allemande, foetor germanicus*. Paris, 1915.

»Psychologie de l'olfaction: la fascination olfactive chez les animaux et chez l'homme«, in: *Revue de l'hypnotisme*. Paris, Oktober 1908.

BERNARD, LÉOPOLD: *Les odeurs dans les romans de Zola*. Montpellier, 1889.

BERNIS, M. DE: *Les saisons et les jours – Poèmes*. Paris, 1764.

BERTHERAND, EMILE-LOUIS: *Mémoire sur la vidange des latrines et des urinoirs publics*. Paris, 1858.

BERTHOLON, ABBÉ: *De la salubrité de l'air des villes et en particulier des moyens de la procurer*. Montpellier, 1786.

BINET, ALFRED: *Etudes de psychologie expérimentale*. Paris 1888.

BIRABEN, JEAN-NOËL: *Les hommes et la peste en France et dans les pays européens et méditerranéens*. Paris, 1975.

BIZIÈRE, JEAN-MAURICE: »Before and after: Essai de psycho-histoire«, in: *Revue d'histoire moderne et contemporaine*. Paris, April–Juni 1980.

BLANQUI, ADOLPHE: *Des classes ouvrières en France pendant l'année 1848*. Paris, 1849.

BLÉGNY, M. DE: *Secrets concernant la beauté et la santé […], recueillis par M. Daquin*. Paris, 1688.

BOIME, ALBERT: »Les hommes d'affaires et les arts en France au XIXᵉ siècle«, in: *Actes de la recherche en sciences sociales*. Paris, Juni 1979, Nr. 28.

BOISSIEU/BORDENAVE/GODART: *Dissertations sur les antiseptiques*. Dijon, 1769.

BOITARD, PIERRE: *L'art de composer et décorer les jardins*. Paris, 1827.

Le jardinier des fenêtres, des appartements et des petits jardins. Paris, 1823.

BOLTANSKI, LUC: *Prime éducation et morale de classe*. Paris, 1969.

BORDEU, THÉOPHILE DE: *Recherches sur les maladies chroniques*. Paris, 1775.

BORIE, JEAN: *Mythologies de l'hérédité au XIXᵉ siècle*. Paris, 1981.

»Une gynécologie passionnée«, in: *Misérable et glorieuse la femme du XIXᵉ siècle*. Paris, 1980.

BOUDOUARD, O.: *Recherches sur les odeurs de Paris*. Paris, 1912.

BOUDON, FRANÇOISE: »La salubrité du grenier de l'abondance à la fin du siècle«, in: *XVIIIᵉ siècle*. Paris, 1977.

BOURDIEU, PIERRE: *La distinction*. Paris, 1978. Dt. *Die feinen Unterschiede*. Frankfurt am Main, 1983.

BOURDON, MATHILDE: *Euphrasie, histoire d'une femme pauvre*. Paris, 1868.

BOYLE, ROBERT: *The general history of the air.* London, 1692.

BRADI, AGATHE PAULINE, COMTESSE DE: *Du savoir-vivre en France au XIXᵉsiècle.* Paris, 1838.

BRICHETEAU/CHEVALLIER/FURNARI: »Note sur les vidangeurs«, in: *Annales d'hygiène publique et de médecine légale.* Paris, 1842.

BRIEUDE, J.: »Mémoire sur les odeurs que nous exhalons . . .«. in:*Histoire et mémoires de la Société Royale de Médecine.* Paris, 1789, Bd. X.

BROUARDEL, PAUL CAMILLE HIPPOLYTE, IN: *De l'évacuation des vidanges dans la ville de Paris.* Paris, 1880–1882.

BROUARDEL, P. C. H. und MOSNY, ERNEST: *Traité d'hygiène.* Paris, 1910.

BUCHOZ, P.-J.: *Toilette de flore à l'usage des dames.* Paris, 1771.

BUFFON, GEORGES LOUIS LECLERC, COMTE DE: *De l'homme.* Paris, 1971.

BURETTE, THÉODOSE: *La physiologie du fumeur.* Paris, 1840.

CABANÈS, Dr.: *Moeurs intimes du passé.* Paris, 1908.

CABANIS, PIERRE-JEAN GEORGES: *Rapports du physique et du moral de l'homme.* Paris, 1802. Dt. *Über die Verbindungen des Physischen und Moralischen in dem Menschen.* Halle/Leipzig, 1804.

CAILLOT, ANTOINE: *Mémoires pour servir à l'histoire des moeurs et usages des Français.* Paris, 1827.

CAMPAN, Mme.: *Mémoires sur la vie de Marie-Antoinette, reine de France et de Navarre.* Paris, 1849.

CARACCIOLI, LOUIS-ANTOINE DE: *La jouissance de soi-même.* Lüttich, 1759.

CARLIER, FÉLIX: *Etudes de pathologie sociale. Les deux prostitutions.* Paris, 1887. Teilausg. *La prostitution antiphysique.* Paris, 1981.

CARON, FRANÇOIS: *Histoire économique de la France. XIXᵉ–XXᵉ siècle.* Paris, 1981.

CARRIÈRE, GENEVIÈVE und BRUNO: »Santé et hygiène au bagne de Brest au XIXᵉsiècle, in: *Annales de Bretagne et des pays de l'Ouest,* 1981, Nr. 3.

CASANOVA, GIACOMO: *Histoire de ma vie.* Paris, 1960–1962. Dt. *Geschichte meines Lebens.* Berlin, 1964.

CELNART, Mme. (Pseudonym von ELISABETH FÉLICIE BAYLÉ-MOUILLARD):*Manuel des dames, ou l'art de l'élégance.* Paris, 1833.
Manuel du parfumeur. Paris, 1834.

CERVANTES SAAVEDRA, MIGUEL DE: *El ingenioso hidalgo Don Quijote de la Mancha.* Madrid, 1798. Dt. *Der sinnreiche Junker Don Quijote de la Mancha.* Zürich, 1969.

CHAIX, MARIE-ANTOINETTE: *La correspondance des arts dans la poésie contemporaine.* Paris, 1919.

CHALINE, JEAN-PIERRE: *La bourgeoisie rouennaise au XIXᵉ siècle.* Dissertation. Paris, 1979.

CHAMSERU, M. DE: »Recherches sur la nyctalopie«, in: *Histoire et mémoires de la Société Royale de médecine.* Paris, 1786.

CHAPTAL, JEAN-ANTOINE: *Eléments de chimie.* Paris 1803.

CHARTIER, ROGER/ COMPÈRE, MARIE-MADELEINE/JULIA, DOMINIQUE: *L'éducation en France du XVIᵉ au XVIIIᵉ siècle.* Paris, 1976.

CHAUNU, PH.: *La mort à Paris, XVIᵉ, XVIIᵉ, XVIIIᵉ siècles.* Paris, 1978.

CHAUVET, PIERRE: *Essai sur la propreté de Paris.* Paris, 1797.

CHEVALIER, LOUIS: *Classes laborieuses et classes dangereuses à Paris pendant la première moitié du XIXᵉ siècle.* Paris, 1958.

CHEVALLIER, M.A.: »Notice historique sur le nettoiement de la ville de Paris«, in: *Annales d'hygiène publique et de médecine légale.* Paris, 1849.

Chevreul, E.: »Mémoire sur plusieurs réactions chimiques qui intéressent l'hygiène des cités populeuses«, in: *Annales d'hygiène publique et de médecine légale.* Paris, 1853.

Chew, Hélène: »Loin du débat pénitentiaire: la prison de Chartres durant la première moitié du XIXe siècle«, in: *Bulletin de l'Institut d'histoire de la presse et de l'opinion.* Tours, 1981, Nr. 6.

Chrétien, Jean: *Les odeurs de Paris.* Paris, 1881.

Claye, Louis: *Les talismans de la beauté.* Paris, 1860.

Cloquet, Hippolyte: *Osphrésiologie ou Traité des odeurs.* Paris, 1821. Dt. *Osphresiologie oder Lehre von den Gerüchen.* Weimar, 1824.

Cogny, Pierre: »La destruction du couple Nature – Société dans l'*A Rebours* de J.-K. Huysmans«, in: *Romantisme.* Paris, 1980, Nr. 30.

Combe, Antoine: *Influence des parfums et des odeurs sur les névropathes et les hystériques.* Paris, 1905.

Condillac, Etienne Bonnot de: *Essai sur l'origine des connaissances humaines.* Amsterdam 1746. Dt. *Versuch über den Ursprung der menschlichen Erkenntnis.* Leipzig 1780. *Traité des sensations.* Paris, 1754. Dt. *Condillac's Abhandlung über die Empfindungen.* Berlin, 1870.

Conrad, Joseph: *The shadow line.* Leipzig, 1928. Dt. *Die Schattenlinie.* Frankfurt am Main, 1948.

Cook, James: *Relations de voyage autour du monde.* Paris, 1980.

Copans, Jean/Jamin, Jean: *Aux origines de l'anthropologie française.* Paris, 1981.

Corbin, Alain: *Archaisme et modernité en Limousin au XIXe siècle.* Paris, 1975.
»L'hérédosyphilis ou l'impossible rédemption«, in: *Romantisme.* Paris, 1981, Nr. 1.
»Les paysans de Paris«, in: *Ethnologie française.* Paris, 1980, Nr. 2.
»Progrès de l'économie maraîchine«, in: *Histoire du Poitou, du Limousin et des pays charantais.* Toulouse, 1976.
»La vie exemplaire du curé d'Ars«, in: *L'histoire.* Mai 1980.

Corvisier, André: *L'armée française du XVIIe siècle au ministère de Choiseul.* Paris, 1964.

Dagognet, François: »La cure d'air: essai sur l'histoire d'une idée en thérapeutique médicale«, in: *Thalès.* Paris, 1959.

Damours, Louis: *Mémoire sur la nécessité et les moyens d'éloigner de Paris, les tueries de bestiaux et les fonderies de suif.* Paris, 1787.

Darmon, Jean-Jacques: »Sous la Restauration, des juges sondent la plaie si vive des prisons«, in: *L'impossible prison.* Paris, 1979.

Darmon, Pierre: *Le mythe de la procréation à l'âge baroque.* Paris, 1977.

Daumas, Maurice: *Histoire générale des techniques.* Bd. III, Paris, 1968.

Davin: »Le printemps à Paris«, in: *Le nouveau tableau de Paris.* Paris, 1834.

Debay, Auguste: *Hygiène des mains et des pieds, de la poitrine et de la taille.* Paris, 1851. *Nouveau manuel du parfumeur-chimiste.* Paris, 1856.
Les parfums et les fleurs. Paris, 1846.

Debré, Jean-Louis: *La justice au XIXe siècle. Les magistrats.* Paris, 1981.

Déjean, M.: *Traité des odeurs.* Paris, 1764.

Delacoux, Alexis: *Hygiène des femmes.* Paris, 1829.

Delassone der Ältere/Cornette: »Mémoire sur les altérations que l'air éprouve par les différentes substances que l'on emploie en fumigation . . .«, in: *Histoire et mémoires de la Société Royale de médecine.* Paris, 1786.

Delumeau, Jean: *La peur en Occident.* Paris, 1978.

Denizet, Alain: *Les messages du corps dans les Rougon-Macquart,* Mémoire de Maîtrise. Tours, 1981.

DESAIVE/GOUBERT/LE ROY LADURIE/MEYER: *Médecins, climats et épidémies à la fin du XVIIIe siècle*. Paris, 1972.

DÉSERT, GABRIEL, *Histoire de Caen*. Paris, 1981.

DÉTIENNE, MARCEL: *Les jardins d'Adonis. La mythologie des aromates en Grèce*. Paris 1972.

DEYON, PIERRE: *Amiens, capitale provincale*. Paris, 1967.

DOLTO, FRANÇOISE: »Fragrances«, in: *Sorcières*, Nr. 5.

DORVEAUX, PAUL: *Historique de L'Eau de la Reine de Hongrie*. Paris, 1921.

DUCATILLON, JEANNE: *Polémiques dans la collection Hippocratique*. Paris, 1977.

DUCHET, MICHÈLE: *Anthropologie et histoire au Siècle des Lumières*. Paris, 1977.

DUCKETT, WILLIAM ALEXANDER: *La Turqui pittoresque*. Paris, 1855.

DUCPÉTIAUX, EDOUARD: »Extrait du rapport sur les deux systèmes de ventilation établis à titre d'essai dans la prison cellulaire des femmes, à Bruxelles«, in: *Annales d'hygiène publique et de médecine légale*. Paris, 1853.

DUPONCHEL, EDMONT: »Nouveau système de latrines pour les grands établissements . . .«, in: *Annales d'hygiène public et de médecine légale*. Paris, 1858.

DUPUY, GABRIEL/KNAEBEL, GEORGES: *Choix technique et assainissement urbain en France de 1800 à 1977*. Institut d'Urbanisme. Paris, 1978.

DURAND-CLAYE, ALFRED: *Observations des ingénieurs du service municipal de Paris au sujet des projets de rapport présentés par MM. A. Girard et Brouardel*. Paris, 1881

DURANTY, LOUIS EMILE EDMOND: *Le malheur d'Henriette Gérard* (1860). Paris, 1981.

DUVEEN, DENIS I./KLICKSTEIN, HERBERT S.: »Antoine Laurent Lavoisier's contribution to medicine and public health«, in: *Bulletin of the history of medicine*. 1955, Nr. 29.

EHRARD, JEAN: *L'idée de nature en France dans la première moitié du XVIIIe siècle*. Paris, 1963.

»Opinions médicales en France au XVIIIe siècle: La peste et l'idée de contagion«, in: *Annales. Economies, Sociétés, Civilisations*. Paris, 1957, Januar–März.

ELLIS, HAVELOCK: *Sexual selection in man*. London, 1918. Dt. *Die Gattenwahl beim Menschen*. Leipzig, 1919.

ERNOUF, ALFRED AUGUSTE: *L'art des jardins*. Paris, 1886.

ETLIN, RICHARD: »L'air dans l'urbanisme des Lumières«, in: *XVIIIe siècle*. Paris, 1977, Nr. 9.

FALIZE, CHARLES: »Quelle est la valeur des signes fournis par l'odeur de la bouche?«, in: *Questions sur diverses branches des sciences médicales*. Paris, 1839.

FARGE, ARLETTE: »Les artisans malades de leur travail«, in: *Annales E. S. C.*. Paris, 1977, September–Oktober.

»L'espace parisien au XVIIIe siècle«, in: *Ethnologie française*. Paris, 1982

Vivre dans la rue à Paris au XVIIIe siècle. Paris, 1979.

FAULKNER, WILLIAM: *Intrudor in the dust*. London, 1957, Dt. *Griff in den Staub*. Zürich, 1974.

FAURE, ALAIN: »Classe malpropre, classe dangereuse?«, in: *Recherches. L'haleine des faubourgs*. Paris, 1977.

Paris Carême prenant. Paris, 1978.

FAURE, OLIVIER: »Hôpital, santé, société: les hospices civils de Lyon dans la première moitié du XIXe siècle«, in: *Bulletin du Centre d'histoire économique et sociale de la région lyonnaise*. Lyon, 1981, Nr. 4.

FAVRE, ROBERT: *La mort dans la littérature et la pensée française au Siècle des Lumières*. Paris, 1978.

FAŸ-SALLOIS, FANNY: *Les nourrices à Paris au XIXe siècle*. Paris, 1980

FEBVRE, LUCIEN: *Le problème de l'incroyance au XVIe siècle*. Paris, 1942.

FÉRÉ, CHARLES: *L'instinct sexuel, évolution et dissolution.* Paris, 1890.
La pathologie des émotions. Paris, 1892.
FLANDRIN, JEAN-LOUIS: *Familles, parenté, maison, sexualité dans l'ancienne société.* Paris, 1976.
FLAUBERT, GUSTAVE: *Correspondance.* Paris, 1980.
Madame Bovary. Paris, 1857. Dt. *Madame Bovary,* in: Werke, Bd. 1. Minden, 1926.
FLIESS, WILHELM: *Über den ursächlichen Zusammenhang von Nase und Geschlechtsorgan.* Halle, 1902.
FODÉRÉ, F.-E.: *Traité de médecine légale et d'hygiène publique ou de police de santé ....* Paris, 1813.
FOISIL, MADELEINE: »Les attitudes devant la mort au XVIIIe siècle: sépultres et suppressions de sépultres dans le cimetière parisien des Saints-Innocents«, in: *Revue historique.* Paris, 1974, April–Juni.
FORGET, C.: *Médecine navale ou nouveaux éléments d'hygiène, de pathologie et de thérapeutique médico-chirurgicales.* Paris, 1832.
FORTIER, BRUNO: »La maîtrise de l'eau«, in: *XVIIIe siècle.* Paris, 1977.
»La politique de l'espace parisien«, in: *La politique de l'espace parisien à la fin de l'Ancien Régime.* Paris, 1975.
FOUCAULT, MICHEL: *Les machines à guérir, aux origines de l'hôpital moderne.* Paris, 1979.
Naissance de la clinique. Paris, 1963. Dt. *Die Geburt der Klinik.* München, 1973.
La volonté de savoir. Paris, 1977.
FOURCROY, ANTOINE FRANÇOIS: Begleitender Kommentar zur französischen Ausgabe von B. Ramazzini: *Essai sur les maladies des artisans.* Paris, 1777.
FRANKLIN, ALFRED: *La vie privée d'autrefois.* Bd. VII, Paris, 1900.
FREUD, SIGMUND: *Die Traumdeutung.* Frankfurt am Main, 1961.
Das Unbehagen an der Kultur. Frankfurt am Main, 1974, Bd. IX.
FRIEDLANDER, D.-M.: *De l'éducation physique de l'homme.* Paris, 1815.
FROMENTIN, EUGÈNE: *Dominique.* Paris, 1862. Dt. *Dominik.* Leipzig, 1907.

GABORIAU, EMILE: *Les gens de bureau.* Paris, 1862.
GACON-DUFOUR, MARIE ARMANDE JEANNE: *Manuel du parfumeur.* Paris, 1825.
GAGNEUR, MARIE LOUISE: *Les réprouvées.* Paris, 1867.
GAILLARD, FRANÇOISE: »De l'antiphysis à la pseudo-physis: l'exemple d'*A Rebours*«, in: *Romantisme.* Paris, 1980, Nr.30.
GALOPIN, AUGUSTIN: *Le parfum de la femme et le sens olfactif dans l'amour.* Paris, 1886.
GARDANE, JEAN-JACQUES: *Essai sur la putréfaction des humeurs animales.* Paris, 1769.
GARDEN, MAURICE: *Lyon et les Lyonnais au XVIIIe siècle.* Paris, 1970.
GATTONI, JULES-CÉSAR, in: *Histoire et mémoires de la Société Royale de médecine.* Paris, 1789.
GAULLE, CHARLES DE: *Vers l'armée de métier.* Paris, 1934.
GAUTIER, THÉOPHILE: *Récits fantastiques.* Paris, 1981.
GENNETÉ, CLAUDE LÉOPOLD DE: *Purification de l'air croupissant dans les hôpitaux, les prisons et les vaisseaux de mer.* Nancy, 1767.
GÉRANDO, JOSEPH MARIE DE: *Le visiteur du pauvre.* Paris, 1826. Dt. *Der Armenbesucher.* Leipzig, 1831.
GÉRAUD, MATHIEU: *Essai sur la suppression des fosses d'aisances et toute espèce de voirie ....* Amsterdam, 1786.
GERBOD, PAUL: *La condition universitaire en France au XIXe siècle.* Paris, 1965.
GINESTE THIERRY: *Victor de l'Aveyron, dernier enfant sauvage, premier enfant fou.* Paris, 1981.
GIRARDIN, R.-L.: *De la composition des paysages.* Paris, 1777.
GISQUET, HENRI-JOSEPH: *Mémoires de M. Gisquet.* Paris, 1840.

GLEICHMANN, PETER REINHART: »Des villes propres et sans odeur«, in: *Urbi*. Paris, 1982.

GODARD D'AUCOURT, CLAUDE: *Thémidore*. Den Haag, 1745. Dt. *Themidor; meine Geschichte und die meiner Geliebten*. Heidenheim, 1951.

GOETHE, JOHANN WOLFGANG VON: *Faust*. Hamburg, 1963.

GOFFMAN, ERVING: *Relations in public*. New York, 1971. Dt. *Das Individuum im öffentlichen Austausch*. Frankfurt am Main, 1974.

GONCOURT, EDMOND und JULES DE: *Chérie*. Paris, 1889.
La femme au XVIIIe siècle. Paris, 1862.
Manette Salomon. Paris, 1867.

GRASS, GÜNTER: *Die Blechtrommel*. Frankfurt am Main, 1966.

GRASSI, C.: *Rapport sur la construction et l'assainissement des latrines et fosses d'aisances*. Paris, 1858.
De la ventilation des navires. Paris, 1857.

GROUVELLE, PHILIPPE: *Chauffage et ventilation de la Nouvelle Force par Philippe Grouvelle*. Paris, um 1843.

GUERMONT, MARIE-FRANÇOISE: *La grande fille. L'image de la jeune fille dans les manuels d'hygiène de la fin du XIXe siècle et du début du XXe siècle*, Mémoire de Maîtrise. Tours, 1981.

GUERRAND, ROGER-HENRI: »Petite histoire du quotidien: l'avènement de la chasse d'eau«, in: *L'histoire*. Paris, 1982, Nr. 43.

GUERRAND, ROGER-HENRI/CANFORA-ARGANDONA, ELSIE: *La répartition de la population. Les conditions de logement des classes ouvrières à Paris au XIXe siècle*. Paris, 1976.

GUILLERME, JACQUES: »Le malsain et l'économie de la nature«, in: *XVIIIe siècle*. Paris, 1977, Nr. 9.

GUILLON, MARIE-HÉLÈNE: »L'apprentissage de la propreté corporelle à Paris dans la deuxième moitié du XIXe siècle«, Memoire de D. E. A. . Paris, 1981.

HAGEN, IWAN BLOCK: *Sexuelle Osphresiologie*. Leipzig, 1901.

HAGUENOT, HENRI: *Mémoires sur les dangers des inhumations*. Paris, 1744.

HALES, STEPHEN: *A description of ventilators, whereby great quantities of fresh air may with ease be conveyed into mines, goals, hospitals, work-houses and ships, in exchange for their noxious air*. London, 1741.

HALLÉ, JEAN-NOËL: »Observations sur les parties volatiles et odorantes des médicaments (. . .): extraites d'un mémoire de feu M. Lorry, par M. Hallé«, in: *Histoire et mémoires de la Société Royale de médecine*. Paris, 1784–1785.
»Procès-verbal de la visite faite le long des deux rives de la rivière Seine, depuis le Pont-Neuf jusqu'à la Rappé et la Garre, le 14. février 1790«, in: *Histoire et mémoires de la Société Royale de médecine*. Paris, 1790.
Recherches sur la nature et les effets du méphitisme des fosse d'aisances. Paris, 1785.

HALLÉ/LEROUX/HENRI/RICHARD: *Codex des médicaments ou pharmacopée française*. Paris, 1818.

HALLER, ALBRECHT VON: *Elementa physiologiae corpore humani*. Lausanne, 1757–1765.

HANNAWAY, CAROLINE UND OWEN: »La fermeture du cimetière des Innocents«, in: *XVIIIe siècle*. Paris, 1977, Nr. 9.

HARTLEY, DAVID: *Conjecturae quaedem de sensu, motu et idearum generatione*. London, 1737.

HATIN, FÉLIX: *Essai médico-philosophique sur les moyens d'améliorer l'état sanitaire de la classe indigente* ... Paris, 1832.

HAUSSONVILLE, O. D': »La misère à Paris, la population nomade, les asiles de nuit et la vie populaire«, in: *Revue des Deux-Mondes*. Paris, Oktober 1881.

HELLER, GENEVIÈVE: *Propre en ordre*. Lausanne, 1979.

HILDESHEIMER, FRANÇOISE: »La protection sanitaire des côtes françaises au XVIIIe siècle«, in: *Revue d'histoire moderne et contemporaine.* Paris, 1980, Juli–September.

HINTERMEYER, PASCAL: *Politiques de la mort.* Paris, 1981.

HIPPOKRATES: *Abhandlung von der Luft, den Wässern und den Gegenden.* Wien, 1804.

HIRSCHFELD, CHRISTIAN CAY LORENZ: *Theorie der Gartenkunst.* Leipzig, 1779–1780.

HORNE, J. DE: *Mémoire sur quelques objects qui intéressent plus particulièrement la salubrité de la ville de Paris.* Paris, 1788.

HOWARD, JOHN: *An account on the present state of the prisons, houses of correction and hospitals.* London, 1784.
An account to the principal lazarettos in Europe. Warrington, 1789.

HUFELAND, CHRISTOPH-WILHELM: *Die Kunst, das menschliche Leben zu verlängern.* Jena, 1797.

HUGO, VICTOR: *L'homme qui rit.* Paris, 1869. Dt. *Die lachende Maske.* Leipzig, 1952.
Les misérables. Paris, 1862. Dt. *Die Elenden.* Leipzig, 1923.
Quatre-vingt-treize. Paris, 1874. Dt. *Siebzehnhundertdreiundneunzig.* Frankfurt am Main, 1973.
Les travailleurs de la mer. Brüssel, 1866. Dt. (gekürzte Fassung) *Der Kampf am Dover.* Berlin/Leipzig, 1922.

HUMBOLD, ALEXANDER VON: *Versuch über den politischen Zustand des Königreichs Neu--Spanien.* Tübingen, 1809–1814.

HUYSMANS, JORIS-KARL: *A rebours.* Paris, 1884. Dt. *Gegen den Strich.* Zürich, 1981.

HUZARD, JEAN-BAPTISTE: *De l'enlèvemet des boues et des immondices de Paris.* Paris, 1826.

INGENHOUSZ, JAN: *Experiments on vegetables.* London, 1779. Dt. *Versuche mit Pflanzen.* Leipzig, 1780. Erweiterte Ausgabe Wien, 1787.

ITARD, JEAN-MARC: *Premier rapport (…) sur le sauvage d'Aveyron.* Paris, 1801.

JACQUEMET, GÉRARD: »Urbanisme parisien: la bataille du tout-à-l'égoût à la fin du XIXe siècle, in: *Revue d'histoire moderne et contemporaine.* Paris, 1979, Oktober–Dezember.

JACQUIN, ABBÉ: *De la santé, ouvrage utile à tout le monde.* Paris, 1762.

JANIN, JULES: *Un été à Paris.* Paris, 1844.

JOIRÉ, DR.: »Des logements du pauvre et de l'ouvirer, considérés sous le rapport de l'hygiène publique et privée dans les villes industrielles«, in: *Annales d'hygiène publique et de médecine légale.* Paris, Jan. 1851.

JOLY, ROBERT: *Hippocrate, médecine grecque.* Paris, 1964.

JOYCE, JAMES: *Ulysses.* Paris, 1922. Dt. *Ulysses.* Frankfurt am Main, 1979.

JURINE, LOUIS: »Mémoire sur les avantages que la médecine peut retirer des eudiomètres«, in: *Histoire et mémoires de la Société Royale de médecine.* Paris, 1789.

KIRWAN, H. A. P. A.: *De l'odorat et de l'influence des odeurs sur l'économie animale.* Paris, 1808.

KNAEBEL, GEORGES: *Les problèmes d'assainissement d'une ville du Tièrs-Monde: Pointe-Noire.* Paris, 1978.

KOCK, PAUL DE: »Les grisettes«, in: *Le nouveau tableau de Paris.* Paris, 1834.

LABARRAQUE, A. -G.: *Observations sur l'emploi des chlorures.* Paris, 1825.

LABORDE, ALEXANDRE DE: *Description des nouveaux jardins de la France et de ses anciens châteaux.* Paris, 1808.

LABORIE/CADET LE JEUNE/ PARMETIER: *Observations sur les fosses d'aisances et moyens de prévenir les inconvénients de leur vidange.* Paris, 1778.

LACHAISE, CLAUDE: *Topographie médicale de Paris.* Paris, 1822.

LAFARGE, MARIE FORTUNÉE: *Heures de prison*. Paris, 1853.

LAGRAVE, ROSE-MARIE: *Le village romanesque*. Le Paradou, 1980.

LALOS, J.: *De la composition des parcs et jardins pittoresques*. Paris, 1817.

LAMORLIÈRE, JACQUES ROCHETTE DE: *Angola, histoire indienne*. Paris, 1746.

LANDRÉ-BEAUVAIS, A.-J.: *Séméiotique ou traité des signes des maladies*. Paris, 1815.

LANE, EDWARD WILLIAM: *An account of the manners and customs of the modern Egyptians*. London, 1836. Dt. *Sitten und Gebräuche der heutigen Egypter*. Leipzig, 1852.

LANE, H.: *The wild boy of Aveyron*. New York, 1976.

LAPORTE, DOMINIQUE: »Contribution pour une histoire de la merde: la merde ces asiles, 1830–1880«, in: *Ornicar? Analytica*. Paris, Juli 1977.
Histoire de la merde. Paris, 1979.

LAPOUGE, GILLES: »Utopie et hygiène«, in: *Cadmos*. Paris, 1980, Nr. 9.

LAUNAY, CHARLES DE (Pseudonym von DELPHINE GAY DE GIRARDIN): *Lettres parisiennes*. Paris, 1836–1839.

LAVOISIER, ANTOINE LAURENT: *Oeuvres*. Paris, 1844.

LEBLANC, FÉLIX: *Recherches sur la composition de l'air confiné*. Paris, 1842,

LEBRUN, FRANÇOIS: *Les hommes et la mort en Anjou aux XVIIe et XVIIIe siècles*. Paris, 1975.

LECADRE, DR.: »Le Havre considéré sous le rapport hygiénique«, in: *Annales d'hygiène publique et de médecine légale*. Paris, 1849.

LE CAT, NICOLAS: *Traité des sensations et des passions en général et des sens en particulier*. Paris, 1767.

LÉCUYER, B.-P.: »Démographie, statistique et hygiène publique sous la Monarchie censitaire«, in: *Annales de démographie historique*. Paris, 1977.

LEFAIVRE, LIANE/TZONIS, ALEXANDER: »La géométrie du sentiment et le paysage thérapeutique«, in: *XVIIIe siècle*. Paris, 1977.

LE GALL, BÉATRICE: *L'imaginaire chez Senancour*. Paris, 1966.

LELEU, THIERRY: »Scènes de la vie quotidienne: les femmes de la vallée de la Lys: 1870–1920«, in: *Histoire des femmes du Nord*. Paris, 1981.

LEMAY, EDNA HINDIE: »La vie parisienne des députés de 89«, in: *L'histoire*. Paris, 1982, Nr. 44.

LÉMERY, NICOLAS: *Pharmacopée universelle*. Paris, 1697.

LÉONARD, JACQUES: *Les médecins de l'Ouest au XIXe siècle*. Dissertation. Paris, 1979.

LÉONHARDY, JEAN-GODEFROI: *Supplément au traité chimique de l'air et du feu de M. Scheele*. Paris, 1785.
Tableau abrégé des nouvelles découvertes sur les diverses espèces d'air. Paris, 1785.

LEROUX, GASTON: *Le mystère de la chambre jaune*. Paris, 1960.

LE ROY LADURIE, EMMANUEL: »La ville moderne«, in: *L'histoire urbaine*. Paris, 1981.

LÉVY, MICHEL: *Traite d'hygiène publique et privée*. Paris, 1844–1845.

LIGER, F.: *Fosses d'aisances, latrines, urinoires et vidanges*. Paris, 1875.

LIND, JAMES: *An essay on the most effectual means of preserving the health of seamen in the Royal Navy*. London, 1758.

LOAISEL DE TRÉOGATE, JOSEPH MARIE: *Dolbreuse*. Amsterdam, 1783.

LOCKE, JOHN: *An essay concerning human understanding*. London, 1694. Dt. *Über den menschlichen Verstand*. Berlin, 1962.

LONDE, CHARLES: *Nouveaux éléments d'hygiène*. Paris, 1838.

LOUDON, JOHN CLAUDIUS: *Traité de la composition et de l'exécution des jardins d'ornement*. Paris, 1830.

LOUX, FRANÇOISE/RICHARD, PIERRE: *Sagesses du corps*. Paris, 1978.

LOUŸS, PIERRE: unveröffentlichte Korrespondenz.

Mac Bride, David: *Experimental essays on the fermentation of alimentary mixture.* London, 1764. Dt. *Durch Erfahrung erläuterte Versuche ....* Zürich, 1766.

Macé. G.: *La police parisienne. Un joli monde.* Paris, 1887.

Maine de Biran, Pierre: *Journal.* Paris, 1927.

Malouin, M.: *Chimie médicinale.* Paris, 1755.

Mandrou, Robert: *Introduction à la France moderne. Essai de psychologie historique, 1500–1640.* Paris, 1961.

Mangin, Arthur: *Histoire des jardins, anciens et modernes.* Paris, 1887.

Marié-Davy, in: *De l'évacuation des vidanges dans la ville de Paris.* Paris, 1880–1882.

Martin-Fugier, Anne: *La place des bonnes. La domesticité féminine à Paris en 1900.* Paris, 1979.

Maubec: *Principes physiques de la raison et des passions des hommes.* Paris, 1701.

Maupassant, Guy de: *L'ami patience.* Paris, 1883.
Fort comme la mort. Paris, 1889. Dt. *Stark wie der Tod.* in: *Romane.* Bd. II, München, 1974.

Mauss, Marcel: *Sociologie et anthropologie.* Paris, 1980. Dt. *Soziologie und Anthropologie.* München, 1975.

Mauzi, Robert: *L'idee du bonheur au XVIIIᵉ siècle.* Paris, 1960.

Mazerolle, Pierre: *La misère de Paris. Les mauvais gîtes.* Paris, 1874.

Menuret, J.-J.: *Essai sur l'action de l'air dans les maladies contagieuses.* Paris, 1781.

Mercier, Louis- Sébastien: *Tableau de Paris.* Amsterdam, 1782–1788. Dt. (Teilsammlung) *Mein Bild von Paris.* Frankfurt am Main, 1979.

Michelet, Jules: *La femme* (1859). Paris, 1981.
Histoire de France. Paris, 1833–1844.
Histoire de la Régence. Paris, 1863.

Mille, Adolphe-Auguste: »Rapport sur le mode d'assainissement des villes en Angleterre et en Ecosse«, in: *Annales d'hygiène publique et de médecine légale.* Paris, 1855, Juli–Oktober.

Miller, Henry: *Tropic of cancer.* Paris, 1934. Dt. *Wendekreis des Krebses.* Berlin, 1971.
Tropic of capricorn. Paris, 1939, Dt. *Wendekreis des Steinbocks.* Frankfurt am Main, 1972.

Milner, Max: *La fantasmagorie.* Paris, 1982.

Milton, John: *Paradise lost.* London, 1711. Dt. *Das verlorene Paradies.* Altona, 1760.

Mirabeau, Honoré Gabriel Riqueti: *Erotica biblion.* Paris, 1783.

Moléon, Victor de: *Rapports généraux sur les travaux du Conseil de Salubrité.* Paris, 1828.

Monceau, Duhamel du: *Moyens de conserver la santé aux équipages des vaisseaux; aves la manière de purifier l'air des salles des hôpitaux.* Paris, 1759.

Monfalcon, Jean-Baptiste: *Histoire des marais.* Paris, 1824.

Monfalcon, Jean-Baptiste/Polinière, Auguste Pierre Isidore: *Traité de la salubrité dans les grandes villes.* Paris, 1846.

Monin, E.: *Les odeurs du corps humain.* Paris, 1885.

Montagne, Michel de: *Essais.* Paris, 1580. Dt. *Essais.* Frankfurt am Main, 1976.

Montyon, Antoine/Moheau: *Recherches et considérations sur la population de la France.* Paris, 1778.

Moreau, François-Marc: *Histoire statistique du choléra-morbus dans le quartier du faubourg Saint-Denis.* Paris, 1833.

Morel, Jean-Marie: *Théorie des jardins.* Paris, 1776.

Moréno/Bourdon/Roudnitska: *L'intimité des parfums.* Paris, 1974.

Mortemart de Boisse, François Jérôme Léonard: *La vie élégante à Paris.* Paris, 1857.

Morveau, Guyton de: *Traité des moyens de désinfecter l'air.* Paris, 1801.

Murard, Lion/Zylberman, Patrick: *Sanitas sanitatum, et omnia sanitas.* Paris, 1980.

NADAUD, MARTIN: *Mémoires de Léonard, ancien garçon maçon.* Paris, 1976.

NAVIER, PIERRE-TOUSSAINT: *Sur les dangers des exhumations précipitées et sur les abus des inhumations dans les églises.* Paris, 1775.

NERCIAT, ANDRÉA DE: *Félicia ou mes fredaines.* Amsterdam, 1790.

NOVALIS: *Heinrich von Ofterdingen* (1798–1801). Stuttgart, 1978.

NOUGARET/MARCHAND: *Le vindageur sensible.* Paris, 1777.

OBRY, Z.-A.: *Questions sur diverses branches des sciences médicales.* Paris, 1840.

OZOUF, MONA: »L'image de la ville chez Claude-Nicolas Ledoux«, in: *Annales E. S. C.*. Paris, 1966, November–Dezember.

»L'invention de l'ethnographie française: le questionnaire de l'Académie celtique«, in: *Annales E. S. C.*. Paris, 1981, März–April.

PAPON, J.-P.: *De la peste ou époques mémorables de ce fléau et les moyens de s'en préserver.* Paris, 1800.

PARENT-DUCHÂTELET, ALEXANDRE: *Les chantiers d'équarrissage de la ville de Paris envisagés sous le rapport de l'hygiène publique.* Paris, 1832.

»Essai sur les cloaques et égouts de la ville de Paris«, in: *Hygiène publique.* Bd. II, Paris, 1835.

Note sur les inhumations et les exhumations qui ont eu lieu à Paris, à la suite des événements de juillet. Paris, 1830.

»Projet (...) d'un rapport (...) sur la construction d'un clos d'équarrissage pour la ville de Paris«, in: *Hygiène publique.* Bd. II, Paris, 1835.

La prostitution à Paris. Hrsg. von Alain Corbin. Paris, 1981.

»Rapport sur les améliorations à introduire dans les fosses d'aisances«, in: *Hygiène publique.* Bd. II, Paris, 1835.

»Rapport sur le curage des égouts Amelot, de la Roquette, Saint-Martin et autres«, in: *Hygiène publique.* Bd. I, Paris, 1826.

Rapport sur les nouveaux procédés de MM. Salmon et Payen (...) pour la dessication des chevaux morts. Paris, 1833.

Recherches et considérations sur la rivière de Bièvre ou des Gobelins, et sur les moyens d'améliorer son cours. Paris, 1822.

Recherches pour découvrir la cause et la nature d'accidents très graves, dévelopées en mer, à bord d'un bâtiment chargé de poudrette. Paris, 1821.

PARENT-DUCHÂTELET, ALEXANDRE/ARCET, JEAN-PIERRE JOSEPH D': »De l'influence et de l'assainissement des salles de dissection«, in: *Hygiène publique.* Bd. II, Paris, 1835.

PARNY, ÉVARISTE DÉSIRÉ DE FORGES: »Le cabinet de toilette«, in: *Oeuvres complètes.* Paris, 1778.

PASSOT, PHILIPPE: *Des logements insalubres, de leur influence et de leur assainissement.* Paris, 1851.

PÉCLET, EUGÈNE: *Instruction sur l'assainissement des écoles primaires et des salles d'asile.* Paris, 1846.

PÈRE LAFITAU: *Moeurs des sauvages américains.* Paris, 1724.

PÈRE DU TERTRE: *Histoire naturelle et morale des îles Antilles ... .* Paris, 1658.

PERROT, JEAN-CLAUDE: *Genèse d'une ville moderne. Caen au XVIIIᵉ siècle.* Paris, 1975.

PERROT, PHILIPPE: *Les dessus et les dessous de la bourgeoisie.* Paris, 1981.

PFEIFFER, CHARLES-LEONARD: *Taste and smell in Balzac's novels.* Arizona, 1949.

PICARD, ALFRED MAURICE: *Exposition de 1900, le bilan d'un siècle.* Paris, 1906–1907.

PIERRARD, PIERRE: *La vie ouvrière à Lille sous le Second Empire.* Paris 1965.

PIESSE, SEPTIMUS: *The art of perfumery.* London, 1855.

Piorry, Piere-Adolphe: »Extrait du rapport sur les épidémies qui ont régné en France de 1830 à 1836«, in: *Mémoires de l'Académie Royale de Médecine.* Bd. VI. Paris, 1837. *Des habitations et de l'influence de leurs dispositions sur l'homme en santé et en maladie.* Paris, 1838.

Platner, Johann Zacharias: *Tractat von der Reinlichkeit.* Leipzig, 1752.

Pluche, Noël-Antoine, Abbé: *Le spectacle de la nature.* Paris, 1732–1750. Dt. *Schauplatz der Natur.* Wien/Nürnberg, 1746–1753.

Pluquet, Abbé: *Traité philosophique et politique sur le luxe.* Paris, 1786.

Pommier, Jean: *La mystique de Baudelaire.* Paris, 1932.

Porée, Abbé: *Lettres sur la sépulture dans les églises.* Caen, 1745.

Powys, John Cowper: *Morwyn or the vengeance of God.* London, 1937.

Priestley, Joseph: *Experiments and observations on different kinds of air.* London, 1774–1777. Dt. *Versuche und Beobachtungen über verschiedene Gattungen der Luft.* Wien. 1779.

Pringle, John: *Observations on the diseases of the army, in camp and in garrison. With an appendix, containing experiments and observations upon septic and antiseptic substances ... «.* London, 1753. Dt. *Beobachtungen über die Krankheiten einer Armee, sowohl im Felde als in Garnison.* Altenburg, 1754.

Proust, Marcel: *A la recherche du temps perdu.* Paris, 1913–1922. Dt. *Auf der Suche nach der verlorenen Zeit.* Frankfurt am Main, 1967.

Ramazzini, Bernardino: *De morbis artificum diatriba.* Padua, 1700. Dt. *Untersuchung von den Krankheiten der Künstler und Handwerker.* Leipzig, 1705.

Ramel, M. F.-B.: *De l'influence des marais et des étangs sur la santé de l'homme.* Marseille, 1811.

Ramond de Carbonnières, Louis François E. de: *Observations faites dans les Pyrénées pour servir de suite à des observations sur les Alpes.* Paris, 1789.

Rancière, Danielle: »La loi du 13 juillet 1850 sur les logements insalubres«, in: *Politiques de l'habitat.* Paris, 1977.

Rancière, Jacques: *La nuit des prolétaires.* Paris, 1981.

Raymond, Marcel: *Senancour, sensations et révélations.* Paris, 1965.

Rémusat, Charles de: *Mémoire de ma vie.* Paris, 1958.

Restif de la Bretonne, Nicolas Edme: *L'Anti Justine.* Paris, 1948.

Reutter de Rosemont, Louis: *Histoire de la pharmacie à travers les âges.* Paris, 1931.

Richard, Jean-Pierre: *Littérature et sensation.* Paris, 1954.
Proust et le monde sensible. Paris, 1974.
L'univers imaginaire de Mallarmé. Paris, 1961.

Rifaterre, Claude: »L'origine du mot muscadin«, in: *La Révolution française.* Paris, 1909, Januar–Juni.

Rimmel, Eugene: *The book of perfumes.* London, 1865.

Rival, Ned: *Tabac, miroir du temps. Histoire des moeurs et des fumeurs.* Paris, 1981.

Roberts, Henry: *The dwellings of the labouring classes ... .* London, 1850.

Robinet, Jean-Baptiste: *De la nature.* Paris, 1761–1768.

Robiquet, Pierre-Jean: »Considérations sur l'arôme«, in: *Annales de chimie et de physique.* Paris, 1820.

Roche, Daniel: *Le peuple de Paris,* Paris, 1981.
Le Siècle des Lumières en province: Académies et académiciens provinciaux. Paris, 1978.

Roche, Tiphaigne de la: *L'amour dévoilé ou le système des sympathistes.* Paris, 1749.

Roger, Jean: *Les sciences de la vie dans la pensée française au XVIIIe siècle.* Paris, 1963.

Roland de la Pattière, Manon Jeanne Phlipon: *Mémoires particuliers* (1847). Paris, 1966.

Ronesse, J.-H.: *Vues sur la propreté des rues de Paris.* Paris, 1782.
Rostan, Léon Louis: *Cours élémentaire d'hygiène.* Paris, 1828.
Roudnitska, Edmond: *L'esthétique en question.* Paris, 1977.
Rousseau, Jean-Jacques: *Emile.* Paris, 1762. Dt. *Emile.* Stuttgart, 1963.

Saddy, Pierre: »Le cycle des immondices«, in: *XVIIIe siècle.* Paris, 1977.
Sade, Marquis de: *Lettres choisies du marquis de Sade.* Paris, 1963.
Saint-Ursin, P.-J. Marie de: *L'ami des femmes.* Paris, 1804.
Saint-vincent, Bory de: *Musée des familles.* Paris, 1834.
Sainte-Beuve, Charles Augustin: *Volupté.* Paris, 1834.
Salomon-Bayet, Claire: *L'institution de la science et l'expérience du vivant.* Paris, 1978.
Sand, George: *Histoire de ma vie* (1854). Paris, 1970. Dt. (Teilausg.) *Geschichte meines Lebens.* Frankfurt am Main, 1978.
   Lélia. Brüssel, 1833. Dt. *Lelia.* Leipzig, 1834.
Sartre, Jean Paul: *L'idiot de la famille.* Paris, 1971–1972. Dt. *Der Idiot der Familie.* Reinbek, 1977–1980.
Saussure, Horace Bénédicte de: *Voyage dans les Alpes.* Neufchâtel, 1779. Dt. *Reisen durch die Alpen.* Leipzig, 1781–1788.
Sauvages, Boissier de: *Dissertation où l'on recherche comment l'air, suivant ses différentes qualités, agit sur le corps humain.* Bordeaux, 1754.
   Journal des savants. Februar 1746.
Savi, Paul: »Considérations sur l'insalubrité de l'air dans les Maremmes«, in: *Annales de chimie et de physique.* Paris, 1841.
Scheele, Carl Wilhelm: *Physische und chemische Werke.* Berlin, 1793.
Senancour, Étienne Pivert de: *Oberman.* Paris, 1844. Dt. *Oberman.* Frankfurt am Main, 1982.
Sennett, Richard: *The fall of public man.* New York, 1977. Dt. *Verfall und Ende des öffentlichen Lebens. Die Tyrannei der Intimität.* Frankfurt am Main, 1983.
Sèze, Romain de: *Recherches physiologiques et philosophiques sur la sensibilité ou la vie animale.* Paris, 1786.
Silva, Jean-Baptiste: »Dissertation où l'on examine la manière dont l'esprit séminal est porté à l'ovaire«, in: *Dissertations et consultations médicals de MM. Chirac et Silva.* Paris, 1744.
Sinclair, John: *Principes d'hygiène extraits du code de santé et de longue vie de sir John Sinclair,* hrsg. von Louis Odier. Paris, 1823.
Smyth, James Carmichael: *A description of the jail distemper ... .* London, 1803.
Sombart, Werner: *Der Bourgeois.* München/Leipzig, 1920.
Sonnini de Manoncourt, Charles Nicolas S.: *Voyage dans la haute et basse Égypte.*
Spivak, Marcel: »L'hygiène des troupes à la fin de l'Ancien Régime«, in: *XVIIIe siècle.* Paris, 1977.
Sponi, H.: *De la vidange au passé, au présent et au futur.* Paris, 1856.
Starobinski, Jean: »Sur la chlorose«, in: *Romantisme.* Sondernummer, Paris, 1981
   La transparence et l'obstacle. Paris, 1971.
Sutton, Samuel: *An historical account of a new message for extracting the foul air out of ships.* London 1745.

Tardieu, Ambroise: *Les attentats aux moeurs.* Paris, 1867.
Tenon, J.-R.: *Mémoires sur les hôpitaux de Paris.* Paris, 1788.
Texier, Edmond: *Tableau de Paris.* Paris, 1852.
Thalamy, Anne: In *Politiques de l'habitat.* Paris, 1977.
Thivel, Antoine: *Cnide et Cos? Essai sur les doctrines médicales dans la collection hippocratique.* Paris, 1981.

THORÉ, THÉOPHILE: *Dictionnaire de phrénologie et de physiognomie à l'usage des artistes, des gens du monde, des instituteurs, des pères de famille … .* Paris, 1836.

THOURET, M.: *Rapport sur les exhumations du cimetière et de l'église des Saints-Innocents.* Paris, 1789.

Rapport sur la voirie de Montfaucon, Paris, 1788.

THOUVENEL, PIERRE: *Mémoire chimique et médical sur la nature, les usages et les effets de l'air, des aliments et des médicaments, relativement à l'économie animale.*Paris, 1780.

THOUVENIN, J. P.: *Hygiène populaire à l'usage des ouvriers des manufactures de Lille et du département du Nord.* Lille, 1842.

THUILLIER, GUY: *Aspects de l'économie nivernaise au XIXe siècle.* Paris, 1966.

Pour une histoire du quotidien au XIXe siècle en Nivernais. Paris, 1977.

La vie quotidienne dans les ministères au XIXe siècle. Paris, 1976.

TOULOUSE, EDOUARD: *Enquête médico-psychologique sur les rapports de la supériorité intellectuelle avec la névropathie. Emile Zola.* Paris, 1896.

TOURNIER, MICHEL: *Les météores.* Paris, 1975. Dt. *Zwillingssterne.* Hamburg, 1977.

TOURNON, ALEXANDRE: *Moyen de rendre parfaitement propres les rues de Paris.* Paris, 1789.

TOURTELLE, ETIENNE: *Eléments d'hygiène.* Paris, 1815.

TREDGOLD, THOMAS: *Principles of warming and ventilating public buildings, dwelling-houses, manufactories, hospitals, hot-houses etc … .* London, 1824.

TRELAT, ÉMILE: »Rapport sur l'évacuation des vidanges hors des habitations«, in: *De l'évacuation des vidanges dans la ville de Paris.* Paris, 1880–1882.

TROCHE, N.: *Notice historique sur les inhumations provisoires faites sur la place du marché des Innocents en 1830.* Paris, 1837.

TROLLOPE, FRANCES MILTON: *Paris and the Parisans in 1835.* London, 1836. Dt. *Paris und die Pariser im Jahre 1835.* Aachen, 1836.

TRUQUIN, NORBERT: *Mémoires, vie, aventure d'un prolétaire à travers la révolution (1888).* Paris, 1977.

VALLÈS, JULES: *L'enfant* (1879). Paris, 1973.

VAUX, CADET DE: »De l'atmosphère de la femme et de sa puissance«, in: *Revue encyclopédique.* Paris, 1821.

Mémoire historique et physique sur le cimetière des Innocents. Paris, 1781.

VEBLEN, THORSTEIN BUNDE: *The theory of the leisure class.* London, 1899. Dt. *Theorie der feinen Leuten.* Köln, 1957.

VERDIER, YVONNE: *Façons de dire, façons de faire.* Paris, 1979. Dt. *Drei Frauen. Das Leben auf dem Dorf.* Stuttgart, 1982.

VERNOIS, MAXIME: *Traité pratique d'hygiène industrielle et administrative.* Paris, 1860.

VILLANEIX, PAUL/EHRARD/JEAN (Hrsg.): *Aimer en France, 1760–1860.* Paris, 1979.

VIDALIN, P.-F.: *Traité d'hygiène domestique.* Paris, 1825.

VIGARELLO, GEORGES: *Le corps redressé.* Paris, 1978.

VILLERMÉ, LOUIS-RENÉ: *Des prisons telles qu'elles sont et telles qu'elles devraient être … .* Paris, 1820.

»Sur les cités ouvrières«, in: *Annales d'hygiène publique et de médecine légale.* Paris, Januar 1850.

VIOLLET-LE-DUC, EUGÈNE-EMMANUEL: *Dictionaire de l'architecture.* Paris, 1867–1873.

VIREY, J.-J.: »De l'osmologie, ou histoire naturelle des odeurs«, in: *Bulletin de pharmacie.* Mai 1812.

»Des odeurs que répandent les animaux vivants«, in: *Recueil périodique de la Société de médecine de Paris.* Bd. VIII, Paris, 1799.

VOGT, KARL CHRISTOPH: *Vorlesungen über den Menschen.* Giessen, 1863.

VUARNET, JEAN-NOËL: *Extases féminines.* Paris, 1980.

WAJEMAN, GÉRARD: »Odor di femmina«, in: *Ornicar*, Nr. 7.

WALPOLE, HORACE: *Essay on modern gardening*. Strawberry Hill, 1771.

WATELET, CLAUDE HENRI: *Essai sur les jardins*. Paris, 1764.

WEBER, EUGEN: *Peasants into Frenchmen. The modernisation of rural France*. London, 1977.

WHATELY, THOMAS: *Observations on modern gardening*. London, 1770.

WINTER, RUTH: *Le livre des odeurs*. Paris, 1978.

WRIGHT, LAWRENCE: *Clean and decent. The fascinating history of the bathroom and the water closets*. London, 1960.

XENOPHON: *Convivium, Das Gastmahl*. Hamburg, 1957.

YOUNG, ARTHUR: *Travels in France during the years 1787, 1788, 1789*. London, 1789. Dt. *Reisen durch Frankreich*. Berlin, 1793–1795.

ZOLA, ÉMILE: *Les Rougon-Macquart*. Paris, 1871–1893. Dt. *Die Rougon-Macquart*. Berlin, 1963–1975.

ZYLBERBERG-HOCQUARD, MARIE-HÉLÈNE: »L'ouvrière dans les romans populaires du XIXe siècle, in: *Histoire des femmes du Nord*. Paris, 1981.

Verzeichnis der Abbildungen

Frontispiz:

Unterstand zum Schlachten ausgedienter Pferde im Clos Dusaussois
In: ALEXANDRE PARENT-DUCHÂTELET, *Recherches et considérations sur l'enlèvement
et l'emploi des chevaux morts.* Paris, 1827. Pl. 14
Mit freundlicher Genehmigung der Bibliothèque Nationale, Paris

Seite 10

Seineufer zwischen dem Pont de la Tournelle und La Rapée, 1780.
Zeichnung von La Combe, Stich von Niquet l'Aîné.
Archiv Roger Viollet, Paris

Seite 14

Jean François de Troy, Liebeswerben, 1731.
In: MAX VON BOEHN, *Die Mode.* München, 1928. Bd. III, S. 35

Seite 19

Isolierung der Feuerluft nach Scheele
In: J. R. PARTINGTON, *A history of chemistry.*
London, 1961. Bd. III, S. 224

Seite 24

Boyles erste Luftpumpe, 1660
In: J. R. PARTINGTON, *op. cit.*, Bd. II, S. 518

Seite 28

Joseph Wright, Geselliges Experimentieren mit einer Luftpumpe, 1769
Schabkunst von Green
In: MAX VON BOEHN, *op. cit.*, Bd. III, S. 113

Seite 41

Jules Jaques Veyrassat, Mistfuhre. Radierung, um 1865
»L'artiste«, Galerie Dr. Kristine Oevermann, Frankfurt am Main

Seite 45

Eudiometer oder Luftmesser, gestochen nach Zeichnungen des Abbé Fontana
In: JAN INGENHOUSZ, *Versuche mit Pflanzen.* Leipzig, 1780. S. 28
Aufnahme mit Genehmigung der Senckenberg-Bibliothek, Frankfurt am Main

Seite 48

Gesamtkomplex des Schindangers von Montfaucon
In: ALEXANDRE PARENT-DUCHÂTELET, *op. cit.* Paris, 1827. Pl. 1
Mit freundlicher Genehmigung der Bibliothèque Nationale, Paris

Seite 51
J. B. Raguenet, Ansicht der Seine bei Notre Dame, 1765
Archiv Roger Viollet, Paris

Seite 61
Priestleys Laboratorium, Ausschnitt
In: JOHN PRIESTLEY, *Experiments and observations on air.* London, 1774. Bd.

Seite 66
Daniel Chodowiecki, Lotte, 1773
In: MAX VON BOEHN, *op. cit.* Bd. III, S. 150

Seite 78
Volksfest vor den Hallen von Paris anläßlich der Geburt des
Dauphin, 1782, Gemälde von Louis Philibert Debucourt
Musée Carnavalet, Paris

Seite 85
Der neue Kompaß von Bombardoni
Archiv Roger Viollet, Paris

Seite 91
Unbekannter Stecher, Pestarzt im 18. Jahrhundert
Archiv für Kunst und Geschichte, Berlin

Seite 108
François Boucher, Madame de Pompadour
In: MAX VON BOEHN, *op. cit.* Bd. III, S. 80

Seite 113
Monument von Jean-Jacques Rousseau
In: CHRISTIAN CAY LORENZ HIRSCHFELD, *Theorie der Gartenkunst.*
Leipzig, 1779–1780. 5. Buch, S. 262

Seite 119
Anemometer oder Windmesser nach Combes
In: É. PÉCLET, *Traité de la chaleur.* Paris, 1860 Bd. I, S. 168

Seite 123
Adolphe Martial Potemont, Place du Carrousel. Radierung, 1849
Galerie Dr. Kristine Oevermann, Frankfurt am Main

Seite 126
Eugène Lepoittevin, Pferdekadaver in bewohnter Umgebung.
Lithographie um 1835. Croquis par diverses artistes. Pl. 16
Galerie Dr. Kristine Oevermann, Frankfurt am Main

Seite 132
Adolphe Martial Potemont, Petit Pont, Hôtel Dieu und Quai du marché neuf.
Radierung, 1859
Galerie Dr. Kristine Oevermann, Frankfurt am Main

Seite 141

Apparatur zur quantitativen Bestimmung von Gasgemischen
In: ANTOINE LAURENT LAVOISIER, *Œuvres.*
Paris, 1844, Bd. I, pl. 15, fig. 10

Seite 145

Gasometer von Hales, 1727
In: SIEGFRIED ENGELS und ALOIS NOWAK, *Auf der Spur der Elemente.*
Leipzig, 1977. S. 86

Seite 157

Reinigung der Rue Saint Antoine mit Kanalanlage im Querschnitt, 1830
Archiv Roger Viollet, Paris

Seite 168

Zellengefängnis im Querschnitt
In: É. PÉCLET, *op. cit.* Bd. III, S. 219

Seite 170

Zwei Skizzen des Latrinenturmes von Duponchel
In: EDMOND DUPONCHEL, »Nouveau système de latrines pour les grands
établissements publics et notamment pour les casernes, les hôpitaux militaires
et les hospices civils«, In: *Annales d'hygiène publique et de médecine légale.*
Paris, Juni 1858, S. 358 und 359

Seite 172

Belüftung im Theatersaal, Querschnitt
In: É. PÉCLET, *op. cit.* Bd. III, S. 150

Seite 176

Auguste Lepère, Quartier des Gobelins. Radierung, 1896.
»Gazette des Beaux-Arts«,
Galerie Dr. Kristine Oevermann, Frankfurt am Main

Seite 183

Baignoire en berceau oder Schaukelwanne
In: LAWRENCE WRIGHT, *Clean and decent.*
London, 1960. S. 130

Seite 187

Charles Jacques, Schweineschlachterei. Radierung, 1844.
Guiffrey 48.
Galerie Dr. Kristine Oevermann, Frankfurt am Main

Seite 190

Alexandre Gabriel Decamps, Arme. Lithographie, 1829.
Croquis par diverses artistes,
Galerie Dr. Kristine Oevermann, Frankfurt am Main

Seite 202

Querschnitt eines »ungesunden« Hauses, 1820
Archiv Roger Viollet, Paris

Richard van Dülmen

Armut, Liebe, Ehre
Studien zur historischen Kulturforschung I
(16.–20. Jahrhundert)
Herausgegeben von Richard van Dülmen. Band 4379

Arbeit, Frömmigkeit und Eigensinn
Studien zur historischen Kulturforschung II
Herausgegeben von Richard van Dülmen. Band 4430

Verbrechen, Strafen und soziale Kontrolle
Studien zur historischen Kulturforschung III
Herausgegeben von Richard van Dülmen. Band 10239

Die Gesellschaft der Aufklärer
Studien zur bürgerlichen Emanzipation und
aufklärerischen Kultur in Deutschland. Band 4323

Frauen vor Gericht
Kindsmord in der frühen Neuzeit. Band 4431

Hexenwelten
Magie und Imagination vom 16.–20. Jahrhundert
Herausgegeben von Richard van Dülmen. Band 4375

Reformation als Revolution
Soziale Bewegung und religiöser Radikalismus
in der deutschen Reformation. Band 4366

Religion und Gesellschaft
Beiträge zu einer Religionsgeschichte der Neuzeit
Band 6644

Fischer Taschenbuch Verlag

Michel Vovelle
Die Französische Revolution
Soziale Bewegung und
Umbruch der Mentalitäten
Band 4340

Der Autor rekapituliert in
einem glänzenden Essay zunächst den faktischen Ablauf
der Französischen Revolution,
um danach in einem zweiten
Teil auf die vielseitige und schil-
lernde Geschichtsschreibung
über diese Ereignisse zu
kommen.
Im dritten (Haupt-)Teil des
Bandes führt Vovelle dann anhand bislang ungenutzten
Quellenmaterials vor, was die
Mentalitätsgeschichtsschrei-
bung über die Französische Revolution zu sagen hat; zu welch
neuen Ergebnissen diese neue
Sichtweise führt. Er beschreibt,
wie sich Sprache, Einstellung
und Verhalten allmählich verändert haben bis zum qualitativen Sprung, der Revolution.
Die Volksmenge entdeckt neue
Werte, entwickelte neue Vorstellungen vom revolutionären
Menschen, demokratisierte ihr
gesellschaftliches Leben und
veränderte ihr Alltagsver-
halten.
Das Buch gehört zum festen
Bestand jeder Bibliothek, die
Literatur zur Französischen
Revolution sammelt.

Fischer Taschenbuch Verlag

fi 536/1

Lothar Baier

Französische Zustände

Berichte und Essays

Überarbeitete und
erweiterte Ausgabe

Band 4337

**Lothar Baier
Französische
Zustände**

Berichte und Essays
Fischer

Überarbeitete und
erweiterte Ausgabe

Deutschland und Frankreich
– wer an diese Konstellation
rührt, über sie nachdenkt,
dem öffnet sich eine mit Faszination und Schrecknissen
gefüllte Geschichte. Dies im
Gedächtnis zu behalten, ist
die eine Voraussetzung einer
hinreichenden wechselseiti-
gen Wahrnehmung. Die an-
dere ist Aufmerksamkeit.
Lothar Baier, der in diesem
Buch seine Erfahrungen mit
Frankreich und »französi-
schen Zuständen« bedenkt,
erfüllt beide Voraussetzungen in hohem Maße – er ist
unter den jüngeren deut-
schen Kritikern einer der
gründlichsten Kenner des
Nachbarlandes, seiner kulturellen und politischen Ent-
wicklungen. Baiers Essays
stützen sich ebenso auf An-
schauung wie auf Recherche.
Neugierige Beobachtung bestimmt sie nicht weniger als
genaue Lektüre! Die Essays
handeln von Staatsaffären
(z. B. de-Broglie-Affäre),
aber auch von Land und Leuten (Okzitanien), von politischen Ereignissen (den Nach-
wirkungen der Résistance,
dem Auftritt der ›Neuen
Rechten‹, dem französischen
Konservatismus und Antise-
mitismus), aber auch von lite-
rarischen Erkundungen (Ar-
taud, Céline, Giono, Sartre/
Flaubert) und von den Wechselfällen des jüngeren
deutsch-französischen Poli-
tik- und Ideen-Dialogs
(»Kommunisten und Anver-
wandte«, »Franzosen-
theorie«, »Blick zurück
vom Zaun«).
»Ein Lesebuch und ein Lehr-
stück zugleich.«

Fischer Taschenbuch Verlag

Natalie Zemon Davis

Humanismus, Narrenherrschaft und die Riten der Gewalt

Gesellschaft und Kultur im frühneuzeitlichen Frankreich

Die in diesem Band versammelten Essays der berühmten amerikanischen Historikerin Natalie Zemon Davis geben eine subtile und faszinierend konkrete Darstellung des gesellschaftlichen Umbruchs am Beginn der Neuzeit, der nicht nur die Lebensweise der Eliten, sondern auch der unteren Bevölkerungsschichten verändert hat. Die populäre Kultur erscheint selbst als dynamisches Moment dieses Umbruchs. Mit ihrer »dichten Beschreibung« der städtischen Kultur des 16. Jahrhunderts eröffnet die Autorin neue historische Sichtweisen, verweist sie auf Parallelen zu unserer heutigen Situation. Das Buch ist ein Meilenstein auf dem Wege zu einer neuen Alltagsgeschichtsschreibung.

Natalie Zemon Davis
Humanismus,
Narrenherrschaft
und die Riten
der Gewalt

Gesellschaft und Kultur im
frühneuzeitlichen Frankreich

Fischer

Band 4369

Fischer Taschenbuch Verlag

Natalie Zemon Davis
Frauen und Gesellschaft
am Beginn der Neuzeit

Studien über Familie, Religion und
die Wandlungsfähigkeit des sozialen Körpers

In dem vorliegenden Sammelband, der sich ohne weiteres wie ein in themenzentrierte Kapitel aufgegliedertes Buch lesen läßt, hat die Autorin sieben Essays zusammengestellt, die in den letzten Jahren entstanden sind. Sie geben spannende Einblicke in die neue Art und Weise, wie N. Z. Davis althergebrachte Quellen befragt und neue, bislang für unbrauchbar gehaltene Zeugnisse als sprudelnde Quellen erkennt. Gleichzeitig werden aus unverhoffter, ungewohnter Perspektive die Lebens- und Vorstellungswelt der Menschen zu Beginn der Neuzeit, im 16. Jahrhundert, geschildert und die Veränderungen im Alltag, in der Familie, in den sozialen Beziehungen und in den nicht kodifizierten Verhaltensweisen.

Band 4403

»Die Aufsätze von N.Z.Davis sind nicht nur methodisch anregend und einleuchtend. Vielleicht vermag ihr anschaulicher, oft essayistischer Stil auch deutschsprachige Geschichtsschreiber (innen) davon zu überzeugen, daß Wissenschaftlichkeit nicht trocken und langweilig zu sein braucht.«
(Neue Zürcher Zeitung)

Fischer Taschenbuch Verlag

Jacques Heers

Vom Mummenschanz zum Machttheater
Europäische Festkultur im Mittelalter

350 Seiten. Leinen

Ist das Mittelalter in Wahrheit jene fremde, streng geregelte Welt gewesen, als die sie uns heute erscheint? Wir bestaunen seine religiösen Denkmäler, seine Kunsterzeugnisse und die anscheinend unangefochtenen Heilsgewißheiten, die wir in ihm verkörpert sehen. Aber nicht nur Kirchenherrschaft, Minnesang und Ritterordnung haben dieses Zeitalter bestimmt; es war auch eine Ära der kollektiven Ängste und der kulturellen Unruhe. Jacques Heers beschreibt die Doppelgesichtigkeit des Mittelalters am Beispiel der großen gemeinschaftlichen Vergnügungen, der Festlichkeiten und Umzüge, der Turniere und kirchlichen Riten.

»Jetzt liegt ein Buch zur Kultur des Mittelalters vor, welches das fiebrige Modegerede ganz aus sich vertrieben hat, das aufregende Entdeckungen bereithält . . .
Heers' Werk fasziniert vor allem durch die Stringenz, mit der er zeigt, daß die ästhetische Verwandlung religiöser Inhalte auch als soziale Veränderung plausibel gemacht werden kann.«

Frank Schirrmacher in der *Frankfurter Allgemeinen Zeitung*

S. Fischer

fi 610 / 1

Fernand Braudel, Georges Duby, Maurice Aymard

Die Welt des Mittelmeeres

Zur Geschichte und Geographie kultureller Lebensformen
189 Seiten. Geb. und als
Fischer Taschenbuch Band 4443

Mit guten Gründen hat man den Mittelmeer-Raum die
»Wiege Europas« genannt. Die Geschichte des Abendlandes hat von dort ihren Ausgang genommen. Zugleich liegen
dort die Anfänge eines vielfältigen, spannungsvollen Aus-
tausches zwischen großen Kulturen. Die mediterrane Welt
zeigt (geographisch, gesellschaftlich, ideengeschichtlich,
politisch) nicht nur ein »westliches« Gesicht, sondern auch
ein »östliches« und ein »afrikanisches«; sie war und ist das
Laboratorium nicht einer einzigen, sondern mehrerer
Zivilisationen. Eben darin steckt ihre anhaltende Faszinationskraft, die den Reisenden genauso wie den Historiker
lockt. Sie führt den anschaulichen Beweis für die Viel-
sprachigkeit der Lebensformen, für den Bildungsprozeß
kultureller Identität durch Widerspiel und Nachbarschaft,
Öffnung und Selbstbehauptung.
Davon handelt das vorliegende Buch, zu dem sich unter der
Herausgeberschaft von Fernand Braudel, dem großen,
kürzlich verstorbenen französischen Historiker, drei hoch-
renommierte Autoren zusammengefunden haben, deren
Kennerschaft ebenso unangefochten ist, wie ihre schrift-
stellerischen Fähigkeiten überzeugend sind.

S. Fischer · Fischer Taschenbuch Verlag

ALAIN CORBIN *MEERESLUST*
Das Abendland und die Entdeckung der Küste

Mit seinem neuen Buch über die *Meereslust* wendet sich
Alain Corbin dem Verlangen der Menschen nach der Küste zu:
der Küste als einem Ort, wo die Elemente Erde, Wasser und
Luft zusammentreffen, wo man in der Weite einsamer Strände
Ruhe und Beschaulichkeit finden und sich dem hingeben
kann, was in England der *spleen* genannt wird.
Die Geschichte der *Meereslust* als die Geschichte eines Genus-
ses ist dem Autor, an der südfranzösischen Küste aufgewach-
sen, selbst ein Genuß, der bis in seinen Stil spürbar bleibt. In
der Tradition der besten historischen Erzählkunst – von
Lucien Febvre bis Georges Duby – bietet er dem Leser ein auf-
regendes Panorama des Lebens an der Küste im 18. und
19. Jahrhundert: der Literatur, der Malerei, der Psychologie,
des ästhetischen Empfindens, der Wissenschaft, der Reisen,
der sozialen Klassen, der Hygiene und des täglichen Lebens.
Er läßt uns unsere heutige *Meereslust* als eine alte Sehnsucht
erkennen.
Aus dem Französischen von Grete Osterwald
368 Seiten, DM 39.80. Erscheint Frühjahr 1990

Unsere Bücher finden Sie bei Ihrem *Buchhändler*. Schreiben Sie uns
eine Postkarte – wir schicken Ihnen dann unseren jährlichen Alma-
nach *ZWIEBEL:* Ahornstraße 4, 1000 Berlin 30